EESTI-INGLISE
SÕNARAAMAT

Estonian-English Dictionary

Eesti-inglise sõnaraamat

ESMATRÜKK!

EESTI-INGLISE SÕNARAAMAT

Estonian-English Dictionary

Tõlkijad: Ivika Arumäe, Elen Laanemaa, Suliko Liiv, Piret Part,
Koidu Raudvere, Tiia Rinne, Katri Tariq
Toimetajad: Riina Kask, Ruth Mägi, Kristiina Noorma
Küljendus: Indrek Hein, "Signet"
Tehniline toimetaja: Erika Priedenthal
Kaanekujundus: Kalev Tomingas

EESTI-INGLISE SÕNARAAMAT

Tallinn, 2006. Juurdetrükk

© TEA® Kirjastus
Liivalaia 28
Tallinn 10118
www.tea.ee

Gummerus Printing
Jyväskylä Finland 2006

ISBN 9985-71-222-6

Saateks

Tänapäevase sõnavaraga eesti-inglise sõnaraamatuid on raamatuturul väga vähe, kuigi nende järele on suur vajadus. Teie ees olev "Eesti-inglise sõnaraamat" püüab seda tühimikku täita. Sellesse sõnaraamatusse on kogutud eelkõige **laiale kasutajaskonnale tarvilik sõnavara**, hoidutud on spetsiifilisest oskussõnavarast, küll aga on toodud enamkasutatav osa majandus-, meditsiini-, arvuti- ja Interneti-, jt terminoloogiat.

Sõnaraamatu ülesehitus on lihtne ja kasutajasõbralik. Sõnaraamatu kasutaja peab silmas pidama, et ühend- ja väljendverbid leiab ta põhitegusõna juurest (nt *kokku hoidma* leiab kasutaja *hoidma* alt, ent *kokkuhoidlik* ja *kokkuhoidev* tähestikust k-tähe alt). Ingliskeelsed vasted on esitatud n-ö tugevuse järjekorras: esimesena on enamasti toodud sõna, mis on kõige üldisema tähendusega ja mida kasutatakse selles tähenduses kõige rohkem. Iga sõna juures on ka sobivaid sünonüüme, mille kasutussfääri kohta on samuti püütud näpunäiteid tuua. Samas on paljud ingliskeelsed sõnad – nagu eestikeelsedki – kasutusel võrdse sageduse ja kontekstikuuluvusega, ning nende juurde ei ole kommentaare lisatud.

Tõlkijad ja toimetajad on koostamisel arvestanud ka võõrkeeleoskaja vajadust leida eri konteksti sobivaid väljendeid ja ütlusi, mida õigesti ja asjakohaselt kasutada. Eksituste vältimiseks on käesolevas sõnaraamatus kasutatud rohkesti eriala- ja sõna stiilikuuluvust iseloomustavaid märgendeid, mis annavad aimu sellest, kus sõna kasutada.

Sõnaraamatul on mitu lisaosa. Esimene on inglise ebareeglipäraste tegusõnade tabel (järjestatud sõna eestikeelse tähenduse järgi). Väärt informatsiooni pakub riikide, keelte ja pealinnade tabel, samuti valik kohanimesid, mille koostamisel arvestati eelkõige maid ja paiku, kuhu tihti reisitakse ja mille ingliskeelne nimekuju erineb eestikeelsest. Lisaosa lõpetab numbrite õigekiri, mis esitab põhi- ja järgarvude numbrilise ja sõnalise õigekirjutuse.

Teie ettepanekuid ja märkusi kordustrükkide tarvis ootame toimetuse postiaadressil TEA Kirjastus, Liivalaia 28, Tallinn 10118 või meiliaadressil toimetus@tea.ee.

TEA sõnaraamatute
toimetus

Lühendid

aj	ajalugu, ajalooline	*sport*	sport
anat	anatoomia	*sõj*	sõjandus
arh	arhitektuur	*zool*	zooloogia
biol	bioloogia	*tehn*	tehnika, tehnoloogia, tehniline
bot	botaanika	*vet*	veterinaaria
dipl	diplomaatia	*ökol*	ökoloogia
ehit	ehitus		
el	elektroonika, elekter	*halv*	halvustav(alt)
filos	filosoofia	*harv*	harva
füüs	füüsika	*kõnek*	kõnekeelne, kõnekeeles
geogr	geograafia	*nalj*	naljatlev(alt)
geol	geoloogia	*sl*	släng(is)
inf	infoteadus, infotehnoloogia	*luul*	luulekeelne, luulekeeles
jur	juriidika	*vulg*	vulgaarne
keem	keemia	*ülek*	ülekantud tähendus
kirj	kirjandus		
kok	kokandus	(AmE)	Ameerika inglise keeles
kunst	kunst(ilugu)	(BrE)	Briti inglise keeles
lgv	lingvistika	e	ehk
maj	majandus	etc.	et cetera
mat	matemaatika	jm(s)	ja muu selline; ja muud sellised
med	meditsiin		
mer	merendus	jne	ja nii edasi
muus	muusika	jt	ja teised
mäend	mäendus	ld	ladina keeles(t)
pol	poliitika, politoloogia	pl	pluural(is), mitmus(es)
psühh	psühholoogia, psühhiaatria	sg	singular(is), ainsus(es)
ped	pedagoogika	vm(s)	või muu selline; või muud sellised
põll	põllumajandus		
relig	religioon		

Tähestik

A B C D E F G H I J K L M N O P Q R S Š Z
Ž T U V W Õ Ä Ö Ü

aabits (reading) primer, ABC (-book)
aade ideal, idea
aadel(kond) nobility, aristocracy, peerage, gentry
aadellik noble, aristocratic, highborn
aadli- noble
aadlidaam lady (of the noble rank), noblewoman, dame
aadlik nobleman, aristocrat, knight, peer
aadliseisus aristocracy, nobility, peerage
aadliseisusest titled, of noble rank, of noble birth
aadress address
aadressiraamat address book, directory
Aafrika Africa; African
aafrika African
aafriklane African
aaker acre
aaloe *bot* aloe
aam hogshead; butt, tun, cask
aamen amen
aamissepp cooper
aampalk ceiling beam
aar are
aara *zool* macaw
aardejaht treasure hunt
aardekamber treasure chamber

aardelaegas treasure chest
aardeleid treasure trove
aardeotsija treasure seeker, treasure hunter
aare treasure; *ülek* treasure, gem, darling
aaria *muus* aria; (**rass**) Aryan
aarialane Aryan
aas (**silmus**) loop, noose, bow, eye; (**rohumaa**) meadow, green field, lea
Aasia Asia; Asian
aasia Asian
aasialane Asian
aasima tease, jest, banter, make fun of sb
aasta year
    aasta pärast after a year
    aastast aastasse from year to year, year in, year out
    aastates mees an elderly man
    eelmisel/käesoleval aastal last/ this year
    igal aastal every year, annually, yearly
    kord aastas once a year, annually, yearly
    paar aastat couple of years
    pool aastat half a year
    tulevastel aastatel in the years to come
    viie aasta vanune five years old

A

viimastel aastatel in/during recent years

üheksakümnendatel aastatel in the nineties

aasta- annual, yearly, (a) year's

aastaaeg season

aastaaja- seasonal

aastaaruanne annual report/statement/account

aastaarv (number indicating the year), date

aastaeelarve *maj* annual budget

aastahinne (**koolis**) annual mark, grade

aastaid for years

aastaintress annual interest, interest per annum

aastakümme decade

aastane yearly, annual

aastapäev anniversary

aastaraamat annual (*pl* annals), yearbook

aastaringne year-round

aastaringselt all the year round, throughout the year

aastarõngas *bot* annual ring

aastas a year, annually, yearly, per year, per annum

aastasada century

aastatepikkune many years of, long-standing

aastatuhat millennium (*pl* -ia, -iums)

aastavahetus turn of the year

aateline idealistic, based on ideals, high-principled

aatom atom

aatom(i)- atomic, nuclear

aatomiallveelaev nuclear(-powered) submarine, atomic(-powered) submarine; *kõnek* nuclear sub

aatomielektrijaam atomic/nuclear power-plant/station

aatomienergia atomic energy, atomic power

aatomipomm atom(ic) bomb, A-bomb

aatomireaktor atomic/nuclear reactor

aatomituum atomic nucleus (*pl* -clei, -cleuses)

abajas cove, inlet, creek, bight

abakus abacus (*pl* -ci, -cuses)

abaluu shoulder blade; *anat* scapula (*pl* -ae)

abažuur (lamp) shade

abi help, aid, assistance, support, relief

   juriidiline abi legal aid, legal advice

   suureks abiks olema go a long way towards

abi- assistant, associate, auxiliary, ancillary, subsidiary, supplementary, backup

abielluma get married, marry, wed

abiellumine getting married, marrying, marriage, wedding

abielu marriage, matrimony, wedlock

   abielu lahutama divorce

   abielu rikkuma commit adultery

   abielu sõlmima contract a marriage

   abielus olema be married to sb

   väljaspool abielu sündinud illegitimate

abielu- conjugal, marital, married, marriage

abielueelne prenuptial, premarital

abieluettepanek proposal, offer of marriage

abielulahutus divorce

abieluleping marriage contract, (**enne abiellumist sõlmitav**) prenuptial agreement, premarital contract

abieluline matrimonial, marital, conjugal, wedded

abielumees married man, husband

abielunaine married woman, wife

abielupaar married couple, couple, wedded pair

abielurikkuja adulterer, adulteress

abielurikkumine adultery

abielus married

abielusõrmus wedding ring

abieluväline extramarital

abikaasa spouse, (**mees**) husband, (**naine**) wife

abikaasalik conjugal

abikirik chapel of ease, subordinate church

abikirikuõpetaja curate

abikool school for retarded children

abil with the help of, by means of, with the aid of, by, with

abiline help(er), assistant, adjutant, aid, attendant

abimees help(er), assistant, helpmate, mate

abinõu resource, resort, means, measure, way

    abinõusid tarvitusele võtma take measures, take steps

abipalve request for help/aid, appeal

abipersonal auxiliary personnel

abiraha subsidy, grant, relief, allowance

    töötu abiraha dole, unemployment benefit/relief

abistaja help, helper, assistant

abistama help, aid, assist, give/lend a hand, (**rahaliselt**) subsidise, support

abistamine assistance

abistav assisting, helping

abisõna *lgv* auxiliary word, particle

abitegusõna *lgv* auxiliary verb

abitu helpless, forlorn

abitult helplessly, forlornly

abiturient school-leaver, senior, final-year student

abitus helplessness

abivahend aid

abivajav requiring help/assistance, needy

abivalmidus helpfulness, willingness (to help), obligingness

abivalmilt helpfully, willingly, obligingly

abivalmis helpful, willing (to help), obliging, accommodating

abivägi auxiliary force(s)/troops, auxiliaries, reinforcements

abiõppejõud assistant teacher

ablas greedy, avid, voracious, ravenous, gluttonous

aboneerima subscribe

abonement season ticket, subscription

abonent subscriber

abonenttelegraaf telex

abonenttelegramm telex

abordikeeld ban on abortion

aborigeen aborigines (*haril pl*)

abort abortion, miscarriage

    aborti tegema have an abortion

abrakadabra abracadabra

abrasiiv(ne) abrasive

absint absinth, absinthe

absolutism absolutism

absolutist absolutist

absolutistlik absolutistic

absolutsioon absolution

absoluutne absolute

A

absoluutselt absolutely
absoluutväärtus *mat* absolute value
absorbeerima absorb, imbibe
absorbeeriv absorptive, absorbent
absorptsioon absorption
absorptsiooni- absorptive
abstinents (karskus) abstinence
abstraheerima abstract
abstraheerimine abstraction
abstraktne abstract
abstraktselt in the abstract, abstractly
abstraktsioon abstraction
abstraktsus abstractness
abstsess *med* abscess
abstsiss *mat* abscissa (*pl* -ae, -sas)
abstsisstelg *mat* axis of abscissas
absurd absurdity, nonsense
absurdne absurd, nonsensical, ridiculous, preposterous, foolish
absurdselt absurdly
absurdsus absurdity, absurdness, nonsensicality, foolishness
abt abbot
abtiss abbess
abtkond abbey
Achilleuse kand Achilles' heel
adap(ta)tsioon adaptation
adapteerima adapt
adapter adapter, adaptor
adekvaatesitus *inf* what-you-see-is-what-you-get, WYSIWYG
adekvaatne adequate
adekvaatselt adequately
adekvaatsus adequacy
adenoid *med* adenoids
adenoom *med* adenoma (*pl* -s, -ta)
ader plough, (AmE) plow
adjektiiv *lgv* adjective
adjektiivne *lgv* adjectival
adjunkt adjunct
adjutant adjutant

adjöö adieu
administraator administrator, receptionist; executive, manager
administratiivkulud *maj* administrative expenses
administratiivne administrative, executive
administratiivselt administratively
administratsioon administration, management, authorities
administreerima administer, administrate, manage
admiral admiral
admiraliteet admiralty
adopteerima adopt
adopteerimine adoption
adopteeritud adopted
adrenaliin adrenalin, adrenaline
adressaat addressee
adressant addresser
adresseerima address, direct
adru seaweed, seatang, tang, fucus (*pl* -ci)
aduma comprehend, realize, understand
adumine comprehension, understanding
advent Advent
adventism (usulahk) Adventism
adventist Adventist
adverb *lgv* adverb
adverbiaal *lgv* adverbial phrase/modifier, adverbial
adverbiaalne *lgv* adverbial
advokaadibüroo advocate bureau, lawyer's office
advokaat lawyer, solicitor, barrister, attorney, counsel, counsel(l)or, pleader, advocate
advokatuur the bar, legal profession
aed garden; (tara) fence, railing; (puuviljaaed) orchard

A

aedik pen, enclosure, fold
aedkannike pansy
aedlinn garden suburb, garden city
aedmaasikas (garden) strawberry, cultivated strawberry
aednelk carnation
aednik gardener
aedsalat lettuce
aeduba bean, French bean, green bean
aedvili fruits and vegetable(s), vegetables
aedviljakauplus greengrocer's
aedviljakaupmees greengrocer
aedviljapüree vegetable purée
aedviljasupp vegetable soup
aeg time; (**ajajärk**) period, age, epoch, era; (**kellaaeg**) hour(s), (**kindlaksmääratud aeg**) appointment; (**kindel ajavahemik**) slot; *lgv* tense
  ettenähtud ajal on time, on the appointed time
  igal ajal at any time, always
  kogu aeg all the time, all along, always, ever, persistently
  kord ennemuistsel ajal once upon a time
  lähemal ajal in the near future
  lühike aeg snatch
  omal ajal at one time, in due course
  paras aeg right time, proper time
  piiratud aeg limited time
  vaba aeg leisure/spare time, (time) in hand
  viimane aeg about time, high time
  viimasel ajal lately, recently, of late, these days
  õigeks ajaks in (good) time
  õigel ajal at the right time, in time, on time, in proper time, in due time/ course, duly

  ühel ajal at the same time, together
  ühele ajale sattuma clash (with), coincide (with)
  üle aja extra time, (AmE) overtime
  ülim aeg high time
  üürikest aega briefly
  aega kaotama lose time
  aega maha võtma take time out
  aega mõõtma clock, time
  aega raiskama waste time, dally, fiddle about/around, idle away
  aega tagasi pöörama set/put/turn the clock back
  aega teenima serve in the army/ navy
  aega veetma spend time, pass the time, while away
  ajaga kaasas käima/sammu pidama keep up, keep abreast
  aeg on läbi time is up
  aega on vähe time is short
  ajast ees ahead of one's time
  ajast ja arust out of date, obsolete, superannuated, archaic
  ajast maha jäänud behind the times, behind one's time
  oh aeg! good gracious!, my goodness!
  oma aja ära elanud worn-out, have had one's day
  on viimane aeg it is high time
  sa armas aeg! dear me!, my goodness!
aeg-ajalt at times, from time to time, every now and then, now and again, now and then, on and off, off and on, every so often, periodically, at intervals
aegamisi slowly, gradually, little by little, step by step

A

aegamööda → aegamisi
aeganõudev time-consuming
aeglane slow, tardy; leisurely
  aeglase taibuga slow, slow on the uptake, slow off the mark, slow-witted, thick
aeglaselt slowly, slow, leisurely, tardily, sedately
aeglus slowness, tardiness; sluggishness
aeglustama slow (down); delay, retard
  käiku aeglustama drop back, drop behind, slow down
aeglustamine slowing down, retardation, delay
aeglustuma slow, slow down/up, become retarded, decelerate
aeglustus slow-down, retardation
aegluubis in slow motion
aegluup slow motion
aegrelee timer
aegsasti early, in good time
aeguma go out of date, expire, lapse
aegumine going out of date, expiry, expiration
aegumiskuupäev expiration date, expiry date, best-before date
aegunud out of date, outdated, expired, obsolete
aelema gad, lie, lounge, loaf, idle, fool around/about, welter
aer oar, (süsta-) paddle, (ühekäe-) scull
aerupaat rowing boat, rowboat, skiff
aerutaja rower, oarsman
aerutama row, scull
aerutamine rowing
aerutõmme stroke of the oar
aero- aero-, aerial

aerodroom aerodrome, airfield
aerodünaamika aerodynamics
aerodünaamiline aerodynamic
aerodünaamiliselt aerodynamically
aeronautika aeronautics
aeroobika aerobics
aeroobne aerobic
aeroplaan aeroplane, (AmE) airplane
aerosool aerosol
aerostaatika aerostatics
aevastama sneeze
aevastamine sneezing
aevastus sneeze, sneezing
afekt affect
afekteeritult affectedly
aferist swindler, adventurer, fortune hunter, crook, speculator
afgaan Afghan
afiks *lgv* affix
afišš poster, bill, placard
aforism aphorism, maxim, saying
aforistlik aphoristic
afro- Afro-
afroameeriklane Afro-American, African American
afrodisiakum aphrodisiac
afäär affair; (**pettus**) shady deal, swindle
aga but; (**siiski**) however; yet
  aga muidugi! but of course!, why, of course!
aganad chaff *sg*
aganaleib chaffy bread
aganane chaffy
agar eager, keen, zealous, ardent, active, brisk
agaralt eagerly, keenly, zealously, ardently, actively, briskly
agarus eagerness, keenness, zealousness, alacrity
agent agent, dealer, broker; *pol*

agent, spy
agentuur agency; *pol* secret service agency
agitaator agitator, propagandist, (AmE) stump speaker, **(valimiste eel)** canvasser
agitatsioon agitation, **(valimiste eel)** canvassing, (AmE) stumping
agiteerima agitate, canvass, (AmE) stump
agnostik *filos* agnostic
agnostitsism *filos* agnosticism
agoonia agony
agraar agrarian
agregaat aggregate; unit, assembly, plant
agressiivne aggressive, belligerent
agressiivselt aggressively, belligerently, with a vengeance
agressiivsus aggressiveness, belligerence
agressioon aggression
agressor aggressor
agronoom agronomist, agricultur-(al)ist
agronoomia agronomics, agriculture, agricultural sciences
agu early dawn, daybreak
agul slum
agullik slummy
ah ah, huh, oh
  ah nii right, I see
ahas narrow, slim, slender
ahastama despair, despond, feel distress/anguish; grieve, wail, lament
  ahastama panev heartrending, distressing
ahastav distressful, despairing, desponding, agonized, agonizing
ahastus anguish, distress, agony, despair

ahel chain, fetter; bonds; *luul* gyve; **(vangiahelad)** shackles; **(mõtete, sündmuste)** concatenation, series; *el* circuit
  ahelaist vabastama unchain, unfetter
ahelais in bonds
ahelavarii pile-up
aheldama chain, chain up, enchain, fetter, shackle; *luul* gyve
aheldatud chained, shackled
  kodu külge aheldatud housebound
aheldatus being chained/shackled
ahelmäestik mountain range
ahelpiste chain stitch
ahelreaktsioon chain reaction
ahendama narrow, make narrower; decrease, limit
ahendamine narrowing, making narrower
ahenema narrow, become narrower, **(otsast kitsenema)** taper
ahenemine becoming narrower
aher barren, infertile, sterile, **(lehma kohta)** dry, **(mõtteaher)** dull, fruitless
aheraine gangue, dirt
ahervare ruins (of a burnt-out building), charred ruins
ahhaat agate
ahhetama say "ah!", sigh with surprise
ahi stove, **(prae-)** oven, stove; **(sulatus-)** furnace; **(lubja-)** kiln
  vesi ahjus be in sad straits
ahing fishing spear, lance
ahistaja **(seksuaalselt)** molester, harasser
ahistama **(kimbutama)** harass; **(kitsikusse ajama)** oppress, distress, beset, **(er seksuaalselt)** molest

ahistamine harassment; distressing, oppressing, besetting; molestation **seksuaalne ahistamine** sexual harrassment

ahistav oppressing, distressing

ahjukartulid oven-baked potatoes

ahjuküte stove heating

ahjupott stove tile, glazed tile; (**anum**) stew-pan, stewing dish

ahjuroop poke

ahm wolverine, glutton

ahmima (**kahmama**) snatch; (**ahnelt sööma**) gobble, shovel up food, wolf (down); (**õhku**) gasp for air **sisse ahmima** gulp down, gobble

ahne greedy, covetous, avaricious, (**ablas**) gluttonous, voracious

ahnelt greedily, covetously, avariciously; (**aplalt**) gluttonously, voraciously

ahnepäits glutton, hog

ahnitseja a greedy person

ahnitsema be greedy/avaricious, hog

ahnus greed(iness), avarice, covetousness; (**aplus**) gluttony, voracity

ahtake narrow, slender, slim, attenuate

ahter stern, poop

ahtripoolne after

ahtris(se) astern, abaft, aft

ahtritekk quarter-deck, poop (deck)

ahtrituli stern light

ahtrus sterility, barrenness

ahtus narrowness

ahv monkey, ape

ahvatlema lure, tempt, entice, tantalize, (**võrgutama**) seduce

ahvatlev alluring, enticing, tempting, tantalizing, (**võrgutav**) seductive

ohtlikult ahvatlev beguiling

ahvatlevalt temptingly, tantalizingly, seductively

ahvatlus lure, inducement; (**võrgutamine**) seduction; (**kiusatus**) temptation

ahven perch, bass

ahvileivapuu baobab

ahvima ape, mimic, monkey, imitate, mock

ahvinimene apeman, pithecanthropus

ahvitaoline apish, simian, monkeyish

ahvitud mock

ahvivaimustus excessive love, doting

ai ouch, ow

aiamaa kitchen garden, allotment

aiamajake garden house, summer house

aiand market garden, (AmE) truck farm

aiandus gardening, horticulture

aianduslik horticultural

aiandusteadlane horticulturist

aiapidamine gardening

aiapidu garden party, (AmE) lawn party

aiatöö gardening

aiavärav garden gate

aids *med* AIDS, Aids

aim idea, inkling; (**eelaimus**) presentiment, suspicion, anticipation **aimu saama** guess

aimama sense, feel, surmise, guess, have an idea/inkling; (**halba**) smell a rat **ette aimama** anticipate, feel **järele aimama** imitate, ape, mimic, simulate

aim(d)us surmise, inkling, feeling;

(**halb eel-**) presentiment, premonition, foreboding, misgiving, sense
aina only, merely, quite, entirely, always, ever, ever more
aine matter, substance, stuff; (**kõneaine**) topic, subject, theme
aineline material, substantial
aineliselt materially
ainemass mass
ainenimetus *lgv* mass noun
aineosake particle
aineregister subject index
aines material, matter, substance, stuff
ainestik material, subject matter, field of subject
ainevahetus metabolism
ainevahetushaigus *med* metabolic disease
ainitine fixed, intent
   ainitine pilk stare
ainsus *lgv* singular
ainu- exclusive, sole, mono-
ainuabielu monogamy
ainuesindaja sole agent
ainuisikuline one-man, personal, individual
ainuke → **ainus**
ainukordne unique
   ainukordne võimalus chance of a lifetime
ainulaadne unique, exclusive, singular
ainulaadsus uniqueness, exclusiveness, singleness
ainult only, solely, barely, just, merely, purely, alone, simply, but
   ainult nime poolest in name only
   ainult üle minu laiba over my dead body
ainumüügiõigus *maj* exclusive selling right, monopoly right(s),
sole right(s)
   ainumüügiõigust omama have the exclusive sale
ainumüüja *maj* sole distributor
ainumüük *maj* exclusive sale, sales monopoly
ainuomane typical
ainuomaselt typically
ainus only, sole, single, the only one, the one and only
ainuvalitseja monarch
ainuvalitsev absolute
ainuvalitsus monarchy
ainuvalitsuslik monarchic(al)
ainuvõimalik sole, only possible
ainuõige the only true
ainuõigus monopoly, sole/exclusive right(s)
ainuüksi all alone, solely, exclusively, only
ais thill, shaft
aisakell sleigh-bell
aistima sense, experience a sensation
aisting sensation, perception
aistingu- sensory
aistitav sensibe, perceptible by senses
aistitavus sensibility, perceptibility
ait storehouse, outbuilding; warehouse; (**vilja-**) granary, grain/corn store
aitaja helper, aid
aitama help, aid, assist, give/lend a hand; (**piisama**) suffice, be sufficient/enough; (**hädas**) befriend; (**hädast välja**) succour, relieve; (**toetama**) assist, support, back up; (**soodustama**) advance, promote
   edasi aitama push
   järele aitama give assistance, help, assist

A

kaasa aitama aid and abet, assist, connive, contribute, co-operate, further, serve
läbi aitama carry through
välja aitama help out
aitamine help, helping, aiding, assisting
aitav assistant, subsidiary, auxiliary, ancillary
aitäh thank you, thanks, ta
aja- temporal, time
ajaarvamine chronology, era
kristlik ajaarvamine the Christian era
ajagraafik timetable, schedule
ajagraafikus olema/püsima be on target
ajajärk period, era, time, age, phase, epoch
ajakava timetable, schedule; roster
ajakava koostama schedule, draw up a schedule
ajakava kohaselt on schedule, according to schedule
ajakavast maas behind schedule
ajakiri journal, magazine, mag, periodical; (**kord kuus ilmuv**) monthly; (**kord nädalas ilmuv**) weekly
ajakirjandus journalism
ajakirjanduslik journalistic
ajakirjanik journalist; *kõnek* pressman
ajakirjanikutöö journalism
ajakohane timely, seasonable, up-to-date, opportune, modern
ajakohastama update, modernize, modernise
ajakohastamine updating, modernizing, modernising
ajakohatu inopportune, (**halvasti ajastatud**) ill-timed

ajaküsimus a matter of time, question of time
ajal during, in the time of, at, by
ajalehekiosk newsstand, newsagent's, newspaper stand, paper shop
ajalehemüüja newsagent, news vendor, (AmE) news dealer
ajalehepoiss paper boy, newsboy
ajaleheväljalõige (newspaper) cutting/clipping
ajaleheväljalõigete album scrapbook
ajaleht newspaper, paper; journal, gazette, sheet
ajalik temporal; (**surelik, maine**) mortal, earthly
ajaloo- historical
ajaloolane historian
ajalooline historical; (**ajalooliselt tähtis**) historic, history-making
ajalooliselt historically
ajaloolisus historicity
ajalugu history, story
ajalugu tegema make history
ajalukku minema go on record, place oneself on record
ajam drive, gear, driving gear
ajama drive; (**millekski kihutama, õhutama**) incite, prompt, stimulate; *keem* distil
alla ajama knock down, run over
asju ajama manage (business), administrate, conduct
eemale ajama drive away
ilma läbi ajama dispense with, do without
joonde ajama straighten (out), set right, square up, get things square
karjas ajama herd drive
keeruliseks ajama confuse, perplex, intricate

kokku ajama scrape together, scrape up, herd up, gather together, crowd, round up, heap up
korda ajama do the job
laiali ajama scatter, disperse
lõhki ajama burst, tear apart
läbi ajama make do
maha ajama shed, (laualt) push off
marru ajama madden, enrage, infuriate, piss off
peale ajama ply, badger, pester
püsti ajama pick up, lift up, raise, rise, get up, prance
ringi ajama turn round
sisse ajama drive in
taga ajama chase, hunt, pursue
teise kaela ajama shift, unload
välja ajama drive out, drive off, flush, purge, spew, expel
ära ajama drive away, chase away; *kõnek* steal
äri ajama do business
üle ajama brim over, overflow, spill over
üles ajama (**äratama**) wake up, rouse, get up
ümber ajama knock over; *kõnek* upset
ajamine driving; (**ka viina**) distillation
ajamõõtja timer, timekeeper, chronometer
ajanappus lack of time
ajapiirang time limit
ajapikku in the course of time; (**aeglaselt**) slowly
ajaraiskamine waste of time
ajaserver *inf* time server
ajastama time
halvasti ajastatud ill-timed
hästi ajastatud well-timed

ajastu age, era, period, epoch
ajastule omane pertaining to a period (era, epoch, age)
ajastus timing
ajatama (**taimi**) force
ajateenistus military service
ajatu timeless
ajavahe (**vahe kahe sündmuse vahel**) time lag; (**ajavööndite vahel**) time difference
ajavahemik space of time, interval, lapse, slot, period
ajaveväsimus jet lag
ajavaim spirit of the time, Zeitgeist
ajaviide entertainment, pastime, amusement
ajaviite- recreational, pastime
ajaviiteks for fun
ajavorm *lgv* tense
ajavöönd time zone
aje impulse, motive, impetus, urge
ajend inducement, motive, spur, stimulus; (**põhjus**) cause, ground, occasion
ajendama induce, bring about/on, prompt, occasion
aju brain, cerebrum
ajusid ragistama rack one's brains
ajujaht hunt, chase
ajujahti pidama hunt, chase
ajukelmepõletik *med* meningitis
ajuloputus brainwash, brainwashing, indoctrination
ajuloputust tegema brainwash, indoctrinate
ajupoolkera cerebral hemisphere
ajupuit driftwood
ajurabandus *med* cerebral apoplexy, stroke
ajusurm brain death
ajusurmas brain-dead

A

ajutegevus cerebration
ajutine temporary, provisional, transitory, interim, makeshift
ajutiselt temporarily, provisionally, for a time
akaatsia acacia
akadeemia academy
akadeemik academician
akadeemiline academic(al)
akadeemilisus academicism
aken window; (**hingedega**) casement; (**lükandaken**) sash window; (**ärkelaken**) bay window; (**topeltaken**) double window
akendamine *inf* windowing
aklimatiseerimine acclimatization, acclimatisation
aklimatiseeruma acclimatize, acclimatise, (AmE) acclimate
aklimatiseerumine acclimatization, (AmE) acclimation
aknakate (**ruloo**) (roller) blind, (AmE) (window) shade
aknakitt putty
aknaklaas window glass
aknalaud sill, windowsill, windowledge
aknaleng architrave
aknaluuk shutter
aknapiit (**külje-**) jamb; (**kesk-**) mullion
aknaraam window frame, (**üles-alla lükatav**) sash
aknaruut windowpane
akne acne
akord chord, harmony
akordion accordion
akordionimängija accordionist
akrediteerima accredit
akrediteeritud accredited
akrobaat acrobat, tumbler
akrobaatika acrobatics

akrobaatikaköis tightrope
akrobaatiline acrobatic
akrobaatiliselt acrobatically
akronüüm acronym
akrüül acrylic
aksessuaar accessory
aksiomaatiline axiomatic
aksioom axiom, postulate
akt act, action; (**dokument**) deed, act, legal document; (**alasti inimkeha kujutis**) nude
aktiiv *lgv* the active voice
aktiivne active, energetic, busy, full of life
aktiivselt actively
aktiivsus activity
aktikaaned folder, file
aktikapp filing cupboard
aktimapp portfolio
aktiraamat dossier, file (with records)
aktiva *maj* assets, (AmE) resources
aktiveerima activate, make active
aktivist activist, man of action
aktseleratsioon acceleration
aktsent accent, (**rõhk**) stress
aktsentueerima accentuate, accent
aktsepteerima (**vastu võtma**) accept; (**sallima**) tolerate
aktsepteeritud accepted, approved
aktsia *maj* share, stock
aktsiabörs *maj* stock exchange
aktsiakapital *maj* stocks, share capital, joint stock
aktsiaselts *maj* joint-stock company, (stock) corporation, public limited company
aktsiaseltsiks ühinenud incorporated
aktsiaturg *maj* stock market
aktsionär *maj* shareholder, stockholder, stockowner

A

aktsioon (tegevus) action; (üritus) enterprise; (ühine) campaign, drive

aktuaalne actual, topical; (küsimus) live (issue)

aktuaalsus actuality, topicality

aktualiseerima actualize, render, up-to-date, modernise

aktus public ceremony, (koolis) speech day; (Am koolides) commencement

aktusesaal assembly hall

aku accumulator, battery

akumulatsioon accumulation

akumuleerima accumulate

akupunktuur *med* acupuncture

akuraatne accurate, punctual, exact

akustika acoustics

akustiline acoustic(al)

akustiliselt acoustically

akvaarium aquarium

akvalang scuba, aqualung

  akvalangiga sukeldumine scuba-diving

akvalangist aqualunger, scuba-diver, frogman

akvamariin aquamarine

akvarell watercolour, aquarelle

akvarellist aquarellist

akvarellitehnika aquarelle

akvarellmaal watercolour

akvatinta aquatint

akvedukt aqueduct

ala (piirkond) area, district, compass, territory; (tegevus-, valdkond) field, range, sphere; (ainevaldkond) subject; (spordiala) event

ala- under-, sub-, lower

alaarenenud (arengupeetusega) retarded; (vähearenenud) underdeveloped

alaareng *med* infantilism

alaealine under-age, minor, juvenile

alaealiste juvenile

alagrupp (sub)division

alahindama underestimate, undervalue, underrate

alahindamine underestimate, underestimation

alahinnatud underestimated, underrated

alajaam *el* substation

alajaotus (sub)section, subdivision

alakaaluline underweight

alakeha abdomen, lower part of the body

alakoormus *el* underload

alalhoid conservation, preservation

alalhoidlik conservative

alalhoidlikkus conservatism

alalhoidmine conservation, preservation, retention, maintenance

alaliik subdivision

alaline (püsiv) standing, steady, perpetual, unfailing; (kestev, vältav) permanent, perennial

alaliselt permanently, continually, for good, for ever

alalisus perpetuity

alalisvool *el* direct current, DC

alalõpmata endlessly, incessantly, constantly, forever, for ever

alalõpmatu endless, incessant, continuous

alam inferior, petty, (auastmelt) subordinate; lower; (riigialam) subject, subordinate

alam- inferior, under-, sub-

alamalseisev (tähtsuselt) second to

alamastme- lower stage, lower grade, lower

alamjooks river reaches, lower course (of a river)

alamklass lower class; *biol* subclass

alamliik *biol* subspecies

alammäär minimum (*pl* minima)

alamõõduline undersized, below the standard

alandama (**inimest**) humiliate, humble, abase, mortify, put down; (**auastmes**) degrade; (**hindu**) reduce, decrease, lower, drop, cut

alandamine humiliation, lowering, abasement; (**auastmes**) degradation; (**hinnaalandamine**) reduction

alandatud humiliated

alandav humiliating, lowering, derogatory, demeaning, degrading

alandlik humble, lowly, meek, submissive

alandlikkus humbleness, humility, lowliness, meekness

alandlikult humbly, meekly, obsequiously, cap in hand

alanduma demean, descend, lower, abase, eat humble pie

alandus humiliation, lowering, abasement, mortification

alanema (**vee kohta**) sink, lower, subside; (**hindade kohta**) fall, drop, recede, go down; (**vähenema**) decrease, abate, remit

alanemine lowering, sinking, subsidence; (**hindade**) fall, drop; (**vähenemine**) decrease, abatement; (**väärtuses**) debasement

alanev falling, descending, decreasing

alaorb *inf* orphan (line)

alaosa lower part, bottom, foot

alapealkiri subtitle

alarm alarm; *sõj* alert

alarmeerima alarm, alert

alarmseade alarm

alasi anvil

alasti naked, nude, bare

  alasti võtma undress, strip

alastikultuur nudism, the cult of the nude

alastiolek nakedness, nudity

alastus nakedness

alatalitlus hypofunction

alatasa continually, always, constantly, frequently, perpetually

alateadlik subconscious, subliminal, unconscious

alateadlikult subconsciously, unconsciously

alateadvus subconsciousness, unconscious

alateadvuses at the back of one's mind

alateadvuslik subconscious, unconscious

alates since, beginning from, from ... on

alati always, all the time, at all times, ever

  nagu alati as ever, ever, true to form

alatine constant, continual, frequent, regular; perpetual, permanent

alatiseks for good, forever

alatoidetud undernourished, underfed

alatoitlus malnutrition, undernourishment

alatoituma underfeed, undernourish

alatoon undertone

alatu mean, low, dirty, vile, sordid, ignoble, nasty, sneaky, shabby, caddish

  alatu tegu mean deed, dirty trick

alatult meanly, ignobly, foully

alatus meanness, lowness, vileness,

baseness, villainy, foulness, foul play

alaun (**maarjajää**) alum

alavalgustama underexpose

alavääristama belittle, deprecate, run down, put down

alaväärsus inferiority

alaväärsuskompleks inferiority complex

alaväärtuslik inferior, third-rate, low grade, poor-quality, poor, base

alaväärtustama undervalue

alaväärtustamine undervaluation

albatross albatross

albiino albino (*pl* -os)

album album

aldis liable, prone, subject, apt

  aldis olema be subject to, be exposed to

ale sart, assart

alev small town, village, market town

alfabeet alphabet

alfabeetiline alphabetical

alfons gigolo

alg- basic, elementary, primary, initial, primitive, primeval

algaine primary/primordial matter/ substance, element

algaja beginner, novice, rookie, learner

algallikas origin, source, primary/ original source

  algallikail põhinev of primary sources

algama begin, start, commence, rise (in, from), arise (from), spring (from), take its rise/origin (in, from)

  uuesti algama begin again, recommence, renew, resume

algamine commencement, beginning, origin

algandmed initial/original data

algarv prime number

algasend primary position

algaste primary/elementary stage, early stage

algataja initiator, originator, instigator, author, pioneer

algatama start, initiate, originate, launch, start off, spark off

algatus initiative, initiation, enterprise, starting

  omal algatusel on one's own initiative, of one's own accord, of one's own free will

algatuseks to begin with

algatusvõime initiative

algatusvõimetu lacking initiative

algatusvõimetus lack of initiative

algav beginning

alge embryo, germ

algebra algebra

algebraline algebraic(al)

algeline primitive, elementary, rudimentary, embryonic, rude, crude

algeliselt primitively, elementarily

algelisus primitiveness, elementariness, rudeness

algharidus primary/elementary education

alghind initial price, prime cost

algkapital *maj* initial/founding/ opening capital

algkeel primal language, original

algkool primary/elementary school

algkuju archetype, prototype

  algkujule omane archetypal

algkursus elementary course

algloom *biol* protozoon (*pl* -zoa)

algmurd partial fraction

algmõisted elements, rudiments

A

algne original, primary, indigenous
algoritm algorithm
algoritmiline algorithmic
algriim alliteration
algstaadiumis embryonic, in embryo
algteadmised the ABC of, basic/elementary knowledge, rudiments
algtekst original text
algul (at) first, to begin with, at/in the beginning, at the outset
algupära origin; originality; (teke) origin, genesis, source, beginning
algupärand original
algupärane original; aboriginal
algupärasus originality
algus beginning, start, commencement, outset, onset, origin, (sissejuhatav osa) opening
    algusest lõpuni from first to last, from beginning to end, from start to finish, from A to Z
    algusest peale from the beginning, from the first, all along
alguses (at) first, at/in the beginning, at the outset
alguspunkt origin
algustäht initial, first letter
algvorm original/primal/parent form
algvõrre *lgv* positive
algõpetus elementary/primary instruction/training, grounding
algõpik ABC(-book), primer
alias alias
alibi alibi
alimendid alimony
alistama subordinate, subdue, subject; (vallutama) defeat, conquer
alistamatu invincible, unsubmissive
alistamine subordination, subjection, subdual

alistuma surrender, yield, give in, give up, capitulate, succumb, submit
alistumine submission, surrender, deference, capitulation, subordination
    tingimusteta alistumine unconditional surrender
alistuv submissive, subordinate, subject (to), yielding, amenable
alkaloid *keem* alkaloid
alkeemia alchemy
alkohol drink, spirits; *kõnek* booze; *keem* alcohol
    kange alkohol spirit, strong liqueurs
alkoholi- alcoholic
alkoholikeeld prohibition
alkoholism alcoholism
alkoholivaba non-alcoholic, dry
    alkoholivaba jook soft drink
alkohoolik alcoholic, drunkard; *kõnek* soak
alkohoolne alcoholic, spirituous
    alkohoolne jook alcoholic drink, alcoholic beverage, strong drink, liqeuor; *kõnek* booze
alkomeeter breathalyser, alcoholmeter
    alkomeetriga mõõtma breathalyse
alkoov alcove
all below, under, beneath, underneath, down; (allkorrusel) downstairs
all- sub-, under-, hypo-, infra-
alla down, downward(s), under, underneath, below, beneath; (allkorrusele) downstairs
    alla nulli minus, below zero
    alla tavalist taset not up to par, below the usual level

allaandlik submissive, yielding, compliant
allaandmine surrender, capitulation
allaheitlik submissive, subservient, obedient
allaheitmine subjection, subdual
allahindamine write-down
allahindlus discount, sale, mark-down
allajääja underdog
allakirjutaja signer, signatory, subscriber
allakäik comedown, decline, decadence, degeneration, declension
allakäinud degenerate, ruined, deprived
allaminek descent
allamäge downhill
　allamäge minema go down the hill; (**moraalselt**) decline, decay, come down in the world
allapoole down, downward(s), below, underneath, beneath
allasurumine pressing down; oppression, constraint, suppression, subdual
allasurutud oppressed, suppressed
allasuruv oppressive
allasutus subordinate office/establishment
allatuult downwind, leeward, alee
allavoolu downstream
allee avenue, alley, path, walk, lane
alleel (**geeni esinemisvorm**) allele, allomorph
allegooria allegory
allegooriline allegoric(al)
allergia allergy
allergiline allergic
alles still, yet; only; not before, not until
allhoovus undercurrent

allianss alliance
alligaator alligator
allikas spring, source, fountain, well, wellhead, head; *ülek* source, origin
　otsesest allikast at first hand
　usaldusväärsest allikast on good authority, right/straight from the horse's mouth
alliteratsioon alliteration
alljaotus subdivision
alljärgnev following
allkiri signature, hand; (**pildi**) legend
　allkirja andma give/put one's signature, sign; (**arvele**) receipt a bill
　omakäeline allkiri autograph
all-linn downtown
allmaa- underground, subterranean, subterraneous
allmaailm (**manala**) abode/realm of the dead, underworld; (**põhjakiht**) underworld
allmaaraudtee underground, tube, subway, metro
allmärkus footnote
allohvitser non-commissioned officer, NCO
allosa lower part, base, bottom
allpool (farther) down/below; beneath, lower down; (**dokumendis**) hereinafter
alltekst hidden meaning between the lines, connotation
alltöövõtja subcontractor
alltöövõtt subcontract
alltöövõtuleping subcontract
alluma (**millelegi**) be subject to; (**kellelegi**) be subordinated to, serve under, be under, be placed under, be liable to
allumine subjection, subordination

A

allutama subject, subordinate
   korrale allutama discipline, ordain
allutamine subjection, subordination
allutatud subject (to)
alluv subordinate, inferior
   kergesti alluv susceptible, ductile
alluvus subordination, subjection
alluvuses under
alluvusvahekord subordination
allveelaev submarine, (AmE) *sl* sub, U-boat
alläär edge below/under/beneath
allüksus subordinate unit, subdivision
allüürima sublet
allüürnik subtenant, undertenant
almanahh almanac
almus charity, alms
   almust paluma beg, ask for alms
alp fatuous, silly, foolish, inept
Alpid the Alps
alpi-, alpiinne alpine
alpinism mountaineering, alpinism
alpinist mountaineer, alpinist
alpus fatuity, silliness, foolishness, ineptitude
Alzheimeri tõbi *med* Alzheimer's disease
alt *muus* alto (*pl* -os); (**altpoolt**) from under/below
altar altar, shrine
   altari ette viima lead to the altar
altarimaal altarpiece
altariruum chancel
alternatiiv alternative
alternatiivne alternative
altkulmu scowlingly
   altkulmu vaatama scowl (at), glower (at)

altkäemaks bribe; *kõnek* backhander; (AmE) *sl* grease, lubricant, oil, smear, payoff
altkäemaksu andma bribe, pay off, smear, grease (the palms), lubricate
altkäemaksuvõtja briber
altpoolt from below/underneath
altruism altruism
altruist altruist
altruistlik altruistic, selfless
altvedamine deceiving, letting down
altviiul viola
alumiinium aluminium
alumine lower, under, bottom, inferior
   alumine korrus ground floor
   alumine lõualuu lower jaw, jowl
   alumine osa/pool underneath, underside
   alumine äär (rõival) hemline
   alumisel(e) korrusel(e) downstairs
alus (**põhi**) base, basis, foundation, bottom, principle, ground; (**tugi**) foot, stand, fixture; (**samba**) pedestal; (**veesõidu**) vessel; (**teadustel**) rudiments, fundamentals; *keem* alkali
alus- under-; basic, fundamental
aluseline *keem* alkaline
alusepanija founder, initiator, originator
alusetu groundless, baseless, unfounded
alusjoon *inf* baseline, reference line
aluskarv (**loomal**) undergrowth
aluskiht underlayer
aluskott (**voodis**) straw mattress
aluslina bottom sheet
alusmets undergrowth, underwood
alusmüür foundation, basement,

substructure
aluspesu underclothes, underwear; (naiste) lingerie; kõnek undies
aluspind subsoil
aluspõhi bedrock, bed
aluspüksid briefs, pants, panties, underpants, knickers, drawers
alusrõivas undergarment, underclothing
alussammas foundation pillar, pillar of support
alusseelik petticoat, slip, underskirt
alussärk vest, undershirt, singlet
alustaimestik undergrowth
alustama begin, start (with), commence, launch, initiate, open, make a beginning (with), get down to, lead off
halvasti alustama get off on the wrong foot, get off to a bad start
tühjalt kohalt alustama begin from scratch
uuesti alustama start over, start (all) over again, turn over a new leaf, recommence, resume
alustamine beginning, commencing, commencement, starting, opening
alustass saucer
alustus beginning, start, commencement
alustuseks to begin with, in the first place, first and foremost
alustõed fundamentals, basics
amalgaam amalgam
amatörism amateurism
amatöör amateur
amatöörlik amateur
ambitsioon ambition, ardent desire for distinction
ambitsioonikas ambitious
ambitsioonikus ambition

ambivalentne ambivalent
ambulants ambulance, dispensary, outpatient hospital; policlinic
ambulatoorne ambulatory, policlinic
ambulatoorne haige outpatient
ambulatoorne ravi ambulatory/dispensary/outpatient/policlinic treatment
Ameerika America; American
ameerika American
ameeriklane American, (AmE) sl Yank, Yankee, Yankee-Doodle, Sam, Usanian
amelema canoodle, make out, neck
amet (kutse) profession, occupation, vocation; (amet, teenistus) position, office, employment, post, job; (ametiasutus) board, department, office; (kutsumus) kõnek calling
kõvasti ametis in the thick of, up to the ears in work, hard at work
ametis alandama demote, degrade
ametisse määrama appoint, nominate, assign, commission, install
ametisse pühitsema inaugurate, (vaimulikku) ordain
ametisse pühitsemine inauguration, (vaimuliku) ordination
ametisse vannutama swear in
ametist lahkuma resign (one's office/charge), leave office
ametist lahkuv outgoing
ametit pidama hold a position/post, perform the duties of
ametiaeg tenure
ametialane professional, official
ametiasjus on business
ametiaste rank

ametiasutus board, office, bureau (*pl* -eux, -eaus); governmental/ public offices

ametieelne pre-service

ametiisik official; *kõnek, halv* functionary

ametikandja office-bearer, office-holder

ametikoht position, post, job, office, rank

ametikohustused official duties

ametikoolitus occupational training, in-service training

ametikõrgendus promotion, preferment, advancement

ametimees officer; tradesman, jobholder

ametinimetus (job/business) title

ametipost → **ametikoht**

ametiraha medal of office

ametiredel hierarchy

   ametiredelil tõstma promote

   ametiredelil tõusma be promoted, gain promotion

ametiruum office

ametirüü robe, gown, uniform

ametitunnus insignia

ametivend colleague, co-worker

ametivõimud authorities

ametiühing trade union, union, (AmE) labor union

ametkond administration, authority, department, board, office, service

ametkondlik administrative, departmental, office

ametlik formal, official, office

   ametlik kinnitamine/kinnitus ratification; approval

   ametlik kiri official letter, missive

   ametlik kutse summons

   ametlik märgukiri memorandum, memo

   ametlik teadaanne public announcement, declaration, official intimation, communiqué

ametlikuks tegema formalize, formalise

ametlikkus formality, being official

ametlikult formally, officially

ametnik official, officer, office worker, clerk, functionary, employee; (**riigiametnik**) civil servant

ametnikkond (clerical) staff, personnel, civil service

ametüst amethyst

amfetamiin amphetamine

amfiib amphibian

amfiteater amphitheatre

amfora amphora

aminohape *keem* amino acid

amm nurse

ammendama exhaust, deplete, use up

ammendamatu inexhaustible

ammendamatus inexhaustibility

ammendav exhaustive

ammendavalt exhaustively

ammenduma become exhausted, run low

ammu long (time) ago, long since/ after/before

ammune long-ago, old-time, of many years, of long standing

   ammusest ajast from old times, from time immemorial

ammuli agape, gaping, open-mouthed

   ammuli sui open-mouthed, mouth wide open, agape

ammuma moo, low

ammumine mooing, lowing

ammutama (**vett**) scoop, draw; (**teadmisi**) get, obtain, imbibe; (**tühjaks**) exhaust, deplete, empty, drain

ammutamine scooping; obtaining, imbibing; (**tühjaks**) exhausting, depleting, draining

amneesia *med* amnesia

amnestia amnesty, general pardon

   amnestiat andma pardon, amnesty, forgive

amoraalne immoral

amoraalsus immorality

amorfne amorphous

amortisaator *tehn* cushion, shock-absorber, buffer, damper

amper ampere, A

amplituud amplitude

ampluaa line, type, range of activities

amps bite

ampull *med* ampoule, (AmE) ampule

amputeerima *med* amputate, cut off

amputeerimine *med* amputation

amulett amulet, charm

anaalne anal

anagramm *kirj* anagram

anakronism anachronism

anakronistlik anachronistic

analoog analogue

analoogarvuti analogue computer

analoogia analogy

analoog(ili)ne analogous, analogical

analüüs analysis, test

analüüsima analyse

analüütik analyst

analüütiline, analüüsiv analytic(al)

ananass pineapple, ananas

anarhia anarchy

anarhiline anarchic(al)

anarhism anarchism

anarhist anarchist

anastaja usurper, (unlawful) occupant, aggressor, invader

anastama usurp, occupy (unlawfully), capture, seize; annex

anastamine usurpation, (unlawful) occupation; annexation

anatoom anatomist

anatoomia anatomy

anatoomiline anatomical

anatoomiliselt anatomically

and gift, present; donation

andam impost, tax; tribute

andekas gifted, talented, apt, brilliant

andeks paluma apologise for, beg a person's pardon/forgiveness, ask (for) forgiveness

andekspalumine begging a person's pardon, asking for forgiveness

andekspaluv apologetic

andekspaluvalt apologetically

andekus being gifted, talented/apt; gift, talent, aptitude

   ülim andekus genius

andestama excuse, forgive, pardon; *jur* condone

andestamatu unforgivable, unpardonable, inexcusable

andestamine forgiveness, pardon

andestatav forgivable, pardonable, excusable; remissible

andestav forgiving

andestus forgiveness, pardon; (**pattude**) remission, absolution; *jur* condonation

andetu giftless, ungifted, talentless, untalented, without talent/gift

andetus lack of talents/gifts

andma give, present, grant, bestow, afford, impart, hand over, provide

   abi andma help, assist

   alla andma surrender, yield, capitulate, submit, give in, give up, back down

edasi andma convey, extend, hand on, hand down, impart, pass, pass on, transmit

jaopärast andma dole out

järele andma abandon, yield, give in, give way, indulge, relent, submit, defer, weaken, soften

kere peale andma thrash, gice

käest andma forego, forgo, relinquish, give away, hand over to

käiku andma set going, institute

kätte andma hand, hand over, deliver

peksa andma beat (up), spank

pihta andma hit at

sisse andma hand in, place, put in; **(faili, kausta panema)** file

vastumeelselt andma grudge

välja andma give out, bring out, issue, **(väljastama, avaldama)** put out, publish, **(reetma)** betray, give away

ära andma give, give away, hand in, hand over

üle andma consign, delegate, hand over, surrender, transfer

üles andma give up, turn in, turn over, report

andmebaas database

andmed data

tehnilised andmed specification

andmehaldus data management

andmekaitse data protection

andmekandja data medium

andmepank data bank

andmeside *inf* data communication

andmestik data, list of data

andmetöötlus *inf* data processing

andmetöötluskeskus *inf* data processing centre

andmine giving, bestowal

anduma **(tegevusele)** devote/abandon/surrender oneself to; **(seksuaalselt)** yield

andumus devotion, abandonment, dedication

andunud dedicated, devoted

andunult dedicatedly, devotedly

andur sensor

aneemia *med* an(a)emia

aneemiline an(a)emic

anekdoot anecdote, joke

anekdooti rääkima tell sb an anecdote, crack a joke

anekdootlik anecdotic(al), anecdotal, funny

anesteesia *med* anaesthesia

anestesioloog anaesthetist

angaar hangar

angerjas eel

angiin *med* quinsy, tonsillitis, angina

anglo- Anglo-

aniis anise, sweet cum(m)in

aniisiliköör anisette

aniisiseeme aniseed

anima- animated

animaator animator

animatsioon animation

ankeet form; questionnaire, poll, inquiry

ankrukoht berth

ankur anchor

ankrusse jääma anchor, berth

ankrut hiivama weigh/heave anchor

annak *jur* legacy, bequest

anne **(talent)** talent, gift, aptitude, endowment; **(trükiväljaanne)** issue, fascicle, part, instalment

annetaja benefactor, donator, grantor, donor

annetama donate, grant, endow,

bestow, subscribe; (**tiitlit, aumärki**) confer

annetus donation, endowment, bestowal, subscription, offering

annotatsioon annotation

annoteerima annotate

annulleerima cancel, annul, nullify, withdraw, reverse, repeal; *jur* abate

annulleerimine cancellation, annulment, withdrawal, abatement, repeal

annus dose, portion, dosage
   väike annus suspicion, hint

annustamine dosage

anomaalia anomaly, irregularity

anomaalne anomalous

anonüümkiri anonymous letter

anonüümne anonymous, nameless

anonüümselt anonymously

anonüümsus anonymity

anorak anorak

anoreksia *med* anorexia

anorektik anorexic

anorgaaniline inorganic

ansambel group, band, ensemble

antagonism antagonism

antagonistlik antagonistic

Antarktika the Antarctic

antarktiline Antarctic

Antarktis Antarctica

antenn aerial, antenna

anti- anti-

antibiootikum antibiotic

antifriis *tehn* antifreeze

antiik antique, antiquity, cultures of ancient times

antiikaeg antiquity, the time of ancient Greeks and Romans

antiikese antique

antiikne antique, ancient

antiiksus antiquity

antikeha antibody

antikvaar dealer in antiques, antiquary

antikvaarne antiquarian

antiloop antelope, (**P-Ameerikas**) proghorn

antipaatia antipathy, dislike, aversion

antipaatne antipathetic

antisemitism anti-Semitism

antiseptik *med* antiseptic

antiseptiline *med* antiseptic

antitees antithesis

antitsüklon anticyclone

antoloogia anthology

antonüüm *lgv* antonym

antropoloog anthropologist

antropoloogia anthropology

antropoloogiline anthropological

antud given, present
   antud olukorras under the circumstances

antvärk artisan, handicraftsman

anum vessel; container, utensil

anuma beg, beseech, implore, plead, entreat, supplicate, adjure

anuv begging, beseeching, imploring, pleading, suppliant

aoeelne (aeg) (time) before early dawn, before daybreak

aort aorta

aotäht morning star, Venus

aovalgus early dawn, dawnlight, daybreak

apaatia apathy

apaatne apathetic

apaatselt apathetically

aparaat (a piece of) apparatus, instrument

aparatuur apparatus (*pl* -tuses, -tus), gear; (**seadmed**) equipment, fittings

apartheid apartheid

A

apellatsioon appeal
apellatsiooni esitama → **apelleerima**
apellatsiooni- appellate
apellatsioonikaebus appeal
apellatsioonikohus appellate court, the Court of Appeal
apelleerima appeal
apelsin orange
apelsinikoor orange peel
apelsinimahl orange juice
apelsinipuu orange tree, orange
apenditsiit *med* appendicitis
aperitiiv aperitif
aplalt gluttonously, greedily, avidly, voraciously
aplaus applause
aplodeerima applaud, clap
   vaimustusega aplodeerima give a big hand
aplomb aplomb
aplus greed, greediness, voracity, gluttony, avidity
apogee apogee
apokalüpsis apocalypse
apokriivad Apocrypha
apokrüüfiline apocryphal
apoliitiline apolitical, non-political, indifferent to politics
apoliitilisus indifference to politics
apologeet apologist
apopleksia *med* apoplexy
apostel apostle
apostellik apostolic
apostroof apostrophe
appi! help!
   appi hüüdma call/cry for help
   appi kutsuma call in a person for assistance
appikutse cry/call for aid/help, SOS
aprikoos apricot
aprikoosivärv(i) apricot

aprill April
aprillinali April fool's joke, April trick, April-fooling
aproprieerima appropriate
aproprieerimine appropriation
aps(akas) slip, slip-up, faux pas
apteek chemist's, drugstore, pharmacy, pharmacist's, apothecary
apteeker chemist, pharmacist, druggist
Araabia Arabia; Arabian, Arabic, Arab
araabia Arabian, Arabic, Arab
Araabiamaad Arab countries
Araabia numbrid Arabic numerals/figures
araablane Arab, Arabian
aralt timidly, shyly; (**häbelikult**) diffidently
arbiter arbiter, arbitrator
arbitraaž arbitrage, arbitration
arbuus watermelon
areaal area
areen arena, (**tsirkuses**) ring
arendama develop, evolve, (**kehaliselt**) train; (**mõtet, teemat**) explicate, amplify, expand, elaborate, enlarge
arendamine development, evolvement
arendus development
   uurimine ja arendus research and development (R&D)
arenema develop, evolve, advance, expand, grow, progress
arenemata undeveloped, in embryo, in germ
arenemine evolution, development; growth, advance, expansion
arenenud developed, advanced
arenev developing, evolutionary, progressive

A

areng development, evolution, progress

arengus maha jäänud underdeveloped; (**arengupeetusega**) retarded, disabled

arengujärk stage of development

arengulugu process of development

arengumaad developing countries, underdeveloped countries, Third World

arengupeetus retardation, disability

arengutase stage of development

arest arrest, apprehension, seizure; (**vara kohta**) attachment, sequestration, distraint, restraint

arestima distrain (upon), attach, seize; (**salakaupa**) condemn; (**laeva**) embargo

aretama breed

aretamine breeding

aretusjaam breeding station

aretuskari pedigree/purebred cattle, registered cattle

arg cowardly, timid, shy, fainthearted, chickenhearted, craven, unmanly, poor-spirited, whitelivered, lily-livered

araks lööma be/become frightened, funk; *kõnek* chicken out

araks tegema discourage, dishearten

argi- commonplace, prosy

argielu everyday/workday/prosy life

argine commonplace, prosy, everyday

argipäev weekday, workday, working day, everyday life

argipäevane common, workaday, prosy, prosaic, ordinary

argisus commonplaceness, commonness

arglik timid, timorous, diffident, bashful, shy, coy, chary

arglikkus timidity, diffidence, shyness, bashfulness

arglikult timidly, timorously, bashfully, diffidently, shyly

argoo slang, cant; (**er varaste**) argot

argooline slangy

argpüks coward, craven, sneak, faintheart, chicken

argpükslik cowardly, cravenly, fainthearted, lily-livered; *kõnek* yellow

argument argument (for, against)

argumentatsioon argumentation

argumenteerima argue, give reasons (for), present arguments

argus cowardice, timidness, cravenness, shyness, diffidence

arhailine archaic

arhaism archaism

arhaistlik archaistic

arheoloog archaeologist, (AmE) archeologist

arheoloogia archaeology, (AmE) archeology

arheoloogiline archaeological, (AmE) archeological

arheoloogilised kaevamised arch(a)eological excavations

arheoloogiline leid find

arhetüüp archetype

arhetüüpne archetypal, archetypic(al)

arhiiv (**ürikute kogu**) archive(s), records, (**asutuse**) files; (**ürikute hoiukoht**) archives, record office

arhiivi- archival

arhiiviandmed archival data

arhipelaag archipelago (*pl* -os)

arhitekt architect

arhitektuur architecture
arhitektuuriline architectural
arhitektuuriliselt architecturally
arhitektuurimälestis (architectural) monument, listed building
aristokraat aristocrat, patrician
aristokraatia aristocracy
aristokraatlik, aristokraatne aristocratic, patrician
aritmeetika arithmetic
aritmeetika-, aritmeetiline arithmetical
arkaad arcade
Arktika the Arctic
arktiline arctic
arlekiin harlequin
arm (**armastus**) love; (**halastus**) mercy, charity, pity; (**haava jälg**) scar, cicatrice, cicatrix
   armu andma pardon, grant a pardon, forgive, amnesty, give a pardon (to, for)
   armu heitma have mercy (on, upon), show mercy (to), spare
   armu paluma ask/beg for mercy
   vana arm old flame
   vana arm ei roosteta old affection does not rust
armas dear, darling, loved, beloved; (**kena**) lovely, sweet
armastaja lover; (**austaja**) admirer, (**kirglik**) adorer
armastajapaar (pair of) lovers, loving couple/pair
armastama love, like, be fond of, care (for), fancy; (**narruseni**) dote
armastatu love, beloved, sweetheart, mistress, lady, ladylove
armastatud loved, beloved
armastav loving, affectionate, fond
armastavalt lovingly, affectionately, fondly, adoringly

armastus love, loving, liking, fondness, affection, fancy
armastuseta loveless, unloving
armastuskiri love letter, billet-doux
armastuslugu romance
armastusväärne lovable, loveable, amiable, nice, endearing, debonair
armastusväärsus amiability, courtesy
armatsema make love, sex; (**kudrutama**) bill and coo, dally, philander, fondle, pet, caress
armatsemine love-making, (**kudrutamine**) philandering, flirtation
armatuur fittings, mountings, fixtures; (**arhitektuuris**) armature, steel framework, reinforcement; (**lambiarmatuur**) fixture
armatuurlaud (**autos**) dashboard; *tehn* instrument board
armee army, armed forces
armetu miserable, wretched, pitiful, pitiable, poor, beggarly, woebegone; (**välimuselt**) shabby, seedy, sordid, scruffy, sad
armetult miserably, wretchedly, pitifully
armetus misery, wretchedness, pitifulness, poverty; seediness, squalor
armiline scarred, marked with scars, cicatrised
armistama leave scar(s)
armistuma cicatrise, (form a) scar
armsake sweetheart, darling, truelove, sweety, honey
armsalt sweetly, dearly
armsam darling, beloved, lover
armsus loveliness, dearness, sweetness
armuand alms, charity, handout

armuandmine pardon, forgiveness; amnesty

armujook aphrodisiac, love potion, philtre, (AmE) philter

armukade jealous

armukadedalt jealously

armukadedus jealousy

armukadetsema be jealous (of)

armuke lover, (naise kohta) mistress

armuküllane loving

armulaud the (Holy) Communion, the (Lord's) Supper, the Eucharist, (the) Mass

   armulaual käima go to Communion, communicate

armulik merciful, gracious, lenient; (üleolevalt) condescending

armulikkus grace, clemency, lenience, mercy

armulikult mercifully, graciously; (üleolevalt) patronizingly

armulugu (love) affair, romance

armuma fall in love (with), lose one's heart (to), fall for, be swept off one's feet

armumine falling in love, (sõge) infatuation

armumäng flirtation; dalliance, amour, game of love

armunud in love (with), (narruseni) infatuated, enamoured

   kõrvuni armunud head over heels

   armunud olema be in love, be sweet (on/upon); *sl* be nuts (on/about)

armusuhe love affair, amour, romance; (lubamatu) liaison

armutu merciless, pitiless, ruthless, inexorable, relentless

armutult mercilessly, pitilessly, ruthlessly, inexorably, relentlessly

armuvahekord love affair, (salajane) intrigue

armuvalu love pang, lover's grief, torment of love

armuvalus lovesick, lovelorn

arnika *bot* arnica

aromaatne aromatic, fragrant

aroom aroma, fragrance, perfume

arreteerima arrest, apprehend, take into custody, pick up; *sl* nick

arreteerimine arrest

arreteerimiskäsk warrant (for arrest)

arseen arsenic

arsenal arsenal, armoury

arst doctor, physician; (üldarst) general practitioner; *kõnek* doc

   arsti juures käima see the doctor, visit the doctor

   arsti juurde minema go to the doctor

arsti- medical

arstiabi medical care/assistance/attendance/treatment

arstikabinet surgery, physician's office, doctor's office

arstim → **ravim**

arstiteadus medicine, medical science

artell artel; team

arter artery

arteriaalne arterial

artikkel article; (essee, ettekanne) paper

   määrav artikkel *lgv* definite article

   umbmäärane artikkel *lgv* indefinite article

artikulatsioon articulation

artikuleerima articulate

artikuleeritud articulate

artilleeria artillery

A

A

artist artiste, performer, player
artistlik artistic, masterly
artistlikkus artistry
artišokk artichoke
artriit *med* arthritis
aru mind, intellect, sense, wits, reason
  arust ära mad, crazy, wild, out of one's mind/senses/wits, off one's head
  aru andma make a report, report, give an account, account for
  aru kaotama lose one's senses/wits, go mad
  aru pidama discuss, consider, confer, consult, deliberate
  aru pähe panema bring a person to reason, bring a person to his senses
  aru pähe võtma come to one's senses, use one's common sense, be reasonable, be sensible
  aru saama understand, comprehend, follow, make out, realize, realise, grasp, get, catch, see, get the hang of, get the picture
aruandekohustuslik accountable
aruandlus reporting, accounting, accounts, reports
aruanne account, report, statement
  aruannet esitama report (on, upon)
arukalt intelligently, reasonably, sensibly, wisely
arukas intelligent, understanding, discerning, clever, judicious, reasonable, sensible
arukask silver birch
arukus intelligence, understanding, wisdom, wit, common sense
arulage senseless, reasonless, lacking common sense

arulagedus lack of common sense
arupidamine deliberation, consideration, consultation
arusaadav comprehensible, understandable, intelligible, coherent, clear, plain, self-explanatory
  hõlpsasti arusaadav lucid
  arusaadav olema make sense
  arusaadavaks tegema put (one's ideas) across, make oneself understood
arusaadavalt understandably, comprehensibly, intelligibly, plain(ly), clear(ly)
arusaaja understanding, knowledgeable, sensible; forgiving
arusaam conception, notion, understanding, comprehension, grasp
arusaamatu incomprehensible, unintelligible, impenetrable, unclear
  see on täiesti arusaamatu it makes no sense, it is without rhyme or reason
  arusaamatu kritseldus hieroglyph(ics)
arusaamatus (**vääritimõistmine**) misunderstanding, misapprehension; (**mittearusaadavus**) incomprehensibility
arusaamine understanding, comprehension, apprehension; perception, insight, grasp
  vastastikune arusaamine friendship
arusaav understanding
arutama discuss, debate, argue, talk, negotiate; (**kaalutlema**) consider, reason, deliberate
  kohtulikult arutama try, inquire
  läbi arutama talk over
  uuesti läbi arutama review, reconsider; (**kohtuasja**) retry

üksikasjalikult arutama dissect, go over

arutamine discussing, debating, arguing; considering, reasoning, deliberation

arutelu discussion, debate, discourse, deliberation, reasoning, argument

arutlema debate, deliberate, discourse, talk, treat, reason

arutlevalt deliberatively

arutlus → **arutelu**

arutlusel under discussion, (**päevakorral**) on the carpet

arutlusring workshop

arutu unreasonable, mindless

arutus (**arutelu**) discussion, deliberation, consideration; (**rumalus**) stupidity, silliness, foolishness

arv number, figure, numeral, digit; (**hulk**) number, quantity

arvama think, believe, fancy, be of the opinion; (**oletama**) suppose, presume, guess, expect, (**pidama**) consider, regard, reckon
  kõigi arvates by all accounts, in everybody's opinion
  ette arvama predict
  halba arvama think bad of
  head arvama think well of
  heaks arvama deign, please
  kaasa arvama count in, include, comprehend, imply
  kaasa arvatud included, inclusive
  kokku arvama count up, reckon up, sum up, add up, tally up, foot up
  maha arvama subtract, deduct, reduce, dock
  sisse arvama include
  välja arvama exclude, leave out, count out
  välja arvatud except, apart from, aside, bar, barring, beyond, but, excluding, exclusive, save, with the exclusion of, unless
  ära arvama guess, figure out

arvamus opinion, view, idea, belief, sentiment, supposition, estimation, judgement, position
  avalik arvamus public opinion
  erapooletu arvamus a second opinion
  ühine arvamus common ground
  arvamuses kinni opinionated
  arvamuste lahkuminek/lahknevus difference of opinion, dissent
  arvamuse juurde jääma stick to one's opinion
  arvamust avaldama express an opinion, opine
  arvamust peale sundima obtrude one's opinion
  eriarvamusel olema have different opinion
  heal arvamusel olema have a good/high/favourable opinion of
  ühel arvamusel olema be in line (with sb), be of one mind, have the same opinion, be on common ground

arvamusavaldus expression of one's opinion/view/idea/position, comment

arvamusküsitlus (opinion) poll

arvatav presumable, probable, supposed, reputed, putative

arvatavasti presumably, supposedly, probably, in all probability

arve account, bill, check, tab, (**müügiarve**) invoice
  (millegi) arvel at the cost of, on account of

A

arveid õiendama settle accounts, settle up, reckon with, pay off, get even with, get square with, settle old scores

arvele panema charge to, impute, put down, chalk up

arvele võtma include in the list, enlist, register

arvelt maha võtma charge off, withdraw from records

arvesse minema count

arvet esitama/kirjutama deliver a bill, make out an invoice, bill (for), charge, invoice

arvet pidama keep an account, keep count

arvet saatma bill, charge

arvelaud abacus (*pl* -ci, es)

arveldus clearing/settling of accounts

arvelduskonto clearing account, settlement account

arvepidaja accountant, keeper of accounts

arvepidamine accountancy, accounting, keeping of accounts, record-keeping

arvestades considering, in consideration of, in view of

arvestama take into account, take account of, consider, take into consideration, allow (for)

kokku arvestama add up, sum up

maha arvestama discount, set against

valesti arvestama miscalculate

välja arvestama work out, calculate

ümber arvestama recount, recalculate

arvestamata apart from, without reference to, without respect to

arvestamatu unregarded; odd

arvestamine (taking into) consideration; (**arvutamine**) calculation; (**hoolimine**) regard; (**millelegi lootmine**) counting on, depending on

arvestatav considerable

arvestatavalt considerably

arvesti meter, counter

arvestus (**arvesse võtmine**) taking into account, consideration, regard; (**arvepidamine**) record-keeping, reckoning, (AmE) tab, tally; (**arvestamine**) account, rate; (**arvutus**) calculation; (**õppeasutuses**) preliminary exam, prelim, (AmE) credit

arvestust tegema take a prelim/ preliminary exam, (AmE) take a credit

arvestuslik accounted, calculated, estimated, rated

arveteklaarimine balancing of accounts, settlement (of accounts); *ülek* settlement of a quarrel

arvsõna *lgv* numeral

arvsõnaline *lgv* numeral

arvu- numerical, numeral

arvukalt numerously, copiously

arvukas numerous, copious, multiple

arvukus numerousness, multitude, a great number (of), multiplicity

arvuline numerical

arvuliselt numerically

arvustaja reviewer, critic

arvustama criticize, criticise; (**raamatut**) review, judge

karmilt arvustama criticize severely, flay, slate

arvustav critical, judicial

arvustus criticism, review; (**üksikasjalik**) dissection

arvustus- critical

arvutama calculate, compute, reckon, do sums, count up, figure up
keskmist arvutama average, average out
kokku arvutama add up, sum up
valesti arvutama miscalculate
välja arvutama reckon
arvutamine calculating, calculation, computation, reckoning
arvutatav computable, numerable
arvuti computer
arvuti poolt juhitav *inf* computerized, computerised
arvutiasjandus computing
arvutikuritegu *inf* computer crime
arvutipõhine *inf* computer-assisted
arvutipõlvkond *inf* computer generation
arvutiseeritud *inf* computerized, computerised
arvutivõrk *inf* computer network
arvutu innumerable, numberless, countless, incalculable
arvutus calculation, computation, reckoning, numeration, count
arvutuskeskus *inf* computer centre
arvutusoskus numeracy
arvutusviga miscalculation, arithmetical mistake, mistake in calculation
arvväärtus numerical value
asalea *bot* azalea
asbest asbestos, (AmE) asbestus
ase (**paik**) place, spot, site, room; (**magamisase**) bed, couch
ase- pro-, vice-, deputy, substitute, surrogate
aseaine substitute, surrogate, makeshift
asedirektor vice-president, deputy manager, deputy director general;

(**koolis**) vice-principal
aseesimees deputy chairman, vice-chairman
asejuhataja deputy manager, vice-chairman
asekantsler vice-chancellor
asekonsul acting consul
aseksuaalne asexual
asemel instead of, in place of
asemik substitute, deputy, vice-; (**volitatud**) proxy, (**esindaja**) representative
asend position, situation, (**keha-**) posture, attitude, pose; (**lõõgi-**) stance; (**geograafiline**) geographical position
asendaja replacement, stand-in; substitute, deputy, proxy
asendama substitute, replace, supersede; (**aset täitma**) replace, take the place of, fill in (for), stand in, deputize, deputise, serve as, substitute
asendamatu irreplaceable, indispensable
asendamine replacement, substitution
asenduma be replaced (with, by), give way
asendus replacement, substitution; *inf* replace
asendusega otsing *inf* find and replace
asendus- makeshift, substitute, surrogate
asendusmängija substitute, sub
asendusotsing *inf* search and replace
asepresident vice-president, (AmE) *sl* veep
asesõna *lgv* pronoun
asesõnaline *lgv* pronominal

A

asetama set, place, put, lay
  kaldu asetama tilt
  kindlalt asetama plant, set firmly, fix, steadfast, fasten
  kohale asetama position, set on spot, ensconce, put a place, insert, fix, adjust
  maha asetama set down
  tagasi asetama replace
  välja asetama set out, lay out
asetsema be placed/situated/located, be, lie
  eemal asetsema set apart
  kaugel asetsev out-of-the-way, wide apart
  lähestikku asetsev close-set
asetuma place, stand, station, take one's stand/station; **(astmelt)** rank
asetus position, placing, arrangement, disposition
asetäitja assistant, deputy, substitute, proxy
  asetäitjana tegutsema deputize, deputise (for)
asevalitsus vice-regency, regency
asfalt asphalt
asfalt(eer)ima asphalt
asfalttee asphalt road
asi thing, object, article; **(toimetus)** affair, business, cause, concern; **(seik)** matter; **(juhtum)** case
  teine asi another matter, a different matter
  tühine asi trifle
  tüütu asi bore, nuisance
  vastav asi counterpart
  ühiskondlikud asjad public affairs
  asjaga kursis in the know
  asja juurde asuma get down to (business), buckle down, get down to brass tacks, come to the point, get to the point
  asja tuum point
  asju korda ajama settle things, arrange matters
  asju käest laskma let things slide
  oma asjadega tegelema do one's own thing, mind one's own business
  oma asju korda seadma set one's house in order
asiaat Asian, Asiatic
asimuut azimuth
asitõend (material) evidence, proof; *jur* corpus delicti
asjaajamine management (of a business), attending to business
asjaarmastaja amateur, **(võhiklik)** dilettante (*pl* -i)
asjaarmastajalik amateurish, dilettante, dilettantish
asjahuviline person interested in sth, **(asjast huvitatud pool)** interested party, party concerned with what is going on, in the know
asjakohane relevant, pertinent, to the point, appropriate
asjakohaselt relevantly, pertinently, to the point, appropriately
asjakohasus relevance, pertinence, appropriateness
asjakohatu irrelevant, inconsequent, off the point, inappropriate
asjalik businesslike, matter-of-fact, pragmatic(al), objective
asjalikkus matter-of-factness, objectivity, pragmatism, practicality, formality
asjalikult objectively, to the point, in a matter-of-fact way
asjandus gadget, contraption
asjaolu circumstance, case; **(seik)** matter, fact, point

ebasoodus asjaolu drawback

kergendavad asjaolud extenuating circumstances

raskendav asjaolu aggravation, complication

asjaolusid arvestades considering the circumstances

asjaosaline interested person/party, participant, participator

asjata in vain, vainly, to no purpose, without result, for nothing, to no purpose, idly

asjatoimetus errand, business, affairs

asjatu vain, futile, useless, null; (**tarbetu**) needless, unnecessary, nugatory

    asjatu käik fool's errand

    asjatu lootus forlorn hope

    asjatu pingutus waste effort

asjatundja expert (on, in), authority (on), judge (of), connoisseur

asjatundlik expert (in, at), proficient (in, at), competent, knowledgeable

asjatundlikkus competence, competency, expertise, proficiency

asjatundlikult expertly, competently, proficiently

asjatundmatu ignorant, incompetent, profane; unqualified (for)

asjatundmatult incompetently

asjatundmatus ignorance, incompetence

asjaõigus *jur* law of estate, law of property, real right

asjur secretary

askees asceticism

askeet ascetic

askeetlik ascetic

askeetlikult ascetically

askeldaja bustler

askeldama bustle (about), busy oneself, fuss, potter, mess about

askeldav bustling, fussy, busy

askeldus bustle, fuss

asparaagus *bot* asparagus

aspekt aspect

aspirant postgraduate (student)

aspirantuur postgraduate studies/course

aspiriin aspirin

assamblee assembly

assigneerima allocate, assign, appropriate, budget, earmark, put in funds

assigneering allocation, appropriation, assignment, earmarking

assimileerima assimilate

assimileeruma assimilate

assisteerima assist

assistent assistant

assotsiatiivne associative

assotsiatsioon association

assotsieeruma associate

astang terrace

astanguline terraced

aste (**samm**) step, pace, tread, stride; (**järk, kraad**) degree, grade, stage, rate; rank; (**pügal**) peg; *mat* power

    teine aste square

aste-astmelt step by step

asteek Aztec

asteenia *med* asthenia

asteeniline *med* asthenic

astel spine, (**mesilase**) sting, (**putuka**) dart; (**okas**) thorn

astelhernes *bot* gorse, furze, whin

astelpaju *bot* sea buckthorn

astendama grade, gradate, graduate; *mat* (**astmesse tõstma**) raise to a higher power

astendamine gradation; *mat* involution

A

aster aster
asteroid asteroid
astja (wooden) vessel, (**väike**) vial
astma *med* asthma
astmaatik *med* asthmatic
astmaatiline *med* asthmatic
astmelaud (**autol**) running board, footboard
astmeline gradual, graduated
astmeliselt gradually, by steps/degrees
astmestik scale, gradation, ladder; (**trepi-**) flight of stairs/steps, stairway
astmevaheldus *lgv* gradation, alternation of gradation
astmik scale
astraalkeha astral body
astraalne astral
astroloog astrologer
astroloogia astrology
astroloogiline astrologic(al)
astronaut astronaut
astronautika astronautics
astronoom astronomer
astronoomia astronomy
astronoomiline astronomic(al)
astuma step, tread; (**ühingusse**) join; (**sammuma**) stride, stalk; (**käima**) walk
   juurde astuma come/walk up to, approach, step toward
   kellegi kaitseks välja astuma plead for, stand for sb
   kõrvale astuma step aside, step to the side
   ligi astuma come up to
   läbi astuma call, call on, drop by
   maha astuma get off
   peale astuma step on, tread, get on
   sisse astuma call in, drop in, enter, go in
   tagasi astuma resign, stand down
   vahele astuma step in; interfere (with, in, between), intervene; *ülek* put one's foot down
   vastu astuma face up, set one's face against, put up (a fight), confront, meet
   välja astuma (**lahkuma**) leave, go out, exit, depart; (**toetama**) come out, speak up, strike a blow against
   üle astuma violate, break; trespass, (**seadusest**) contravene; *ülek* overstep the mark
astumine stepping, treading; (**sammumine**) striding
asuala habitation area
asukas resident, dweller
asukoht locality, location, whereabouts, quarter, situation; seat; (**asula, ehitise**) site
   asukohta kindlaks määrama locate, find/get one's bearings
asula settlement
asuma be situated, be located, lie, stand, sit; (**elama, asetsema**) dwell, inhabit, house (in), (**ajutiselt**) sojourn; (**elama asuma**) settle (down), move (to); (**alustama**) start, begin, set about
   kallale asuma break into, fall on, go about, knuckle down, undertake, settle down
   kohale asuma position, locate, take one's place, move in
   vastas asuma face
   ümber asuma move, resettle, relocate, migrate, transfer
asumaa colony
asumine (in)habitation, dwelling, (**ajutine**) sojourn; (**alaline**) residence, settling; (**alustamine**) be-

ginning, starting; (**pagendus**) banishment, exile

asumisel olema live in exile

asumisele saatma send into exile

asundus settlement, colony

asunik settler, colonist

asupaik position, location; (**alaline**) domicile, residence, abode; (**umbkaudne**) whereabouts

asustama (**maad**) settle, colonize; (**rahvaga**) people, populate

ümber asustama resettle

asustamata uninhabited, unpopulated, unsettled

asustamine settlement, populating, population

asustatud settled, peopled, populated, inhabited

tihedalt asustatud densely populated, populous

asustustihedus density of population

asutaja founder, promoter, originator, author

asutajaliige founder member, chartered member

asutama found, establish, institute, start up, open

asutamine founding, foundation, establishing, establishment, instituting, institution

asutamisaasta year of foundation

asutamisleping foundation agreement

asutus establishment, institution; (**ameti-**) office, bureau; (**siht-**) foundation

asutuse- institutional

asuur azure

asuursinine azure-blue

asümmeetria asymmetry

asümmeetriline asymmetric(al)

asümmeetriliselt asymmetrically

asünkroonne asynchronous

asüül asylum, sanctuary, place of refuge

asüüliõigus *jur* right of asylum, sanctuary

ažiotaaž agiotage

ažuurne lacy, latticed

atakk (**rünnak**) attack, offensive, blitz, raid; (**haigushoog**) bout, fit, seizure, stroke

ataman hetman

atašee attaché

atavism atavism

atavistlik atavistic

ateism atheism

ateist atheist

ateistlik atheistic

ateljee studio (*pl* -os), atelier

atentaat attempted murder, assassination

ateroskleroos *med* arteriosclerosis

atesteerima certify, attest, evaluate

atesteerimine evaluation, attestation

Atlandi ookean the Atlantic Ocean

atlantiline Atlantic

atlas atlas

atlass satin, atlas

atleet athlete

atleetlik athletic

atleetlikult athletically

atleetvõimlemine body-building

atmosfäär atmosphere

atmosfääri- atmospheric

atoll (**rõngassaar**) atoll

atonaalne *muus* atonal

atraktsioon attraction

atribuut attribute

atrofeeruma *med* atrophy

atsetaat *keem* acetate

A

au honour, (AmE) honor, (**hea kuulsus**) renown, credit, reputation; (**auväärsus**) dignity; (**aupaiste**) glory

mul on au seda teha I have the honour of doing it

(**kellegi, millegi**) **auks** in honour of sb

oma au nimel on one's honour

au andma give honour, pay tribute; *sõj* salute

au riivama discredit

au taastama rehabilitate

au tegema do sb credit

au- honorary

auahne ambitious, greedy for honour/fame, highflying

auahnus ambition, love of honour

auamet hono(u)rary post

auaste rank, position, distinction, title

auastmes alandama degrade

auastmes tõstma promote

auastet andma confer a rank on/upon sb

auavaldus honour, (AmE) honor, expression of hono(u)r, homage, (**tormiline**) ovation

audients audience, formal interview

audiitor accountant, auditor

audio- audio

audiovisuaalne audio-visual

audis out

audit audit, examination of accounts

auditeerima audit

auditiivne auditory

auditoorium (**loenguruum**) auditorium, auditory, lecture room/hall; (**kuulajaskond**) audience

audoktor honorary doctor

auguline full of holes, holey; perforated

augulööja punch, puncher

august August

augustama punch, perforate, make/pierce holes

auhind award, prize

auhinda andma present a prize

auhinda saama get/obtain a prize

auhindama award a prize (to)

auhinnakomisjon jury

auhinnaline prize, prize-winning

auhinnasaaja prize-winner, prizeman

aujärg throne

auk hole, (**ava**) opening, aperture, break; (**lõhe**) gap; (**rebend**) tear

auku pähe rääkima talk sb into doing sth, talk a person round/over, convince, persuade; soften up

aukandja dignitary

aukartlik reverential, respectful, deferential, awestruck, awesome

aukartus awe, reverence, respect, deference

aukartust äratama awe, strike/inspire with awe

aukartustäratav awe-inspiring, awesome, imposing

aukiri honour certificate, certificate of honour

auklik holey, full of holes; (**maantee kohta**) bumpy

aukoht place of honour

aukohustus duty of honour

aukohust tundev honour-bound

aukraad rank

aukraadipael stripe

aukuvajunud (**silmad, põsed**) sunken, hollow (eyes, cheeks)

aukülaline guest of honour

aula assembly hall/room

aumees gentleman (*pl* -men), man of honour

aumehelik gentlemanlike, gentlemanly

aumärk medal, order (of merit)

aunimetus honorary rank, title

aupaiste glory; (**pühaku**) halo, gloriole, nimbus (*pl* -bi, -buses), aureole

aupaklik respectful, reverent, reverential, deferential

aupaklikkus deference, reverence, respect, respectfulness

aupaklikult deferentially, respectfully, reverently

aur steam, vapour, (AmE) vapor; (**toss**) reek; (**keemiline**) fume
    auru jõul by steam
    auru all olema be drunk/plastered/tight
    auru välja laskma let off steam

aura aura

auraha medal

aurama steam, give off steam, reek
    ära aurama evaporate

auramine steaming, reeking, evaporation

aurik steamer, steamship; (**väiksem**) steamboat

auru- steam

aurujõud steam power

auru-keedupott steam cooker, pressure cooker, steamer

aurulaev → **aurik**

aurune steamy, vaporous

aururull steamroller

aurustuma vaporize, vaporise, evaporate, boil away

aurustumine evaporation, vaporization, vaporisation

aurutama steam, cook by steam

aurutriikraud steam iron

aus honest, honourable (AmE) honorable; (**õiglane**) fair, upright; (**otsene**) square, straight, aboveboard; *kõnek* white, clean-handed, clean-fingered, on the level
    aus mäng fair play
    aus tehing square deal

ausalt honestly, fairly, frankly, honourably, (AmE) honorably; on the level, on the square, aboveboard, fair, square
    ausalt teenitud raha honest money
    ausalt öeldes to be (perfectly) honest, to tell you the truth, honestly

ausameelne honest, right-minded, upright

ausameelsus honestness, uprightness; integrity, probity

ausammas monument, statue

austaja admirer, lover; (**jumaldaja**) worshipper, adorer; (**daami**) beau (*pl* beaux, beaus); (**kunsti jms innukas austaja**) devotee

austama honour, (AmE) honor, (**lugu pidama**) esteem, respect, venerate, look up to; (**kummardama**) worship, adore
    hardalt austama revere
    kõrgesti austama hold someone in high esteem, honour highly

austamine esteeming, respecting, looking up to; (**kummardamine**) worshipping, adoration

austatud dear; (**austatud härra, proua, preili**) dear Sir, Madam, miss

austav respectful

austavalt respectfully

auster oyster

Austraalia Australia, the Commonwealth of Australia; *sl* Oz, down under

A

austraalia Australian

austraallane Australian; *sl* Aussie

austus honour, (AmE) honor, esteem, respect, regard; (**harras**) reverence, devotion; (**jumaldav**) adoration, worshipping; (**sügav**) veneration

    austust avaldama pay homage to, do/make/pay obeisance to, honour, (AmE) honor

    viimast austust avaldama pay one's last respects

    austust vääriv awe-inspiring, creditable, respectable

austusavaldus tribute; *ülek* homage, obeisance; (**austusavaldused**) respects

austusväär(ili)ne revered, estimable, deserving respect, respectable

ausus honesty, frankness, fairness, integrity, honour, (AmE) honor, probity, rectitude

ausõna word of honour

    minu ausõna! upon my word!

    ausõna peale upon/on one's honour

autasu prize, award; reward

autasustama give/award a prize to, give an award to, reward, decorate

autasustatu recipient of an award/prize

autenti(seeri)ma authenticate

autentne authentic

autentsus authenticity

autism *med* autism

autist *med* autist

autistlik *med* autistic

auto car, automobile, motor car; *kõnek* motor; (AmE) auto

auto- auto-

autobiograafia autobiography

autobiograafiline autobiographic(al)

autobuss bus, coach

autobussijaam bus station, terminal

autobussipeatus bus stop

autodafee auto-da-fé (*pl* autos-)

autodidakt autodidact, self-taught person

autograaf autograph

autogramm autograph

autojuht driver, motorist, (**elukutseline**) chauffeur

autokool driving school

autokraat autocrat

autokraatia autocracy

automaat automaton (*pl* -tons, -ta), automatic machine; (**müügi-**) slot machine, dispenser; (**sularaha-**) cash dispenser; (**-relv**) automatic (weapon/pistol/gun/rifle), machinegun, submachine gun; *kõnek* tommy gun

automaat-, automaatne automatic(al)

automaatika automation

automaatkäigukastiga automatic

automaatpiloot automatic pilot

automaatselt automatically

automaatsus automatism

automatiseerima automate

automatiseerimine automation

autonoomia autonomy

autonoom-, autonoomne autonomous; *inf* off-line

autoparkla car park, parking lot

autopasun horn

autoportree self-portrait

autopsia *med* autopsy

autor author, (**raamatu-**) writer

autorieksemplar author's copy

autorihonorar royalty, royalties

autoriseerima authorize
autoritaarne authoritarian
autoritaarsus authoritarianism
autoriteet authority, (**lugupeetavus**) prestige
autoriteetne authoritative; competent
autoriteetselt authoritatively
autoriteetsus authority
autoriõigus *jur* copyright
  autoriõigusega kaitsma copyright
  autoriõiguse rikkumine infringement of copyright, piracy
autorsus authorship
autosport motor sport, motoring
autotransport motor transport
autotöökoda garage
autsaider outsider
autu dishonest, dishonourable, unfair, disgraceful, infamous, caddish, crooked, base
autult dishonestly, dishonourably, unfairly, foul
autus dishonesty, dishonour, (AmE) dishonor, disgrace, infamy, improbity, crookedness
auväärne honourable, (AmE) honorable, revered, venerable, eminent, respectable, worthy, dignified
auväärsus honourableness, (AmE) honorableness, respectability, venerableness, dignity, worthiness, grandeur
ava opening, orifice, aperture, vent, gap, (**auk**) hole, (**pilu**) slot
ava- inaugural, opening, first-night, open
avaaktus public opening ceremony
avaetendus first night, opening (night), first performance

avaja opener
avakõne opening address/speech, introductory speech; (**ametisse astumise puhul**) inaugural (address)
aval open, frank, sincere, plain, candid, openhearted, outspoken, downright, straight
avaldama (**teatavaks tegema, välja kuulutama**) declare, announce, make a statement, disclose, report, signify, proclaim, manifest, reveal, display, show; (**väljendama**) express, utter, voice
  arvamust avaldama express one's opinion
  kaastunnet avaldama condole (with), express sympathy (with)
  meelt avaldama demonstrate, march
  muljet avaldama give an impression, impress
  mõju avaldama exert, affect, exercise
  saladust avaldama disclose/unveil a secret
  trükis avaldama publish
avaldamine revelation, disclosure; (**trükis**) publication, release
avaldis *mat* expression, term
avalduma appear, manifest, reveal, be expressed, show
avaldumine expression
avaldus application; declaration, publication, manifestation, revelation, statement; expression; demonstration
  kirjalik avaldus written application
  avaldust tegema make a declaration/statement
avali (wide) open

A

avalik open, public, common; patent, above-board, obvious; *jur* overt
avalikuks tegema disclose, make public, uncover, unfold
avalikuks tulema get abroad, come to light, ooze out
avalikkus publicity; openness; (**üldsus**) the public
avalikkuse poole pöörduma appeal to the public
avalikult openly, in public, publicly, overtly, outright, aboveboard
avalikustama make public, disclose, reveal
avalikustamine disclosure, revelation
avalus frankness, openness, downrightness, ingenuousness
avalöök kick-off
avama open, unclose; (**pidulikult**) inaugurate, (**ajalehte**) unfold, (**pakki**) undo, unwrap, (**pudelit**) uncork, (**äri**) set up/open, start (a business), (**lukku**) unlock, (**autoakent**) wind down
avameelitsema (try to) be openhearted/sincere
avameelne frank, open, sincere, openhearted, candid, straightforward, straight
avameelselt frankly, openly, sincerely, openheartedly, candidly, straightforwardly, straight
avameelsus frankness, openness, sincerity, candour, (AmE) candor, outspokenness
avamerel on the high/open seas
avameri high sea(s), open sea
avamine opening, (**pidulik**) inauguration, (**skulptuuri**) unveiling
avamistseremoonia inauguration ceremony
avamäng *muus* overture; *sport* opening game
avanema open, be opened, unclose; offer/present itself
avanemine opening
avang (**males**) opening
avangard avant-garde
avangardism avant-garde
avangardistlik avant-garde
avansina in advance
avanss advance, payment in advance
avanssi andma give/pay in advance, make an advance (to)
avantürism adventurism
avantürist adventurer, adventurist
avantüristlik adventuresome
avantüür adventure
avar spacious, large, roomy; (**lai**) broad, wide; (**riide kohta**) loose
avaralõikeline easy-fitting
avardama extend, enlarge, expand, amplify, (**laiendama**) widen, broaden
avarduma grow larger/more spacious, extend, enlarge, expand, amplify; (**laienema**) widen, broaden
avardumine extension, enlargement, expansion, amplification
avarii accident; wreck, breakdown, casualty, damage
avarus breadth, expanse, extent, largeness, spaciousness, broadness, wideness, breadth, width
avastaja discoverer
avastama discover, find out; (**viga, süüdlast**) detect, (**paljastama**) expose, disclose, uncover; (**leidma**) spot, locate
avastamata undiscovered

avastus discovery, detection, (**pal-jastus**) exposure, disclosure, (**il-mutus**) revelation

avasui agape, gaping, open-mouthed, mouth open

avasõna prologue, (AmE) prolog, opening speech

avasüli willingly, openhandedly, with open arms

avatud open

avatus openness

avaus opening, aperture, orifice, (**auk**) hole

avavesi open waters

avavärav *sport* first goal made

avenüü avenue

avers obverse

aviatsioon aviation

avitaminoos *med* avitaminosis

avokaado avocado

A

B

baar bar, lounge bar, saloon
baaridaam barmaid
baarikapp bar
baarilett bar, barcounter
baarimees barman, bartender
baaripidaja bartender
baaripukk barstool
baarman → **baarimees**
baas base, basis, foundation
baashind *maj* basic price
baasintress *maj* base interest rate
baaskulud *maj* (**soetuskulud**) initial outlay/capital expenditure
baaslaev base ship
baasmäär base rate
bagett baguette
bagi buggy
baika baize
baikatekk flannelette blanket
bait byte, B
bajaan (Russian) accordion
bajanist (Russian) accordionist
bakaalkaup groceries
bakalaureus bachelor
    humanitaarteaduste bakalaureus Bachelor of Arts, BA
    loodusteaduste bakalaureus Bachelor of Science, B.Sc.
bakalaureusekraad Bachelor's Degree, baccalaureate
bakalaureuseõpe baccalaureate
bakenbardid side whiskers, side-boards
baklažaan aubergine, eggplant
bakter bacterium, bug, microbe, germ
bakteriaalne bacterial
bakterid bacteria
bakterioloogia bacteriology
bakterrelv bacteriological weapon
balalaika balalaika
balalaikamängija balalaika player
balanss balance, equilibrium
balanss(eer)ima balance
baldahhiin canopy
baldahhiinvoodi (canopied) four-poster bed
baleriin ballerina, ballet dancer
ball ball
ballaad ballad
ballast ballast
ballastaine roughage
balletietendus ballet performance
balletikingad ballet shoes
balletikool ballet school
balletimuusika ballet music
balletisolist ballet soloist
balletitants ballet
balletitantsija ballet dancer
balletitrupp ballet company, ballet troupe
ballett ballet
ballettmeister ballet master
ballikleit ball dress

ballisaal ball room
ballistika ballistics
ballistiline ballistic
ballitants ballroom dancing
balloon container, balloon
balsam → palsam
balsameerima → palsameerima
balti Baltic
Baltikum the Baltic states
baltisaksa Baltic-German
balustraad balustrade
bambus bamboo
bambuskepp bamboo stick
banaalne banal, corny, trivial
banaalselt banally
banaalsus banality
banaan banana
banaanikoor banana skin
bandaaž bandage; tire
bande gang
bandiit bandit, gangster
banditism banditry; gangsterism
bandžo banjo
bangalo bungalow
banketikorraldaja caterer
banketisaal banqueting hall
bankett banquet
baptist Baptist
barakk barrack
baranka (Russian) ring-shaped roll
barbaarne barbarian, barbaric, savage
barbaarselt barbarically, barbarously
barbaarsus barbarism
barbar barbarian
barbarlik barbaric
barbinukk Barbie, Barbie doll
barbituraat barbiturate
bard bard
bareljeef bas-relief, low relief
barett barrette

bariton baritone
barjäär barrier
barokamber decompression chamber
barokk baroque
barokne baroque
baromeeter barometer
baronet baronet
barrel (mõõtühik) barrel
barrikaad barricade
barrikadeerima barricade
bartertehing *maj* barter, barter transaction
baseeruma be based on
basiilik *bot* basil
basiilika basilica
bask Basque
Baski Basque
baski Basque
bass bass
bassein basin, pool, reservoir, swimming pool
bassihäälne bass-voiced
bassilaulja bass singer
bassinoot bass note
basskitarr bass guitar
bastion bastion
batist batiste, cambric
batoon roll, stick
batsill bacillus
batuut trampoline
beebi baby
beebibuum baby-boom
beebitoit baby food
beež beige, fawn
begoonia *bot* begonia
beibe babe, bimbo
Belgia Belgium; Belgian
belgia Belgian
belglane Belgian
belletristika belles-lettres
benji-hüpe bungee jump

B

benseen *keem* benzene
bensiin petrol; (AmE) gas, gasoline
  pliivaba bensiin unleaded petrol
bensiinijaam filling station, gas station, petrol station, service station
bensiinimootor petrol engine, gasoline engine
bensiinipaak fuel tank, petrol tank, gasoline tank
bensiinipump fuel pump, petrol pump
bergamott *bot* bergamot
besee meringue
beseekook meringue cake
bestseller bestseller
betoon concrete
betoonima concrete
betoonplokk concrete block
bibliofiil bibliophile
bibliograaf bibliographer
bibliograafia bibliography
bibliograafiline bibliographic
bidee bidet
biennaal biennial
bigaamia bigamy
bigbänd big band
biifsteek beefsteak
biitseps biceps
bikiinid bikini
bilansimaht *maj* balance sheet total
bilanss *maj* balance sheet
  bilansi aktiva assets
  bilansi passiva liabilities
  bilanssi koostama draw up a balance sheet, prepare a balance sheet
biljon → **miljard**
binaarne binary
bingo bingo
binokkel binoculars
bioenergeetika bioenergetics
biograaf biographer

biograafia biography
biograafiline biographical
biokeemia biochemistry
biokeemik biochemist
biokeemiline biochemical
bioloog biologist
bioloogia biology
bioloogiline biological
biomeditsiin biomedicine
biopsia *med* biopsy
biorütmid biorhythms
biosfäär biosphere
biotehnoloogia biotechnology
bis encore
biseksuaalne bisexual
biskviit biscuit, cookie
biskviitkook sponge, sponge cake
bisnis business
bisnismen businessman
bistroo bistro
bitt bit
bituumen bitumen
blamaaž disgrace, shame
blameerima shame, disgrace
blankett → **plank**
blaseerunud blasé
blasfeemia blasphemy
bleiser blazer
blokaad blockade
blokeerima block, block in/off
blokeeritud blocked, boxed in
blokiväline non-aligned
blokk bloc, block, notebook; (**riikide vms ühendus**) alliance, union
blond blonde, blond, fair
blondeerima bleach
blondiin blonde
bluff bluff
bluffima bluff
bluus *muus* blues
boa boa
bobikelk bobsleigh, bobsled

boheem bohemian
boheemlane, boheemlaslik bohemian
boheemlus bohemianism
boikott boycott
boikottima boycott, ostracize, ostracise
boiler boiler
bojaar boyar
boks box, chamber, pit, stand
bokser boxer
bolševism bolshevism
bool fruit punch
boolikauss punchbowl
boonus bonus
booraks *keem* borax
boorhape *keem* boric acid
bordell brothel, whorehouse, house
bordoo (vein) claret, Bordeaux
bordüür border, trimming
borš borsch
boss boss
botaanik botanist
botaanika botany
botaaniline botanic
botased sneakers, trainers
botikud high galoshes, rubber boots, wellingtons
braavo bravo
Brasiilia Brazil; Brazilian
brasiilia Brazilian
brasiillane Brazilian
brauser *inf* net(work) browser
bravuur dash, bravura
bravuurikas dashing
breik break dance
breketid breckets, brace
bridž bridge
brigaad brigade, team
brigaadikomandör brigadier
brigaadiohvitser brigadier
brigadir brigadier

briifing briefing
briis breeze
brikett briquette, **(turba-)** peat briquette
briljant diamond
briljantne brilliant
briljantsõrmus brilliant ring
Briti Rahvaste Ühendus British Commonwealth of Nations
briti British
britt British, Brit, Briton
broiler broiler
brokaat brocade
brokoli broccoli
broneerima book, reserve
broneerimisleht booking sheet
broneerimistasu reservation fee, booking fee
broneering booking, reservation
bronhiaalastma *med* bronchial asthma
bronhid bronchial tubes
bronhiit *med* bronchitis
brošüür booklet, brochure, pamphlet, folder
brutaalne barbarous, brutal
brutaalsus brutality
bruto gross
brutokaal gross weight
brutokasum *maj* pre-tax profit
brutopalk *maj* gross wage, gross salary
brutotulu *maj* gross income
brändi brandy
brünett brunette, brunet
budism Buddhism
budist Buddhist
budistlik Buddhist
buduaar boudoir
bukett bouquet
buldog bulldog
　　saksa buldog boxer

B

buldooser bulldozer
Bulgaaria Bulgaria; Bulgarian
bulgaaria Bulgarian
bulgaarlane Bulgarian
buliimia *med* bulimia
buliimik bulimic
bulvar boulevard
bulvarileht tabloid
bumerang boomerang
burboon bourbon
burger burger, hamburger
burgunder Burgundy
buss bus, omnibus (AmE); coach
   kahekordne buss double-decker
bussijaam bus station, bus terminal,
   coach station
bussijuht bus driver
bussipeatus bus stop, bus station
bussipilet bus ticket, coach ticket
bussireis bus trip, coach trip
bussiühendus bus service
butafooria dummy
butiik boutique
buum boom
buutima *inf* boot
bänd band
bänner *inf* banner
böfstrooganov beef stroganoff

börs *maj* stock exchange
börsihinnad *maj* stock market
   prices
börsiindeks *maj* stock index
börsikrahh *maj* crash
börsikurss *maj* stock market price,
   quotation
börsimaakler *maj* stockbroker,
   trader, stock exchange dealer
börsinoteering *maj* stock market
   quotation, quotation on the stock
   market; listing
börsiteade *maj* stock market report
börsitehing *maj* stock market trans-
   action
bülletään bulletin
bürokraat bureaucrat
bürokraatia bureaucracy, red tape
bürokraatlik bureaucratic
bürokratism bureaucratism
büroo bureau, office, parlour
bürooautomaatika *inf* office auto-
   mation
büroohoone office building
bürootehnika office equipment
büst bust
Bütsants the Byzantine Empire
bütsantsi Byzantine

C

CD CD, compact disc
CD-draiv CD-ROM drive
CD-kirjutaja CD writer, compact disc writer
CD-mängija CD player, compact disc player

CD-ROM CD-ROM (compact disc read-only memory)
Celsiuse skaala Celsius
Celsiuse termomeeter centigrade
CV curriculum vitae, CV, résumé
C-vitamiin vitamin C, ascorbic acid

daalia *bot* dahlia
daam dame, lady
daamilik ladylike
daativ *lgv* dative case
daatum date
daltonism *med* daltonism, colour blindness
damast damask
darvinism Darwinism
darvinistlik Darwinist(ic)
dateerima date
dateerimine dating from
datlipalm date palm
dattel date
debateerima debate
debatt debate
debiilik *halv* moron
debiilne feeble-minded; *med* mentally retarded
debütant debutant, newcomer
debüteerima make one's debut
debüüt debut
deebet *maj* debit
    deebetisse kandma debit
deebetkaart *maj* debit card
deebetsaldo *maj* debit balance
deebitor *maj* debtor
deemon demon, devil
deemonlik demonic
defekt defect, flaw, fault
defektne defective, faulty, flawed
defineerima define

defineerimine defining
definitsioon definition
defitsiit deficit
defitsiitne deficient
defloratsioon defloration
deformatsioon deformation, distortion
deformeerima deform, distort
deformeeritud deformed
deformeeruma become deformed, warp
deformeerumine deformation, distortion
defragmentimine *inf* defragmentation
degeneratiivne degenerative
degradeeruma degrade, degenerate
degradeerumine degradation, degeneration
degusteerima taste, degustate
degusteerimine tasting
dekaad decade
dekaan dean
dekadent decadent
dekadentlik decadent
dekadents decadence
dekanaat dean's office; deanery
deklamatsioon recitation, declamation
deklameerima declaim, recite
deklaratiivne declarative

deklaratsioon declaration, statement
deklareerima declare, state
deklinatsioon *lgv* declination
dekodeerima decode
dekoltee low-cut neck, décolletage
dekooder decoder
dekoor decoration, décor
dekoraator decorator
dekoratiivne decorative, scenic
dekoratiivtaim decorative plant
dekoratsioon decoration, setting
dekoratsioonid scenery
dekoreerima decorate, dress
dekreet *jur* decree
dekreetpuhkus → emapuhkus
delegaat delegate, representative
delegatsioon delegation, deputation, mission
delegeerima delegate
delegeerimine delegation
delfiin dolphin
delfinaarium dolphinarium
deliirium delirium
delikaatne delicate, discreet, tactful
delikaatselt delicately
delikaatsus delicacy
delikatess delicacy, delicatessen
delta delta
deltaplaan hang-glider
deltaplaanimine hang-gliding
demagoog demagogue
demagoogia demagogy
demagoogiline demagogic
demarš *dipl* demarche
dementsus *med* dementia; dementedness
demineerima demine
demineerimine demining
deminutiiv *lgv* diminutive
demo demo
demobilisatsioon demobilization

demobiliseerima demobilize
demograaf demographer
demograafia demography
demograafiline demographic
demokraat democrat
demokraatia democracy
demokraatlik democratic
demokraatlikult democratically
demokratiseerimine democratisation
demokratiseerumine democratisation
demokratism democratism
demonstrant demonstrator
demonstratiivne demonstrative
demonstratsioon demonstration, display, exhibition, show
demonstreerima demonstrate, show
demonstreerimine showing, demonstration
demonteerima dismantle
demoraliseerima demoralize, demoralise
demoraliseeruma demoralize, demoralise
denim denim
deodorant deodorant
departemang department
depešš dispatch, despatch
depileerima depilate
deponeerima *jur, maj* deposit
deponeerimine *jur, maj* deposition, depositing
deponent depositor
depoo depot
deposiit *maj* deposit
depressioon depression
   majanduslik depressioon slump, economic crisis
deputaat deputy
dermatoloog dermatologist

D

desarmeerima disarm
desarmeerimine disarmament
deselektima *inf* unselect
deserteerima desert
desertöör deserter
desinfektsioon disinfection
desinfektsioonivahend disinfectant
desinfitseerima disinfect
desinfitseerimine disinfection
desinformatsioon disinformation
desinformeerima disinform
desorganiseerima disorganize
desorienteerima mislead
desorienteeritud disorientated, disoriented, misled
despoot despot
despootlik despotic
despootlikult despotically
despotism despotism
dessant *sõj* landing
dessant(väe)lane landing trooper
dessert dessert
dessertkahvel dessert fork
dessertlusikas dessert spoon
desserttaldrik dessert plate
dessertvein dessert wine
destilleerima distil
destilleerimine distillation
dešifreerima decipher, decode
detail detail, piece
detailplaan detailed plan
detailplaneering detailed plan, local plan
detailid specifications, details
detailirohke elaborate
detailiseerima detail
detailne detailed, particular
detailselt in detail
detektiiv detective
detektiivfilm detective film
detektiivromaan detective novel

detektor detector
detsember December
detsentraliseerima decentralize, decentralise
detsibell decibel
detsimaal- decimal
devalvatsioon *maj* devaluation
devalveerima *maj* devalue
deviis motto, slogan
diabeet *med* diabetes
diabeetik diabetic
diabeetiline diabetic
diafilm slide film
diafragma diaphragm
diagnoos diagnosis
diagnoosima diagnose
diagnostiline diagnostic
diagonaal diagonal
diagonaallõige diagonal cut
diagonaalne diagonal
diagonaalselt diagonally
diagramm chart, diagram
diagrammiline diagrammatic
diagrammiliselt diagrammatically
diakon deacon
diakriitik diacritic
diakriitikud accents
dialekt dialect
dialektika dialectics
dialektiline dialectic
dialoog dialogue
dialoogiboks *inf* dialog box
diameeter diameter
diametraalne diametrical
diametraalselt diametrically
diapasoon diapason, range
diapositiiv slide
diaprojektor slide projector
diasporaa diaspora
didaktika didactics
didaktiline didactic
didaktiliselt didactically

dieedi- dietary
dieet diet
  dieedil olema diet, be on diet
  dieeti pidama diet, fast, slim
dieettoit diet food
diferents(eer)ima stagger
diferents(eer)imine differentiation
diferentseerumine differentiation
difteeria *med* diphtheria
diftong *lgv* diphthong
digitaal-, digitaalne digital
digitaalallkiri digital signature
digitaalesitus digital representation
digitaalkaamera digital camera
digitaalvõrk digital network
digiteerima digitise
diiler dealer
diisel diesel
diivan couch, sofa, divan, settee
diivanilaud coffee table
diivanipadi cushion
diivanvoodi sofa-bed
diktaat dictation
diktaator dictator
diktaatorlik dictatorial
diktatuur dictatorship
dikteerima dictate
diktofon dictaphone, (small) tape-recorder
diktor announcer, newscaster
diktsioon diction
dilemma dilemma
diletant dilettante
diletantism dilettantism
diletantlik dilettante
dimensioon dimension
dinosaurus dinosaur
dipikaste dip
diplom diploma
diplomaadikohver attaché case
diplomaat diplomat

diplomaatia diplomacy
diplomaatiline diplomatic
  diplomaatiline etikett protocol
  diplomaatiline korpus diplomatic corps, corps diplomatique
  diplomaatiline puutumatus diplomatic immunity
diplomaatiliselt diplomatically
diplomaatlik diplomatic
diplomand graduate student; (**autasustatu**) diploma-winner
diplomeeritud chartered, qualified
direktiiv directive
direktiivne directive
direktor director, manager, head, (**koolis**) (AmE) principal
direktriss schoolmistress, headmistress, lady principle
direktsioon administration, management
dirigeerima conduct
dirigent conductor
dirigendikepp baton
dirigendipult rostrum
dirižaabel airship
disain design, style
disainer designer
disainima style
disharmoonia disharmony, discord
disharmooniline disharmonious, inharmonious; *muus* dissonant
disk disk
diskett diskette, disk, floppy disk
disko disco
diskobaar disco bar
diskor disc jockey, DJ
diskoteek discotheque
diskrediteerima discredit
diskrediteerimine discreditation
diskreetne discreet
diskreetsus discretion
diskrimineerima discriminate

diskrimineerimine discrimination
sooline diskrimineerimine sexism
diskrimineeriv discriminating
diskussioon discussion
diskuteerima debate, discuss
diskvalifikatsioon disqualification
diskvalifitseerima disqualify
dispanseerima register and treat in clinic
dispanser clinic, health centre
dispetšer controller, dispatcher
disproportsioon disproportion
dispuut dispute
dissertant dissertator
dissertatsioon dissertation
dissident dissident
dissidentlus dissidence
dissonantne discordant
dissonants discord; *muus* dissonance
distants distance
distantseerima distance from
distantseeruma detach, distance
distantsjuhtimine remote control
distsipliin discipline, morale
distsipliininõudja disciplinarian
distsipliinirikkumine violation of discipline
distsiplinaar-, distsiplinaarne disciplinary
distsiplinaarkaristus disciplinary punishment
distsiplinaarvastutus disciplinary action
distsiplineerima discipline
distsiplineerimatu undisciplined
distsiplineerimatus undisciplinedness
distsiplineeritud disciplined
distsiplineeritus disciplinedness
diversant saboteur

diversioon sabotage, diversion
dividend *maj* dividend
diviis division
divisjon division
DJ disc jockey, DJ
dogma dogma
dogmaatik dogmatist
dogmaatiline dogmatic
dogmaatiliselt dogmatically
dogmatism dogmatism
dokitööline docker
dokk dock, shipyard
dokkima dock
doktor doctor, Dr, PhD
doktorant PhD student
doktorikraad PhD
doktoriväitekiri PhD thesis
doktriin doctrine
dokumenditasku wallet
dokument document, paper, record
dokumentaalfilm documentary (film)
dokumentaalne documentary
dokumentatsioon documentation
dokumenteerima document, record
dokumenteerimine documentation
dollar dollar
dolomiit dolomite
domeen *inf* domain
domeeninimi *inf* domain name
dominant dominant
dominantne dominant
domineerima dominate
domineerimine domination
domineeriv dominant, dominating
dominioon *pol* dominion
doomen *inf* domain
doomeninimeserver *inf* domain name server, DNS
doomeninimesüsteem *inf* domain name system, DNS
doomeninimeteenus *inf* domain name service, DNS

doomino dominoes
doominokivi domino
doonor donor
doonoriveri donor blood
doos dose
doping illegal drug use, dope
  dopingut võtma dope, take drugs
DOS *inf* DOS
doseerima dose
dotatsioon *maj* subsidy, dotation, endowment, grant
doteerima *maj* subsidize, subsidise, endow
dotsent assistant professor
Downi sündroom *med* Down's syndrome
draakon dragon
draama drama
draamakirjanik dramatist, playwright
draamateater drama theatre
draiv *inf* drive
draiver *inf* driver
dramaatiline dramatic
dramaatiliselt dramatically, histrionically
dramatiseerima dramatize, dramatise
dramatiseering dramatization, dramatisation
dramatism dramaticism, tension
dramaturg stage manager, playwright, dramatist
dramaturgia dramaturgy
drapeerima drape
drapeering drapery, hanging
draperii drapery
drapp thick woollen cloth
drastiline drastic
dražee(d) dragée
dress track suit, jogging suit
dresseerija handler, trainer

dresseerima train, break in
dresseerimine training
dressipüksid sports pants
dressuur training, breaking in
drill drill
drillima drill
džemm jam, jelly
džemper jersey, jumper
džentelmen gentleman
džiig jig
džiip jeep
džinn gin
džoki jockey, show-jumper
džungel jungle
džuudo judo
džuudomaadleja judoka, judoist
džuut jute
džäss jazz
džässansambel jazz band
džässikontsert jazz concert
džässmuusika jazz music
dublant stand-in, stuntman, stuntwoman, understudy
dubleerima dub, duplicate
dubleerimine duplication
dubleering duplication
dublett double, doublet
dubljonka sheepskin coat
duell duel, encounter
  duelli pidama fight a duel
duellant dueller
duett duet
duo duet
duplikaat duplicate
dušš shower
dušigeel shower gel
dušikabiin shower
duširuum shower room
duubel double
duubelmakk tape deck
duuma duma
DVD digital versatile disk, DVD

dändi dandy
dändilik dandyish
dünaamika dynamics
dünaamiline dynamic
dünaamiliselt dynamically

dünamiit dynamite
dünastia dynasty, house, line
düsenteeria *med* dysentery
düsleksia *med* dyslexia
düün (luide) dune

E

e-ajakiri *inf* E-zine
eakaaslane contemporary, of the same age
eakas elderly, aged
eakohane suitable for sb's age
eakus old age
eales ever, never
eatu ageless
eba- anti-, dis-, pseudo-, quasi-, super-, un-
ebaadekvaatne inadequate
ebaaus dishonest, unfair, untruthful
ebaaus mäng foul play, unfair play
ebaausalt dishonestly, underhand, unfairly
ebaausus dishonesty, unfairness
ebadelikaatne indelicate, indiscreet, tactless
ebadelikaatsus indelicacy
ebademokraatlik undemocratic
ebadiskreetne indiscreet
ebadiskreetsus indiscretion
ebaedu failure, setback
ebaedukas unsuccessful
ebaeetiline unethical
ebaefektiivne ineffective, inefficient
ebaesteetiline unaesthetic
ebaharilik unusual, uncommon, untypical
ebaharilikkus uncommonness
ebaharilikult unusually, abnormally, eccentrically
ebahumaanne inhumane
ebahuvitav uninteresting, boring, dull
ebainimlik inhuman
ebainimlikkus inhumanity
ebainimlikult barbarically
ebaintelligentne unintelligent
ebajumal idol
ebajärjekindel inconsistent
ebajärjekindlus inconsistency
ebakindel uncertain, unstable, unsteady
ebakindlalt uncertainly, unsteadily
ebakindlus doubt, insecurity, instability, uncertainty
ebakoht drawback, shortcoming
ebakompetentne incompetent
ebakorrapärane irregular
ebakorrapäraselt irregularly
ebakorrektne incorrect
ebakorrektselt incorrectly
ebakorrektsus incorrectness
ebakultuurne uncivilized, barbaric
ebakultuurselt barbarically, in an uncivilized manner
ebakõla discord, disharmony
ebakõlaline discordant
ebaküdoonia *bot* quince
ebaküps immature
ebalema doubt, hesitate

ebalemine hesitation, hesitancy
ebalev hesitant
ebalojaalne disloyal
ebalojaalsus disloyalty
ebaloogiline illogical
ebaloomulik abnormal, alien, unnatural
ebaloomulikkus unnaturalness
ebaloomulikult unnaturally
ebalus hesitation
ebamajanduslik uneconomic, uneconomical
ebameeldiv unpleasant
ebameeldivaks tegema put off, make things hot for
ebameeldivalt disagreeably, unpleasantly
ebameeldivus unattractiveness
ebamoraalne immoral
ebamoraalsus immorality
ebamugav awkward, uncomfortable, uneasy
ebamugavalt ill at ease, uncomfortably, uneasily
ebamugavus discomfort, inconvenience
ebamusikaalne tone-deaf, unmusical
ebamäärane indefinite, formless, in the air, obscure, vague
ebamäärasus indefiniteness, vagueness
ebanormaalne abnormal
ebanormaalselt abnormally
ebanormaalsus abnormality
ebaoluline irrelevant
ebaoriginaalne unoriginal, copied, derivative
ebaperemehelik non-ownerlike
ebapiisav inadequate, insufficient, deficient
ebapopulaarne unpopular

ebapraktiline impractical
ebaproduktiivne unproductive
ebaproduktiivsus unproductiveness
ebaprofessionaalne unprofessional
ebaproportsionaalne disproportionate
ebaproportsionaalselt disproportionately
ebapädev incompetent
ebapüsivus instability, fluidity
ebarahuldav unsatisfactory
ebard freak
ebardlik freakish, monstrous
ebareaalne unconvincing, unreal
ebareeglipärane irregular
ebareeglipärasus irregularity
ebaseaduslik illegal, illegitimate, illicit, unlawful
ebaseaduslikult illegally, wrongfully
ebaselge ambiguous, vague
ebaselgelt ambiguously, vaguely
ebaselgus ambiguity, blur
ebasiiras affected, insincere, unnatural
ebasobiv inconvenient, unfit
ebasoliidne unrespectable
ebasoodsalt to one's disadvantage, unfavourably
ebasoodus adverse, untoward, disadvantageous, negative, unfavourable
ebasoosing disfavour, disgrace
ebasoosingus olema be in disfavour
ebasoovitav inadvisable
ebastabiilne rocky, unstable
ebastabiilsus instability
ebasõbralik hostile, unfriendly, unkind

ebasõbralikkus hostility, unfriend-
liness, unkindness
ebasõbralikult coldly, disagreeably,
icily
ebasümmeetria asymmetry
ebasümmeetriline asymmetric
ebasümpaatne unpleasant
ebasündsus indecency
ebasünnis indecent
ebatasane irregular, rough, rugged,
uneven
ebatavaline exceptional, unconven-
tional, unusual, uncommon
ebatavaliselt exceptionally, uncon-
ventionally, unusually, uncom-
monly
ebateadlik unaware, unconscious,
unwitting
ebateadlikkus unawareness, igno-
rance
ebateadlikult unwittingly
ebatervislik unhealthy
ebatraditsiooniline unconventional
ebatsensuurne obscene, vulgar
   ebatsensuurne sõna four-letter
word
ebatsensuursus vulgarity
ebatõenäoline improbable, unlikely
ebatõepärane unrealistic, untruth-
ful
ebatõhus inefficient
ebatäiuslik imperfect
ebatäiuslikkus imperfectness
ebatäpne imprecise, inaccurate
ebatäpsus inaccuracy
ebatüüpiline atypical, untypical
ebausaldusväärne unreliable, un-
trustworthy, treacherous
ebausk superstition
ebausklik superstitious
ebausklikult superstitiously
ebausutav incredible, unbelievable

ebaviisakalt impolitely, discourte-
ously, rudely, bluntly
ebaviisakas discourteous, impolite,
rude, uncivilized
ebaviisakus impoliteness, discour-
tesy, rudeness
ebavõrdeline disproportionate
ebavõrdne unequal, uneven
ebavõrdselt unequally
ebavõrdsus disparity, inequality
ebaõiglane unfair, unjust, wrongful
ebaõiglaselt unfairly, unjustly,
wrongfully
ebaõiglus injustice, unfairness
ebaõnn adversity, bad luck, misfor-
tune
ebaõnnestuja loser
ebaõnnestuma fail, miscarry, mis-
fire
ebaõnnestumine failure, flop
ebaõnnestunud abortive, unsuc-
cessful, fruitless, failed
ebaühtlane irregular, patchy, un-
even
ebaühtlus unevenness
ebe fluff, down
edasi ahead, along, forth, further, on
edasiandmine rendering, forward-
ing, passing on
edasijõudmine advancement,
progress
edasijõudnud advanced
edasikaebaja appellant
edasikaebamine appeal
edasikaebamisõigus right to ap-
peal
edasikaebus appeal
edasikindlustus reinsurance
edasiliikumine advance, progress,
progression
edasiliikuv onward
edasilükkamatu urgent, pressing

E

edasilükkamine adjournment, postponement

edasilükkumine postponement, delay

edasiminek improvement, progress

edasimüüja reseller

edasimüük resale

edasine further, coming

edasipääs passage

edasipürgiv aspiring, ambitious

edasisaatmine forwarding

edasi-tagasi back and forth, backwards and forwards

   edasi-tagasi pilet return ticket, (AmE) round trip, round trip ticket

edasitoimetamine carriage

edasiviimine advancement

edaspidi further, in future, hereafter, onward

edaspidine further, following, onward

edastaja broadcaster

edastama broadcast, forward, pass on, transmit

edastamine broadcasting, transference, transmission, transfer

edel southwest

edela- southwest, south-western

edendama advance, promote, foster, push; expedite

edendamine advancement, promotion

edendav conducive

edenema advance, flower, progress

edenev buoyant, forward, progressive

edestama forestall, forge ahead, lead

edetabel ranking, chart

edev vain, conceited

edevus vanity, conceit

edikt *aj* edict

edu lead, progress, success

edukalt successfully, well

edukas healthy, prosperous, successful, thriving

edukus success

edumaa lead

edumeelne advanced, progressive

edumeelsus progressiveness

edurivi forwards

edurivimängija forward

edusamm stride, step forward

   edusamme tegema make progress

edusammud progress

eduseis leading position, lead

edutaja promoter

edutama elevate, promote, upgrade

edutamine elevation, promotion

edutu unsuccessful, vain

edutult in vain, unsuccessfully

edvistama show off, flirt

eebenipuu ebony

eel before

eel- advance, ante-, forward, pre-, preliminary, prior

eelaimus hunch, premonition

eelajalooline prehistoric

eelajalugu prehistory

eelarutelu preliminary hearing

eelarvamus preconception, prejudice, bias

eelarvamuslik preconceived, prejudiced, biased

eelarvamusteta broadminded

eelarvamustevaba open, open-minded, unprejudiced

eelarve budget, (**ligikaudne**) estimate

   eelarve koostamine budgeting

   eelarvet tegema budget

eelarveaasta *maj* budgetary year

eelarvedefitsiit *maj* budget deficit

eelarvekomisjon *maj* budget committee

eelarveline budgetary

eeldades supposing, assuming

eeldama presume, presuppose, suppose, assume

eeldamine presupposition

eeldatav presupposed

eeldatavasti supposedly, presumably

eeldus assumption, presumption, presupposition

eelfinantseerimine *maj* advance financing

eelhääletus advance poll

eelis advantage, asset, benefit

eelis- preferential, preferred

eelisaktsiad *maj* preference shares; (AmE) preferred stock

eelisolukord advantage, privileged position

eelistama choose, favour, prefer

eelistamine preference

eelistatav preferable, preferential

eelistatavalt preferably

eelistatus preference

eelistav preferential

eelistus liking, predilection, preference

eelisõigus franchise, preference, prerogative, priority

eelisõigustatud privileged

eelkirjeldatud described above

eelkool infant school

eelkoolieline of preschool age

eelkõige above all, in the first place, in particular

eelkäija forerunner, precursor, predecessor

eellane ancestor, antecedent, forefather

eelleping preliminary agreement

eellugu prologue

eelläbirääkimised preliminary negotiations

eelmaitse foretaste

eelmenetlus preliminary hearing

eelmine earlier, former, past, previous

eelmäestik foothills

eelmäng prelude, foreplay

eelmüük advance sale

eelnema precede, come before, lead, come first

eelnev antecedent, foregoing, preceding, previous, prior

eelnevalt previously

eelnimetatud above-mentioned, aforesaid, above-specified, foregoing

eelnõu bill, draft

eelolev (forth)coming

eelregistreerima preregister

eelregistreerimine preregistration

eelroog hors d'oeuvre, starter

eelseisev coming, forthcoming

eelsoodumus predisposition

eelteade preliminary announcement

eeltingimus prerequisite, requisite, precondition

eeltöö preliminary work

eeluurimine preliminary investigation

eeluurimisvangistus remand

eeluurimisvangla remand prison

eelvalimine *pol* primary election

eelviimane last but one, penultimate

eelvoor preliminary round

eelvõistlus heat

eelõhtu eve

eemal away, far, further

    kaugel eemal far afield, far away, out of the way

eemaldama detach, distance, re-

move, shift
eemaldamine removal; (**võistlusest vms**) disqualification
eemalduma withdraw, retreat
  kaldast eemalduma offshore
eemaldumine withdrawal
eemale aloof, away, out
eemalehoidev standoffish
eemaletõukav repellent, repulsive, disgusting
eemalolek absence, distance
eemalolev far, faraway, remote
eemalt from afar
  kaugelt eemalt far afield
eemalviibija absentee
eemalviibiv absent, distant
eend ledge, overhang, projection
eenduma project
eepika narrative literature
eepiline epic
eepos epic; *ülek* tome, volume
ees ahead, at, before, forward, in front of
ees- forward, front
eesel donkey; *halv* ass
eesistuja chairperson, chairman
  eesistuja olema preside
eesistujaamet presidency
eesistujariik presiding country
eeskava programme
eeskiri code, law, rule, writ
eeskirjad regulations
eeskoda hallway, lobby
eeskuju example, lead, model
  eeskuju võtma take as an example, pattern upon
  eeskujuks olema follow the example
  eeskujuks seadma hold up as an example
eeskujulik excellent, exemplary, perfect

eeskujulikult excellently
eeskäelöök forehand stroke
eeskätt above all, primarily, particularly
eeslaulja lead singer
eesliide *lgv* prefix
eesliin firing line, forefront, front line
eeslinn outskirts, suburb
eeslinna- suburban
eesmine front
eesmärgikindel purposeful
eesmärk aim, cause, end, goal, idea, purpose, target
  eesmärgiks seadma establish a goal, set one's sights on
  eesmärk omaette an end in itself
  eesmärki teenima serve a purpose
  eesmärki täitma do the job, do the trick
eesnimi Christian name, first name, forename
eesnääre prostate gland
eesolev future
eesosa front
eespool ahead, in front, fore-
eespoolne forward
eesriie curtain, drape
eesrindlik progressive
eesruum hall, lobby
eesseisev (forth)coming
eessõna foreword, introduction, preface; *lgv* preposition
eest before, for, from
Eesti Estonia; Estonian
eesti Estonian
eestiaegne (1918-1940) of the early independence period
eestkoste custody, trust
  eestkoste all in trust, in custody
eestkostealune ward

eestkostja guardian, patron, trustee
   eestkostja olema patronize, patronise
eestkõneleja mouthpiece; spokesman; spokesperson
eestlane Estonian
eestseisus board
eestvedaja leader
eestvedamine leadership
eestvõitleja champion, protagonist
eestööline foreman, forewoman
eesõigus privilege
eesõigustatud privileged
eesõigusteta underprivileged
eesõu front yard
eeter ether; air
   eetrisse andma broadcast
   eetrisse minema go on the air
   eetris olema be on the air
   eetrist väljas off the air
eeterlik ethereal
eetika ethic, ethics, moral
eetiline ethical, moral
eetiliselt ethically
eetos ethos
eetriaeg airtime
eetrireklaam commercial
eetris on the air
efekt effect
efektiivne effective, efficient
efektiivselt effectively, efficiently
efektiivsus efficiency
efektitsev extravagant
efektne effective
efektsus effect
efemeerne ephemeral
ega nor, or
egalitaarne egalitarian
egiidi all auspices
egiptlane Egyptian
Egiptus Egypt
Egiptuse Egyptian

egiptuse Egyptian
ego ego
egoism egoism, selfishness
egoist egoist
egoistlik self-centred, egoistic
egotism egotism
egotist egotist
egotsentriline egocentric, selfish
egüptoloog Egyptologist
egüptoloogia Egyptology
eha sundown, sunset glow
ehe (**ehteasi**) adornment; (**tõeline, rikkumata**) genuine, solid
ehedalt purely, genuinely
ehedus genuineness, solidness
ehetekarp casket
ehh oh, ah
ehis- ornamental
ehiskuju figurehead
ehisriba frieze
ehissulg plume
ehisvõre grille
ehitaja builder
ehitama build, construct
   juurde ehitama build an extension
   sisse ehitama build in, build into
   üles ehitama build up, construct, form
   ümber ehitama rebuild, reconstruct, convert
ehitamine building, construction; *halv* erection
ehitis building, construction, edifice; *halv* erection
ehitud decorated
ehitus building, construction, fabric
ehitusbrigaad building team
ehitusettevõte building firm, construction firm
ehitusettevõtja contractor

E

ehitusinsener engineer
ehitusjärelevalve construction supervision
ehituskavand construction plan
ehitusklots brick, building block
ehituskrunt construction plot
ehituskulud building costs
ehituskunst → **arhitektuur**
ehituskunstnik → **arhitekt**
ehituslaen building loan, construction loan
ehitusluba building permit
ehitusmeister master builder
ehituspaik construction site
ehitusplaan building plan
ehitusplats building site, construction site
ehitusplokk building block
ehituspraht debris
ehitusprojekt construction project
ehitusstiil architectural style
ehitustööline construction worker
ehk maybe, or, perhaps, possibly
ehkki albeit, although, if, though, when
ehmatama startle, frighten, scare (up), start
   poolsurnuks ehmatama scare the life out of, scare the hell out of, scare the wits out of
ehmatav frightening
ehmatavalt frighteningly
ehmatus fright, scare
ehmuma fright, startle
ehmunud startled
ehteasjakesed trinket, bric-a-brac
   tühine ehteasjake trinket, knickknack
ehted jewellery
ehtekarp jewellery box
ehtekunstnik jeweller
ehtima adorn, decorate

ehtimine adornment, decoration
ehtne authentic, genuine, real, true
ehtsalt authentically
ehtsus authenticity
   ehtsuse tunnus hallmark
ei no, not, never
ei ... ega neither ... nor
eikeegi nobody
eile yesterday
eilne yesterday's
eine meal
   kaasavõetud eine packed lunch
   pidulik eine festive luncheon
   väike eine snack
einela buffet
einetama have a meal
einetamine having a meal
eirama ignore, disregard, overlook
eit old woman
eitama deny, disclaim
eitamine denial
eitav negative
eitus negation
ejakuleerima ejaculate
ekipaaž crew
ekleer éclair
eklektiline eclectic
ekraan monitor, screen
ekraaniredaktor *inf* screen editor
ekraniseerima screen
ekraniseering screen version
eks okay, OK, all right
eks- ex-
eksam exam, examination, test
   eksamit sooritama pass an examination
eksamihinne examination mark, result
eksamikomisjon examining board
eksamiküsimus examination question
eksamineerija examiner

eksamineerima examine, test
eksamipilet examination question
eksamisessioon examination period
eksamitegija candidate
eksamitulemus examination result
eksamitöö examination paper
ekseem *med* eczema
eksemplar copy, specimen
  kahes eksemplaris in duplicate
  kolmes eksemplaris in triplicate
eksi- false, mistaken, wrong
eksiarvamus delusion, fallacy, misapprehension
eksiil exile
eksiilvalitsus government in exile
eksikombel in error, mistakenly
eksima get lost, go wrong, lose one's way, mistake, stray
  ära eksima lose one's way, be lost, go astray
eksimatu infallible
eksimus mistake, error, fault, flaw, lapse, mistake, slip
eksinud mistaken; (**äraeksinud**) lost
eksisamm blunder, fault, faux pas
eksisteerima exist, be
eksistents existence
eksistentsiaalne existential
eksitama mislead, deceive, lead astray
eksitav misleading
eksitee wrong track
  eksiteel olema be astray
  eksiteele sattuma go astray
  eksiteele viima mislead
eksitus error, mistake
eksiõpetus heresy
ekskavaator shovel, excavator
ekskavaatorijuht excavator operator
ekskaveerima scoop

eksklusiivne exclusive, upmarket
ekskrement excrement
ekskursant excursionist
ekskursioon excursion, tour
ekskursioonijuht tour guide
ekskurss digression
ekslema wander, stray
ekslik mistaken, erroneous, fallacious, fallible, wrong
ekslikult mistakenly, erroneously, fallaciously, wrongly
eksmatrikuleerima exmatriculate, dismiss
eksootika exoticism, exotica
eksootiline exotic
ekspander expander
ekspansiivne effusive
ekspansiivsus effusiveness
ekspansioon expansion
ekspedeerima forward, dispatch
ekspediitor (**veofirma**) forwarding agent
ekspeditsioon expedition
eksperiment experiment
eksperimentaalne experimental
eksperimenteerima experiment
ekspert expert, pundit, connoisseur
ekspertarvamus expert opinion
eksperthinnang expert evaluation
ekspertiis expert analysis
ekspertkomisjon committee of experts
ekspertsüsteem *inf* expert system, ES
ekspluataator exploiter
ekspluatatsioon operation, maintenance
ekspluatatsioonikulud → **käituskulud**
ekspluateerima exploit
ekspluateerimine exploitation
eksponaat exhibit, showpiece

eksponeerima exhibit
eksponeerimine exhibition
eksponent exponent
ekspordifirma export house
ekspordiosakond export department; outbound department
eksport export
eksportartikkel *maj* export article
eksportija exporter
eksportima export
eksportkaubad exports
ekspositsioon exposition
ekspress express
ekspress- express
ekspressiivne expressive
ekspressiivsus expressiveness
eksprompt impromptu
ekstaas ecstasy, rapture
  ekstaasi minema go into ecstasies
ekstaasis ecstatic, high
ekstensiivne extensive
ekstensiivselt extensively
eksterjöör exterior
ekstra extra, specially
ekstra- extra
ekstraheerima extract
ekstraheerimine extraction
ekstrakt extract
ekstraordinaarne extraordinary
ekstrasensitiiv clairvoyant
ekstravagantne extravagant, flamboyant
ekstravagants(us) flamboyance
ekstravert extrovert
ekstreemne extreme
ekstreemsus extremity
ekstremism extremism
ekstremist extremist
ekstremistlik extremist
ekstsentrik eccentric
ekstsentriline eccentric

ekstsentriliselt eccentrically
ekstsentrilisus eccentricity
ekstsess excess
ekvaator equator
ekvatoriaalne equatorial
ekvi- equi-
ekvivalent equivalent
ekvivalentne equivalent
ekvivalents equivalence
eküü European Currency Unit, ECU
EL European Union, EU
elajalik bestial, cruel
elajas animal, beast, brute
elama live, dwell, reside, lead a life, inhabit, exist
  edasi elama live on
  kaasa elama share, sympathize
  kauem elama outlast, outlive, survive
  koos elama cohabit, live together, live with, sleep together
  kellegi kulul elama live off/at the expense of, sponge on, depend on
  läbi elama experience, undergo
  mujal elama live in, live elsewhere
  sisse elama settle in, (**töösse, tegevusse**) grow into
  vaevu ära elama live on breadline
  välja elama act out, rave it up
  ära elama live on
  üle elama survive, live down, pull through, weather, withstand
  elama asuma settle, settle down
elamine habitation, life, house
elamiskõlblik habitable
elamiskõlbmatu uninhabitable
elamisluba residence permit
elamispind habitation area
elamisväärne worth living
elamu dwelling, house

elamu- residential
elamugrupp housing estate
elamurajoon residential district
elanik resident, dweller, inhabitant
elanikkond population
elastik elastic
elastne elastic, flexible, springy
elastsus elasticity
elatama support, take care
elatanud aged
elatis maintenance, living
  elatist teenima earn one's living,
  work
elatuma live, support, subsist
elatus subsistence, living
elatusallikas source of livelihood/
  living/maintenance
elatusmiinimum subsistence level
elatusraha support
elav alive, animate, lively, vivid
elavalt animatedly, briskly, vividly
elavdama brighten, enliven
elavdamine brightening
elavhõbe mercury
elavnema brighten, quicken
elavnemine boom
elavus animation, briskness, buoy-
  ancy, vividness
eleegia elegy
elegantne elegant, fine, smart
elegants elegance, smartness
elegantselt elegantly
elekter electricity, power
elekter- electric, electrical
elektoraat electorate
elektri- electric, electrical
elektrienergia electric power
elektrifitseerima electrify
elektrifitseerimine electrification
elektrijaam power station
elektrijuhtivus electrical conductiv-
  ity

elektrik electrician
elektrikatkestus cut, power cut
elektrikaubad electrical goods
elektrikilp fuse box
elektrikitarr electric guitar
elektrikontakt socket
elektrikork fuse
elektrilöök electric shock
  elektrilööki saama get an elec-
  tric shock
elektrimontöör electric engineer
elektripirn bulb, light bulb
elektripliit electric stove
elektrirong electric train
elektriseadmed electrical devices
elektriseerima electrify
elektritool electric chair
  elektritoolil hukkamine electro-
  cution
elektrivalgus(tus) electric light
elektrivedur electric locomotive
elektrivool current, electricity
elektro- electro
elektromagnet electromagnet
elektromagnetiline electromag-
  netic
elektron electron
elektronajakiri *inf* electronic maga-
  zine
elektronarvuti electronic computer
elektronkirjastamine *inf* electronic
  publishing
elektronpost *inf* electronic mail
elektronraha *inf* electronic cash
elektrood electrode
elektroonika electronics
elektrooniline electronic
elektrotehnika electrotechnics
elektrotehniline electrotechnical
element element
  keemiline element (chemical) el-
  ement

E

E

omas elemendis olema in one's element
elementaarne elementary, basic
elev excited, exciting, exhilarated
elevaator elevator
elevandiluu ivory
elevandiluuvärvi ivory
elevant elephant
elevil excited, exhilarated
elevus excitement
elf elf
eliit elite, élite
eliit- elite, élite
eliksiir elixir
elimineerima eliminate
elitaarne elite, élite
elitarism elitism, élitism
elitarist elitist
ellips ellipse
elliptiline elliptical
ellujääja survivor
ellujäämine survival
ellujäämiskursus survival course
elluviimine carrying out, realization
elluäratamine bringing sth to life
elluärkamine coming back to life
elu life, existence, living
  ellu jääma survive, live, hold up
  ellu viima carry out, execute, implement, realize
  ellu äratama bring sth to life
  ellu ärkama come back to life, return to life
  elu kaotama lose one's life, die
  elu võtma take one's (own) life, kill, (commit) suicide
  uuesti ellu kutsuma resuscitate, revive
  elu ja surma küsimus a matter of life and death
  eluks ajaks for life, permanently
elu- life, residential

elu- ja teenistuskäik track record
eluaeg life, lifetime
eluaegne life, lifelong
eluala walk of life
eluase home, housing
eluasemelaen residential loan
eluasemetoetus residential allowance
eluhoiak attitude to life
eluiga lifespan, lifetime
  oletatav eluiga life expectancy
elujaatav positive
elujanu thirst for life
elujoon lifeline
elujõud vitality, exuberance
  elujõu taassünd a new lease of life
elujõuline vigorous, vital
elujõulisus viability, vitality
elujärg standard of life
elukaaslane partner, spouse, mate
elukallidus cost of living
elukas beast, creature
elukeskkond environment
elukindlustus life insurance
elukindlustusleping life insurance contract
elukindlustuspoliis life insurance policy
elukogenud experienced
elukoht place of residence, accommodation
  kindla elukohata of no fixed abode, non-permanent residence
elukombed manners
elukool education
elukutse profession, occupation, job, career, trade
elukutseline professional
elukvaliteet quality of life
elulaad way of life
eluline true to life

eluliselt vitally
elulisus vitality
elulookirjeldus curriculum vitae, CV
elulookirjutaja biographer
elulookirjutamine writing sb's biography
elulooline biographical
elulugu biography, life, résumé
elumaja dwelling house
elumees playboy, rake
elund organ
elundi- organic
elundkond system of organs
elunema reside, live
eluohtlik critical, suicidal, dangerous
eluolu life, lifestyle
elupaik habitation
elupõline lifelong
eluraskused hardship, troubles
eluruum living area
elurõõm zest for life
elurõõmsalt buoyantly
elurõõmus buoyant, cheerful
elurütm groove, rhythm of life
elus alive, living
  elus ja terve safe and sound
elus- living
eluskaal live weight
elusloodus organic world
elustama reanimate, enliven, revitalize, resurrect, resuscitate
elustamine revival
elustatud animated
elustav invigorating
elustandard standard of living
elustiil lifestyle
elusuurune life-size, life-sized
elusuuruses in life-size
elutalitlus functioning
elutargalt wisely, sagely

elutark wise, sage, sophisticated
elutarkus life experience, sage-(ness)
elutee life
elutegevus life, living
elutempo tempo/speed of life
eluterve positive, healthy
elutingimused living conditions
elutruu lifelike, true to life
elutu dead, inanimate, lifeless
elutuba living room, sitting room, drawing room
elutõene realistic
elutöö life's work
eluviis life, way of life
eluvõimeline viable
eluvõimetu inviable
eluvõitlus struggle for existence/life
  halastamatu eluvõitlus rat race
eluvõõras unrealistic, inexperienced
eluväsimus tiredness of life
eluülesanne mission
ema mother, mom, mum(my)
ema- maternal, mother
emadepäev Mother's Day
emadus motherhood
emaettevõte parent company
emaihu womb
email enamel
e-mail → **e-post**
emailima enamel
emailitud enamelled
emakakael neck of the uterus
emakas uterus, womb
emakompanii *maj* holding company
emakaväline extrauterine
emakeel mother tongue, native language
emalaev aircraft carrier
emalik motherly, maternal

E

emamaa mother country
emamesilane queen bee
emand housemother, mistress; (**kaardimängus**) queen
emane female, she
emantsipatsioon emancipation
emantsipeeruma emancipate
emapiim mother's milk
emapuhkus maternity leave
emas- female, she-
emastaim parent plant
ematunne maternal feeling
embama embrace, hug
embargo embargo
emb-kumb either, one of the two
embleem emblem
embrüo embryo
embrüonaalne embryonic
embus embrace, hug
emeriitprofessor professor emeritus
emigrant emigrant, émigré, expatriate
emigratsioon emigration, exile
emigreeruma emigrate, expatriate
emigreerumine emigration
emiir emir
emiraat emirate
emis sow
emissar emissary
emissioon *maj* emission, issue
emissiooniaasta *maj* year of issue
emissioonipank *maj* bank of issue
emiteerima *maj* issue
emme mummy, mommy
emotsionaalne emotional
emotsionaalselt emotionally
emotsionaalsus emotionality
emotsioon emotion, feeling
empaatia empathy
empiiriline empirical
empiiriliselt empirically

empirism empiricism
emu emu
emuleerimine *inf* emulation
emulsioon lotion, emulsion
enam (**mitte rohkem**) no more, no longer, (**lisaks**) in addition, extra, (**rohkem**) more
enamasti in general
enamik majority, most
enamjaolt for the most part
enampakkumine auction
enamus majority
enamuses in the majority
enamuskoalitsioon *pol* majority coalition
enam-vähem more or less, almost
end(a) own, ownself, of one's own
   enda tehtud self-made
endast lugupidamine self-esteem, self-respect
endast lugupidav self-respecting
endast mõista absolutely, of course
endeemiline endemic
endine ex-, former
endisaeg old times
endisaegne of old times
endiselt still, as yet
endistviisi as before
endokrinoloog endocrinologist
endokrinoloogia endocrinology
endoskoop endoscope
energeetik power engineer
energeetika energy
energeetiline energetic
energia energy, power
   energiast pulbitsev full of energy, full of life
energiaallikas energy source
energiakadu loss of energy
energiakriis energy crisis
energiakulu consumption of energy
energiamüük sale of energy

energiasäästlik energy-saving
energiasüsteem energy system
energiatarbija energy consumer
energiatarbimine energy consumption
energiatoodang energy production
energiaturg energy market
energiatööstus energy industry
energiavaru energy supply
energiavõrk energy network
energiline energetic
   ülekeevalt energiline bubbly
enese → **enda**
enesealalhoiuinstinkt self-preservation instinct
enesealandus self-abasement
eneseanalüüs self-analysis
enesearmastaja selfish person
enesearmastus love of oneself, selfishness
enesedistsipliin self-discipline
enesehaletsus self-pity
enesehinnang self-esteem
eneseimetleja self-admirer, narcissist
eneseimetlus self-admiration, narcissism
enesekaitse self-defence
enesekaitsevahendid self-defence devices
enesekaitsevõte self-defence technique
enesekehtestamine self-assertion
enesekeskne self-centred, self-indulgent
enesekiitus self-praise
enesekindel self-confident, self-assured
enesekindlalt confidently, assuredly
enesekindlus self-confidence, self-assurance

enesekohane reflexive
enesekontroll self-control
enesekriitika self-criticism
enesekriitiline self-critical
enesemääramine self-determination
enesemääramisõigus right to self-determination
enesemüümine prostitution
eneseohverdus self-sacrifice
enesepaljastus self-exposure
enesepettus self-deception
enesepiinaja masochist, flagellant
enesepiinamine masochism
eneserahuldamine masturbation, onanism
enesesisendus autosuggestion
enesessesulgunud reserved, incestuous, self-absorbed
enesessetõmbunud reserved, introvert
enesestmõistetav obvious, self-evident
   enesestmõistetavana võtma take (sb/sth) for granted
enesesüüdistus self-accusation
enesetapja suicide
enesetapp suicide
enesetapukatse suicide attempt, attempted suicide
eneseteadlik self-conscious
eneseteadvus self-consciousness
eneseteostus self-realisation
enesetunne feeling
   kehva enesetundega grotty, groggy
enesetäiendus self-improvement
eneseuhkus pride
eneseusaldus self-reliance
   liigne eneseusaldus aplomb, conceit
eneseusk faith in oneself

E

enesevalitsemine self-control
  enesevalitsemist kaotama lose control
enesevalitsus self-control
eneseväärikus dignity, self-esteem, self-respect
eneseülistus boasting
enim most
enklaav enclave
ennak- anticipating
ennakult in advance
ennast → **end**
ennasthävitav suicidal
ennastohverdav self-sacrificing
ennastsalgav selfless
ennasttäis bigheaded
ennastunustav self-forgetful
ennatlik precipitate, premature
enne before, earlier, previously, prior to; (**ende**) omen
  enne kukke ja koitu at the crack of dawn, bright and early
  enne õiget aega ahead of time, early
enne- ante-, pre-
enneaegne premature
enneaegselt ahead of time, prematurely
ennekuulmatu unheard-of, unprecedented
ennekõike above all, first of all
enneminevik *lgv* past perfect
ennemuiste in ancient days, in olden times, once upon a time
ennemuistne ancient
ennenägematu unprecedented
enneolematu → **ennenägematu**
ennetama anticipate
ennetamine anticipation
ennetav anticipatory
ennetulevik *lgv* future perfect
ennetus prevention

ennetus- preventive
ennetusabinõu preventive measure
ennetähtaegne premature, early, untimely
ennetähtaegselt prematurely, early
ennistaja restorer
ennistama reinstate, restore; *inf* undelete
ennistamine restoration
ennustaja fortune-teller, prophet
ennustama forecast, predict, tell one's fortune
ennustamine prediction
ennustatav foreseeable, predictable
ennustatud expected
ennustus forecast, prediction, prognosis
ensüüm enzyme
ent but, yet
entiteet entity
entomoloogia (**putukateadus**) entomology
entsefaliit *med* encephalitis
entsüklopeedia encyclop(a)edia
entsüklopeediline encyclop(a)edic
entusiasm enthusiasm
entusiast enthusiast
entusiastlik enthusiastic
entusiastlikult enthusiastically
eos germ, spore
eoseline sporal
eostama conceive
eostamine conception
eostuma conceive
eostumine conception
eostumisvastane contraceptive
epee épée
epideemia epidemic, plague, outbreak
epideemiline epidemic
epigraaf epigraph
epigramm epigram

E

epilepsia *med* epilepsy
epileptik epileptic
epileptiline epileptic
epiloog epilogue
episood episode
episoodiline episodic, broken, occasional
epistel epistle
  epistlit lugema lecture
epitaaf epitaph
epiteet epithet
epitsenter epicentre
epohh epoch
epopöa epic
e-post *inf* electronic mail, e-mail
eputama show off, set off, enhance
eputamine showing off
eputavalt affectedly
eputus affectation, pose
era- personal, private
eraauto private car
eradetektiiv private detective
eraelu private life
eraettevõte private enterprise
eraettevõtja private enterpriser, entrepreneur
eraettevõtlus private enterprise
erafirma private firm
e-raha *inf* E-cash
erahaigla private hospital
erahuvi private interest, personal interest
erainvestor private investor
eraisik private person
erak hermit, recluse, solitary
erakapital *maj* private capital
erakaubandus *maj* private business
erakliinik private clinic
eraklik hermitic
eraklikkus hermitry
erakogu private collection
erakond party

erakondlane party member
erakondlik party
erakool private school
erakordne exceptional, extraordinary
erakordselt exceptionally
erakordsus exceptionality
erakorraline extraordinary
erakorraliselt extraordinarily
erakorter private apartment
erakuulutus private announcement
erakõrgkool private university
eraldama separate, divide, split; (raha) allot, assign
eraldamine separation, division
eraldatud isolated
eraldatus isolation, separation
eraldav isolated, separated
eraldi apart, separately
eraldis (raha kohta) allocation, allotment, assignment
eraldiseisev detached, separate
eralduma separate, detach
eraldumine separation
eraldunud separated, detached
eraldusjoon line, demarcation line
eramaa private land
eramaja private house
eramets private forest
erand exception
erand- exceptional
eranditult without exception
erandkorras exceptionally
erandlik exceptional
eraomand private property
erapooletu impartial, neutral
  erapooletuks jääma abstain (from)
erapooletult impartially
erapooletus impartiality, objectivity
erapoolik biased, partial
erapoolikus bias, partiality

erapraksis private practice
erariietus plain clothes, civilian clothes
erasekretär personal assistant
erastama privatize, privatise
erastamine privatization, privatisation
eratelevisioon commercial TV station
eraviisil in private
eraviisiline private
eraõpetaja tutor
eraülikool private university
ere bright, brilliant
eredalt brightly
eredavärviline colourful
eredavärviliselt colourfully, gaily
eredus brightness, glare
erektsioon erection
eremiit hermit, eremite
erendama be bright
erepunane scarlet
ergas lively, brisk
ergastama brisk up
ergastav exhilarating
ergutama encourage, stimulate
ergutav bracing, cheerful, fresh, invigorating
erguti stimulant, tonic
ergutus encouragement, incentive
ergutushüüe cheer
eri special, particular
eri- different, particular, special
eriarvamus different opinion
eriala speciality
    erialane ettevalmistus qualification
eriala- specialized, specialised
erialane professional
erigeeruma erect
eriharidus special education
erijoon feature

erikeel jargon
erikuju different shape
erilaadne different
eriliigiline of different type
eriline special, exclusive, extraordinary, particular
eriliselt especially
erimeelsus difference in opinion
erinema differ, vary
erinev different, distinctive, varying
erinevalt as distinct from, as opposed to
erinevus difference, diversity
erinõue special requirement
eriolukord emergency situation
eriomadus specific feature
eriotstarve special purpose
eripalgeline different, varied
eripreemia special prize
eripära peculiarity
eripärane particular, distinct
erirežiim special treatment
eriskummaline peculiar, bizarre
eriskummalisus peculiarity
erisoov special wish/request
eristaatus special status
eristama differentiate, distinguish
eristamine differentiation
eristatav distinctive, distinguishable
eristav distinguishing, distinctive
eristuma become distinct
eristus differentiation
eristusmärk distinctive badge
erisugune diverse, heterogeneous
eritama secrete
eritasu special fee
eriteade special announcement
eriteadlane specialist
eriti especially, in particular
eritingimus special term
eritis discharge, secretion
eritlema analyse

eritlev analytic, analytical
eritlus analysis
eritoode speciality
erituma discharge, flow out, release
eritumine discharge
eritunnus special characteristic, differentia (*pl* -tiae)
eritus secretion
erivajadused special needs
erivarustus special equipment
eriväljaanne special edition
eriväljaõpe special training
eriõppeasutus special educational institution
eriüksus special unit
erk lively, brisk
erk- bright
erksalt lively, briskly
erksus liveliness, alertness
erootika eroticism, erotica
erootiline erotic
erootiliselt erotically
erosioon erosion
erruminek retirement, resignation
eru- retired
erudeeritud erudite
erudeeritus erudition
eruditsioon erudition
erus retired
erutama excite, thrill
erutatud agitated, excited, thrilled
erutav exciting, thrilling
erutuma become excited
erutus excitement, agitation
erutusseisund state of excitement
erutuv excitable
ese item, article, object, piece, thing
esi front
esi- fore-, front
esiajalooline of ancient history
esiajalugu ancient history
esialgne provisional, tentative

esialgu at first
esietenduma have a premiere
esietendus first night, premiere
esiisa ancestor, forefather
esiiste front seat
esijalg foreleg
esik entrance, doorway, hall
esikaas front cover
esikaasistuja *jur* foreman, forewoman
esiklaas windscreen, windshield
esiklaps first-born
esikloom primate
esikoht first place
   esikohal olema lead, be in the first place
   esikohal olija leader
   esikohale seadma put first
esikülg face
esikülje- frontal
esilatern headlamp
esildis statement, motion
esile forth, out, up
esilekerkimine emergence
esileküündiv outstanding
esiletoomine display
esileulatuv prominent
esilinastus premiere
esimees chairman, chairperson, foreman, forewoman, president
esimene first, former, one
   esimest korda for the first time
esimeseks first
esimesena first, first thing
esinaine chairwoman, forewoman, president
esindaja representative, spokesman, spokesperson, spokeswoman
esindama represent, stand for
esindamine representation
esindus representation; *dipl* legation; mission; (**äri-**) agency

E

esindus- representative
esinduskogu representative body
esinduskulud representation costs, expense account
esinduslik presentable
esinduslikkus presentability
esindusõigus commission
esine front
esineja performer
esinema perform, act, play; (**leiduma**) occur, exist
  avalikult esinema appear, perform
  kehvalt esinema cut a poor figure
esinemine performance; (**leidumine**) occurrence
esinemisjärg order of appearance
esinemissagedus incidence of appearance
esinemisväljak arena
esinäitleja leading actor/actress
esiosa front part
esiotsa to start with
esiplaan foreground
esiplaanil in the foreground
esiplaanile to the foreground
esiread front rows
esirinnas in the vanguard of, forefront
esitaja presenter
esitama bring forward, report
  avaldust esitama apply
  voolavalt esitama slur
  üksikasjalikult esitama detail, specify
esitamine presentation
esitantsijatar prima ballerina
esiteks first, firstly, in the first place, to begin with, to start with
esitis submission
esitleja demonstrator

esitlema present, introduce
esitlus demonstration, presentation, production
esituled headlights
esitus presentation
esitäht initial letter
esitähtlühend acronym
esivanem ancestor, forefather
esivanemad ancestry
esivõistlused championship
eskaader *sõj* squadron
eskadron *sõj* squadron
eskalaator escalator
eskalatsioon escalation
eskapism escapism
eskapist escapist
eskiis draft
eskimo Eskimo (*pl* -oes), Esquimau (*pl* -aux)
eskort escort
eskortima escort
esma- first, primary
esmaabi first aid
esmaabikapp first-aid box
esmaabivahend means of first aid
esmajoones primarily, at first
esmajärjekord priority
esmajärjekorras first of all
esmaklassiline first-class
esmakordne first
esmakordselt for the first time
esmakursuslane freshman
esmalt at first
esmane immediate, initial, primary
esmapilgul at first sight
esmas- first, primary
esmaspäev Monday
esmasündinu firstborn
esmatähtis most important
essee essay
esseist essayist
essents essence

estakaad viaduct
esteet aesthete
esteetika aesthetics
esteetiline aesthetic
esteetiliselt aesthetically
estetism aestheticism
estraad (estraadikunst) light entertainment, variety; **(lava)** stage
estraadikunstnik entertainer
estraadinäitleja variety performer
estraadiorkester light music orchestra
et that, in order to, as, so as
etalon standard
etapp leg, stage
etendama act
etenduma play
etendus performance, presentation
etik porch
etikett etiquette; **(sedel)** label
etleja performer
etlema recite, perform
etlemine recital
etniline ethnic
etnograaf ethnologist
etnograafia ethnography
etnograafiline ethnographic
ette- advance, pre-
ette ahead, in advance
etteaimamatu unpredictable
etteaimamatult unpredictably
etteaimamine anticipation
ettearvamatu unpredictable
ettearvatav predictable
ettearvatavalt predictably
ettearvestav calculating
ettearvestus forecast
etteaste performance
etteheide rebuke, reproach
   etteheiteid tegema reproach
etteheitev reproachful
etteheitvalt warningly

ettekandja barmaid, waitress
ettekanne presentation, report, talk
ettekavatsematu unintentional
ettekavatsetud deliberate, premeditated
ettekavatsetult deliberately, planned
ettekavatsetus deliberateness
ettekirjutus prescription
ettekujutus delusion, imagination, depiction
ettekuulutus prediction
ettekääne pretext, excuse
   ettekäändena tooma plead
ettelugemine reading aloud
ettemaks advance payment
ettemääratud predetermined
ettemääratus predestination
ettenägelik foresighted
ettenägelikkus foresight
ettenägematu unforeseeable
ettenägemine anticipation
ettenähtav foreseeable
ettenähtud scheduled, fixed, planned
ettenäitaja bearer
ettenäitamine showing, presentation, demonstration
etteotsa to the fore
ettepanek offer, proposal, motion
   ettepaneku esitamine submission of the proposal
   ettepanekut tagasi lükkama reject a proposal
   ettepanekut tegema make an offer, suggest, propose, submit
ettepoole forward
etterakendamine harnessing
ettesõit going ahead
etteteada predictable
etteteatamata unannounced
ettetellija subscriber
ettetellimine reservation, subscription

E

ettetellimus subscription, reservation

ettetõmmatud drawn

ettevaatamatu incautious

ettevaatlik cautious

   ettevaatlik olema be cautious about

ettevaatlikkus cautiousness

ettevaatlikult carefully, cautiously

ettevaatus caution, precaution

   ettevaatust! look out!, (AmE) watch out!

ettevaatus- precautionary

ettevaatusabinõu precaution

ettevalmistamata unprepared

ettevalmistamine preparation

ettevalmistamisel on preparation

ettevalmistatud prepared

ettevalmistatus preparation

ettevalmistav preparatory

ettevalmistus preparation

ettevalmistus- preparatory

ettevalmistusaeg time for preparation

ettevalmistused arrangement, preparation

ettevalmistuskursus preparatory course

ettevalmistustöö preparatory work

ettevõte company, enterprise, firm, venture

   ettevõtete koondis consortium

   ettevõtte kulul on the house

   ettevõtte sulgemine shutdown

ettevõtja entrepreneur

ettevõtlik enterprising, venturesome, daring

ettevõtlikkus enterprise, enterprisingness, initiative

ettevõtlus enterprise

   vaba ettevõtlus free enterprise

ettevõtmine enterprise, undertaking, venture

   kurnav ettevõtmine haul, exhausting activity, hopeless race

ettevõtteregister enterprise register

etteütleja prompter, foreteller

etteütlemine prompting

etteütlus dictation

ettur pawn

etümoloogia etymology

etüüd study, sketch

etüülalkohol *keem* ethyl alcohol

eufemism euphemism

eufemistlik euphemistic

eufooria euphoria

eufooriline euphoric

euro euro

euroametnik EU official

eurokomisjon the European Commission

Euroopa Europe; European

euroopa European

eurooplane European

europarlament the European Parliament, EP

eutanaasia euthanasia

evakuatsioon evacuation

evakueerima clear, evacuate

evakueeruma evacuate

evakueerumine evacuation

evangeelium gospel

evangeelne evangelical

evangelist evangelist

evangelistlik evangelistic

evima → **omama**

evitama → **omandama**

evolutsioon evolution

evolutsiooniline evolutionary

evolutsiooniteooria theory of evolution

EÜ the European Community

F

faabula plot
faas phase; stage; *el, füüs* phase; *tehn* facet; bevel edge
faasan pheasant
faasiline -phase
fabrikaat (manufactured) product
fabritseerima fabricate
fagott bassoon
Fahrenheiti temperatuuriskaala Fahrenheit
fail file
failiedastus *inf* file transfer
failiedastusprotokoll *inf* File Transfer Protocol, FTP
fajanss faience, common china
fakiir fakir
faks fax
faksiaparaat fax machine
faksiimile facsimile
faksima fax, fax sth through to sb
fakt fact, truth
faktiline factual
faktiliselt factually
faktograafia factual account; body of facts
faktooring *maj* factoring
faktor factor
faktuur *tehn* texture, facture; *maj* bill, bill of parcels
fakultatiivne optional, elective
fakulteet faculty
fallos phallus

falsett falsetto
familiaarne familiar, over-friendly
fanaatik fanatic, fiend, zealot, fan
fanaatiline fanatic, frenetic, zealous
fanatism fanaticism, extremism
fanfaar (**muusikariist**) bugle, (**fanfaariheli**) fanfare
fanfarist bugler, bugler player
fantaasia fantasy, fancy; imagination
fantaseerima fantasize; daydream
fantast fantast; dreamer; science fiction writer
fantastika fantasy, fantastry
    teaduslik fantastika science fiction, sci-fi
fantastiline fantastic, wonderful, splended
fantoom phantom
fantoomvalu phantom pain
fariinsuhkur brown sugar
farm farm
farmaatsia pharmacy
farmaatsia- pharmaceutical
farmakoloogia pharmacology
farmatseut pharmacist
farmer farmer
farss farce, charade
farüngiit *med* pharyngitis
fassaad facade, frontage, front
fassong fashion
fašism fascism

fašist fascist
fašistlik fascist
fataalne fatal, destined, terminal
fataalsus fatality
fatalist fatalist
fatamorgaana fata morgana, mirage
fauna fauna
favoriit favourite
fekaalid faeces
feldmarssal *sõj* field marshal
feminiinsus femininity
feminiinum *lgv* feminine
feminism feminism
feminist feminist
feministlik feminist, feministic
fennofiil Finnophile
fennougrist Finno-Ugric linguist
fennougristika Finno-Ugristics
fenomen phenomenon
fenomenaalne phenomenal
fenomenaalselt phenomenally
fenomenaalsus phenomenality
feodaal feudal lord
feodaalkord feudalism
feodaalne feudal
feodalism feudalism
fertiilne fertile
fertiilsus fertility
festival festival
fetiš fetish
fetišeerima fetishise
fetišism fetishism
fetišist fetishist
fiasko debacle, débâcle, disaster, fiasco
figuraalne figural
figureerima figure, feature
figuur figure, form, line, shape
   figuuri hoidma keep one's figure
fiiber fibre
fiiberklaas fibreglass
fiiling feeling

fikseerima fix, fasten, fixate
fikseeritud fixed
fiktiivne fictitious
fiktiivselt fictitiously, nominally
fiktsioon fiction
filantroop philanthropist
filantroopia philanthropism
filateelia philately
filatelist philatelist
filee fillet
fileerima *kok* fillet, (AmE) filet; *muus* hold
filharmoonia philharmonic society
filiaal branch, arm, subsidiary
filigraanne elaborate, fine, exquisite, meticulous
filigraansus elaborateness, fineness, exquisiteness
filister philister, philistine
film film, flick, movie, picture, screen, celluloid
filmiamatöör amateur film-maker
filmikaader shot
filmikunst the cinema; cinematography, the cinematic art
filmilaenutus film rental, video library
filmilint film, tape
filmima film, shoot
filmimuusika soundtrack, film music
filmindus the film; the screen; film-making; cinematography
filmistuudio film studio
filoloog philologist, philologian
filoloogia philology
   klassikaline filoloogia Classics
filoloogiline philological
filosofeerima philosophize, philosophise
filosoof philosopher
filosoofia philosophy

filosoofiadoktor doctor of philoso-
phy, PhD
filosoofiline philosophical
filosoofiliselt philosophically
filter filter
filtreerima filter, filtrate
finaal final, finale
finalist finalist
finants- financial, fiscal
finantsabi financial aid; funding
finantseerija financier
finantseerima finance, fund, spon-
sor
projekti finantseerima bankroll,
finance a project
finantseerimine finance
finantsid finance; funds; money
finantsiline financial
finantsist financier; financial expert
finess finesse
finiš finish
finišeerima finish
finišilint tape
firma company, firm, business, con-
cern
firmakauplus retail outlet
firmamärk brand, **(kaubamärk)** trade
mark
fiskaalne *maj* fiscal
fjord fjord, fiord
flaier flyer
flakoon flacon
flamenko flamenco
flamingo flamingo
flanell flannel
flanellpüksid flannels
flegmaatik phlegmatic person
flegmaatiline phlegmatic
flegmaatilisus phlegmatism, phleg-
maticalness
fliis fleece
flirt flirtation

flirtija flirt
flirtima flirt (with sb), make up to
flirtimine flirtation
floks *bot* phlox
floora flora
flopi *inf* floppy disk, floppy, diskette
florett *sport* foil; foil fencing
fluidum fluid
fluorestseerima *füüs* fluoresce
fluorestsents *füüs* fluorescence
fluoriid *keem* fluoride
fluorograafia *med* fluorography
flötist flutist
flööt flute
foks(trott) foxtrot
foksterjer fox terrier
fokuseerima focus
folkloor folklore
folklorist folklorist
folkmuusika folk music
fond foundation, fund
fondeerima fund
fondüü fondue
foneem *lgv* phoneme
foneetika *lgv* phonetics
foneetiline *lgv* phonetic
fono- phono-
fonogramm (sound) recording
fonoloogia *lgv* phonology
fonoloogiline *lgv* phonological
fonoteek sound archive
font *inf* font
fontään fountain
foobia phobia
fookus focus
foolium foil
foon background
foor traffic light/signal
foorum forum
foorumiserver *inf* forum server
fopaa clanger, blunder, faux pas
forell trout

formaalne formal
formaalsus formality
formaat size; format
formaatima format
formaliseerima formalize, formalise
formalism formalism
formalist formalist
formalistlik formalistic
formatsioon formation; structure; stage
formeerima form; set up
formeering formulas; *sõj* formation, unit, group, troops
formeeruma be formed, form
formeerumine formation
formular form
formulatsioon formulation
formuleerima formulate
formuleering formulation; wording
forsseerima intensify, speed up, force, push
fortuuna Fortune; prize-drawer
fosfor phosphorus
fossiil fossil
fossiilistuma fossilise
fossiilne fossil
foto- photo-
foto photo, photograph, picture, print, shot, snap, snapshot
fotoaparaat camera, photo camera
fotoateljee photographer's studio, studio
fotogeenne photogenic
fotogeensus photogenic appearance; photogenic faculty
fotograaf photographer
fotograafia photography
fotograafiline photographic
fotografeerima photograph
fotokoopia photocopy, Xerox
fotomodell photographic model

fotoreporter press photographer
fraas phrase
fragment fragment, detail
fragmentaarne fragmentary
fragmentaarsus fragmentarity
frakk tails
fraktsioon group; fraction
fraktsiooniline fractional
frank franc
frankofiil Francophile
frankofoob Francophobe
frankomaan Francomaniac
frantsiis *jur* franchise
fraseoloogia *lgv* phraseology
fraseoloogiline phraseological
frees *tehn* milling cutter, mill; (puidu-) moulding cutter; *põll* rotary cultivator
freesima *tehn* mill, cut; (puitu) mould; (turvast, mulda) shred
fregatt *mer* frigate
fresko fresco, mural painting
frigiidne frigid
frigiidsus frigidity, frigidness
friik freak
friikartulid chips, French fries
friis (ehisvööt) frieze
frikadell rissole, frikkadel
frittima *tehn* frit; *kok* deep-fry
fritüür *kok* fritter; frying fat, frying oil
frivoolne frivolous
frivoolsus frivolity, frivolousness
front front
frontaalne frontal
frontaalsus frontality
frontispiss frontispiece
frotee- terry
frukt fruit
fruktoos fructose, fruit sugar
frustratsioon frustration
fuajee foyer

fuh, fui(h) ugh, phooey
fuksia *bot* fuchsia
fundamentaalne fundamental
fundamentaalsus fundamentality
fundamentalism fundamentalism
fundamentalist fundamentalist
funktsionaalne functional
funktsionaalselt functionally
funktsionaalüksus *inf* functional unit
funktsioneerima function, work
funktsionäär functionary
funktsioon function
furgoon van; panel truck
furoor furore
furunkul *med* boil, furuncle
fusioon *maj* fusion
futurism futurism
futurist futurist
futuristlik futuristic
futuroloogia futurology
fuuria fury; (tige vanamoor) harridan
fänn fan, devotee
föderaalne federal

föderatiivne federate, federal
föderatsioon federation
följeton topical satire
följetonist topical satirist
föön hairdryer, hairdrier
fööniks phoenix
föönisoeng blow-dry
föönitama blow-dry
füsiognoomia physiognomy
füsioloog physiologist
füsioloogia physiology
füsioloogiline physiological
füsioteraapia physiotherapy
füsioteraapiline physiotherapeutical
füsioterapeut physiotherapist
füürer Führer, Fuehrer
füüsik physicist
füüsika physics
füüsikaline physical
füüsiline physical, material, bodily, corporal
füüsiliselt physically
füüsis physique

F

G

gaas gas
gaasiahi gas fire
gaasiavarii gas accident
gaasid wind
gaasikamber gas chamber
gaasimask gas mask
gaasipedaal accelerator
gaasipliit gas stove
gaasitama gas
gaasitihe gastight
gaasitoru gas pipe
gaasitrass gas main, pipeline
gabariidituli sidelight
gaeli Gaelic
galakontsert gala concert
galaktika galaxy
galanterii haberdashery; fancy goods; accessories
galantne gallant, grand, fine
galeer *aj* galley
galeeriori *aj* galley slave
galerii gallery
gallon gallon
galopeerima gallop
galopp gallop
  kerge galopp canter
galvaanima *tehn, med* galvanize, galvanise, electroplate
gamma (kreeka täht) gamma; *muus* scale, gamut; *ülek* range, spectrum, band
gangreen *med* gangrene

gangster gangster
garaaž garage
garanteerima assure, ensure; *jur* guarantee, warrant
garantii assurance, guarantee; *jur* warranty; security
garantiikiri *jur* guarantee bond; letter of guarantee
garderoob dressing room, wardrobe
garneerima dress, garnish
garneering garnish, garnishing
garnison *sõj* garrison
garnituur set; (kaunistus) decoration, embellishment
gaseerima carbonate, gasify
gaseerimata still
gaseeritud carbonated, effervescent
  gaseeritud vesi fizzy water; soda water
gasell gazelle
gastriit *med* gastritis
gastroleerija guest performer, guest artist
geel gel
geen gene
geenitehnoloogia gene technology, genome technology
geenius genius
geenus genus
gei gay, homosexual
geim game
geiser geyser

gemm gem; intaglio; cameo
geneetika genetics
geneetiline genetic
generaator generator
generalissimus *sõj* generalissimo,
  (*pl* -mos)
geniaalne brilliant; ingenious
geniaalsus genius; brilliance; inge-
  nuity
genitaalid *anat* genitals
genitaalne genital
genitiiv *lgv* genitive, genitive case
genoom *biol* genome
genoomika genomics
genotsiid genocide
geo- geo-
geodeesia geodesy
geodeet geodesist
geodeetiline geodetic; geodesic
geofüüsik geophysicist
geofüüsika geophysics
geograaf geographer
geograafia geography
geograafiline geographical
geoloog geologist
geoloogia geology
geoloogiline geological
geomeetria geometry
geomeetriline geometric
gepard cheetah
gerbera *bot* gerbera
geriaatria *med* geriatrics
germaani Germanic
gerundiiv *lgv* gerund
geto ghetto
gibon *zool* gibbon
gigant giant
gigantne giant, gigantic, huge, enor-
  mous
giid guide
gild guild
giljotiin guillotine

gini guinea
girland festoon; garland
gladiool *bot* gladiolus; sword lily,
  gladiola
glamuur glamour
glamuurne glamorous
glasseenahk glacé leather, kid,
  suede
glasuur *kok* glaze, glazing; icing,
  sugar coating; (**keraamikas**) glaze,
  glazing
glasuurahjupott glazed stove tile
glasuurima glaze, *kok ka* ice
glaukoom *med* glaucoma
globaalne global
globaalprobleem global problem
globaalvõrk *inf* global area net-
  work, GAN
gloobus globe
glögi glogg
glükeemia *med* glycaemia
glükoos glucose
glütseriin glycerine, glycerol
gnoom gnome
gobelään Gobelin tapestry
gofreerima corrugate
golf golf
golfikepp club, golf club
golfiklubi golf club
golfipall golf ball
golfipüksid plus fours, golf trousers
golfivarustus golf equipment
gong gong
gonorröa *med* gonorrhoea
gooti Gothic
  gooti kiri Gothic script
gootika *kunst* Gothic; Gothic style
gorilla gorilla
gospelmuusika gospel (music)
graafik chart, graph, diagram; time-
  table, schedule, plan
  libisev graafik flexitime

G

graafika *kunst* graphic arts; graphics; (**kunstiteos**) drawing, etching, engraving
graafiline graphic
graanul granule
graatsia, graatsilisus grace; gracefulness
graatsiline graceful, delicate
graavis *lgv* grave accent
grafiit graphite
grafiti graffiti
gramm gram, gramme
grammatika grammar
grammatik(akorrektor) *inf* grammar checker
grammatikaõpik grammar book
grammatiline grammatical
grammofon gramophone, record player
grammofoniplaat (vinyl) record
granaadipuu *bot* pomegranate (tree)
granaat *sõj* grenade; shell
granaatõun pomegranate
grandioosne grand, grandiose
grandioossus grandeur, grandness
graniit granite
granuleeritud granulated
graveerija engraver
graveerima engrave
graveering engraving, engraved inscription
graveeritud engraved
gravitatsioon gravity
gravitatsioonijõud gravity
gravüür engraving, print
greip(fruut) grapefruit
grill grill, (AmE) broiler, barbecue
grillima grill, broil, barbecue
grillimisvarras skewer
grillipidu barbecue
grillitud grilled, broiled, barbecued

grimass grimace
grimassitama make faces, pull a face
grimeerija make-up artist
grimeerima make up, do make-up, make (sb) up (for sth)
grimm make-up; (**ka teatris**) greasepaint
gripp flu, influenza
  grippi põdema have the flu
grotesk grotesque
groteskne grotesque
grupeerima group; arrange into groups
grupeering grouping, group; (**kuritegelik**) gang; formation
grupeeruma group; *kõnek* bunch up
grupp group, team; guild, huddle, party, squad
Gruusia Georgia; Georgian
grusiin Georgian
guajaav *bot* guava
guašš gouache
guljašš *kok* goulash
gurmaan gourmet; gourmand
guru guru
guvernant governess
gümnaasium gymnasium, high-class secondary school; grammar school; (AmE) high school
gümnaasiumiõpilane student of a gymnasium; secondary school pupil; grammar-school boy/girl; (AmE) high school student
günekoloog *med* gynaecologist, (AmE) gynecologist
günekoloogia *med* gynaecology, (AmE) gynecology
günekoloogiline *med* gynaecological, (AmE) gynecological

haab aspen
haagis trailer
haagissuvila caravan, trailer
  haagissuvilaga reisima caravanning
  haagissuvilate peatuspaik caravan site
haak clasp, hook
  haak ja aas hook and eye
  haake tegema make evasive turns
haakima hook
  kokku haakima shackle, couple
  lahti haakima unhook
haaknõel safety pin
haakrist swastika
haaksilmus shackle
haakuma hook, interlock
haamer hammer; (**koosoleku juhatajal, oksjonipidajal**) gavel
  haamri alla minema come under the hammer, to be auctioned
  haamriga lööma hammer
haarama clasp, embody, encompass, engage, grab, grasp, grip, hold on to, involve, obsess, seize, snatch, take, take in
  kaasa haarama engage, sweep, ravish (by), enrapture (by)
  kinni haarama catch at, fasten on to, seize, hold of
  kramplikult kinni haarama clutch, seize in panic

  kõvasti haarama clench, clasp
haarang raid, swoop
  haarangut korraldama raid
haaratud stricken; locked
haarav absorbing, captivating, gripping, spellbinding, stunning
haardeulatus grasp, reach, scope
haare grab, grasp, grip, hold, scope, stranglehold
  kiire haare snatch, flit
haarem harem
haav wound, cut, gash
  haavu lakkuma lick one's wounds
haavaarm scar, seam; *tehn* cicatrice, cicatrix
haavama hurt, mortify, offend, spear, wound
haavand sore, ulcer
haavapuravik *bot* rusty-capped bolete
haavaside dressing, bandage
haavatav vulnerable, susceptible
haavatavus vulnerability
haavatud the wounded
haavav hurtful, offensive, tart
haavel shot, pellet
haavik aspen grove
haavlipüss shotgun
haavuma take offence, be hurt, be offended; resent
haavunud aggrieved, hurt, offended, resentful

haavuv touchy, thin-skinned; huffy, oversensitive
habe beard
  habet ajama shave
habemeajaja barber
habemeajamine shave
habemeajamisaparaat (electric) shaver, electric razor
habemeajamistöökoda barber shop
habemega bearded, hoary
habemenuga razor
habemetüügas bristle
habemik bearded man
habetunud bearded
habras breakable, brittle, dainty, delicate, flimsy, fragile, slight
hageja *jur* plaintiff, prosecutor; suitor
hagema (**kohtulikult nõudma**) sue for; make a claim, submit a claim
hagi legal action, claim, (AmE) suit
hagijas hound
hagu brushwood
hahetama be greying for the dawn; turn/grow lighter
hai shark
haige sick, ill, in ill health, unwell, unhealthy, ailing
  haige olema be ill/sick, off sick, on the sick list
  haiget tegema hurt, pain
haigestuma break down, come down with, fall ill, go down with, sicken
haigestumine becoming ill, falling ill, sickening
haigestumus morbidity, morbidity rate, sickness rate
haigetalitaja a person attending a patient, nurse
haigettegev hurtful
haigevoodis bedridden

haigla hospital, infirmary
  haiglasse paigutama hospitalize, hospitalise
haiglaapteek dispensary
haiglane sick(ly), unwell, unhealthy, seedy, queasy, delicate, off-colour, poorly; under the weather
haiglaslik obsessional, obsessive, pathological, morbid
haiglasolek hospitalisation
haigur heron
haigus illness, disease, ailment, condition, disorder, infection, malady, sickness
haiguseteeskleja malingerer
haigus(e)tekitaja pathogen, pathogenic agent, germ
haigushoog attack, fit, seizure
haigusjuhtum case
haigusleht sick leave
haiguslugu case history, history
haigusnäht symptom
haiguspuhkus sick leave
haigusraha sickness benefit, sick pay
haigutama gape, yawn
haigutav gaping, yawning
haigutus yawn
haihtuma drain, evaporate, fade, flee, go up in smoke, lift, pass away, snuff out, vanish
hais odour, stench, stink; *kõnek* pong
  haisu ninna saama get wind of
haisema smell, stink; *kõnek* pong
haisev fetid, stinking, smelly
haistma scent, smell
haistmine smell
haistmismeel sense of smell; olfaction, olfactory sense
hajali scattered(ly), dispersedly, loosely

hajameelne absent, absent-minded, abstracted, forgetful, scatter-brained, vague
hajameelselt absently, absent-mindedly
hajameelsus forgetfulness
hajevil faraway, miles away
hajuma clear, diffuse, dissipate, peter out, thin
hajumine fading, dissipation, dispersion, diffusion
hajutama diffuse
  kartusi hajutama reassure
hajutamine dispersion, dissipation, distraction
hajutatud diffuse
hajuv desultory
hakatus beginning, start, starters
hakitud chopped; minced
hakk stack
hakkaja active, eager, energetic
hakkama be about to, begin, break into, get, go into, going to, start
  külge hakkama rub off on, cling to, adhere
  peale hakkama begin, start, fall to, set in
  pihta hakkama kick off, start on
  pähe hakkama go to one's head
  vastu hakkama resist, rebel, stand up, mutiny (against), (**seadusele**) disobey
  hakkama panema blow, spend, waste, filch, pinch, make away off
  hakkama saama succeed, bring off, contrive, cope, do it, do without, get by, get over, get over with, get up to, go without, make a go of, make do, make it, manage, pull off, sort out
hakkima chop, hack, mince
hakkimislaud chopping board

hakkliha mincemeat
hakklihamasin mincer, mincing machine
hakklihapallid meatballs; minced-meat balls
hala lament, wail, moan, cry
halama wail, moan, cry
halastama have pity on, take pity on
halastamatu cut-throat, merciless, ruthless
halastamatult inexorably, ruthlessly
halastamatus ruthlessness
halastav lenient, merciful
halastavalt leniently
halastus charity, mercy
halastussurm euthanasia
halatt robe
halb bad, awful, distressing, evil, foul, ill, lousy, low, nasty, negative, peculiar, poor, terrible, tough, ugly, wretched, wrong
  väga halb appalling, very bad
  halvaks läinud rancid, bad
  halvaks minema decay, go off
haldama administer, operate
haldamine administration
haldjas fairy, pixie, pixy, sprite
haldur administrator, manager, regent, governor
haldus administration, management
haldus- administrative
haldusdomeen *inf* management domain
haldusobjekt *inf* managed object
haldussüsteem bureaucracy
haldusüksus district
hale dismal, mushy, piteous, pitiable, pitiful, sad
haledalt forlornly, pathetically, piteously
haledus sadness, sorrowfulness, pitiness, pity

H

halemeelne soppy, sentimental, slushy, soft
halenaljakas tragicomical
haletsema pity, take pity on someone
haletsus pity, sympathy
haletsusväärne forlorn, miserable, pathetic, piteous, pitiable, pitiful, woeful, wretched
halg log
halin → **hala**
halisema → **halama**
haljak green, grass plot
haljas green, steely
haljastama create a green area, turn into greenery
haljastus green area/zone/belt
haljendama be green/verdant, green
haljendav verdant
hall grey, leaden; (**esik**) hall
halleluuja alleluia, hallelujah
hallikas greyish
hallinema grey
hallipäine grey, white
hallitama mould, (AmE) mold
hallitanud mouldy
hallitus mildew, mould
hallo hello, hallo, hullo
hallparun *aj* newly rich Estonian peasant farmer
hallpea grey-haired; *luul* hoarhead
halltõbi *med* malaria
hallutsinatsioon hallucination
haltuura hackwork
   haltuurat tegema make money on the side; do hackwork
halvaa halva(h)
halvakspanev scornful
halvakspanevalt scornfully
halvakspanu disdain, disfavour, scorn
halvakspanuga negatively

halvakõlaline dirty
halvama hamstring, immobilize, immobilise, paralyse
halvamaiguline sick
halvasti badly, ill, nastily, rough, wrong
halvatud paralysed
halvatujuline bad, bad-tempered
halvatus paralysis
halvav crippling
halvendama aggravate, exacerbate, worsen
halvenema break, decline, deteriorate, worsen
halvenemas on the decline
halvenemine deterioration
halvustama belittle, decry, disparage, do down, look down on, run down, scoff, slur
halvustamine disparagement
halvustav derogatory, dismissive, disparaging, pejorative
halvustavalt dismissively, disparagingly, pejoratively
hamba- dental
hambaarst dentist, dental surgeon
hambaauk cavity
hambaemail enamel
hambahari toothbrush
hambakivi tartar
hambaklambrid brace, breckets
hambaniit floss
hambaork toothpick
hambapasta toothpaste
hambaprotees denture, plate
hambaravi dentistry
hambaravikabinet dentist
hambavaap enamel
hambavalu toothache
hambuline serrated
hambuma engage, join, interlock; (**hammaste kohta**) tooth

hambumus bite, occlusion
hamburger beefburger, hamburger
hambutu toothless
hammas tooth
  hambaid kiristama gnash
  hambaid risti suruma grit one's teeth
  hambasse puhuma lie in one's teeth, lie through one's teeth
  hammast ihuma have a down on, have designs on
hammasratas cog
hammasteta toothless
hammastuma teethe
hammustama bite, sink
  katki hammustama crack, bite off
hammustus bite
hamster hamster
hanekstõmbamine hoax
hanereas in single file
hanerida single file
hang drift, fork, pitchfork
hange supply
hangeldaja speculator, trafficker, profiteer
hangeldama push, speculate, deal, truck; trade, traffic (in) sth
hanguma congeal, fork, set
hani goose
  haneks tõmbama dupe, pull someone's leg
  nagu hane selga vesi like water off a duck's back
hankima fetch, gain, get, obtain, procure, provide, raise, supply
hantel dumbbell
haokimp brushwood
hape acid
hapendama sour; acidify
hapendamine souring
hapendatud soured

hapnik oxygen
happeline acid, acidic
happe(li)sus acidity
happevihm acid rain
haprus daintiness, fragility, frailness
hapu bitter, sour, acid
  hapuks minema turn/become sour
hapukapsas sauerkraut, pickled cabbage
hapukas sourish, tart
hapukoor sour cream
hapuskläinud sour
hapukurk pickled gherkin, pickle
hapupiim sour milk
harakas magpie
harali spread out, apart
haraline forked
hardalt devoutly, passionately
hardus solemnity, reverence, devotion
harf harp
harfimängija harpist
hargmik *el* junction
hargnema branch off, diverge, fan out, fork, unravel; (õmbluse kohta) unravel, unwind
hargnemine fork
hari brush, crest, top
haridus education
  haridust andma educate
  haridust saama obtain/receive education
hariduslik educational
hariduslikult educationally
haridustase level of education
harilik usual, common, accustomed, habitual, humble, ordinary, regular, run-of-the-mill, simple
harilikult generally, ordinarily, usually

H

harima (maad) farm, cultivate; (inimest) educate, edify

harimata (maa) uncultivated, untilled; (õpetamata) uneducated, untutored

harimatu ignorant

harimatus ignorance, lack of education

haripunkt climax, culmination, heat, height, high point, peak, pinnacle, point, summit

  haripunkti jõudma peak

  haripunkti saavutama culminate

haritav arable, farm-

haritlane intellectual

haritlaskond intellectuals

haritud educated, literate, polite, sophisticated

haritus general knowledge, learning

hariv educational, elevating

harjama brush, groom

harjamine brush

harjas bristle

harjaseline bristly, wiry

harjavars broomstick

harjuma get used to, accustom, familiarize, familiarise, habit

harjumatu unaccustomed, unconventional, unused, unwonted

harjumus habit, custom, tendency, way

  kindlate harjumustega set in one's ways, with balanced routine/habits

  kivinenud harjumus routine, built-in-habit

  harjumusest vabanema get out of the habit of

harjumused groove

harjumusest force of habit

harjumuspärane accustomed, habitual

harjunud accustomed, attuned, used, wont

harjutama accustom, drill, keep one's hand in, practise, rehearse, run through

  sisse harjutama accustom to, habituate to, inure sb to sth

harjutamine drill, exercise, practice

harjutamispala exercise; *muus* étude

harjutus drill, exercise

harjutusväljak range

hark fork, pitchfork

  hargile panema hang up

  hargilt maas off the hook

harklüliti plug

harkredel stepladder

harmoneeruma harmonize, harmonise

harmoonia harmony

harmoonika concertina

harmooniline harmonious

harmooniliselt harmoniously

harpuun harpoon

harpuunima harpoon

harras devout, passionate, deep

harrastaja amateur

harrastama go in for, pursue, take up

harrastus hobby, pursuit

harrastuslik amateur, amateurish, as a hobby

harta charter

haru arm, branch, offshoot, prong

haru- branch, subsidiary

haruettevõte arm, subsidiary

haruharva once in a blue moon

harukordne rare, phenomenal, extraordinary, singular, exceptional

harukordsus rarity

haruldane extraordinary, exceptional, few and far between, freak, rare, scarce, singular, uncommon, unique

haruldaselt singularly, uncommonly

haruldus rarity

harunema branch, branch off, fork, bifurcate

üles harunema unravel, become unstitched, unwind, undo

harunemine branching, forking, ramification

harutama unravel, disentangle, unwrap

üles harutama rip up, unrip, unstitch; unravel, unpick, undo

harutee fork

harutelefon extension

harv few, infrequent, occasional, sparse

harva rarely, seldom, little, sporadically

harvaesinev rare, scattered, sporadic

harvalt sparsely, rarely

harvendama space, thin out

harvenema space out, thin, thin out

hasart heat, frenzy, excitement, fervour

hasartmäng gambling

hasartmänge mängima gamble

hasartne heated, excited, frenetic, fervent

hašiš hashish; *sl* hash

hauakamber tomb, vault

hauakiri epitaph

hauakivi gravestone, headstone, tombstone

hauakoht (jões, järves) pool

hauakääbas grave mound

hauasammas tombstone

hauatagune beyond the grave, after death, sepulchral

haud grave, tomb

ühe jalaga hauas at death's door, on one's last legs

hauda panema bury, inter

haudepott casserole

hauduma (mune) hatch, (plaane) concoct

haudumine hatching, brooding

haug pike

haugatus bark, woof

haukama chomp, take a mouthful

peale haukama bite into, eat

haukuma bark, woof

vastu haukuma answer back

hautama stew

hautatud stewed

hautis stew

havi → **haug**

hea good, favourable, healthy, hefty, high, kind, sound

väga hea very good, sensational, splendid, excellent; (hinne) A

üsna hea rather good, not bad, not too bad

head ja vead rights and wrongs

hea küll all right, fair enough, okay, OK

hea meelega cheerfully, with pleasure, willingly

kellegi heaks for the benefit of, for sb, for sb's good

heaks tegema amend, make it up, repair

head uut aastat! A Happy New Year!

võtke heaks! you're welcome!, don't mention it!, my pleasure!

head aega good afternoon, good evening, good morning, goodbye, have a nice day

head aega jätma say goodbye

headtegev beneficial

headus goodness, height, quality
  tuntud headuses at one's best
head õhtut good night
head ööd good night
heakord maintenance, good condition
heakorrastama recondition, tidy up, neaten
heakorrastamine reconditioning; tidying up, improvement
heaks for (sb/sth)
heakskiit approval, acceptance, approbation, assent, endorsement, sanction
  heakskiitu leidma pass, receive approval
heakskiitev appreciative, approving, favourable
heakskiitvalt appreciatively, approvingly
healoomuline benign
heameel delight, glad, pleasure
heameelega with pleasure, gladly
heanaaberlik neighbourly
heaolu prosperity, welfare, well-being
heaoluriik welfare state
heaperemehelik prudent
heaperemehelikkus prudence
heasoovija well-wisher
heasoovlik benevolent, benign, friendly, gracious, well-intentioned, well-meant
heasoovlikkus benevolence
heasoovlikult benevolently, benignly
heastama atone, put things right, set things right, redeem, repair, retrieve, right
heasüdamlik good, good-natured, kind, kind-hearted
heasüdamlikkus kind-heartedness

heatahtlik benevolent, charitable, disposed, good, kind, well-intentioned, well-meaning
heatahtlikkus benevolence
heatahtlikult benevolently, with a good grace
heategev charitable
heategevus charity, philanthropy
heategevuslik philanthropic, voluntary
heategevusmüük bazaar
heategija benefactor, volunteer
heategu favour
  heategu tegema do a favour
heauskselt in good faith, bona fide
hedonism hedonism
hedonist hedonist
hedonistlik hedonistic
Heebrea Hebraic, Hebrew
heegeldama crochet
heegeldamine crochet
heegeldatud crocheted
heegeldis crochet
heelium helium
heeringas herring
heerold herald
hei hello, hallo, hullo, hey, hi
heide throw
heidik outcast, underdog
heidikud dregs
heidutama browbeat, daunt, deflate, deter, discourage, intimidate, overawe
heidutamine discouragement
heidutatud browbeaten, discouraged
heidutav forbidding, formidable, discouraging
heietama drone on, harp on, ramble, spin
heik (**merluus**) hake
hein hay

heinaaeg haymaking time
heinakuhi haystack
heinaküün hay barn
heinamaa meadow
heinapalavik hay fever
heinategu haymaking
heiskama fly, hoist
heit- waste
heitgaas exhaust
heitlema agonize, agonise, struggle, wrestle
heitlik fickle, unsettled
heitlikkus fickleness
heitlus duel, strife, struggle
heitma cast, flick, fling, flip, hurl, sling, throw, toss
   ette heitma reproach
   hinge heitma die, expire, breathe one's last
   kõrvale heitma   cast aside, cast off, discard, dispense with, put aside, set aside, throw overboard, wave aside
   maha heitma lie down, prostrate
   meelt heitma despair
   nalja heitma   crack jokes, joke (about)
   pikali heitma lie back, lie down
   välja heitma eject, expel
   üle parda heitma   throw overboard, jettison; *ülek* abandon
heitmed refuse, waste
heituma be alarmed/daunted/startled/frightened/cowed/discouraged
heitumata fearless, undismayed, dauntless
heitunud deflated
HEJ (hüdroelektrijaam) hydroelectric power station
hekikäärid shears
hekk hedge

heksagonaalne hexagonal
heksagoon hexagon
hektar hectare
helbed flakes
helbeline flaky
helde bountiful, free, generous, handsome, liberal, princely, lavish, open-handed, generous
heldeke blow, good heavens, gracious, oh dear, dear me
heldekäeline → **helde**
heldekäeliselt → **heldelt**
heldekäelisus bounty
heldelt freely, handsomely, liberally, generously
heldima be moved/touched, soften, feel pity
heldimus softening, sentimentality, wistfulness, emotion
heldinud wistful, deeply moved
heldus bounty, generosity
hele (**juuste kohta**) blonde, blond, fair; (**valguse, värvi vm kohta**) bright, light, white, vibrant
heledalt brightly
heledus brightness
helendama lighten, shine brightly
helendav fluorescent, luminous, phosphorescent
helge (**õnnelik, rõõmus**) bright, light-hearted; (**hele, särav**) sunny
heli sound, blast, noise
heli- acoustic, audio, sonic
heliefekt sound effect
helikassett cassette
helikiirus sonic speed
helikiirusel at the speed of sound
helikindel soundproof, impervious to sound
helikindlus soundproofness
helikopter chopper, helicopter
helikõrgus pitch

H

helilindistus audio/sound recording
helilint (audio)tape
helilisus *lgv* sonance
helilooja composer
helin ring
helind *muus* piece/work of music; musical composition
helioperaator sound operator; (**filmiheli salvestaja**) sound editor
heliplaat disc, record
   kauamängiv heliplaat long-playing record, LP
heliredel scale
heliriba soundtrack
helisalvestama record
helisalvestus audio/sound recording
helisema chime, peal, ring, tinkle
helisignaal bleep
helistaja caller
helistama call, give a buzz, give someone a tinkle, phone, phone up, ring, telephone
   kelli helistama peal, ring the bells
   tagasi helistama call back
helistamine phone call
   helistatava arvel kõnelema reverse the charges
helistik key
heliteos composition
   heliteost looma compose
helitu soundless, silent; *lgv* voiceless, unvoiced, breathed
helitugevus volume
helitöö music
helivarjund timbre
helivõimendussüsteem public address system, PA
heljum suspension
heljuma suspend, waft
helk gleam, glimmer, gloss, light, shimmer, twinkle

helkima gleam, glimmer, shimmer, glitter
   vastu helkima reflect
helklema glitter
helkur reflector
hell (örn) fond, loving, motherly, sensitive, tender; (**hingeliselt tundlik**) touchy; (**valulik**) tender, sore
hellalt affectionately, dearly, fondly, lovingly, tenderly
hellik delicate, touchy, mollycoddle; cry-baby
hellitama cherish, fondle, pet
   ära hellitama spoil
hellitatud spoilt, spoiled
hellitav cherishing, affectionate, endearing
hellitlema caress, pet
hellitus caress, endearment
hellus tenderness
helmed string of beads
helmes bead, pearl
helpima slurp
helves flake
hemofiilia *med* haemophilia
hemofiilik haemophiliac
hemoglobiin haemoglobin
hemorraagia *med* haemorrhage
hemorroid *med* haemorrhoid
henna henna
hepatiit *med* hepatitis
heraldika heraldry
herbaarium herbarium
herilane wasp
herkulo oat flakes
hermeetiline hermetic, airtight
hermeetilisus hermeticalness
hermeliin ermine
hernehirmutis scarecrow
hernes pea
heroiin heroin
heroiline heroic

heroiliselt heroically
herpes *med* shingles
hertsog duke
hertsoginna duchess
heterogeenne heterogeneous
heteroseksuaal heterosexual, straight
heteroseksuaalne heterosexual, straight
heteroseksuaalsus heterosexuality
hetk hour, instant, minute, mo, moment, place, point, second, shake, tick, while
   viimasel hetkel at the last minute, at the supreme moment
hetkeks awhile, momentarily
hetkeline momentary, transitory, fleeting, brief, fugitive
hetkelisus fugitiveness
hetkeseis status quo
hetkkoopia *inf* soft copy
hevi heavy metal
hierarhia hierarchy
hierarhiline hierarchical
hieroglüüf hieroglyphics
hi-fi hi-fi (high-fidelity)
higi sweat, perspiration
   higi valama sweat one's brow, toil
higine sweaty
   higiseks tõmbuma sweat
   higist nõretav wet with sweat
higistama sweat, perspire
higistamapanev sweaty
higistamine sweat, perspiration
hiid giant
hiid- giant
hiidarvuti *inf* supercomputer
hiigel- → **hiigla-**
hiigelpikk marathon
hiigelsuur cosmic, jumbo, gigantic, colossal, enormous, giant

hiigla- fabulous, fantastic, hugely, runaway, super-, giant, jumbo
hiiglane giant, heavyweight
   kuri hiiglane ogre
hiiglaslik gigantic, mammoth, vast
hiilgama excel, glow, shine
hiilgav bright, glittering, luminous; (**suurepärane, silmapaistev**) glorious, brilliant, magnificent, splendid, superb, tremendous
hiilgavalt (**silmapaistvalt**) magnificently, splendidly, superbly
hiilgeaeg golden age, heyday
hiilgus brilliance, glory, grandeur, pageantry, pomp, splendour
   väline hiilgus pomposity
hiilima creep, sneak, stalk, steal
   kõrvale hiilima duck out, evade, shirk, skive, dodge, elude
   lähedale hiilima stalk
   mööda hiilima circumvent, dodge; (**vastutusest, seadustest**) evade, duck out, duck, elude
   sisse hiilima sneak/steal into
   välja hiilima slip, sneak out
   tagant juurde hiilima sneak up on
hiiliv stealthy
hiir mouse
hiirelõks mouse trap
hiireviu buzzard
hiivama heave
hiivamine heave
hilbud clothes; (**kulunud, vähenõudlikud riided**) tatters
hiline late
hilineja latecomer
hilinema fall behind, be late, come late, be overdue
hilinenud belated, overdue
hilis- late
hilja late

hiljaaegu recently
hiljem afterwards, later
hiljuti freshly, lately, latterly, recently, the other day
hiljutine fresh, recent
hilp rag, tatter, piece of cloth
himu appetite, avidity, lust, thirst
himukalt avidly
himukas avid, eager
himur carnal, lecherous, lustful
himustama lust
himuäratav luscious
hind price, cost, bargain, charge, figure, value
  oma hinda väärt value for money
  hinda alandama mark down, discount, lower/reduce the price
  hinda alla kauplema beat down
  hinda külmutama freeze a price
  hinda määrama price, appraise, assess
  hinda pakkuma quote
  hinda panema set/fix a price
  hinda tõstma raise/increase a price, mark up
  hinnas kokku leppima bargain
  hinnas langema depreciate
  soolast hinda küsima charge a stiff price
hindaja judge, valuer
hindama (**hinda määrama**) price, value, rate, cost, evaluate, estimate; (**lugu pidama, tunnustama**) esteem, rank; (**suhtuma**) appreciate, value; (**hinnet panema**) mark, grade
  ala hindama underestimate, undervalue, underrate
  alla hindama underprice, mark down
  ebaõiglaselt hindama misjudge
  kõrgelt hindama prize, set (great)

store by, lay great store by, treasure, take stock of
  valesti hindama misjudge, deceive
  õigesti hindama do justice to
  üle hindama overestimate, overvaluate, overrate, be deceived in sb
  ümber hindama revalue, revaluate, re-evaluate, reappraise
hindamatu invaluable, priceless
hindamine appreciation, assessment, evaluation, valuation
hindamiskomisjon evaluation/valuation/assessment committee; (**koolis**) examination board
hindi keel Hindi
hindu Hindu
hinduism Hinduism
hing breath, hinge, life, soul, spirit, the life and soul of; (**ukse-**) hinge
  õrna hingega tender-hearted, sensitive
  hinge heitma expire, peg out, die
  hinge kinni pidama catch one's breath, hold one's breath
  hinge matma stifle
  hinge närima prey on
  hinge pugema get under one's skin, touch
  hinge sees hoidma keep alive
  hinge seest sööma eat one's breath out
  hinges kandma live with
  hinge tõmbama take a breath
  hinge täis ajama fill with anger
  hinge vaakuma be at the death's door, hover between life and death, be dying
  hinge vaevama weigh heavily on (sb's) heart
hingama breathe
  kergendatult hingama breathe

again, give a sigh of relief
kuklasse hingama breathe down
one's neck, hot on the heels
sisse hingama breathe in, inhale
välja hingama breathe, breathe
out, exhale
hingamine breathing, respiration,
wind
kunstlik hingamine artificial res-
piration, artificial lung
suust suhu hingamine mouth-to
mouth resuscitation, kiss of life
hingamist korrastama get one's
breath back
hingamisaparaat ventilator
hingamispäev Sabbath
hingamisruum breathing space;
ülek elbow room
hingamisteed respiratory tract
hingamistoru snorkel
hinge- spiritual
hingeelu emotional life, spiritual
life, psyche
hingeeluline psychological
hingekari flock
hingekell passing bell, soul-bell
hingekella lööma toll for sb
hingelaad psychology
hingeldama gasp, pant, wheeze
hingeldamine gasp, panting
hingeldav breathless
hingeldus wheeze
hingeldustõbi → **astma**
hingeline emotional, psychic, soul,
spiritual
hingeliselt spiritually
hingemattev breathtaking, stifling
hingematvalt breathtakingly
hingepiin agony, woe, anguish
hingepiina tegema cause anguish
hingepiina tundma feel deep sor-
row

hingeseisund state of mind
hingestatud animated, soulful
hingestatult soulfully
hingestatus soulfulness
hingesugulane kindred spirit
hingetoru windpipe
hingetu breathless, out of breath
hingetuks jääma be winded
hingetuks tegema catch one's
breath, take one's breath away
hingetõmbeaeg breathing space/
spell, pause for rest
hingetõmme breath, breather, gasp,
wind
ühe hingetõmbega at one sitting,
in one breath
hingetühjus emptiness of soul
hingevalu emotional pain, mental
torment
hingeõhk breath
hingitsema be hardly living, be
scarcely alive; *ülek* vegetating
hingus breath
hingusele minema expire, die
hinguseleminek demise, end, ter-
mination, expiration
hinnaalandus concession, discount,
rebate
hinnaindeks index
hinnakiri catalogue, tariff
hinnaline dear, expensive, precious,
valuable
hinnalipik tag
hinnang appraisal, appreciation,
estimate, estimation, judgement,
judgment, opinion
üldise hinnangu järgi by all ac-
counts
hinnangut andma appraise, as-
sess, rate, sum up
hinnapakkumine quotation
hinnas at a premium

hinnatav laudable, valuable, welcome

hinnatud valued

kõrgelt hinnatud well-thought-of, highly valued

hinne grade, mark

kõrgeim hinne distinction, full marks, top mark

hinnet panema grade, mark

hipi hippie, hippy

hipilik hippie-like

hipodroom racecourse

hirm dread, fear, fright, horror, intimidation, scare, terror, trepidation

hirmu peale ajama make one's blood run cold, strike, terrify

hirmu pärast värisema quake

hirmu tundma fear

hirmu täis jumpy

hirmuga sundima bulldoze

hirmust värisema quail

hirmsasti terribly, tremendously, bad, abysmally

hirmujudin chill

hirmujudinaid peale ajama chill, give sb the creeps

hirmunud fearful, frantic, frightened, scared, terrified

surmani hirmunud scared stiff, scared to death

hirmunult fearfully

hirmus abysmal, blazing, dreadful, fearful, fiendish, frightful, ghastly, horrid, terrible

hirmutama frighten, scare, browbeat, chill, frighten into, intimidate

eemale hirmutama scare away, scare off

hirmutamine intimidation

hirmutatud browbeaten

hirmutav chilling, frightening, intimidating, scary

hirmutis monster; monstrosity

hirmuvalitseja tyrant

hirmuvalitsus tyranny

hirmuvalitsuslik tyrannical

hirmuvärin shudder (of fear), shiver (of fear)

hirmuäratav dreaded, fearful, fearsome, formidable, frightening, grim, hair-raising, hairy

hirmuäratavalt frighteningly, frightfully, awesomely

hirnuma (hobuse kohta) neigh, whicker; (naerma) snicker, guffaw

hirsipuder millet porridge

hirss *bot* millet

hirv deer

hirveliha venison

hirvesarv antler

hirvesokk stag

hirvevasikas fawn

Hispaania Spain; Spanish

hispaania Spanish

hispaanlane Spaniard, Spanish

historism historicism

hitt hit, smash

hobi hobby

hobujõud horsepower

hobune horse

hobust rautama shoe

hobust saduldama saddle up

hobuse seljas in the saddle, on the horseback

hobusekasvandus stud farm, horse farm

hobusekasvatus horse-raising, horse breeding

hobuseraud horseshoe

hobuseriistad trappings, horse-gear

hobusesaba ponytail

hobuveok horse-drawn carriage

hoiak attitude, deportment, pose, posture
  hoiakut võtma strike a pose
hoiatama warn, alert, caution, tip off
hoiatav warning, cautionary
hoiatavalt warningly
hoiatus warning, alert, caution, word of caution/warning
hoidik holder
hoidis preserve
hoidistama conserve, preserve
hoidjatädi nanny
hoidla receptacle, storage
hoidma hold, keep, save, spare
  alles hoidma keep, save, preserve, conserve, retain, maintain
  eemal hoidma hold off, keep back
  eemale hoidma avoid, keep off, stay away
  enda teada hoidma keep to oneself
  hellalt hoidma cradle
  karja hoidma stick together, flock together, keep to the herd, keep in the band
  keelt hammaste taga hoidma button up, hold one's tongue
  kinni hoidma adhere, clench, grip, hold on, hold, keep
  kokku hoidma economize, economise, save, save up, spare, scrimp and save, scrimp and scrape, tighten one's belt; (**ühte hoidma**) hold together, stick together
  korda hoidma keep order, keep in order
  korras hoidma maintain, keep up, keep in order, keep in good repair
  kõrvale hoidma avoid, duck, elude, retreat
  kõvasti kinni hoidma hang on to, grab for life, hold with white knuckles
  käest kinni hoidma hold hands, hand in hand
  lahus hoidma dissociate
  lapsi/last hoidma babysit
  ohje pingul hoidma keep the reins tight
  piirides hoidma restrain, limit, confine
  püsti hoidma keep up, keep erect, prop up, support
  salajas hoidma keep sth dark
  tagasi hoidma hold back, restrain, suppress, withhold
  vaka all hoidma bottle up
  ära hoidma prevent, avert, avoid, fend off, keep off, preclude
  ühte hoidma → kokku hoidma
  ülal hoidma sustain, keep up, keep going, continue
hoiduma abstain, avoid, beware, escape, evade, forbear, hold back, keep, keep from, refrain, resist, run, stay off, stay out, ward off
  eemale hoiduma distance, steer clear, stay clear
  kõrvale hoiduma run away, shrink, keep aside of the way
hoidumine abstention, abstinence, avoidance, evasion
hoiuarve bank account
  hoiuarvele panema bank
hoiukarp money/savings box
hoiupõrsas piggy bank
hoiuraamat depositor's book
hoiuruum storeroom, depository
hoius deposit
hoiustaja saver
hoiustama bank, deposit

hoki hockey
hokikepp hockey stick
hokimängija hockey player
Holland the Netherlands
Hollandi Dutch
hollandi Dutch
hollandlane Dutchman, Dutch-woman, Dutch
hologramm hologram
holokaust holocaust
homaar lobster
homme tomorrow
hommik morning
hommikumaad the East, the Orient
hommikumantel bathrobe, dressing-gown, robe
hommikune morning, morning's
hommikusöök breakfast
   hommikust sööma have breakfast
homo → **homoseksuaal**
homo- homo-
homofoon homophone
homogeenne homogeneous
homogeensus homogeneity
homograaf homograph
homonüüm *lgv* homonym
homoseksuaal gay, homosexual, lesbian
homoseksuaalne gay, homosexual, lesbian, queer
homoseksuaalsus homosexuality
homöopaatia *med* homoeopathy, homeopathy
homöopaatiline homoeopathic
homöopaat homeopath
honorar fee
hooaeg season
   vaikne hooaeg off season
hooaja-, hooajaline seasonal
hooajapilet season ticket
hoob lever

hoobilt at once, all at once, bang
hoog bout, burst, dash, dose, fit, force, gust, impetus, momentum, onrush, twinge
   ühe hooga at one sitting, at a stretch, in one breath
   hoogu sattuma get carried away, get into the swing
   hoogu sisse saama spring, warm up
   hoogu täis in the first flush
   hoogu võtma prepare (oneself), get ready, gather one's strenght
   hoogudena käima surge
hoogne dynamic, hearty, lusty, racy, rousing
hoogsalt with a bang, like blazes, lustily
hoogsus abandon, briskness, dynamism, heartiness
hoogtöö campaign
hoogustama liven up
hoogustuma escalate, gather, increase
hoogustumine boom, escalation
hoojooks run-up
hookaupa in fits and starts, by fits and starts
hool care, concern, keeping, trust
   hoolde usaldama entrust, trust
   hoolt kandma attend, mind, provide for, take care of
hoolas assiduous, diligent, studious
hoolaud springboard
hooldaja carer, guardian, patron, trustee
hooldama condition, maintain, nurse, wait on
hooldamine upkeep, nursing
hooldatud maintained cared for, conditioned, nursed
hoolde- sheltered

hooldekodu nursing home
hooldus care, charge, custody, maintenance, service
hooldus- caring
hooldusasutus care, social welfare establishment
hooldusõde care nurse
hoolealune charge, nursling, ward
hoolekandja custodian
hoolekogu parent-teacher association, governing body, board of trustees
hooletu careless, free and easy, negligent, perfunctory, sloppy
hooletult carelessly, casually, slapdash, sloppily
hooletus carelessness, negligence
  hooletusse jätma neglect, abandon, ignore, pass by
  hooletusse jääma be/become neglected
hoolikalt carefully, jealously
hoolikas careful, close, mindful, painstaking, particular, punctilious, studious, accurate
hoolima bother, care, heed, think twice
hoolimata although, despite (of), for, in defiance of, in spite of, in the face of, irrespective, nevertheless, regardless
hoolimatu abrasive, feckless, inconsiderate, reckless, ruthless, wanton
hoolimatult brusquely, fecklessly, recklessly, wantonly
hoolimatus disregard, heedlessness, recklessness, ruthlessness
hoolitseja carer
hoolitsema care, groom, look after, nurture, see, see about, see to, take care of, take upon, tend

  emalikult hoolitsema mother
hoolitsetud well-groomed, well-kept
hoolitsev attentive, caring, considerate, jealous, motherly, solicitous, thoughtful
hoolitsevalt attentively, thoughtfully
hoolitsus care, charge, provision
hooliv caring, considerate, human
hoolivus concern, consideration
hoolsalt assiduously, diligently, in earnest
hoolsus diligence, care, carefulness
hoomama (become) aware, note, observe
hoomamatu intangible
hoone building
hooneplokk block
hoonestama build up, develop, erect buildings
hoonestatud built-up
hoonestus housing development
hoop blow, slash, stroke
  ühe hoobiga at a stroke, at one fell swoop, at one blow
  hoop näkku slap in the face
  hoope jagama buffet, hit out, slash, strike out, kick out
  hoopi andma deal a blow, knock, lash out
hoopis altogether, completely, far, quite
  hoopiski mitte in no way, let alone
hoopleja boaster, braggart, brag, bragger, bigmouth
hooplema boast, crow, flaunt
hooplemine boast, ostentation
hooplev boastful, ostentatious
hooplevalt boastfully, ostentatiously

hooti fitfully, in spasms, spasmodically, in gusts
hootine fitful, spasmodic
hoov courtyard, precinct, quad-(rangle), yard
hoovama gush, stream, radiate
hoovihm shower
hoovimaja courtyard house
hoovus current, stream, flow, flux
hoovõtt swing
hoovõturada runway
hord legion, horde
horisont horizon
horisontaalne flat, horizontal
horisontaalselt horizontally
hormonaalne hormonal
hormoon hormone
horoskoop horoscope
hospital hospital
hospitaliseerima hospitalize, hospitalise
host *inf* host
hostinimi *inf* host name
hotell hotel
hotellipidaja hotelier
hotellipoiss page
hotelliteenija chambermaid
HTML *inf* Hyper Text Mark-up Language, HTML
hubane cosy, intimate
hubane lived-in, snug
hubisema flicker
huh! phew!
huige hoot
huikama hoot
huile blast
huilgama hoot, toot, whoop
hukas spoilt, ruined, rotten; (**inimese kohta**) depraved, corrupt, gone to the dogs, gone west
hukatus peril, undoing, destruction, decay, ruin

hukatuslik catastrophic
hukk doom, ruin, downfall, destruction, perdition
  hukule määratud fated, doomed
  hukka minema get spoiled, go bad, decay, go to ruins, go to the dogs, go to pot
  hukka mõistma censure, condemn, damn, denounce, deplore
  hukka saama perish, be killed, (**määrduma vms**) be spoiled/soiled
hukkama destroy, execute, put to death
  elektritoolil hukkama electrocute
hukkamine execution
hukkamiskomando firing squad
hukkamõist censure, condemnation, denunciation, disapprobation
hukkamõistev damning, deprecating
hukkuma fall, perish, succumb, wreck, die
hukkunud fallen, dead
hukutama blight, corrupt, pervert, subvert
hukutav baleful, perilous, perishing, pernicious, seductive, subversive
hulga lot, a great deal
hulgas amid, amidst, in the midst of, among, amongst
hulgast from
hulgi in bulk, in quantity, a lot
hulgi- wholesale
hulgikaupmees stockist, wholesaler
hulgimüügifirma distributor
hulgiostja buyer
hulgus tramp, (AmE) bum
huligaan hooligan, ruffian, yob, yobbo

huligaanitsema behave like a hooligan

huligaanne noisy, rough, rowdy

huligaansus hooliganism

hulk a number of, amount, bunch, crop, crowd, deal, deluge, drove, load, lot, mass, multitude, quantity, range, volume

  suur hulk a great many, any number of, battery, a lot/lost of, (**inimesi v asju**) legion (of), lot, mass, much, (**tunde-, sündmuste tulv**) tide

  väike hulk lick, modicum

hulk- poly-

hulknurk polygon

hulkuma roam, stray, wander

  ringi hulkuma knock around, muck about

hulkur bum, drifter, hobo, tramp, vagrant

hulkurlus vagrancy

hulkuv vagabond, roving, vagrant; (**loom**) stray

hull crazy, insane, addict, barmy, batty, cracked, crackpot, deranged, fiend, frenetic, loony, lunatic, mad, madman, maniac, nut, off one's head, potty, psycho-(path), round the bend, soft in the head, zany

  hulluks ajama drive one to distraction, drive one up the wall, drive one crazy, send one up the wall, madden

  hulluks ajav maddening

  hulluks minema go insane, go crazy, go bananas, go nuts

  hullemaks minema fester, worse is/was to follow, worsen

  hullemaks muutma compound

hullama cavort, frolic, romp

hullamine romp

hulljulge audacious, foolhardy, reckless

hulljulgelt audaciously

hulljulgus daring, recklessness

hulluma berserk, madden

hullumaja bedlam, lunatic asylum, madhouse

hullumeelne crackpot, insane, loony, lunatic, mad

hullumeelselt crazily, like crazy, like a madman, insanely, wildly

hullumeelsus insanity, lunacy, madness, paranoia

hullunud crazed, delirious, demented, distraught

hullunult dementedly, distractedly, madly

hullupööra compulsively, half, like anything, like mad

hullus frenzy, lunacy, mania, orgy

hullusärk straitjacket

hullutama entice, tempt, inveigle, hoax, enchant, captivate

hulpima bob

humaanne humane

humaanselt humanely

humaansus humaneness

humal hop

humanism humanism

humanist humanist, humanitarian

humanistlik humanitarian, humanistic

humanitaar- humanitarian

humanitaarained humanity

humanitaarne humanitarian

humanitaarteadused art, humanity

humoorikalt humorously

humoorikas humorous

humoresk (**kirjandusteos**) humorous sketch; *muus* humoresque

humorist humorist

hundikutsikas wolf cub
hundinui bulrush
hundipass sack, dismissal
   hundipassi andma sack, give the sack
hundiratas flip, somersault
hunnik drift, heap, hill, mass, mound, pack, pile, tip
   hunnikusse lendama cropper
   hunnikusse pühkima sweep up
   hunnikusse viskama scramble
   hunnikute viisi piles of
hunnitu gorgeous, magnificent, superb
hunt wolf
   üksik hunt *ülek* maverick
hurjutama berate, harangue, rebuke
hurjutamine rebuke
hurm charm, fascination, enchantment
hurmama charm, bewitch, entrance
hurmatud enchanted
hurmav enchanting
hurraa hooray, hurray, hurrah, yippee
hurt greyhound
hurtsik cabin, hovel, hut, shack
husaar hussar
huul lip
   huulde hammustama bite one's lips
   huuli prunti ajama pout, purse
   huuli värvima put on lipstick
   huultelt lugema lip-read
   loe mu huultelt read my lips
huulepulk lipstick
huulik mouthpiece
huumor humour
huumorimeel sense of humour
huumorivaene humourless
huumus humus, vegetable mould
huupi blindly, haphazardly

huupi oletus shot in the dark
huupi valitud random
huvi interest
   kasvav huvi build-up, increasing interest, accumulating interest
   otsene huvi vested interest
   kellegi huvides in one's interests
   huve esindama act for sb
   huvi kaotama lose interest
   huvi pakkuma interest, be of interest
   huvi tundma be interested in, take an interest in
   huvi äratama interest, intrigue, attract
   oma huvides kasutama exploit, to one's advantage
huviala field, thing
huvides for one's own good, in the interests, for the sake of
huvipakkuv lively
huvireis tour
huvireisija tourist, sightseer
huvitama interest, turn on
huvitatud interested
huvitav interesting, entertaining
huvitu listless, lukewarm, passive, uninterested
huvituma be into, concern, interest, warm to
   muust huvituma branch out
huviäratav intriguing
hõbe silver
hõbe- silver
hõbedane silver, silvery
hõbehall hoary
hõbeheik *zool* whiting
hõbemedal silver medal
hõbemedalisaaja silver-medallist
hõbesepp silversmith
hõbetama silver, silver-plate, coat with silver

hõbetatud silver-plated
hõige shout, call
hõikama call, hail, shout out
  vahele hõikama boo
  vastu hõikama shout back (to), call back (to)
  välja hõikama call out
hõim kin, tribe
hõimkond (**hõimlaskond**) kindred; (**hõimurühm**) kin group; *biol* phylum
hõimu- tribal
hõimuliige tribesman, tribeswoman
hõimuvanem chieftain
hõise whoop
hõiskama whoop
hõiskamine jubilation
hõiskav jubilant
hõissa! whoopee!, yipee!
hõivaja occupier; conqueror; *jur* appropriator
hõivama capture, occupy
hõivamata unoccupied, vacant
hõivatud busy, engaged, in harness, occupy, spoken for
  hõivatud olema engage, in the thick of, lock, tie up
hõive occupation, conquest, capture, appropriation; (**tööhõive**) employment
hõlbus → **hõlpus**
hõlbustama facilitate
hõljuk hovercraft
hõljuma dance, float, flutter, hover, soar, waltz
hõlm (**riietusesemel**) flap, lappet, (**adral**) mouldboard; *bot* lobe
hõlmama comprise, cover, embrace, encompass, include, involve
hõlpsasti easily, readily
hõlpsus convenience, ease

hõlpus convenient, easy, simple, effortless
hõlst smock
hõlvama exploit, utilize, make use of
hõlvamine exploitation, utilisation
hõng breath, flavour
hõngus smell, odour, scent, breath, tinge; *lgv* aspiration
hõre light, sparse, tenuous, thin
hõredalt sparsely
hõrendama thin, rarefy, attenuate; (**teksti**) expand
hõrendamine rarefaction, thinning
hõrenema recede, thin, thin out
hõrgutav delicious
hõrgutis delicacy
hõrk appetizing, savoury, delicious, exquisite
hõõguma glow, smoulder
hõõgumine glow
hõõguv live, white-hot
hõõrduma rub
hõõrdumine friction
hõõrdunud blistered
hõõruma rub
  katki hõõruma rub to powder, rub the skin off one's foot
  läikima hõõruma polish
  maha hõõruma rub off/away, pare off
  peeneks hõõruma grind, grate
  sisse hõõruma rub in
hõõrumine rub
häbelik shy, modest, bashful, coy, demure, diffident, prudish, retiring, sheepish
häbelikkus bashfulness, diffidence
häbelikult bashfully, sheepishly
häbematu barefaced, brash, brazen, cheeky, impertinent, impudent, outrageous, saucy, shameless

häbematult impudently, cheekily, shamelessly, outrageously
häbematus impudence, audacity, cheek, effrontery, impertinence
häbenema be ashamed, shame
häbenev shamefaced
häbi discredit, disgrace, dishonour, shame
    häbi tegema bring shame/disgrace/dishonour to sb, shame
    häbi tundma be ashamed, feel shame
häbiasi disgrace, scandal
häbilugu embarrassment
häbimärgistama brand, denounce
häbimärk stigma
häbiplekk black sheep, blot, disgrace, embarrassment, reproach, stain
häbipuna blush
häbistama discredit, dishonour, mortify, shame
häbistamine shame
häbistatud abashed
häbistav compromising, dishonourable, reproachful
häbitegu infamy, disgraceful/shameful act, ignominy
häbitu barefaced, immodest, shameless, unashamed
häbitult shamelessly, unashamedly
häbitus shamelessness, impudicity, impudence, obscenity
häbiväärne discreditable, disgraceful, disreputable, ignoble, scandalous, shameful, woeful
häbiväärselt disgracefully, shamefully, woefully
häda trouble, affliction, distress, need, emergency
    häda kaela kutsuma ask for trouble

    häda kaela tooma land sb in trouble; *kõnek* land sb in it
häda korral in an emergency, in case of need; *kõnek* at a pinch, if it comes to the pinch
hädas olema be in trouble
hädast välja aitama step into the breach
hätta jätma fail, leave one in the lurch
hätta sattuma come to grief, land, walk into
häda- emergency, forced
hädaabi emergency aid
hädaabinõu makeshift, stopgap
hädakisa cry of distress, squawk
hädaldama complain, whine, lament, groan
hädaldamine moaning, complaining
hädaoht danger, jeopardy
hädaohtlik dangerous
hädaolukord emergency
hädapätakas washout, weakling, failure
hädas in trouble, destitute, hardpressed, in a tight spot, in deep water, in difficulty, in the soup, on the spot
hädasignaal distress signal, SOS
hädasti badly, urgently
hädatarvilik essential, vital, imperative
hädavaevu hardly, barely, scarcely, by the skin of one's teeth, narrowly
hädavajalik vital, basic, crucial, essential, imperative, indispensable
hädavajalikkus urgency
hädavale fib, white lie
hädavares failure, unlucky, weakling

hädine sickly, watery, weak
hädiselt faintly, lamely, shakily
hägu haze, mist
hägune blurred, cloudy, misty, muddy
hägustama blur, haze, fuzz, befog
hägusus blur, haze
häire alarm, alert, disturbance, disruption, impediment, trouble
häirekell alarm bell, fire alarm
häiresireen hooter, alarm siren
häirima bother, distract, disturb, cloud, molest, perturb, put off, rattle, upset, worry
häirimatu undisturbed, calm, serene
häirimine distraction, disturbance
häiritud distracted, disturbed, upset, vexed, worried, cheesed off
häiriv disruptive, distracting, unsettling, untoward, worrying
häkker hacker
häkkima hack
hälbeline abnormal
hälbeliselt abnormally
hälbima deflect, deviate
hälbimus abnormality
hälbinud deviant
häll cradle, port(a)crib
hällilaul lullaby
hällitama cradle, rock
hälve abnormality, anomaly, deviation
hämaja demagogue
hämama twist, distort; *kõnek* pull the wool over someone's eyes
hämamine twisting, distortion, smokescreen
hämar dim, dusky, shadowy
hämarduma fade
hämarik twilight
hämarus dimness, gloom, shadow
hämmastama amaze, astonish, mystify, rock, stagger, strike, stun, take
hämmastav amazing, astonishing, bewildering, breathtaking, perplexing, staggering, startling, stupendous, surprising
hämmastavalt amazingly, astonishingly, breathtakingly, stupendously
hämmastuma be amazed/astonished/astounded/stunned/dumbfounded/stupefied
hämmastunud aghast, astonished, bewildered, flabbergasted
hämmastus amazement, astonishment, wonderment
hämmeldama baffle, confound, confuse, puzzle
hämmeldav baffling
hämmeldunud abashed, bewildered, confused, embarrassed, nonplussed, perplexed
hämmeldus bewilderment
hämmeldusse viiv puzzling
hämming → hämmeldus
hämune bleary
hämuselt blearily
händikäp handicapped
härdameelne beseeching, sentimental
härdameelselt beseechingly
härdameelsus sentimentality
härdus soft-heartedness, tender-heartedness, sentimentality
härg ox
härjapõlvlane dwarf, gnome
härjasilm *kok* sunny-side-up
härjavõitleja bullfighter
härjavõitlus bullfight
härm (meelehärm) vexation
härmas frosty
härmatama rime, frost; coat with rime

härmatis rime, frost, hoarfrost
härra gentleman, Mr, sir, squire
härras soft-hearted, tender-hearted, sentimental, compassionate, pitying, doleful
härrased Messrs
härraslik genteel, gentlemanly, aristocratic
härrasmees gent, gentleman
härrastemaja hall, mansion
hästi ably, all right, bravo, neatly, okay, OK, well
   väga hästi fine, highly, jolly well
hästiistuv fit
hästikasvatatud ladylike, polite, refined, well-bred
hästisäilinud well-preserved
hävima obliterate, perish, vanish
hävimatu indestructible
häving annihilation, devastation, disaster, end, extinction, ruin, shipwreck
hävitaja destroyer
hävitama annihilate, blight, bring down, demolish, destroy, do away with, do for, exterminate, extinguish, kill off, liquidate, raze, ruin, smash, undo, wreck
hävitamine annihilation, destruction, eradication, extermination, whitewash
hävitav baleful, corrosive, crushing, damaging, damning, destructive, killing, pernicious, shattering
hävitavus destructiveness
hävituslendur fighter pilot
hävituslennuk bomber, fighter
hävituslik destructive, devastating
hävitustöö havoc, ravage, vandalism
hääbuma die, disappear, evaporate, trail away

hääbumine disappearance, disuse, eclipse
hääbunud extinct
hääbuv dying
hääl noise, sound, voice, volume, tune; pol vote
   peenike hääl high voice, thin voice
   madal hääl alto
   ühel häälel unanimously
   hääles in tune
   häälest ära out of tune
   hääli saama pol poll
   häält andma muus give the note, pitch; pol vote for
   häält kõrgendama raise one's voice
   häält tasandama lower one's voice
   häält tegema pipe up
   häält tõstma raise one's voice, speak up
   häälte vahe pol margin
hääldama articulate, pronounce
   selgesti hääldama enunciate, articulate
hääldamisviis diction
hääldus articulation, pronunciation
hääldusmärk accent
hääldusviis accent
hääle- vocal
häälekalt loudly
häälekas loud, vocal, vociferous
häälemurre breaking/cracking of the voice
häälemuutus inflection, inflexion
häälepaelad vocal cords
häälestama tune, pitch, preset
häälestus setting
hääletaja hitch-hiker; pol voter
hääletama flag down; hitch, hitch-hike, thumb; pol vote, cast a vote/ballot

hääletoon tone of voice
hääletoru (suuvooder) mouthpiece
hääletu voiceless, soundless, silent, tacit
hääletult dumbly, silently
hääletus silence; *pol* vote
  salajane hääletus *pol* ballot, ballot box, balloting
hääletuskabiin booth
hääletuskast ballot box
hääletussedel ballot paper
hääletustulemus *pol* vote
hääleõigus *pol* suffrage, vote
häälik *lgv* phone, sound, phoneme
häälikuline *lgv* phonic, phonetic
häälitsus sound, noise; utterance
häältearv *pol* poll
häärber mansion
höövel plane; (tee-) grader
hööveldama plane away, plane off, shave
hööveldamata unplaned, rough
hööveldamine planing
höövelpink workbench
hüatsint *bot* hyacinth
hübriid cross, hybrid
hübriidarvuti *inf* hybrid computer
hübriidne hybrid
hüdrant *tehn* hydrant
hüdraulika *füüs* hydraulics
hüdrauliline hydraulic
hüdroelekter hydroelectricity
hüdroelektrijaam hydroelectric power station
hüdroplaan seaplane
hüdrotehniline water management
hügieen hygiene
hügieeniline hygienic, sanitary
hügieeniliselt hygienically
hügieeniside sanitary towel, towel
hülgama abandon, desert, disown, forsake, give up, isolate

hülgamine abandonment
hüljatud abandoned, forlorn, forsaken, gone by the board, isolated, out of it
hüljes seal
hülss shell, barrel, cylinder, capsule
hümn anthem
hüpe bound, hop, jump, leap, spring
  pea ees hüpe header
hüper- hyper-
hüperbool *mat* hyperbola; *lgv* hyperbole
hüperboolne hyperbolic
hüpermarket hypermarket
hüpertoonia hypertonia; *med* hypertension, high blood pressure
hüpertooniline hypertonic
hüpiknukk puppet, jumping jack; marionette
hüpitama jiggle
hüpits → **hüppenöör**
hüplema hop, bob, bounce, bound, dance, frisk, jig, jiggle, skip
hüplemine skip
hüplev rambling
hüpnoos hypnosis
hüpnoosi- hypnotic
hüpnoosima → **hüpnotiseerima**
hüpnoosis hypnosis
hüpnootiline hypnotic
hüpnotiseerija hypnotist
hüpnotiseerima hypnotize, hypnotise, mesmerize, mesmerise
hüpnotiseeriv hypnotic
hüpohondrik *med* hypochondriac
hüpoteek *maj* mortgage
hüpotees hypothesis
hüpoteetiline hypothetical
hüppama jump, hop, leap, skip, spring
  alt ära hüppama back out
  lakke hüppama go through the

roof
läbi hüppama pop
maha hüppama jump down/
from, dismount
pea ees vette hüppama dive,
nose-dive
peale hüppama jump on, hop on
püsti hüppama start up, get to
one's feet, rise to one's feet
tagasi hüppama spring back
välja hüppama pop, jump out
(of)
üle hüppama jump sth, vault
(over), leap, spring, leap-frog, (**va-
hele jätma**) skip, jump sth
üles hüppama jump up, hop up,
leap up, spring up
hüppelaud gateway, springboard,
stepping stone
hüppeline sharp, saltatory, salta-
torial, jerky, spasmodic
hüppemägi ski-jumping hill
hüppenöör skipping-rope
hüppetorn ski-jumping tower; (**vet-
tehüpeteks**) diving tower
hüsteeria hysteria, hysterics
hüsteeriahoog hysterics
hüsteerik hysteric
hüsteeriline hysterical
hüsteeriliselt hysterically
hütt hovel, hut, shack

hüva all right, OK
hüvang good, wellfare, well-being,
flourish
hüvasti goodbye, bye, cheerio, fare-
well
hüvasti jätma say goodbye
hüvastijätt farewell, goodbye
hüve benefit, advantage, boon
hüvitama award, compensate, re-
coup, repay, reward
hüvitis benefit, compensation, in-
demnification
hüvitus compensation, repayment,
refund, reimbursement
hüään hyena, hyaena
hüüatama cry, ejaculate, exclaim
hüüatus exclamation, interjection,
cry
hüübima clot, coagulate, congeal
hüüd exclamation
hüüdma call, call out, cry, howl,
shout, shout out
vahele hüüdma barrack
vastu hüüdma respond to a call,
call back
hüüdnimi nickname
hüüdsõna *lgv* interjection
hüüe cry, yell
hüüumärk exclamation mark
hüüvis *med*, *vet* thrombus, clot of
blood

I

ida east, East
ida- east, easterly, eastern
Idamaad the East, the Orient
idamaine oriental
idandama germinate
idanema sprout, germinate, sprout
idanemine sprouting, germination
idapikkus east longitude
ideaal ideal
    ideaalilähedane olema take a lot of beating, take some beating
ideaal-, ideaalne ideal, perfect, dream, utopian, best, supreme, highest, model
ideaalselt ideally, perfectly, brilliantly
idealiseerima idealize, idealise, romanticize, glamorize, glorify, exalt, worship, idolize
idealism idealism
idealist idealist
idealistlik idealistic, unreal, imaginary, unattainable, impractical
idee idea, point, concept(ion), hypothesis, guess, conjecture, belief, opinion, view(point), judgement, understanding, inkling, due, thought, notion, inspiration, plan
    idee autor brain
    ideedele valla an open mind
ideekavand outline, conceptual design

identifitseerima identify, recognize, know, pick out, single out, distinguish, perceive, make out, discern, notice, detect, name, label, tag, specify
identifitseerimata unidentified
identifitseerimine identification
identiteet identity
identne identical, same, matching, corresponding, equal
identsus → **identiteet**
ideogramm ideogram
ideogrammsisestus *inf* ideogram entry
ideoloog mastermind
ideoloogia ideology, philosophy, world-view, ideas, principles
ideoloogiline ideological
idiomaatiline idiomatic
idioom idiom, phrase
idioot idiot, fool, blockhead, dimwit, halfwit, imbecile, moron, cretin
idiootlik idiotic
idiootsus foolishness, stupidity, lunacy, idiocy
idu sprout, germ
iduleht seed leaf
idüll idyll
idülliline idyllic, perfect, picturesque, unspoiled, peaceful, happy
idülliseerima, idüllitsema idyllise

iga (vanus) age; (igaüks) all, any, each, every, single

iga hetk any minute, any minute now, any time now

iga hinna eest at all costs, at any price

iga kell always, any time

iga kord always

iga päev daily, every day

igaks juhuks for what it's worth, in any case

igal aastal yearly, every year

igal ajal at all hours, anytime

igal juhul anyway, at any rate, by all means, by fair means or foul, in any case, in any event

igal pool all over the place, everywhere, throughout the length and breadth of

igal võimalusel at every turn

iga-aastane annual, yearly

igakülgne all-round, balanced, comprehensive, full, full-scale

igand anachronism

igandlik anachronistic

iganema become obsolete/outdated/antiquated/superannuated, get out of date

iganenud anachronistic, antiquated, obsolete, out of date, outworn, stale, worn out

iganes possibly

iganädalane weekly

igapidi → **igati**

igapäevaelu everyday life, daily routine

igapäevane daily, day-to-day, everyday, prosaic

igasugune any kind of, all sorts of, every possible

igatahes anyway, anyhow, at any rate, in any case, in any event, at all events

igati down to the ground, to the full, in every way, in every respect

igatsema burn, hanker after/for, long for, miss, pine, wish, yearn for/after, crave for

igatsev nostalgic, wistful

igatsevalt longingly, wistfully

igatsus hankering, longing, void, yearn, yearning, yen, craving

igatsusvalu nostalgia

igatunnine hourly

igav arid, banal, boring, colourless, drab, dreary, dry, dull, empty, flat, grey, humdrum, humourless, insipid, lifeless, monotonous, mundane, pedestrian, slow, soulless, stale, stodgy, stuffy, tame, tedious, uninspired

igavene eternal, everlasting, perennial, timeless, undying, perpetual

igaveseks in perpetuity, for ever

igavesti eternally, forever, for ever, indefinitely

igavik eternity; *ülek* light year

igavlema be/feel bored

igavus boredom, dullness, monotony, tedium, tediousness, weariness, listlessness

igaüks all and sundry, anybody, each, everyone, one, world

ige gum

igemepõletik *med* gingivitis

igerik decrepit, puny, undersized, diminutive

igihaljas evergreen

igijää perpetual ice

igikestev everlasting, undying

igilumi perpetual snow

iginoor ageless

igivana age-old, ancient

iglu igloo

ignorant ignoramus, ignorant person

ignorantne ignorant, uneducated, illiterate, unread, untaught, inexperienced, stupid, clueless, unaware, ill-informed, unconscious, oblivious, unlightened

ignorantsus ignorance

ignoreerima condone, connive, disregard, flout, ignore, pass over, slight, switch off, turn a deaf ear, turn one's back on, take no notice of, overlook, neglect, omit, reject, snub, cold-shoulder

iha appetite, craving, hunger, itch, lust, yearn, desire, longing, passion, greed, covetousness

ihaldama crave for, desire, fancy, long for, lust, covet, hanker after/for, want, need, yearn for, fancy

ihaldatavus desirability

ihaldavalt longingly

ihaldusväärne desirable, advantageous, worthwhile, beneficial, attractive, seductive

ihalema → **ihaldama**

ihalev admiring, hungry, craving

ihalus desire, craving

ihar amorous, lecherous, lustful, voluptuous

iharalt amorously

iharus lust(fullness), voluptuousness, lechery

ihkama desire, crave for, long for, hanker after/for

ihne avaricious, penny-pinching, tight-fisted, stingy, miserly, close-fisted, tight, mean, greedy, niggardly, parsimonious

ihnsus avarice, stinginess, miserliness, meanness

ihnur miser, niggard, skinflint, penny-pincher

ihnus → **ihne**

ihnuskoi → **ihnur**

ihnutsema be stingy, stint, pinch and scrape, skimp on sth, scrimp, withhold

ihu body, figure, flesh

   ihu ja hingega with one's heart and soul

ihualasti stark naked

ihukaitse bodyguard

ihukaitsja bodyguard, guard, protector, minder

ihuliige member, limb

ihuma grind, hone, whet, sharpen

   hammast ihuma bear a grudge against sb, have a down on sb

ihunuhtlus corporal punishment, flogging

ihusilmaga in the flesh, in person, on sb's own eyes

ihuüksi all alone

iialgi never, not ever, at no time, never ever

iidne old, ancient, aged, time-worn, age-old, antique

iidol hero, idol

iil blast, gust, squall, draught, gale, storm, tempest

Iiri(maa) Ireland

Iiri Irish

iiri Irish

iirlane Irish, Irishman, Irishwoman

iiris (komm) caramel, toffee; (lill) iris, flag

Iisrael Israel

Iisraeli Israeli

iitsatama say a word, spill the beans

iive population growth, increase; gain, rise, addition, increment

iiveldama nauseate, sicken, make sick, turn one's stomach, revolt

iiveldav sick, queasy, unwell, ill, groggy, green, nauseated, sickened, bilious, faint, dizzy, giddy

iiveldus nausea, sickness, retching, queasiness, biliousness

ikalduma fail

ikaldunud failed

ikaldus crop failure, bad harvest

ike yoke, slavery, domination, burden, bondage, enslavement, oppression, subjugation, servility

ikestama subjugate, yoke, put a yoke upon, enslave

ikka ever, always, still

    ikka ja jälle over and over again, time after time, ever and again, time and (time) again

    ikka veel still, yet

ikkagi anyway, in the world, still, for all that, after all, nevertheless, all the same

ikoon icon, ikon

ikoonimaalija icon-painter

iks-jalad flat feet

iks-jalgne knock-kneed

ila slaver, slobber, saliva, drivel, dribble

ilane slobbery, drivelling

ilastama drool, slobber, slaver, salivate, dribble, drivel

ilge abominable, foul, hideous, loathsome, nauseous, disgusting, repulsive, vile

ilgus disgust, foulness, loathsomeness, villainy

ilkuma deride, ridicule, mock, scoff at, scorn, jeer at, sneer at, satirize, knock, gibe at, disparage, insult, belittle, disdain, taunt

ilkumine derision, ridicule, mockery, scorn, contempt, scoffing, satire, sneering, disrespect, insult, disparagement, disdain

illegaal illegal (alien/immigrant)

illegaalne illegal, illicit, unlawful, criminal, unauthorized, under-the-counter, black-market, back-street

illegaalselt illegally

illegaalsus illegality

illuminaator porthole

illumineerima illuminate

illusionism illusionism

illusionist illusionist

illusioon illusion, apparition, mirage, hallucination, figment, fantasy, fancy

    illusioone purustama disillusion, disabuse, undeceive, enlighten, disappoint, let down, disenchant

    illusioonide purunemine disillusionment

illusoorne illusory, illusive, unreal, fanciful, apparent, hallucinatory, unsubstantial, deceptive, delusive, misleading, false, fallacious

illustraator, illustreerija illustrator

illustratiivne, illustreeriv illustrative

illustratsioon figure, illustration, picture, example, explanation

illustreerima illustrate, decorate, ornament, adorn; (**näitlikustama**) explain, clarify, elucidate, illuminate, exemplify, demonstrate, exhibit, show, depict

ilm day, weather; world

    ilmale kandma/tooma bear, bring forth, give birth to, bring into the world

    ilmale tulema come into the world, be brought into the world, be born

    ilma nägema knock about, knock around

ilma without
ilmaaegu, ilmaasjata for nothing, in vain, vainly
ilmaennustaja weatherman, weathergirl
ilmaennustus weather forecast
ilmakaar quarter, direction, cardinal point
ilmaletoomine delivery, childbirth, labour, confinement
ilmaletulek birth
ilmalik lay, pastoral, secular, worldly, temporal
ilmaolek absence, lack, shortage, need, want, scarcity, deficiency, insufficiency, dearth, void
ilmastik weather (conditions)
ilmastiku- meteorological
ilmastikuteadus → **meteoroloogia**
ilmateade weather forecast/report
ilmatu enormous, immense, great, huge
   ilmatu hulk ocean
   ilmatu palju stack
   ilmatu suur almighty
ilmavaade → **maailmavaade**
ilme expression, air, look
   ilmet võtma take shape, work out, assume an aspect
ilmekalt eloquently, expressively
ilmekas eloquent, expressive, vivid
ilmeksimatu unerring, unmistakable
ilmekus eloquence, vividness
ilmestama colour, vivify
ilmetu blank, colourless, deadpan, grey
ilmetult blankly
ilming indication, manifestation, outcrop, phenomenon, mark, sign, evidence, symptom, signal, warning, omen

ilmne apparent, clear, decided, evident, express, irrefutable, manifest, obvious, palpable, patent, plain, pronounced, stark, transparent, visible, undeniable, outward, seeming, noticeable, perceptible
ilmnema break through, present, become evident/obvious/manifest; be revealed, appear, be clear
ilmselge blinding, marked, patently, self-evident
ilmselgelt blindingly, clearly, demonstrably, transparently
ilmselt, ilmsesti apparently, clearly, doubtless, evidently, liable, manifestly, obviously, palpably, visibly, would
ilmsi in real life, in reality, in one's waking hours
   ilmsiks tulema break through, bring/come to light, come out, surface, emerge, transpire, manifest oneself
ilmtingimata → **tingimata**
ilmuma appear, come out, enter, materialize, materialise, pop up, present, show up, sprout, turn up, surface
   kutsumata ilmuma gatecrash, appear uninvited
   uuesti ilmuma reappear, re-emerge
   välja ilmuma turn up, show one's face, spring
ilmumine appearance, emergence, entrance, outcrop, publication, entry
ilmumisaasta year of publication
ilmunud out
ilmutama air, reveal, manifest, display, show, exhibit; *foto* develop
ilmuti *foto* developer
ilmutis apparition, phantom, vision

ilmutus revelation, manifestation

ilmvõimatu utterly/entirely impossible

ilu beauty, glamour, loveliness, sweetness; *foto* development

ilu- beauty, decorative, ornamental

iludus beauty, belle

ilukiri calligraphy

ilukirjandus literature, belles-lettres, belletrism

ilukirjanduslik literary, belletristic, of fiction

ilukirurgia plastic surgery

ilukõneline rhetorical

ilumeel sense of beauty

ilus beautiful, fair, fine, good-looking, pretty, shapely, attractive, gorgeous, stunning, appealing, charming, handsome

   ilusaks tegema spruce up, beautify

ilusalong beauty shop

ilustama embroider, gloss over, jazz up; decorate, ornament, dress up, deck, adorn, embellish

ilustamata bald, brutal, plain

ilus(as)ti daintily

ilustus embellishment, adornment, decoration, ornament

ilutsema revel, enjoy, relish, savour, delight in, thrive on

ilutulestik firework

iluuisud figure skates

iluuisutaja figure skater

iluuisutamine figure skating

iluvõimlemine rhythmic gymnastics

iluvõre grille, lattice

ilves lynx

imaginaarne imaginary, imaged, visionary

imago image, picture

imagoloog imagologist

imagoloogia imagology

imal cloying, sugary, syrupy

imama absorb, imbibe, soak up, take in, suck up

imav absorbent

imbetsill imbecile

imbkaev soakaway, soak-hole

imbuma soak, drench

   läbi imbuma leak, soak

   sisse imbuma filter, sink in

   välja imbuma transpire

ime marvel, miracle, wonder

   imeks panema marvel, be astonished/surprised

   imet tegema do wonders, work miracles

imeasi prodigy, marvel, wonder

imeelukas monster

imeilus exquisite, delightful, dainty, delicate, charming

imehästi perfectly, wonderfully

imekombel miraculously

imelaps prodigy, whizz kid

imelik strange, funny, odd, queer, weird, bizarre

imelikult oddly, strangely

imeline magic, wonderful, outstanding, marvellous

imema suck, suckle, draw in

   tühjaks imema drain

   välja imema exhaust, (**gaasi**) aspirate

imenduma soak up, suck in, imbibe, absorb, resorb

imepärane miraculous, wonderful, incredible, phenomenal

imerohi panacea

imestama wonder, gape, be surprised/amazed, astonish, startle, surprise

imestunud surprised, startled, amazed, astonished

imestus wonder, astonishment, amazement
imetabane → **imeline**
imetaja mammal
imetama suckle, nurse
imetegija → **võlur**
imetlema admire, drool over, look up to, marvel at, salute, slobber over, esteem, respect, revere, venerate
imetlus admiration
imetlusväärne admirable, awe-inspiring, exemplary, marvellous, prodigious, fantastic
imevägi miraculous power, magical power
imidž → **imago**
imik baby, infant
iminapp sucker
imitaator simulator
imitatsioon approximation, copy, duplicate, reproduction
imiteerima imitate, copy, mimic, emulate
imiteerimine imitation, impression
immatrikuleerima matriculate, enrol, enter, be matriculated
immigrant immigrant
immigratsioon immigration
immigratsiooniametnik immigration officer
immigratsiooniteenistus immigration
immigreerima → **immigreeruma**
immigreeruma immigrate
immitsema seep, ooze, trickle, leak, exude, well, dribble, percolate, permeate, soak
immobilaiser, immobilisaator *tehn* immobilizer
immuniseerima immunize, immunise, inoculate, vaccinate

immuniteet immunity
immunoloogia immunology
immutama impregnate, soak, immerse, steep, souse, drench, waterlog
immuti impregnator, impregnating agent, impregnation substance/product
immuunne immune, resistant, protected, safe, exempt, free, clear
immuunsus immunity
immuunsuskadu immunodeficiency
immuunsüsteem immune system
impeerium empire
imperaator emperor
imperatiiv *lgv* imperative
imperfekt *lgv* imperfect, past simple
imperialism imperialism
imperialist imperialist
implantaat implant
imponeerima impress
import import
importima import
imposantne imposing, impressive, striking, grand
impotent impotent; *ülek* powerless, helpless, unable, incapable, ineffective
impotentsus impotence
impregneer- impregnated
impregneerima impregnate
impressaario impresario
impressionism impressionism
impressum imprint, masthead, flag
improvisatsioon improvisation
improviseerima ad lib, improvise, extemporize
improviseeritud improvised, impromptu, ad lib, extempore
improviseeritult ad lib, extempore, impromptu

I

impulsiivne impetuous, impulsive, spontaneous, unplanned, rash, reckless, hasty

impulsiivselt on impulse, impetuously

impulsiivsus impetuousity

impulss force, momentum, impulse, impetus, pressure; urge, wish, desire

inauguratsioon inauguration

inaugureerima inaugurate

ind ardour, energy

    indu jahutama damper

indeks code, index

indekseerima index

India India; Indian

india Indian

indiaani Native American, American (Indian)

indiaanlane Native American, Indian, American Indian

indialane Indian

indigo indigo

indikaator indicator, indicant, pointer

individuaalne one-to-one, individual, special, peculiar, singular; distinctive, characteristic

individuaalsus individuality

individualiseerima individualise

individualism individualism

individualist individualist

individualistlik individualistic

indiviid individual, person, soul

indlema be on heat, (AmE) be in heat

indoeuroopa Indo-European

industriaalne industrial

industrialiseerima industrialise

inertne inert, sluggish, torpid; inactive

inerts inertia

inertsus inertness, inertion, sluggishness, torpidity; inactiveness

inetu backhanded, dirty, hag, homely, ugly, unsightly

inetult nastily, rudely, indecently, abominably, badly

infantiilne infantile

infarkt *med* infarction, infarct

infektsioon infection

infektsioosne infectious

infinitiiv *lgv* infinitive

inflatsioon *maj* inflation

    inflatsiooni tõrjuma defeat inflation

inflatsiooniline *maj* inflationary

inflatsioonimäär *maj* inflation rate, rate of inflation

info info, information

    infot andma inform someone, give/provide/share information, talk

    infot edastama pass information on to sb

    infot lekitama squeal

    infot pumpama pump someone

    infot saama get the low-down on

    infot töötlema process information

    infoga varustama prime someone

infoagentuur information agency

infoallikas source of information, reference source

infoedastus information transfer, transfer of information

infoesitus information representation

infohaldus information management

infokandja medium (of information)

infoleke information leak

infoleht newsletter
infoosakond information department
infootsing information retrieval, IR
infopäring query
informaatik information scientist, computer scientist
informaatika computer science
informaator informer
informatiivne informative, revealing
informatsioon → **info**
informeerima inform, notify, give one the low-down on
informeeritud informed
   halvasti informeeritud ill-informed
   hästi informeeritud well-informed, on the ball
informeeritus awareness, informedness
infosüsteem information system
infotalitus information service
infotarnija information provider
infoteadus information science
infotehnika information technology; computer equipment
infotehnoloog information technologist
infotehnoloogia information technology, infotech, IT
infotund briefing (session)
infoturve information security
infotöötlus information processing
infotöötlussüsteem information processing system
infoühiskond information society
infrapuna-, infrapunane *füüs* infrared, IR
infrapunakiired *füüs* infrared rays
infrapunakiirgus *füüs* infrared radiation

infrastruktuur infrastructure
ingel angel
ingellik angelic
ingellikult angelically
inglane English, Englishman, Englishwoman, brit
Inglise English
inglise English
Inglismaa England
ingver ginger
inhalaator inhalator
inhalatsioon inhalation
inim- human, man-, anthropo-
inimahv anthropoid ape, great ape
inimasustus human settlement/population/habitation
inimene human (being), man, person, soul, creature, figure, individual, fellow, (**inimesed**) people, folks
   tuntud inimene famous personality, celebrity
   tühine inimene jackstraw, a mere nobody
   inimest röövima kidnap
inimesearmastaja philanthropist
inimesearmastus philanthropy
inimesesarnane human-like, man-like
inimhulk crowd, multitude, mass, swarm
inimjaht manhunt
inimjõud manpower
inimkaubandus trade in human beings, man-trade
inimkond human race, humanity, humankind, people, mankind
inimlik human; humane, kind
inimlikkus humaneness, humanity
inimlikult humanely, kindly
inimloomus human nature
inimolend human (being), creature

inimpelglik afraid of people, fearing people, unsociable
inimpelgus unsociability
inimpõlgamine misanthropy
inimpõlgur misanthropist
inimrass race
inimressursid human resources, liveware
inimrööv kidnapping
inimröövija kidnapper
inimsaast scum, rabble, riffraff
inimsugu humanity, humankind, mankind
inimsuhted (human) relations
inimsus humanity
inimsusvastane against humanity
inimsõbralik (human-)friendly
inimsööja (looma kohta) man-eater; (inimese kohta) cannibal
inimtegevus human activity/activities
inimtekkeline man-induced, anthropogenic, man-made
inimtühi uninhabited, empty, desert
inimvaenulik hostile to/towards people, antisocial
inimvaenulikkus hostility to/towards people, antisocialness
inimvare (human) wreck
inimvihkaja misanthrope
inimvõimed human abilities
inimväärikus human dignity
inimõigused human rights
inimõiguslane human rights activist
inimühiskond human society
inin whine, whining, bleat
inisema whine, bleat
initsiaal initial (letter)
initsiaator initiator
initsiatiiv initiative
inka Inca

inkassaator *maj* collecting agent, collector
inkasseerima *maj* call in, collect, negotiate, recover
inkasso *maj* bank collection/encashment, collection (of payments), encashment
inkognito incognito
inkorporeerima incorporate, embody
inkubaator incubator, (linnumunade jaoks) hatchery
inkubatsioon incubation
inkubeerima incubate
inkvisitsioon *aj* the Inquisition
innukalt keenly, eagerly, actively, ardently, avidly, enthusiastically, fervently, zealously
innukas keen, eager, animated, ardent, avid, enthusiastic, fervent, partisan, zealot, zealous
innukus eagerness, alacrity, anxiety, enthusiasm, fervour, spirit, zeal
innustama encourage, fire, inspire, enthuse
innustav inspiring, enthusing
innustuma be inspired, get carried away, seize on
innustus inspiration, encouragement, enthusiasm
insaider insider
insener engineer
inseneriteadus engineering
inseneriteave engineering
inspekteerima inspect, supervise, superintend
inspektor inspector, supervisor, superintendent
inspektsioon inspection, supervision, superintendence
inspektuur inspectorate; inspectorship, supervisorship

inspiratsioon inspiration
inspireerima inspire, give inspiration
inspireeriv inspiring
inspitseerima stage-manage
inspitsient stage manager
installeerima install, put in
installeerimine installation
instants instance; authority
instinkt instinct
instinktiivne instinctive
instinktiivselt instinctively, by instinct
institutsioon institution; authority, body
instituut institute, institution
instrueerima brief, instruct, prime
instruktiivne instructive
instruktor instructor
instruktsioon instruction, directions
instrument instrument, equipment, apparatus
instrumentaalansambel instrumental group
instrumentaalmuusika instrumental music
instrumentaalne instrumental
instrumentaalteos instrumental composition
instseneerima stage, put on, produce
instseneering production, theatrical representation, staging
insult *med* attack, stroke
integraal- integral; integrated
integraallülitus *inf* integrated circuit, IC
integraalvõrrand *mat* integral equation
integratsioon integration
integreerima integrate
integreerumine integration

intellekt intellect, intelligence
intellektitehnika artificial intelligence, AI
intellektuaal intellectual
intellektuaalne intellectual
intelligent intellectual
intelligentne intelligent, clever, bright
intelligents brain, intelligence
intelligentsusnäit intelligence quotient, IQ
intelligentsustest intelligence test
intendant intendant; *sõj* quartermaster, commissary; (**teatris**) director-general, manager
intensiivistama intensify
intensiivistuma intensify, become/grow intensive
intensiivkursus intensive course
intensiivne deep, high, intense, intensive, strong
intensiivravi *med* intensive care
intensiivraviosakond *med* intensive care unit
intensiivsus strength, intensity, intensiveness
interaktiivne interactive
interaktiivsus interactivity
interaktsioon interaction
interferents *füüs* interference
interjöör interior (design)
interlüüd *muus* interlude
intermeedium interlude, intermedium
internaat dormitory, residence hall, student residence
internaatkool boarding school
internatsionaalne international, multinational
internatsionalism internationalism
internatsionalist internationalist
internatsionalistlik internationalist

internatuur internship, hospital training
interneerima intern
interneeritu internee
Internet Internet, Net
   Interneti rakendused applications on Internet
   Interneti ressurss Internet resource
   Internetis olema be online, be on the Internet, access the Internet
   Internetis surfama surf the Internet
internetiaadress Internet address
internetikaubamaja Internet store, online store, e-store
internetilehekülg web page, website, home page, Internet site
internetipank Internet bank, online bank
internetisõnastik online dictionary, online glossary
internetiteenused Internet services
internetiühendus Internet connection/access, connection/access to the Internet
interpreet interpreter, performer
interpretatsioon, interpreteering interpretation
interpreteerima interpret
interpunktsioon *lgv* punctuation
intervall interval
interventsioon intervention
intervjueerima interview, conduct an interview
intervjuu interview
   intervjuud andma give interview
intiimelu intimate life, private life
intiimne cosy, intimate, sexual, private
intiimsus intimacy
intiimteenused (sexual) favours

intiimvahekord sex, sexual relationship, intimate relationship, sexual intercourse
intonatsioon intonation
intranet *inf* intranet
intress *maj* interest
   progressiivne intress *maj* graduated interest
   intresse kandma *maj* bear/accumulate/carry interests
   intresse teenima *maj* earn interest
intressikulud *maj* interest expense
intressimakse *maj* interest payment
intressimäär *maj* interest rate, rate of interest
   intressimäärade langus *maj* cut in interest rates
   intressimäärade tõus *maj* rise in interest rates
intressita *maj* interestfree
   intressita laen *maj* interestfree loan
intressitulu *maj* interest income
intrigaan, intrigant, intrigeerija intriguer
intrigeerima plot, intrigue, weave an intrigue, carry on intrigue
intrigeeriv intriguing
intriig intrigue
introvert introvert(ed)
intsident incident, matter
intuitiivne intuitive, gut
intuitsioon intuition
invaliid disabled, invalid, handicapped
invaliidistama disable, make invalid
invaliidsus disability, disablement, invalidity
invasioon invasion

inventar inventory, inventories; furnishing and fittings; machinery and equipment

inventarinimestik *maj* inventory (list), stock list

inventeerima *maj* inventorize, take inventory, draw up an inventory

inventuur stocktaking, inventory
  inventuuri tegema take stock, take inventory, carry out a stocktaking

investeerija investor

investeerima *maj* invest, make an investment/investments

investeerimine *maj* investment, investing

investeerimiskulud *maj* capital outlay

investeerimispank *maj* investment bank

investeering *maj* investment

investor → **investeerija**

ioniseerima *füüs* ionize

ioon *füüs* ion

IP *inf* Internet Protocol, IP

IP-aadress *inf* IP address, dot address

IP-number *inf* IP number, dotted decimal notation

IRC-vestlus *inf* Internet relay chat, IRC

irduma come off, come loose, detach, break loose; separate, withdraw, disengage

irevil(e) bared, slightly/partly open

iriseja nagger, grouch, knocker, grumbler

irisema nag, annoy, badger, be on sb's back, harp on about sth

irisev nagging, irritating, persistent

ironiseerima be ironic

iroonia irony, double meaning, mockery, sarcasm

irooniline ironic, wry, ironical

irooniliselt ironically, wryly

irratsionaalne irrational, irrationalistic, absurd

irriteerima irritate, annoy

irriteeriv irritating, annoying

irve grin, smirk, sneer

irvakil ajar, half-open

irvitama grin, fleer, mock, scoff, sneer, laugh

irvitus fleer, sneer, scoff

isa father, papa, dad, daddy

isa- fatherly, he, male, paternal

isadepäev Father's Day

isadus fatherhood

isalik fatherly, fatherlike, paternal

isamaa motherland, country, fatherland, home country

isamaalane patriot

isamaaline patriotic

isamaalisus patriotism

isamees best man

isand lord, master

isandavõim patronage

isane male

isapoolne paternal, male-line

isas- he-, male

isaslind male bird, cock

isasloom male animal, bull

isatu fatherless

ise alone, by oneself, no less, on one's own, oneself, personal, personally, self, single-handed, soul

ise- self-, spontaneous

iseasi another/different matter

iseeneslik automatic, spontaneous, involuntary

isegi actually, even, in one's own right, not least

isehakanu ham, impostor, would-be

isehakanud self-appointed, would-be, self-appointed
isekalt selfishly, egotistically
isekas selfish, egotistic
isekeskis among/amongst one-selves, with/to each other
isekus egotism, self-interest, self-ishness
isekülgne *mat* scalene
iseliikuv self-propelled, automatic
iseloom aspect, character, disposi-tion, nature, tone, personality
iseloomujoon characteristic, streak, trait
iseloomukindlus backbone
iseloomulik characteristic, distin-guishing, typical
iseloomulikult characteristically, true to form, typically
iseloomunõrkus lack of character, spinelessness
iseloomustama characterize, char-acterise, mark, specify, stamp, typify
iseloomustus specification, de-scription
isemajandav self-sufficient, self-fi-nancing
isemeelne self-willed, self-indul-gent, wayward, perverse, obsti-nate, stubborn
isemeelsus self-will, self-willed-ness, waywardness
isemeisterdamine do-it-yourself, DIY
isend individual, head
isepäine → **isemeelne**
iseseisev autonomous, independ-ent, self-contained, self-reliant, self-sufficient, sovereign, un-aided, unattached
iseseisvalt independently, off one's

own bat, on one's own
iseseisvalt tegutsema go it alone
iseseisvuma become independent, gain independence
iseseisvus independence, au-tonomy, self-subsistence
iseseisvusdeklaratsioon declara-tion of independence
iseseisvuspäev Independence Day
isesugune different, peculiar, odd, curious
iseteadev, iseteadlik self-conscious, self-confident, above yourself
iseteadlikkus self-consciousness, self-confidence
iseteenindus self-service, self-ca-tering
isetegevus talent/amateur activities
isetegevuslik amateur
isevalitseja autocrat, absolute ruler
isevalitsus autocracy, autarchy; ab-solute rule
isevalitsuslik autocratic, autarchic
iseõppija autodidact, self-educator
iseäralik peculiar, outlandish, par-ticular
iseäralikult peculiarly, oddly, extra-ordinar(il)y
iseäranis especially, particularly, in particular
iseärasus feature, characteristic, quality, peculiarity
isheemia *med* ischaemia
isik person, individual, character, man, soul
   füüsiline isik *jur* natural person
   füüsilisest isikust ettevõtja *jur* sole proprietor; self-employed per-son
   juriidiline isik *jur* corporate body, juridical person, legal entity, legal person

kolmas isik third party, third person

määratud isik nominee, appointee

isikute kogu body

isikut tõendav dokument → **isikutunnistus**

isikkoosseis staff, personnel

isiklik firsthand, personal, personalized, private

isiklikult for one's part, in person, in the flesh, personally, privately

isiksus personality

isikuandmed personal data

isikuandmeid kontrollima check one's identity/identification

isikukood personal identification code

isikuline personal, individual

isikunäitus personal exhibition

isikupuutumatus immunity

isikupära(sus) individuality, personality, originality

isikupäratu faceless, impersonal, characterless

isikustama personify, personalize

isikustamine personification

isikutunnistus ID (card), identification, identity card

isikuvabadus personal liberty

islam Islam, the Muslim religion

islami Islamic, Muslim, Islamitic

islamiusuline Muslim, Islamite

Island Iceland

Islandi Icelandic

islandi Icelandic

islandlane Icelander

isolaator insulator, non-conductor

isolatsioon isolation, insulation

isoleerima cut off, insulate, isolate, seal off, seal

issake Lord, Good Lord, Oh Lord, goodness!

issand lord

issi dad, daddy, pa

istandik plantation, seed orchard; nursery

istandus plantation

istanduseomanik planter

iste seat, stool, sitting

istet pakkuma offer a seat

istet võtma be seated, sit down, take a seat

istekoht seat, seating

istevann hip bath

istik plant

istmik behind, bottom, buttocks, seat

istukil sitting

istukile tõusma sit up

istuma sit, be seated, sit down, sit on, take the weight off; (**sobima**) fit

istuma panema seat, sit, sit down

kaksikratsi istuma straddle astride

karistust ära istuma serve the time

kohale istuma take one's seat, get seated

kõrvale istuma sit next to

kägaras istuma huddle, cower

maha istuma take a seat, sit down

mütsti istuma plump down

tegevusetult istuma sit about

istumisstreik sit-down, sit-in

istung session, sitting

istungit pidama in session, sit

istungisaal conference hall/room

istungjärk session

istutama plant, set

ümber istutama transplant, plant out, set out

isu appetite, hunger, stomach, zest, taste, will

isuäratav appetizing, appetising, mouth-watering, tantalizing, tantalising
Itaalia Italy; Italian
itaalia Italian
itaallane Italian
itk wail, wailing, dirge, lament
itkema wail, bewail, lament

itsitama chuckle, giggle, snigger, snicker
itsitamine giggle, snigger
itta east, eastward, eastwards
iva (tera, seeme) grain, corn, seed; (mõte, sisu) point, sense
ivake (raasuke) morsel, bit; (veidike) a bit, a little

I

J

ja and

ja nii edasi and so on, and so forth, et cetera (etc); *kõnek* and things

jaaguar jaguar

jaam station, terminal; **(sõlm-)** junction, **(teivas-)** (AmE) *kõnek* whistle stop

jaamaesine platform

jaamahoone railway station, station building

jaamakorraldaja assistant stationmaster

jaamavahe stage

üks jaamavahe veel one more station to go

jaamaülem stationmaster, (AmE) station agent

jaanalind ostrich

jaanilaupäev Midsummer Eve, St John's Eve

jaanimardikas firefly, glow-worm

jaanipäev Midsummer Day

jaanituli Midsummer Eve fire/bonfire

jaaniöö Midsummer Eve, Midsummer Night

jaanuar January

Jaapan Japan; Nippon

jaapani Japanese

jaapanlane Japanese; Nipponese

jaatav affirmative, positive

jaatavalt affirmatively, in the affirmative

jaatus affirmation, affirmative

jabur ludicrous, hare-brained, half-baked, crackpot, stupid, idiotic

jabur(d)us drivel, nonsense

jada range, row; *ülek* string; *mat* sequence

jadaühendus series

jae *maj* retail, (by) retail

jaehind *maj* retail price

jaekaubandus *maj* retail trade

jaemüük *maj* retail

jagama divide, **(kellegagi midagi)** share, **(osadeks)** apportion, portion (out), partition

heldelt jagama lavish on

kohta jagama tie, divide between, share a place

kätte jagama (kaarte) deal

laiali jagama distribute

võrdselt jagama share out

välja jagama distribute, hand out, hand round, allot, deal out, dish out, dish up, dole out, mete out, give out

ümber jagama redivide

jagamata undivided

jagamatu indivisible

jagamine division, dividing, sharing, **(välja-)** distribution, dispensing, portioning, apportionment

J

jagelema quarrel, bicker, have words with, altercate, spat, squabble, wrangle

jagelemine (petty) quarrel, bickering, altercation, squabble, spat

jagelus (petty) quarrel, altercation, squabble, spat, skirmish, wrangle, disagreement, brush

jagu (osa) part, division, section, instalment, (AmE) installment; (**määratud hulk v ports**) share, portion, lot, allotment; (**köide**) volume; *sõj* squad

jaguma (jagatav olema) divide, be divisible; (jätkuma) suffice, be enough

jagunema divide, (tee jms kohta) branch, (osadeks lagunema) fall into several parts, split

jagunemine division
kaheks jagunemine branch/fall into two

jagusaamine mastering, overcoming, getting over; (haigusest) recovering

jaguv divisible

jaguvus divisibility

jah yes, aye, yeah, yep

jahe cool, chilly

jahedalt coolly, chillily

jahedus coolness, cool, chilliness, chill

jahenema cool, become cool, cool down

jahenemine getting cooler, cooling down

jahihooaeg hunting season, shooting season, open season

jahikeeld ban on hunting

jahikeeluaeg close season

jahikoer hound, hunting dog, hunter, retriever; (hagijas) harrier; (väike jänesekoer) beagle; (linnukoer) pointer, setter

jahikull falcon, hawk

jahil in pursuit of, in search of
jahil käima go hunting, go shooting

jahiloom game, (tagaaetav) quarry

jahiluba hunting licence, shooting licence, game licence; (AmE) license

jahimaa hunting ground
head jahimaad *ülek* happy hunting ground(s)

jahimaja shooting lodge, shooting box

jahimees hunter, huntsman

jahimehejutt hunting story, (uskumatu) fish story

jahimoon hunting gear

jahindus (game) hunting, hunting industry

jahionn shooting box, shooting lodge

jahipüss gun (for hunting), sporting gun; (lindude laskmiseks) fowling piece; (vintpüss) rifle; (haavlipüss) shotgun

jahiretk shoot

jahisaak kill, (game) bag, game, take

jahisadam marina

jahisarv hunting horn, bugle

jahisport the chase, hunting

jahitarbed hunting equipment, hunting supplies

jahiõnn hunter's luck

jahiülikond hunting suit

jahmatama startle, dismay, daze, start, shock, consternate, boggle, take one's breath away

jahmatav startling, dismaying, dazing, starting, alarming

jahmatus dismay, startle, consternation, daze, start, shock

jahmerdama bustle (about), busy oneself, hustle, fuss

jahmuma boggle, be startled, be dismayed, be dazed, be consternated, be taken aback, be dumbfounded

jahmunud startled, dismayed, taken aback, perplexed, aghast

jaht (**küttimine**) hunt, hunting, shoot, shooting, chase; (**jälitamine**) chase, pursuit; (**purjekas**) yacht

jahiga sõitma go yachting

jahtima hunt, shoot, chase

jahtuma cool (down, off), chill, become chilled

jahu flour; (**jäme**) meal; (**teravilja-, kartuli-**) farina

jahuma prattle, babble

jahune floury, mealy

jahutama cool, chill; (**veega**) quench

jahutav cooling, refrigerant

jahvatama grind, mill; (**lobisema**) talk nonsense, chatter, babble, prattle, wag one's tongue

kokku jahvatama prattle, talk nonsense, babble

peeneks jahvatama grind, mill, pulverize

jakk jacket; (**kootud**) cardigan; (**meremehe**) reefer, pea jacket; (**Tiibeti veis**) yak

jaks strength, might, vigour, (AmE) vigor, energy

jaksama have the strength/power/capacity to, be strong enough to, feel up to

jala on foot, afoot, walking

jala käima/minema go on foot, walk

jalad feet, legs, heels; *kõnek* pins, trotters, stumps; (**laste**) pettitoes

jalahoop kick

jalajälg footmark, footprint

jalakas elm, (**harilik**) wych-elm; (**leina-**) weeping wych-elm; (**madal**) dwarf elm

jalakäija pedestrian, walker

jalakäijate tunnel underpass

jalakäijate tänav pedestrian precinct

jalakäijate ülekäigukoht pedestrian crossing, (AmE) crosswalk

jalalaba flat/sole of the foot, (**pöid**) metatarsus (*pl* -rsi)

jalalabad sissepoole toes in

jalalabad väljapoole toes out

jalam foot, pedestal, base

jalamaid immediately, at once, instantly, forthwith, directly, right away, straight away, now, on the spot, summarily

jalamatt doormat

jaland base, foot, leg, stand, tripod, (**pildi-, tahvli- jne**) easel

jalanõud footwear

jalapink footstool

jalarauad shackle, fetter, (**ratsaniku**) stirrup

jalarätt rag/cloth for wrapping around the foot

jalas (**saani, uisu**) runner, (**kiiktooli, hälli**) rocker, shoe

jalatsid footwear, shoes and boots

jalatugi stepping stone

jalavõru bangle, anklet

jalaväelane infantryman, foot soldier, (AmE) *sl* doughboy

jalavägi infantry, foot, the line

jalg (**labajalg**) foot, (*pl* feet), (**reis ja säär**) leg; (**alus**) base, pedestal, foot; (**klaasi-**) stem, (**laua-, tooli-**) leg, (**pikkusmõõt**) foot (*pl* feet)

jalad ees feet first

J

jalg üle põlve with one's legs crossed

jalga üle põlve asetama cross one's legs

jalgade all underfoot, under one's feet

jalgadele tuld andma put one's best leg/foot forward, show a clean pair of heels, shake a leg

jalaga lööma kick

jalga laskma make off, run away, take to one's heels/legs, show a clean pair of heels, skedaddle; *sl* buzz off, make oneself scarce, make tracks, push along/off

jalga panema put on

jalga taha panema trip a person up

jalga proovima try on

jalgadest halvatud paraplegic

jalge alla tallama trample (on, upon); *ülek* ride roughshod over sb, tread underfoot, override

jalgu alla võtma stand up, get up

jalgu järele vedama trail

jalgu jääma remain in a person's way, be a burden/trouble to

jalgu lohistama scuff, shamble, shuffle

jalgu puhkama sit down

jalgu seinale viskama put one's feet up

jalgu sirutama stretch one's legs

jalule aitama help a person up, help a person get on his feet

jalule seadma restore, re-establish

jalus olema be/stand in a person's way, impede, hamper

jalust maha lööma knock down, send one flying, bowl over; *kõnek* flatten

jalust nõrgaks võtma get/have cold feet

jalust rabama stagger, disconcert, upset, stun

jalust rabatud gobsmacked, flabbergasted

vale jalaga tõusma get off on the wrong foot

ühe jalaga hauas one foot in the grave, on one's last legs

jalgealune foothold, footing

kindel jalgealune firm footing

jalgealune on tuline the place is getting too hot for one

jalgealune kõigub one is losing ground

jalgealust õõnestama undermine

jalgevahe crotch, crutch

-jalgne -footed, -legged

jalgpall football, (AmE) soccer

jalgpallur footballer, football-player

jalgrada footpath, path, pathway

jalgratas bicycle, bike, cycle

kaheistmeline jalgratas tandem

kolmerattaline jalgratas tricycle, trike

jalgratta juhtraud handlebars

jalgrattaga sõitma cycle, pedal

jalgrattapulk crossbar

jalgrattapump bicycle pump

jalgrattur cyclist, biker

jalgsi → jala

jalgsimatkamine walking tour, hiking, hike, backpacking

jalgtee footpath, pathway, path, track, walk

jalgupidi by the feet

jalgupidi kinni jääma get one's feet caught in sth, be caught by the feet

jalgvärav wicket (gate)

jalul on one's feet, up and about, afoot, astir

jalus (ees) in one's way; (sadulal) stirrup; *anat* stapes

jalused irons

jaluserihm stirrup leather/strap

jalustiitel *inf* footer

jalustrabav ravishing, staggering, astounding, startling, stunning, smashing

jalustrabavalt staggeringly, stunningly

jalutaja walker

jalutama walk, take/have a walk, go for a walk, stretch one's legs, stroll, promenade
  ringi jalutama walk about

jaluts foot

jalutu footless, legless; (käimisvõimetu) crippled, lame

jalutuskepp walking stick, cane, stick

jalutuskäik walk, stroll, walking tour, promenade
  pikk jalutuskäik hike, trudge

jalutusrihm lead

jama bullshit, crap, garbage, gibberish, jest, nonsense, rubbish, shit, tripe, twaddle, yawn
  jama ajama talk nonsense/rubbish, jest, twaddle, blether

jamama tangle with

jamps drivel, twaddle, gibberish

jampsima (palavikuhoos) rave, be delirious

jampsimine delirium

jampsiv delirious, light-headed

jampslik stupid, nonsensical, gibberish

jamss *bot* yam

janditaja joker, buffoon, wag

janditama fool, buffoon, play the fool/buffoon

jant farce, slapstick, buffoonery; (häda) hassle, trouble

jantlik farcical, comical, buffoonish, clownish

janu thirst
  mul on janu I am thirsty
  janu kustutama quench, slake one's thirst
  janust nõrkema faint of thirst

janune thirsty; *kõnek* dry

janunema be thirsty (for), be hungry for, starve for

janunev thirsty (for), thirsting (after, for)

janutekitav causing thirst

jaokaupa in parts, piece by piece, piecemeal, part at a time, in portions

jaoks for
  mille jaoks? what for?

jaoskond department, district, division

jaosvara *inf* shareware

jaotama divide, separate, grade; (välja jagama) distribute, portion out, parcel out, allot
  ümber jaotama redistribute

jaotamine division, distribution; partition

jaoti in parts, piecemeal

jaotis share, part, portion, lot

jaotuma divide, part

jaotumine distribution

jaotus (jagamine) division, partition, distribution, classification; (paigutus) disposal, arrangement

jaotuskilp *el* distribution board

japi yuppie, yuppy

jard yard

jasmiin *bot* jasmin(e), jessamin(e)

jeen yen (*pl* yen)

jeerum! good gracious!, good heavens!, dear me!

Jeesus Jesus

jefreitor lance corporal, (AmE) private first class

jehhuu whoopee

Jehoova Jehovah, Yahweh

jne etc. (et cetera), and so on

joastik cascade

jobu idiot, fool

jogurt yoghurt, yoghourt, yogurt

johtuma ensue, proceed (from), be caused (by), arise (from), follow (from), be a consequence (of)

jo-jo yo-yo

jokker joker, wild card

jokutama drag out

jonks bend, jerk

jonksutama jerk, hitch; *kõnek* yank

jonn obstinacy, stubbornness, wilfulness, caprice; (visadus) persistence, endurance

jonnakalt obstinately, fractiously, doggedly, obdurately, perversely, capriciously

jonnakas obstinate, stubborn, dogged, obdurate, headstrong, pigheaded; (visa) tenacious, unyielding, persistent

jonnakus obstinacy, stubbornness, obduracy; (visadus) tenacity

jonnima be obstinate/headstrong/capricious; act up, play up; (mossitama) sulk

jonnipunn an obstinate person/child; (mänguasi) tumbler

joobes drunk, drunken, in drink; *kõnek* boozy, stoned

joobnu drunk, inebriate

joobnud drunk, drunken, intoxicated, inebriate(d); *kõnek* mellow, pickled, soused; *sl* tight, blotto

joobnult drunkenly

joobuma get drunk (with), be elated, be/get intoxicated

joobumus intoxication, inebriation; (purjusolek) drunkenness

joobunud drunk, intoxicated

jood *keem* iodine

joodav drinkable

joodeldama yodel

joodeldus yodel

joodik drinker, drunk, drunkard; *kõnek* soak; *sl* boozer

jooga yoga

joogi yogi

joogijanu thirst

joogikann jug, pitcher, mug

joogiklaas tumbler, drinking glass

joogikoht (vee-) (drinking) fountain, (metsloomade) watering place

jooginõu drinking vessel, (tinast) pewter

joogiveekraan (drinking) fountain, drinking tap, (AmE) faucet

joogivesi drinking water, fresh water

jooja drinker

jook drink, beverage, (alkoholivaba) soft drink, (alkohoolne) liquor, strong drink, hard drink/liquor
   kuum jook brew, hot drink
   jooki segama fix a drink

jooks run, running; (sörk-) jogging; (võidu-) race
   meeletu jooks stampede

jooksev running, (käesolev) current, (anuma kohta) leaky

jooksik runaway, fugitive; (sõdur) deserter; (ülejooksik) renegade, turncoat

jooksja runner

jooksma run; (voolama) flow; (lekkima) leak, run

amokki jooksma run amok/ amuck, amok
karile jooksma break down, run upon the rocks
kiiremini jooksma outrun, accelerate
kokku jooksma converge, concourse, flock together, run to the same place
laiali jooksma scatter
läbi jooksma leak
maha jooksma (**sukasilma kohta**) run, come undone
ringi jooksma run about
sarvi maha jooksma sow one's wild oats
sinna-tänna jooksma bustle
tormi jooksma storm, swoop
tühja jooksma run idle
võidu jooksma race, run a race
ära jooksma run away, run off, escape, elope
üle jooksma (**põgenema**) detect from, desert
jooksmine run(ning); (**voolamine**) flow(ing); (**lekkimine**) leaking
jooksukingad trainers, (AmE) sneakers
jooksul during, in the course (of), in, within, throughout
jooksupoiss errand-boy, bell-boy, page, messenger, errand runner, pageboy, (AmE) bellboy, bellhop, (**golfis**) caddie, caddy
jooksurada track, racetrack, running track, circuit
jooksus on the loose, on the run
jooksusamm running pace
jooksutama run, keep running
jooksvahaigus rheumatism; *kõnek* rheumatics
jooma drink; (**ahnelt**) guzzle, swill;

(**rüüpama**) sip; (**pummeldama**) drink, booze, soak; (**suurte söömudega**) quaff; (**kellegi terviseks**) toast, drink to
lõpuni jooma finish off
maha jooma squander on drinks
peale jooma wash down
täis jooma get drunk
tühjaks jooma empty a glass
ära jooma drink up
joomahoog drinking bout; *sl* drunk, booze
joomane tipsy
joomaperiood drinking bout
joomapidu binge, carousal, carouse
joomar → **joodik**
joomatsükkel binge
joomatõbi alcoholism
joomine drinking, drink
jooming binge, carousal, carouse
joon line; (**viirg**) stripe, streak; (**iseloomustav**) feature
ühel joonel in a line
joone all (**joonealuse märkusena**) in a footnote
oma joont pidama keep to one's own line
joondama align, line up
keskele joondama *inf* center
rööbiti joondama *inf* justify
joondatud aligned, adjusted
paremalt joondatud *inf* right-aligned, right-adjusted, flush right
vasakult joondatud *inf* left-aligned, left-adjusted, flush left
paremalt joondamata *inf* ragged right
vasakult joondamata *inf* ragged left
joonduma align, aline, line (up); *sõj* dress
joondumine alignment, alinement

jooneline lined, ruled
joonelt at once, directly, straight
joonestaja draughtsman, draughtswoman, (AmE) draftsman
joonestama plot
  ümber joonestama redraw; *tehn* circumscribe
joonestamine technical drawing
joonestik grid
joonestus technical drawing
joonia Ionian, Ionic
joonima line, rule
  alla joonima underline
joonimine lining, ruling
joonis figure, drawing, draft, picture; design, diagram
joonistama draw; (**visandama**) sketch, sketch out, outline; (**kavandit**) design
  välja joonistama mark sth out
  ümber joonistama redraw
joonistamine drawing, designing
joonistus drawing
joonistuspaber drawing paper, cartridge paper
joonistussüsi charcoal
joonistustarbed drawing supplies
joonistusvihik drawing book, sketch book
joonitud lined, ruled
joonlaud ruler; *inf* ruler line
jootekolb soldering iron/bit
jooteriistad soldering tools
jootetoru blowpipe
jootma (**loomi**) water; (**inimesi**) give a person sth to drink; (**täis jootma**) get a person drunk; (**metalli**) solder (together), tinker
jootmine (**loomade**) watering; (**inimeste**) giving a person sth to drink; (**täisjootmine**) getting a person drunk; (**metalli**) soldering

jootmiskoht watering place, (**hobuste**) horsepond
jootraha tip, gratuity
  jootraha andma tip, give a gratuity
joovastama make drunk, intoxicate, inebriate; (**vaimustama**) enrapture
joovastav intoxicating, inebriating, heady
joovastunud drunk (with), intoxicated; (**vaimustunud**) enraptured, ecstatic
joovastus intoxication, inebriation; (**vaimustus**) rapture, ecstasy
joove intoxication, inebriation, drunkenness
jope jacket, anorak, (AmE) Mackinaw coat, coat
jorin grouse, grumble
jorisema grouse, grumble, complain
jorjen *bot* dahlia
joru screed, twaddle, drone; (**pikk rida**) range, train, string
jorutama (**heietama**) drone on, harp on the same subject; (**uimerdama**) dawdle, loiter, be tardy/slow
jorutamine (**heietamine**) droning, (**uimerdamine**) dawdling, loitering
joviaalne jovial
joviaalsus joviality
juba already, as early as, yet
jube awful, terrible, horrible, horrific, appalling, gruesome, bloodcurdling, creepy, eerie, ghastly, lurid, macabre, spine-chilling, uncanny
jubedus horror, gruesomeness, ghastliness
  jubedust tekitama horrify, shock, send a chill through, make one's flesh creep

jubedust tundma feel creepy, crawl

jubetis fright, ugly being; monster

judaism Judaism

judin shudder, shiver, chill, creep

  judinaid peale ajama give one the shivers, give one the creeps, make one's flesh creep

judisema shudder, crawl, creep, shiver

judisev shivery, crawly

juga jet, stream, spurt, spout; (**kosk**) waterfall, cascade

  joana purskama spout, spurt, spit

jugapuu yew (tree)

juha duct

juhataja manager, director, president, executive, chief, head; (**koosoleku**) chairman, chairwoman, chairperson, chair

  juhatajaks olema chair

juhatama manage, direct, run; (**juhtima**) lead, guide, escort; (**koosolekut**) chair, preside; (**koori, orkestrit**) conduct

  jälile juhatama put sb on to

  sisse juhatama (**ruumi**) show in, usher in; (**alustama**) introduce, prelude

  välja juhatama usher out

juhatamine management, directing; leading, guidance; (**koori, orkestri**) conducting

juhatus board (of directors), managing board, management, directorate

  juhatuse esimees chairman (of the board), president

  juhatuse koosolek board meeting

  juhatuse liige board member, member of the board

juhe lead, cord, wire, line; (**vee-, nafta- jms**) duct

juhend instruction, direction, directive, guideline

juhendaja instructor, adviser, supervisor; (**õpilaste**) tutor

juhendama instruct, direct, guide, supervise

juhendamine guidance, instruction, supervision

juhiabi personal assistant, PA

juhikabiin (driver's) cab

juhikoht leadership

juhiluba driving licence/license

juhinduma be guided, be directed

juhipositsioon leadership

juhis instruction, directive, rule, regulation, guidelines

juhitamatu ungovernable, uncontrollable

juhitav controllable; guided, guidable, navigable

  kergesti juhitav tractable

  käsitsi juhitav manual, manually controlled

  raskesti juhitav unmanageable

  juhitavuse kaotanud intractable, runaway

juhm stupid, dull, blockish, bovine, crass, dense, dim, dumb, foolish, obtuse, thick

juhmakas dullish; *sl* dop(e)y

juhmard blockhead, fool, dolt, dope, slob

juhmistama stupefy, flabbergast, bemuse, daze, besot, bewilder

juhmus stupidity, obtuseness, density, daze

juht leader, head, chief, boss, manager, director, executive, (**vaimne**) guru, mastermind; (**juhus**) chance, occasion, opportunity

J

juhul kui in case (that), supposing (that), if, in the event of
igal juhul in any case, at any rate, at all events, anyhow
halvimal juhul at (the) worst
ei mingil juhul by no means, in no case, under/in no circumstances, no way
parimal juhul at best
sel juhul in that case, in that instance
teisel juhul alternatively
äärmisel juhul at the utmost, at the outside, as the last resort; *kõnek* at a push
juhtija leader, administrator, operator
juhtima lead, manage, administer, run, operate, govern, guide, direct, head, control, supervise; **(elektrit, vett vms)** conduct, channel
autot juhtima drive (a car)
eemale juhtima lead off
kõrvale juhtima alienate, deflect, divert, head off, sidetrack
ära juhtima lead off, divert; **(vett)** drain off
juhtimine leading, leadership, management, administration, direction, guidance, conduct, control, operation, running, supervision
juhtimis- managerial, administrative, supervisory
juht(imis)kang control lever
juhtimisoskus leadership skills
juhtimispult console, control desk
juhtimisseadis control
juhtiv leading, guiding, directive; governing; central, dominant, key, premier
juhtkiri editorial, leader, leading article

juhtkond management, managerial staff, direction, governing body, administration
juhtlause device, motto, maxim, slogan, watchword
juhtmestik wiring
juhtmotiiv *muus* leitmotif
juhtmõte main/leading principle
juhtnöör instruction, direction, guideline, principle
juhtnööre andma instruct
juhtpositsioon lead
juhtpositsioonil olema be in the lead
juhtum case, occasion, event, incident, instance, occurrence
juhtuma happen, occur, befall, take place, come, come about, come to pass, pass
kokku juhtuma bump into, come across, meet by chance/accident
peale juhtuma catch at
juhtumine occurrence, happening
juhtumisi by chance, by accident, accidentally, incidentally, as it happens
juhu- occasional, random
juhus chance, occasion, opportunity
õnnelik juhus fortune, chance, luck
parajat juhust ootama wait for a chance, bide
juhust kasutama take the opportunity, take occasion, leap at
juhust kasutamata jätma let the occasion slip
juhuslik occasional, casual, accidental, chance, haphazard, odd, coincidental, fortuitous, random, sporadic, stray
juhuslikult by chance, accidentally, by accident, as it happens, fortui-

tously, haphazardly, randomly, sporadically

jukerdama fuss, fiddle about

julge courageous, brave, valiant, bold, fearless; *kõnek* plucky, spirited

julgelt courageously, bravely, valiantly, boldly, daringly, fearlessly

julgema dare, have the courage (to), be bold enough (to), venture

julgeolek safety, security

julgestama safeguard, make safe, secure

julgestamine security

julgesti courageously, bravely, boldly, daringly, fearlessly

julgestus security

julgus courage, boldness, bravery, valour, (AmE) valor, heart, nerve; *kõnek* pluck, spirit; *sl* guts

   julgust kaotama lose courage, lose heart, lose one's nerve

   julgust koguma pluck up/take courage, summon up courage

julgustama encourage, embolden, reassure, cheer, cheer up, buoy up

julgustamine reassurance, encouragement

julgustav encouraging, reassuring

julgustus encouragement

julgustükk exploit, venture, bold attempt, daring enterprise

julm cruel, brutal, ruthless, inhuman, barbarous, ferocious, heartless, cold-blooded, pitiless, remorseless, merciless, vicious

julmalt cruelly, brutally, ferociously, atrociously, heartlessly

julmur brute, monster, inhuman/cruel person

julmus cruelty, brutality, inhumanity, ferocity, ruthlessness, atrocity

jultumus impudence, impertinence, insolence, effrontery, arrogance, audacity, gall; *kõnek* cheek, nerve

jultunud impudent, impertinent, insolent, audacious, bold, brazen, presumptuous, cynical; *kõnek* cheeky; *sl* nervy

jultunult impertinently, impudently, arrogantly, audaciously, coolly, boldly, cheekily

jumal god, deity, divinity

   jumal hoidku God forbid, Heaven forbid

   jumal küll oh my God, dear God

   jumal (seda) teab God knows, Heaven (only) knows

   jumal tänatud thank God

   jumal õnnistagu sind God bless you

   jumala eest for goodness sake, for God's sake

   jumalast antud divine

   jumalat paluma pray

   jumalat teotama blaspheme

jumala- divine

jumalaema the Virgin, the Virgin Mary, the Blessed Virgin Mary, Our Lady

jumalaga goodbye

   jumalaga jätma say goodbye, take (one's) leave, make one's farewells

jumalagajätt goodbye, leave-taking, parting, farewell, valediction

jumalakartlik pious, devout

jumalakartlikkus piety, devoutness

jumalakeeli suppliantly, earnestly

jumalakoda house of God, place of worship, church, chapel, temple

jumalamuidu for nothing, for a (mere) song

jumalanna goddess

J

jumalateener clergyman

jumalateenistus (divine) service, worship

   jumalateenistusel osalema attend a church service

   jumalateenistust pidama officiate, perform a divine service

jumalateotus blasphemy, sacrilege

jumalavallatu ungodly, impious, irreligious; wicked

jumaldama adore, worship, deify, idolize

jumaldamine adoration, worship

jumaldav adoring, worshipping

jumaldavalt adoringly

jumalik divine, heavenly

jumalikkus deity, divinity

jumalikult divinely

jumalus deity, divinity

jumbu (little) boy, chap, urchin

jume complexion, dye, colour

   kahvatu jume pale complexion

jumestaja make up artist

jumestama make up

jumestatud made up

jumestus make-up

junga cabin boy

jupats short piece/end

Jupiter Jupiter

jupp stub, stump, remnant, bit, end

   juppideks võtma take to bits, take to pieces

jupphaaval by the piece, in pieces, piecemeal

jupsima fuss, fiddle with, tamper with

jurakas big, bulky, massive, heavy and thick; *kõnek* whopping

juriidiline legal, juridical

juriidiliselt legally, juridically

jurisdiktsioon *jur* jurisdiction

juriskonsult *jur* legal adviser/counsellor

jurisprudents jurisprudence

jurist lawyer, (**õigusteadlane**) jurist

just just, right, exactly, precisely, quite

   just nagu as if, as though; *kõnek* kind of

   just nii exactly, just so, precisely

   just nimelt expressly, precisely

   just praegu just now

   just see very

   just sel ajal at the (very) moment, just then

justiits *jur* justice, judiciary

justiitsminister minister of justice, Lord Chancellor, (AmE) Attorney General

justkui like, as, such as

jutiline streaky, striped

jutlema talk, chat, converse

jutlus sermon, homily

jutlustaja preacher

jutlustama preach, sermon, sermonize, deliver a sermon

jutt story, tale, narrative; (**vestlus**) talk, chat, conversation; (**triip**) stripe, streak, line

   tühi jutt hot air, talk, waffle

   ühe jutiga at a stretch, at a stroke

   jutt või asi my foot!

   jutti ajama put/set in order, settle/straighten some affairs, set sth right

   juttu ajama talk, have a talk, chat

   mõistlikku juttu ajama talk sense

   teist juttu tegema change the subject

   pikema jututa straight away, at once, immediately, without more ado, short shrift

   jutule pääsema have an audience with

jutuaine topic, subject of conversation

jutuajamine talk, chat, conversation

jutugrupp *inf* chat group

jutuhoos in full flow, talking eagerly

jutujätk *inf* follow-up (posting)

jutukaaslane interlocutor, collocutor

jutukas talkative, chatty, communicative, loquacious, glib, voluble, (liiga) garrulous

jutukus talkativeness, loquacity, (liigne) garrulity, garrulousness

jutulõng thread of a talk/story, clue; *inf* discussion thread

jutumees talkative person, a man of much talk but little action

jutumoor gossiping woman

jutumärgid inverted commas, quotation marks

juturuum *inf* chat room

jutusoon vein of conversation

    jutusoonele sattuma enter into conversation, come out of one's shell

jutustaja narrator, storyteller

jutustama tell, narrate, relate, recount, report

    ümber jutustama retell, renarrate

jutustamine narration, telling a story

jutustav narrative, epic

jutustus tale, story, relation, narrative, narration

jututuba *inf* chat

jutuvada patter, prattle, jabber, chatter(ing), tittle-tattle

    ülespuhutud jutuvada claptrap

juubel jubilee

juubeldama jubilate, exult, triumph, shout with joy

juubeldamine jubilation, exultation, triumph

juubeldav jubilant, exultant, elated, joyful

juubeldavalt jubilantly, exultantly

juubeldus jubilation, exultation, triumph

juubelipidu(stus) jubilee

juubilar jubilarian, celebrator of a jubilee

juudas traitor, Judas

juudatöö *ülek* Judas' work, traitor's work

juudi Jewish, Hebrew, Israelite

    juudi keel Yiddish, Hebrew, Modern Hebrew

    juudi usund Judaism

juudihabe *bot* wandering Jew

juudipogromm pogrom, Jew-baiting, persecution of Jews

juudiusuline Judaist, Jew, of the Jewish faith

juudivastane anti-Semitic

juudivastasus anti-Semitism

juudo judo

juugendstiil Art Nouveau

juuksed hair

    heledate juustega fair

    sassis juustega dishevelled, tousled, shock-headed

    juukseid kammima comb one's hair

    juukseid lokkima curl one's hair

    juukseid lõikama cut the hair, clip the hair

juuksehari hairbrush

juuksekahl tress, ringlet

juuksekarv a (single) hair

    juuksekarva lõhki ajama split hairs

    juuksekarva otsas rippuv hanging by a thread, touch and go

J

juukseklamber (hair) slide, hair-grip, hairpin, (AmE) bobby pin, barrette
juuksekrunn bun
juukselahk parting (of the hair)
juukselakk hairspray
juukselokk lock of hair, curl, tress
juukselõikus haircut
juukselõks → **juuksenõel**
juuksenõel (hair) grip, hairpin, (AmE) bobby pin
juuksepahmakas bunch of hair
juukserullid curlers
juuksesalk tuft of hair
juuksetukk fringe, (AmE) bangs
juuksevõrk hairnet
juuksevärv hair dye
juuksur hairdresser, barber
juuksurisalong hairdresser's, (naiste) beauty parlour/salon/shop, (meeste) barber's shop, (AmE) barbershop
juuli July
juuni June
juunior junior
juur root, radix (*pl* -ices)
  kõige kurja juur the root of all evil
  juuri ajama root, take/strike root
  juurtega välja kiskuma uproot, pull up by the root(s); eradicate, extirpate, liquidate
  asja juurteni tungima get at the root of sth
juura jurisprudence, law; *geol* Jurassic (period)
juurde to, up to, toward(s), by, up, near
juurdeehitus annex, extension, enlargement
juurdehindlus extra charge, price mark-up

juurdekasv gain, growth, accession, accretion, accrual, increase
juurdekuuluv accessory, appertaining, belonging, attached
juurdelõikaja cutter-out (of a dress)
juurdelõikus cut(ting) out of a dress
juurdemaks additional/extra payment, additional/extra cost
juurdepääs access, admittance, admission
juurdepääsetav accessible, approachable
juurdepääsutee approach, access
juurdevedu conveying, conveyance, provisioning
juurdevool afflux, influx, flow
juurdlema ponder, meditate, ruminate, brood, rack one's brains
juurdlev pondering, ruminative
juurdlevalt ponderingly, ruminatively
juurdlus investigation, inquiry; (kohtulik) judicial inquiry, inquest, investigation
juurdluslik investigative
juurduma root, become rooted, take/strike root
juurdunud confirmed, deeply rooted, ingrain(ed)
juures at, by, near, with
juuresolek presence, attendance
juuresolekul in one's presence, in the presence of
juuresolev present, attendant; at hand, close by
juuresviibimine attendance
juurestik roots, root system, root cluster
juuretis leaven, sour dough
juurikas root, rootstock
juurima dig up roots, uproot, root out/up, tear/pull up by the roots;

(**likvideerima**) eradicate, extirpate, wipe out; *mat* extract/find the root

juurutama introduce, plant

juurutamine introduction, implementation

juurvili vegetable

juurviljakasvatus vegetable growing

juurviljakauplus greengrocer's

juurviljakaupmees greengrocer

juus hair

juuspeen hairline, capillary, fine as a hair

juust cheese, (**sulatatud**) processed cheese, (**koore-**) cream cheese

juustepiir hairline

juusteta hairless, bald

juustukauplus cheesemonger's

juustukaupmees cheesemonger

juustukera head of cheese

juustunuga cheese knife

juut Jew, Jewess, Israelite, Hebrew; *sl, halv* Yid, (AmE) *sl, halv* kike
  juutide tagakiusamine persecution of Jews

juutlus Judaism

juveel jewel, gem

juveelid jewel(le)ry

juveelikauplus jeweller's, (AmE) jeweler's

juveliir jeweller, (AmE) jeweler

jõehobu hippopotamus, hippo

jõekallas riverbank, riverside

jõekarp river mussel

jõekäär meander/bend of a river

jõelaevandus river navigation, river traffic

jõeluht holm, river meadow

jõestik river basin, the river and its tributaries

jõesuue mouth of a river, (**lahekujuline**) estuary

jõesäng riverbed, bed

jõevähk crayfish, crawfish, crawdad

jõgi river

jõgikond river basin, watershed

jõhkard brute, ruffian, bully

jõhker rude, rough, brutal, harsh, ruffian(ly), gross, rank, blatant, callous

jõhkralt rudely, brutally, rough(ly), harshly, blatantly, callously

jõhkrus rudeness, roughness, brutality, harshness

jõhkrutsemine ruffianism

jõhv horsehair, hair

jõhvikas cranberry

jõhvmadrats (horse) hair mattress

jõhvnöör hairline, line made of hair, (**õnge jaoks**) snood

jõle hideous, abominable, outrageous, horrid, loathsome

jõledalt hideously, abominably, outrageously

jõledus abomination, horridness, obscenity, outrageousness

jõletis monster

jõletu hideous, abominable, outrageous, horrid

jõlkuma hang about/around, lounge, loiter

jõllitama glare, stare, gawp, gawk, leer

jõllitus leer, stare, glare

jõmm stocky/sturdy/thickset/tubby person

jõmpsikas brat, urchin

jõnglane → **jõmpsikas**

jõnks hitch, jerk, flirt; *kõnek* yank

jõnksatama hitch, jerk

jõnkslema bob (up and down)

jõnksuline jerky, jolty

jõnksutama jerk, flirt; *kõnek* yank, (**üles-alla**) bob

jõud power, strength, force, muscle, might; energy, vigour
  üleloomulikud jõud occult powers, the supernatural (*sg*)
  jõudu andma give energy, brace
  jõudu katsuma grapple
  jõudu koguma gather strength, brace oneself
  jõudu kokku võtma pull yourself together; *kõnek* pull one's slacks/socks up
  jõudu rakendama exert
  jõudude tasakaal balance of power
  jõudusid ühendama join forces
  kõigest jõust all out, away, for all one is worth, hard
  omal jõul by oneself
  üle jõu käiv extortionate, exorbitant, backbreaking, hard, tiring; *kõnek* crippling
  üle jõu käivas olukorras out of one's depth
jõude idle, at leisure, free, unoccupied, at a loose end, (AmE) at loose ends
jõudehetk spare/idle moment
jõudeolek idleness, leisure, recess, rest
jõudlus productivity, performance
jõudma be able to, have the power/capacity to, be capable of, manage; (**saabuma**) arrive, come, reach, get
  edasi jõudma make progress
  jälile jõudma find the tracks of, hunt down, track down/out, get on the track/trail of, trace out
  järele jõudma catch up, gain on, overtake
  kiiresti edasi jõudma make good time, make fast progress

  kohale jõudma arrive, come through, get, get in, home, penetrate
  kätte jõudma arrive, approach, come
  ligilähedale jõudma reach very near
  tagasi jõudma return
  välja jõudma end up
  õigeks ajaks jõudma (rongi, bussi, vms peale) catch (the train, bus, etc)
  tasa sõuad, kaugele jõuad more haste, less speed
jõuetu powerless, faint, feeble, weak, languid, limp, infirm, groggy, flaccid
jõuetult feebly, powerlessly, faintly, languidly, weakly
jõuetus powerlessness, feebleness, faintness, infirmity, languor
jõujaam power station, power plant
jõuk crowd, gang, horde, mob, pack, rabble
jõukalt wealthily, prosperously
jõukas wealthy, rich, prosperous, well-to-do, well off, substantial; *kõnek* flush; *sl* loaded
jõukatsumine bout, contest, trial/test of strength
jõukohane feasible, within one's powers, (**rahaliselt**) within one's means
jõukus wealth, means
jõuline vigorous, powerful, strong, full of strength, pithy, robust, lusty, dynamic, forceful, forcible, hearty
jõuliselt vigorously, powerfully, pithily, dynamically, lustily
jõulisus vigour, (AmE) vigor, powerfulness, dynamism, intensity

jõuluaeg Christmas time, Christmastide, yuletide
jõulud Christmas, Xmas, Noel, Nativity
  jõulu esimene püha Christmas Day
  jõulu teine püha Boxing Day
jõulukaart Christmas card
jõulukuusk Christmas tree
jõululaps the child Jesus, the Christ child
jõululaul Christmas song, (Christmas) carol
jõululaupäev Christmas Eve
jõulupuu Christmas tree
jõuluvana Santa Claus, Father Christmas, St Nicholas
jõuluõhtu Christmas Eve
jõuluöö Christmas night
jõumasin engine, motor
jõumees athlete, a man of muscle
jõupingutus effort, exertion, push
  ühist jõupingutust tegema join forces (with sb)
jõupoliitika power politics
jõuproov trial/test of strength
jõurama bellow, brawl, bawl
jõusolev effective, in force, valid, in effect, in operation
jõusse into force, into operation
jõustama enforce, put into force, put into operation, bring to effect, enact
jõustamine enactment, enforcement
jõustuma come into effect/force/operation, take effect
  tagasiulatuvalt jõustuma backdate
jõustumine enactment
jõusööt concentrated fodder/feed
jõutrenn power exercises, bodybuilding

jäide glazed frost
jäigalt rigidly, stiffly
jäik rigid, stiff, stark, inflexible, unbending
jäikus rigidity, stiffness
jäine icy, frigid, glacial, frosty, freezing, ice-cold
jäle abominable, loathsome, abhorrent, detestable, sickening, repulsive, disgusting, heinous, execrable
jälestama detest, abhor, loathe, abominate, execrate
jälestus abomination, loathing, abhorrence, detestation, execration
jälestusväärne abominable, detestable, loathsome, execrable
jälg trace, trail, vestige, (jahil) scent, track; (märk) imprint, print, mark; sign; (jala-) footmark, footprint, footstep
  jälgedes käima follow in a person's footsteps, tread in a person's footsteps; *ülek* follow a person's example
  jälge jätma make one's mark
  jälgi jätma leave traces
  jälgi kaotama lose the scent
  jälgi mööda minema trace, follow the tracks
  jälgi segama foil
jälgija follower
jälgima follow, keep a watch on, keep track of, keep an eye on, trace, observe, watch
jälgimine following, keeping a watch on, keeping track of, keeping an eye on, watching
jälil on the track of
jälitaja pursuer; tracker, tracer, (julm) persecutor

J

jälitama follow, pursue, track, trace, trail, dog, chase, hunt; (**taga kiusama**) persecute; (**kohtulikult**) prosecute

jälitamine chase, pursuit, tracking; (**tagakiusamine**) persecution; (**kohtulik**) prosecution

jäljekütt tracker

jäljend copy, imitation, replica, reproduction, image, imprint; (**täpne**) facsimile, replica

jäljendama imitate, mimic, ape, parrot, echo

jäljendamatu inimitable

jäljendamine imitation

jäljendav imitative, mimic, reproductive

jäljendus imitation, reproduction

jäljetu trackless, traceless

jäljetult without trace, leaving no trace, tracelessly

jälk abominable, loathsome, abhorrent, detestable, sickening, repulsive, disgusting, heinous, execrable

jälkus disgust (at, for), loathing, repulsion; (**jäledus**) loathsomeness; *kõnek* muck, shit

jälkust tekitama cause disgust in, disgust

jälkust tundma feel disrelish for, disrelish

jälle again, once more, anew, afresh

jällegi → **jälle**

jällenägemine reunion, meeting (again)

jäme churlish, (**ebaviisakas**) rude, tactless, uncivil, impolite, coarse, rank, rough, crude; (**paks**) thick, big, stout, corpulent, obese; (**kore**) coarse

jämedat otsa hoidma have the thick end of the stick, call the shots

jämedakoeline coarse, of coarse texture, coarse-fibred

jämedalt coarsely, grossly, roughly

jämedaotsaline with a thick end

jämedateraline coarse, coarse-grained

jämedus thickness; (**ebaviisakus**) rudeness, grossness, roughness, brutality; (**koredus**) coarseness

jämesool large intestine

jämesoolepõletik *med* colitis

jändama fiddle, fuss, make a fuss, mess about/around, tinker, muck about

jändamine fuss

jändrik gnarled, knotty, knaggy

jänes hare; (**kodu-**) rabbit; (**piletita reisija**) stowaway; (**argpüks**) coward, chicken, timid person, poltroon

jänest sõitma steal a ride, stow away

jänesehaak doubling (of a hare)

jänesehüpe hare's leap

jänesekapsas wood sorrel

jänesemokk *med* harelip

jänesenahk hare skin

jänki Yankee, Yank

jänku bunny

jännis be in a scrape/mess, be in hot water

jänni jääma get into a scrape/mess, get into hot water

järama gnaw, chew

järel after, behind, next; (**alles**) left over, left

järel- post-

järeldama conclude, deduce, draw conclusions, judge (from), infer, reason, gather (from); *kõnek* put two and two together

järeldatav deducible, inferential, inferable

järelduma follow, result, ensue, be deduced, be inferred

järeldus conclusion, inference, deduction, consequence

järeldusele jõudma come to a conclusion, reach a conclusion, arrive at a conclusion

järeldusi tegema draw conclusions, (**ennatlikke**) jump to conclusions

järelduv resultant, consequent (on, upon)

järele after, behind

järeleahvimine mimicry, aping, mockery

järeleaimamine imitation, simulation, emulation; apery, mimicry

järeleaitamine aid, help; (**joonistamisel**) retouch, touching up

järeleandlik yielding, indulgent, pliable, pliant, compliant, flexible

järeleandlikkus indulgence, pliancy, pliability, flexibility

järeleandlikult indulgently, pliantly, flexibly

järeleandmatu unyielding, unrelenting, relentless, inflexible, uncompromising, rigorous, (AmE) *sl* hard-boiled

järeleandmatus inflexibility, rigour, (AmE) rigor, relentlessness

järeleandmine yielding, indulgence, compliance, concession, deference

järeleandmisi tegema meet sb halfway

järelehüüe eulogy, obituary

järelejätmatu incessant, ceaseless, unceasing, never-ending, unremitting, persistent

järelekaalutud considered, thought out, well-advised

järelemõtlematu reckless, thoughtless, headlong, rash, slapdash

järelemõtlematult inconsiderately, recklessly, slapdash, in the heat of the moment

järelemõtlematus inconsiderateness, recklessness, rashness

järelemõtlemine consideration, deliberation, reflection

järeleproovitud tried and tested

järelepärimine inquiry, enquiry; (**parlamendis**) interpellation; (**ametlik**) inquisition

järelepärimist esitama inquire, enquire; (**parlamendis**) interpellate

järeletehtud counterfeit, artificial, imitated, bogus, dummy, mock

järelevaataja supervisor, superintendent

järelevaatamine inspection, supervision, (**raamatust**) reference

järelevalvaja warden, supervisor

järelevalve supervision, superintendence, control, surveillance

järelevalve all under the supervision, under surveillance, safekeeping, under the guard

järelevalveametnik supervisory official, probation officer, superintendent

järelevalveta unguarded, unattended

järelikult consequently, accordingly, hence, thus

järelkaja echo, reverberation

järelkasv offspring

järelkäija follower, disciple

järelliide *lgv* suffix

järellugu epilogue, (AmE) epilog, sequel

J

järelmaks payment by instal(l)ments
järelmaksuga ost hire-purchase, purchase on the instal(l)ment plan
järelmõju after-effect
järelmõte afterthought
järelroog dessert
järelsõna epilogue, (AmE) epilog; *lgv* postposition
järeltulija descendant, offspring, scion; (**ametis**) successor
järelvaatus- supervisory
järelvalimine by-election
järg continuation, sequel
  heal järjel well off
  kehval järjel badly off
järgarv ordinal (number)
järgemööda running in/by turns, in rotation, successively; (**järjestikku**) in succession, running
järgi according to, in accordance with, in conformity with, in compliance with, after, by
järgima observe, follow, adhere to, conform to, live up to
järgimine observance, pursuit
järglane descendant, offspring, scion; (**ametis**) successor
järglus succession
järgmine following, next, subsequent; as follows
järgmiseks next
järgmiselt as follows, in the following way
järgmisena next
järgnema follow, (**ametis**) succeed, (**jätkuma**) continue
järgnev following, next, consecutive, successive, sequent, subsequent
järgnevalt next, subsequently
järgnevus succession, sequence
järi footstool, stool

järjehoidja bookmark
järjejutt serial
järjekindel consistent, consequent, coherent
järjekindlalt consistently
järjekindlus consistency, coherence, perseverance, persistence
järjekord succession, order, turn, sequence, waiting list; (**saba**) queue, line
  seisuslik/vanuseline järjekord seniority
  järjekorras seisma queue (up)
  väljaspool järjekorda out of turn
  oma järjekorda ootama wait one's turn
järjekordne next, next in turn; following, sequent
järjekorras in turn, by turns, in/by rotation; (**sabas**) in queue, in line
järjepanu incessantly, without interruption, on end
järjepidev continual, continuous
järjepidevus continuity
järjest (**järjestikku**) consecutively, in sequence, in succession, on end, running; (**vahetpidamata**) continuously, perpetually, incessantly, (**üha, aina**) ever, ever more
  järjest enam increasingly
  järjest vähem less and less
järjestama rank, order, arrange
järjestatud ordered
järjestikku in sequence, in succession, successively, consecutively, solidly, in turn, by turns, on the trot
järjestikune consecutive, successive, running, straight; *kõnek* solid
järjestus order, arrangement
  õiges järjestuses in the right order

järk phase, stage, grade, degree, rank, step
otsustavasse järku jõudma come to a head, bring to a head
järkjärguline gradual
järk-järgult gradually, step by step
järsak precipice
järsk (kallak) steep, vertical, perpendicular; sharp, rapid; (äkiline) sudden; (käitumine) blunt, abrupt, brusque, curt, harsh, drastic
järsku suddenly, at once, all of a sudden, on a sudden, of a sudden, abruptly, short
järsult abruptly, brusquely, sharply, shortly, harshly
järv lake
jäse limb
jäsemed the extremities
jässakas thickset, stocky, dumpy, squat, stubby, stumpy, burly
jätis dreg, scum
jätk continuation, sequel; (lisa) addition, supplement; (pikendus) extension
jätkaja continuer, continuator
jätkama continue, go on, keep on, carry on, proceed; (katkestatud tegevust) resume; (pikendama) lengthen, extend, add a piece to
samas vaimus jätkama keep up
visalt jätkama keep at, persist, stick at
jätkamine continuation, carrying on; (katkestatud tegevuse) resumption; (pikendamine) lengthening
jätke appendix (pl -ices)
jätkukoht joint
jätkuline provided with joints
jätkuma (edasi kestma) continue, go on, last; (piisama) be enough, suf-

fice, be sufficient, last
sellest jätkub that will do, that's enough
jätkumine continuation
jätkuv continual, continuous, incessant, unceasing, ongoing, lasting
jätkuvalt continually, continuously, incessantly
jätma leave; let
ilma jätma deny, deprive of, divest of, rob, be stripped of, do out of, forfeit, leave without, lose, lose out, miss, miss out
järele jätma desist, give up, cease, stop, quit, leave (behind), (AmE) lay off
vahele jätma pass, make a pause
kõrvale jätma discount, drop, eliminate, exclude
lahti jätma leave open
maha jätma drop, leave, give up
rahule jätma leave sb alone, leave sth alone
sinnapaika jätma leave behind, (loobuma) give up
vahele jätma omit, leave out, skip, give a miss, jump, miss; (lehekülgi) jump some pages
välja jätma leave out, omit, miss out, cut, cut out, exclude, leave off
ära jätma cancel, call off, omit, leave out, cut out
jää ice
jääga kaetud icy, covered with ice
jääga kattuma ice up
jää- icy
jääaeg ice age, glacial age/period
jäädav permanent, lasting, everlasting
jäädavalt forever, for ever, for good, permanently

jäädvustama perpetuate; record
jääger hunter, huntsman, trapper; light infantryman
jäähoki ice hockey
jääk the rest, remainder, residue; **(toidu-)** leavings, leftover, **(üle-)** surplus, remnant; **(saldo)** *maj* balance
jääkaru polar bear
jääkirves ice axe
jääkohv iced coffee
jääkuubik ice cube, ice
jääkuubikutega on the rocks
jääkülm freezing, icy, stone-cold
jäälahmakas block of ice, bank of ice
jäälilled frostwork, ice ferns
jäälind kingfisher
jäälõhkuja icebreaker
jääma remain, stay, stand, be left over
  alla jääma be overcome, lose, be beaten, succumb, come off second best
  alles jääma remain
  edasi jääma stay on
  eemale jääma withdraw
  enda juurde jääma hold to one's own
  järele jääma (**alles jääma**) remain, be left over; (**lõppema**) cease, stop; (**kella kohta**) be slow, lose
  karistuseta jääma get away with
  kauemaks jääma outstay, outsit
  kinni jääma catch, jam, lock, snag, stick in, stick fast
  kokku jääma stick with, remain/keep/stick together
  kätte jääma catch, be left under
  külge jääma stick, attach, adhere
  maha jääma leave behind, fall behind, drop behind, break, chuck, cut out, forsake, (**rongist**) miss
  paigale jääma settle down, stuck
  peale jääma prevail, win, triumph
  pika ninaga jääma be cheated (out of), be left without
  pähe jääma memorize, retain, remember, stick in one's mind
  püsti jääma remain standing
  rahule jääma be satisfied
  taha jääma fall behind, lag behind; (**kell**) be slow
  tühjaks jääma remain empty
  vahele jääma be omitted, be left out; get caught; *sl* be nabbed, be caught
  välja jääma stay out
  ära jääma be cancelled, be called off, not to take place
  üle jääma leave over
jääminek breaking up of ice
jäämägi iceberg
  jäämäe tipp tip of the iceberg
jäänuk relic
jäänus remnant, remain, vestige
jäänused remains, leftovers
  maised jäänused mortal remains, relics
jääpank block of ice, bank of ice
jääpurikas icicle
jäär ram, tup, buck
jäärak ravine, glen, gorge
jäärapäine stubborn, obstinate, bloody-minded
jäärapäisus intransigence, stubbornness, obstinacy
jäätama ice up, cover with ice
jäätis ice cream, ice
jäätmaa waste, wasteland
jäätmed garbage, waste, refuse; leftovers, leavings, scrap
jäätuma freeze, turn into ice, be frosted

jäätunud frozen, frosted

jääv remaining, staying, lasting; constant, permanent

jünger disciple, follower, adherent; stalwart

J

K

ka also, as well, either, included, too
  ka mul asi! no big deal
kaabakas bastard, ruffian, scoundrel, villain
kaabaklus villainy, ruffianism
kaabe smear
kaabel cable, flex, line
kaabeltekst cable text
kaabeltelevisioon cable television
kaabu hat
kaader exposure, frame, sequence, still, take shot
kaadervärk contraption, framework, rafters
kaagatus cackle
kaagutama cackle, gabble
kaal scales, weight, balance
  kaaluga petma cheat with scales
  kaalule panema stake, risk, put on the scales
  kaalus kaotama lose weight, lose in weight
kaalikas swede, turnip, rape
kaalium *keem* potassium
  kaaliumpermanganaat *keem* potassium permanganate
kaalu- weigh, balance
kaalud scales, balance, (**tähtkuju**) Libra
kaalukas momentous, telling, weighty
kaalukauss scale

kaalukaussi kallutama tip the scales, turn the scales
kaalul at stake, on the line
kaaluma (**kaalu omama, kaalu määrama**) balance, tip the scales, turn the scales, weigh, weigh out, weigh up; (**järele mõtlema, vaagima**) consider, contemplate, think
  üles kaaluma outweigh, override
kaalupomm weight
kaaluta weightless, unsubstantial
kaaluta olek → **kaalutus**
kaalutlema cast about, cast around, consider, contemplate, debate, deliberate, entertain, have in mind, ponder, take stock
kaalutlemine consideration, deliberation, thought, contemplation
kaalutletud considered, deliberate, contemplated
kaalutletult deliberately, in cold blood
kaalutlev deliberate, deliberative, sober
  külmalt kaalutlev calculating, cold-blooded
kaalutlus consideration, discussion, deliberation
kaalutus weightlessness, zero gravity
kaaluviht weight
kaame livid, ghastly, white, sinister,

lurid
kaamel (**kahe küüruga**) camel, (**ühe küüruga**) dromedary
kaamera camera
kaan leech, horseleech, bloodsucker
kaaneümbris cover, dustcover, jacket
kaanima quaff suck, guzzle, booze
kaanon canon
kaaperdaja hijacker, privateer
kaaperdama hijack, privateering
kaapima scrape, shave, scratch
  kabjaga kaapima paw
  põhjast kaapima scrape the barrel
kaar arc, arch, curve, sweep, bend
kaaraken bay window, fanlight
kaardikepp pointer
kaardimoor fortune-teller
kaardipakk deck, pack
kaardipanemine fortune-telling
kaardistama chart, survey, map
kaardistik card index, card catalogue, atlas
kaarditasku map case, map holder
kaardiväelane guardsman, beefeater, yeoman
kaardivägi the Guards, Household Troops
  vana kaardivägi the old guard
kaarduma curve, warp, arch, bend, form a vault
kaardumine warping, warp
kaardunud warped, bent, crooked, buckled
kaaren raven
kaaristu arcade
kaarjas bow-shaped, arched
kaart card, map
  kaardile märkima chart
  kaarte avama lay/put one's cards on the table

kaarte segama shuffle, deal cards
kaarte jagama deal
kaarvärav arch(way), archgate
kaas (**raamatul**) cover; (**nõul**) lid, top, cap
kaas- co-, fellow, joint, secondary
kaasa → **abikaasa**
kaasa along, with
kaasaaitaja accessory, accomplice, co-operator, assistant, contributor
kaasaaitamine accessory, aid, help, assistance, contribution
kaasaaitav conductive, instrumental, helping, abetting
kaasaarvamine inclusion, implication, comprehension
kaasaeg the present age
kaasaegne contemporary with sth/sb, concurrent
kaasaegsus contemporaneity
kaasaelamine sympathy with, witnessing, experiencing in common
kaasajastama bring up-to-date, modernize, modernise, update
kaasajastamine modernization, updating
kaasajooksik collaborator, satellite
kaasakiskuv compulsive, inspiring, ravishing, rapturous, catching
kaasama attract, enlist, involve
kaasamine inclusion
kaasanne appendix, supplement, addition
  (**tasuta**) **kaasanne** freebie
kaasas along, along with, on accompanying
kaasaskantav portable
kaasaskäiv concomitant, attendant, accompanying
kaasasündinud congenital, innate, natural, inborn
kaasavara dowry

K

kaashäälik *lgv* consonant
kaashäälikuühend *lgv* diphthong
kaasik birch grove, birch wood
kaasinimesed others, neighbours, fellowmen
kaaskond suite, retinue, court
kaaslane associate, companion, fellow, mate, sidekick
   truu kaaslane henchman
   kaaslaseks olema keep someone company, be company
kaasmaalane countryman, countrywoman, compatriot
kaasnema accompany, associate, go, involve
kaasnev attendant, concomitant, involved, secondary
kaasnähtus by-product, attendant phenomenon
kaasosaline accomplice, (co)partner
kaassüü complicity
kaassüüdlane accomplice, accessory, abettor
kaasteadja privy, confidant, accessory
kaastundeavaldus commiseration, condolences
kaastundetu pitiless, unsympathetic
kaastundlik compassionate, pitying, supportive, sympathetic
kaastundlikult compassionately, pityingly, sympathetically
kaastunne commiseration, compassion, condolences, feeling, pity, soul, sympathy
   kaastunnet avaldama condole, express one's condolences/sympathy
kaastöö assistance, contribution, collaboration
   kaastööd tegema write, contribute to

kaastööline co-worker, fellow-worker, contributor
kaasvõitleja fellow soldier, fellow combatant
kaater launch, speedboat
kaaviar caviar, caviare
kabaree cabaret
kabatšokk courgette, marrow, squash, zucchini
kabe draughts, chequers
kabel chapel, chantry
kabend, kabenupp draughtsman (*pl* -men), piece
kabetaja draughtsplayer
kabi hoof
kabiin box, cabin, car, cubicle, booth, kiosk
kabinet study, surgery, science room
kabistama grope, rustle, neck; *sl* smooch
kabjalöök kick, blow from behind
kabuhirm panic, scare, funk
kabuhirmus terror-stricken, terror-struck, panic-stricken
kabuur holster
kada catapult, tweaker, slingshot
kadakamarjaviin gin, geneva, hollands
kadalipp rigmarole, gauntlet
kade envious, jealous, jaundiced, green-eyed
   kade olema envy, be jaundiced
kadedalt enviously, jealously, with envy, heartburningly
kadedus envy, jealousy, jaundice, green eye
   kadedust tekitav invidious
kadestama envy, grudge
kadestatav, kadestusväärne enviable
kadett cadet

kadripäev St. Catherine's Day
kadu demise, erosion, wastage, loss, vanishing, bane
kaduma disappear, dissipate, drain, evaporate, fade, go up in smoke, melt, pass, pass away, pass off, peter out, snuff out, vanish
jäljetult kaduma disappear without (leaving) a trace, disappear completely, vanish into thin air, flee
kaduda laskma slip through one's fingers, miscarry, spirit off
kaduma minema get lost, disappear, lose from hands
kao minema! get lost!, butt out!, clear off!
kao siit! hop it!, beat it!
kadumine disappearance, disuse, eclipse, vanishing
kadunud defunct, gone, lost, prodigal, unaccounted, missing, vanished
teadmata kadunud missing
kadunuke the deceased, the defunct
kaduv disappearing, vanishing, perishable, passing, ephemeral
kae *med* (hall) cataract, (roheline) glaucoma
kaebaja plaintiff, complainer, petitioner, informer
kaebama complain, find fault with, grass, wail, lament, pour out
edasi kaebama appeal
peale kaebama tell on, report
kaebealune accused, defendant, respondent
kaebekiri written complaint, bill
kaebelaul dirge, elegy, monody
kaeblema moan, wail, lament, complain
kaeblemine wail, wailing, lamenting, complaining

kaeblik mournful, plaintive, querulous, lugubrious
kaeblikult plaintively, dolefully, lugubriously, mournfully
kaebus complaint, grievance, accusation, wail, lamentation, action, suit
kaebust esitama lodge, report, make complaint, start lawsuit
kaebuste raamat book of entering complaints
kael neck
kaelast ära off one's hands, out of the way, get rid of, done
kaelast ära saama get over with, shuffle off
kaelakangestus *med* crick, stiff neck
kaelakee necklace, gorget
kaelamurdev acrobatic, backbreaking, neckbreaking, dangerous
kaelarihm collar
kaelarätt cravat, scarf, neckerchief
kaelasall scarf, muffler
kaelaside cravat, necktie, tie
kaelkirjak giraffe
kaelkoogud yoke
kaelus neck, ruff, neckpiece, necktie
v-kujuline kaelus V-neck
kaenlaalune armpit
kaer oats
kaerahelbed oatflakes, flaked oats
kaerahelbepuder oatmeal porridge
kaerajahu oatmeal
kaeratangud grits
kaev well
kaevama burrow, delve, dig
läbi kaevama dig up
välja kaevama dig out, dig up, excavate, dredge up, (aaret) unearth
üles kaevama dig up

K

kaevandama mine
kaevandamine mining
kaevandus mine, pit
  lahtine kaevandus quarry
kaevik trench, fosse
kaevuma delve, dig
kaevur miner, pitman, miner
kagu southeast
kagu- southeast, south-easterly, south-eastern
kah → **ka**
kahandama decrease, deflate, deplete, detract, run down, trivialize, trivialise
kahanema decline, diminish, dwindle, ebb, fade, fall off, wane
kahanemine decline, decrease, depletion, diminution, falling-off, shrinkage
kahanev declining, decreasing, diminishing, dwindling, flagging
kahar ramose, branchy, thick
kahasse go halves, jointly
kaheaasta- biennial
kaheharuline forked
kaheinimesevoodi double bed, king-size bed
kahekaupa in twos, two by two, two at a time
kahekesi two at a time, two together
kahekohaline double
kahekordistama double, redouble
kahekordistuma double
kahekordne double, dual, twice, twofold, duplex
kahekordselt double, doubly, twice, twofold
kahekorra double, twofold
kaheksa eight
kaheksajalg octopus
kaheksakümmend eighty
kaheksakümnes eightieth

kaheksandaks eighth
kaheksandik eighth
kaheksanurk octagon
kaheksanurkne octagonal
kaheksapaat eight-oar boat, four-pair boat
kaheksas eighth
kaheksasada eight hundred
kaheksateist eighteen
kaheksateistkümnes eighteenth
kahekõne dialogue
kahekümnes twentieth
kaheldamatu unquestionable, undoubted, indubitable
kaheldav in doubt, open to doubt, questionable
kaheli- dual
kaheloomuline dual, twofaced, two-sided
kahemees E-student
kahemõtteline ambiguous, backhanded, equivocal, suggestive, double barrelled, delphian, leery
kahemõtteliselt ambiguously
kahemõttelisus ambiguity
kahendsüsteem *mat* binary system
kahepaat pair-oar boat
kahepaikne amphibian, amphibious
kahepalgeline two-faced, double-faced
kahepalgelisus double-dealing
kahepeale dual
kahepennine twopence, tuppence
kahepereelamu duplex, two-family dwelling, semidetached house
kahepoolne bilateral, two-sided, two-way
kaherealine two-lined, in two lines
kahesajas two hundredth
kahestuma split into two
kahestumine splitting, double personality

kahestunud doubled personality, splitted

kahesuunaline two-way

kahesüsteemne two-way

kaheteistkümnes twelfth

kahetsema feel bad, regret, sorry, chasten, repent

kahetsemine regretting

kahetsev contrite, regretful, rueful

kahetsevalt penitently, regretfully

kahetsus regret, remorse

kahetsuseta unrepentant, unremorseful

kahetsusväärne grim, lamentable, regrettable, sad, unfortunate

kahetsusväärselt deplorably, lamentably, sadly

kahetähenduslikkus → **kahemõttelisus**

kahevahel in two minds, second thoughts, in doubt to, shilly-shally

   kahevahel olek hesitation, indecision, irresolution, quandary, suspense, indecision

   kahevahel olema hesitate, tear

kahevõitlus duel, single combat

kahhel glazed tile, Dutch tile

kahin murmur, rustle, sough, whisper

kahisema rustle, murmur, whistle

kahistama rustle

kahju hard luck, harm, ill, loss; (aineline) cost, damage; (tunne) pity, shame, sorry

   kahju tegema harm, hurt, damage

   kahju tekitama take its toll, harm

   kahju küll! bad luck, too bad, what a pity

   kahju olema sorry for, regret

   kahju tundma sorry, deplore, pity for

kahjukannataja sufferer, losing side/party

kahjuks more's the pity, regrettably, unfortunately, worse luck, sad to say

   kellegi kahjuks to one's disadvantage, to the detriment

   kahjuks tulema count against

kahjulik bad, detrimental, disadvantageous, evil, harmful, ill, prejudicial

kahjulikkus harmfulness

kahjulikult adversely, harmfully, detrimentally, noxiously

kahjum loss

kahjur pest, vermin

kahjurlus sabotage, vermination

kahjurõõm malice, malicious joy

kahjurõõmus maliciously delighted, malicious

kahjurõõmutsema gloat

kahjustama affect, attack, blemish, damage, harm, hurt, impair, mutilate, prejudice

kahjustav detrimental, prejudicial, hurtful

kahjustuma be damaged, injured

kahjustus blemish, damage, harm, detriment

kahjutasu award, damage, indemnity, compensation

   kahjutasu määrama award

kahjutoov detrimental, prejudicial, causing a loss

kahjutu harmless, innocuous, innocent, inoffensive

   kahjutuks tegema counteract, render/make harmless; (pommi) defuse

kahjutuli fire

kahjutunne pity

kahjutustama neutralize, make

K

harmless, counteract; (**pommi kahjutuks tegema**) defuse; (**demineerima**) remove mines

kahkjas bleak, pallid, pasty, livid

kahl tuft, bunch, wisp

kahlama wade, splash, grab
　läbi kahlama ford

kahmakas hunk, agile, busy, energetic

kahmama snatch, grab, grasp, clutch

kahtepidi doubly, in two ways

kahtlane doubtful, dubious, fishy, funny, queer, shady, slippery, suspicious

kahtleja sceptic, one who doubts

kahtlema distrust, dither, doubt, search, wonder

kahtlemata assuredly, beyond doubt, clearly, doubtless, easily, no doubt, no problem, obviously, undoubtedly, unquestionably, without (a) doubt

kahtlematu decided, unchallenged

kahtlemine scepticism, being suspicious

kahtlev distrustful, doubtful, dubious, questioning, sceptical, unsure, wary

kahtlevalt warily, hesitatingly, dubiously, suspiciously

kahtlus distrust, doubt, qualm, question, reservation, scruples, suspicion
　kahtluse all at risk, under suspicion
　väljaspool kahtlust above suspicion, beyond doubt, beyond question
　kahtluse alla seadma cast doubt on, discredit, question, cast suspect
　kahtluse alt vabastama clear

kahtlusalune suspect, sb in question, sb under suspicion

kahtlustama distrust, surmise, suspect

kahtlustamine suspicion, casting, suspecting

kahtlustav dubious, suspicious, distrustful

kahtlustavalt dubiously, with suspicion

kahtlustäratav suspicious, fishy

kahune ruffled, fluffy, fuzzy, curly

kahur cannon, field gun

kahurituli gunfire, cannonade

kahutama freeze, rime

kahvatama grow pale, lose colour

kahvatu anaemic, bleak, bloodless, pale, pallid, pasty, sallow, wan, washed-out, watery

kahvatukollane flaxen, straw coloured

kahvatulilla lavender, mauve

kahvatult palely, faintly

kahvatuma blanch, pale

kahvatupunane pink, carnation

kahvatus paleness, pallidness, pallor

kahvel fork
　kahvliga tõstma fork

kai pier, quay, wharf, embankment

kaif *sl* booze

kaifima *sl* booze

kaigas club, cudgel, round billet

kaikoht berth

kaikuma float, reverberate, ring, echo

kaine sober, staid, abstinent, prudent, moderate

kainenema sober up, become sober

kainenemine disenchantment, sobering

kainenenud disenchanted, sobered, disillusioned

kainestav sobering
kainus sobriety, abstinence, common sense
kaisukaru teddy bear
kaisutama cuddle, embrace, hug, squeeze
kaisutus cuddle, hug, squeeze
kaitse defence, bulwark, conservation, cover, fuse, immunity, protection, safeguard, sanctuary, shield
   kaitse all be in the bosom of somebody, under the shelter
   kaitses mängima defend
kaitse- defensive, protective, sheltering, shielding, tutelary, para-
kaitseala reserve, reservation
kaitsealune protégé, protégée, ward, client
kaitsejõud defence, (AmE) defense
kaitsekest armour, exterior
kaitsekiiver crash helmet, hard hat
kaitsekraav trench, rampart
kaitsekõne defence plead, apology
kaitselukk safety catch, safety lock
kaitsemuul breakwater
kaitsemängija sweeper
kaitsemängijad defence
kaitseotstarbeline defensive
kaitsepookima inoculate, vaccinate
kaitsepookimine vaccination
kaitsepositsioonil defensive
kaitseprillid goggles, protective glasses
kaitsepuu handrail
kaitsepühak patron saint
kaitserajatis fortification
kaitseraud bumper, fender
kaitseriiv safety catch
kaitsesalk escort, guards
kaitseseade guard, safety device, armature

kaitseseisundis defensive
kaitsesüst inoculation, vaccination
kaitsesüstima inoculate, vaccinate
kaitsetamm dyke, dike, bulwark, mole
kaitsetu defenceless, helpless, unguarded
   kaitsetuks jätma lay sb open to expose, uncover
kaitsetus defencelessness
kaitsev protective, defensive, apologetic
kaitsevahend defence, safeguard, protector
kaitsevalmis on one's guard, prepared against attack
kaitseventiil safety valve
kaitsevinn safety catch
kaitsevõre fender, guard rail, fence, protective mesh
kaitsevõrk safety net, mosquito net, guilloche
kaitsevägi army, armed forces, military service, covering troops
kaitsevärv camouflage, dazzle paint, khaki
kaitsja advocate, back, defender, guardian
   kaitsja vastuväide plea
   kaitsjana esinema plead
kaitsma cover, cover up, defend, guard, hold, immunize, immunise, preserve, protect, safeguard, shelter, shield, stand up, stick up for
kaitsmine defence, protection, sheltering, vindication
kaitstav defensible, tenable
kaitstud guarded, safe, secure, sheltered, defended, protected
kaitsvalt defensively, protectively, tenably
kaja echo, reverberation

K

kajakas gull, seagull
kajama echo, reverberate
kajastama reverberate, reflect, express, re-echo, resound
kajastamine reverberation, resounding, expression, expressing
kajastuma resound, reverberate, re-echo
kajastus echo, repercussion, reflection, expression
kajut cabin, cuddy
kaka cack, dirt, droppings, excrement
kakama defecate, dirty
kakamine defecation
kakane dirty
kakao cocoa
kakerdama waddle
kakk (küpsetis) cake, loaf, hannock, scone; (lind) owl
kakleja fighter, scuffler, quarreller
kaklema come to blows, fight, scrimmage
kaklemine fighting, scuffling
kaklus brawl, dust-up, fray, scrap, free-for-all
kakofoonia cacophony, disharmony
kaks two
   kaks korda twice
   kaheks osaks in two
   kahte moodi doubly, equivocally
kaksik- double, dual, twin, geminate
kaksikabielu bigamy
kaksikud twins
kaksikvõit dual victory, double victory
kaksipidine ambivalent, with two sides
kaksipidisus ambivalence
kaksiratsa astride
   kaksiratsa seljas piggyback
kakskeelne bilingual

kakskümmend twenty
kakssada two hundred
kaksteist twelve, dozen
kaktus cactus
kala fish
   vana kala an old hand at
   kala püüdma fish, catch fish
   kalal käimine angling, going fishing
kala- fishy, piscine
kalakasvatus pisciculture, fish rearing, fish breeding
kalakaupmees fishmonger
kalamari caviar, caviare
kalambuur pun
kalambuuritsema pun
kalamees angler, fisherman
kalandus fishing, fishery, fishing industry
kalaparv shoal
kalapood fishmonger, fish shop, fish store
kalapulk fish finger
kalapüügiala fishery
kalapüük fishing, fishery, piscatory
kalasaak catch (of fish)
kalastama fish
kalastamine → **kalapüük**
kalasupp chowder, fish soup
kalatoidud seafood, fish dishes
kaldajoon shoreline
kaldale ashore
kaldalähedane inshore
kaldapealne embankment, onshore
kaldatee towpath
kaldatänav waterside
kaldaäärne waterside, seaside, riverside
kaldjoon sloping line
kaldkiri italics
kaldkriips oblique, slash
kaldne slanting, oblique, skew

kaldtee ramp, slope
kalduma bear, inclined, lapse, lean, slant, slip, tend to, verge
  allapoole kalduma decline
  kellegi kasuks kalduma weight, tend to favour sb
  kõrvale kalduma deflect, depart, deviate, digress, stray, waver
kaldus sloped, inclined
kalduv given, liable, prone to, minded, tended
  kergesti kalduv apt, easy to take sides with
kalduvus disposition, feel, inclination, inclined, leaning, propensity, tendency
kaleidoskoop kaleidoscope
kaleidoskoopiline kaleidoscopic
kalendaarne calendar
kalender calendar, timetable
kalenderplaan rota, agenda
kalendrikuu calendar month
kaless calash, caléche
kalestama harden, make hard, congeal
kalestuma harden, become callous
kalev baize, woollen cloth, broadcloth
  kalevi all in abeyance
  kalevi all hoidma keep under the carpet, cushion
  kalevi alla panema sweep under the rug, reprieve, shelve, pigeonhole
kalgenduma curdle, harden, thicken
kalgilt harshly, inflexibly, heartlessly, callously, rigidly
kalgistuma become hard, heartless, callous, unfeeling
kali near-beer, small beer, light ale, swipes, kvass
kaliiber calibre, gauge, bore

kalju spur, rock, reef, cliff
kaljukindel adamant, unshaken, as firm as a rock, unshakable, unshakeable; *sl* chinch
kaljulõhe crevice, chine, chimney, couloir
kaljune rocky, rugged, cliffy, craggy
kaljurahn rock, boulder, scar
  etteulatuv kaljurahn ledge
kaljuronimine climbing, cliffhanging
kalk callous, hard, harsh, stony, unsympathetic
kalka tracing paper
kalkeerima trace, calk
kalkulaator calculator
kalkulatsioon calculation, computation, estimate, quotation
kalkuleerima calculate, compute, estimate
kalkuleeriv calculating, calculative
kalkun turkey, gobbler
kalkus harshness, inflexibility, obduracy, callousness
kallak (**kaldpind; künka-, mäenõlv**) hill, incline, slant, slope, declivity; (**suunitlus**) inclination, trend, leanings, tendency, proclivity
kallakuga biased, with bias
kallal at, at work, on upon
kallaletung aggression, assault, attack, attempt
kallaletungija aggressor, assailant, attacker
kallama pour, fall, pelt, piss, tip out, tip
  välja kallama empty, pour out
kallas bank, beach, shore, waterside
  kalda poole onshore, towards the shore
  kaldast kaugel out to sea
  üle kallaste tõusma flow over

üle kallaste tõusnud vesi river in spate

kalle slant, slope, tilt, dip, inclination, incline

kallerdis jelly

kallerduma jell, gel

kallidus dearness, expensiveness, costliness

kalligraafia calligraphy

kalligraafiline calligraphic

kallike sweetheart, darling, dear, truelove, sweet

kallilt dearly

kallim baby, darling, love, sweetheart

kallinema become expensive

kallis costly, darling, dear, expensive, fashionable, honey, pet, precious, pricey, pricy, prize, smart, sumptuous, upmarket

   äärmiselt kallis priceless

   kalliks maksma minev costly, cost one dearly, one shall smart for it

kalliskivi gem, jewel, precious stone

kalliskivi- jewelled

kallistama caress, hug, pet, fondle

kallistus caress, hug, endearment

kallur tipper, lorry, dump truck

kallutama incline, sway, tilt, tip

   kõrvale kallutama deflect, swerve, fend off/away/from

kallutus inclination, slanting, tilting, bending, tip

kalm grave, tomb, mound, sepulchre, tumulus, urn

kalmaar squid, calamary

kalme tumulus, barrow, burial mound

kalmistu cemetery, churchyard, graveyard, burial ground

kalor calorie

kalossid galoshes, overshoes, rubbers, gums

kalts rag, tatter, ragamuffin, scamp

kaltsakas ragamuffin, tatterdemalion, scamp, riff-raff

kaltsium calcium

kaltsuvaip rag rug

kalur fisherman

kamakas chunk, dollop, lump, wodge, gobbet

kamal(utäis) cupped hands, double handful

kamandama boss, command, order about, order around, rule the roost, throw one's weight about

kamandav bossy, peremptory

kamar rind, crust; **(muru-)** surface, sod

kambamees one in the gang, good sport

kamber chamber, small room, ward

kamee cameo

kameeleon chameleon

kamin fireplace

kaminasimss mantelpiece, mantel

kaminavõre fender, fireguard

kamm comb

kammerlik chamberlike

kammermuusika chamber music

kammerteener valet, groom in waiting

kammima comb

kammimata unkempt, uncombed

kammimine combing

kammipii tooth

kammitsad fetter, fetterlock, trammels

kammitsema fetter, hobble, trammel

kammitsetud fettered, clogged, in trammels

kammitsetus fetteredness, cloggedness

kammkarp *zool* scallop

kamp band, bunch, gang, troop, crew, pack

kampaania campaign, crusade, drive

kampaaniast osa võtma campaign, crusade

kampsun sweater, cardigan, woollen jacket, pullover

villane kampsun woolly, sweater

kamraad comrade, companion

kana chicken, hen, poult

kanaarilind canary

kanakitkumine quarrel, have a bone to pick

kanakuut roost, coop, chicken house

kanal canal, channel, duct, feeder, watercourse, flume

kanaliha chicken, fowl

kanalisatsioon sewerage, sewer system, drainage

kananahk goose pimples, goose flesh

kanapee settee, couch

kanapoeg chicken, chick, baby chick

kanarbik heather, heath

kanatalitaja henkeeper

kand heel

kandam burden, load, pack

kandealus support, rest, stand

kandearvuti *inf* portable computer

kandekott bag, carrier bag, carry bag, shopping bag

kandepind supporting surface

kanderaam stretcher, barrow, bier

kanderihm sling, strap, belt

kandesammas supportive pillar/column

kandetala girder

kandevõime load, tonnage, carrying capacity

kandidaat applicant, candidate, nominee

kandidaadi esitamine nomination

kandidatuur candidacy, candidature

kandideerima run for, stand for, candidate, put in for

kandik tray, salver, waiter

kandikul kätte tooma hand sth on a plate

kandiline square, angular, edged

kandja bearer, carrier, wearer

kandma bear, carry, fly, take, wear

edasi kandma carry, pass down

ette kandma report

karistust kandma serve the time, undergo the punishment

kukil kandma piggyback; *ülek* carry a load/burden on shoulders

laiali kandma spread, deliver

maha kandma write off

ringi kandma carry round

tagasi kandma carry back

üle kandma (**andmeid**) dump, (**raha vm**) transfer, move, carry over, (**verd**) transfuse

kanduma carry, waft, borne, spread

edasi kanduma pass down, transmit

kaneel cinnamon

kanep hemp, sisal, grass

kang bar, lever, weight, crowbar, beam, rod

kangakude weft, woof

kangas fabric, material, textile

kangasteljed loom

kangastuma loom, appear as a mirage

kangastus mirage

kange potent, powerful, stiff, strong, efficient, intense

K

kangekaelne dogged, intractable, intransigent, obdurate, opinionated, rigid, stiff-necked, stubborn, wilful

kangekaelselt wilfully, doggedly, stubbornly

kangekaelsus doggedness, intransigence, obstinacy, stubbornness

kangelane hero, idol, protagonist, character

kangelanna heroine

kangelaslik epic, heroic, valorous, chivalrous

kangelaslikkus heroism, valour

kangelaslikult heroically

kangelastegu exploit, feat, heroic deed

kangelt powerfully, stiffly, rigidly, inflexibly, numbly

kangestuma seize up, stiffen, grow stiff, become rigid/stiff

   paigale kangestuma freeze, become immobilized, halt

kangestunud frozen, numb, unmoved, benumbed

kangestus stiffening, rigidity, numbness

kangur weaver

kangus potency, strength, hardness, stiffness, rigidity, numbness, obstinacy

kangutama lever, prize, pry, strain

kanister can, canister

kanjon canyon

kann can, jug, pot, pitcher; (**mänguasi**) toy

kannabis (**india kanep**) cannabis

kannapööre about-turn, sea change, turn on the spot

   kannapööret tegema blow hot and cold

kannataja loser, sufferer, martyr

kannatama abide, bear, put up with, stand, stick, stomach, suffer

   puudust kannatama go short, live in want

   välja kannatama endure, bear with, stand, tolerate, swallow, withstand, put up with

kannatamatu impatient, raring, volatile

   kannatamatuks muutuma fray, become intolerable

kannatamatult eagerly, intolerantly, unbearably

kannatamatus impatience, intolerance

kannatamine stomach, suffering

kannatanu casualty

kannatav stricken, suffering

   puudust kannatav needy, poor, destitute

kannatlik patient, forbearing, long-suffering

   kannatlik olema bear with, wait and see, be patient, forbear

kannatlikkus patience, forbearance, temper

kannatlikult patiently, forbearingly

kannatus affliction, suffering, torment, tribulation, bearing pain

   kannatusi põhjustama victimize, victimise, cause sufferings

kannatusrohke full of suffering, enduring

kannel zither, table harp

kannibal cannibal

kannibalism cannibalism

kannikas (**leiva-**) hunk of loaf; (**tagumik**) buttock

kannike violet, pansy

kannul hard on the heels of, in one's wake, close behind

kannupoiss henchman, shield-bearer, varlet, understrapper

kannus spur

kannustama spur, goad, urge, inspire

kannustus spur, urging, goading

kanonaad cannonade, bombardment, shelling

kanoniseerima canonize, canonise

kant (serv) edging, face, welt, margin, **(piirkond)** part, countryside, quarter

kantaat cantata

kantav wearable, portable, easy to carry, movable, transportable

kantiin canteen

kantima dress, square, furnish with edges, hem

kants bulwark, fort, stronghold, citadel, tower

   kindel kants a tower of strength

kantsel pulpit

kantselei office, chancellery

kantseleilik formal, clerical

kantsler chancellor

kantud cast-off, worn, outworn, worn-out, second-hand, hand-me-down

   maha kantud on the shelf

kanuu canoe

kanvaa cross-stitch canvas

kaootiline chaotic, disorganized, disorganised

kaos anarchy, chaos, disarray, abyss

kaotaja loser, underdog

kaotama forfeit, lose, mislay, slip through one's fingers, abolish

   kannatust kaotama snap, lose patience

   pead kaotama lose one's head, panic

   pead mitte kaotama keep one's head

kaotamine losing, deprivation, abolition

   kehtivuse kaotamine expiry

kaotanud bereft, lost, abolished

kaotsiläinud lost, missing

kaotus beating, blow, defeat, deprivation, failure, loss, forfeit

   raske kaotus bereavement

kapatsiteet capacity

kapitaalne capital, principal, chief, extensive

kapital capital

kapitali- capital

kapitalimahutus *maj* investment

kapitalism capitalism

kapitalist capitalist

kapitalistlik capitalist

kapitulatsioon capitulation, surrender

kapituleeruma capitulate, surrender

kaplan chaplain

kapott bonnet, hood

kapp cupboard, closet

   laegastega kapp cabinet

   lukustatav kapp locker

kappkell grandfather clock

kapral lance corporal, private first class, airman 2nd class, bombardier

kapriis caprice, freak, whim, fancy, vagary

kapriisitsema be capricious

kapriisne capricious

kapron kapron, nylon

kapsajuurikas cabbage stem, cabbage stalk

kapsaliblikas white butterfly, cabbage butterfly

kapsapea head of cabbage; *ülek* numbskull

kapsarullid stuffed cabbage leaves

kapsas cabbage

   Brüsseli kapsas Brussels sprout

K

kapsasupp cabbage soup
kapsel capsule, case, casing, cap
kapseldama encase, encyst, encapsulate
kapten captain, skipper, master, flight lieutenant, the old man
  kapten olema skipper, captain
kaptenisild bridge
kapuuts hood, cowl
karaat carat
karahvin carafe, decanter
karakull(nahk) astrakhan, caracul, karakul, Persian lamb
karamell caramel
karantiin quarantine
  karantiini panema quarantine
  karantiinis olema quarantine
karastama harden, steel, toughen
karastatud hardy, toughened, steeled
karastav bracing, fresh, refreshing, toughening
karastuma toughen, steel, temper
karastunud hard, seasoned, toughened, steeled
  tänaval karastunud streetwise
karastusjook cordial, pick-me-up, shandy, soft drink, refreshing drink, soda
karate karate
karavan caravan, convoy
karbitäis box, chop, boxful
karbonaad cutlet, pork chop
kard tinsel
kardetav fearful, hazardous, dangerous, perilous
kardin curtain, drape, hanging
kardinaalne cardinal
kardinal cardinal
kardinapuu curtain rod, curtain holder/hook
kare coarse, gruff, hard, rough, rugged, ragged, harsh, severe
karedus roughness, ruggedness, hardness, asperity, harshness, severity
karestuma roughen
kargama leap, plunge, jump, spring, buck
  kallale kargama pounce, jump on
  sisse kargama burst
  üle kargama run away, escape, desert
karge crisp, fresh, nippy, dry and hard, harsh
karglema bound, cavort, hop, skip, prance, dance, frisk
kargus crispness, hardness, roughness, freshness, coolness
kari (**kariloomad**) flock, herd, livestock; (**hulk**) army, horde; (**hundi-, koera-**) pack; (**kaljurahu**) reef
karihiir shrew
karikakar daisy, camomile, golden marguerite
karikas beaker, cup, goblet
  viimane tilk karikasse the last straw, the final straw
karikaturist cartoonist, caricaturist
karikatuur caricature, cartoon, travesty
karikatuurne caricature, burlesque
karikeerima caricature
karil on the rocks
kariloomad cattle, livestock
karisma charisma
karismaatiline charismatic
karistama punish, chastise, come down on, curse, jump on, penalize, penalise, castigate, reprimand; *jur* sentence, punish legally
karistamatult scot-free, with impunity

karistamatus impunity
karistamine punishment, chastisement, castigation
karistatav punishable, punishing, culpable, penal
karistav punitive, retributive
karistus punishment, pain, penalty, retribution, infliction; *jur* sentence, legal punishment
karistuslöök free kick, penalty, free throw
karjaaed farmyard, stockyard, cattle pen
karjafarm ranch, cattle farm, stock farm
karjakasvataja farmer, cattlebreeder, grazier, stock-farmer/breeder
karjakasvatus cattle-breeding, stock farming
karjamaa pasture, grass, grazing land
karjane herdsman/-woman, shepherd, cowherd
karjapoiss herdboy, shepherdboy, farmhand
karjatama exclaim, scream, screech, cry out, give a cry; (**loomi**) pasture, graze, feed on grass
karjatus scream, screech out, cry, exclamation
karje → **karjatus**
karjerism careerism, self seeking, ladder climbing
karjerist careerist, place hunter, go-getter
karjuma bawl, bawl out, cry, holler, howl, scream, shout, squawk, yell
maha karjuma shout down, howl down
karjus → **karjane**
karjuv flagrant, vociferous, noisy, loud, gaudy

karjäär *mäend* pit, quarry; (**tõus ametiredelil**) career
karjääri tegema get ahead, get on, make sth of, gallop at full speed
karjääriredel career ladder
kark crutch, stilt
karkass frame, shell, skeleton, carcass
karm bitter, draconian, fume, hard, hard-and-fast, harsh, inhospitable, puritanical, rigid, rigorous, rough, rugged, severe, sharp, spartan, stark, stern, stringent, tough
karmiinpunane crimson, carmine
karmikäeline high-handed, stern, short
karmikäeliselt high-handedly, sternly
karmikäelisus high-handedness
karmilt roughly, roundly, severely
karmistama tighten, toughen, make severe/hard
karmistuma get tough, become hard/severe
karmus harshness, rigour, severity, rigidity, austerity, asperity
karn butcher, butcher's shop
karneval carnival
karnevalirongkäik pageant
karniis cornice
karp bin, box, carp, case, pack, tin, can
karpi tõmbuma clam up, shell in
karpkala carp
karpkilpkonn terrapin
karri curry
karske ascetic, chaste, teetotaller, abstinent, temperate, virtuous
karsklane teetotaller, total abstainer
karskus abstinence, temperance, chastity
karstikoobas pothole

kartlik apprehensive, fearful, shy, timid, coy, tremulous, anxious, bashful

kartlikkus timidity, coyness, fearfulness, shyness, bashfulness

kartlikult apprehensively, fearfully, timidly, shyly, timorously

kartma be afraid of, dread, fear, be scared, be in dread, apprehend, be terrified

kartma lööma get cold feet, apprehend, get the wind up

kartmatu brave, fearless, intrepid, unscared

kartmatult fearlessly, bravely, boldly

kartmatus fearlessness, daring

kartong cardboard, pasteboard

kartongkarp cardboard, handbox

kartoteegikapp filing cabinet

kartoteek file, index

kartoteegis hoidma keep on file

kartoteeki panema file, keep on file

kartul potato, spud, sweet potato

kartulikrõpsud chip, crisp

kartulipuder mashed potatoes, mash

kartus apprehension, dread, fear, uneasiness

karu bear

karukoobas bear's den, bear's lair

karune hairy, shaggy, unfriendly, furry, bearlike

karuohakas thistle

karupoeg bear cub

karupüksid rompers

karusmari gooseberry

karusnahk fur, pelt

karusnahkne furry

karussell circuit, carousel, merry-go-round, roundabout

karuteene disservice, left-handed favour, stab in the back

karv hair, coat, fur

karva ajama shed the hair

karva kasvama become hairy/long-haired/unshaven/bearded

karvane furry, hairy, shaggy, hippy

karvastatud furred

karvatordid shocks of fur, tufts of hair

karvavahetus shedding of hair

karvkate fur

karvutu hairless

kas if, whether

kas tõesti really, seriously, well, what

kasakas cossack

kasarm barrack(s)

kasepuravik rough-stemmed boletus

kasiino casino

kasimata bedraggled, unclean, filthy, negligent, dirty, grubby

kasin abstemious, austere, chaste, lean, meagre, poor, scant, shoestring, slender, spartan, tenuous

kasinalt austerely, scantily, meagrely

kasinus austerity, chastity, tenuity, meagreness

kask birch

kaskaad cascade

kaskadöör stuntman, stuntwoman

kaslane cat, feline

kass cat, puss, tabby, tomcat

kassa checkout, coffers, till, cashbox, cash register, treasury, ticket office

kassahitt smash hit, box-office hit

kassapidaja cashier, treasurer, cashkeeper

kassett cartridge, tape casket

kassettmagnetofon (cassette) tape recorder

kassiir cashier, teller
kassike pussy
kassipoeg kitten
kassisarnane feline, cat-like
kast bin, box, case, caste, chest
kastan chestnut
kastanimuna chestnut
kastanpruun maroon, chestnut
kaste dew, gravy, relish, sauce, custard
kastekann watering can
kastepiisk dewdrop, dewpearl
kastitäis box, boxful
kastma plunge, toss, water, moisten, dip, sprinkle
   sisse **kastma** dip, immerse
kastmekann gravy boat, sauce boat, butterboat
kastmine watering, sprinkling, moistening
kastratsioon castration, emasculation
kastreerima castrate, geld, emasculate
kastrul casserole, pan, saucepan, stockpot
kasu avail, benefit, boon, gain, good, hire, interest, mileage, profit
   kasu saama benefit, capitalize, capitalise, gain, make capital out of, profit
kasu- adoptive, foster, step-
kasuahne profit greedy
kasuahnus greediness
kasuema stepmother, foster mother
kasuisa stepfather, foster father
kasukas coat, fur, fur coat
kasuks for one's own good, in one's favour, on one's side, be good for
kasulaps stepchild, foster child, fosterling, ward

kasulik advantageous, beneficial, fruitful, good, helpful, of service, of use, profitable, salutary, useful, worth, worthwhile
kasulikkus usefulness, utility, profitableness
kasulikult profitably, usefully, beneficially
kasum profit, surplus
   kasumit saama profit, realize a profit
   kasumit teeniv economic, profiteering, working in the black
   kasumit tooma fetch, bring in, draw profit
kasupoeg stepson, foster son, adopted son
kasusaaja beneficiary
kasutaja user
kasutajasõbralik user-friendly
kasutama apply, deploy, draw upon, exercise, handle, put, resort, take advantage of, use, wield
   ära kasutama utilize, utilise, make use of, put to use; (**enda huvides**) manipulate, exploit, take advantage of
kasutamata idle, unused, indisposed
kasutamine application, exercise, service, usage, use, utilization
kasutamiskõlblik serviceable, usable
kasutamisvõimalus run
kasutatav usable, applicable, available, practicable
   ühekordselt kasutatav disposable
kasutatud old, second-hand, spent, used
kasutoov profitable, lucrative, beneficial, worthwhile

K

kasutu fruitless, futile, hopeless, no good, no use, useless, worthless
kasutult uselessly, unprofitably, on idle
kasutus utilization, use, using; employment
  kasutusel olema be in use
  kasutusele tulema arrive, launch, make use of
  kasutusele võtma come into use, employ, tap
kasutuselevõtt arrival, launching
kasutuskõlblik usable, working, fit to be used
kasutuskõlblikkus usability, productivity
kasutussagedus frequency of usage
kasutütar stepdaughter, fosterdaughter, adopted daughter
kasv boost, escalation, gain, growth, increase, increment, rise, stature
kasvaja *med* tumour
kasvama grow, increase, build up, climb, develop, escalate, grow into, heighten, mature, mount up, be on the increase, zoom, wax
  kasvama hakkama sprout, spring, thrive
  kinni kasvama grow over, close up, heal up, grow to
  kokku kasvama knit, grow together
  läbi kasvama grow through
  sisse kasvama grow (in)
  täis kasvama grow up, mature
  välja kasvama grow, grow out of
  üle kasvama grow up, outgrow, grow out of, evolve
  üles kasvama grow up
kasvamine escalation, growth, increase, argumentation, mushroom
kasvandik pupil, cadet, ward

kasvandus breeding farm
kasvataja housemaster, housemistress, mentor, tutor, educator
kasvatama boost, breed, cultivate, educate, grow, nurture, raise, rear, run up, sprout
  kiirust kasvatama gain speed, accelerate
  üles kasvatama bring up, raise, foster, rear, nurse
  ümber kasvatama re-educate
kasvatamatu rude, ill-bred, ill-mannered, impolite, discourteous
kasvatamatult rudely, uneducatedly
kasvatamine breeding, raising, cultivating, educating, rearing, upbringing
kasvatus breeding, upbringing, education
  kehaline kasvatus physical education
kasvatuslik training, educative, nurturing
kasvatusteadus → **pedagoogika**
kasvav increasing, thriving, growing, standing
kasvuhoone conservatory, greenhouse, hothouse
kasvukoht habitat, hotbed, place of growth
kasvupinnas breeding ground
kašmiir cashmere
kašmiirvill cashmere
katafalk catafalque
kataklüsm cataclysm
kataloog catalogue, directory
kataloogima catalogue
katalüsaator catalyst
katarakt cataract
katarr *med* catarrh
katastroof cataclysm, catastrophe, disaster, calamity

katastroofiline catastrophic, disastrous

katastroofiliselt disastrously

kate armour, cloak, coat, coating, cover, covering, guard, hood, lid, mask, mat, shroud, topping, veil

katedraal cathedral

kateeder professorial chair, lecturing desk

kategooria bracket, category, rank, rate

kategooriline categorical, point-blank

kategooriliselt categorically

kategoorilisus inflexibility, stiff-backedness

katel boiler, cauldron, kettle, copper

katelok mess-tin

katik shutter

katk plague, pest

katke snatch, extract, fragment, piece

katkeline fragmental, irregular

katkema break, break down, give way, snap

katkematu continuous, solid, unbroken

katkemine breakdown, break-up, rupture

katkend clip, excerpt, extract, fragment, piece

katkendlik clipped, desultory, disconnected, disjointed, fragmentary, jerkily

katkestama abort, adjourn, break, break off, cut in, disrupt, interrupt, leave off, punctuate, rupture, stop, withdraw

katkestus adjournment, withdrawal, disruption, interruption, suspension

katkev breaking, cutting off

katki broken, apart, bust, out of action, up

katkine broken, broken-down, decayed

katkuma pluck, pull, pick

katkutud plucked, picked

katlakivi fur, scale

katma blanket, coat, cover, cover up, envelop, mark, overhang, overlay, shroud, smother, suffuse, top, surmount

    kaitsekihiga katma seal

    laudadega katma board up

    üleni katma overspread, envelop, engulf

katmata bare, naked, open, unclothed, uncovered

katoliiklane Catholic

katoliiklik, katoliku Catholic

katoliiklus Catholicism

katse attempt, effort, experiment, go, shot, stab, trial, try

    tarmukas katse foray

katse- mock, pilot

katseaeg probation, trial period

katseajata untried

katse-eksitusmeetod trial and error

katseklaas test tube, beaker

katseklaasilaps test-tube baby

katseline experimental, tentative

katseliselt experimentally, empirically

katsesarv feeler

katsesarved antenna horns, antennae, feelers

katsetaja experimenter

katsetama experiment, see, try, give it a whirl, have a bash at, give it a bash

katsetamisel on trial

K

katsetus experiment, go, trial, trial run

katsuma (kompama) feel, touch; **(maitsma, proovima)** test, try, taste
  järele katsuma try, probe, examine, test
  läbi katsuma test, examine

katsumine feel, examination, trial, probing, probation; touching

katsumus challenge, strain, tribulation, ordeal

katsumused trial, ordeals

katt fur, plaque, coating

kattekiht coating

kattematerjal covering material

katteta open, unveiled, exposed

kattuma overlap, overlay
  piiskadega kattuma weep

katus roof

katuseaken skylight, sunroof, dormer window

katusealune cock-loft, shelter, lodging

katuseelamu penthouse

katusehari ridge

katusekate roofcover

katusekivi tile, pantile

katuselaast shingle

katuserenn gutter

katuseviil gable

katusorganisatsioon umbrella

kaua for long, long

kauaaegne long-lived, old

kauakestev long, long-life, long-standing, prolonged

kauaks for long

kauane long-lasting, of long duration

kauaoodatud long-expected, long-awaited

kauasäiliv long-life, long-lasting

kauba- merchant

kaubaartikkel *maj* commodity, article of trade

kaubad ware, wares, goods, commodities

kaubahall supermarket, market hall

kaubakeskus shopping centre

kaubakäive *maj* commodity circulation

kaubamaja department store, store

kaubamärk *maj* brand name, trademark

kaubandus commerce, trade

kaubanduskeskus centre of trade, emporium, mart

kaubanduskoda chamber of commerce

kaubanduslik commercial, mercantile

kaubandustegelane active in commerce

kaubapakk *maj* bale

kaubasaadetis shipment, consignment

kaubastama market, put for sale

kaubatundja commodity expert

kaubavagun truck, wagon, waggon, freight car

kaubavahetus bargain trade, trade, exchange of goods

kaubavarud stock in trade

kaubavedu freight, haulage

kaubaveok freighter, forwarder, trailer

kaubitseja trader, shopkeeper

kaubitsejad tradespeople

kaubitsema peddle, traffic in

kaubitsemine trade, huckstering

kauboi cowboy

kaudne indirect, circuitous, circumstantial, oblique, snide, vicarious

kaudselt at first hand, indirectly, obliquely, in a roundabout way

K

kaudu by, by way of, through, via
kauem beyond, longer lasting
kaug- long-distance, long-range, long-term
kaugbuss coach
kauge distant, faraway, far-flung, far-off, remote
kauge- long-distance
kaugeim extreme, farthest, furthest, outermost
kaugekõne long-distance call
kaugel away, far, out at a distance
kaugele far away, into distance
kaugelenägelik long-sighted, provident, far-sighted
kaugeleulatuv extensive, far-reaching
kaugelt afar, distantly
　kaugeltki half
　kaugeltki mitte far from, not a bit of it, not nearly, nothing, nowhere near
kaugem farther, further
kaugemal across, away, beyond, farther, further
kaugemale beyond, further
kaugenema distant, drift away/apart, draw away
kaugenemine drifting apart, drawing away, divergence
Kaug-Ida Far East
kaugjuhitav remote-controlled
kaugjuhtimine remote control
kaugjuhtimispult remote control panel
kaugnägelik long-sighted
kaugnägelikkus long-sightedness
kaugsõidu- seagoing
kaugus distance, remoteness, stiffness, space
kaugusel away, off, within
kaugushüpe long jump

kaugõppe- correspondence
kaugõppija correspondent student
kaun bean, pod
kaunidus beauty, elegance, grace, loveliness, prettiness
kaunikesti pretty much
kaunikujuline shapely, well-made, well-shaped
kaunilt beautifully, gracefully
kaunis beautiful, comely, elegant, fair, gorgeous, lovely, rather
　nõiduslikult kaunis enchanted
　silmapaistvalt kaunis resplendent
kaunistama adorn, beautify, deck out, deck, decorate, dress, embellish, flatter, grace, trim
kaunistatud spangled, decorated
kaunistav decorative
kaunistus adornment, decoration, embellishment, ornament, trimming
kaunisõnaline well-worded
kaunitar beauty, babe, knock-out
　Uinuv Kaunitar the Sleeping Beauty
kaunvili legume, pulse
kaup commodity, good, merchandise, sale, ware
　tarvitatud kaubad second-hand goods
　kaubale saama clinch, settle a bargain
　kauba pähemäärimine sales talk
　kaupa tegema strike, do business, trade, bargain
kaupa (haaval) by, in
kaupleja dealer, trader
kauplema bargain, deal in, haggle, handle, tout, trade
　välja kauplema stipulate
kauplemine bargaining, trade

kauplemiskoht pitch, trading place
kauplus store, shop
kaupmees merchant, trader, tradesman
kaupmehelik commercial, mercantile
kausaalne causal
kauss basin, bowl, cup, dish
kaust dossier, portfolio, folder, file
kausta panema file
kautsjon bail
kautsjoni vastu vabastama bail out
kautšuk caoutchouc, rubber
kava program, plan, scheme, schedule, agenda, timetable, bill, line-up
kavva võtma fit in, fit into
kavakindlalt methodically, systematically
kaval artful, canny, clever, cunning, fiendish, good, knowing, shrewd, slick, sly, subtle, wily
kavalalt artfully, cleverly, knowingly
kavaldama be cunning, trick out
üle kavaldama outmanoeuvre, outsmart, outwit, trick, beat
kavaleht programme
kavaler boyfriend, cavalier, beau, admirer
kavalpea no fool, slyboots
kavalus cunning, dodge, subtlety
kavaluseta unsophisticated, single-hearted, non-cunningly
kavalusvõte manipulation
kavand design, draft, layout, sketch
kavandaja brain, sketcher, schemer
kavandama aim, design, plan, plan on, project, sketch
hoolikalt kavandatud well-thought-out
kavandamine projection, scheming

kavas on
kavatsema intend, mean, plan, be about to, calculate, figure on, have a mind to, propose, set out, talk of, think
head kavatsema mean well
kavatsus forethought, intent, intention, plan
kavatsustes selgusele jõudma find one's bearings, get one's bearings
kavatsusega by way of, with the intention/purpose of
kavatsuslik deliberate, intentional
kavatsuslikult deliberately, intentionally, by design, on purpose
kebab kebab
keda whom
kedagi somebody, someone
keder wheel, disc, spinning wheel
kederluu kneecap, anklebone
kedervars spindle
kedrid spats, gaiters
kedrus spinning, spun yarn
kee string, chainlet, ribbon (for the neck)
keedetud boiled, cooked
kõvaks keedetud hard-boiled
keedis preserve, jam, marmalade, chowder
keedukatel pot, cooking pot, kettle
keeduplaat hotplate, ring
keedus brew, cooking
keeduspiraal heating spiral
keeduvesi boiling water, cooking water
keefir kephir
keegel bowling, skittle, tenpin
keegi a, an, any, anybody, one, one or other, somebody, someone
keeglikurikas skittle
keeks cake, shortcake, plumcake

keel language, speech, tongue
  kahes keeles bilingual, in two languages
  kohalik keel vernacular, local language
  ühes keeles monolingual, in one language
  keelt kandma squeal
  keelt peksma set tongues, wag (the tongue), gossip
  keelt sõlme ajama get one's tongue round
keelama block, deny, disallow, forbid, prohibit, put one's foot down, refuse
  ära keelama forbid, prohibit, ban, veto, put a veto on
keelamine prohibition, banning, denial, dissuasion
keelatud forbidden, prohibited, illegal, unlawful, no, taboo
keelav forbidding, prohibiting, banning, dissuasive
keeld ban, embargo, prohibition, veto, interdict
keelduma abstain, decline, demur, pass up, refuse, shake one's head, withhold
keeldumine abstention, denial, refusal
keelekabinet language laboratory
keelekandja telltale, slanderer, secret informer
keelekandmine talebearing, slandering
keelekasutus grammar, usage of the language
keeleklass language laboratory
keelekomistus → **keelevääratus**
keeleline linguistic, language, lingual
keeleliselt linguistically

keeleoskaja linguist, speaker
keelepeks backbiting, gossip, talk, tittle-tattle, tongue wagging
keelepeksja gossip, news monger, telltale, talebearer
keelepruuk language, usage
keeleteadlane linguist
keeleteadus linguistics
keeleteaduslik linguistic
keeletu dumb, speechless, dumbfounded, gobsmacked, lost for words, tongue-tied
  keeletuks tegema make speechless, make tongue-tied
keeleväänaja tongue twister, crackjaw, jawbreaker
keeleväänamine mouthful, tongue-twisting
keelevääratus slip of the tongue, lapsus linguae
keelitama cajole, dissuade, coax
keelkond language family
keelpillid strings, stringed instruments
keeluala forbidden/restricted area
keelustama ban, forbid, taboo, embargo
keelustamine prohibition, banning
keeluõigus → **veto**
keema boil, cook, simmer
  läbi keema boil well through
  pehmeks keema boil until tender
  tasasel tulel keema simmer
  ära keema boil away, evaporate
  üle keema boil over, bubble over
  keema ajama boil, bring to the boil
  keema hakkama be on the boil, come to the boil
keemia chemistry
keemia- chemical
keemik chemist, chemical engineer

K

keemiline chemical
keemistemperatuur boiling point/
 temperature
keep cape, cloak
keerama coil, turn, twiddle, twist,
 wind, screw, turn up
  alla keerama (autoakent) wind
  down
  edasi keerama wind forward;
  (kella) put forward, set ahead of
  time
  kihva keerama do it, make a hash
  of, screw up
  kinni keerama screw, shut off,
  turn off, screw down
  kokku keerama fold, twist
  kõvemaks keerama turn up, turn
  louder
  lahti keerama turn on, unscrew
  maha keerama turn down
  ringi keerama turn round, turn
  around
  sisse keerama wrap into
  tagasi keerama reverse, rewind,
  wind back; **(kella)** put back, set
  behind
  ära keerama turn off
  üles keerama wind (up)
  ümber keerama turn round, turn
  around, twist (round)
keeramine turn, turning, twisting
keerd kink, knot, strand, winding,
 coil, curl, convolution
keerd- spiral, spin
keerdkäigustik labyrinth, maze
keerdkäik maze, quirk, windings
 and turnings
keerduma twist, kink, coil, twine
  ümber keerduma get tangled up,
  get tangled round sth
keere ply, thread, screw, worm
keeris eddy, swirl, whirl, vortex

keeriseline turbulent, whirling
keerlema curl, pivot, revolve, ro-
 tate, swirl, whirl
keerlev whirling, revolving, rotary,
 winding
keerukalt elaborately, sophisticat-
 edly
keerukus complexity, complication,
 intricacy, sophistication
keeruline awkward, complex, com-
 plicated, confusing, convoluted,
 cumbersome, deep, elaborate, fid-
 dly, hard, intricate, involved,
 knotty, sophisticated, thorny, tor-
 tuous, tough, tricky
  keeruliseks tegema complicate,
  intricate
keerulisus complexity, intricacy,
 elaboration
keerutama beat about the bush,
 twirl, whirl, wriggle
keerutav vague, evasive, making
 the dust fly
keerutus twist, twiddle, twirl, spin
keetma boil, cook
  läbi keetma boil well through
  pehmeks keetma boil until ten-
  der
keev boiling
keevaline hot, hot-tempered, pep-
 pery, sultry, temperamental, tem-
 pestuous, vehement
keevalisus vehemence, impetuous,
 choleric
keevitaja welder
keevitama weld
keevitus weld
kefiir → **keefir**
keha body, physique, corpus, sub-
 stance
  keha kinnitama eat, refresh (one-
  self), have snacks

K

kehaehitus anatomy, build, constitution, frame, physique

kehahoid bearing, posture, carriage

kehakas portly, stout, big, corpulent

kehakuju figure

kehakultuur physical culture, sports, athletics

kehakultuurlane athlete

kehaliigutus motion of the body, physical exercise

kehaline bodily, physical, corporal

kehaliselt bodily, corporally, physically

kehastama embody, epitomize, epitomise, impersonate, personify, portray

kehastamine embodiment, incarnation, personification, substantiation

kehastuma become embodied/incarnated

ümber kehastuma transform (into)

kehastus embodiment, epitome, impersonation, incarnation, personification, picture

kehatemperatuur temperature, fever

kehavigastus body injure

kehkenpüks self-righteous, coxcomb, dandy, dude, popinjay

kehtestama enforce, impose, validate, establish, institute, go into effect, put into operation

kehtestamine enforcement, holding

kehtetu illegitimate, invalid, void, inoperative, null and void

kehtetus invalidity, nullity

kehtima go, hold, run, be in force, be valid/effective

kehtimine enforcement, validation, holding

kehtiv current, effective, in force, open, operative, valid

kehtivus currency, validity

kehv awful, bad, lean, lousy, poor, queer, shoddy

kehvalt poorly, shoddily

kehvapoolne of a sort, of a poor side

kehvem worse, on the poor side

kehvik poor man, poor peasant, have-not

kehvus poverty, poorness, neediness, meagreness

kehvveresus *med* anaemia

keigar dandy, fop, gallant, swell, beau, dude, puppy

keigarlik dandyish, foppish, coxcombry

keiser emperor

keiserlik imperial

keisri- imperial

keisrilõige caesarean

keisrinna empress

keisririik empire

keksima hop, skip, on tiptoe; *ülek* boast, show off, swagger

kekslema prance, skip

kekslemine skip, hop, bounce

kelder cellar, vault, basement

keldrikorrus basement

kelgutama sledge, tobogganing

kelgutamine sledging, tobogganing

kelgutee chute, sledding

kelk sled, sledge

kelkima boast, brag, show off, swag

kelkimine bravado, swagger, boasting, bragging; *sl* swank

kelkiv boastful, bragging, vapourish

kelkivalt boastfully, braggingly, swaggeringly

kell (**kõlisti**) bell; (**laua-, seina-, torni- kell**) clock, (**käe-, taskukell**) watch;

K

(aeg) o'clock, time
suure kella külge panema make a fuss of
kellaaeg hour, the time
kellahelin chime, peal, toll, ringing, dingdong, tinkling of bells
kellalöök stroke, bell
kellaosuti hand
kellapomm clock weight
kellarihm watchband, watchstrap
kellassepp watchmaker, clockmaker
kellatorn belfry, bell tower
kellavärk clockwork
kelle whose
kellelegi for the benefit of
kellu trowel
kellukas bluebell, bellflower
kelm crook, crooked, fraud, rascal, rogue, scoundrel, wretch
kelme film, membrane, coat, pleura
kelmikas roguish, sly, mischievous, knavish
kelmikus rouguishness, archness
kelmus con, fraud, roguery, villainy, trickery
kelmust tegema fraud, rogue, swindle
kelner barman, bartender, waiter
kelts frozen ground
kemikaal chemical
kena becoming, darling, decent, delectable, fair, fetching, good, good-looking, kindly, lovely, nice, precious, pretty, spruce, sweet, tidy
kenasti handsomely, nicely, prettily, sweetly
kentsakas laughable, queer, curious, bizarre
kepp rod, staff, stick
kepphobu hobby horse

kepslema cavort, prance
kera ball, coil, globe, orb
keraamika earthenware, pottery
keraamikatehas pottery, ceramic industry
keraamiline ceramic
kerajas round, spherical
kere body, bodywork, torso, trunk, corporation, bodywork, hull, frame
kerekas chunky, corpulent, bulky
keretäis beating, hiding, spanking, thrashing, whacking, whipping
kergats giddy fellow, light-hearted person, fribble, popinjay, madcap
kerge brief, casual, cushy, easy, facile, light, mild, quick, slight, superficial
kergejõustik athletics, light athletics
kergejõustiklane athlete
kergekaaluline lightweight, light
kergelt effortlessly, lightly, mildly, moderately
kergemeelne airy, flippant, foolish, frivolous, promiscuous, giddy, light-headed
kergemeelselt airily, flippantly light-headedly, giddily
kergemeelsus flippancy, levity, promiscuity
kergendama alleviate, facilitate, lighten, relieve oneself, smooth
kukrut kergendama dip into, put one's hand in the pocket
kergendav comforting, lightening, facilitating, relieving
kergendus comfort, relief, facilitation
kergendustunne relief, ease
kergenema lighten, become lighter, ease off, become easier
kergesisuline light

kergesti easily, freely, readily
kergestisüttiv easily flammable, easy to catch fire
kergeusklik credulous, fond, gullible
kergeusklikkus credulity, gullibility
kergeusklikult fondly, credulously, gullibly
kergitama lift, raise, heave, elevate, hitch (trousers)
kergitatud raised, heaved, lifted
kerglane airy, flighty, lightweight, volatile, frivolous
kerglus levity, volatility, lightheartedness
kergus ease, facility, lightness
   näilise kergusega lightly
kerima coil, wind, reel, spool
   lahti kerima unwind
kerjama beg, cadge, mump, mooch, panhandle, bum
kerjus beggar, pauper, mendicant
kerjuslik beggarly
kerjusmunk friar, mendicant
kerkima mount, rise, go up, heave, lift, spring up, crop up, levitate
   esile kerkima come up, crop up, emerge
   pinnale kerkima surface, emerge
kerkimine rise, heave
kerkiv buoyant
kes that, who, whoever
   kes iganes whoever
kesa fallow
kese centre, blaze, focus
keset amid, amidst, halfway, smack, in the middle of
kesine branny, poor, meagre, scanty, weak
kesk- average, central, federal, high, mid-, middle

keskaeg the Middle Ages
keskaegne mediaeval, medieval
keskealine middle-aged
keskel amid, amidst, among, amongst, (in the) middle (of)
keskendama centre, focus, concentrate
keskenduma concentrate (on sth/sb), centre on, focus, specialize, specialise, zero in on
keskendumine concentration, focusing
keskendunud concentrated, focused
keskerakonnad centre, central parties
keskharidus secondary education
keskjoon axis, centre line, halfway-line
keskklass middle class, bourgeoisie
keskklassi- bourgeois
keskkoht centre, middle, waist, body
keskkond environment, milieu, sphere, surroundings
keskkonna- environmental, environmentally, conservational
keskkonnakaitsja environmentalist, conservationalist, green
keskkonnasõber ecologist, green
keskkonnasäästlik green, environment-sparing
keskkool high school, secondary school, grammar school
keskkoolilõpetaja school-leaver, high-school graduate
keskküte central heating
kesklaine medium wave
kesklinn centre, city centre, downtown
keskmine average, comparative, fair, medium, middle, moderate, intermediate

K

keskmiselt on average, on an average

keskne central, dominant

kesknädal midweek

keskosa middle part

keskpaigas halfway, in the middle of

keskpaik centre, midpoint

keskpartei central party

keskpunkt centre, focal point, pivot

keskpäev midday, noon, twelve (o'clock)

keskpärane mediocre, run-of-the-mill

keskpärasus mediocrity

keskseade *inf* processing unit

kesksõna *lgv* participle
  mineviku kesksõna *lgv* past participle
  oleviku kesksõna *lgv* present participle

kesktase intermediate

keskus centre, (AmE) center, heart, heartland, hub

keskustelu conversation, chat, talk, discussion

keskvõrre *lgv* comparative

kesköö midnight, twelve (o'clock)

kest case, husk, wall, skin, crust, shell
  kestast välja tulema shell out

kestel during, for, middle, throughout

kestendama flake off, peel off

kestendav scaly, scurfy

kestev abiding, continual, enduring, lasting, ongoing, perennial

kestma continue, extend, go on, last, run, span
  edasi kestma survive
  kauem kestma outlast, outlive
  pikalt kestma drag on, linger on

kestma jääma endure, last

kestus duration, length, standing, term

kestvalt continually

kestvus life, lifetime, permanence, duration, period

keta (kala) keta

ketas disc, discus, puck; *inf* disk

ketikauplus chain store

ketraja spinner

ketrama spin

ketser heretic, freethinker, apostate

ketserlik heretical

ketserlus heresy

ketsid sneakers, basketball shoes

ketšup ketchup

kett chain, lead

kettaheide discus throwing

kettaoperatsioonisüsteem *inf* DOS

kettaseade *inf* disk drive, drive

kevad spring, springtime

khaan khan

khaki khaki

kibe acrid, biting, bitter, rancid, sardonic, tart

kibedalt bitterly

kibedus bitterness, venom

kibedusenoodid edge, pangs of bitterness

kibekiire fast, urgent

kibelema ache, champ at the bit, fidget

kibestunud bitter, dour, embittered, sour, venomous, virulent

kibestunult bitterly, loud and long, sourly

kibu tankard

kibuts kibbutz

kibuvits brambles, dog rose, brier rose, cinnamon rose

kida barb, hook, fluke

K

kidakeelne tongue-tied, ineloquent, slow-tongued

kidur stunted, weakly, sickly, ailing, poor(ly)

kihama hum, swarm, teem, flutter

kihar curl, lock, wisp

kihav alive, teeming, fluttering

kihelema prickle, tingle, itch

kihelev itchy, prickly

kihelkond parish

kihelus itch, prickle, tingle

kihevil agog, anxious, in a flutter

kihiline flaky, stratal

kihisema bubble, fizz, sparkle

kihisev bubbly, effervescent, fizzy, sparkling, hissing

kihistama chuckle, snigger, titter, giggle

kihistamine giggle, snigger

kihistu formation

kihistuma stratify

kihk (**soov**) urge, impulse, itch; (**valuhoog**) pang, twinge, stitch

kihlasõrmus engagement ring

kihlatu (**mees**) fiancé, (**naine**) fiancée

kihlatud engaged, betrothed

kihla vedama back, bet, put, punt, lay odds to
  vean kihla my bet, it's my bet

kihlumine engagement, betrothal

kihlus engagement

kihlusaeg engagement time

kihlvedu bet, wager
  kihlvedu kaotama lose a bet

kihlveovahendaja bookmaker

kiht coat, coating, echelon, layer, ply, stratum, thickness, tier

kihtkond series of strata, stratum, layer

kihulane midge, black fly, buffalo gnat

kihulaseparv swarm of midges

kihutama belt, bolt, bomb, career, exhort, incite, motor, power, race, shift, shoot, sprint, streak, tear
  edasi kihutama shoot along, shoot forth
  järele kihutama give chase to
  kuuli pähe kihutama send a bullet through one's head, shoot oneself
  minema kihutama drive out, chase away
  mööda kihutama zoom, sweep by, race past
  ringi kihutama race about
  tagant kihutama drive, egg on, urge, bustle, goad
  välja kihutama shoot out, drive out
  üles kihutama stir up, incite, urge on, stimulate, drive

kihutus exhortation, incitement, agitation, stimulation

kihutustöö propaganda, brainwashing
  kihutustöö tegija propagandist, agitator
  kihutustööd tegema agitate for, foment

kihv fang, tusk, canine tooth

kihvatama have a pang, twitch; shoot

kihvt (**mürk**) poison, venom; (**äge**) wow, cool, class

kii → **piljardikepp**

kiiduavaldused ovation, tribute of praise, applause, cheers, acclamation
  tormilised kiiduavaldused standing ovation, furore

kiiduhüüd cheer

kiidukukk boaster, swaggerer, braggart, swashbuckler

K

kiidulaul hymn, song of praise, laud, anthem
  kiidulaulu laulma sing the praises, extol
kiiduväärne commendable, creditable, laudable, praiseworthy
kiigelaud swingseat, seesaw
kiigutama cradle, swing, rock, dandle
kiigutus sway, swing, swaying, rocking
kiik swing, village swing, merry-go-round
kiikama glance, peer, cast
kiiker telescope, spyglass, field glass
kiikhobu rocking horse
kiiksuga zany, nutty
kiiktool rocking chair
kiikuma sway, swing, rock
kiikumine swing, swinging, seesaw, rocking
kiil dart, wedge, quoin, frog, stop; *zool* dragonfly
  kiilu lööma drive a wedge
kiilas bald
  kiilaks minema go bald, balding
kiilasjää glazed frost/ice
kiilaspäine bald-headed, bald
kiilaspäisus baldness
  kiilaspäisusele kalduv balding
kiillause *lgv* parenthesis
kiiluma coop, wedge, jam, key, chock
  kinni kiiluma jam, wedge up
  kinni kiilunud stuck, jammed, wedged
  täis kiiluma overcrowd, cram full, jam
  vahele kiiluma jam, wedge between, sandwich between
kiim lechery, lust

kiimaline lecherous, randy, horny
kiinduma take to, wrap up, cling, become fixed, become attached
kiindumus affection, attachment, crush, devotion, fondness, infatuation, love
kiindunud attached, attracted, infatuated, intent
kiip *inf* chip, microchip
kiir beam, ray, shaft
kiir- crash, express, fast, flying, junk
kiirabiauto ambulance
kiire busy, fast, fleeting, full, hasty, heavy, hectic, hurried, hurry, keen, meteoric, nippy, on the move, pat, pressing, prompt, quick, rapid, smart, snap, speedy, sprightly, swift, turn, urgent
kiireloomuline urgent, quickacting
kiirelt → **kiiresti**
kiirendaja accelerator, promoter
kiirendama accelerate, hasten, hurry up, precipitate, speed up
kiirendus acceleration, promotion
kiirenema accelerate, quicken, speed up
kiiresti fast, rapidly, soon, swiftly, quickly
kiiretaibuline quick-witted, apt, apprehensive
kiirgama give off, radiate, beam
  tagasi kiirgama be reflected, bounce
kiirgamine radiation, shining, beaming
kiirgav radiant, irradiant, beaming, beamy
kiirguma → **kiirgama**
kiirgus gleam, radiance, radiation
kiiritama irradiate, treat with radioactive rays, ray
kiiritamine, kiiritus irradiation

kiirkeetja pressure cooker
kiirkiri shorthand
kiirkirjutaja stenographer, shorthand-girl
kiirkõne speed speech
kiirköitja binder, file, folder
kiirmoodus short cut
kiirpaat speedboat
kiirpilk once-over, peek, peep, quick glance
kiirpurjekas → **fregatt**
kiirsöögikoht snack bar, fast food
kiirteade (**kulleriga**) dispatch, despatch, newsflash
kiirtee freeway, highway, motorway
kiirtepärg corona, halo, aureole
kiirtoit fast food, instant
kiiruga hurriedly, hurry
kiirus agility, force, hurry, rate, speed, swiftness, velocity
　kaelamurdva kiirusega breakneck
kiirusepiirang speed limit
kiirusmõõdik speedometer
kiirustades hastily, hurriedly, in haste
kiirustama hurry, hurry up, rush, speed (up), hasten, bustle, dash, fly, get a move on, jump to it
kiirustamata unhurried
kiirustamine haste, rush
kiirustav hasty, rushing, acceleratory
kiisk ruff
kiiskama glisten, glitter, sparkle
kiiskav lurid, flaring
kiiskavalt luridly, flaringly
kiisu kitty, puss, pussy
kiitev complimentary, glowing, praising, laudatory, commendatory
kiitleja braggart

kiitlema boast, crow, talk big, vaunt, pique, brag about
kiitlemine boast, boasting, tall talk, brag, vaunt
kiitlev boastful, vapourous, bragging
kiitlevalt big, boastfully, braggingly
kiitma admire, bless, compliment, give a pat on the back, have to hand it to, praise, worship
　heaks kiitma accept, applaud, approve, assent, endorse, hold with, pass, sanction, welcome
　heaks kiidetud approved
　takka kiitma chime in
　üles kiitma hail, acclaim, praise
kiitmine praise, laudation
kiitsakas lanky, lathy, scraggy, lean
kiitus commendation, credit, praise
　ülim kiitus full marks
　kiitusega kostitama slobber over
　kiituseks ütlema say this for, pay tribute
　kiitust laulma sing praises
　kiitusega with honours, cum laude, A graduate
kiitvalt admiringly, highly, with appreciation
kiivalt jealously, vehemently
kiivas askew; (**kade**) jealous
　kiiva kiskuma bend, get slanted, get oblique
kiiver helmet, headpiece, hard-hat, top hat
kiivi kiwi, kiwi fruit
kiivitaja peewit, lapwing
kiivus envy, jealousy, covetousness, bitterness, resentment
kikas cockerel, cock, rooster
kikilips bow tie
kikivarvul on tiptoe
kikkis cocked up, pricked up

K

kila-kola clutter, stuff, lumber
kilav high-pitched, screaming, screeching, shrilling
kilbikandja henchman, shield-bearer, armiger
kilbike plaque
kild bit, chip, fragment, sliver, splinter; **(seltskond)** guild
kildkond clique, set, junta, clan
kile high-pitched, membrane, skin, wall, film
kiledus shrillness
kilejope cagoule
kiljatama yelp, scream, give a shriek
kiljatus scream, shriek, yelp
kiljuma scream, screech, squeal
kiljumine squeal
kiljuv squealing
kilk **(putukas)** cricket, grig; **(joove)** being tipsy
kilkama scream, shriek, shout for joy
killud smithereens, splinters, chips
killunema chip, fragment, splinter
killunemine fragmentation, splintering
killustama splinter, shiver, comminute, scatter, disperse, Balkanise
killustatud splintered, comminuted
killustatus division, disunion
killustik rubble, road metal, gravel
killustuma fragment, splinter up, be split up, be dispersed
killustumine fragmentation, splitting up, dispersion
kilo kilo, kilogram, kilogramme
kilobait *inf* kilobyte
kilogramm kilo, kilogram, kilogramme
kilomeeter kilometre, kilometer
kilp shell, shield, badge
kilpkonn tortoise, turtle
kilpkonnakilp tortoise shell

kilpnääre thyroid gland
kilt kilt
kiltkivi slate, shale
kiltmaa plateau, tableland
kilu sprat, brisling
kimalane bumblebee
kimbatus discomfort, embarrassment, awkwardness, perplexity, pickle, predicament, quandary, scrape
kimbatusse ajama perplex, embarrass
kimbatusse sattuma get into a mess/scrape/fix
kimbatuses bemused, embarrassed, confused, be out on a limb, be at a loss, be in a sad pickle; **(pigis)** in hot water; *sl* up the creek
kimbuke wisp, bundle, bunch
kimbutama assail, bedevil, beset, harass, perplex, drive into a corner
kimbutamine harassment, perplex
kime strident, shrill, acute, harsh
kimono kimono
kimp bunch, bundle, clutch
kimpsud-kompsud belongings, small bundle, traps, old rubbish
kinaverpunane vermilion, cinnabar
kindalaegas glove compartment
kindel **(kõva, kandev, tugev)** firm, fast, fixed, strong, cast-iron, set, substantial; **(vastupidav, tihe)** solid, steady, steadfast, impervious; **(tagatud, usaldusväärne)** staunch, dependable, reliable, sound, stalwart; **(turvaline, ohutu)** safe, secure; **(püsiv, vankumatu, järeleandmatu)** firm, assured, clear, constant, set, stable; **(selge)** clear, conclusive, distinct; **(lõplik, otsustatud)** conclusive, decided, defi-

nite, certain, clear; (**veendunud**) sure, positive, certain, confident, emphatic; (**püsiv, määratud**) fixed, settled; (**konkreetne**) straight; (**eriline, omane**) specific

kindel olema trust, be sure of, be firm, be certain

kindla peale for sure, I can tell you, you bet

kindlaks jääma hold firm, stand firm, persist, stand by, stand out, stick to, stick with

kindlakskujunenud established, definite, set, appointed

kindlaksmääramata indeterminate

kindlaksmääramine determination, determining, fixing, settlement, diagnosis, appraisal

kindlaksmääratud definite, flat, determined, fixed, settled, appointed, set, stated

kindlakstegemine determination, ascertainment, verification, identification

kindlakujuline formal, definite, insistent, concrete

kindlalt adamantly, confidently, decidedly, decisively, definitely, emphatically, firmly, flat, for sure, much, securely, steadfastly, strongly, tight, tightly, without fail

kindlameelne decisive, determined, emphatic, loud, resolute

kindlameelselt determinedly, decisively, resolutely, firmly

kindlameelsus decisiveness, resolution, resolve, spine, stoicism

kindlasti assuredly, be sure to, bound, certain, certainly, definitely, emphatically, for a fact, for certain, if ever there was one, no problem, obviously, sure, surely,

without fail, you bet

kindlasti mitte not likely, certainly not, undoubtlessly

kindlus (**kindlustatud koht**) bastion, fort, fortress, stronghold; (**kindlustunne, kindelolek**) conviction, decisiveness, firmness, steadiness, strength

kindluse mõttes be on the safe side, ascertain

kindlustama back, barricade, board up, bolster, buttress, consolidate, ensure, fortify, guarantee, insure, make certain, reinforce, secure, set up, strengthen

kindlustamine consolidation, fortification, reinforcement, insurance

kindlustatus fortification, reinforcement, insurance

kindlustuma secure against, consolidate

kindlustunne certainty, confidence, feeling of security

kindlustus assurance, insurance, consolidation, safeguard, security

kindlustust tegema take out, secure, ensure, insure against, stabilize, provide against

kindral general

king shoe

kingalusikas shoehorn

kinganina toe of the shoe

kingapael lace, shoelace, shoestring

kingitus gift, present, treat

kingsepp cobbler, shoemaker

kink donation, gift, offering

kinkima donate, give, present

kinnas glove, mitten, gauntlet

kinni busy, closed, engaged, fully booked, impassable, in, on the latch, secure, spoken for, up

kindlalt kinni fast, solid, fixed,

K

permanent

kõvasti kinni tight, fastened tightly

kinnijäänud bunged up, stuck up/ into

kinnikiilutud boxed in, sardined in, sandwiched in, jammed

kinnimätsimine whitewash, hush up/down, coverage

kinnine blocked, cagey, closed, incestuous, private, reticent, uncommunicative, withdrawn, self-contained, reserved

kinnipanemine booking, reservation; shutting, fastening

kinnipidamine adherence, detention, observance, arrest

kinnis dowel, peg, plug

kinnis- fixed, immovable, permanent, real

kinniseotud bandaged, fastened, moored, tied up

kinnisidee bee, obsession, idée fixe, fixed idea

kinnisidumata undone, untied, unbandaged

kinnismõte fixation, obsession

kinnistama attach, fix, fasten, nail to, render

kinnistu real estate, premises, immovables

kinnistuma fix

kinnistunud deep-rooted, deep-seated, embedded, run deep, go deep

kinnisus reticence, reserve, secretiveness

kinnisvara property, real estate, immovables

kinnisvaraarendaja developer

kinnisvarahooldaja bailiff, realtor

kinnisvaramaakler estate agent, house agent

kinnitama (külge, kinni, peale panema) fix, fasten, attach, affix, chain, clip, hitch, seat in/on, set (into), tack on, stick to/in/down; (ametlikult heaks kiitma) clear, endorse, okay, ratify, approve; (tõendama, tunnistama) bear out, corroborate, back up, witness, testify; (väitma) affirm, assert, contend, declare; (veendumust vms kindlamaks muutma) affirm, assure, confirm

kinnitamata (lahti) loose; (tõendamata) unconfirmed

kinnitamine confirmation; protestation

kinnitatud approved, firm, secure, static, confirmed

kinniti fastener, fastening, fixative

kinnituma lodge, screw

kinnitus acknowledg(e)ment, affirmation, allegation, assurance, authorization, confirmation, corroboration, endorsement, okay, OK, testimony

kinnitusklamber brace, gusset

kinnituskoht base, insertion, mooring

kinnitusköis brace, mooring, painter

kinnitusvahend fastener, fastening, fixative

kino cinema, flick, movie, picture, screen

kino- cinematic

kinofilm motion picture, film

kinolina screen

kinooperaator cameraman, cinema operator

kinorežissöör cinema producer

kints ham, haunch, leg, thigh, buttock, joint

kintsu kaapima fawn, bow and scrape, cringe

kintsutükk haunch
kiosk booth, kiosk, stall, newsstall, bookstall
kioskimüüja kiosk assistant, stallsman/woman
kipitama prickle, smart, burn, feel sore, ache, sting
kipitus prickle, sting, smarting pain
kipp rustle, rustling
  ei kippu ega kõppu dead silence, not a sound, might hear the pin drop, not a sign
kipper skipper
kippuma tend, strive, push, press, aim, desire
  kallale kippuma assault, attack, make an attempt
kipras wizened, puckled, wrinkled
  kipra minema wrinkle one's forehead, pucker, corrugate
  kipra tõmbuma pucker, wrinkle
kips plaster, gyps
kipslahas cast, plaster cast
kiratsema vegetate, make a scanty living, struggle along, live from hand to mouth, languish, be sickly, pine
kirbe piquant, pungent, acrid, tart
kirbukiri scribble, in tiny letters
kirde- northeast, north-easterly, north-eastern
kirdes northeast
kirema crow
kiretu dispassionate, passionless, unimpassioned
kirev chequered, fancy, garish, gaudy, motley, variegated
kirevus kaleidoscope, diversity of colours
kirg lust, passion, romance, vehemence, addiction
kirgas clear, serene, radiant, bright

kirgastuma become clear, clear up, brighten, transfigurate
kirglik addicted, fervent, obsessive, passionate, sultry, vehement, fervid, ardent, (much) addicted to
kirglikult fervently, passionately, vehemently, fervidly, ardently
kiri letter, mail, note; communication, correspondence, writing, script; *inf* font
  peenike kiri fine print, small print
kirik church, House of God
kirikla parsonage, rectory, vicarage, pastorate
kiriklik sacred, churchly, ecclesiastical
kiriku- sacred, church, ecclesiastical
kirikukell church bell
  kirikukella lööma toll, ring church-bells
kirikukoor choir
kirikulaul chant, psalm, choral, anthem
kirikumõis rectory, pastor's mansion
kirikupink pew
kirikuteener sexton, beadle
kirikutorn steeple, spire, tower of church
kirikuvanem elder, presbyter
kirikuvanne ban, interdict
kirikuõpetaja minister, clergyman, pastor, rector, parson, priest; *sl* sky pilot
kirjakandja postman/-woman, mail carrier
kirjakast letter box, mail box
kirjakeel literary language, standard language
kirjakeelne literary, of literary language
kirjaklamber paper clip, fastener

K

kirjalik written, in writing, brief, pass
kirjalikult on paper, in written form, in writing, in black and white
kirjama pattern, figure, ornament
kirjamark postage stamp
kirjamees writer, man of letters, pen, scribe, literati (*pl*)
kirjamärk character
kirjand essay, composition, written paper, theme, written work
kirjandus literature
kirjanduslik fictional, literary, lettered
kirjandusteadlane scholar of literature
kirjandusteadus literary science, literature
kirjaneitsi authoress, bluestocking
kirjanik author, writer, literary man; scribbler; *ülek* a good/bad pen; *sl* pen pusher
kirjanikunimi pen name, pseudonym, nom de plume
kirjaoskaja literate
kirjaoskamatu illiterate
kirjaoskamatus illiteracy
kirjaoskus literacy
kirjapaber writing paper, note paper
kirjapanek registration, writing/ putting down
kirjapea heading
kirjapilt spelling
kirjas enshrined, on paper, in black and white
   heas kirjas olema in one's good books
   halvas kirjas olema in one's bad books
kirjasaatja correspondent, sender
kirjastaja publisher
kirjastama publish

kirjastamine publishing
kirjastamisõigus copyright
kirjastus press, publishing, publishing house
kirjasõber penfriend
kirjatarbed stationery
kirjatehnika (õppeaine) calligraphy
kirjatud patterned, ornamented
kirjatäht letter of alphabet, written letter
kirjavahemärgid punctuation
kirjavahemärgistama punctuate
kirjavahemärk punctuation mark
kirjavahetus correspondence, exchange of letters
   kirjavahetust pidama correspond, exchange letters, write
kirjaviis spelling, orthography
kirje entry
kirjeldama depict, describe, portray, project, represent
kirjeldamatu indescribable, unutterable
kirjeldamatult indescribably, unutterably
kirjeldamine depiction, description, portrayal, specification
kirjeldav descriptive, graphic, representative
kirjeldus account, description, designation, explanation, portrait
kirju motley, mottled, variegated, spotted, dappled, parti-coloured, multi-coloured
kirjutaja writer, penman, copy-writer, copyist
kirjutama compose, pencil, write, write in, spell, scribble
   ette kirjutama prescribe
   alla kirjutama sign, subscribe
   juurde kirjutama add (in writing), annotate

K

korstnasse kirjutama write off
maha kirjutama copy down
hotelli sisse kirjutama check in
sisse kirjutama sign in, inscribe
sooviavaldust kirjutama write
an application
välja kirjutama write out, check
out, (**arvet**) make out, (**raama-
tust**) copy (from)
üle kirjutama overwrite
üles kirjutama copy down, take
down, write down, write out, tran-
scribe
ümber kirjutama rewrite, copy
out, transcribe
kirjutamata tacit, unwritten
kirjutamine lettering, writing
kirjutis article, paper, writing
kirjutuslaud bureau, desk, writing
table, davenport
kirjutusplokk pad
kirjutuspult bureau
kirka pick, pickaxe
kirme film, scattering, smattering
kirp flea, jumper
kirre northeast
kirss cherry
kirst bin, chest, locker, casket; (**sur-
nukirst**) coffin
kirstukandja pallbearer
kirstunael trial, coffin nail
kirtsutama crinkle, wrinkle (up),
crumple, crease, wrinkle one's
nose
kiruma curse, damn, swear, curse
and swear, blaspheme, cuss, rail,
darn
kirumine curse, blasphemy, railing
kirurg surgeon; *sl* sawbones, scal-
pelman
kirurgi- surgical
kirurgia surgery

plastiline kirurgia plastic surgery
kirurgiline surgical
kirurgiliselt surgically
kirutud hated, cursed, damned
kiruv blasphemous, swearing, rail-
ing
kirvendama tingle, prickle, prick,
burn, be hot
kirves axe, hatchet, chopper, cleaver
kirvevars axe handle/helve
kisa noise, row, shout, shriek, yell,
outcry, clamour, mewl
kisa ja kära hue and cry
kisa tõstma kick up, raise a hue
kisakõri cry-baby, squalling child
kisama bawl, bray, holler, rave,
scream, squall, squawk, yell
kisendama brawl, yell, scream, cry
out, cheer; *sl* root
kiskja predator, carnivore, plun-
derer, spoiler, beast
kiskjalik predatory, beastly
kisklema quarrel, fight, tussle, scrim-
mage, lead a cat-and-dog's life
kisklus tussle, quarrelling, scrim-
mage, scramble
kiskuma (**tülitsema**) quarrel, fight,
scrap; (**tirima**) rip, strain at, tear at,
wrench, worry, lug
kaasa kiskuma absorb, drag in,
involve, ravish, enchant
katki kiskuma rend, tear up
kõrvale kiskuma distract, pull
aside, tear off the track
küljest kiskuma tear away
lõhki kiskuma tear to pieces, lac-
erate
maha kiskuma tear down, demol-
ish
viltu kiskuma warp
välja kiskuma extract, tear away,
pull out

K

ära kiskuma tear away/off, snatch away, pull away, wrench away
üles kiskuma pull up
kisma dust-up, row
kissell kissell, fruit liquid, half-liquid fruit jelly
kissitama squint, screw up one's eyes
kitarr guitar, (havai) ukulele
kitarrist guitarist
kitkuma pluck, skin, pull, weed, tear
välja kitkuma weed out, extirpate, root out
kits goat
kitsarinnaline narrow-minded, bigoted, small-minded, blinkered, insular, parochial, strait-laced, suburban, Victorian
kitsarinnalisus narrow-mindedness, bigotry, straitness
kitsarööpmeline narrow-gauge (railway)
kitsas narrow, tight, cramped, confined, poky, spidery, tapering
kitsas käes push, be hard up, be in need, be in poverty
kitsavõitu tight, on the narrow side, cramped, confined, strait
kitsendama circumscribe, confine, constrain, constrict, curb, limit, set limits, restrict, squeeze
kitsendav restricting, limiting, confining, restrictive, limitative
kitsendus boundary, clampdown, constraint, curb, restraint, restriction, straitjacket
kitsendusteta freely, unlimited, with no limits, unrestrictedly
kitsenema narrow, taper (off), tighten
kitsenev tapered, narrowing
kitsetall kid, yearling

kitsi frugal, mean, miserly, parsimonious, stingy, tight-fisted, penny-pinching
kitsidus meanness, stinginess, miserliness, cheeseparing
kitsikus corner, plight, predicament, quandary, squeeze, embarrassment, scrape, pressure, pass, perplexity
kitsikuses hard-pressed, in straitened circumstances, in chancery, stranded, in hard press, up a tree, in the dead end
kitsikuses olema feel the pinch, in a fix, stranded
kitsipung skinflint, miser, niggard, screw; *sl* tightwad
kitsus narrow
kitš kitsch
kitt putty, lute
kittel overall, dressing gown, smock, wrapper
kittima putty, lute
kiud fibre, filament
kiudaine fibre
kiudjas fibrous, stringy
kiudpilv cirrus
kiuline fibrous, stringy
kiunuma squeal, whimper, whine, pule
kiunumine squeal, squealing, whining, whimpering
kiunuv squealing, whimpering, whining
kius spite, obstinacy, defiance, trial
kiusu ajama insist obstinately
kiusama badger, bully, hassle, have it in for one, mess about, mess around, molest, persecute, tease, spite, victimize, tempt
kiusamine temptation, molesting, teasing, bullying

kiusatus temptation, seduction, bait
  kiusatusse sattuma get into temptation
  kiusatusse viima lead into temptation
  kiusatust tundma tempt, feel temptation
kiusatuslik tempting
kiuslik spiteful, captious, headstrong, self-willed
kiuslikult spitefully, captiously
kiuste despite, in spite of, for all that, notwithstanding, for spite, out of spite
kiusukott troublemaker, shrew
kivi stone, rock
  kivi langes südamelt a weight off one's mind, a load off one's mind
  kividega loopima stone, throw, pelt
  kiviga visata a stone's throw away, doorstep, within a stone's throw, within a striking distance
kiviklibu shingle
kiviktaimla rockery, rock garden
kivim rock
kivimurd quarry, stone pit
kivimürakas rock
kivine rocky, stony, shingle, of stones
kivinema freeze, petrify, conglomerate
kivinenud fixed, petrified, convention
kivirahn boulder
kiviraidur stonemason, stone dresser
kivirähk shingle
kivirüngas boulder
kivistama fossilize, fossilise, petrify
kivistis fossil
kivistuma fossilize, fossilise, harden
kivistunud set, petrified
kivisöekaevandus coal mine, colliery, coal pit
kivisöemaardla coalfield, coal field, coal basin
kivisüsi coal, pit coal, mineral coal
kivitrükk lithography
klaarima defuse, get straight, clear up, settle, fine
klaaruma get settled, clear up
klaas glass
klaasesemed glass, glassware
klaasikild chip of glass, broken glass, splinters
klaasima glaze, furnish with glass
klaasipuhasti windscreen-wiper, wiper
klaasistuma glaze over, vitrify, become glazed
klaaskiud fibreglass, glass fibre
klaaskompvek lollipop
klaaskuulike marble, crystal ball
klaasmaaling stained glass, vitrage
klaasplast fibreglass
klaasuks French windows
klaasvatt fibreglass, glass wool
klahv key, note, shot, swig
klahvistik keyboard, key punch
klamber catch, clamp, clip, staple, bracket
klammerdaja stapler, fastener
klammerdama clamp, staple, cramp
klammerduma cling, fasten, hang on, clasp
klanima (**nuruma**) beg, mooch, bum, cadge; (**ilustama**) smooth, polish, gloss, smarten up
klann clan
klants gloss, polish, shine, lustre
klaperjaht chase, hue and cry
klapp trap, flap, valve, stop
klappima (**sobituma**) dovetail, figure, fit in, fit into, fit; (**raha**) add up, chip in, club together

K

klappimine fitting, tally, proper fitting
klarnet clarinet
klass class, classroom, form, grade, bracket, order, rank, rate
   esimene klass first-class
klassifikatsioon classification
klassifitseerima classify, type, group
klassik classic
klassika classic, classical
klassikaaslane classmate, classfellow
klassikaline classic, classical, formal, vintage
klassiruum classroom, schoolroom
klassisüsteem order, system of classes
klassitsism classicism
klassitunnistus school report
klatš gossip, scandal, backbiting
klatšima talk, gossip, backbite
klatšimoor gossipmonger
klausel clause, stipulation
klaustrofoobia claustrophobia
klaustrofoobiline claustrophobic
klaver piano, pianoforte (cottage, grand) piano
klaverihäälestaja piano-tuner
klaverimängija concert pianist, virtuoso
klavessiin harpsichord
klaviatuur piano keys, ivories, keyboard (ka arvutil)
kleebis sticker, glue
kleenuke slight, slender, slim, very lean, thin
kleepima glue, stick, gum, paste, plaster, splice, tape
   külge kleepima affix, latch on to, adhere
   sisse kleepima paste/glue/stick in

kleeplint Sellotape, tape, Scotch tape
kleeppaber gluepaper, Swedish glue paper
kleepplaaster adhesive tape, sticking plaster
kleepriba adhesive tape
kleeps sticker
kleepuma adhere, stick, glue, gum, plaster
   kokku kleepuma fuse, tally, harmonize, glue together, agglutinate
kleepuv adhesive, gooey, sticky, tacky, tenacious, viscous
kleepuv-niiske clammy
kleit dress, frock, gown
klemm clamp, terminal
klerikaalne clerical
klient client, customer, patron, patient, regular
klientuur clientèle, customers
kliid bran, roughage
kliima climate
   pehme kliima genial climate
kliima- climatic
kliimaks menopause, climax
kliimaseade air-conditioner
kliinik clinic, hospital
kliiniline clinical
kliister gum paste
klikk clique, faction, gang, clan; *inf* click
klikkima *inf* click
klimaatiline climatic
klimberdama strum, thrum, bang, pound on, bang on the piano
klimp *kok* dumpling, doughboy; (**klomp**) lump
klipp clip
klirin clank, clatter, smash
klirisema clank, clatter, jangle, rattle, smash

klistiir clyster, enema
klišee cliché, platitude, common-place; stereotype plate/stencil
klobima clobber, punch, pommel, cudgel
klobin rattling, clacking
klobistama rattle, clack on heels, beat
klohmima bash, thrash, pommel, cudgel
klomp clot, lump, clod
kloon clone
kloonima clone
kloor *keem* chlorine
klooster abbey, monastery, nunnery, cloister, convent
kloostrikirik abbey, minister
kloostrikong cell
kloppima bang, beat, knock off, hammer, rap, mill
  lahti kloppima scramble
  üles kloppima (**patja vm**) plump up, plump out
(kokku) klopsima cobble together, rig up, knock up, clap up, improvise
klosetipott water-closet bowl
klosett loo, water-closet, lavatory; *sl* the john, toilet
klošš flared, crinoline
klots block, chump, building block
klotser signet ring
kloun clown, jester, figure of fun, joker, merry andrew
klounilik clownish, clown-like
klubi club
klutt pal, urchin, brat
klõbistama rattle, tickle
klõps clasp, click, snap, pop
  klõpsuga lahti lööma flip, click up, snap open, pop open
  klõpsuga sulguma snap shut, click shut/closed
klõpsatama click, flick, flip
klõpsatus click, snap, clack, pop
klõpsutama flick, clack
  kanaleid klõpsutama zap, pinch the remote control
klähvima yap, yelp, cry, in full cry
knihv trick, dodge, knack
knopka drawing pin, thumbtack
koaala koala
koalitsioon coalition, fusion
koba bungling, clumsy
kobakas chunky, cumbersome, whopper, lump
kobakäpp all thumbs, ham-fisted, ham-handed, bungler, clumsy, have two left hands
kobama feel for, fumble, grope, grabble
  läbi kobama search, frisk
  teadmatuses kobama be in the dark
kobar bunch, clump, cluster, huddle
kobaras tight, cluster
  kobarasse kogunema cluster, huddle
kobe strong, husky, spongy, mellow; *kõnek* a pretty pie
kobestama loosen, break up
kobestamine loosening, making strong
kobestus loosening, making stronger
kobin patter, hollow sound, grumble, tapping sound
kobra cobra
kobras beaver
kobruleht burdock
kobrutama froth, foam, bubble with foam, sparkle
kobrutav frothy, sparky, foamy, spumy, barmy, bubbly
kobrutis scum, froth, foam

koda house, hall, vestibule, porch
kodakondsus citizenship, nationality
kodakondsuseta stateless
kodanik citizen, subject, national
   tavaline kodanik the man in the street
kodaniku- civic, civil
kodanikud citizens, subjects
kodanikuvabadus civil liberties
kodanikuõigused civil rights
kodanlik bourgeois, civil
kodanlus bourgeoisie, third estate
kodar spoke
kodeerima code, encode, scramble
kodinad scrap, junk, trap, things, belongings
kodu home, place, roof, hearth
   kodu poole homeward
   koju jääma stay in, stay at home, stop at home
   koju lubama discharge, demobilize, dismiss
kodu- homeward, home, house
koduabiline au pair, home help, live-in
koduapteek medicine chest/cabinet, medical kit
koduarest house arrest
koduigatsus homesickness
   koduigatsust tundev homesick
kodujuust cottage cheese
kodujänes rabbit, coney
kodukant country, neighbourhood
kodukeskne domesticated, home-centred
kodukoht homeplace, native place
kodukolle fireside, hearthstone, hearth and home
kodukootud homespun, homemade
kodukord standing rule, bylaw, the standing orders
koduleht *inf* home page
kodulind fowl, poultry
koduloolane, koduloouurija native researcher, researcher of nativity
kodulugu regional studies, country study
kodumaa homeland, fatherland, motherland, home country, native country
kodumaine home, native, homemade, home produced
kodune casual, domestic, domesticated, home, homely, lived-in
kodunema become domesticated, acclimatize, become naturalised
koduperenaine housewife
kodupinnal on the homeground, on the native soil
kodus at home, home, in, off, there; (**asjatundlik**) be fit for any task
koduselt at home, casually, snugly, without ceremony
kodusistuja stay-at-home, homebody
kodustama tame, domesticate, naturalise
kodustatud domesticated, pet, tamed, naturalised
kodusus domesticity, familiarity
kodusõda civil war; (**tüli kodus**) flying saucers in the kitchen
kodutekstiil soft furnishings
kodutu homeless, on the streets, squatter, waif, street Arab, strays
kodutus homelessness
kodutöö homework, household duties
koduväljak home ground
koduõpetaja tutor, governess, governor, private teacher, bluestocking

koduõpetajanna governess, bluestocking

koelõng weft, woof

koer dog, doggie, hound

segavereline koer mongrel

koera- canine, dog

koeraelu *ülek* dog's life, miserable existence

koerakasvatus breeding of dogs, kennel farm

koerakuut kennel, doghouse

koeranael *med* furuncle, carbuncle, boil

koerarihm leash, dog collar

koerus mischief, prank, trick

koestik tissue

kofeiin caffeine, theine

kofeiinivaba decaffeinated, decaff

kogelema falter, flounder, stammer, stutter, hum and haw

kogelemine stammering, stuttering, stumble

kogelmogel beaten sweet yolk

kogema experience, feel, get, go through, receive, sample, taste, undergo

kogemata accidentally, inadvertently, involuntarily

kogemus experience, lesson, taste, cognition

valus kogemus wrench

kogemused credentials, experience, know-how

kogemuslik empirical, experiential

kogemuslikult empirically, experientially

kogemusteta inexperienced, unpractised, raw, fledg(e)ling, green, verdant, unfledged

kogenematu green, inexperienced, raw, stranger

kogenematus inexperience

kogenud adept, an old hand at, experienced, learned, practised, seasoned, skilled

koger crucian (carp)

kogu all, any, community, entire, every, figure, full, smudge, undivided, whole; (**kollektsioon**) collection, compilation, set

kogu- collective, cumulative, full, gross, overall, total

kogudus congregation, flock

koguhulk total, total amount, full amount

koguja collector, accumulator, gleaner; *sl* brainstuffer

kogukas bulky, chunky, fat, sizeable, sizable, voluminous, gross

kogukond community, commune, municipality

kogukondlik common, communal, municipal

kogukus fatness, bulkiness, grossness, voluminousness

kogum body, complex, set, collection, selection

koguma accumulate, amass, assemble, bring together, collect, gather, levy, muster (up), raise, summon up, compose

kogumik omnibus, set, collection, stock, collected list

kogumine accumulation, collecting, collection, assembly

kogunema accumulate, assemble, congregate, convene, gather, mass, meet, turn out

kogunemine accumulation, gathering, assembly

kogunenud assembled, pent-up, convened, foregather

koguni entirely, even, completely, very, absolutely, quite

kogupauk volley, salvo
kogus amount, level, measure, quantity, quantum, volume
  suur kogus chunk, mass
koguseline quantitative
kogusumma amount, total, sum total
  ühekordne kogusumma lump sum
koguulatus gamut, extent, entire range
koha- local, locative
koha pike perch, zander
kohakaaslane two jobs at the same time, doing two jobs at a time, moonlighter
kohakaaslus job-sharing, moonlighting
  kohakaasluse alusel töötama contract, work part-time
kohal above, here, in, in place, there
kohaldama (**kohakuti paigutama**) put/set above/atop the other, put/set over/above one another; (**rakendama**) apply to
kohaldamatu inapplicable
kohale home, here, there, to one's place
kohalesõit arrival, drive to the spot
kohaletoomine delivery, conveyance, transportation
kohaletulek appearance, arrival, showing-up
kohalevedu carriage, transport
kohalik local, native, vernacular
kohalolek presence, attendance, being on the spot
kohalolev present, attending
kohalviibimine being present
kohandama (**sobitama**) adapt, adjust, shape, accommodate, conform

kohandamine adaptation, adjustment, accommodation, conformation
kohandatav adjustable, flexible, adaptable
kohandatavus flexibility, adaptability
kohanduma → kohanema
kohane applicable, appropriate, apt, becoming, due, good, opportune, pertinent, right, suitable, fitting, adequate, proper
  kohane olema fit, lend, be appropriate, pertain
kohanema acclimatize, acclimatise, accustom, adapt, adjust, come to terms, fit in, fit into, settle in
kohanematus inadaptedness
kohanemine adaptation, adjustment, acclimatization
kohanemisaeg adaptation period
kohanemisvõimeline adaptable, adaptive, able to accommodate
kohanemisvõimetu misfit, inadaptable, inadaptive
kohanenud accustomed, attuned, adapted to
kohanev adjusted, adjusting, adapting
kohanimi place name, local name
kohanäitaja usher, usherette, verger
kohapeal on the spot, then and there, right on spot
kohaselt appropriately, aptly, by, suitably, under, in accordance with, pursuant to
kohasus appropriance, appropriateness, properness, fittingness, fitness; (**vastavus**) adequateness, adequacy; (**sobivus**) suitableness, suitability
kohataotleja aspirant, applicant

kohati in places, sporadically, in spots, here and there

kohatu improper, inappropriate, incongruous, indelicate, tactless, out of place, uncivilized, uncivilised, unfitting, unsuitable

kohatult inappropriately, improperly, ineptly

kohatus incongruity, ineptness, inappropriateness

kohatäitmine substitution, *ülek* warming-pan

kohavahetus change of scene, change of service, shuffle

kohaviit pressmark, indication note, routenote; *inf* bookmark

kohe any minute, any minute now, any time now, at a glance, at once, directly, fast, hang on a sec, wait a sec, hard on the heels of, here and now, immediately, now, promptly

kohendama revise, straighten, loosen, mend the fire, get into shape

kohene instant, immediate, occurring at once

kohev fluffy, mellow, light

kohevus bounce, fluffiness, mellowness, lightness, ruffleness

kohin roar, murmur, sigh, rustle

kohisema roar, rustle, murmur

kohitsema castrate, emasculate, geld

kohkuma fright, be scared, get a fright, be shocked, be dismayed

tagasi kohkuma flinch, recoil

kohkumatu undaunted, unflinching, fearless, undaunted, unshrinking

kohkumine fright, horror, becoming shocked

kohkumus consternation, dismay, shock, scare

kohkunud aghast, appalled, dismayed, frightened, shocked

kohmakalt awkwardly, clumsily, heavily

kohmakas awkward, clumsy, cumbersome, elephantine, heavy-handed, hulking, leaden, ponderous, uncoordinated, ungainly, lubberly, hulk, bumpkin

kohmakus clumsiness, awkwardness, rusticity, ungainliness

kohmard bumbling, hulk, clumsy

kohmerdama dawdle, potter about, work slowly

kohmerdamine pottering, dawdling

kohmerdis hulk, slow and clumsy, dawdle-hand

kohmetama become constrained; grow stiff/numb, freeze slightly, rime

kohmetu awkward, embarrassed, inhibited

kohmetuks tegema embarrass, make uneasy

kohmetult awkwardly, uncomfortably, uneasily

kohmetuma grow stiff, be stupefied, be constrained, be embarrassed

kohmetus embarrassment, numbness, constraint, awkwardness

kohmetust tekitav embarrassing, constraining

kohmitsema lumber, potter, dally over, be lazy

kohort cohort

kohrutama make swell, bulge, emboss

kohrutatud embossed

koht place, point, position, post, seat, seating, site, situation, space, spot, locality

K

teine koht second place
teise koha omanik runner-up
vaba koht opening, vacancy
valus koht sore spot
ühest kohast teise from one place to another, from A to B
kindlasse kohta panema tuck, place safely, safe in
kõrvalises kohas out of the way, in a remote place
kohta kätte näitama put someone in one's place, teach someone a lesson
oma kohale asuma fall in
kohta about, concerning, for, into, per, re, regarding, to
kohtama meet, see, date, have a date, encounter, lay eyes on, run across, come across
  juhuslikult kohtama come/run across, bump into
  ootamatult kohtama meet unexpectedly, run into
kohtamine meeting, encounter, date
kohting date
kohtlane sheepish, simple, childish, naive, witless
kohtlaselt sheepishly, childishly, witlessly
kohtlema handle, treat, deal, do by
  alatult kohtlema play a person foul
  ebaõiglaselt kohtlema discriminate
  halvasti kohtlema ill-treat, knock about, knock around, misuse
  jõhkralt kohtlema handle a person roughly, manhandle
  karmilt kohtlema push around, treat harshly
  külmalt kohtlema snub, give a cold shoulder

  soojalt kohtlema take someone to one's bosom
  vääriliselt kohtlema give one one's due
  õiglaselt kohtlema do justice to
  üleolevalt kohtlema condescend, talk down to, patronize
kohtlemine deal, treatment
  karm kohtlemine battering, punishment, hard treatment
kohtu- forensic, judicial, juridical
kohtualune defendant, accused, respondent
kohtuasi case, lawsuit, litigation, suit, brief
  kohtuasja algatama press charges, bring to action
kohtuistung hearing, session, assizes
kohtukoda court, law court, court of law, court of justice
kohtukutse subpoena, summons, citation, monition
  kohtukutset esitama serve, serve a summon
kohtulik forensic, judicial, juridical, legal
kohtuma join, meet, see, date, rendezvous, come across, meet by chance, run into
kohtumaja court, law court
kohtumenetlus proceedings, legal procedure, court procedure
kohtumine date, encounter, engagement, get-together, meeting
  kokkulepitud kohtumine appointment, agreed meeting
  salajane kohtumine assignation
kohtumõistja judge
kohtumõistmine judging, jurisdiction, administering justice, the Last Judgement

kohtunik adjudicator, judge, justice, magistrate, referee, steward, umpire

kohtunikekogu magistracy, judicature, bench

kohtuotsus verdict, decree, judgement, judgment, doom

　kohtuotsust tegema find, adjudge, convict

kohtuprotsess lawsuit, proceedings, trial

kohtusaal courtroom, session hall

kohtusüsteem judiciary

kohtutäitur bailiff, sheriff

kohtvalgusti spot, spotlight

kohtvõrk *inf* local area network, LAN

kohuke cheese bar

kohupiim cottage cheese, curd cheese, cream cheese

kohupiimakook cheesecake

kohus (õigusemõistmine) court, law court, tribunal; **(kohustus)** duty

　kohtu all olema stand, be on trial

　kohtu alla andma bring to justice, start a lawsuit

　kohtusse andma have up, suit, take the matter into the court

　kohtusse ilmuma haul up, appear at the judge/in the court

　kohtusse kaebama press charges, sue

　kohtusse kutsuma have up, subpoena

　kohut käima litigate

　kohut mõistma doom, judge, pass judgement, try

kohusetruu duty-bound, devoted, dutiful, scrupulous

kohusetundlik conscientious, dutybound

kohusetundlikkus conscientiousness

kohusetundlikult conscientiously

kohusetäitja acting, substitute, deputy, proxy, vice

kohustama bind, oblige to, engage, put under obligation

kohustatud bound, liable, obliged, be bound

kohustuma bill, commit, oblige, engage

kohustus assignment, commitment, covenant, imposition, liability, duty, obligation, onus, responsibility

　kohustuseks võtma undertake, take as a duty, take as an obligation

kohustuslik compulsory, formal, mandatory, obligatory, set, binding, required

kohutama appal, daunt, dismay, frighten, horrify, make one's hair stand on end, shock, terrify

kohutamatu undaunted, undeterred

kohutamine frightening, terrifying

kohutav appalling, awesome, awful, bloodcurdling, chilling, daunting, dire, dreadful, fearful, fearsome, fiendish, formidable, foul, frightening, frightful, grievous, grim, grisly, gruesome, hellish, horrendous, horrible, horrific, horrifying, no, shocking, terrible, terrifying, tremendous, unspeakable

kohutavalt appallingly, as hell, dreadfully, fiendishly, frightfully, hellishly, hideously, horrendously, horribly, horrifically, horrifyingly, terribly, terrifically, uproariously

kohv coffee

kohver case, suitcase, trunk, coffer

kohvik café, coffee bar, restaurant

kohvikann coffee-pot

K

kohvimasin coffee-maker, percolator
kohvioad coffee beans
kohviveski coffee mill(grinder)
koi (magamisase laevas) berth, bunk, cot; (putukas) moth, woodworm
 koidest näritud moth-eaten, worm-eaten
koiauk moth hole
koib leg, shank
koidik dawn, daybreak, daylight, cockcrow, dayspring
koidikul at the crack of dawn, at dawn, at the top of the day
koidutäht Venus, morning star
koiduvalgus sunrise, dawnlight, daylight
koiku cot, light bed, bunk, berth, pallet
koiliblikas moth
koirohi absinth, wormwood
koit dawn, sunrise, aurora
koitanud moth-eaten
koitma break, dawn
 koitma hakkama dawn on, dawn upon, crack the daylight
koivad pin, stumps
kojamees (autol) windscreen-wiper; (majahoidja) caretaker, janitor, (AmE) superintendent, broomsman
kojanaine janitor, caretaker, cleaning lady, charwoman
koju home
kojutulek homecoming
koka → kokakoola
kokaiin cocaine
kokakoola coke
kokandus cookery, culinary
kokatädi cook, lady cook; *sl* she scoop
koketeerima coquet

koketeerimine coquetry
koketeeriv coquetting
koketne coquettish
koketsus coquettishness
kokk cook, chef
kokku down, together, in all, up
kokkuhoid austerity, economy, saving, thrift, parsimony
kokkuhoidev (säästev) economizing, saving; (ühtehoidev) close-knit, holding together
kokkuhoidlik economical, frugal, sparing, thrifty
kokkuhoidlikkus frugality, saving, providence
kokkuhoidlikult frugally, sparingly, thriftingly, on economical lines
kokkukasvanud knit, grown together, adherent, confluent
kokkuklopsitud clapped-up, thrown up, knocked-up
kokkukraapimine scraping up
kokkukuivamine shrinkage, withering
kokkukukkumine collapse, collapsing
kokkukuuluv cohesive, consistent, homogeneous, connected
kokkukuuluvus belonging, consistency, connection, homogeneity
kokkukõlav harmonising, chiming
kokkukäiv collapsible, folding, telescopic
kokkulangemine overlap, matching, coincidence
kokkulangev coincidental, coinciding, collapsible
kokkulangevus coincidence, merging, coalescence
kokkulepe agreement, arrangement, bargain, compromise, convention, settlement, stipulation

kokkuleppele jõudma split the difference, square, thrash out, come to an agreement

kokkuleppest lahti ütlema pull out, back out of the agreement, wriggle out, crab out

kokkulepitud given, agreed, stipulated, arranged

kokkumurdmine folding together

kokkumäng collusion, team work, combination, collective acting

kokkuost buying up, state purchases, purveyance

kokkuostja purchaser, purveyor

kokkupandav collapsible, folding, prefabricated, telescopic

kokkupandud composite, assembled

kokkupanek assembly, gathering

kokkupanija assembler, gatherer

kokkupuude contact, touch, connection

kokkupuutumine exposure, touching, meeting

kokkupõrge brush, bump, clash, collision, crash, encounter, impact **relvastatud kokkupõrge** conflict

kokkurullimine rolling up, furling

kokkurullitud furled, rolled up

kokkusaamine engagement, meeting

kokkusattumus coincidence, concurrence, synchronism **kokkusattumuse tõttu** coincidentally

kokkuseadmine composition, assembly, compiling

kokkusobimatu incompatible, irreconcilable, mismatching, nonsuitable

kokkusobimatus incongruity, inconsistency

kokkusobimine matching, consistency, suitability

kokkusobiv compatible, harmonious, consistent, accordant, well-matched

kokkusobivus cohesion, accordance, consistency, harmony

kokkusulatamine fusion, interfusion, amalgamation, blending

kokkusurumine compression, crowding, jamming

kokkusurutud compact, concise, cramped, pent-up, packed like sardines, jammed together, cabined, tabloid

kokkutulek convention, reunion, get-together, gathering, meeting, rally

kokkutõmbumine contraction, constriction, shrinking

kokkutõmbunud shrunken, shrivelled, contracted

kokkutõmme constriction, contraction

kokkuvarisemine collapse, downfall, failure, breakdown, ruin, smash, wreck, crash

kokkuvarisenud in tatters, ruined, collapsed, ruinous, broken-down, foundered

kokkuvõte abstract, round-up, summary, synopsis, brief, digest, argument, abridgement **kokkuvõtet tegema** sum up, summarize, make a summary, make a résumé, digest

kokkuvõtlik brief, summary, concise

kokkuvõtteks lastly, sum it up, in conclusion, in brief

kokkuvõttes all in all, altogether, by and large, on the whole, overall, ultimately

K

kokni cockney
kokteil cocktail, shake
kokutaja stutter, stammerer
kokutama falter, stammer, stutter
kokutamine stammer, stutter
kolakas chunk, bulk, lump, clumsy fellow, smacker; *sl* whopper
kolama knock about, gad about, loaf about
kolb flask, bucket, bulb
kole awful, dreaded, dreadful, fearful, frightful, hideous, horrid, monstrous, perishing, terrible, ugly
koledus atrocity, enormity, terror, awfulness, dreadfulness, ghastliness
kolesterool cholesterol
koletis monster, ogre, savage, fright
koletislik monstrous, ogr(e)ish
koletislikkus monstrosity, enormity
koletu abysmal, enormous, monstrous, prodigious, huge, immense
koletult abysmally, enormously, hugely, prodigiously, immensely
koletuslikkus enormity, immensity, hugeness
kolgas backwater, backwoods; *sl* dump, fringe, godforsaken place, the sticks
kolgatatee *ülek* minefield, a thorny path, road to Cavalry
koli lumber, scrap, heap, junk, traps, belongings
koliit *med* colitis
kolikamber lumber room
kolima move, shift, change one's lodgings
    kokku kolima move in with, share the kettle
    sisse kolima move in
    välja kolima move out, clear out

    ära kolima move, move out
    ümber kolima move (house), remove (from … to …)
kolimine move, removal, change of lodgings
kolin clatter, rumble, rattle, noise
kolisema clatter, rattle, rumble
kolistama rumble, clatter, rattle
    ringi kolistama lumber
kolju pericranium, skull, brainpan
kolka- incestuous, out of the way, outlying, provincial
kolkalik provincial, hillbillily
kolkima batter, beat, clobber, pound, pummel, thump, wallop
    läbi kolkima trounce, thrash
kolklus provinciality
kolks clunk, bang, smash, thud, thump
kolksti plonk, clash, plop, thump
kolksuma thump, give a thump
koll bugbear, bogy, bugaboo; *sl* spook
kollaaž collage
kollakas yellowish
kollakaspruun fawn, tan, tawny, yellowish brown, russet, snuff-coloured
kollakasroheline jade, yellowish-green
kollane yellow
kollanokk sucker, greenhorn, puppy, callow youth, tenderfoot(s)
kollapalavik *med* yellow fever, *kõnek* yellow Jack
kollaps collapse
kollasus yellowness
kollatõbi *med* jaundice, icterus
kolle fireplace, furnace, hearth, pocket, grate, opening, firebox, focus, seat, nest, hotbed
kolledž college

kolleeg colleague, fellow, co-worker
kolleegium council, board, college
kollegiaalne collegial, as a colleague, collegiate, joint, collective
kollegiaalsus fellowship, feeling between colleagues, collectivity
kollektiiv team, collective
kollektiivne collective, joint
kollektiivselt en bloc, en masse, jointly
kollektiivsus collectivity
kollektivism collectivism, jointness
kollektsioneerima collect
kollektsioneerimine collecting
kollektsionäär collector
kollektsioon collection, set
kollendama yellow, shimmer in yellow
kolletama turn yellow, wither
kolletanud withered
kolletuma yellow, wither, become yellow
kolm three, trey
kolmain(s)us Holy Trinity, Three in One
kolmandaks third, thirdly, in the third
kolmandik third, one third
kolmandikaeg (geim) *sport* term, third time
kolmapäev Wednesday
kolmas third
Kolmas Maailm the Third World
kolme- three
kolmekesi three together, we three, the three of
kolmekordistama triple, triplicate, treble
kolmekordne treble, triple
kolmekordselt threefold, thrice
kolmekuningapäev Epiphany, Twelfth night

kolmekümnendik thirtieth
kolmekümnes thirtieth
kolmemõõtmeline three-dimensional, solid
kolmeosaline tripartite, three-part, triple time
kolmepoolne triangular
kolmesajas three hundredth
kolmeteistkümnendik thirteenth
kolmeteistkümnes thirteenth
kolmevõistlus triathlon
kolmik trio, triplet, triad
kolmikud triplets
kolmjalg tripod, trident
kolmkümmend thirty
kolmnurk triangle, set square, eternal triangle
kolmnurkne triangular
kolmnurkside set square, triangular tie/connection
kolmsada three hundred
kolmteist thirteen
kolmveerand three-quarters
kolonel colonel, group captain
koloniaal- colonial
koloniaalmaa → **koloonia**
koloniaalpoliitika, kolonialism colonialism
koloniseerima colonize, colonise
kolonist settler, planter, colonist
kolonn convoy, column
kolonnaad colonnade
koloonia colony, settlement
koloriit background, colouring
koloriitne colourful, picturesque
koloss pile, colossus
kolossaalne colossal
kolp skull
koltuma sallow, turn yellow, fade, wither
koltunud off-white, withered, sallow, yellowed

K

kolu lumber, junk, rubbish, trash; *sl* nut; (**pea**) skull, head
kolumats bogey
kolumnist columnist
koma comma
komandant commandant, commander, governor, warden
komandantuur the headquarters, commander's office
komandeerima post, second, command, draft off, appoint, send on a mission
komandeering mission, secondment, business trip, assignment, drafting
komando (**väeüksus**) brigade, crew, company, commando; (**käsklus**) command order
komandör commander, commanding officer
kombain combine, harvester
kombainer combine operator
kombatav palpable, touchable, tangible
kombed breeding, manners, behaviour, kinderstube
kombekas done, good, refined, well-bred, polite, civil, decent, modest
liialdatult kombekas prude
kombekohane ritual, customary, traditional
kombekus, kombelisus modesty, propriety, manners, politeness, decency
kombelõtv wanton, dissolute, rakish, tomcat
kombelõtvus dissoluteness, rakishness, tomcatting
komberdama blunder, hobble, stumble, trail
kombestik morale code, customs, manners, traditions

kombetalitus ceremony, observance, rite, ritual
kombinaat integrated plant, combinate
kombinatsioon combination, mix
kombinee slip
kombineerima mix, combine, contrive
kombinesoon overalls
kombitav tactile, tangible, sensitive, palpable
kombits feeler, tentacle, palpus
komeet comet
komejant buffoon, farce, mummer
komet histrionic, slapstick
kometimäng farce, buffoonery
kometitegemine buffoonery, playing the fool
komfort comfort, cosiness, snugness
komfortne snug, cosy, comfortable
komisjon commission, committee
komisjoni liige commissioner, committee person/man/woman
komisjonitasu commission, brokerage
komissar commissary
komissariaat commissariat
komistama blunder, stumble, trip over, blunder, slip, lose one's footing, offend
komistamine trip, stumbling, tripping over, slipping, offending
komistuskivi stumbling-block, balk
komitee board, commission, committee
komm sweet, candy, bonbon, goodie, confection, praline
komme custom, disease, fashion, habit, league, manner, mode, practice, tradition, way
kommet järgima practise, follow

the tradition, keep up with traditions

kommentaar comment, commentary, qualification

kommentaator commentator

kommenteerima comment, commentate

kommersant merchant, commercialist

kommerts commerce

kommerts- commercial, commercialized, commercialised

kommertspank merchant bank, commercial bank

kommipaber candy wrap

kommunaalmaja council house, municipal house

kommunaalne communal, municipal

kommunaalteenus utility, municipal services, public service

kommunikatsioon communication(s)

kommunism communism

kommunist communist

kommunistlik communist

kommutaator commutator, switchboard, commuter

kommuun commune

kommünikee communiqué

kompaktkirjastamine *inf* desktop publishing

kompaktne compact

kompaktplaat compact disc, CD

kompaktsus compactness

kompama feel, touch, grope

kompanii company, Co

kompass compass

kompensatsioon compensation, redress, repayment

kompenseerima compensate

kompetentne competent, cognizant

kompetents capacity, cognizance, jurisdiction

kompetentsus competency, competence

kompileerima compile

kompima feel, fumble, explore, examine, grope

kompimine feel, touching, groping, examining, exploring

kompimismeel touch, feeling, tactile sense

kompleks complex, fixation

kompleks- complex

kompleksivaba earthy

kompleksne complex, interdisciplinary

komplekssus complexity

komplekstehing package deal, lock-stock-and-barrel-deal

komplekt kit, lot, match, set, setting, complement

komplekteerima complete, replenish

koosseisu komplekteerima staff, compile, crew

komplema palpate, grope, examine by touching

komplikatsioon complication

kompliment compliment

komplimenti tegema compliment, pay a compliment

komplitseerima complicate

komplitseeritud complex, complicated, spiny

komplitseeritus complexity, complication, complicacy

komponeerima *muus* compose

komponeerimine *muus* composition, composing

komponent component

kompositsioon composition, harmony

K

kompositsiooniline compositional, harmonical
komposteerima compost
komposter punch
kompostmuld compost
kompott stewed fruit, compote
kompress compress
kompromiss compromise, give-and-take, halfway house
   kompromissi saavutama compromise
kompromissitu uncompromising
kompromiteerima blemish, compromise, commit, endanger reputation
kompromiteeriv compromising, endangering reputation
komps bundle, pack
komputeriseerima *inf* computerize
kompuuter computer, PC
kompvek candy, sweet, goody, bonbon
   pehme kompvek fudge, marshmallow
komödiant comedian, comic, buffoon
komöödia comedy, sham
konarlik broken, bumpy, ragged, rough, uneven, angular, awkward
konarus bump, bumpiness, roughness, knobbiness, angularity
kondensaat condensation
kondenseeruma condense
kondibukett skeleton, scrag, skin and bones
kondiitrikook pastry, cake
kondiitritooted confectionery, pastry
kondiitriäri confectioner's shop, cake shop, confectionery
kondikava basis, framework, skeleton, outline, frame

kondine angular, scrawny, skeletal
konditsionaalne conditional
konditsioon condition
kondoom condom, sheath, rubber, French letter; *sl* baseballcap
konduktor bus conductor, conductor, guard
konferansjee compère, announcer, master of ceremonies
konfereerima confer, compère, act as a master of ceremonies
konfereerimine conference, compèring
konfessioon denomination, creed, confession
konfetid confetti
konfidentsiaalne confidential
konfidentsiaalselt confidentially, off the record
konfidentsiaalsus confidentiality
konfiguratsioon *inf* configuration
konfiskeerima confiscate, seize, escheat, impound
konfiskeerimine confiscation, seizure, impounding
konflikt conflict, clash
   konfliktis olema conflict
konformism conformity
konformist conformist
konfrontatsioon confrontation
konföderatsioon confederation
kong box, cell, hole, kennel
konglomeraat conglomerate
kongress congress, convention, conference, Congress
kongus hooked
koni butt, end, stub, dog-end
konjak cognac, brandy
konjugeerima *lgv* conjugate
konjunktsioon *lgv* conjunction
konjunktuur conjuncture, juncture, business outlook

konkreetne concrete, definite, tangible

konkreetsus concreteness

konkretiseerima concrete, make concrete

konks catch, hook, hanger, crook, tick, quirk

konks- hooked

konksuga tricky, quirky

konkubiin concubine

konkureerima compete, rival

konkurent competitor, rival

konkurents competition, rivalry

konkurentsitihe competitive, highly competitive, extremely competitive

konkurentsitihedalt competitively

konkurentsitu unrivalled, uncompetitive

konkurentsivõimeline competitive, competitively

konkurss contest, competition; insolvency

konn frog, toad, paddock

konnapoeg tadpole, baby frog

konnasilm *med* corn, clavus

konnatiik frogpond

konsensus consensus

konserv preserve, tinned/canned food, bottled food

konserv- canned, processed, tinned

konserv(eer)imine preservation, canning, tinning, pickling

konservant preservative

konservatiiv conservative, (**Inglismaal**) Tory

konservatiivne conservative, old-fashioned

konservatism conservatism

konservatoorium conservatoire

konserviavaja tab, tin-opener

konservikarp can, tin, preserving

konservima can, cure, conservate, preserve, conserve, pot, tin, pickle

konservimata fresh, non-tinned/-canned

konservipurk tin, preserving jar

konservitud processed, conserved, preserved

konsiilium council, consultation

konsistentne consistent

konsistents consistency

konsolideerima consolidate

konsolideeruma consolidate

konsolideerunud consolidated

konsonant consonant

konsool bracket, console

konsortsium consortium

konspekt synopsis, syllabus, outline, summary, notes

konspekteerima make a summary, take notes

konspektiivne concise, compendious

konspiraator conspirator

konspiratiivne conspiratorial, secret

konspiratsioon conspiracy, plot, secrecy

konspireerima conspire, plot

konstaabel constable, police officer, village constable

konstateerima assert, state, lay down as a fact, note

konstateering statement, assertion

konstitutsionaalne constitutional

konstitutsioon constitution

konstitutsiooniline constitutional

konstrueerima form, construct

konstruktiivne constructive

konstruktiivselt constructively

konstruktor constructor, designer

konstruktsioon construction

konsul consul

K

konsulaar- consular
konsulaarne consular
konsulaat consulate
konsultant counsellor, consultant, adviser, county agent
konsultatsioon tutorial, consultation
konsulteerima consult, see
konsulteerimine consultation
kont bone
kontakt connection, contact
    kontakti võtma get in touch, keep in touch, stay in touch, reach
kontakteeruma contact, get in touch with
kontaktisik contact person
kontaktläätsed contact lenses
kontaktne contact
konteiner container
kontekst context
kontinent continent
kontinentaalne continental
kontinentidevaheline intercontinental
kontingent element, contingent, quota
kontinuiteet continuity
konto account
    jooksev konto current account
kontoväljavõte bank statement, statement
kontojääk account, balance
kontor bureau, office
kontori- office, clerical
kontoritarbed office supplies, stationery
kontra- counter-
kontraalt *muus* contralto
kontrabass double bass, contrabass
kontradmiral *sõj* rear admiral
kontrast contrast, opposition
    terav kontrast dichotomy

kontrastiks olema contrast with
kontrastne contrasting, contrastive
kontrastsus contrast, contrastiveness
kontroll check, control, grip, inspection, review, tab, scrutiny
    pisteline kontroll spot check, random test
    kontrolli all in hand, in control of, under control
    kontrolli all hoidma control, keep down, keep under control, preside over
    kontrolli alt väljuma berserk, reach boiling point, run wild, decontrol
    kontrolli säilitama bear up, preserve control, keep control, hand on the pulse
    kontrolli tugevdama clamp down on, tighten
kontrolletendus preview
kontrollija controller, tester, scrutineer, roundsman
kontrollima check, check out, check up, check up on, control, inspect, keep, look over, mark, service, test, verify, vet
    üle kontrollima double-check, make sure
kontrollimatu runaway, unchecked, uncontrollable
kontrollimine check, revision, checking, testing, verification, scrutiny
kontrollkatse test case, control test/experiment
kontroll-lend pilot control
kontrollmõõt fixed measure, check measurement
kontrolltöö test, paper
kontrolör controller, inspector, supervisor, tester, checker

kontrrevolutsioon *pol* counter revolution
konts heel, stub
  kõrged kontsad high heels
kontsaplekk heelpiece, heeltap
  kontsaplekki alla lööma heel a shoe, tap the heel
kontsentraat concentrate
kontsentratsioon concentration, strength
kontsentratsioonilaager → **koonduslaager**
kontsentreerima concentrate
kontsentreeritud concentrated
kontsentreeruma concentrate
kontsentreerumine concentration
kontsentreerunud concentrated
kontsentriline concentric
kontsept concept, sketch, first draft
kontseptsioon conception
kontsern concern, trust
kontsert concert, concerto, recital
kontsertlindistus live concert recording
kontsertülekanne live concert transmission
kontuur contour
  kontuuri joonistama trace, outline, contour
kontuuriline contoured, with contours
kontvõõras uninvited, intruder, unbidden guest; *sl* gate-crasher
konveier conveyor belt, transporter
konventsioon convention
konverents assembly, conference, symposium
konverentsisaal conference hall
konversioon conversion
konverteerima convert
konverteeritav convertible
konvoeerima convoy, escort

konvoi convoy, escort
konvulsioon *med* convulsion, cramp
koobas burrow, cave, den, lair, cavern, earth, grotto, socket
kood code, combination
  koodi lahti muukima break, decode
koodeks code, codex
koodlukk combination lock, codelock
koogutama grapple, nod, stoop, bend, lick the boot
kook cake, flan, tart, scone, crumpet, damper
kookon cocoon, pod
kookospiim coconut milk
kookospähkel coconut
kool school
koolduma bend, sag, warp, crook, twist
kooldunud bent, warped
koolera *med* cholera
kooli- scholastic, school
kooliaeg schooldays, school-time
koolidirektor headmaster, headmistress, head, schoolmaster, schoolmistress, (AmE) (lady) principal
koolieelik preschooler
koolieelne preschool
kooliharidus schooling, education, school
kooliiga school age
koolikott satchel, schoolbag
koolikud *med* colic
koolilaps schoolchild, pupil, student
koolilõpetamine graduation, finishing school
koolilõpuaktus speech day
koolilõpueksam GCE, GCSE, final exams, school-leaving exams

K

koolipink schoolbench, schooldesk
koolipoiss schoolboy
koolipõlv schooltime
koolipäev school day
koolisõit way to school, ride to school, schooltrip
koolitahvel blackboard, schoolboard
koolitama educate, school, teach, train, tutor
koolitamata untutored, unaccomplished, uneducated
koolitatud educated, scholarly, trained
koolitunnistus school certificate, school report
koolitus schooling, training
koolitöö schoolwork, hometask, homework, task, lesson
koolitüdruk schoolgirl
kooliõpetaja schoolteacher, schoolmaster/-mistress, teacher, dominie
koolkond school, school of thought
koolmeister → **kooliõpetaja**
koolmekoht ford
koolnu dead person, corpse, dead body, cadaver
koolnuvaatlus post-mortem, autopsy
koolon colon
koolutama bend, bow, warp, crook
kooma coma
koomas comatose, in coma
koomik comedian, comic, funny fellow
koomika comedy, humour
koomiks cartoon, comic
koomiline funny, comic, comical, humorous, light
koomilisus humour, comicality, comical side
koon chop, muzzle, snout

koond- concentrated
koondama (**kokku tõmbama, koguma**) assemble, rally, draw together, run down; (**keskendama**) centralize, centralise, concentrate, organize, organise; (**töötajaid**) lay off, slim down
koondamine centralization, layoff, redundancy; *inf* kerning
koondatud (made) redundant, rallied, assembled, contracted, concentrated, compressed
koondis aggregation, association, assembly, representative team
koonduma concentrate, converge, rally
koondumine concentration, rallying, assembling, converging
koondunud assembled, centred, converged, aggregate, compressed
koonduslaager concentration camp
kooner miser, skinflint, cheeseparing, stingy, niggard
koonerdama cut corners, scrimp and save, scrimp and scrape, skimp, spare
koonerdamine meanness, stinting, skimping
koonerdav penny-pinching, miserly, skimping, sparing
kooniline conical
koonus cone
koopainimene caveman
koopataoline cavernous
kooperaator co-operator
kooperatiiv co-operative
kooperatiivne co-operative
kooperatsioon co-operation
koopia copy, duplicate, facsimile, replica, spitting image, transcript
koopiamasin photocopier, copymachine

K

koopteerima co-opt
koor (laulu-) choir, chorus; (piima-) cream; (väline kate, kest) husk, rind, shell, skin; (kartuli-, puuvilja-) peel
koordinaadid grid, co-ordinates
koordinaat co-ordinate
koordinatsioon co-ordination
koordineerima co-ordinate
koordineerimata uncoordinated
koordineerimine co-ordination
koordineeritud co-ordinated
koordineeriv co-ordinating
koorekiht cream, elite, the upper ten
koorekompvek caramel, toffee, butterscotch, taffy
koorem burden, encumbrance, liability, load, onus, tie, weight
koori- choral
kooriiste stall, choir stall
koorijuht choir leader, conductor
koorik crust, rind, shell, scale, slough
koorikloom shellfish, crustacean
koorilaulja chorus singer, choralist
koorima pare, pare off, peel, shell
   maha koorima peel off
   paljaks koorima strip
koorimine paring, barking, peeling
kooripealne gallery, choir loft
koormama annoy, encumber, load, lade, burden, saddle with
   üle koormama overload
koormatud burdened, fraught, hardpressed, heavy, laden, loaded, weigh down
koormav onerous, loading, burdensome, cumbersome, nuisance
koormus burden, load, strain, stress
kooruma hatch
koos along with, alongside, at a time, by, co-, couple, en bloc, in combination with, in conjunction with, including, jointly, side by side, together, together with, with
kooseksisteerimine co-existence
kooselu cohabitation, living together
kooskõla accord, concord, harmony, rapport
kooskõlaline harmonious, concordant with
kooskõlas consistent, in accordance with, in keeping with, in line, in unison
   kooskõlas olema comply, conform, in tune with, tally
   kooskõlla viima harmonize, attune, bring into harmony
kooskõlastama co-ordinate, settle, square
kooskõlastamine co-ordination
kooskõlastatud concerted, prearranged, planned
kooskõlastus conformity, harmonizing, harmony
kooskõlatult out of step, inconstantly, inharmoniously
kooslus colony, association
koosmõju cumulative effect, total effect, ensemble, harmonizing effect
koosmäng united performance, ensemble, team play, (acting, playing) in unison
koosnema compose, comprise, consist (of), be made up of
koosnev strong, complex, consisting of
koosolek assembly, meeting, gathering, conference, convention
   koosolekut pidama hold/have a meeting, hold the auditorium
koosolekujuhataja chair, chairman/-woman, chairperson, presider

K

koosolekuruum boardroom, meeting room, conference room, auditorium

koosolekusaal conference hall, auditorium

koosseis line-up, run, strength, cast, staff, personnel, skeleton crew

koosseisuline staff, permanent, on the staff, regular

koosseisus on the staff, as regular

koostaja composer, editor, maker, compiler, author

koostalitlusvõime *inf* interoperability

koostama compile, compose, conceive, draw up, edit, frame, index, make out, make up, put together, write, programme

koostamine compilation, making, composition, compiling, putting together

koostis composition, constitution, make-up, formation, structure

koostisosa component, constituent, ingredient, module, formation, constitution

koostöö association, collaboration, co-operation, liaison, joint-work, teamwork

  koostöö tegija collaborator, co-operator, joint-worker, teamworker

  koostööd tegema collaborate, co-operate, liaise, play ball

koostööaldis co-operative, willing to co-operate

koostöös in association with, in conjunction with, in tandem, in co-operation/collaboration with

koosviibimine gathering, get-together, flock, feast, party, symposium, informal banqueting

koot shin, shank, leg, shinbone

kootama knit, contract, constrict, astride

kootud knitted, woven

kopeerima copy, trace, imitate, print, calk, duplicate, make a copy

koperdama blunder, bumble, fumble, stumble, grope about, walk clumsily

  ringi koperdama lumber

koperdis groper, clummer

kopikas copeck, kope(c)k, penny

kopitama get mouldy/musty/fusty

kopitanud musty, stale, mouldy

kopp scoop, ladle, bucket

  kopaga tõstma scoop, scoop out, bucket out

koppel enclosure, field, paddock, cattle run/enclosure, corrall, birch grove

kops lung(s), lights

  kopsu üle maksa ajama make one's blood boil, see red

kopsakas portly, tidy, stout, hefty, burly, strapping, mountain of a man, pretty (penny)

kopsama clout, knock, rap, slap, flop, dash

kopsik ladle, dipper, mug

kopsima tap, rap, knock, clack, flop, dash

kopsukatarr *med* bronchitis

kopsupõletik *med* pneumonia

kopsutorud → **bronhid**

koputaja grass, knocker, rapper, informer

koputama grass, knock, shop, tap, rap

koputlus *med* percussion

koputus knock, rap, tap

korall coral

korallrahu coralreef

korbatanud caked, scabbed, scabby

kord (režiim) discipline, order, regulation, regime, procedure, system, rule; (järjekord) turn; (juhtum) occasion, time

esimest korda for the first time

üks kord once

kaks korda twice

kolm korda three times

sel korral on this occasion, this time

mitmel korral on several occasions

vastasel korral or else, otherwise

korda rikkuma violate the law and order, misbehave, perpetrate, perform

korda taastama call to order, restore the order, clear the mess out

kordaläinud successful, succeeded

kordama echo, reiterate, repeat, revise, run through

üle kordama recap, recapitulate

korrata! encore, bis, once more

kordamine repetition, revision, renewal

kordaminek achievement, success, accomplishment

kordamööda in turn, take turns, by turns

kordaseadmine renovation, repair, restoring, smartening

kordeballett corps de ballet

kordon cordon, frontier guard post, frontier

korduma recur, repeat, occur again

kordumatu one-off, original, non-recurrent, non-recurring, iteration, once in a lifetime

kordumine recurrence, repetition, reiteration

kordus multiplicity, repeat, repetition, recurrence

kordusesitus replay, repeat

kordusõppus training for reserve

korduv recurrent, recurring, repeated, frequent, repeated, repetitive, continual

korduvalt after, again and again, over and over again, time and (time) again, consistently, more than once, repeatedly, time after time

korduvkasutama recycle, universal use

koreograaf choreographer

koreograafia choreography

koreograafiline choreographical

korgitser corkscrew

koridor corridor, hallway, passage, lobby, hall

korint currant

korisema gurgle, rattle, rumble, growl

koristaja cleaner, janitor, picker, porter

koristama clean, clean up, clear, clear up, clear away, discipline, do, put away, straighten up, tidy, tidy away, tidy up, harvest

koristamine cleaning, tidying, clearing, harvest

korjaja picker, collector, gleaner

korjama chalk up, collect, pick, glean, gather (up/together), sweep up

üles korjama (**haigust**) pick up, catch

korjandus collection

korjandust tegema make a subscription, raise money, collect

korjus carcass, carcase, dead body

kork cap, cork, plug, stopper, top, fuse

korkimine corkage

K

lahti korkima uncork
kornet cornet
koroner coroner
korp curd, bark, slough
korporatsioon corporation, students' club, fraternity
korpulentne corpulent, obese
korpus bodywork, corps, corporation
korraarmastaja orderly, tidy, cleanfreak
korraarmastus tidiness, orderliness, cleanfreakness
korraga at a time, at once, at one fell, swoop, at the same time, all at once
korral in case, in the event of, on an occasion
korralagedus chaos, anarchy, misrule, lack of order, disorder, confusion, muddle, hubbub
korraldaja manager, organizer, steward, arranger, regulator, engineer
korraldama arrange, conduct, fix, fix up, get together, lay on, manage, mount, orchestrate, order, organize, organise, prescribe, regulate, run, set up, stage, stage-manage, throw together
ümber korraldama rearrange, reorganize, turn round, turn around; *kõnek* shake up
korraldamine management, organization, organisation, arrangement
korraldatud orchestrated, ordered, organized, organised, arranged
halvasti korraldatud disorganized, disorganised
korraldav driving, organising, arranging, executing, regulating, prescriptive

korraldus dictate, order, organization, organisation, provision
korralduse kohaselt by order of, at one's command
korraldust andma ordain, give the word to do, order
korraldused arrangements, regulations, orders
korralik clean, competent, decent, decorous, demure, good, neat, orderly, reputable, respectable, right-minded, spruce, tidy, trim
piinlikult korralik scrupulous
korralikkus decency, decorum, order, propriety, respectability
korralikult competently, daintily, decently, duly, fastidiously, neatly, tidily, well and truly
korraline ordinary, regular
korrapidaja disciplinarian, monitor, person on duty
korrapidamine keeping of order, maintaining discipline
korrapärane ordered, orderly, regular, proper
korrapäraselt duly, regularly, without fail, properly
korrapärasus order, regularity
korrapäratu chaotic, erratic, irregular, unequal, rambling, inconstant
korrapäratult erratically, irregularly, inconstantly
korrarikkuja rioter, peacebreaker, violator, mischief-maker
korras all right, fine, in order, okay, OK, orderly, right, satisfactory, shipshape, straight
korrast ära down, on the blink, out of action, out of joint, out of order, out of place, wrong
korrashoid care, maintenance, upkeep

korrastama arrange, do, freshen up, line up, order, organize, organise, sort, straighten out, straighten up, tidy, tidy away, tidy up

korrastatud in order, ordered, orderly

korrastatus order, organising, organisation

korratu dishevelled, disorderly, unruly, untidy

korratus anarchy, disarray, disorder, muddle

korravalve vigilante, keeping the peace, maintaining order

korravastane against order, contrary to order

korrektiiv corrective, correction, rectification, emendation

korrektne correct, precise, standard, proper

korrektor corrector, proof-reader, copy editor

korrektsus accuracy, correctitude

korrektuur correction, proof, proof-reading

korrelatsioon correlation

korrespondent correspondent, newsman

korrespondents correspondence, news report, newsletter

korrigeerima adjust, correct, emend, rectify, proof-read

korrigeerimine adjustment, correction, emendation, rectification

korrosioon corrosion

korrumpeeruma corrupt, (take a) bribe

korrumpeerunud corrupt

korruptiivne corrupt

korruptsioon corruption, bribery

korrus deck, floor, storey

    esimene korrus ground floor,

(AmE) first floor

    teine korrus first floor, (AmE) second floor

    kolmas korrus second floor, (AmE) third floor

    ülemine korrus upper floor, upstairs

korrusekorter maisonette, quarters

korrutama multiply, reiterate, rub it in, parrot, harp on, twist

korrutamine multiplication, harping on, twisting, parroting

korrutis product

korrutusmärk multiplication sign

korrutustabel multiplication table

korsett corset, girdle, stays

korskama snort

korsten chimney, funnel, stack

korstnapühkija sweeper, chimney sweeper

korteež escort, retinue

korter apartment, flat, lodgings, quarters, pad

    korteris olema lodge, room

korterikaaslane flatmate, lodger

korteriüür rent, lodging money

korts crease, fold, furrow, line, wrinkle, crow's foot

kortsuke crinkle, pucker, furrow

kortsuline crinkly, wrinkled, furrowed, creased, lined, rugged

kortsuma crease, crumple, wrinkle, shrink up

kortsunud creased, wizened, wrinkled, crumpled, shrunken

kortsus awry, crinkled, lined, rumpled, wrinkled

kortsutama crinkle, crumple, screw up, wrinkle, crease, pucker, purse

korv basket, wicker

    korvi andma *ülek* give one the heave, give someone the push,

K

refuse to, repulse, give a mitten

korvi saama *ülek* get one the heave, be refused, get rebuffed, get the mitten

korv- wicker

korvama balance, balance out, compensate, make it up to, make up, offset, repay, replace

korvamatu irreparable, irretrievable

korvamine substituting, replacement, compensation

korvpall basketball, netball

korvpallur basketball-player, basketballer

korüfee coryphaeus

kosilane suitor, wooer, swain

kosima propose, court, woo, ask the hand, betroth

kosjad trip to propose, asking-the-hand trip, courtshipping

kosjakaup match

kosk fall, waterfall, falls, rapids, cataract, cascade

kosmeetik beautician

kosmeetika beauty, cosmetics

kosmeetikakott sponge bag

kosmeetikatarbed cosmetics, cosmetic preparations, make-up arsenal

kosmeetiline cosmetic

kosmetoloog cosmetologist

kosmiline cosmic

kosmodroom launching site, cosmodrome, starting field

kosmonaut cosmonaut, astronaut

kosmonautika cosmonautics, astronautics

kosmopoliitiline cosmopolitan

kosmos space, cosmos, universe

kosmose- cosmic, space

kosmoseajastu space age, cosmic age

kosmoselaev spacecraft, spaceship

kosmoselendur cosmonaut, astronaut

kosmosesüstik space shuttle

kost board, food, boarding

kostitama entertain, favour, treat, coddle, stuff with, regale with

kostitamine treat, treating, entertainment, coddling

kostja defendant, respondent

kostma carry, put in a word, sound, respond, rejoin, react, answer

kostümeerija costumier

kostümeeritud costumed, in fancy clothes

kostüüm costume, get-up, outfit, suit, suit dress, tailored two/three-piece

kosuma pick up, rally, recuperate, thrive, gain in health, recover, recruit

kosumine convalescence, recuperation, improvement

kosutama refresh, sustain, recuperate, restore, revive, buck up, invigorate, brace

kosutav bracing, refreshing, sustaining, recuperative, wholesome, invigorating, recreative, strengthening

kosutus sustenance, recuperation, refreshment, recreation

kosutus- recreational, refreshing, sustaining

košmaar nightmare

košmaarne nightmarish

koššer- kosher

kotedž cottage, country house

koteerima *maj* quote, issue, state the current price

koteerimine *maj* quoting, issuing, stating

koteering *maj* quotation
kotermann jinx, hobgoblin
kotik sea bear, fur seal
kotike sachet, pouch, little bag
kotinõel (nimetissõrm) forefinger, index finger
kotiriie sacking, bagging, burlap, Hessian
kotitäis bag, sack, bagful
kotjas sack-shaped, baggy, baglike
kotkapoeg eaglet
kotkas eagle
kotlet cutlet, chop, meat patty
kott bag, sack, pouch, poke, pocket, trap
kottis loose, baggy, pouched
kottpime pitch-black, pitch-dark
kottpüksid slacks, Oxford bags
koukima procure, fish in the bag, dig up
kraabits scraper
kraad degree, grade, graduation
  akadeemiline kraad university degree
kraadikaitsja graduate
kraadiklaas thermometer
kraadima take the temperature (of)
kraaksatus squawk, caw, croaking
kraaksuma squawk, caw, croak
kraam stuff, old things, personal belongings
kraamima clean up, do out, tidy up
  puhtaks kraamima clear away, tidy up
  tühjaks kraamima clean out
  ära kraamima clean up, clear away, put away
kraamimine cleaning, tidying up, putting in order
kraan faucet, tap, cock, stopcock
kraana crane, jenny
kraanajuht craneman, cranedriver

kraanikauss basin, washbasin, wash-hand, sink
kraapima claw, scrabble, scrape, tear at, scratch, grate, rake
  kokku kraapima scrape together, scrape up
  maha kraapima peel off, scratch off
kraasima card, tease
kraater crater
kraav ditch, trench
krabama grab, snatch, seize roughly, clutch at
krabi crab
krabin patter, rustle, rustling noise, crackling, scraping
krabisema rustle, crackle
krabistama patter, crackle, rustle
krae collar, tippet
kraenööp stud, collar stud, button
krahh crash, collapse, smash, ruin
krahmama grab, snatch, seize
krahv count, earl
krahvinna countess
krahvkond county
kramp convulsion, cramp, paroxysm, spasm
  krampi kiskuma contract convulsively, be cramped
kramplik spasmodic, convulsive, agonising
krants mongrel, pariah dog, cur, tyke, sly dog, rascal
kratsima scratch, scrape, scrabble
kratsimine scratching, scrabbling, scraping
kratt creature stealing things, thief, embezzler
krediit *maj* advance, credit, trust, loan
  piiramatu krediit *maj* open credit, unlimited credit

K

krediitkaart credit card
krediteerima *maj* credit, give credit
kreeditor *maj* creditor
kreedo creed, credo, convictions
kreek damson, bullace
Kreeka Greece; Greek
kreeka Greek
kreeklane Greek
kreem butter, cream, lotion, polish
kreemikas off-white, creamy
kreemikook gateau, cream-cake
kreemitama cream
kreemjas creamy, cream-coloured
kreen side-down, lurch
   kreeni kalduma side-down, skew-down
krematoorium crematorium
krematsioon cremation
kremoon catch, latch, window fastening, cremone bolt
krepdešiin crêpe de Chine
krepp- crepe, crêpe
krestomaatia reader, chrestomathy
krestomaatiline chrestomathic
kretiin cretin, total idiot
krevett prawn, shrimp
kribima scribble, scrabble, scratch
kribu faint, slim, poor
kribu-krabu trifles, bric-a-brac, gewgaws, small things
kribuline crabbed, niggling
krigin creak, crunch, grating
krigisema grate, grind, crunch
krigisev rasping, crunching, grinding
krigistama gnash, grate, grind, crunch
kriidine chalky
kriiditahvel chalkboard
kriiditükk chalk
kriiksuma screech, squeak, grate, creak

kriim score, scrape, scar, streak, light wound, stripe
kriimustama graze, score, scrape, scratch
kriimustamine scrape, grazing, scratching
kriimustus graze, score, scrape
kriipima score, scrape, scratch, scar, graze
kriipimine scrape, scratch, scarring
kriips dash, line, stroke, score, blank, streak
kriipseldama → **kritseldama**
kriipsuke shade, tick, trace
kriipsutama mark with lines, line, pencil
   alla kriipsutama underline, underscore
   läbi kriipsutama strike out
kriis crisis, slump, recession, depression
kriiskama screech, shriek, scream, squall, skirl
kriiskamine screeching, screaming, shrieking, squalling, skirl
kriiskav loud, strident, screamy, shrill, squally, noisy, jazzy
kriiskavalt flashily, loudly, screechingly, glaringly, in a shrill voice
kriit chalk
kriitik critic, crayon
kriitika criticism, critique
   kriitika osaliseks saama get a bad press, get slashing criticism
   kriitikat tegema level, comment, criticise
kriitika- critical
kriitikalage uncritical, lacking criticism
kriitikameel sense of criticism
kriitikatules under fire
kriitiline critical

kriitjas chalky
kriket cricket
kriketimängija cricketer
kriminaal- criminal
kriminaalasi case, criminal case
kriminaalkroonika criminal chronicle
kriminaalkuritegu crime, felony, criminal offence
kriminaalkurjategija felon, criminal
kriminaalne criminal
kriminaalromaan detective story, whodunit
kriminalistika criminalistics
kriminull whodunit, whodunnit
krimpsutama wrinkle, pucker, pooh-pooh, sniff, shrivel, make a wry face
kringel B-shaped bagel, pretzel, B-shaped pastry
kripeldama prickle, smart, burn, grieve, distress
kristall crystal, flint glass
kristalliline crystal, crystalline
kristallisatsioon crystallisation
kristalliseeruma take a shape, crystallize, become crystallized
kristlane Christian
kristlik Christian
kristlus Christianity
Kristus Christ
kriteerium criterion (*pl* -ia)
kritikaan faultfinder
kritiseerija heckler, slasher, criticiser
kritiseerima criticize, criticise, have a go at, slam, start on
　　karmilt kritiseerima take apart, rip into pieces, castigate, slag
krititsism criticism
kritseldama doodle, scrawl, scribble, scratch

kritseldus doodle, scratch, scrawl, scribble, squiggle
kriuksuma creak, squeak
kriuksumine creak, squeak
kriuksuv creaky, squeaky
krobe rough, knobby, bumpy, uneven
krobeline rough, uneven, bumpy
krohv plaster, stucco
krohvija plasterer, stuccoer
krohvima plaster, stucco
krohvimine plastering, stuccoing
krohvitud stuccoed, plastered
kroket croquet
krokodill crocodile
kronoloogia chronology
kronoloogiline chronological
kronoloogiliselt chronologically
kronomeeter chronometer
krooge frilling, goffering, crinkle, ruffle
kroogitud frilled, ruffled, goffered
krookpael drawstring, frilling ribbon
krooks croak
krooksuma croak
krookus *bot* crocus
krool crawl
kroom *keem* chrome, chromium
kroon (kuninga vms) crown, tribute, coronet; (rahatäht) crown, (Eesti) kroon, (Taani, Norra) krone, (Rootsi, Islandi) krona; (õie-) corona, corolla
kroonik chronicler
kroonika case history, chronicle
　　kroonikat kirjutama chronicle
kroonikakirjutaja chronicler
krooniline chronic
krooniliselt chronically
kroonima cap, crown, surmount, top, consummate
　　kroonitud pea crowned head

K

kroonimine coronation, consummation

kroonleht petal

kroonlühter chandelier, lustre

kroonulik formal, red tape, drillful

kross doit, half a penny, stiver, farthing

pole punast krossigi stone-broke, hasn't a penny to bless oneself

krudisema crunch, crackle, creak

krudisev crisp, crunchy, crackling, creaking

krunt ground, premises, site, lot

kruntima prime, undercoat

kruss kink, curl

krussis frizzy, curly, curled, crisp

krutsifiks crucifix

kruttima tune, twiddle, play with knobs, pinch the buttons

kruubid groats, grits, pot barley

kruus (**kivid**) gravel, shingle; (**joogi-**) mug, pitcher, pot

kruusakivi pebble, gravelstone

kruusane pebbly, gravelly

kruusitäis mug, mugful of, cupful

kruustangid vice, (AmE) vise

kruvi screw

kruvikeeraja screwdriver

kruvima screw

kinni kruvima screw down/up, fasten with a screw, clamp down on

lahti kruvima unscrew

sisse kruvima screw in, drive a screw into

välja kruvima screw out, unscrew

üles kruvima wind up, (**hindu**) put up, increase, (**ärritama**) work up, tease

krõbe crisp, crusty, strong and brittle, hard

krõbekartul chip

krõbistama crunch, rattle, rustle, gnaw

krõhva hag, spinster, skinny shrew

krõmpsluu gristle, cartilage

krõmpsutama champ, crunch, crackle

krõmpsuv crisp, crunching, champing, crackling

kräkker *inf* hacker

kräsuline fuzzy, curly, entangled, crumpled

kräuksuma yell, yelp

krüsanteem *bot* chrysanthemum

ksenofoobia xenophobia

kserograaf xerograph

kserokoopia xerocopy

ksülofon xylophone

kube groin

kubel blister, blotch, vesicle, wheal, bubble

kubermang province

kuberner governor

kubisema abound, crawl, seethe, swarm, teem

kubisev alive, awash, teeming

kubjas slave driver, bailiff, overseer, foreman, taskmaster, gaffer

kubu bundle, faggot, truss, sheaf, bottle

kubujuss bundleshape

kude texture, tissue, web, fabric, weft

kudema spawn

kudrutama coo, mate

kudu spawn

kuduja weaver

kudum knitting, knitwear

kuduma knit, spin, weave

kudumine knitting

kudumismasin loom, knitting machine, knitter

kudumisvarras knitting needle

kudumisvõte stitch
kugistama gobble, gulp, guzzle, scoff, shovel
  alla kugistama swallow greedily, gobble, ingurgitate, bolt (down)
kuhi heap, hill, mountain, pile, stack
  kuhja panema stack, pile up, heap up, amass, bank up
kuhjaga amply, heaped, with the full measure, with a vengeance
kuhjama accumulate, heap, pile
kuhjamine heaping, piling, aggregation, agglomeration, accumulation
kuhjata level, even
kuhjatud pile, brimful, heaped
kuhjuma accumulate, heap, pile
kuhjumine build-up, accumulation, massing, piling up
kuhjuv cumulative, accumulative
kuhtunud drawn, faded, fainted, weakened, died away
kuhu where
kui after, as, barring, had, how, if, like, than, that, the minute, when
kuid but, yet, however
kuidagi anyhow, kind of, possibly, somehow, sort of
kuidagimoodi after a fashion, somehow, by some means, in some way, anyhow, anyway, by any means possible
kuidas how, whereby, why
kuigi albeit, although, as, even if, on second thoughts, then again, there again, though, when, while
kuiv dry, arid, bland, humourless, waterless, parched, chippy, dull, dry-as-dust, bone-dry
  kuivaks saama get dry, dry up
  kuivaks väänama wring dry
kuiv- dehydrated, dried

kuivained cereals, desiccated food/stuffs
kuival high and dry, in low water, penniless, be on the rocks
kuivalt drily, dryly
kuivama dry, season, dry up, wither, run dry
  kokku kuivama dry up, shrink
  ära kuivama dry up, run dry
kuivanud dry, stale, seasoned, dead, drained, sear
kuivatama dry, dry up, mop, season, spin, spin-dry, wipe
kuivatatud dried
kuivati dryer, drier
kuivatus drying, kippering, parching, seasoning, draining, desiccation
kuivatuskapp airing cupboard, drying shed
kuivatuspaber blotting paper, blotter
kuivatusrätik drying-up cloth, towel, tea towel
kuivatustrummel tumble drier, tumble dryer
kuivendama drain, make drier, dry up
kuivendus drainage
kuivenduskraav drainpipe, drane
kuivendussüsteem drainage system
kuivetu gaunt, lean, skinny, spare, emaciated
kuivetuma become gaunt/skinny, emaciate
kuivetunud withered, emaciated
kuivik biscuit, zwieback, dried bread, cracker, rusk, ship bread
kuivküpsis cracker
kuivpärm dry yeast
kuivus dryness, aridity, drought

K

kuju build, edition, effigy, figure, form, line, mould, sculpture, shape, statue
  kindel kuju format, certain format; *sl* cert
  väike kuju statuette, figurine
  kuju andma lick sth into shape, shape, get ideas into shape
  kuju muutma deform
  kuju võtma form, shape up, take shape
kujund figure, formation, image, shape, pattern
kujundaja designer, moulder
kujundama colour, design, fashion, form, lay out, model, mould, pattern, shape, style
  ümber kujundama transform
kujundamine formulation, formation, moulding, shaping, figuration, redaction, designing
kujundav formative, pertaining to formation
kujundlik figurative, vivid
kujundlikult figuratively
kujundujumine figure-swimming
kujundus decor, décor, style; design
kujunduskunst design, interior design
kujunema evolve, form, grow, take shape, turn out
  välja kujunema develop, jell, gel
  välja kujunenud acquired, formed
kujunemine formation, will be the making of
kujunemis- formative
kujur sculptor
kujutama deal with, depict, imagine, play at, portray, pose, present, project, represent, show, stand for
  kujuta ette fancy, just think, imagine, fancy that

  ette kujutama imagine, picture, see
  põhijoontes kujutama outline
kujutamine depiction, portrayal, representation
kujuteldamatu inconceivable, undreamed-of, undreamt-of, unimaginable
kujuteldav → **kujutletav**
kujutelm image, mental picture, imagination, conception, fancy, idea
kujutis effigy, image, scan, picture display, map
kujutlema fancy, conceive, envisage, visualize, visualise
kujutletav imaginable, conceivable, fanciful, earthly, dream-, imaginary, illusory
kujutlus fancy, fantasy, idea
kujutlusvili figment, notion, idea, fantasy
kujutlusvõime fancy, imagination, fantasy
kujutlusvõimeline imaginative
kujutlusvõimetu unimaginative
kujutu shapeless, formless
kujutus representation, depiction, description, portrait, portrayal
kukal nape, cervix, back of the head, occiput, scruff
kukeleegu cock-a-doodle-doo
kukepea *ülek* doddle, easy as pie, plain sailing, pushover, piece of cake, mere nothing, cinch, easy game
kukerpall somersault, tumble
kukerpallitama somersault
kukeseen chanterelle
kukk cock, rooster, fowl, cockerel, chanticleer
kukkel bun, muffin, roll

kukkuma drop, fall, slump, tumble
  alla kukkuma fall down
  kokku kukkuma cave in, collapse, keel over, dash down, crash down
  läbi kukkuma fail
  maha kukkuma fall down
  pea peale kukkunud stupid, dumb, fool
  pikali kukkuma fall, fall over
  rängasti kukkuma *kõnek* come a cropper
  sisse kukkuma fall into, **(katuse kohta)** fall in, collapse, **(mingi teoga)** get into a fix/trouble, **(petta saama)** be taken in
  surnuks kukkuma fall dead
  välja kukkuma fare, fall out (of), **(kujunema, õnnestuma)** turn out, work out
  üle ääre kukkuma spill, flow over
  ümber kukkuma fall, fall over, topple
kukkumine fall, falling, tumble, crash, cropper; **(käo)** cuckoo's call
kukkur pouch, purse
kuklakarvad hackles
kukupai goody-goody
kukutama bring down, overthrow, overturn, subvert, topple
  läbi kukutama fail
kukutamine overthrow, dethrone
kulak *aj* kulak
kula **(mäng)** tag, tig, touchlast
kuld gold, bullion
kuld- gold
kuldama gild, plate
kuldaväärt precious, worth one's weight in gold, kind and helpful
kuldese gold ornaments

kuldkala goldfish
kuldmedal gold, gold medal
kuldne gold, golden
kuldnokk starling
kuldreegel golden rule
kulg course, fortune, process, progression
kulgema circulate, go, lead, proceed, run
  tavalist rada kulgema run its course
kulgemine progression, proceeding
kulinaar culinary
kulinaaria culinary
kulinaariakauplus takeaway, deli, delicatessen shop
kulinaariarestoran takeaway, deli restaurant
kulinaarne culinary
kulinaartooted delicatessen
kulisema burble, gurgle, jingle
kulissid background, wings, scene, scenery
kulissidetagune backstage, hidden, behind the scenes, backstairs, underhand
kulistama quaff, swig, gulp down, make gurgle, gobble
kuljus sleigh bell, small bell
kull hawk, head, tag
  kulli ja kirja viskama toss, toss up, throw the dice
kullafond fund of gold, gold reserve
kullakallis dear, darling, sweetheart, honey, beloved, sweetie, deary, pretty
kullakang bullion, ingot, gold bar
kullake baby, darling, love, pet, sweetheart
kullapalavik gold rush
kullassepaäri jeweller's
kullassepp jeweller, goldsmith

K

kullast → **kuldne**
kullatud gold-plated, gilded
kullatükk nugget, gem, treasure, piece of gold
kuller courier
kulles tadpole
kullimäng → **kula**
kulm brow, eyebrow
   kulmu kortsutama frown, furrow, scowl
kulminatsioon culmination, climax, top, finale, conclusion, completion
kulmineeruma culminate, climax, end (up), terminate, conclude, finish
kulmukortsutus frown, scowl
kulp ladle, scoop
   kulbiga tõstma scoop out, ladle out
   kulpi lööma salute
kult boar
kultiveerima cultivate, till, subdue
kultus cult, hero worship
kultuslik worshipping, of cult
kultuur culture
kultuur- cultivated, cultural-
kultuuriline cultural
kultuuriprogramm festival
kultuuripärand lore, heritage
kultuurne civilized, civilised, cultivated, cultured
kulu expense, expenditure, outgo-(ing), charges, cost, consumption, wear, waste
   jooksvad kulud current expenses/ expenditures/costs, spendings
   peidetud kulud shadow costs
   kulu kandma bear the expenses, pay for, stand the racket
   kulusid katma defray, meet/cover the costs

kuluaarid backstage, lobby, couloirs
kulukas costly, expensive, pricey, pricy
kulul at one's expense, on the house, depend on, sponged off/on sb
kuluma go (towards), pass by, wear, weather
   katki kuluma be worn out
   marjaks ära kuluma stand sb in good stead
   ära kuluma wear away, wear down, wear out
kulumine wear, wear and tear, wastage, wearing
kulumiskindel durable, wearproof
kulumiskindlus durability, resistance to wear, wear
kulunud bald, corny, frayed, hackneyed, hoary, old, outworn, shabby, stale, threadbare, trite, worn, worn out, tatty
kulutama dissipate, pay out, put in, spend, waste, wear
   auklikuks kulu(ta)ma fray
   läbi kulutama wear through
   palju aega ja vaeva kulutama put a lot of work into, make an effort
   ära kulutama (**raha**) spend, run through; (**riideid jms**) wear down, wear out, outwear, scuff; (**vähehaaval**) whittle away
   üle kulutama overdraw
kulutamine intake, waste, wear, wear and tear, charge
kulutuli wildfire
   kulutulena levima flash, spread like wildfire
kulutus outlay, using up, expenditure, wearing out
kulutused expenditure, charge, expenses

K

kuma glimmer, glow, lustre, shimmer

kumama glow, shimmer, gleam, glimmer

kumb which (one)

kumbki both, each, either, one or other

kume hollow, dull

kumer convex, round, rounded, gibbous

kumerdama arch, warp, make convex

kumerus bulge, camber, swell, gibbosity

kumin boom, drone, buzz, singing, tingle

kumisema boom, clang, buzz, drone

kumisev booming, droning, singing, clanging

kumm elastic, elastic band; (**auto-kumm**) tire

   kummi kiskuma become vaulted, arch, warp, bulge out

kummaline bizarre, crazy, curious, eerie, fanciful, fiddly, quaint, queer, strange, weird, peculiar

kummaliselt curiously, eerily, peculiarly, strangely

kummardaja worshipper, idolater

kummardama bend, bow, incline, stoop; (**jumaldama**) adore, idolize, idolise, worship

kummardus bow

kummel camomile, chamomile, pineapple weed, rayless mayweed

kummik wellington, welly, rubber boots, waders

kummikott (hot-)water bottle/bag

kummilest flipper

kumminui baton, truncheon, rubber

kumminukk dummy, rubber doll

kummipaat dinghy, inflatable boat

kummipael elastic, elastic band, rubber band

kummipuu rubber tree, gum tree, blue gum

kummitama haunt, lurk, spook, obsess, frighten

kummitaoline rubbery, rubberlike

kummitav haunting, obsessing

kummitus apparition, ghost, spectre

kummiülikond wet suit, diver's suit

kummuli upside down, upset, overturned

   kummuli ajama overturn, upset, turn upside down

   kummuli keerama up-end, overturn, tip over

   kummuli kukkuma overturn, upset, fall face down

   kummuli minema crank, overturn, turn upside down

   kummuli pöörduma capsize, upset, overturn

kummut bureau, chest of drawers, commode

kummutama disprove, overturn, overthrow, invert, overbalance, disprove, controvert

kumu rumour, report

kuna since, as, because, now, seeing, when, whilst

   kuna aga whereas

kunagi at one time, ever, once, some, some day, someday, sometime

kunagine former, one-time, sometime

kuni as long as, so long as, down, till, until, up

kuninga- royal, regal

kuninganna crown, queen

kuningapere royalty

kuningas crown, king
kuningboa boa, python
kuninglik royal, regal, majestic, grand, the Crown
kuningriik kingdom, realm
kunst art, craft
  kaunid kunstid fine arts
  kujutav kunst fine arts, graphic arts
kunst- artificial, imitation, simulated, synthetic, trick
kunsthammas denture, artificial tooth, false tooth
kunstiandega artistic, with artistic talent
kunstikauplus gallery, art gallery, art workshop
kunstiline artistic, art, feature
kunstiliselt artistically, with the taste of art
kunstimeisterlikkus artistry
kunstipärane artistic
kunstiteadlane art critic
kunstiteadus art
kunstiteos work of art, piece of art
kunstiteosed art, works of art, pieces of art, production
kunstlik artificial, contrived, man-made
kunstlikkus artificiality
kunstlikult artificially, factitiously
kunstnik artist, painter
kunsttükk trick, sleight of hand, artifice, hanky-panky
kupatama blanch, coddle, parboil, scald; (**ära ajama**) send sb packing
kupatus *kõnek* the lot, nine whole yards
  kogu kupatusega lock, stock and barrel, with all belongings, with one's all

kupee compartment, coupé
kupeldaja pimp, pander, bawd
kuplee satiric song, comic song
kuplikujuline domed
kupong coupon
kupp bump, boss; (**kupuklaas**) dry cup, cup glass
  kuppu panema cup
kuppel dome
kupüür bank note
kuraas bluster, courage, nerve, spunk
kuraasitama bluster, swagger, boast courage
kuraator curator, guardian, trustee
kuradi a heck of, a hell of a, bloody, damn, damned, like hell
kuraditosin devil's dozen, thirteen, six and six (is thirteen)
kurameerija philanderer, spooner, gallant, spark
kurameerima court, go out, pay court, flirt, keep company to, philander, gallant, spark, spoon
kurameerimine courting, courtship, philandering, gallantry, spooning
kurat devil; (**vandesõna**) bloody hell, shit
  kuradi päralt damnation, the hell
kuratlik demonic, devilish, diabolical, fiendish
kuratlikult fiendishly, devilishly, diabolically
kurb bleak, blue, doleful, funereal, grim, heartbroken, heavy, long, mournful, plaintive, rueful, sad, sombre, sorrowful
  kurb olema be sad, get the blues, be downcast, be dreary, be mournful, be woeful
kurbmäng tragedy

kurbnaljakas tragicomic
kurbus sadness, sorrow, grief, heaviness, melancholy
kurd fold, crinkle, crease, furrow
kurdistama deafen
kurdistavalt deafeningly
kurdistuma deafen, turn a deaf ear, become deaf
kuremari → **jõhvikas**
kurg crane, stork
kurgumandel tonsil
kurgumandlipõletik *med* tonsillitis
kurgunibu uvular
kuri bad, evil, malevolent, wicked, sinister, malign, malicious, stern, ill-natured
kurikas bat, beetle, battledore, club, willow
kurikuulus infamous, legendary, notorious
kuriloom damned nuisance, hang it, you beast, damned rogue
kurin gurgle
kurioosne curious
kurioosum curiosity
kuristama gargle
kuristik abyss, chasm, gorge, gulf, precipice, ravine, rift
kuritahtlik criminal, malicious, malignant
kuritahtlikkus malice
kuritarvitama abuse, misuse
kuritarvitamine abuse
kuritarvitus malpractice, misuse
kuritegelik criminal
kuritegelikkus villainy
kuritegevus crime
kuritegu crime, offender, wrongdoing
    raske kuritegu felony
    kuritegu sooritama offend, commit a crime

kuritöö crime, felony
kurivaim devil, hobgoblin
kurjakuulutav fateful, ominous, sinister
kurjakuulutavalt ominously
kurjategija criminal, delinquent, offender, wrongdoer
kurjus evil, malevolence, malice, wickedness
kurjustama sound off, tell off, vex, scold, be angry with
kurjustamine telling-off, scolding, vexing
kurk cucumber, gherkin; (**kõri**) throat
    kurku ajama stick into the throat
    kurku kallama knock back, force down the throat
    kurku kinni jääma stick in one's throat
kurn colander, filter, percolator
kurnaja drain, percolator, exploiter
kurnama drain, exhaust, fatigue, sap, screw up, strain, take it out of, take a lot out of one
    läbi kurnama strain, filter
    ära kurnama filter, (**väsitama**) exhaust, fatigue; *kõnek* knock hell out of
kurnatud all in, dead beat, exhausted, fagged out, fatigued, haggard, jaded, overwrought, peaky, prostrate, run-down, spent, whacked, worn, worn out
kurnatus fatigue, exhaustion
kurnav exhausting, fatiguing, gruelling, heavy, hectic, punishing, trying, wearing
kursant cadet, hearer
kurseerima ply, circulate
kursiiv italics
kursis hot, up-to-date, in the swim, be posted, well informed

K

kursis hoidma keep someone posted/well informed
kursis olema have one's ear to the ground, be acquainted with
kurssi viima update, take the course/steer/route
kurss course, rate, way, route
kurssi hoidma steer, hold a course
kurssi võtma set sail, set the route
kursus course, school
kurt deaf, hard of hearing, stone-deaf
kurtma complain, gripe, moan, grieve
kurtmine gripe, complaining, lamentation, wail
kurttumm deaf-and-dumb, deaf-mute
kurtus deafness
kuru pass, lane, narrow corridor, ravine, clough
kurv bend, curve, elbow, turning
järsk kurv hairpin bend
kurvalt doleful, sadly, sorrowfully, dismally
kurvameelne sorrowful, dismal, elegiac, melancholic
kurvameelsus blues, melancholy
kurvastama distress, get down, grieve, lament, mourn, sadden, tear apart, dismal, sorrow
kurvastav distressing, lamentable
kurvastavalt lamentably, dolefully, dismally
kurvastus grief, lament, sadness, sorrow
kurvavõitu melancholy, plaintive
kurvits woodcock
kus where, whereabouts, which
kusema pee, urinate, make water, piddle, piss, have a leak, pass water

kusepõis bladder
kusi urine, piss
kuskil anywhere, some, someplace, somewhere
kuslapuu honeysuckle
kuss hush, sh, shush
kustuma blow out, die, die away, fade, fall, go out
kustumatu undying, immortal
kustunud extinct, out, tired, dead, gone out
kustunud täht has-been, former, once-a-star
kustutama delete, douse, dowse, efface, erase, extinguish, obliterate, put out, quench, rub out, stub out, wipe, write off; (lampi) turn off; (küünalt vms) blow out
maha kustutama erase off
kustutus delete
kustutuskumm eraser, rubber
kustuv dying, going out, fading
kušett couch, divan
kutsar coachman, carman, driver, whip
kutse calling, invitation, writ, summons, bidding
kutse- occupational, professional, vocational
kutseala profession
kutsealane occupational, professional
kutsealune conscript, draftee, selectee
kutse-eetika ethics, professional ethics
kutsekool vocational school, trade school
kutseline professional, vocational, certified
kutseoskus craftsmanship, skill
kutsikas puppy, baby, cub, pup

name, order, send for
abi kutsuma call in
esile kutsuma arouse, bring on,
induce
ette kutsuma summon
juurde kutsuma ask sb to join,
co-opt
kokku kutsuma assemble, call,
convene, summon, convoke
korrale kutsuma call to order,
sort out, reprimand
külla kutsuma have in, have
round, welcome
sisse kutsuma ask in
välja kutsuma call up, invite,
(**duellile**) challenge, summon, ask
sb out
üles kutsuma agitate, call for,
defy, invite, encourage, challenge,
call (upon), appeal to, make an appeal to
kutsumata uninvited, unasked, unbidden, unwelcome
kutsumus calling, mission, vocation
kutsuv inviting, calling
kutsuvalt appealingly, invitingly,
seductively
kutt bloke, chap, fellow, guy
kuu month; (**taevakeha**) moon
kuu aja pärast in a month's time,
in a month, this day month
mine kuu peale! go to hell!
kord kuus monthly, once a month
kuu- lunar, monthly
kuuajaline a month's, of one month
kuub jacket, coat, overcoat
kuubik cube, block
kuubikuteks lõikama cube, cut
into cubes
kuue- six

kuuekaupa six, sixfold, by sixes,
six at a time
kuuekordne six times, sixfold,
sixtuple
kuuepennine sixpence
kuues sixth
kuues meel sixth sense
kuuesajas six hundredth
kuueteistkümnes sixteenth
kuuik sextuplet, six, a group of six,
of six, hexahedron, sixfoil
kuukiri monthly
kuul bullet, shot, slug, ball, tracer;
sl pill, lead
kuulaja hearer, listener, auditor,
member of the audience
kuulajaskond audience, floor, authority, house
kuulama listen, lend an ear, heed
järele kuulama inquire (after),
make inquiries, ask (about)
läbi kuulama auscultate
maad kuulama scout, reconnoitre
meelsasti ära kuulama welcome
pealt kuulama listen in, overhear,
eavesdrop, tap
tähelepanelikult kuulama attend, be all ears, listen to attentively, sharpen ears, prick up ears
ära kuulama hear out
üle kuulama interrogate, question, (cross-)examine, grill
kuulda võtma accept, defer, follow, hear, listen, pay heed of, take
heed of
kuularid → kõrvaklapid
kuulatama listen, sound, prick up
one's ear, eavesdrop
kuuldamatu inaudible
kuuldav audible
kuuldavalt audibly, aloud

233   **kuuldavalt**

kuuldavasti by hearsay, it is rumoured

kuuldavus acoustics, reception, audibility

kuuldeaparaat hearing aid

kuuldekaugus earshot, hearing

kuuldekaugusel within earshot/ hearing

kuuldel on the telephone, speaking

kuuldetoru earpiece, telephone receiver, trumpet

kuuldus rumour, hearsay

kuulu järgi notoriously, by rumours

kuule actually, here, hey, look, you see

kuulekalt dutifully, obediently

kuulekas docile, dutiful, obedient, submissive, tame

kuulekus docility, obedience

kuuletuma co-operate, obey, respond, sit up, submit

kuuletumine conformity, co-operation, submission

kuulge actually, hello, hallo, hullo, here, look, you see

kuulikindel bullet-proof

kuulipilduja machine gun

kuulitõuge shot, shot put

kuulitõukaja shot-putter

kuullaager ball bearing

kuulma hear, catch, pick up

kuulen (telefonis) speaking, hear

kuulmise järgi by ear

kuulmis- aural, audio-

kuulmiskaugus hearing, earshot

kuulmismeel hearing, audition, sense of hearing

kuulsus celebrity, distinction, fame, glory, name, personality, reputation, star; stardom, fame, honour

kuulsaks saama emerge, hit the headlines, become famous, become a star

kuulujutt gossip, hearsay, rumour, scandal, talk

kuulujutte levitama → klatšima

kuuluma belong, come under, rate, reside, feel as one, appertain

juurde kuuluma appertain, pertain, belong to, be attached to

kokku kuuluma belong, go, belong with, be related, be consistent

kuulus big, celebrated, famed, famous, illustrious, legendary, noted, prominent, renowned

kuulutaja advertiser, harbinger

kuulutama acclaim, advertise, boast, declare, hail, herald, manifest, profess, return

avalikult kuulutama proclaim (publicly)

ette kuulutama foretell

kehtetuks kuulutama abolish, nullify, invalidate

välja kuulutama declare, proclaim, announce, call, pronounce

kuulutus ad, advert, advertisement, announcement, notice, poster

kuulutustahvel billboard, notice board, bulletin board

kuuluvus affiliation, relevancy, relevance, belonging

kuum hot, fervent

kuumakindel ovenproof, heatproof, heat-resisting, heat-resistant

kuumalaine heatwave, sizzard

kuumalt baking, fervently hot, glowingly

kuumavee- thermal

kuumaveeallikas geyser, hot spring, thermal spring

kuumenema heat, warm up

üle kuumenema overheat

kuumus heat, parching heat, glow
kuumutama heat, make hot, scald
   keemiseni kuumutama scald, heat to boiling
kuup cube, hexahedron
kuup- cubic
kuupmeeter cubic meter
kuupuhastus → **menstruatsioon**
kuupäev date
kuupäevastama date
kuur (ravi-) course of treatment, cure; (puu- vm) shed, hovel, woodshed
kuurort resort, spa, health resort
kuus six
kuuseriisikas milk cap, milk lactarius
kuusik spruce wood, fir wood
kuusirp crescent, sickle moon
kuusk fir, spruce
kuuskümmend sixty
kuusnurk hexagon
kuusnurkne hexagonal
kuussada six hundred
kuusteist sixteen
kuva display, picture
kuvaaken *inf* window
kuvama *inf* display, reveal
kuvar *inf* display (unit), monitor, screen, visual display unit, VDU
kvaasi- quasi-
kvadraat quadrate, square, natural
kvalifikatsioon qualification, experience, workmanship
   kvalifikatsiooni omandama qualify
kvalifitseerima qualify
kvalifitseerimata unqualified
kvalifitseerimine qualifying
kvalifitseeritud qualified, skilled
kvalifitseeruma qualify
kvalitatiivne qualitative

kvaliteet quality, order, excellence
kvaliteetne choice, fine, good, hi-fi, high-class, excellent, first-class, first-rate, superior
kvaliteetsus fidelity, excellence, branded, of high quality
kvantitatiivne quantitative
kvantiteet quantity, amount
kvantum quantum, amount
kvart quart, fourth, quarto
kvartal block, quarter, section
kvartali- quarterly
kvartett quartet
kvarts quartz, silica
kviitung receipt, quittance, release, script, acknowledgement, ticket, voucher
kvoorum quorum
kvoot quota, ration
kõblas hoe, spud, mattock, pick
kõbus hale, sprightly, spry
kõdi tickle, titillation
kõdikartlik ticklish
kõdistama titillate, tickle
kõdu decay, rotten wood, dust, mould
kõdunema decay, moulder, rot, fall to dust
kõdunemine decaying, mouldering, rot
kõdunenud unsound, decayed, rotten
kõhedus uncomfortableness, creepiness, uneasiness, coldness, chillness, exhaustion
   kõhedust tekitav eerie, alien, chilling, creepy, making uneasy
kõheldes haltingly, hesitantly, uneasily, eerily
kõhetu emaciated, lean, spare, spindly, gaunt, meagre, lank
kõhetus meagreness, leanness,

K

gauntness, atrophy

kõhklema dither, falter, hesitate, hover, pause, vacillate, waver, shilly-shally

kõhklema lööma get feet, have feet, have cold feet, get shilly-shally

kõhklematult implicitly, unhesitatingly, unquestionably, unshrinkingly

kõhklemine hesitation, hesitancy, faltering, wavering, vacillation, shilly-shally

kõhklev halting, hesitant, indecisive, tentative, uncertain, undecided, unsure, wary

kõhklevalt dubiously, undecidedly, irresolutely

kõhklus hesitancy, hesitation, indecision, scruples, doubt

kõhklusteta unquestioning, unhesitatingly, unshrinkingly

kõhn thin, slim, bony, lean, scrawny, spare, weed, weedy

väga kõhn skinny, bony, all skin and bone

kõhnuma grow thin, emaciate, waste away, slim, lose flesh, lose weight

kõhr cartilage, gristle

kõht stomach, abdomen, belly, gut, tummy

kõht täis full, have had enough

külma kõhuga stoically, cool, unemotional

kõhu- abdominal, stomachic, ventral

kõhualune belly

kõhukinnisus *med* constipation

kõhulahtisus *med* diarrhoea; *kõnek* bowels are loose

kõhupuhitus wind flatulence

kõhurääkija ventriloquist

kõhutäis fill, bellyful

korralik kõhutäis square meal, decent meal, nice stomachful, pretty load of food

kõhuvalu stomach-ache, abdominal pain

kõige most, supreme, the ultimate in, very

kõigepealt first, first of all, first thing, firstly, in the first place, of all, to begin with, to start with

kõigest but, just, mere, merely, only, but no more than

kõigesööja omnivorous, omnivore

kõigeteadja know-all, omniscient, all-knows

kõigusoojane *zool* cold-blooded

kõigutama rock, shake, sway, unsettle, waggle

kõigutamatu unshakable, unshakeable, staunch, steadfast, immobile

kõigutamatus intransigence, steadfastness

kõigutus sway, rocking

kõik all, all and sundry, every, everyone, everything, lot, one and all, together, world

kõik kokku all in all, all told, altogether

üle kõige best, first, supreme

kõik- omni-, pan-, all

kõikehaarav all-round, blanket, all-embracing, universal

kõikehõlmav across the board, all-round, blanket, comprehensive, exhaustive, all-including

kõikehõlmavalt exhaustively, comprehensively

kõikepurustav cataclysmic

kõikjal everywhere, round, throughout, throughout the length and breadth of, universally

kõikjale everywhere, round

kõiksus universe, wholeness, entirety

kõikuma plunge, rock, sway, teeter, waggle, wallow; (**ühest äärmusest teise**) oscillate

kõikumatu unchecked, unfaltering, unshakable, steadfast

kõikumine fluctuation, flux, rocking, swaying, seesaw

kõikuv floating, fluctuating, precarious, rocky, unstable, unsteady

kõikvõimalik of all kinds/sorts, all kinds/sorts, of every sort and kind

kõikvõimas all-powerful, almighty, omnipotent

kõkutama titter, giggle, burst into laughter

kõla note, ring, sound, tone, tang, resonance

kõla- acoustic, phonic

kõlakas titbit, bang, whack, rumour

kõlakoda bandstand, band shell

kõlaline acoustical

kõlaliselt acoustically

kõlama blare out, ring, run, sound

kõlatu soundless, hollow

kõlav pure, resounding, sonorous, ringing, clear

kõlavus acoustics, sonority, resonance

kõlbama befit, do, serve, beseem, be good for, qualify for, seem fit/ suitable for

kõlbeline ethical, moral

kõlbeliselt ethically, morally

kõlbelisus morality, morals, ethics

kõlblik eligible, fit, proper, seemly
  kõlblikuks tunnistama pass, see something fit/suitable for

kõlblikkus eligibility, aptness, propriety

kõlblus → **kõlbelisus**

kõlblusetu immoral, unethical

kõlblusevastane indecent, offending, immoral

kõlblusõpetus → **eetika**

kõlbmatu dud, out of keeping with, scrap, heap, inapt, unfit, unsuitable, of no use
  kõlbmatuks muutuma disqualify, superannuate, become totally useless, become a vegetable
  kõlbmatuks tunnistama disqualify, condemn

kõlbmatus unfitness, indecorum, uselessness, worthlessness

kõle bleak, desolate, hard, stark, biting, piercing

kõledus bleakness, desolation, aridity, rawness

kõlgutama dangle, let hang, swing

kõlin bauble, clang, clank, jingle, tinkle

kõlisema clang, clank, jangle, jingle, ring, tinkle

kõlistama jingle, tinkle, ring

kõlks clank, clink, thump, tinkle, ping; (**sõnakõlks**) hollow phrase

kõlksatama clang, clink, ping

kõlksuma clank, clash, clink, jingle

kõlkuma dangle, swing, hang (loose)

kõlupea rattlebrain/-head, hollowhead

kõlupäine empty-headed

kõlvatu bad, corrupt, dirty, naughty, worthless

kõlvik farmland, arable land

kõmakas plonk, bang, clap, whack, heavy blow

kõmatama crash, bang

kõmav booming, rambling, resonant

kõmin boom, din, rumble, thunder

K

kõmisema boom out, boom, rumble, thunder

kõmisev booming, hollow, rumbling

kõmistama boom out, clang, make rumble

kõmmutama shoot, snap, popgun

kõmp (mängukark) stilt

kõmpima stump, traipse, tramp, trudge, plod, slog

kõmu rumour, sensation, hearsay, gossip, talk, grapewine, bush telegraph

　kõmu tekitama make/create a sensation, make a splash

kõmuartikkel splash, canard, cover story, scoop, beat, bluff

kõmuleht rag, tabloid, yellow press

kõmuline sensational, stirring, ballyhoo

kõnd walk, gait

kõndima walk, pace, strike out, toddle, promenade, stalk, stump, outwalk

　vaevaliselt kõndima trudge

kõne speech, talk, call, oration, discourse; *sl* spiel

　kaudne kõne *lgv* indirect speech, reported speech

　otsene kõne *lgv* direct speech

　kõne alla võtma talk about, bring up, broach, open a discussion about

　kõnet pidama make/deliver a speech, give a talk, speak in public

　kõnes takerduma falter, disorder in speech

　kõnet katkestama hang up, stop delivering the speech, break a speech

kõne- spoken, speech

kõneaine subject, topic, talking point

kõnealune in question, under discussion

kõnekas vivid, impressive, eloquent, talkative

kõnekeel parlance, spoken language, colloquial language

kõnekeelne colloquial, informal, conversational

kõnekunst → **retoorika**

kõnekõmin murmur of talk

kõnekäänd byword, phrase, saying, locution, stock phrase

kõneleja speaker, talker, orator

kõnelema speak, talk, hold the floor, converse, discourse

kõnelemine speaking, talking, speech, conversing, discussing

kõnelemisviis → **kõnemaneer**

kõnelus talk, chat, word, conversation

　kõnelusse sekkuma chime in, break into the discussion, interfere into

kõnemaneer manner of speaking, delivery

kõneosav articulate, eloquent, glib, smooth-tongued, silver-tongued

kõneosavalt eloquently, oratorically

kõneosavus eloquence, oratory

kõnepidaja orator, speaker, one who holds the floor

kõnepidamine speaking, oration, public speaking

kõnepruuk phraseology, usage in speech

kõnepult lectern, rostrum, chair

kõnetama accost, address, notice

kõnetund tutorial, reception/office hours

kõneviis parlance; *lgv* mood

　kaudne kõneviis *lgv* relative (mood)

kindel kõneviis *lgv* indicative (mood)
käskiv kõneviis *lgv* imperative (mood)
tingiv kõneviis *lgv* conditional (mood)
kõnevõimetu speechless, dumb
kõnnak gait, walk, pace, amble, stalk, scuttle, waddle
õõtsuv kõnnak swagger
kõnnitee footpath, pavement, sidewalk, side road, footway, promenade, banquette
kõnnu- wasteland, desert, barren, desolate
kõnnumaa waste, wasteland, wild, wilderness, barren land, desolate area
kõnts filth, sludge, slime, dregs, dirt
kõplama hoe, spuddle
kõpsuma crack, rap
kõpsumine tapping, clicking, flopping
kõrb desert, wilderness
kõrbehais burnt smell, smell of burning
kõrbema scorch, burn, singe
põhja kõrbema get burnt
kõrbema laskma burn, let scorch
kõrbenud parched, scorched, burned, adust
kõrbesaar oasis
kõrg- high, Alpine
kõrgaadel peerage, nobility
kõrgahi blast furnace
kõrge elevated, grand, great, high, lofty, tall, towering
kõrgeauline honourable, Reverend, venerable, eminent
kõrgeausus Highness, Eminence, Honour
kõrgeim first-class, sovereign, supreme, top, topmost
kõrgeklassiline high-class
kõrgekontsaline high-heeled
kõrgel aloft, high
kõrgelaubaline egghead, with a high forehead, smart
kõrgele aloft, high
kõrgelennuline lofty, high-flown, inflated, grandiose
kõrgelthinnatud prize, highly valued, thought highly of, highly appreciated
kõrgemal above, over, elevated, higher
kõrgemale above, up, higher
kõrgemalseisev superior
kõrgendama raise, elevate, lift, uplift, heighten
kõrgendamine elevation, heightening, advancing
kõrgendatud raised, advanced, lifted, raised
kõrgendik height, hill, prominence, rising ground, ridge
kõrgenema rise, heighten, be elevated
kõrgepinge *el* high voltage
kõrgetasemeline of high quality, of high standard, high-level
kõrgharidus higher education
kõrghetk peak, prime, culmination
kõrghoone high-rise, high building, tall building
kõrgilt big, loftily, proudly, arrogantly, haughtily
kõrgklass gentry, upper class
kõrgkool university
kõrgkvaliteetne executive, brand quality
kõrgmaa highland, upland
kõrgpunkt height, heyday, high point, highlight, zenith, meridian

K

kõrgrõhkkond anticyclone, high pressure

kõrgtase excellence, upper level

kõrgtasemega accomplished, of high level

kõrgtehnoloogia high tech, hi tech

kõrgtehnoloogiline high tech, hi tech

kõrguma tower, reach one's acme

kõrgus altitude, height, tallness, pitch, (**kuninglik kõrgus**) Highness

kõrgus merepinnast elevation, altitude

kõrgust taluv have a good head for heights

kõrgustesse ulatuv lofty

kõrgusekartus vertigo, hypsophobia

kõrgushüpe high jump

kõrgustik uplands

kõrguv towering

kõrgvesi high tide

kõri larynx, throat, gorge

kõri kallale kippuma mug, take by the throat

kõri põhjast at the top of one's voice

kõrilõikaja thug, cutthroat

kõrini bored, fed up with, sick, sick and tired of

kõripõletik *med* laryngitis

kõristi rattle, clapper

kõrisõlm Adam's apple

kõrk high and mighty, lofty, stuck-up, proud, sublime, supercilious, haughty

kõrkjad rushes

kõrkjas bulrush, club rush, wood scirpus

kõrkjastik bulrush area

kõrkus arrogance, haughtiness, hauteur, false pride

kõrreline graminaceous

kõrrepõld stubble

kõrs stalk, straw, halm, culm

kõrsik biscuit stick

kõrstaim grass

kõrts bar, pub, inn, boozer, public house, tavern, saloon; *sl* honky-tonk

kõrtsmik publican, innkeeper, saloon keeper, landlord

kõrv ear, handle

kõrva riivama jar, scrape ears, near pass

kõrvu kikitama cock, prick up one's ears

kõrvu kostma catch, sound in the ear

kõrvu lahti hoidma have one's ear to the ground, have one's ears open

kõrvust kiskuma take up by the ears

kõrvust mööda laskma pass through ears

ühest kõrvast sisse, teisest välja minema *kõnek* go in one ear and out the other

üks suur kõrv (olema) be all ears

kõrvakiil whack, box

kõrvaklapid earphones, head-phones, headset

kõrvakuulmine hearing

kõrval alongside, at one's side, by one's side, beside, by, level, next door, next to, out

kõrval- back, side, supporting

kõrvaldama dispose of, disqualify, do away with, eliminate, embezzle, remove, withdraw

kõrvaldamine elimination, embezzlement, removal, withdrawal

kõrvale aside, away, beside, off, on side, to side, out, sideways

kõrvaleheidetud discarded, dismissed, thrown aside
kõrvalehiiliv truant, shrinking, eluding
kõrvalehoidev evasive, avoiding
kõrvalehoidumine avoidance, elusion, evasion, shrinking
kõrvalejuhtimine diversion, sidetracking
kõrvalejätmine elimination, discarding, leaving aside
kõrvalekalduv abnormal, anomalous, excursive
kõrvalekalle aberration, abnormality, anomaly, departure, deviation, digression, deflection, excursion, warp
kõrvalepõige digression, dodge, dodging, excursion, swerve, evasion
kõrvalepõiklev elusive, elusory, shrinking
kõrvalharu branch, tributary, lateral, subsidiary
kõrvalhoone annexe, annex, outbuilding, wing, extension, attachment, addition
kõrvaline back, extraneous, outlying, out-of-the-way, remote, side
kõrvalisus remoteness
kõrvallause *lgv* subordinate clause
kõrvalmaik tincture, tinge, smack, tang, spice, flavour
　kõrvalmaiku omama smack of
kõrvalmajas next door
kõrvalmõju side-effect, by-effect, side influence, side wind
kõrvalmärkus aside, comment, secondary remark
kõrvalnähtus by-product, secondary phenomenon
kõrvalprodukt by-product, spin-off

kõrvalseisja bystander, outsider, third party
kõrvaltee turn-off, detour, by-way, byroad
kõrvalteenistus extra earnings
kõrvaltegevus side line (activity), extra occupation, byplay
kõrvaltvaataja bystander, observer, looker-on
kõrvaltähendus connotation, secondary meaning
kõrvaltänav alley, side street
kõrvanibu earlobe, lobule of the ear
kõrvarõngas earring, eardrop, pendants
kõrvatropid earplugs
kõrvavaik earwax
kõrvavalu earache
kõrvetama beat, burn, scald, scorch, singe
kõrvetav scorching, searing, blistering, roasting, parching, burning
kõrvetised heartburn, pyrosis
kõrvits pumpkin, marrow
kõrvulukustav deafening, ear-splitting
kõrvulukustavalt deafeningly, ear-splittingly
kõrvuni up to one's neck
kõrvutama collate, compare, juxtapose, liken, match
kõrvutamine juxtaposition, collation, comparison
kõrvuti abreast, alongside, level, side by side
　kõrvuti asetsema adjoin, neck and neck, shoulder to shoulder
　kõrvuti seadma juxtapose, put side by side
kõrvutiasuv adjoining, side-by-side, parallel
kõrvutine adjacent, adjoining

K

kõrvutus comparison
kõssama say a word, turn a hair, utter a sound
kõtt shoo, scat
kõu thunder
kõuts tomcat, male cat
kõva firm, hard, loud, solid, sound, stiff, tough
kõvakaaneline hardback, hard cover
kõvaketas *inf* disk, disc, hard disk
kõvakübar bowler
kõvasti hard, loudly, soundly, tight, vigorously, with a vengeance
kõvastuma solidify, harden, indurate
kõvendama stiffen, strengthen, make stronger, reinforce
kõvenema stiffen, become harder/stronger/louder
kõver circuitous, crooked, devious, lopsided, sidelong, tortuous, wry, bandy
  kõveraks kiskuma warp, double up
  kõveraks lööma hit crooked, hit to warp
  kõveraks minema curve, crook, bend, buckle, warp
  kõverasse tõmbuma double up, warp
kõverdama flex, warp, curve, crook, bend
kõverduma buckle, curve, warp
kõverdunud bent, crooked, warped
kõverik hook, curved, crooked
kõveriti crookedly, askew
kõverjalgne bandy-legged, bow-legged
kõverjoon curve
kõverus curve, bend, elbow, crook
kõõksuma squawk, sob

kõõluma hang about, hang around, swing on
kõõlus ligament, sinew, tendon
kõõluseline sinewy
kõõm dandruff, scurf
kõõrdpilk squint
kõõrdsilmne cross-eyed, squint-eyed; *sl* cock-eyed
kõõritama squint, skew upon
kõõritav cross-eyed, skew-eyed, squint-eyed
kõõrsilmsus *med* squint, strabismus
käbe fast, sprightly, spry, lively, nimble, nippy; *sl* bobbish
käbedalt fast, spryly, nimbly, quickly
käbi cone, strobilus
käbilind crossbill
käblik wren
kädin creaking, chatter, bubbling
kädistama chatter, bubble
käeauk armhole
käegakatsutav palpable, at reach
käegalöömine tangibility, dropping
käekell watch, wristwatch
käekiri handwriting, script, hand, writing
käekott purse, bag, handbag, pocketbook
käekäik health, luck, welfare, well-being, career, life, destiny
käelaba palm, flat
käelaius of hand's breadth, as wide as a hand
käeliigutus gesture, pass
käendaja sponsor, surety, bail, voucher, guarantor
käendama bail, be bail (for), guarantee, warrant
käendusraha bail
käepide grip, handle, hilt, bail, haft, knob, latch

käepigistus handshake, grip, clasp
käepärane convenient, handy, pat
käepäraselt conveniently
käepärast around, at hand, handy, on hand, to hand
  käepärast hoidma keep handy
käepärasus availability, convenience
käerauad handcuffs, shackles, irons; *sl* wristlet
käes here, here we are, in, on
käeselg back
käesolev present, current, instant, existent
käesolevaga hereby, herewith, enclosed
käetugi arm, armpit, armrest, arm
käeulatus reach
käeulatuses at hand, within one's/ the reach
käevõru bangle, bracelet
kägardama crumple
kägistama choke, strangle, throttle
kägu cuckoo
käharduma curl, crisp, fret
käharpäine curly, curled
kähe hoarse, husky, raucous
kähedalt hoarsely
kähedus hoarseness
kähin rasping sound, gasp, rattle
kähisema rattle, gasp, sound hoarse
kähisev husky, rattling
kähistama speak in a husky/hoarse voice
kähku quickly, rapidly, fast, speedily
  kähku tegema look sharp, look alive, hurry up
kähmlus scuffle, skirmish, grapple
käiama grind, sharpen (on a grindstone)
käibemaks *maj* value-added tax,

turnover tax, sales tax
käibemaksustama *maj* tax, taxate
käibetõde platitude, the plain truth
  käibetõde kuulutama state the obvious
käibima be current, circulate
käibiv going, current, circling, circulating
käigukang gear lever
käigus in the process, in gear, under way, in full career
  käigus hoidma run, keep under the gear
käik (**käimine, kõnd**) walk, going; (**liikumine, töötamine**) motion, operation; (**areng, kulg**) course, run, process; (**läbikäik**) passage; (**males, kaardimängus**) move, turn, lead; (**autol**) gear; (**võte**) move; (**lõuna-, õhtusöögi eraldi järk**) course
  käigu pealt in midstream, offhand
käil bow, prow
käima attend, court, date, go, go out, have in, have round, power, run, see, underway, walk
  käib kah fair enough, that will do
  alla käima go down, run down, degenerate, deteriorate
  kannul käima at heel, fasten on to, dog sb, tag after, follow
  karjas käima shepherd's life, herdsmanship
  lahti käima open
  läbi käima socialize, mix
  maha käima wind down
  peale käima insist, badger, press, impose, persist
  ringi käima hand round, spin, swim
  ringi käia laskma circulate, pass round
  salaja sabas käima shadow

K

K

välja käima cough up, offer, (**kaardimängus**) lead
üle käima (**läbi vaatama**) go through
ümber käima (**kohtlema**) treat, (**käsitsema**) deal with, manage
käima panema drive, put on, rev, start, start up
käimapanek starting, opening, setting in motion
käimas in progress, up and running, in the process
   käimas hoidma manage, keep in operation
   käimas olema run, operate, be in process
käimine walking, going, attendance, courtship, dating
käimla lavatory, loo, water closet, john, latrine, rest room, public lavatory
käis arm, sleeve, armlet
   käiseid üles käärima buckle down, sleeve up, roll up the sleeves
käiseauk sleevehole, armhole
käitis plant, mill, factory, works
käitlemine management, dealing, treatment
käituma act, behave, conduct, pursue, acquit
   käitu korralikult grow up, behave yourself
   halvasti käituma misbehave
   naeruväärselt käituma make an exhibition out of oneself
   näotult käituma behave unseemly
   ülemeelikult käituma romp, frisk, frolic
käitumine behaviour, conduct, demeanour, deportment, manner, performance
   vägivaldne käitumine aggro

käitumisjoon policy, manner
käitumisviis manner, demeanour
käitumisõpetus moral
käituskulud *maj* maintenance costs
käive return, turnover
käivitama activate, rev, start, start up
   uuesti käivitama restart
käiviti starter
käivituma fire, start
käkerdama rumple, crumple
   kokku käkerdama screw up, rumple, crumple
käkitegu piece of cake, cinch, doddle, easy as pie, nothing to it, pushover
käkk dumpling, meatball, chunk
käkras rumpled, crumpled
käli sister-in-law, wife's sister
kälimees sister-in-law's husband
kämmal palm, flat hand
kämp blob, lump, clot
kämping camp, campsite
känd stump, stub, stock
känguma abort, be stunted in growth
kängumine abortion, getting scrubby
känguru kangaroo
kängus stunted
käntsakas chunk, hunk, thick piece
käpapadjand pad
käpard bungler, fumbler, cobbler, muff
käperdama paw, fumble, bungle, paw about, neck
käpiknukk puppet
käpp paw, claw; *sl* flapper
käputäis handful, trickle
kära hullabaloo, row, uproar
kärakas dram, clap, crack, large shot
kärarikas noisy, uproarious

käratama shout at, yell at, rebuke
käratseja brawler, knockabout
käratsema rant, rave, make noise, brawl
käratsemine clamour, rumpus
käratsev boisterous, rowdy, tumultuous, clamorous
kärbes fly
  kärbseid pähe ajama tease, turn someone's head, get confusing ideas into someone's head
kärbitud truncated, lopped off
kärbsepiits flyflap
kärbseseen fly agaric
kärbuma mortify
kärbunud necrotic, mummified
käre bitter, biting, severe, sharp, vehement, drastic, gruff, snappish
käredus severity, bitterness, fierceness, vehemence
kärekülm bitterly cold, biting cold
käremeelne radical, fierce, hotheaded
kärestik rapid
kärg honeycomb
kärgatama clap, crash
kärgatus crash, clap, peal
kärgjas cellular, honeycomb
kärin rip, rattle, clatter
käristama rip up/open, tear, crackle, lacerate
käristi rattle
kärkima bark, let fly, rant, thunder
kärmas quick, nimble, smart, swift, agile
kärmelt → **kähku**
kärn scab, crust
kärnkonn toad
kärp stoat, marten
kärpima abridge, axe, clip, compress, curtail, cut, cut back, cut down, lop off, pare down, reduce, trim, whittle down
  järsult kärpima (hindu, palkasid) slash
kärpimine cutback, reduction, trim
kärsahais burnt smell
kärsitu impatient, raring
  kärsituks muutuma fray, lose patience
kärsitult impatiently, restively
kärsitus eagerness, temper, impatience, fidget, flurry
  kärsitusest põlema dye for, kick one's heels
kärss snout, snubnose
kärssama burn, singe
käru barrow, cart, trolley, wheelbarrow
kärutama cart, wheel
kärvama *kõnek* die, perish, peg out
käsi hand, game, paw, whizz, whiz
  kibe käsi dab, hot stuff
  kindlates kätes in safe hands, in firm hands
  kuldsete kätega practical, with golden hands
  kõva käega unbending, stern, severe, hard-handed, firm-handed
  käest kätte from hand to hand
  käed eemale hands off, keep off
  käed üles hands up
  tühjade kätega empty-handed
  vaba käega freehand
  vabad käed free hand, at liberty, carte blanche
  käega lööma give up as a bad job, bet, drop
  käsi hõõruma rub one's hands
  käsi lööma shake hands, make a bet
  käsi murdma wring/twist hands
  käsi puhtaks pesema wash one's hands of

K

käsi raudu panema handcuff
käsi rinnale risti panema fold
one's arms
käsi väänama twist one's arm,
wring hands
kätt külge panema (**tööle asuma**) start working; (**elu võtma**) take
someone's life, take one's own life,
make an attempt on one's life
kätt paluma hand, propose, ask
for someone's hand
kätt proovima try one's hand at
kätt sirutama put out one's hand,
stretch one's hand
kätt suruma shake hands with
oma käega meisterdamine do-
it-yourself, DIY
omal käel on one's own
käsi- hand-, manual
käsikaudu gropingly, feel about
with hands
käsikaudu liikuma fumble,
grope
käsikiimlema → **masturbeerima**
käsikiri manuscript, script, screen-
play
käsikäes couple, hand in hand
käsil have a lot on, in hand
käsilane understrapper, hodman
käsipidur handbrake
käsipuu handrail, railing
käsiraamat guide, handbook,
manual
käsiraha deposit, token payment,
earnest, handsel
käsisaag handsaw
käsitama (**mõistma**) comprehend,
apprehend, grasp, include; (**kasutama, rakendama**) use, apply
käsitamatu inapplicable, incompre-
hensible
käsitamatu olema fail to see

käsitlema concern, deal with, dis-
cuss, handle, work up, treat
pikemalt käsitlema dwell upon,
enlarge on
üksikasjalikult käsitlema par-
ticularize, detail, labour
käsitlemine treatment, use, discus-
sion
käsitlus deal, discussion, treatment
käsitlusviis conception, hearing,
discussion, dissertation
käsitsema handle, ply, work
kohmakalt käsitsema fumble,
paw over
lihtne käsitseda foolproof
käsitsi by hand, manually
käsitsi kokku minema come to
blows, fight hand to hand
käsitsi koos hand to hand
käsitsi tehtud hand-, handmade
käsitus apprehension, interpreta-
tion, comprehension, concept
käsitöö craft, handicraft
käsitööline artisan, craftsman
käsitööndus handicraft industry
käsitöönduslik handicraftial
käsitöötegija handicrafter
käsivars arm, forearm
käsk command, commandment,
dictate, order, summons, word,
writ
käsu järgi by order of, by com-
mand, under orders, according to
the command
käskija lord, master
käskijanna lady, mistress
käskima order, tell, dictate, direct,
summon
käskiv commanding, imperious,
peremptory
käskivalt authoritatively, imperi-
ously, masterfully

käskjalg herald, messenger, orderly, envoy, page

käskkiri mandate, order, decree

käsklus command

käsn sponge; *med* fungus, wart

 käsnaga pesema sponge, sponge-down

käsnjas spongy, fungous

käsualune dogsbody, stooge, subordinate, understrapper

käsund order, mission, mandate

käsundav mandatory, ordering, commissioning

käsundusohvitser adjutant

käsutaja boss, commander, mandator

käsutama boss, command, dictate, order about, order around, push around

käsutamine dictation, disposing, ordering about

käsutav bossy, commanding

käsutus command, disposal

 kellegi käsutuses at one's disposal

kätekõverdus press-up

kätelseis handstand

käteosavus dexterity

käteplagin applause, clapping

käterätik towel

 väike käterätik facecloth, flannel

kätis cuff

kätkema hold, hide, contain, conceal

kätkev holding, concealing, hiding

kätki cradle

kättemaks revenge, retaliation, retribution, vengeance

kättemaksuhimuline vengeful, vindictive

kättemaksuhimuliselt vindictively, revengefully

kättesaadav accessible, available, affordable, attainable, forthcoming, obtainable

 raskesti kättesaadav scarce

kättesaadavus availability, accessibility, approachability

kättesaamatu elusive, inaccessible, shadowy, unapproachable, unobtainable

 kättesaamatuks jääma evade, remain beyond the reach

kättesaamine receipt, receiving, getting

kättetoimetamine delivery, service

kättevõidetu gain by struggle

kätteõpitud learnt, obtained, learnt by heart, acquired

kääbus dwarf, midget, shrimp, manikin, pygmy, scrub, gnome

kääbus- dwarf, pygmy

kääbuslik dwarfish, scrubby, gnomish

kääksuma squeal, squeak, creak

käänak bend, elbow, turning, winding

käänama bend, twist, crane, curve, twist up; *sl* scrig; *lgv* decline

käänamine twisting, turning, curving, bending, craning; *lgv* declining

käändkond *lgv* declension

kääne turn, bend; *lgv* case

käänuline devious, tortuous, sinuous

käär round, cutting, crook, bend, winding, (**aju-**) brain convolution

käärid scissors, clippers, shears

käärima brew, ferment, simmer, smoulder, seethe

 üles käärima (**käiseid vm**) roll up

K

käärimine ferment, fermentation, seething
käärsool colon
köha cough
köhatama hack, cough once, clear one's throat, hem
köhima cough
  välja köhima cough up, (**röga**) expectorate
köide volume, tome
köidik halter, cord, bond, fetter
köidikud fetters, bonds
köievedu tug
köis line, rope, twine, cord
  köiega eraldama rope off
  köiel kõndima walk a tightrope
köisraudtee funicular railway
köitev absorbing, attractive, enthralling, spellbinding
köitja binder, bookbinder
köitma absorb, bind, captivate, catch, engage, enthral
  kinni köitma bind up, lace up, fasten up
köitmine binding, engaging, captivating, fascinating
köitvalt attractively, fascinatingly, charmingly
köndistus mutilation, maiming
könn pal, shrimp, runt, stunted
könt stump
kört gruel, hominy
kössitama cower, huddle, hunch
köögikapp dresser, kitchen cupboard/cabinet
köögikombain food-processor
kööginõud dishes
köögirätik tea towel, drying-up cloth
köögitüdruk kitchenmaid
köögivili vegetable
köögiviljahoidla vegetable store
köögiviljakasvatus vegetable growing
köök cuisine, kitchen
köömen caraway, cum(m)in
köösner furrier
kübar hat
kübarategija hatter
kübe glimmer, hint, iota, particle, scrap, shred, spark
kübeke touch, atom, grain, sprinkling, suspicion
küberkond *inf* cybercommunity
küberneetik cybernetic
küberneetika cybernetics
küberneetiline cybernetical
küberruum *inf* cyberspace
küdema burn, be heated, smoulder
küdi brother-in-law, husband's brother
küdoonia *bot* quince
kühm bump, hump, knob, scrag, bulge, hillock
kühmuline humpy, nodular, gibbous
kühmus stooped, hunched
kühvel scoop, shovel, bailer
kühveldama scoop, shovel, spoon
kükitama crouch, squat, cower
kükk squat, crouch, cowering
küla village, hamlet
küla- rural, village
külake hamlet
külakost guest's present
külaline guest, stranger, visitor, intruder
  kutsumata külaline interloper, self-invited guest
külalis- guest, itinerant
külalised guests, company, visitors
külalisetendus guest performance
  külalisetendusi andma perform as a guest, give guest performances
külalislahke hospitable

K

külalislahkelt hospitably
külalislahkus hospitality
   külalislahkust kuritarvitama outstay one's welcome
külalislahkusetu inhospitable
külalisnäitleja guest actor/singer/ star
külarahvas village folk
külaskäik visit
külastaja guest, visitor, caller
külastajad clientele
külastama call in, call on, go, look round, look up, tour, visit, pay a visit
   uuesti külastama revisit, call back
külastus visit, call, visiting
külatee lane
külavahetee village road, country road/lane
külg facet, flank, part, point, side
   nõrk külg disadvantage
   tugev külg advantage
   külg külje kõrval in tandem, side by side
   küljele kalduma lurch, capsize
   küljelt küljele from side to side
külge down, on, onto, to
külgelöömine making advances, mashing
külgetõmbav magnetic, attractive
külgetõmbejõud gravity, pull, lure, loadstone
külgetõmme affinity, attraction, fascination, magnetism, pull
külgjoon sideline, touchline
külglibisemine skid, sideslide
külgnema border with, adjoin, be adjacent
külgnev adjacent, contiguous
külgsein side wall
külgsuunas sideways
külgvaade side view, lateral view

külgvaates in profile
külitama lie on one's side
küljeluu rib, missus, old dutch
küljendus *inf* layout
küljenduskeel *inf* page description language
küljendusprogramm *inf* document formatter
küljes on, attached to
   küljes rippuv clinging, sticking fast
küljest off, from
küll ever, heck, plenty
küllaga plenty, enough
küllakutse invitation
küllaldane adequate, ample, copious, reasonable, sufficient
küllaldaselt plenty, well
küllalt bags of, enough, enough is enough, that's enough, plenty
küllaltki rather, pretty
küllane satisfying
küllastama saturate, surfeit, cloy, satiate
küllastamata *keem* polyunsaturated
küllastatud steeped in, surfeited, satiated, impregnated with, saturated
küllastav pervasive, satiable
küllastuma satiate, surfeit
küllastumine saturation, satiation
küllastunud rich, satiated, surfeited
küllastus surfeit, saturation, repletion, glut
küllasus satiety
küllus affluence, fullness, opulence, plenty, riches, sufficiency
külluses in abundance, galore
külluslik abundant, affluent, lavish, lush, opulent, plentiful, rich
külluslikkus richness, opulence, lushness

K

külluslikult abundantly, opulently
külm cold, distant, frigid, frosty, icy, impassive, nippy, standoffish
  väga külm Arctic, frozen
  külma saama get a cold
külmakahjustus exposure, frostbite, nip
külmakartlik tender, chilly, sensitive to frost
külmakindel frostproof, coldproof
külmakraad degree of frost, minus degree
külmalt frostily, impassively, coldly, chilly, coolly, give a cold shoulder
külmamuhk *med* chilblain
külmavereline clear-headed, cold-blooded, composed, self-possessed, stoic, stoical
külmavereliselt in cold blood, cold-bloodedly, composedly, with nerve
külmaverelisus presence of mind, cold-bloodedness, coolness, nerve, face, composure
külmavärin chill, shiver
  külmavärinaid tekitama make shiver, chill
külmenema grow colder
külmetama freeze, be freezing
külmetuma catch cold, freeze, take a chill
külmetus chill, cold, freezing, cooling
külmhoone cold house, cold greenhouse, coolhouse
külmik → **külmkapp**
külmkapp fridge, refrigerator
külmlaud cold dishes, smorgasbord, cold buffet
külmsupp cold soup
külmuma freeze, get frozen, congeal

kinni külmuma freeze over
kringliks külmuma freeze to the bone
läbi külmuma freeze
külmumispunkt freezing, freezing point, zero
külmunud frozen, congealed
külmus cold, coldness, chill, frigidity
külmutama freeze, deepfreeze, congeal
külmutatud frozen, congealed, deepfrozen
külv new crop, planting, sowing
külvama plant, seed, sow
  täis külvama sow with
  üle külvama load sb with sth, shower with
külvamine planting, seeding
külvik planter, sowing machine
külvipind sowing area, arable land, sown area, acreage under crop
kümbleja bather
kümblema bathe, take/have a bath
kümblus bathe
kümme ten
kümne- ten
kümnekordistama decuple
kümnekordne decuple, tenfold
kümneline ten, tenner
kümnend decade
kümnend- decimal
kümnendaks tenth
kümnendana tenth
kümnendik tenth, tenth part
kümnes tenth
kümnesse bull's-eye, bingo
  kümnesse läinud spot-on
  kümnesse minema go like a bomb, right into the eye
kümnevõistlus decathlon
küna trough, mould, cradle, coble

künd ploughing, plowing
kündja ploughman, plougher
kündma plough, furrow, follow the plough
küngas hill, hump, mound, hillock
künism cynicism
künklik hilly, rolling, undulating
künklikkus hilliness
künnapuu elm
künnimees ploughman, plowman
künnis eve, threshold, sill
künnisel on the brink of something, at the threshold of a new era, in the eve of
künnivares rook
küpress *bot* cypress
küps in season, mature, mellow, ripe, cooked, baked, well-done
küpsema come to a head, grow up, ripen, mature, cook, bake
küpsenud mature, ripe, baked, matured
küpsetama bake, cook, roast
 kõrges kuumuses küpsetama stir-fry
küpsetamine baking, cooking
küpsetatud baked, cooked, done brown
 läbi küpsetatud well-done
küpsetis baking, cake
küpsetus cooking, baking, roasting
küpsetusplaat cooking plate
küpsis biscuit, cookie
küpsus maturity, ripeness, mellowness
küsima ask, ask for, canvass, demand, inquire, enquire, query, sound out
 tagasi küsima reclaim
küsimus question, matter, clue, issue, query
 jooksvad küsimused current

business
 korduma kippuvad küsimused *inf* frequently asked questions, FAQ
 raske küsimus poser
 küsimuse alla seadma call into question, query, question
küsimustelaviin barrage
küsimustik questionnaire
küsimärk question mark
 küsimärgi all under the question mark
küsitav doubtful, problematic(al), questionable
küsitavus questionableness
küsitlema interrogate, interview, poll, query, question
küsitlemine query, interrogation, inquiry, enquiry, examination
 põhjalik küsitlemine grilling, cross-examination
küsitlus interrogation, poll, query, quiz, survey, interview
küsitlusleht questionnaire, quiz
küsiv interrogative, questioning, quizzical, searching
küte heating
kütked shackles, trammels, fetters
 kütke panema fetter, shackle, trammel
kütkestama absorb, attract, captivate, enthral, fascinate
kütkestatud captive, captivated, fixed, arrested, rapt
kütkestav captivating, debonair, delectable, endearing, engaging, enthralling, glamorous
kütma heat, stoke
 kuumaks kütma heat up, hot the room
 meeli üles kütma electrify
 üle kütma overheat
 üles kütma provoke, irritate

K

kütmine heating
kütt hunter, huntsman, chaser, trapper, marksman
kütteaine fuel, combustibles
küttekeha heating element, fire, radiator
küttekolle furnace, firebox, hearth, fireplace
küttepuud firewood, wood
küttesüsteem heating system
küttima hunt, shoot, trap, chase
küttimine hunt, hunting, trapping, shooting
kütus fuel, combustibles
küüditama deport, convey, abduct
küüditamine deportation, abduction
küülik rabbit
küülikukasvatus rabbit rearing, rabbit raising
küülikunahk rabbit skin
küülikupuur hutch
küün barn, hay shed
küünal candle, taper
   küünalt kustutama snuff out, blow out the candle, die the flame
küünarnukiõnnal crook
küünarnukk elbow
   küünarnukkidega teed rajama elbow one's way through
küünarpea elbow
küünarvars forearm
küündima amount to, measure up, reach, run into, up to scratch
   esile küündima stand out
küündimatu inadequate, insufficient, inept
küündimatus deficiency, inadequacy, incompetence, falling short of, ineptitude
küündivus scope, adequacy, sufficiency

küüneviil nail file
küünik cynic
küüniline cynical
küünilisus → künism
küünis claw, talon
küünistama claw, scratch
küünistamine scratching, clawing
küünitama reach, extend, stretch one's hand out
küünlajalg candlestick, flambeau
küünlajupp candle end, stub of a candle
küünlavalgus candlelight
küür hump, hunch, stoop
   küüru tõmbama arch, hump, stoop
   küüru tõmbuma hunch, crook one's back
   küüru vajutama bow down, hunchback
küürakas hunchback(ed), humpback(ed)
küürima scour, scrub, mop, swab, chafe
küürimine scrubbing, scouring, swabbing, mopping
küüruga humpbacked, hunchbacked
küürus hunched, humped, stooped, stooping, bowed
küürutama bend down, stoop, cower, cringe
küüs nail, claw
küüslauguküüs clove
küüslauk garlic
küüt lift, team of horses
   küüti pakkuma give a lift
küütlema be iridescent, change colours, be opalescent

L

laaberdaja loafer, rowdy, (AmE) bum
laaberdama bum around
laaberdav rowdy
laaberdis → **laaberdaja**
laabuma go right, prosper, trive
laad kind, type, sort, mode; *inf* style
laadakaupmees stallkeeper
laadaline fair-goer
laadanali vulgar joke
laadaplats fairground
laadapäev day of the fair
laadija loader
laadima load, charge
   alla laadima *inf* download
   maha laadima unload, dump
   täis laadima load up
   tühjaks laadima unload
   üles laadima *inf* upload
   ümber laadima transship
laadimine loading, charging
laadimisplatvorm loading platform
laadimisruum stowage
laadimistöö loading
laadimisvool charging current
laaditabel/-leht *inf* style sheet
laaditud laden
laadung cargo, freight, load, consignment
laager camp; *tehn* bearing
   laagrit üles lööma camp
laagerdama mature, (õlut) store,

(veini) season; (**laagris olema**) be in a camp
laagerduma be matured, be stored, be seasoned
laagerdunud mature
laagerdus storing
laagriplats camp, campsite, encampment
laagrisolek encampment
laagrisolija camper
laagrituli campfire
laagrivalve camp watch
laam expanse
laama llama
laamendama bluster
laar brew
laas forest
laasik woodland
laasima lop off
laast chip
laastaja devastator
laastama devastate, ravage, destroy, demolish, ruin
laat fair
laatsaret infirmary
laava lava
laba blade
labajalg foot
labakinnas mitten
labane vulgar, banal, coarse, plain
labaselt coarsely, vulgarly
labastama vulgarise, vulgarize

labastatud vulgarised
labastuma become vulgarised
labasus banality, vulgarity
labidas spade
labidavars handle of a spade
labiilne labile, unstable
labor laboratory, lab
laborant technical assistant, lab assistant
laboratoorium laboratory, lab
laboratoorne laboratory, laboratorial
labürint labyrinth, maze
lade layer; *geol* stratum
ladestu formation
ladestuma stratify
ladestumine stratification, deposition
ladin patter
ladinaameeriklane Latin American, Latino, Latina
ladina keel Latin
ladina tähed Roman letters
ladisema patter
ladu storage, store, storehouse, warehouse
laduma pile up, stack, heap up
  välja laduma lay out, spread out
  lao lagedale spit it out
ladus fluent, smooth
ladusalt fluently, smoothly
ladustama store, stock
ladustusruum storage, storeroom
ladusus eloquence, fluency
ladvik top
lae- overhead
laeaken skylight
laearmatuur chandelier
laegas casket, box, drawer
laeilustus ceiling decoration
laekuma come in, be paid in
laekur treasurer, cashier, bursar,

purser
laelamp hanging lamp, ceiling lamp
laemaal ceiling painting
laen loan, borrowing, advance
  laenu andma lend, (AmE) loan
  laenuks võtma borrow
laenaja borrower, lender
laenama borrow, lend, (AmE) loan, advance
laeng load, charge
laensõna loanword
laenuandja lender
laenuks on loan
laenuprotsent interest on a loan
laenusaaja, -võtja borrower
laenutingimus terms of a loan
laenutus lending
laenutusosakond lending department
laenuvõtmine borrowing
laepalk joist
laepealne loft
laetala joist
laetud loaded, charged
laev ship, boat, vessel
  laeva minema board
  laeva juhtima navigate, pilot, sail
  laevaga sõitma sail
  laevaga vedama ship
  laevale minema embark, go on board
laevaahter stern
laevaandur keel
laevaankur anchor
laevadokk dock
laevaehitaja shipbuilder
laevaehitus shipbuilding
laevaehitustehas dockyard
laevahukk shipwreck, wreck
laevajoom wake
laevakaar timber
laevakajut cabin

laevakapten captain
laevakere hulk, hull
laevakipper skipper
laevakruvi screw
laevalaadung cargo
laevalagi deck
laevalast shipload
laevalastija stevedore
laevaliiklus shipping
laevaluuk hatch
laevamast ship's mast
laevameeskond crew
laevamehaanik engineer
laevamootor marine engine
laevandus shipping, navigation
laevandus- marine, nautical
laevanina bow
laevapoiss cabin boy
laevapära poop
laevaremonditehas shipyard
laevastik fleet, navy
laevastiku- naval
laevasõit voyage, trip
laevatama navigate
laevatatav navigable
laevatekk → **laevalagi**
laevaõnnetus shipwreck
laga slops
lage bare, bleak, open, windy
lagendik field, plain
lageraie clear cutting
lagi ceiling
    maast laeni full-length, from top
    to bottom
lagin guffaw
laginal guffaw
lagipea crown (of the head), top (of
    the head)
lagipunkt zenith
lagrits liquorice, (AmE) licorice
lagundama decompose
lagunema fall apart, decay, decom-

pose, disintegrate
lagunemisprodukt product of de-
composition
lagunenud decayed, decomposed,
dilapidated, ramshackle, fallen to
pieces
lagunev falling to pieces, ram-
shackle
laguun lagoon
lahang autopsy
lahas splint
lahe (kihvt) cool, easy, free; (avar)
spacious, roomy, (rõiva kohta)
loose; (teelahe) fork
lahedalt spaciously, freely, easily,
loosely
lahend solution
lahendama solve, settle
lahendamata unsolved
lahendamatu unsolvable
lahendatav solvable, soluble
lahendus solution, answer
lahendusmeetod method of solu-
tion
lahendusviis way of solution
lahenema work out
lahesopp harbour, cove
lahing battle, fight
    äge lahing pitched battle
    lahingut pidama battle, fight
lahingulaev battleship
lahingulennuk bomber, fighter
lahingulipp battle flag
lahingumoon ammunition
lahinguplaan plan of action
lahingutegevus action, battle, fight-
ing
lahinguvalmidus readiness for bat-
tle
lahinguvarustus battle equipment
lahinguväli battlefield, battleground
lahinguvõime battle ability

L

lahja lean, thin, (**toidu kohta**) low-fat, watery, (**joogi kohta**) weak, diluted, thin, small
lahjendama dilute, thin, water down
lahjendamata undiluted
lahjenduskuur dieting
lahk parting
lahkama anatomise, dissect
lahkamine autopsy, dissection
  elusalt lahkamine vivisection
lahkarvamus disagreement, misunderstanding
lahke friendly, amiable, kind, kindhearted
lahkelt kindly, gently, amiably
lahketujulisus bonhomie
lahkheli conflict, discord, misunderstanding
lahknema split, separate, part
lahknev splitting
lahknevus discrepancy, divergence, division
lahku apart, separate
lahku- dis-
lahkulöönud breakaway
lahkuma depart, desert, leave, part, pass away
  salaja lahkuma abscond
  hotellist lahkuma check out
  lõpu eel lahkuma walk out
  äkitselt lahkuma break away
lahkumine departure, exit, parting
lahkuminek break-up
lahkuminev divergent
lahkumisavaldus resignation
lahkumispidu farewell party
lahkunu deceased
lahkunud departed, late
lahkus kindness, warmth
lahkusuline sectarian
lahkuv departing, leaving
lahmakas chunk, lump

lahmima gobble, whack
laht bay, gulf
lahter column, compartment, pigeonhole
lahterdama arrange in columns
lahti loose, open
lahtine open, loose
lahtilaskmine release, discharge
lahtimõtestamine interpretation
lahtine loose, open, open-ended
lahtiolekuaeg opening hours
lahtiriietunud undressed, naked
lahtisaamine disposal, removal, riddance
lahtiselt loosely
lahtistama loosen, purge
lahtistav laxative
lahtisti laxative, purgative
lahtisus laxity, looseness
lahtiütlemine renunciation
lahtuma get/become flat, evaporate, (**viha kohta**) cool down
lahus (**eraldi**) aloof, apart; *keem* solution
lahus- dis-
lahusolek separation
lahuspõlvisus bandy legs
lahustama dissolve
lahustav soluble
lahusti solvent
lahustuma dissolve
lahustumine solution
lahustuv soluble, instant
lahutama divorce; *mat* subtract
lahutamatu inseparable
lahutamatult inseparably
lahutamine dissolution, separation; *mat* subtraction
lahutatu (**naine**) divorcée, (**mees**) divorcé
lahutus divorce
lahvatama blow up

lai broad, wide
  laias laastus at large
laiahaardeline comprehensive, extensive, large-scale
laialdane extensive, wide, widespread
laialdaselt broadly, extensively, far and wide
laiali spread, around
laialikandmine delivery
laialiminek break-up, dispersing
laialisaatmine dissolution, distribution
laialivalguv diffuse, discursive
laialivedu delivery
laialt broadly, widely
laianäoline broad-faced
laiapiiriline broad-bordered
laiarööpmeline broad-gauged
laiatarbeese consumer item
laiatarbekaubad consumer goods
laiaulatuslik broad, wide, extensive
laiaõlgne broad-shouldered
laiaäärne broad-brimmed
laibakuur morgue
laibalehk cadaverous smell
laibapõletamine cremation
laid islet
laiduväärne deplorable, reprehensible, regrettable
laiekraan wide screen
laiekraanfilm wide screen film
laiend extension, expansion
laiendama enlarge, expand, extend, widen
laiendus extension
laienema broaden, enlarge, expand, extend, widen
  alt laienema flare
laienenud widened, dilated
laiguke blot, spot
laiguline blotchy, dappled, mottled

laik blot, blotch, patch, splash
laim slander, smear, abuse, insinuation, libel
laimaja slanderer
laimama abuse, slander, smear
laimav slanderous, libellous
laimu- abusive, slanderous
laimukiri libel, slur
laimukõne slanderous speech
laine wave
laineala band, waveband
lainehari crest
lainelauasõit surfing
lainelauasõitja surfer
lainelaud surfboard
lainelaudur → **lainelauasõitja**
laineline wavy, corrugated
  laineliseks tegema wave
lainemurd surf
lainemurdja breakwater
lainemõõtja wavemeter
lainepikkus wavelength
lainer liner
laines wavy, wiry
lainetama wave, flow, ripple, undulate
lainetav flowing
lainetus surge, swell
lainevaht foam of a wave
lainjas wavy
laip corpse, dead body, cadaver
laiseldes lazily, inactively
laisk lazy, idle, indolent, slack, lethargic
laiskleja idler
laisklema idle, be lazy, loaf about
laiskus laziness, sloth
laiskvorst lazy-bones
laitev discouraging, blaming
laitma blame, disparage
  maha laitma discourage, dissuade

L

laitmatu perfect, blameless, faultless, irreproachable, spotless
laitmatult perfectly, faultlessly, spotlessly
laitus blame, censure, disparagement
laitvalt discouragingly, disparagingly
laiuma spread, stretch
laius breadth; *geogr* latitude, width
laiuskraad latitude, parallel
laiutama broaden, widen
laiuti in width, breadthways
laiuv expansible, expansive
laivõrk *inf* wide area network, WAN
lajatama slap, smack, hit
lake lap, wash
lakei footman, lackey
lakeilik lackey-like
lakk (**põranda-**) lacquer, varnish, polish; (**juukse-**) hair spray; (**hobusel**) mane, (**heina-**) loft
lakkama cease, stop, quit
lakkamatu ceaseless, constant, incessant
lakkamatult ceaselessly, constantly, incessantly
lakkamine cessation, stop
lakkekrants boozer
lakkima lacquer, varnish, polish
lakknahk patent, patent leather
lakkuma lick, lap, tongue, taste; *sl* (**jooma**) booze, soak
lakmus *keem* litmus
lakmuspaber *keem* litmus paper
lakooniline laconic, brief
lakooniliselt laconically, briefly
laks slap, smack
laksatama smack, spank
laksuma lap, splash
laksutama make lap
laksutus clap, smacking, (**ööbiku**) jug

lakutud licked, smug
lalin babbling, chattering, gabbling
lalisema babble, chatter, gabble
lamama lie
lamamine lie-down
lamamistool deckchair
lamanduma flatten
lamasklema loll, lounge
lamatis bedsore
lamav lying, recumbent
lambafarm sheep farm
lambakari flock of sheep
lambakarjus shepherd
lambakasvatus sheep breeding
lambakoer sheepdog
lambaliha mutton, lamb
lambanahk sheepskin
lambanahkne sheepskin
lambarauad shears
lambapraad lamb roast
lambapügaja shearer
lambatall lamb
lambavill lamb's wool
lambavillane fleecy
lambikuppel lamp shade
lambivari lampshade
lambiõli lamp oil, kerosene
lambur shepherd, shepherdess
lame flat, plain
lamedus flatness, evenness
lamendus flattening
lamenema flatten
lament row, uproar
lammas sheep
   must lammas *ülek* black sheep
lammutaja demolisher
lammutama demolish, dismantle, pull down, tear down, knock down
lammutav destructive, devastating, hostile
lammutus demolition, destruction,

dismantling, levelling
lamp lamp, bulb
lampjalg flat foot
lang fall, declining
langema fall, drop, descend, sink
   kokku langema clash, coincide, conspire, follow, concur, yield, merge
   peale langema fall on to, pounce
   sisse langema cave in, fall in
   madalale langema sink to a lower level
   mürinal langema crash
   tagasi langema backslide, lapse, slide
   välja langema fall out, drop out, eliminate
   ära langema fall off
   ühte langema (**ajaliselt**) coincide, concur, (**sarnanema**) follow a pattern
langemine fall, falling
langenud fallen
langetaja feller
langetama fell, cut down, hew, lower, drop
   pead langetama (**kellegi auks**) bow one's head
langetõbi *med* epilepsy
langetõbine epileptic
langev falling, downward
langevari parachute
   langevarjuga hüppama parachute
langevarjur parachutist, paratrooper
langevõre portcullis
langus decline, decrease, downfall, drop, fall, recession
lank felling
lanoliin lanolin
lant trolling spoon
laohoidja storekeeper

laohoone warehouse
laojuhataja store manager
laokaup stock goods
laokil disarranged, out of order
laoruum stockroom, storeroom
laoseis stock, inventory
laostama ruin, corrupt, bankrupt
laostav ruinous, devastating
laostuma decay, go broke
laostunud bankrupt, broke
   kõlbeliselt laostunud demoralized, deprived
laotama drape, open out
   laiali laotama spread, unfold
   peale laotama cover, lay over
laotuma spread, stretch, extend
laotus expanse, stretch
lapakas flap
lapats flap, tongue
laperdama flap, flutter
lapergune flattened, wobbly
lapi- patchwork
lapik flat
lapikpudel flask
lapiline mottled, spotty
lapitekk quilt
lapiti flatwise
lapits spatula
lapitud patchy
lapp cloth, patch
   lappidest tehtud patchwork
lappama browse, flip
   kiirelt lappama flick (through), leaf through
   kokku lappama fold, leaf, scramble, patch
   läbi lappama skim, leaf through
lappima mend, patch
laps child, baby, kid
   üksik laps only child
   last ootama expect a child, be pregnant

L

lapsed children
lapsehoidja babysitter, au pair, nanny
lapseiga childhood
lapsejutt child's story
lapsekingades in one's infancy
lapselaps grandchild
lapselik childish, childlike, infantile
lapsemeel child's mind
lapsendama adopt
lapsendatud adopted
lapsepõlv childhood, infancy
lapsevanem parent
lapsevanker pram
lapsevoodi crib
lapsik childish, infantile
lapsikult childishly
lapsikus childishness
lapsuke baby, babe
lapsus lapse, slip, (small) error
larakas splotch
larhv mug, gob
laristaja squanderer
laristama squander, fool away one's money
larpima lap up, slurp
larüngiit *med* laryngitis
las let, let's
lasanje lasagne
laser laser
laserplaadimängija CD player
laserplaat CD, compact disc
lask shot
laskeharjutus shooting practice
laskekaugus gunshot
laskemoon ammunition
laskepositsioon firing position
laskerada shooting range
laskerelv firearm, gun
laskeriist firearm
laskesport shooting sport
laskesuusataja biathlonist

laskesuusatamine biathlon
lasketiir range
laskja shooter
laskma (**tulistama**) fire, shoot; (**lubama**) have, get, let, permit
alla laskma let down, lower; (**lippu, purje**) strike, take down, lower
järele laskma loosen, slacken
kinni laskma spring, let shut/ locked
käest laskma let slip away, let the chance slip, let be taken away
käiku laskma launch, tap, start, put into operation
lahti laskma dismiss, free, let go, release
lendu laskma fly, shoot
läbi laskma let, pass
maha laskma shoot, zap
mööda laskma waste, miss
peost laskma let go
põhja laskma sink, scupper, founder, scuttle
sisse laskma admit, (**võrku**) cast a net
tühjaks laskma let down
viltu laskma let aslant
välja laskma drop, drop off, let down, let out, let off
õhku laskma (**õhkima**) blow (up), explode, blast; (**püssist**) shoot in(to) the air
las ma mõtlen let's see
las ma vaatan let me see
lase käia now for it, go for it
lase olla forget it
laskuma descend, dive, fall
alla laskuma descend, down, dip
laugelt laskuma shelve
madalamale laskuma dip, descend

laskur shot, sniper
lasso lasso
  lassoga püüdma lasso
last cargo, freight
laste- infantile, paediatric
lasteaed kindergarten, nursery school
lastearst paediatrician
lasteetendus performance for children
lastehaigla children's hospital
lastehaigus children's disease
lastehalvatus *med* polio, poliomyelitis
lastekirjandus children's literature
lastekodu orphanage
lastepäevakodu day care centre, kindergarten
lasterikas large family, having numerous children
lastesalmike nursery rhyme
lastesõim crèche
lastetool child's chair
  ratastega lastetool pushchair
lastetu childless
lastetuba nursery
lastetus childlessness
lastevanemad parents
lastevoodi baby's cot
lastima freight, load
lastitud laden
lasu load, pile
lasuma lie with, rest, weigh on/upon, lie on
lasuur azure
latatara chatterbox
laterdama chatter, prate, tattle, jabber, blab
latern lantern
laternapost lamp post
latikas bream
latrama → **laterdama**

latt lath, bar, batten
latter stall, box
latv top
lauaarvuti desktop
lauahõbe silver, plate
lauakatmine laying the table
lauakombed table manners
lauanõud tableware
lauatennis ping-pong, table tennis
laud board, plank; desk, table
  Rootsi laud buffet
  lauale andma/tooma serve
  lauda istuma sit down the table
  lauda katma lay the table, set the table
  palun lauda! take your seats!
laudis bed of state
laudjas tabular; (**loomal**) rump
laudkond guests at table, table-company
laudlina tablecloth, cloth
laudpõrand board floor, plank floor
laudsepp carpenter
laug eyelid
lauge flat, gently sloping
  laugemaks muutma even out
laugjas slightly shelving
laugleja glider
lauglema glide, hover
lauglendamine hang-gliding
lauk leek
laukapuu blackthorn
laul song
  lustlik lauluke jingle
laulatama marry, wed
laulatus wedding, marriage ceremony
laulatuskleit wedding dress
laulatussõrmus wedding ring
laulev singing
laulik bard, singer, poet; (**lauluraamat**) songbook

L

laulja singer, vocalist
laulma sing, chant
  bassihäälega laulma sing bass
  kaasa laulma join in the singing
  kokku laulma sing in accord, sing in choir, match vocals
laulukoor choir
laululava choir stand, song stadium
laululind songbird
laululooja composer
laulupidu song festival
lauluproov singing rehearsal
lauluraamat songbook
laulurästas thrush
lauluselts choral society
laulusõnad lyrics
lauluviis melody, tune
lauluväljak song festival ground
laup forehead, brow
laupäev Saturday
laureaat prize winner
laus- flat, plain, through
lausa altogether, downright, simply
lause sentence
lauseanalüüs sentence analysis
lauseliige *lgv* part of a sentence
lausemäärus *lgv* sentence adverb
lauserõhk *lgv* sentence stress
lausestus syntax
lauseõpetus syntax
lausk flat, plain
lauskmaa plain, flat land
lauslollus lunacy, utter foolishness, stupidity, idiocy
lauspilves overcast
laustuli barrage
lausuma say, utter
lausung utterance
laut barn
lauto lute
lautomäng lute playing
lautomängija lutanist

lauvärv eye shadow
lava stage, stand; **(kasvuhoone-)** bed
lavakorraldaja stage manager
lavakujundus scenery
lavakunst stagecraft
lavakunstnik stage artist
lavamaa mesa
lavaseade setting
lavastaja producer, director
lavastama produce, direct, stage; *ülek* frame up
lavastus production, staging; *ülek* frame-up
lavatagune backstage
lavats bunk, plank bed
laveerima tack about, beat against the wind, shift, quibble, manoeuvre
lavendel lavender
laviin avalanche
lavsaan terylene
lebama lie
lebamine lie-down
leebe gentle, mild, soft
leebelt mildly, sweetly, gently
leebuma become mild, soften
leebus mildness, clemency, gentleness, softness, lenience
leebuv lenient
leeder elder
leedi lady
leedrimari elder
Leedu Lithuania
leedulane Lithuanian
leegid flames
leegiheitja flame thrower
leegion legion
leegitsema burn, burst into flames
leegitsev ablaze, alight, flaming
leek blaze, flame
leekides alight, in flames, on fire
leekima flame, blaze, flare

leeklamp torch
leeklill *bot* phlox
leekolle hearth
leelis *keem* alkali
leeliseline *keem* alkaline
leelutus chant
leem broth
leen back
leentool armchair
leepra *med* leprosy
leer camp; *relig* confirmation
leerikleit confirmation dress
leerikool confirmation school
leerilaps confirmee, confirmand
leeripäev confirmation day
leesikas bearberry
leetrid *med* measles
leetseljak sandbank
leevendama ease, soothe, calm, alleviate, relieve
   kaotust leevendama soften the blow, cushion the blow
leevendav mitigating, soothing
leevendi balm
leevendus comfort, mitigation
leevenema heal
leevike bullfinch
legaalne legal
legaalselt legally
legaalsus legality
legaat legacy
legaliseerima legalize
legend legend
legendaarne legendary
legitiimne legitimate
legitiimselt legitimately
legitiimsus legitimacy
lehekiosk newsstand
lehekülg page
   üle terve lehekülje full-page
leheküljejalus *inf* running foot
leheküljejaotus *inf* pagination

leheküljenummerdus *inf* page numbering
leheküljevaade *inf* full-page display
lehepiir *inf* page break
   püsiv lehepiir *inf* hard/required page break
   ujuv lehepiir *inf* soft page break
lehepikkus *inf* page length/depth
   lehepikkuse reguleerimine *inf* page length/depth control
leherikas leafy
leherood vein of a leaf
lehestik foliage
lehetäi green fly
lehevars footstalk
lehine leafy
lehis larch
lehitsema flick, flip, browse
   läbi lehitsema skim, leaf through
lehk stink
lehkama reek, stink
lehkav stinking
lehm cow
lehmakarjus cowboy
lehmalaut cowshed
lehmasööt fodder
leht (**puu-**) leaf, (**raamatu- vm**) page, leaf, sheet, (**aja-**) (news)paper
   lahtiste lehtedega loose-leaf
   valged lehed *inf* white pages
lehter funnel
lehtersuue estuary
lehtla arbour
lehtpuu broadleaf tree
lehttaignaküpsetis puff pastry
lehttaignapirukas puff paste
lehv bow
lehvik fan
lehvima flow, flutter, fly, wave
lehvitama flap, wave, fan, flutter
lehviv flowing

L

leib bread
   oma leiba väärt olema worth one's salt
Leiboristlik Partei Labour Party
leid discovery, find, finding
leidja finder
leidlaps foundling
leidlik ingenious, inventive, resourceful
leidlikkus ingenuity, resourcefulness, inventiveness
leidma find, discover, find out
   aset leidma take place, happen
   uuesti leidma retrieve
   üles leidma find out, spot, catch sight, discover, see, notice, identify
leidmata undiscovered
leiduma contain, be found, occur
leidur inventor
leierdama grind on, harp on
   ära leierdama hackney, bandy about/around, flog to death
leierkast barrel-organ, hand-organ, hurdy-gurdy
leige lukewarm, tepid
leil steam
   leili viskama add steam
lein mourning, grief
leina-aasta year of mourning
leinaaeg time of mourning
leinaja mourner
leinakask weeping birch
leinakuulutus obituary
leinalaul dirge
leinalint mourning band
leinalipp bannerol
leinaloor mourning veil
leinama mourn, lament, grieve
leinamaja house of mourning
leinamarss funeral march
leinamuusika funeral music
leinapaju weeping willow

leinapäev day of mourning
leinariietes in mourning
leinarong funeral procession
leinas in mourning
leinatalitus memorial service
leinav bereaved
leitnant lieutenant
leitsak heat
leitsakuline sticky, reeky, sultry
leiubüroo lost property office
leiutaja inventor
leiutama invent
leiutis invention
leivahind price of bread
leivajuuretis leaven
leivakonts chunk of bread
leivalaud trencher, cutting board
leivalõikamismasin bread slicer
leivanuga bread knife
leivapood baker's
leivapuru breadcrumbs
leivapäts loaf of bread
leivategija baker
leivategu batch
leivatehas bakery
leivaviilud slices of bread
leke leak, leakage
lekkekoht leak
lekkima leak
lekkiv leaky
lekseem *lgv* lexeme
leksika lexis
leksikaalne lexical
leksikograaf lexicographer
leksikograafia lexicography
leksikoloogia lexicology
leksikon lexicon
lektoorium lecture hall
lektor lecturer
lell paternal uncle
lellepoeg male cousin
lelletütar female cousin

lelu toy
lembelaul serenade, love song
lembus love, affection
lemmik favourite, darling, pet
lemmik- favourite, pet
lemmikajaviide hobby
lemmikala favourite occupation
lemmiklaps favourite child
lemmikloom pet
lemmikpaik haunt
lend flight, fly; (**koolis: aastakäik**) graduates of one year
lendaja flyer, flier
lendama fly
    kõrgel lendama soar, fly high, in a high degree
    lahti lendama burst
    mööda lendama fly past
    ringi lendama fly about
    tagasi lendama fly back
    välja lendama fly away/out, start out
    üle lendama fly, rise, ascend, mount, soar, glide
lendav flying
lendleht leaflet
lendlema flit, flutter, fly about, hover
lendlemine fluttering, flying about
lendpall volley
lendsalk flying squad
lendsõna catchword
lendtäht meteor
lendulaskmine shooting, flying
lenduma evaporate, volatilize, vaporize
lendur pilot
lendurikabiin cockpit
lendutõus take-off
lenduv volatile, evaporating, vaporizing
leng → **piit**

lenkstang handlebar
lennuaeg flight time
lennuasjandus aviation
lennubaas air base
lennuhaige airsick
lennuhaigus airsickness
lennujaam airport
lennujaamahoone air terminal
lennuk aircraft, airplane, plane
    lennukiga sõitma fly
    lennukile minek boarding, embarkation
    lennukisse minema board, embark
    lennukit juhtima fly, navigate, pilot
lennukas enthusiastic, (high-)spirited, zealous
lennukaugus flight
lennukiirus flying speed
lennukijuht pilot
lennukikandja aircraft-carrier
lennukikere fuselage
lennukiluuk hatch
lennukiri air letter
lennukitööstus aircraft industry
lennukompanii airline company
lennukus flight, enthusiasm
lennukõrgus altitude
lennuliiklus air traffic
    lennuliikluse dispetšeritalitus air-traffic control
lennuliin airline, airway
lennundus aviation, flying
lennupost airmail, par avion
lennureis flight
lennus in flight, on the wing
lennutama fly, toss up, fling
    üles lennutama launch, fire (off), send off, project
lennutee air route
lennuterminal air terminal

L

lennuvõimetu unfledged
lennuvägi air force
lennuväli aerodrome, airfield
lennuväsimus jet lag
leopard leopard
leotama soak, wet, macerate, ret
leotamine maceration
leotis infusion
leotus soaking, retting
lepatriinu ladybird
lepe agreement, deed
leping agreement, contract, pact, treaty
  notariaalne leping deed
  lepingut sõlmima sign an agreement
lepinguline contractual
lepingupool contractor, contracting party
lepingupunkt article
lepinguõigus contractual rights
lepitaja conciliator, ombudsman
lepitama conciliate, reconcile
lepitamatu irreconcilable, implacable
lepitus conciliation, atonement
leplik tolerant, patient, forbearing
leplikkus tolerance
lepp alder
leppenimetus code name
leppesõna password
leppima come to terms with, make it up with, reconcile
  leppima üksteise eriarvamustega agree to differ
  kokku leppima agree, appoint, arrange, clinch, compromise, seal, sew up, stipulate, strike
  vähesega leppima make do with very little, be satisfied with the pittance
  ära leppima make it up with,

make one's peace with
leppimatu irreconcilable, unrelenting
leppimatus irreconcilability, implacability
lesbi lesbian
lesepõlv widowhood
lesestuma become/be widowed
lesestunud widowed
lesima lie, recline
lesimine lying, reclining
lesk (naine) widow, (mees) widower
lest (kala) plaice; (putukas) mite; (ujunahk) web; (ujumisvarustus) fin
letaalne lethal
letargia lethargy
letargiline lethargic
lett counter, desk
leukeemia *med* leukaemia
levik spread, diffusion, dissemination
  üldine levik prevalence
levima spread, transmit
  kiiresti levima mushroom, spread fast
levinud spread
  laialt levinud widespread
levitaja spreader, distributor
levitama spread, broadcast, diffuse, disperse, disseminate, distribute
levkoi *bot* gillyflower, stock
liaan *bot* liana
libahunt werewolf
libastuma slide, slip, slither, skid
libastus slip, slide, slither, skid, fall
libe slippery, slippy
libekeelne glib, smooth
libekeelsus glibness, smoothness
liberaal liberal
liberaalitsema play the liberal
liberaalitsemine playing the liberal

liberaalne liberal
   liberaalseks muutma liberalize
liberaalsus liberality
liberaliseerima liberalize
liberalism liberalism
libikud slip-on shoes
libisema glide, slide
   maha libisema slip off
   mööda libisema fleet, skid
   üle libisema skate over, skate
   round, avoid
libisev gliding, flexible
libistama glide, slide, slip
   üle libistama pass
lible blade, flake
liblikas butterfly
liblikujumine butterfly stroke
liblikõieline leguminous
libretist librettist
libreto libretto
libu whore, bitch, tart
liduma scurry, scamper, scuffle,
   dash, rush, hurry
lift lift, (AmE) elevator
ligament ligament
ligi next, near, close
ligidal close, at hand
ligidus proximity
ligikaudne approximate, rough
ligikaudu about, approximately
ligilähedane close, nearby
   ligilähedane olema be approxi-
   mate
ligimesearmastus altruism, charity
liginema approach, draw near
liginev advancing
ligipääs access
   ligipääsu võimaldama open up
ligipääsetav accessible, approach-
   able
ligipääsmatu inaccessible, unap-
   proachable

ligistikku close to each other
ligitikkuja creep
ligitõmbamine attraction
ligitõmbav magnetic, attractive
ligitõmme magnetism, attraction
ligunema soak, ret, wet
   läbi ligunema saturate
ligunenud soaked
liguster *bot* privet
liha flesh, (toiduna) meat
lihakari beef cattle
lihakaupmees butcher
lihakeha, -kere carcass
lihakonserv canned meat
lihakärbes bluebottle
liha-köögiviljahautis casserole
lihaleem broth, bouillon
lihalik fleshy, carnal
lihane full, own
lihapirukas meat-pie
lihapood butcher's
lihas muscle
lihaseline muscular, brawny, strong
lihasejõud muscular strength
lihasekiud muscle fibril
lihaserikas muscular
lihasevalu muscular pain
lihaskond musculature
lihaskude muscular tissue
lihasoolvesi brine
lihasoust gravy
lihastik musculature
lihasuretaja ascetic
lihasööja carnivore
lihav fat, fleshy, corpulent, plump
lihavus corpulence
lihavõtted Easter
lihavõttemuna Easter egg
lihtinimene common man
lihtinimesed common people, mass
lihtkiri ordinary/non-registered let-
   ter

L

lihtkodanik commoner
lihtlabane common, earthy, plain, simple
lihtlause *lgv* simple sentence
lihtliikmed rank and file
lihtminevik *lgv* past simple, imperfect
lihtmurd *mat* proper fraction
lihtne simple, plain, easy, elementary, ordinary, common
lihtrahvalik plebeian, vulgar
lihtrahvas common people, commons
lihtsakoeline plain-weave cloth, homespun
lihtsalt plainly, simply
lihtsameelne innocent, naive, simple-minded
lihtsameelsus innocence, naivety
lihtsurelik ordinary mortal
lihtsus simplicity
lihtsustama facilitate, simplify
lihtsustatud simplistic
lihtsustatult simplistically
lihtsustuma simplify
lihtsustus simplification
lihtsõdur private soldier, ranker
lihttööline labourer
lihunik butcher
lihv polish
lihvija cutter
lihvima cut, polish
lihvitud polished
lihvitus polish
lihvketas grinding wheel
lihvklaas cut glass
liialdama exaggerate, overdo
liialdamata literal
liialdatud exaggerated
liialdatult extravagantly
liialdatus exorbitance
liialdav exaggerating, extravagant

liialdus exaggeration, excess
liialeminek excess
liialt too
liiast a bit too much
liiasus excess, redundancy
liibuma cling (to), snuggle (against), stick (to), nestle close to
liibuv clinging, skin-tight
liide *lgv* affix
liider leader
liiderdaja womaniser
liiderdama be dissolute, womanise
liiderlik dissolute, wanton, licentious
liiderlus dissoluteness, debauchery
liides *inf* interface
liidetav *mat* addable, addend
liidetud added
liidu- federal
liiduriik federal state
liidus be allied, in league with
liig excess, too, over
liig- excessive, hyper-, over-
liiga excessively, on the large side, too
liigaasta leap year
liigarv odd number
liige member; (**keha-**) limb; *mat* term
    liikmeks astuma join
    liikmeks olemine membership
liigend joint, hinge
liigendama analyse, structure, subdivide
liigendatud analysed, articulated
liigenduma be analysed
liigendus analysis
liiges joint
liigesepõletik *med* arthritis
liigesevalu *med* arthralgia
liigestama joint
liigestatud jointed
liigestuma joint

liigi- generic
liigitama classify, rank, sort, assort, group
liigitus classification
liigkasuvõtja usurer
liigkusesus *med* diabetes
liigliha proud flesh
liigmurd *mat* improper fraction
liigmäär excess
liigne excessive, superfluous, redundant
liignimi surname
liigselt excessively, lengthy, overlong
liigsöömine overeating
liigud celebrating a purchase
liigutaja mover, stirrer
liigutama move, shift, stir
  ettepoole liigutama advance
  paigalt liigutama move, nudge, push, budge
liigutamatu immovable, unemotional
liigutatav movable
liigutatud moved, affected, touched
liigutav moving
liigutavus poignancy
liigutus motion, move, movement
  liigutust tegema make a motion
liik kind, sort, variety, class; *biol* species
liiklemine traffic
liiklus traffic
liikluseeskirjad traffic regulations, highway code
liiklusmärk traffic sign, road sign
liiklustakistus hold-up
liiklusteenistus traffic service
liiklusummik traffic jam, block
liiklusvahend vehicle
liiklusõnnetus traffic casualty, road/ traffic accident

liikmekaart membership card
liikmekandidaat applicant for membership
liikmeksolek membership, fellowship
liikmemaks membership fee, subscription
liikmepilet membership card
liikmeskond membership
liikuma move, head, make for
  edasi liikuma advance, continue, move on, press on, proceed
  karjana liikuma flock, herd
  kiiresti liikuma speed, move fast, whip
  kindlalt edasi liikuma press ahead, strive forward, insist ahead, steady ahead
  kohalt liikuma make a move, move from the position, move out of place
  kohalt teisele liikuma flit, move onto another place
  paigalt liikuma move, budge
  ringi liikuma circulate, get about, get around
  tagasi liikuma move down
  vaevaga edasi liikuma labour along, toil along, limp
  vaikselt ringi liikuma prowl
  üles-alla liikuma seesaw; *ülek* fluctuate
  liikuma hakkama move off, start moving
  liikuma panema move, set in motion
liikumapanev motive
liikumatu immobile, motionless, static
liikumatus immobility
liikumine action, motion, movement
liikumishulk *füüs* momentum

L

liikumiskiirus speed (of motion), velocity
liikumissuund route, way, direction
liikumistee orbit, route, path
liikumisvabadus freedom of movement
liikumisvalmis bound, ready for
liikumisvõime mobility
  liikumisvõimetuks tegema immobilize
liikumisvõimeline mobile
liikumisõpetus kinematics
liikuv mobile, movable
liikuvus mobility
liikvel in motion, about, on the move
liilia lily
liim glue
liimima glue
  peale liimima paste on, glue on, put on
liimipaber adhesive paper
liimipott glue bottle
liimuma stick
liimuv adhesive
liin line
liinilaev liner
liinilennuk liner
liinivool line current
liipama limp
liiper sleeper, (AmE) tie
liisk lot
  liisku heitma cast/throw lots, toss up a coin
liist (**puuriba**) slat, (**põranda-**) baseboard; (**kingsepa-**) last, (**kinga-**) boot-tree
liisuheitmine casting of lots
liisuma stale
liit alliance, confederation, federation, union
liit- complex, composite
liitekoht join, joint, juncture

liiter litre
  liitrite viisi by litres
liitlane ally, partner
liitlas- allied
liitlause *lgv* compound sentence, complex sentence
liitma join, unite, sum up, merge, fuse, glue up; *mat* add (up)
  ühte liitma incorporate, weld
liitmine *inf* append
liitriik federation
liitrine of a litre
liitsihitis *lgv* complex object
liitsõna *lgv* compound (word)
liituma join (up), sign up, unite
liitunud joined, united
liiv sand
  peen valge liiv silver sand
liivakallas sandy bank
liivakarva sandy
liivakast sandpit
liivakell sandglass
liivakiht layer of sand
liivakivi sandstone
liivakook shortbread, mud cake
liivakott sandbag
liivakõrb sandy desert
liivaloss sandcastle
liivaluide sand-dune
liivane sandy
liivapaber sandpaper
liivarand sandy beach
liivatama sand, cover with sand, grit
liivatee thyme
liivatera grit
liivatorm sandstorm
liivi Livonian
likvideerima eliminate, liquidate, abolish
likviidsus liquidity
liköör liqueur
likööriklaas liqueur glass

liliput Lilliputian, midget
lill flower
lilla lilac, violet
lillakaspruun puce
lillakaspunane purple
lille- floral
lilleaed flower garden
lilleaednik florist, horticulturist
lillekast flower box
lillekauplus florist's
lillekimp bouquet
   väike lillekimp posy
lillelaud flower stand
lilleline flowery, flowered
lillelõhn fragrance of flowers
lillemustriline floral, flowered
lillemüüja florist
lillepeenar flower bed
lillepostament flower stand
lillepott flowerpot
lilleseeme flower seed
lillesibul flower bulb
lillevanik garland
lillhernes sweet pea
lillkapsas cauliflower
lima slime, mucus, phlegm
limaan liman, lagoon, estuary
limajas slimy
limane slimy, mucous, phlegmy
limanääre mucous gland
limaskest mucous membrane
limbo limbo
limerik *kirj* limerick
limiit limit
limiteerima limit
limonaad lemonade, (AmE) soda
limpsama lick
   keelt limpsama lick one's lips
limpsima lick
limukas earthworm
limune mollusc
limusiin limousine

lina (taim) flax; (voodi-) sheet, (laud-) table-cloth
linakarva flaxen
linakasvatus flax growing
linalakk flaxen hair
linane linen
linaseemneõli linseed oil
linastama screen, show
linastuma screen
linateos film, picture, movie
linavabrik flax mill
linavästrik white wagtail
lind bird
lindistama tape, record
lindistus tape recording
lindprii outlaw
lineaarne linear
ling sling
lingside *med* sling
lingvist linguist
lingvistika linguistics
linik runner
link handle
linlane townsman/-woman/-person, citizen
linlik urban
linn town, city
linna- municipal, urban, town
linnaamet municipal office
linnaametnik municipal officer
linnaarhitekt city architect
linnaehitus city planning
linnaelu town life
linnak campus
linnalähedane suburban
linnaosa borough, quarter
linnapea mayor
linnased malt
linnasekretär town clerk
linnastama urbanize
linnavalitsus city government, city hall

L

linnavolikogu city council, town council
linnavolinik city councillor, town councillor
linnavärav town gate
linnaümbrus outskirts of a town
linnriik city-state
linnufarm poultry farm
linnukasvatus poultry breeding
linnuke birdie
  linnukest tegema tick
linnukoer setter
linnulaul bird song
linnulennuline bird's-eye
linnuliha poultry
linnumaja aviary
linnupoeg chick, fledg(e)ling
linnupuur bird-cage
linnupüüdja fowler
linnus stronghold
linnuteadlane ornithologist
linnuteadus ornithology
linnutee, Linnutee galaxy, the Milky Way, Galaxy
linnutopis stuffed bird
linoleum linoleum, lino
linoollõige linocut
lint band, ribbon, tape
lintšima lynch
lipakas slut
lipats tongue, slat
lipendama flutter, flap
lipik label, tag, ticket
lipitseja adulator, flatterer
lipitsema adulate, flatter, court, fawn on
lipitsev adulatory, flattering
lipitsus adulation
liplema flutter
lipnik ensign
lipp flag, (**laeva-**) colours, (**ratsaväe**) standard; (**males**) queen

lippama scamper, scurry
lips necktie, tie, cravat
lipsama slip
  eest lipsama evade
  käest lipsama elude, give someone the slip
  läbi lipsama slip through
  sisse lipsama slip in
  välja lipsama slip out
  üle huulte lipsama let slip, blurt put, blab
lipsunõel tie-pin, (AmE) stick-pin
lipuehted bunting
lipukandja colour-bearer, (AmE) standard-bearer
lipukiri slogan, device
liputama wag, flap
lipuvarras flagpole, flagstaff
lirts squelch, splash
lirtsuma squelch
lisa addition, appendix, supplement, extra
lisa- additional, extra, further, subsidiary, supplementary
lisaaeg overtime, extra time
lisaandmed additional data
lisadokument enclosure
lisaeelarve *maj* supplementary budget
lisaehitus extension
lisajõgi tributary
lisakohustus additional duty
lisakoormus surcharge
lisaks besides, in addition to, on top
lisaköide supplement
lisaleping supplementary agreement
lisama add, enclose, supplement, annex
  kiirust lisama accelerate, pick up speed, rev
lisamine *inf* insert
lisamaks *maj* supertax

lisamaterjal supplementary material
lisand addition, accompaniment, supplement, adjunct; *lgv* apposition
lisandid accessories
lisanduma be added
lisapala encore
lisapalk bonus, extra pay
lisaraha bonus
lisaraskus ballast
lisaseade accessory, supplementary device
lisatasu extra pay, premium
lisateenistus perquisites
lisatingimused strings
lisatulu bonus
lisatöö overwork, extra work
lisaväärtus *maj* surplus value
lisaülesanne *mat* rider
lita bitch
litaur *muus* kettledrum, timpani
literaat man of letters, writer
literatuur literature
literatuurne literary
lito litho-
litograaf lithographer
litograafia lithography
lits bitch, slut
litsents licence
litsentsima license
litsuma press, squeeze
   kahe vahele litsuma sandwich, pack like a sardine
   laiaks litsuma swat
litter spangle
   litritega kaetud spangled
liturgia liturgy
liturgiline liturgical
liud dish, bowl, platter
liug slide, glide
liuglema glide, slide, sail
liugtrepp escalator

liugur slider
liumägi slide, toboggan-run
liurada slide
liusk gently sloping
liustik glacier
liuväli skating rink
livree livery
loba gibberish, twaddle, waffle
   tühi loba palaver
   loba ajama waffle
lobamokk chatty, chatterbox
lobi grub, slops, (AmE) chow
lobiseja chatterbox
lobisema chat, gossip, prattle
   välja lobisema betray, tell, blurt out, blab; *sl* spill the beans
lobisemine prate, twaddle
lobisemishimuline garrulous, talkative
lobisev loquacious, chatty, talkative
lobistama splash about, paddle
lobjakas sleet, slush
   lobjakat sadama sleet
lodev flabby, slack, lax
lodevus slackness, laxity
lodi barge
lodža balcony
loe northwest
loend list, register
   üksikasjalik loend schedule
loendaja counter
loendama count
   uuesti loendama re-count
loendamatu countless, incalculable, innumerable, uncountable
loendatav countable, enumerate
loendur counter, meter
loendus count, enumeration; (**rahvaloendus**) census
loeng lecture, speech, talk
   loengut andma deliver a lecture, give a lecture

L

loengut pidama lecture, talk
loengupidaja lecturer
loenguruum lecture hall
loetamatu illegible
loetamatus illegibility
loetav legible, readable
loetelu catalogue, list
loetlema enumerate, list
logard loafer
logaritm *mat* log, logarithm
logelema idle, hang about, lie about
  ringi logelema fool around
logelev idle
logima log
  sisse logima *inf* log in, log on
  välja logima *inf* log out, log off
logiraamat logbook
logisema rattle, shake
logisev loose, slack
logistama rattle, shake
logistika logistics
logistiline logistic, logistical
logo logo
lohakalt carelessly
lohakas careless, negligent, slipshod, sloppy
lohakil out of order, neglected
lohakus carelessness, negligence
lohe dragon
lohisema drag, trail
lohistama drag, lug, trail
  järel lohistama drag, trail along
lohk dimple, pit, cavity, hollow
  lohku vajuma sink, become hollow
lohkus hollow, sunken
lohmakas clumsy
lohuke dimple
lohukestega dimpled
lohutama cheer up, comfort, console
lohutamatu desolate, disconsolate

lohutamatult disconsolately
lohutamatus desolation
lohutav comforting
lohutu disconsolate
lohutus comfort, consolation
lohutusauhind booby prize
lohv hose
loib flipper
loid passive, slack, sluggish, apathetic, indifferent
loidus inactivity, sloth, apathy, indifference
loik puddle, pool
loikam loafer, idler, tall
loit flare, flame
loitma flare, flame
loits spell, charm
loitsima cast spells, use charms
loiult languidly, lazily, weakly
loivama crawl, swagger
lojaalne faithful, loyal
lojaalselt faithfully
lojaalsus loyalty
lojus beast
lokaal pub, restaurant, (AmE) saloon, lounge
lokaal- local
lokaliseerima localize, locate
lokaliseeritud localized, located
lokid curls
lokiline wavy
lokk curl, lock
  lokke tegema curl
lokkama be luxuriant, sprawl, straggle
lokkav luxuriant
lokkavalt luxuriantly
lokkima curl
lokkis curly
loksatus cluck
loksuma cluck, lap, splash
  maha loksuma spill

üle ääre loksuma slop, spill over, flow over
loksutama shake, rock
  maha loksutama spill
loll stupid, silly, foolish
  lolli mängima fool about, fool around, play the fool
  lolliks tegema fool, make a fool of
lollakas silly
lollikindel foolproof
lollitama fool, play the fool, lark about
lollpea fool, blockhead
lollus nonsense, rubbish
  lollusi rääkima talk drivel
  lollusi tegema play the fool
lombakas lame
lombard pawnshop
lomp pool, puddle
longus drooping
lonkama limp
lonkamine lameness, limp
lonkav lame
lonkima saunter, stroll
lonks sip, gulp
  tubli lonks swig
lonkshaaval by mouthfuls, by gulps
lonkur lame person, limping person
lont trunk
lontima stroll, lounge, slouch
lontis drooping, sagging
lontrus rascal, scamp
lontsima stroll
lontu clumsy
loobuma give up, abandon, abdicate, quit, surrender
loobumine abandonment, renunciation, withdrawal
lood lead
loode embryo, foetus
loode- northeast, north-eastern, north-easterly
looder loafer, idler, (AmE) bum
looderdama loaf around, idle
loodetav expected, prospective
loodetavasti hopefully
loodima plumb, level
loodinöör plumb line
loodis level, perpendicular
loodud made for
loodus nature
  metsik loodus wildlife
loodus- natural, ecological
loodusjõud elements
looduskaitse nature preservation
looduskaitseala national park, nature preserve
looduskaitsja conservationist
looduskirjeldus description of nature
looduslik natural
looduslugu natural history
loodusnähtus natural phenomenon
looduspärane natural
loodussaadus natural product
loodusseadus natural law, law of nature
loodusteadlane naturalist
loodusteadus science
loodusteaduslik naturalistic
loodusuurija naturalist
loodusvara natural resources
loodusõnnetus natural catastrophe
loodusõpetus natural science
loog swath
  loogu võtma rake together hay, windrow
looge crook, bend
loogeline winding, bending
loogika logic
loogika- logical
loogikaline logical
loogiline logical

loogiliselt logically
loogilisus logicality
looja creator, author
loojang sunset
loojuma set, go down
look horse bow
lookas bent
looklema wind, snake, twist
looklev winding, tortuous
looklevalt tortuously
loom animal, beast, brute, creature
  loomi ajama drive
looma create, make
  korda looma put/set in order, create a system, call an order
  pead looma ear, form into ears, head
looma- animal
loomaaed zoo
loomaarst vet, veterinarian, veterinary surgeon
loomaarstiteadus veterinary science
loomafarm animal farm
loomakaitse prevention of cruelty to animals
loomakari herd of cattle
loomakarjus cowherd
loomakasvataja animal breeder
loomakasvatus animal breeding
loomalaut cowshed
loomaliha beef
loomalik animal, bestial, brutal
loomalikkus brutality
loomanahk hide
loomapuur cage
loomariik fauna
loomaring zodiac
loomastik fauna
loomastuma brutalize
loomasööt fodder
loomateadlane zoologist

loomateadus zoology
loome creation
loomine creation, establishment
looming art, creation
loominguline creative, imaginative
loomingulisus creativity
loomisrõõm joy of creation
loomne animal
loomulik natural, normal
loomulikkus naturalness
loomulikult of course, sure, surely, naturally, certainly
loomult inherently, by nature
loomupärane natural
  loomupärane olema be natural
loomupärasus being natural
loomus (olemus) nature, disposition, kind; (kalanduses) draught, catch; (kudumises) beginning
  ägeda loomuga hot-tempered
loomusepärane inbred
loomuslik innate, inbred
loomusund instinct
loomutruu true to life
loomutruudus naturalness
loomuvastane unnatural
loomuvastasus unnaturalness
loopima throw, toss, fling, hurl
  kaikaid kodaratesse loopima put a spoke in a wheel
  laiali loopima scatter
loopimine throwing, tossing
loor veil
loorber laurel
  loorberitel puhkama rest on one's laurels
loorberipuu laurel tree
looritama veil
looritatud veiled, filmy
loos lot
  loosi võtma draw lots
loosima raffle

loosimine draw, lottery, raffle
loosung slogan, catchword
loož box
loote- foetal
looteline foetal
lootma hope, expect, reckon, count on
  kõigest hingest lootma pray from all of one's heart
  kõigest hoolimata lootma hope against hope
loots pilot
lootsik small boat
lootus hope, expectation
  tühi lootus pie in the sky
  lootusi panema place hopes on, bank on
  lootusi petma let down
  lootusi täitma do oneself justice
  lootust andma hold out hope, promise, raise one's hopes
  lootust hellitama cherish/entertain a hope
  lootust kaotama despair
lootusetu hopeless, useless
lootusetult hopelessly
lootusetus hopelessness
lootuskiir ray of hope
lootusrikas hopeful, sanguine
lootusrikkalt hopefully
lootustandev encouraging, promising
lootustäratav promising, budding
loov creative
loovutama give up, surrender, turn over
lops blow, slap, clout
lopsakalt exuberantly, luxuriantly
lopsakas exuberant, luxuriant
loputama rinse, swill, wash; (haava) bathe
  alla loputama wash down

loputus rinse, swill, wash
lora idle talk
lorama chatter, talk nonsense
lord lord
lordkantsler Lord Chancellor
lori idle talk, prattle
lorijutt nonsensical story
lorilaul nonsensical song, dirty song
loru prattler
loss castle
lossikraav moat
lossima discharge
losutama lie, loll about
lotendama bag, flop
lotendav baggy, flaccid
loterii lottery, raffle
loto lotto
lott double chin
LP long-playing record, LP
luba licence, pass, permission, consent
  kirjalik luba permit, warrant, pass
  loaga varustama license
  luba andma give leave/permission, clear, sanction
  luba küsima ask for permission
lubadus promise, guarantee
  lubaduse täitmatajätt default
  lubadusest kinnipidamine commitment
  lubadust andma promise
  lubadust murdma break a promise
  lubadust pidama keep a promise
lubama allow, permit; afford; promise
  sisse lubama admit
lubamatu prohibited, not allowed
lubamatult unacceptably, without permission
lubatav acceptable, permissible

lubatud allowed, permissible
lubav permissive
lubi lime
lubivärv whitewash
lubjakivi limestone
lugeja reader
lugejaskond readers
lugema read, count; (**pidama**) consider, regard
  hoolikalt lugema peruse
  kapsaks loetud dog-eared
  kapsaks lugema read to dog ears
  kokku lugema count, read together
  peast lugema say by heart, recite
  põgusalt lugema glance, skim
  välja lugema read between the lines, (**vaevu**) make out
  üle lugema count out
  üles lugema enumerate, list, count
lugematu countless, innumerable
lugemik reader, reading-book
lugemispult reading-desk, lectern
lugemissaal reading-room
lugu story, tale
  tavatu lugu unusual story, exceptional story
lugulaul epic
lugupeetav respectable, honourable
lugupeetavus prestige, respectability
lugupeetud prestigious, respectable
lugu pidama respect
lugupidamatu disrespectful, irreverent
lugupidamatult disrespectfully
lugupidamatus disrespect, irreverence
lugupidamine deference, esteem, regard, respect
  lugupidamist kaotama disgrace
  lugupidamist osutama honour

  lugupidamist võitma distinguish
lugupidamisega Yours faithfully, Yours sincerely, Yours truly
lugupidav appreciative, respectful
lugupidavalt appreciatively, deferentially
luht meadow
luhtaläinud failed, wasted
luhtaminek failure
luhtuma fail, miscarry
luhtumine failure, fiasco
luide dune
luider scraggy
luigelaul swan song
luigepoeg cygnet
luigetiik swannery
luik swan
luine bony
luisk scythe stone
luiskaja liar
luiskama fib, lie; (**ihuma**) hone, whet
luiskelugu a tall story
luituma fade, lose colour
luitunud faded, discoloured
lukk lock; (**tõmblukk**) zipper
  kindlalt luku taga under lock and key, locked up tight
  lukku minema lock
  luku taga locked up
  luku taha panema lock, lock in
  lukust lahti tegema unlock
lukksepp locksmith
lukkuma lock
luksatus hiccup, hiccough
luksuma hiccup, hiccough
luksus luxury
  tarbetu luksusese white elephant
luksus- de luxe
luksuskorter mansion
luksuslik de luxe, luxurious
luksuslikult luxuriously, expensively, in style, lavishly

lukuauk keyhole
lukustama lock
lulli lööma idle, make merry
lullilööja idler
lumehang snowdrift
lumehelves (snow)flake
lumekoristusmasin snow-clearing machine
lumelabidas snow shovel
lumelaviin avalanche
lumelörts slush
lumememm snowman
lumepall snowball
lumepiir snowline
lumesadu snowfall
lumesahk snowplough
lumetorm snow storm
lumetuisk snowstorm, blizzard
lumevangis snowbound
lumeveere avalanche
lumi snow
　lund sadama snow
lumikelluke snowdrop
lumine snowy
lumm charm, spell
lummama bewitch, charm
lummav bewitching, charming, enchanted
lummunud spellbound
lummus bewitchment, enchantment, fascination
lummuses enchanted, fascinated
lumpen proletarian
lunaar-, lunaarne lunar
lunaraha ransom
　lunaraha maksma bail out
Lunastaja the Saviour
lunastama redeem, save
　välja lunastama buy out
lunastamine redemption
lunastav redeeming
lunastus atonement

lunija scrounger
lunima cadge, scrounge
lunn *zool* puffin
lupjama whitewash
lupsama plop
lupsti plop
luristama slurp
lurjus scoundrel, villain, rascal
lurr slipslop, slops
lusikas spoon
　lusikaga tõstma scoop out, spoon
lusikatäis spoonful
lust pleasure, joy, fun, glee
lustakalt gaily, merrily
lustakas merry, boisterous, jolly
lustakus gaiety, merriment
lusti- pleasure
lustima have pleasure
lustisõit joyride
lustlik gay, merry
lustlikkus merriment, glee
lutikas bug
lutipudel feeding bottle
luts burbot
lutsern *bot* lucerne
lutsima suck, lick
lutsukomm lollipop
lutsutama suck, lick
lutt dummy, teat
luu bone
　luu ja nahk all skin and bone
luuavars broomstick
luud broom, besom
luuderohi *bot* ivy
luugistama shutter
luuk (katuse-) hatch, **(põranda-)** trapdoor, **(akna-)** shutter, **(kanalisatsioonikaevu)** manhole
luukamber ossuary
luukere skeleton
luul delusion, imagination
luule poetry, rhyme, verse

L

luulekogu collection of poems
luulekunst poetry
luuleline poetic, poetical
luulestiil poetic style
luuletaja poet
luuletama write poetry
   kokku luuletama cook up, think a legend, make up a story, concoct a story
luuleteos poetic work
luuletus poem
luulevalimik anthology of poetry
luuleõpetus poetics
luumurd fracture
luup magnifying glass, magnifier
luupainaja nightmare
luupehmumine *med* osteomalacia
luupeks ankle
luupõletik *med* osteitis
luuraja spy
luurama lurk, spy
luure espionage, intelligence
   luuret tegema spy
luurelennuk reconnaissance aircraft
luurima (passiivselt jälgima) *inf* lurk
luuser loser
luusima stroll (about), ramble
   ringi luusima *sl* piss about, piss around, muck about, muck around
luusimine ramble, rambling, strolling (about)
luuslanki lööma be idle, make merry
luustik skeleton, bones
luustuma ossify, turn into bone
luuvalu *med* gout
luuüdi (bone) marrow
lõastama tether, bridle
lõbu fun, pleasure, enjoyment
   lõbu pakkuma give pleasure
   lõbu tundma enjoy, take pleasure
   lõbu pärast for fun

lõbu- pleasure
lõbumaja brothel
lõbunaine prostitute
lõbuotsija hedonist
lõbureis pleasure trip
lõbureisima cruise
lõbus merry, joyful, cheerful, entertaining, gay, cheery
   kohatult lõbus blithe, improperly merry
   ütlemata lõbus *kõnek* priceless
lõbusalt merrily, joyfully, cheerfully, gaily, amusingly
lõbustaja entertainer
lõbustama entertain, amuse
lõbustav entertaining
lõbustus entertainment
lõbustuspark amusement park
lõbusus amusement, merriment, gaiety, glee
lõbusõit cruise
   lühike lõbusõit spin
   lõbusõitu tegema cruise
lõbutsema enjoy, have a good time
lõdin quiver, shiver, trembling
lõdisema quiver, shiver, tremble
lõdvenema loosen, slacken
lõdvestama loosen up, relax
lõdvestuma loosen up, relax, rest, calm
lõdvestus relaxation
lõgin rattle, clatter
lõgistama rattle, clatter
lõhandik split
lõhang split, crack
lõhe breach, split, crevice, chink; (kala) salmon
lõhenema split, cleave, sliver
lõhenenud split, cleft, chapped
lõheroosa salmon(-pink)
lõhestaja splitter
lõhestama split, rend

lõhestatud split, divided
lõhik slit, slash
lõhkama blast, blow up, explode
lõhke- explosive
lõhkeaine explosive
lõhkekeha payload
lõhkema blow up, burst, explode
lõhkepea warhead
lõhki to pieces, broken, asunder
lõhkine torn, slit, broken
lõhkuma break, demolish, wreck;
   (puid) chop
   maha lõhkuma pull down, tear
   down, demolish, (müüre, kindlus-
   tusi) dismantle
lõhkuv wrecking, destructive, split-
   ting
lõhmus → pärn
lõhn smell, scent, odour, (meeldiv)
   aroma, fragrance, perfume, (eba-
   meeldiv) stench
lõhnama smell, scent
lõhnaseep scented soap
lõhnastama perfume, scent
lõhnastatud scented
lõhnatu odourless
lõhnav scented, fragrant, odorous
lõhnavesi aftershave, eau-de-co-
   logne
lõhnaõli perfume, scent
lõhustama split
lõhustuma split, decompose, be
   split
lõhutud broken, split
lõigatud cut
lõige cut, make, shape; (mudel) pat-
   tern
lõigunummerdus inf paragraph
   numbering
lõik cut, slice; (teksti-) paragraph,
   passage, segment, section
lõikama cut, engrave, shave, clip

juurde lõikama cut out (a gar-
   ment), cut (to size)
küljest lõikama slice off
lahti lõikama carve, cut up, slice
lõhki lõikama slit, cut open
läbi lõikama cut through, sever
lühikeseks lõigatud bobbed
maha lõikama cut off
sisse lõikama cut into, carve, cut,
   incise
välja lõikama cut out, (puust)
   carve, take out
ära lõikama cut off, trim off/
   away, slice off, rip off, sever
ümber lõikama circumcise
lõikamine ja kleepimine inf cut and
   paste
lõikav cutting, biting, keen
lõikehaav cut, flesh wound
lõikehammas incisor
lõikejoon line of intersection
lõikekoht cut
lõikelaud cutting board, bread-
   board, bread board
lõikeleht pattern sheet
lõikelill cut flower
lõikenuga carving knife
lõikepind mat section, plane of in-
   tersection
lõikepindala mat sectional area
lõikepuhver inf clipboard
lõikepunkt intersection point
lõikeriist cutter, cutting tool
lõiketangid clippers
lõiketera cutting edge
lõikuma cross, slice, carve, shred;
   mat intersect
   läbi lõikuma cut through, sever
lõikumisjoon intersection
lõikumiskoht point of intersection
lõikus (saagi) harvest; med opera-
tion

lõikusaeg harvest
lõikusmasin reaping machine
lõikuspidu harvest festival
lõikussaal *med* operating room
lõikustööline reaper, harvester
lõim warp; (**aastarõngas**) annual ring
lõimelõngad warp (thread)
lõimetuma *med* incubate
lõimetusaeg *med* period of incubation
lõiv duty, fee
lõivuvaba duty-free
lõke (bon)fire
  lõkkele lööma burst into flames, flare, kindle
  lõkkele puhuma fan into flame
lõkendama flare, blaze
lõkendav blazing, flaring, glowing
lõkerdama roar with laughter, guffaw
lõkerdis noisy laugher
lõkketuli (bon)fire
lõkkeõhtu campfire
lõks trap; *ülek* pitfall
  lõksu langema fall into a trap
  lõksu meelitama ensnare
  lõksu püüdma trap
  lõksu seadma set a trap
lõksuseadja trapper
lõksutama crack, pop
lõng thread, yarn
  villane lõng wool, yarn
lõngapool spool
lõngaviht hank
lõngus teddy-boy
lõnksutama rattle
lõoke lark
lõosilm *bot* forget-me-not
lõpetaja (school-)leaver; finisher
lõpetama end, finish, conclude, put an end to, quit, terminate, complete

järsku lõpetama cut short
kooli lõpetama graduate, finish
tänaseks lõpetama call it a day
lõpetamata unfinished, incomplete
lõpetanu graduate
lõpetanud finished, through
lõpetatud finished, done
lõpetuseks last, lastly
lõplik final, definitive, ultimate
lõplikkus finality
lõplikult altogether, conclusively, forever, definitely
lõpmatu endless, infinite, interminable
lõpmatult endlessly, eternally
lõpmatus infinity
lõpmatuseni indefinitely
lõpp end, conclusion, ending, finish
  lõppude lõpuks finally, in the end
  lõppu peale tegema finish off
  lõppu tegema put an end to
  lõpule jõudma get through
  lõpule viima complete, finish, get through
  võiduka lõpuni to the bitter end
lõpp- closing, concluding, final
lõpparve final balance
lõppeesmärk final aim, ultimate goal
lõppeks lastly
lõppema (come to an) end, expire, finish, terminate
  hästi lõppema work out
lõppematu unending, inexhaustible
lõppenud ended, expired, ceased
lõppistung closing session
lõppjaam terminal, terminus
lõppjooks final run
lõppjäreldus inference
lõppkiirus final velocity
lõpplahendus final solution
lõpposa end(ing)

lõppotsus final decision
lõpp-peatus terminus
lõpp-produkt final product
lõpp-punkt terminus
lõppsumma sum total
lõppsõna closing speech, summary, epilogue, summing-up
  lõppsõna ütlema conclude
lõpptulemus final result, upshot
lõpptulemusena eventually
lõpptulemuslik eventual
lõppvaatus finale
lõppvõistlus final
lõpuaktus graduation ceremony
lõpueksam final examination
lõpueksamid finals
lõpukorral coming to an end, short of
lõpuks at last, eventually, finally, in the long run, ultimately
lõpuleviimine completion
lõpuni to the end
lõpupoolne latter
lõpus at the end
lõpused *zool* branchiae
lõpusirge stretch
lõputiitrid credits
lõputu endless, eternal, everlasting, interminable
lõputult endlessly, forever, interminably
lõputunnistus school-leaving certificate, diploma
lõpuvalss last waltz
lõpuvile final whistle
lõrin snarl
lõrisema snarl
lõtv loose, lax, slack
  lõdvaks laskma slacken, loosen
lõtvuma slack, slacken, loosen
lõuad jaws
lõualott double chin

lõualuu jaw(bone)
lõuend canvas
lõug chin, jaw
lõugama yell, bawl, scream
lõuna lunch; (**ilmakaar**) south
lõuna- south, southerly, southern
lõunaaeg lunchtime
lõunamaa south
lõunamaalane southerner
lõunapuhkus siesta
lõunasuunaline southbound, southward
lõunasöök dinner
  kerge lõunasöök lunch, light meal
lõunataja diner
lõunatama dine, have dinner
lõust ugly face
lõvi lion
lõvikoobas lion's den
lõvikutsikas cub
lõvikäpp lion's paw
lõvilakk lion's mane
lõvilõug *bot* antirrhinum, snapdragon
lõviosa the lion's share
lõvitaltsutaja lion tamer
lõõgastuma relax
lõõgastus relaxation
lõõm blaze, flame
lõõmama blaze, flare
lõõmav ablaze, blazing
lõõr flue
lõõritaja warbler
lõõritama warble, trill
lõõsk blaze
lõõskama be in flames, ablaze
lõõts bellows
lõõtspill accordion
lõõtspillimängija accordionist
lõõtsuma blow
lõõtsutama blow, pant, gasp

lõõtsutav blowing, panting
läbematu impatient
läbematult impatiently
läbi through, finished
   omadega läbi burnt-out, burned-out, down and out, shattered
   läbi ja lõhki all through, throughout
läbi- through, trans-
läbielamus experience
läbikasvanud (liha) streaky
läbikriipsutus strikeout
läbikukkumine failure
   läbikukkumisele määratud doomed
läbikukkunud disastrous, failed
läbikumav translucent
läbikäidav passable
läbikäik passage
läbikäimine fraternization
   läbikäimist lõpetama break up with, finish with
läbikülmunud frozen
läbilaskev permeable
läbilaskmine passing
läbiligunenud sopping, wringing wet
läbilõige (cross) section
läbilõikav piercing, cutting, shrill
läbilõikavalt piercingly, shrilly
läbilöök *el* breakdown
läbima pass, run through, travel
läbimatu impassable
läbimurre breakthrough
läbimurruavaus breach
läbimõeldud (well) considered, thought out, carefully planned
läbimõeldult advisedly, thoughtfully
läbimõtlemata reckless, wild
läbimõõt diameter, calibre
läbimängitud played over

läbimärg dripping wet, soaking, wet through
läbimärjaks saama get soaked
läbimärjaks tegema soak, douse, dowse
läbimüük turnover
läbinisti thoroughly
läbinägelik perspicacious, astute
läbinägelikult astutely
läbinähtamatu not transparent, dense, thick
läbinähtav transparent
läbiotsimine search
   läbiotsimist korraldama raid
läbiotsimisluba search warrant
läbipaistev clear, transparent
läbipaistmatu opaque
läbipaistvus transparency
läbiproovimata untried
läbiproovitud tried
läbipõimunud intertwined
läbipõlenud burnt-out, burned-out
läbipõrumine failure
läbipääs pass, passage
läbipääsetav passable
läbipääsmatu impassable, impenetrable
läbipääsuluba pass
läbirääkija negotiator
läbirääkimised negotiations, talk
läbisegi pell-mell
läbistikku on average, mean
läbisurumine enforcement
läbisõidukoht passage
läbisõidul in transit
läbisõiduviisa transit visa
läbisõit transit
läbitav passable
läbitungimatu impenetrable, opaque, inscrutable
läbitungiv penetrating, pervasive, piercing

läbiv passing
läbivaatus examination, review, scan
  arstlik läbivaatus check-up, (medical) examination; (AmE) medical, physical
läbivedu transit
läbiveokeeld ban on transit
läbiveol in transit
läbiviidav practicable, feasible
läbivool flowing through
läga slime
lähe start
lähedal close, near
  ohtlikult lähedal imminent, impending
  päris lähedal within striking distance
lähedalt closely
  hästi lähedalt point-blank
lähedane close, intimate, near
lähedus closeness, intimacy, nearness, proximity, vicinity
läheduses around, nearby, at close quarters
lähendama bring nearer
lähendamine *mat* approximation
lähenema approach, approximate, come up to
  ähvardavalt lähenema bear down on
lähenemine approach
lähenemiskatse advances
  lähenemiskatset tegema approach
lähenev forthcoming, advancing
lähestikku close together
lähetaja starter
lähetama send, dispatch, despatch, delegate
lähetus dispatch, mission
lähiaeg the short term

lähikond vicinity, close persons
lähim nearest
Lähis-Ida Middle East
lähistroopiline subtropical
lähisugulus propinquity
lähivõte close-up
lähiümbrus closest surroundings
lähteandmed initial data
lähteinformatsioon primary information
lähtejoon starting line
lähtekeel source language
lähtekoht base, start
lähtepunkt starting point
lähtestama *tehn* preset
lähtuma result, proceed; spring, originate
läigatama splash
läige shine, sheen, gloss, polish, glint
läik shine, sheen, polish, gloss
läiketu lustreless, dim
läikima shine, be glossy
läikiv shiny, glossy, lustrous
läiklema glisten
läikpaber glossy paper
läila sugary, sickening
läinud gone
läitma kindle, light, fire
läkaköha whooping cough
läkastama splutter
läkiläki fur cap with ear flaps
läkitama send, delegate, dispatch
läkitus dispatch
lällutus babble
lämbe sultry, close
lämbuma choke, asphyxiate, stifle, suffocate
lämbus (palavus) heat; (lämbumine) suffocation
lämmastik *keem* nitrogen
lämmastiku- nitric, nitro-

L

lämmatama choke, asphyxiate, stifle, suffocate, strangle
lämmatav heavy, close, stifling, sweltering
lämu slime, mud
längus slant, droop, oblique
läppunud stale
läptop *inf* laptop
lärm noise, row, tumult, uproar
lärmakas noisy, obstreperous
lärmama be noisy, (make a) row
lärmitsev rowdy
lärtsatama spatter
    peale lärtsatama slap
läte spring, origin, source
Läti Latvia
läti Latvian
lätlane Latvian
lävel on the threshold of
lävepakk threshold
lävi doorsill, threshold
lävima communicate
lääge cloying
lään feud, fieff, fee
läände west, westward
lääne- west, westerly, western
läänestama westernise
läänesuunaline westbound, westward
lääni- feudal
Lääs, lääs West, west
lääts lens; (**kaunvili**) lentil
läätsekae *med* cataract
lödi squashy, slush
löga mush, slime
lögane mushy, slimy
lömastama crush, squash, swat
lömitaja groveller
lömitama grovel
lömitav grovelling
lömmis flattened
lörts sleet

lörtsi sadama sleet
lörtsima bandy about/around
lössis be flat
lössi vajutama flatten
lös(s)utama lie back, be sluggish
löödud struck, beaten, stricken
löögirusikas *ülek* spearhead
löögivalmidus repartee
löögivalmis (**teravmeelne**) quickwitted; ready to strike
löök bang, beat, blow, hit, knock, stroke
    kerge löök dab
    kõva löök bash, swipe, hard blow
löökfilm popular film
lööklaul song hit
löökpill percussion instrument
lööma hit, beat, knock, strike, thrash, whip; (**seinakell**) chime
    kaasa lööma be in on, chip in, get in on the act, join with
    kildu lahti lööma chip off
    kinni lööma board up, fasten, slam, shut the door in the face
    kokku lööma tot up, clash, shake hands, engulf, close above, clink
    kõrgelt lööma lob, smash
    kõvasti lööma bang, batter, swipe
    kõvasti ära lööma bash, hit hard
    külge lööma make a pass, pick up, make advances, nail; *sl* mash
    lahku lööma break away
    lahti lööma break open, separate
    laksatades lööma clap, slap
    lõhki lööma smash, split
    läbi lööma punch; make one's way
    maha lööma strike down; kill; *kõnek* send to ancestors
    näkku lööma slap
    pikali lööma flatten, knock down, lay out, strike down

peaga lööma butt, head
peale lööma strike, shoot
sisse lööma (**naela**) drive in,
(**auku**) punch, (**infot arvutisse**)
key in
surnuks lööma slay, kill
templit peale lööma stamp
tagasi lööma beat off, return
vastu lööma hit back
välja lööma break out, dislodge,
kick sb out
ära lööma bang, hit, knock,
(**varvast**) stub
üle lööma *kõnek* lift, steal
üles lööma deck out, get dolled
up, smarten up, dress up/out, fog
up/out, (**ehitama**) knock up, (**telki,
laagrit**) pitch, (**hobuse kohta**) lash
out, kick
läikima lööma polish, shine
lüüa saama lose
löömamees bully
lööming fray
lööv striking
lööve rash
lööbega kaetud spotty
lühend abbreviation
lühendama abbreviate, abridge,
shorten
lühendatud shortened, abbreviated
lühendvorm abbreviation, short-
ened form
lühenema shorten
lühi- short
lühiajaline short-term
lühiajalisus brevity
lühidalt briefly, in short
lühidus brevity
lühiealine short-lived, short-time
lühijuhis briefing
lühike short, brief
lühikokkuvõte summary

lühikoosolek briefing
lühilaine short wave
lühimaajooks sprint
lühimaajooksja sprinter
lühinägelik short-sighted; *med* my-
opic
lühinägelikkus short-sightedness
lühinäidend short play
lühipilk glimpse
lühis *el* short (circuit)
lühisesse minema short-circuit
lühist andma short(-circuit)
lühisõnum short message
lühiuudis news bulletin
lühiuurimus project, written study
lühivariant abridgement
lühivestlus chat, short interview
lühiülevaade synopsis
lühiülevaadet andma give a
brief survey
lükand- slider
lükandaken sash window
lükanduks sliding door
lükandvärav sliding gate
lüke push
lükkama push, thrust
alla lükkama push down, push
under(neath)
edasi lükkama postpone, put off,
set back, suspend
kaldast eemale lükkama shove
off
kinni lükkama push shut
kõrvale lükkama brush aside,
pull/push aside
käiku lükkama set the ball roll-
ing, start the ball rolling, keep the
ball rolling
lahti lükkama push open
maha lükkama push down, push
off
sisse lükkama push in, shove into

L

tagasi lükkama refuse, push back, reject, turn down
välja lükkama stick out
ümber lükkama push over, tip over, upset, (väidet) belie, disprove, explode, refute
lükkepaat punt
lükkima string, thread
lüli link; team, unit, group
lülijalgne *zool* arthropod
lüliline with links, segmentary
lülisammas spine, backbone
lülitama switch; join, connect
   sisse lülitama plug in, put on, switch on, turn on, (vallandama, käivitama) set off
   välja lülitama switch off, turn off, disconnect, block out, cut off, put off, put out, shut out
   ümber lülitama switch (over) to
lüliti switch
lülituma switch
   sisse lülituma go on
   välja lülituma go off, go out
lülituskilp, -paneel switchboard

lümf lymph
lünk gap, void, blank; deficiency, shortcoming
   lünki täitma fill in the gaps
lünklik with many gaps, patchy, incomplete, deficient
lüpsik milk-pail
lüpsilehm milk cow
lüpsja milkmaid
lüpsma milk
lürism lyricism
lürpima lap (up), slurp
lüsi scythe handle
lüsiin lysine
lütseum lycée, lyceum
lüüasaamismeeleolu defeatism
lüüra lyre
lüürik lyric poet
lüürika lyrics
lüüriline lyric, lyrical
lüüriliselt lyrically
lüürilisus lyricism
lüüs sluice, lock
lüüsima lock a ship
lüüsivärav sluice gate, floodgate

M

ma I, myself
Maa (planet) Earth
maa country, land, countryside,
  earth, ground, nation
  kahe jalaga maa peal down-to-
  earth
  viljeldav maa farmland
  maad mööda by land, overland
  maast madalast from an early
  age, from earliest childhood
maa- geo-, rustic, rural, country,
  ground
maa-ala area, region, land, tract (of
  land), territory, terrain
maa-alune underground, subterra-
  nean
  maa-alune vangikong dungeon
maabuma land, disembark, go
  ashore
maabumissild landing, jetty
maadeuurija explorer
maadleja wrestler
maadlema wrestle
  raskustega maadlema grapple
  (with), struggle with
maadlus wrestling
maag magician
maage rusty bog water, meadow ore
maagia magic
  must maagia black magic
maagiline magic(al), great, super
maagilisus magic, enchantment,

glamour
maagisoon vein, lode
maaharija tiller, cultivator
maaharimine cultivation of land
maailm world, earth, globe, planet,
  universe
  maailm on valla the world is
  open
maailma- world
maailmajagu part of the world
maailmakuulus world-famous
maailmakäsitlus view of life
maailmameister world champion
maailmameri ocean, sea
maailmarekord world record
maailmaruum space, universe
maailmarändur world traveller,
  globe-trotter
maailmasõda world war
  Esimene maailmasõda World
  War I
  Teine maailmasõda World War II
maailmavaade world view, view of
  life
maailmavallutaja world conqueror
maainimesed peasantry
maak ore
maakaart map
maakaitseväelane militia(man)
maakaitsevägi militia
maakera earth, globe
maakitsus neck of land, isthmus

maakler broker
maaklerlus brokerage
maakoht countryside, rural place
maakond county
maakorraldus organisation of land exploitation
maakuulaja scout, spy, intelligence
maakuulamine reconnaissance, scouting
maal painting, canvas, picture
maalapp patch, plot (of land)
maale ashore
maaler decorator, painter
maalihe landslip, landslide
maalija painter
maalikunst (the art of) painting
maalikunstnik painter, artist
maaliline picturesque, scenic
maalima paint
maalimispukk easel
maaling painting, picture, canvas
maalähedane earthy
maamaks land tax
maamees countryman, peasant
maamõõtja surveyor
maamärk landmark
maanaine country-woman
maandama *el* earth, ground; (**lennukit**) land; (**pingeid**) work off
maanduma land, touch down
　kahele jalale maanduma fall on one's feet
maandumiskoht landing (place), airstrip
maandumisplats pad
maandumisrada runway, airstrip
maandus earth, grounding
maani full-length
maania mania, craze
maaniline manic
maanina cape, foreland, peninsula
maantee highway, road

maanteeröövel highway robber
maanteesild flyover, overpass, viaduct
maaomand land, domain, real property
maaomanik landowner, landholder, land(ed) proprietor
maapagu exile, emigration, banishment
maapagulane exile, emigrant, refugee
maaparandus land reclamation, land improvement, (AmE) betterment
maaparanduslik soil-improvement
maapealne earthly, terrestrial
maapind ground, soil, surface (of the earth)
maapirn Jerusalem artichoke
maapõu bowels (of the earth)
maapähkel peanut, monkey-nut
maardla *geol* mineral deposit, field
maareform agrarian reform
maariba strip of land, zone
　kitsas maariba (AmE) panhandle
maarjalill *bot* daisy
maas down, on the ground; (**taga**) behind
　pikali maas flat/prone on the ground
　(haigena) maas be down (with illness)
maasikamoos strawberry jam
maasikas strawberry
maaslamav prostrate
maastik landscape, scenery, terrain
maastikuauto jeep
maastikumaal landscape
maastikumaalija landscape painter, landscapist
maasäär spit

maatasa level with the ground
  maatasa tegema flatten, raze (to the ground), demolish
maateadus geography
maateaduslik geographical
maatükk lot, parcel, plot
maavaldaja landholder, land proprietor
maavaldus estate, holding
maavarad natural resources
maaviljelus cultivation of land, agriculture
maavõistlus international match, test match
maavägi (land) army, land force(s)
maavärin earthquake, tremor
madal low; shallow
madala- low
madalam lower, inferior, sunken
  madalam kui muru lower than grass
madalapalgaline low-paid, underpaid
madaldama lower, make low(er), deepen, (**halvustama**) degrade, (**alandama**) abase
madaldatud flat
madalduma lower, become low(er)
madaldusmärk *muus* flat
madalik (**jõeäärne**) lowlands, (**vee-**) shallow, (**mere-**) shoal
  madalikule jooksma ground, strand
  madalikul kinni aground
madalkasutus- off-peak
madalmaa lowlands
madalpinge *el* low voltage
madalrõhkkond depression, low (pressure) area, cyclon (area)
madalsagedus low frequency, audio-frequency
madalseis low, trough, (**vee**) low water
madalseisus in the doldrums
madalus lowness
made doorstep
madrats mattress
madrus sailor, seaman
madu snake, serpent
maffia underworld, mafia
magama sleep, slumber, be asleep; *kõnek* snooze
  lageda taeva all magama sleep under the open sky
  magab nagu puunott one sleeps like a top/log
  maha magama miss
  sisse magama oversleep
  vara magama heitma keep early hours
  välja magama sleep off, (**peatäit**) sleep oneself sober
  väljas magama sleep rough
  magama jääma go to sleep, fall asleep, drop off
  magama minema go to bed, retire to bed, turn in
  magama panema put to bed, put to sleep, put down; *ülek* destroy, (**raha**) blow (one's money)
magamisase bed, (**vagunis, laeval**) berth
magamiskott sleeping bag
magamistuba bedroom, (**hulgale isikuile**) dormitory
magamisvagun sleeping car, (AmE) sleeper
magamisvarustus bedding
magav dormant, sleeping
mage (**vesi**) fresh, (**toit**) insipid
magevee- freshwater
mageveeline freshwater
magister Master of Arts (M.A.), Master of Science (M.Sc.)

magistraal main road, highroad
magistrant postgraduate
magistrantuur master's program
magistri- postgraduate
magma magma
magnaat magnate, baron, (**tööstus-**) tycoon
magneetima *tehn* magnetize
magnet magnet
magnetiline magnetic
magnetism magnetism
magnetlint magnetic tape
magnetofon recorder
magnetväli *füüs* magnetic field
magu stomach, (**loomal**) maw; *kõnek* belly
magun poppy
magus sweet
  magus kui mesi sweet as honey
  magusaks tegema sweeten
magushapu sweet and sour
magusaarmastaja sweet tooth
maguskartul yam
maguskirss morello
maguspipar paprika, bell pepper
magustaja sweetener
magustoit sweet, pudding, (AmE) dessert
magusus sweetness
maha down, down with, behind, over, off, out
mahaarvamine deduction, discount, subtraction
mahaarvatis *mat* subtrahend
mahagon mahogany
mahagonipuu mahogany
mahahindlus discount, price-cut, mark-down
mahajäetud abandoned, forsaken, deserted, forlorn, (**laastatud**) desolate, disused, (**laeva kohta merel**) derelict

mahajäetus abandonment, desertion, desolation
mahajäämus backlog, arrearage
mahajäänu straggler
mahajäänud backward (in), behind (in, with), underdeveloped
mahakantud finished, written-off
mahakriipsutus deletion, removal
mahakustutus deletion
mahalaskmine shooting, execution by shooting
mahalastud gunned down, killed
mahalöödud killed, (**silmad**) downcast, (**masendatud**) depressed
mahasurutud repressed, suppressed, downcast
mahasuruv repressive, suppressive
mahatõmme deletion
mahe mild, soft, balmy, bland, lenient, (**hääl**) gentle, (**jook**) mellow, smooth, sweet, (**põllundus**) organic
mahedalt mildly, softly, leniently, sweetly
mahedus mildness, softness, gentleness, sweetness
mahehäälne soft-spoken, soft and clear
mahendama soften, temper, sweeten, tone down
mahendav mitigating, softening
mahenema soften, sweeten, grow mild
mahhinatsioon machination, rig
mahitama connive (with sb)
mahitus connivance
  kellegi mahitusel with sb's connivance
mahl juice, (**puu-**) sap
  mahla pressima press juice
mahlajäätis ice lolly
mahlakas juicy, luscious, moist,

succulent

mahlakus juiciness, lusciousness, mellowness

mahlane juicy, moist, full of juice

mahlapress press

mahlasus juiciness

maht capacity, volume, extent, (**sisaldavus**) content

mahtuma fit, go in, hold, find room
pähe mitte mahtuma boggle, it beats me
sisse mahtuma fit in(to)

mahtuniversaal estate car

mahtuvus capacity, holding power

mahukas voluminous, capacious, intensive, (**kogukas**) bulky

mahukus capaciousness, voluminousness

mahuline of ... capacity

mahutama fit, hold, seat, carry, contain, invest
kapitali mahutama invest, bury money into

mahutavus capacity, volume

mahuti container, receptacle, (**õli-**) tank

mahutus holding, accommodation, investment

mahv drag, puff, whiff, pull

mahvima puff, whiff

mai May

maiasmokk sweet tooth

maik flavour, taste

maikelluke lily of the valley

maim baby fish

maine earthly, mortal, worldly; (**kuulsus**) fame, reputation
kehv maine disrepute, low reputation
mainet rikkuma damage sb's reputation

mainekas famous, famed

mainima mention, bring up, drag in, refer
mainimata jätma pass over

mais maize, Indian corn, (AmE) corn

maisihelbed cornflakes

maismaa (main)land

maitse flavour, tang, taste
maitsele mitte vastama be not one's cup of tea
maitsele vastav to one's taste

maitseaine spice, flavouring, seasoning

maitsekalt aesthetically, (**riietatud**) elegantly, tastefully

maitsekas aesthetic, (**riided**) elegant, in good taste, tasteful

maitsekus elegance, taste

maitselage tasteless, poor in taste, in bad taste

maitselagedus lack of taste

maitsema taste

maitsestama flavour, season, (**alkoholiga**) lace

maitsetu bland, (**vürtsitu**) flavourless, garish, gaudy, in bad taste, tacky, tasteless, vulgar

maitsetus tastelessness, inelegance

maitsev tasty, appetising, delectable, delicious, palatable

maitsma taste, sample; (**maitsev olema**) taste good

maitsmismeel palate, taste

maiuspala delicacy, titbit

maiustama eat sweets (or titbits), have a sweet tooth, feast (on)

maiustus sweet

maiustused confectionery, (AmE) candy

maja house, building
maja pidama keep house
majast majja door-to-door

M

majaelanik inhabitant
majahoidja caretaker, housekeeper, (AmE) janitor
majakas lighthouse, beacon
majake cabin
majamuuseum stately home
majand farm
majandama manage, run a business
majandamine business, economy
   säästlik majandamine husbandry
majandus economy
majanduslik economic
majandusteadlane economist
majandusteadus economics
majaomanik homeowner, proprietor, landlord, householder
majapidaja (**naine**) housekeeper, (**mees**) steward
majapidamine housekeeping
   majapidamist juhtima keep house, run the household
majapidamisraha housekeeping money
majapidamistarbed household equipment
majapidamistööd housework, (AmE) chores
majaraamat house register
majas indoors
majatiib wing
majavalitseja butler, house manager
majavalvur caretaker
majavamm dry rot
majesteet Majesty
majesteetlik majestic
majesteetlikult majestically
majonees mayonnaise
major major
majuneja lodger
majunema lodge
majutama accommodate, put up,

house, lodge
majutus accommodation, housing, lodging; *inf* hosting
majutuskoht quarters, accommodation
makaron macaroni
makaronid pasta
makett model, mock-up
makk (tape) recorder
makrell mackerel
maks pay, (**riigi-**) tax, fee, levy, rate, taxation, duty; (**siseelund**) liver
   maksu võtma tax, levy
maksapasteet liver pie
maksapõletik *med* hepatitis
maksavorst liver-sausage
makse payment
maksebilanss *maj* balance of payments
maksedokument *maj* voucher, document of payment
maksejõuetu insolvent, bankrupt
maksejõuetus bankruptcy, insolvency
maksekaart credit card
maksekäsund order
maksev current, operative, valid
   maksev olema hold good
   maksvusel olev in force
maksevõimeline solvent, sound
maksiim maxim
maksimaalne maximum, supreme, top
maksimaalselt fully, in the extreme
maksimalism maximalism
maksimalist maximalist
maksimeerima maximise
maksimum maximum, max
maksja payer
maksma pay, (**väärt olema**) cost, count, foot the bill, fork out, settle

ette makstud prepaid
maksku mis maksab at all costs, by fair means or foul, go to great lengths, go to any lengths
hingehinda maksma pay through the nose
juurde maksma pay extra, make an extra payment
kinni maksma stump up, pay up, set the bill, foot the bill, meet
kätte maksma avenge, get one's own back, pay back, revenge, score to settle, settle old scores, wreak
sisse maksma pay in, pay into
tagasi maksma pay back, refund, reimburse, repay
välja maksma pay, pay away; *sl* stump up
maksma minema cost, set back
maksma panema enforce, assert oneself, throws one's weight about
maksmata unpaid, unsettled
maksmata jätma default, leave unpaid
maksmisele kuuluv due, payable
makstav payable
maksukoorem taxation, tax burden
maksuline paid, requiring payment
maksumaksja taxpayer, tax bearer
kohalik maksumaksja ratepayer, local taxpayer
maksumus cost, value, price
maksusaaja payee
maksustama tax, rate, impose a tax
maksuta free of cost (or expense)
maksuvõlg arrears
maksvusetu invalid
makulatuur waste paper
malaaria *med* malaria
malahhiit malachite
malakas cudgel, stick
malbe modest, meek

malbelt modestly, meekly
malbus modesty, humility
maldama be patient, have patience
male chess
malend piece, chess-man
maleruut chessboard square
maletaja chess player
malev troop (of sb); (õpilas-) student(s) brigade
malevlane brigader
malk cane
mall protractor; model
malm cast iron
malmpott cast-iron pot
malts orach(e)
mamma mama
mammi mam(m)a, mammy
mammonateener worshipper of mammon
mammut mammoth
manala nether world, underworld
manama exorcise, conjure; curse
esile manama conjure up
mandaat mandate
mandariin mandarin, tangerine
mandatoorne mandatory
mandel almond; *med* tonsil
mandlipõletik *med* tonsillitis
mandoliin mandolin(e)
mandri- continental
mandritevaheline intercontinental
manduma degenerate, deteriorate, languish
mandunu degenerate
mandunud degenerate
maneer manner, style, habit
maneerlik artificial, affected, full of mannerisms
maneež riding-hall, manège
manerism mannerism
mangaan *keem* manganese
mango mango

M

manguja scrounger
manguma cadge, scrounge, beg for
maniakk maniac, psychopath
manifest manifesto (*pl* -oes)
manifestatsioon manifestation, demonstration
maniküür manicure
 maniküüri tegema do one's nails, manicure
maniküürija manicurist
manipulatsioon manipulation
manipuleerima manipulate
manipuleeriv manipulative
manisk shirtfront, dicky
manitsema caution, warn, lesson
manitsev exhortative, warning
manitsus exhortation, warning
manna semolina
mannavaht semolina cream
mannekeen model, mannequin, (**rätsepa-**) dummy
manner continent, mainland
mannerg can, milk can
mannerlava shelf
mannetu feeble, helpless, (**jõuetu**) lame, (**saamatu**) clumsy
mansard attic, mansard
mansardkorrus mansard
mansetinööp cufflink
mansett cuff
mantel (over)coat
 kerge mantel topcoat, wrap, lightweight overcoat, gown
mantlipärija successor
manuaal manual
manus accessory; *inf* attachment
manuskäsk *inf* embedded command
manustama administer
manööver manoeuvre
manööverdama manoeuvre, (**rongi**) shunt
manööverdus manoeuvring

manöövrirööpad siding
mao- gastric
maohaavand *med* gastric ulcer
maokatarr *med* gastritis
maoloputus *med* gastric lavage
 maoloputust tegema pump a stomach
maomahl gastric juice
mapp portfolio, briefcase
marakratt brat, romper
maral Siberian deer
marasm *med* marasmus, degeneration
maraton marathon
mardikas beetle
mardipäev St. Martin's day, Martinmas
mardisant minstrel-beggar
margariin margarine
margialbum stamp album
margikoguja stamp collector, philatelist
margistama stamp
mari berry, (**kala-**) roe
marihuaana marijuana, marihuana
mariin seascape
marinaad pickle, marinade
marineerima marinate, pickle
marineeritud pickled
marionett puppet, pawn
marjatort quiche
mark brand, (**kauba-**) make, stamp; (**rahaühik**) mark
markeerima mark, brand, (**rõhutama**) stress
marker marker
marketing → **turundus**
markii marquis, marquess
markiis marchioness, marquise; (**päiksevari**) marquise sunshade
marksism Marxism
marli gauze

marmelaad marmalade
marmor marble
marraskil raw, chafed
　marraskile hõõruma chafe
　marraskile tõmbama scrape, skin
marrastama skin
marrastus abrasion, chafe, scrape
marsruut route, itinerary
marsruut- shuttle
marsruuter *inf* router
marss march
marssal marshal
marssima march
martsipan marzipan
maru storm, tempest, hurricane
maruline tempestuous, stormy, rapturous, tumultuous, furious
maruliselt tempestuously
marurahvuslane chauvinist
marurahvuslik chauvinistic
marurahvuslus chauvinism
marus mad, enraged, furious
　marru ajama madden, enrage, infuriate, piss off
　marru ajav maddening
　marru minema become furious; *sl* see red
marutsema rage, storm, bluster
marutõbi *med, vet* rabies
　marutõppe jääma catch rabies
marutõbine rabid, mad
maruvihane enraged, flaming, furious, mad
　maruvihaseks ajama enrage
　maruvihaseks saama hit the roof, steam up, get steamed up, fly into a rage
maruvihaselt furiously
masajas squat, short-legged
masendama depress, get down, oppress; weigh on

masendatud distressed, broken-hearted, heartbroken
masendav depressing, upsetting, disheartening, lugubrious, oppressive
masendavalt depressingly, disappointingly, dismally, oppressively
masendunud dejected, depressed, despondent, disheartened, dispirited, down
masendunult dejectedly, despondently
masendus depression, dejection, despondency, distress, consternation, heartbreak, oppression
　masenduses olema get the blues
　masendusse langema become depressed
masenduses blue, downcast, in the doldrums
masin machine, (jõu-) engine
masinad machinery
masinaehitus engineering
masinakiri typewriting, typescript
masinakirjutaja typist
masinarike breakdown
masinavärk machine, machinery, contraption
masinist machine operator
masinlik mechanical
masinloetav machine-readable, computer-readable
mask mask
maskeerima camouflage, disguise, dress up, mask
maskeering (dis)guise
maskeraad fancy-dress ball
maskiball fancy-dress ball, fancy ball
maskikostüüm fancy dress
maskipidu fancy-dress party, masquerade

M

maskott mascot
maskuliinne masculine
maskuliinsus masculinity
masohhism masochism
masohhist masochist
masohhistlik masochistic
mass bulk, mass
massaaž massage
masseerija masseur, (naine) masseuse
masseerima massage
massi- mass
massid masses
massiiv mass, block
massiivne massive, solid
massiline mass, popular, wholesale
massiliselt in masses, en masse
massimood mainstream
massimõrv genocide, massacre, mass murder
massimõrvama massacre
masstoodang mass production
masstootma mass-produce
mast (laeva-, raadio- jne) mast; (kaardi-) suit
mastaap scale
mastaapne large-scale
mastiks mastic
masturbeerima masturbate
masuut black oil, mazut
mažoor *muus* major
mateeria matter, substance
matemaatik mathematician
matemaatika maths, mathematics
matemaatiline mathematical
materdama club, hammer, lay into, maul, (AmE) *kõnek* slam
materdav clubbing, mauling
materiaalne material, physical
materiaalselt materially
materialism materialism
materialist materialist

materialistlik materialistic, worldly
materjal material, matter, stuff
matinee matinee
matistama (tuhmistama) make mat, frost; (males) checkmate, mate
matk journey, trip, outing; *kõnek* hike
matkaja camper, hiker, walker
matkama hike, walk, travel, journey
matkima imitate, copy, ape, emulate, impersonate
matkimine imitation, copying; *inf* simulation
matkiv imitating, copying, mimicking
matma bury, throw (sb into sth)
   enda alla matma engulf
   kiriklikult matma bury clerically, bury in church
matmis- burial
matmispaik burial-place
matrikkel register, list, roll; certificate
mats boor, lout, (maa-) bumpkin
matsakas dumpy, stout, plump, buxom
matslik boorish, churlish, crass, loutish, vulgar
matslus loutishness
matsutama champ
matš match, fight, game
matšeete machete
matšo macho
matt matt, mat; (males) (check)mate
mattuma bury, submerge
matus burial, funeral
matuse- burial, funeral
matuseauto hearse
matuseline mourner
matuserong funeral procession
matusetalitaja undertaker
matusetalitus burial service, fu-

M

neral
kiriklik matus(etalitus) church burial
mauhti slap-bang, splash!
mausoleum mausoleum
me we, ourselves, our, ours
medal medal, decoration
medalivõitja medallist
medaljon medallion, locket
meditatsioon meditation
mediteerima meditate
meditsiin medicine
meditsiini- medical
meditsiiniline medical
meditsiinitöötaja medical worker, hospital worker
meditsiiniõde nurse, (**vanem-**) sister, matron
meduus medusa, jellyfish
meede measure, arrangement
meetmeid kasutusele võtma take measures (against sth)
meedia media
meedik medic, doctor
meedium medium (*pl* -iums, -ia)
meekärg honeycomb
meel mind, sense
pikk meel patience, forbearance
kust tuul, sealt meel change with the wind, be a timeserver
heal meelel delightedly
muutliku meelega moody, flighty
ühel meelel olema be at one (with each other), be of one mind, be on the same wavelength
meele järele olema please
meeles olema remember
meelde jätma bear in mind, keep in mind, learn, memorise
meelde jääma be remembered, stick in one's mind
meelde tooma evoke, recall, call

up, awaken
meelde tulema remember, recall, come back to mind
meelde tuletama bring back, cast, remind, think back
meeles pidama note, remember, bear in mind
meeles püsima live on, stick in one's mind
meelest lipsama slip, slip one's mind, elude, forget
meelt heitma despair
meelt lahutama amuse, entertain
meelt muutma change one's mind, come round, budge
meelas sensual, lustful, sensuous
meeldejääv memorable, unforgettable
kergesti meeldejääv catchy
meeldetuletav reminiscent
meeldetuletus reminder, memorandum, memo
kirjalik meeldetuletus memo, memorandum, written reminder
meeldima like, appeal, fancy, fond, go for, please
meeldima hakkama grow on, take a fancy to, take to, warm to
meeldimast lakkama go off
meeldiv pleasant, lovely, attractive, appealing, delightful, pleasing, amiable, fun, good, fond, lik(e)-able, salubrious, savoury, sensuous, sweet
meeldivalt attractively, delightfully, pleasantly
meeldivus appeal, pleasantness, grace, sweetness
meeldumus liking, fondness (of)
meele- sensory
meeleavaldaja demonstrator
meeleavaldus demonstration, rally

M

meelega on purpose, deliberately, intentionally, purposely

meelehea treat, liking, carrot; (**altkäemaks**) bribe

meeleheide despair, desperation, despondency

meeleheitel distraught, despair (of)

meeleheitlik agonised, agonising, despairing, desperate, forlorn

meeleheitlikult despairingly, desperately

meelehärm chagrin, disappointment
meelehärmi tegema distress, grieve

meelekibedus bitterness

meelekindel firm, determined

meelekindlus fortitude, grit, spine
meelekindlust üles näitama keep a stiff upper lip

meelekoht temple

meelelaad temperament, vein, nature, character

meelelahutus entertainment, pastime, amusement, diversion, fun, recreation

meelelahutuskava show

meelelahutuslik entertaining, light, diversional

meelelahutusäri show business, showbiz

meeleldi happily, gladly, readily, with pleasure

meeleliigutus emotion

meeleline sensual, sexual, physical

meelelisus sensuality, sensualism

meelemuutus change of heart, conversion

meelemärkus consciousness

meelemärkusel conscious
meelemärkusel olek consciousness
meelemärkusele tooma bring round, bring to, revive

meelemärkusele tulema come round, come to, recover one's consciousness, regain consciousness

meelemärkust kaotama lose consciousness, faint

meelemärkuseta unconscious, faint

meelemärkusetus unconsciousness, coma

meeleolu mood, temper, frame of mind, humour, spirits
ülev meeleolu elation
ülevas meeleolus elated, elatedly
meeleolu tõstma lift sb's spirits

meelepaha dissatisfaction, ill-will, annoyance

meeleparandus changing one's way, change of heart

meelepete illusion, delusion

meelepärane acceptable, agreeable, congenial, delectable, palatable, to one's taste
meelepärane olema take one's fancy
meelepärased asjad likes

meelerahu calmness, composure, serenity
meelerahu rikkuv upsetting

meelespea notebook; *bot* forget-me-not

meelestama prejudice someone (against/in favour of sb)

meelestatus inclined

meeletu wild, frenetic, mad, insane

meeletult deliriously, frenetically, frenziedly, immensely, madly

meeletus delirium, frenzy, madness, folly

meelevald power, authority, arbitrary power
meelevalda andma deliver

meelevaldne arbitrary

meelevaldselt arbitrarily
meelevallas at the mercy of
  meelevallas hoidma hold some-
  one to ransom
meelis- favourite, pet
meelisasjad likes
meelisharrastus hobby
meeliskõneaine pleasing topic
meelitaja flatterer, adulator
meelitama butter up, coax, compli-
  ment, entice, fawn, flatter, get
  round, draw, pull
  ligi meelitama attract
  pettuse teel meelitama bamboo-
  zle, fool into, cheat into
  välja meelitama (saladust) worm
  out, elicit, wheedle
  üle meelitama lure, allure, entice
  (into)
meelitamine flattery
meelitatud flattered, proud, hon-
  oured
meelitav flattering, complimentary,
  enticing, ingratiating
meelitlema coax
meelitlus adulation
meelitus compliment, flattery, in-
  ducement
meelitused blandishments
meelitusvahend bait, lure, induce-
  ment
meeliülendav uplifting, impressive
meelsamini preferably, would rather
meelsasti gladly, readily, with pleas-
  ure
meelsus spirit, mentality, way of
  thinking, opinions
meeltesegadus fit of insanity, men-
  tal disorder
  meeltesegadusse sattuma incur/
  fall (into) mental disorder
  meeltesegadust tekitama cause

mental disorder
meeltmööda to one's liking
  meeltmööda olema please
meene souvenir, keepsake, me-
  mento
meenuma come back, strike
meenutama recall, bring back, cast
  one's mind back, hark back, look
  back (on), remind, take back
  möödunud aegu meenutama
  reminisce
meenutav reminiscent
meenutus reminder, echo, nostalgia
meenutused reminiscence
meer mayor
meerik gauge
mees man, male, chap, fellow, guy,
  (abikaasa) husband
  mehe ja naise conjugal
  mehe moodi mannish, like a man
  meheks olemine manhood
mees- male
meeskond team, crew, squad
meeskondlik team
meeskonnatöö teamwork
meeskoor male/men's choir
meessoost masculine, male
meessportlane sportsman
meessugu male sex; *lgv* masculine
meesšovinism male chauvinism
meesšovinist male chauvinist
meestearst andrologist
meesteenindaja waiter
meestehaigused men's diseases
meestejuuksur barber
meesterahvas man, male
meesteriided men's clothing,
  (AmE) haberdashery
meesõiguslane chauvinist
meesõiguslus chauvinism
meesõpetaja master, schoolmaster
meeter metre, m

meeter- metric
meetmed measures
   erakorralised meetmed emergency measures
meetod method, process
mega- mega-
mehaanik mechanic
mehaanika mechanics
mehaaniline mechanical
mehaaniliselt mechanically, parrot fashion
meheema mother-in-law
mehehakatis young man, youth
mehepõlv manhood
meheisa father-in-law
mehelik masculine, manly, (**naine**) mannish, virile, butch
mehelikkus manhood, masculinity, virility, (**liialdatud**) machismo
mehemürakas very big (or tall) man
mehestuma become manly (or virile)
mehetaoline butch
mehevend brother-in-law
meheõde sister-in-law
mehhanisaator machine-operator
mehhaniseerima mechanise
mehhaniseeritud mechanised
mehhanism machine, mechanism, work
mehine manly, brave, courageous
mehistuma become a man, grow manly
mehisus manliness, valour, bravery
mehitama man
mehitamata unmanned
mehitamine manning
mehkeldama make up (to), intrigue, fawn upon
mehu squash
meid us

meie we, our, ours
meierei dairy
meigitud made-up
meik make-up
meikima make up, paint, fix
meil *inf* e-mail, electronic mail
meilima *inf* send e-mail
meisel chisel
meister master, artist, champion, professional, foreman
   iga asja peale meister Jack-of-all-trades
meister- master
meisterdama work, make
meisterlik masterly, accomplished, brilliant, sensational, workmanlike
meisterlikkus mastery, professionalism, proficiency, workmanship, skill
meisterlikult professionally, proficiently
meistrimees handyman, all-rounder, artisan
meistriteos masterpiece
meistritiitel championship
meistrivõistlused championship
mekkima taste
melanhoolia melancholy
melanhoolik melancholic person
melanhoolne melancholy, blue, depressed, low
meldima register (with), report (to); *inf* log on
   välja meldima *inf* log off
melhior German silver, cupronickel
melioratsioon amelioration, land improvement
melodraama melodrama
melodramaatiline melodramatic
melon melon
melonkõrvits melon (squash)

meloodia melody, tune
meloodiline musical, tuneful
meloodilisus melody, tunefulness
melu rumpus
membraan membrane, wall
memm mama, mom; (**argpüks**) chicken, coward
memmepoeg sissy, cissy
memo memo
memorandum memorandum
memoriaal memorial
memuaarid memoirs, reminiscence, recollections
memuaarne based on memoirs
menetlema proceed, act, set to work
menetlus procedure, process, practice, method
meningiit *med* meningitis
menopaus menopause
menstruaal- menstrual
menstruatsioon menstruation
menstrueerima menstruate
mensuur beaker, (AmE) graduated cylinder
mentaliteet mentality
mentor mentor
menu success
menufilm smash hit
menuraamat bestseller
menüü menu
menüüriba *inf* menu bar
mere- marine, maritime, saltwater, seagoing
mereannid seafood
merehaige seasick
merehaigus seasickness
merehäda shipwreck, distress at sea
merehädaline castaway, shipwrecked person
merejalaväelane marine
merejalavägi the marines, marine infantry

merekaart chart
merekarp clam
merekaru *ülek* sea-dog, (old) salt
merekindel seaworthy
merekitsus strait, sound
merekool nautical school, naval school
merekõlblik seaworthy
merel at sea
merelaevastik marine, fleet, navy
merelaug shelf
merelind seabird
mereline marine, maritime, sea
meremaal seascape, seapiece
meremees sailor, seaman
  meremeheks hakkama go to sea
meremeheoskus seamanship
meremiil nautical mile, sea mile
merendus nautical affairs, maritime affairs
merenduslik marine, nautical
merepiiritu landlocked
merepilt seascape
merepind sea level
merepõhi (sea)bed, sea bottom
mererand seaboard, seashore, seaside
merereis cruise, sailing
  merereisi tegema cruise
merereisija voyager
mereröövel pirate, (sea) rover
meresadam seaport
meresõidu- seafaring, seagoing, seaman
meresõiduoskus seamanship
meresõit crossing, sailing, seafaring, navigation
meresõitja navigator, seafarer
  meresõitu alustama sail, set sail
meresügavik abyss, depth of the sea
meresüld fathom

M

meretagune overseas, transmarine
merevaik amber
mereväe- naval
merevägi navy, fleet, naval forces
meri sea, the water
  merd mööda by sea
  merd sõitev seafaring
  merd sõitma navigate
  mere taha overseas
  mere ääres by the sea
  merel käima go to sea
meri- marine
meridiaan meridian
merihobu walrus, sea-horse
merikajakas seagull
merikarp seashell, shell
merikeel sole
merilõvi sea lion
merineitsi mermaid
meritigu limpet, sea snail
meritsi by sea, by water
meritäht starfish
merivähk lobster
mesi honey
mesikeelne honey-tongued
mesikäpp Bruin, bear
mesila bee-garden, apiary
mesilane bee, honeybee
  mesilaste pidamine beekeeping, apiculture
mesilaspere hive, swarm
mesimagus sweet as honey, honeyed
mesindus apiculture, bee-keeping
mesine full of honey, honeyed
mesinik beekeeper
mesinädalad honeymoon
  mesinädalaid veetma honeymoon
  mesinädalatel viibija honeymooner
mesipuu beehive, hive
mess fair

messing brass
messing- brass
mestis in league with, (AmE) *kõnek* in cahoots (with)
  mesti lööma collude with
metaan *keem* methane
metafoor *kirj* metaphor
metafoorne metaphorical
metall metal
  metalli valama cast
  metalliga kaetud galvanized
metall- metallic
metallikunst metalwork
metallilõikur guillotine
metallist → metallitööline
metallisulam alloy
metallitöö metalwork
metallitööline ironworker, metalworker
metallitöötlus metalwork
metallpulk pin
metallraha coin, coinage
metalltara railing
metallurg metallurgist
metallurgia metallurgy
metallurgiline metallurgic(al)
metalne metallic, tinny
metamorfoos metamorphosis
metamärk *inf* wild card
metanool *keem* methanol
meteoor meteor
meteoriit meteorite
meteoroloog meteorologist
meteoroloogia meteorology
meteoroloogiline meteorological
metodism Methodism
metodoloogia methodology
metodoloogiline methodological
metoodik specialist in methods, expert in methods
metoodika method(s)
metoodiline methodical

metoodiliselt methodically
metraaž length in metres, footage
metroo underground, tube, subway, metro
metropol metropolis
mets forest, (AmE) woods
mets(a)- wild, wood
metsaistandus plantation
metsakasvatus growing of timber, silviculture
metsalagendik clearing
metsalangetaja woodcutter
metsamaastik woodland
metsamaterjal timber, (AmE) lumber
metsandus forestry
metsane woody, wooded
metsasalu grove
metsasarv French horn
metsaserv fringe of a wood
metsastepp steppe
metsastunud wooded
metsateadus science of forest, silviculture
metsatukk grove, copse
metsatundra tundra
metsatööline lumberjack
metsavaht gamekeeper, ranger, forest-guard
metsavaim, -vana sylvan spirit
metsavaras stealer of wood
metsaäär edge of a forest
metsaülem head forester, chief forester
metsik wild, (harimatu) savage, barbaric, atrocious, ferocious, fierce, outrageous, vicious
metsikult wildly, savagely, barbarically, barbarously, atrociously, ferociously, fiercely, viciously
metsikus savagery, atrociousness, barbarism, ferocity

metsis wood grouse
metsistuma run wild
metsistunud wilderness
metskits roe, roe deer
metskond forest district
metslane savage
metsloom wild animal, wild beast
metsosopran mezzo-soprano
metssiga wild boar
metsvint chaffinch
mh huh
mida what
    mida iganes whatever
    mille abil whereby
midagi any, anything, something, thing
    midagi sarnast something like, something of
migrant migrant
migratsioon migration
migreen *med* migraine
mihkel *ülek* handyman
miider waistband
miil mile
    kaugus miilides mileage
    miili tunnis miles per hour (mph)
miilits militia
    miilitsa erisalk militia squad
miilustama fondle, pet
miimika mimics, facial expression
miimiline mimic
miin mine
    miine panema mine
    miinidest puhastama clear mines
miinimum minimum, min
miinimum- minimum
miinipilduja mine thrower; *sl* Minnie
miiniristleja destroyer
miiniväli minefield
miinus less, minus, disadvantage, drawback
    miinustes olema in the red

miinus- minus
miinusmärk minus
miiting meeting, rally
mikro- micro-
mikrofon microphone, mike, mouthpiece
mikrokliima microclimate
mikrokosmos microcosm
mikrolaineahi microwave
mikrolaineahjus küpsetama microwave
mikroob microbe
mikroorganism micro-organism
mikroprotsessor *inf* microprocessor
mikrorajoon district
mikroskoop microscope
mikroskoopiline microscopic
miks why, how come
miks mitte why not, there is no harm in
mikser mixer
mikstuur mixture
militariseerima militarise
militarism militarism
militarist militarist
militaristlik militaristic
miljard milliard, (AmE) billion
miljardär multimillionaire
miljon million
miljondik millionth
miljones millionth
miljonär millionaire
miljöö milieu, environment, surroundings
millal when
millal iganes at any one time, when, whenever
millegipärast for some reason, somehow
milleks what for
millennium millennium

milli milli-
milligramm milligram(me), mg
milligrammine milligram
millimallikas jellyfish, medusa
millimeeter millimetre
millimeetripaber graph paper, scale paper, plotting paper
milline which, what kind of, what sort of
milline iganes whatever
mimoos mimosa
mina I, me, self
mina ise myself
minakeskne egocentric
mind me
mineerima mine, undermine
minek going
minekut tegema make tracks, split, make off
minekuvalmis ready to go
minekuvalmis seadma get ready to leave
minema go, go off, make one's way; fare, follow, grow, make for, pass, proceed, run, see, set foot in, turn
alla minema descend, go down; (**mäest**) walk down (the hill)
edasi minema continue, move on (or up), pass on, progress
eemale minema move away
endast välja minema lose one's temper
halvasti minema go badly
hästi minema go well
järele minema (**järgnema**) go after sb, follow, pursue, trace; (**ära tooma**) fetch, collect
kaasa minema accompany, drift, espouse, get in on
kallale minema assault, attack
kaotsi minema disappear, go astray, lose

katki minema break, break down, fall to bits, come to bits, split

kehvasti minema doing poorly/ badly

koos minema accompany, go together

korda minema succeed, take off, turn out well

kõvaks minema turn hard, cake

käest lahti minema let slip from hand, escape from, slip from

käest ära minema escape, let loose

käiku minema off the ground

lahku minema break up, diverge, part, separate, split up

lahti minema start, go off, open up

laiali minema break up, disband, disperse, fall apart

liiale minema go too far

lõhki minema burst, split

läbi minema pass

maale minema disembark, go on shore

maha minema get off

mehele minema marry, get married

mööda minema pass, pass by, bypass, override

paika minema fall, fall into place

pakku minema flee, take refuge, run away

paksuks minema become fat, become overweight

paljaks minema become bald, loose hair

peale minema get on, catch on, board, go down

peast segi minema become dazed, become confused, go bananas, go crazy

pihta minema hit

pikemaks minema drag out, be prolonged

põhja minema sink, go under

põnevaks minema hot up

sisse minema enter, walk in, go in

tagasi minema return, go back

vastu minema meet; (**pihta minema**) hit

viltu minema go wrong

voodisse minema go to bed with sb, hop into bed; *sl* lay sb down

välja minema go out

ära minema go away, go off, leave, depart, take one's leave

üle minema change over, desert to, overrun; go over

üles minema go up, ascend, increase, rise, mount

ümber minema (**kummuli**) tip over, capsize

minema ajama send off, chase away/off

minema ehmatama warn off, scare away

minema hakkama be off

minema hiilima skulk, slink

minema kappama gallop away

minema kerima push off, get away, go away

minema kihutama send someone packing

minema kobima be off

minema laskma let go

minema lendama fly off, migrate

minema lipsama escape, slip away

minema lööma drive out

minema panema run away

minema peletama shoo, frighten away

M

minema puhuma blow away, blow off

minema pääsema get away

minema saatma dismiss, send away

minema sundima force away

minema sõitma depart, leave

minema sööstma rush away, dash away

minema toimetama consign

minema tormama flounce

minema ujuma swim away

minna laskma dismiss, let off, let someone go

kasi minema clear off, piss off, shove off, beat it off with you

mineraal mineral

mineraalne mineral

mineraalveeallikas spa, mineral spring

mineraalvesi mineral water

mineraalvill *tehn* mineral wool

mineraloogia mineralogy

minestama black out, pass out, keel over, swoon, faint

minestanud faint

minestus blackout, faint

minetama forfeit, forsake, lose

minetatud forsaken, forfeit, lost, missed

minev bound

minevik past, history, record; *lgv* past tense

minevikus urgitsema rake up

minevikku vajunud bygone

mineviku- past

mingi any, certain, kind of, some, sort

mingil moel somehow

mingil põhjusel for some reason

mingis osas up to a point

mingit sorti of a sort

mingisugune something, sort, some kind of

mini- mini-

minia daughter-in-law

miniarvuti *inf* minicomputer

miniatuur miniature

miniatuurne miniature, diminutive

minimaalne minimal, minimum, basic

minimaalselt at least

minimeerima minimise

ministeerium ministry, board, office, (AmE) department

ministeeriumi- ministerial, (AmE) departmental

minister minister, secretary, (**Inglismaal, Ameerikas**) secretary (of state)

ministri- ministerial

minoorne minor

minu my, mine

minu arvates as far as I can see, in my view, in my opinion, to my mind

minu teada to the best of my knowledge

minut minute, min

viimasel minutil at the eleventh hour

minutiline of a minute, minute

miraaž mirage

mirt *bot* myrtle

mis what, that, which, eh

mis ma ütlesin I told you so, what did I say

mis minusse puutub as far as I'm concerned, I, for one

mis olnud, see olnud let bygones be bygones

mis puutub as for, as to, as regard, with regard to, when it comes to, in the way of

mis põhjusel for what reason
mis sa kostad anybody would think, funnily enough
mis sellest never mind
mis siis so what, what of it
mis siis ikka oh well, why not
mis siis kui what if
mis silmist out of sight, out of mind
mis tahes anything, no matter what, whatever
mis tal hakkas what has got into sb, what's with
mis tähendab by implication
mis-ta-nimi-nüüd-oligi thingumagjit, thingummy
misjon mission
misjonikeskus mission
misjonitöö mission
misjonär missionary
misjärel whereupon, whereafter
miski one or other, something, anything, some, any
mismoodi how
misogüün misogynist
mispärast how come, whence, why
missa mass
missioon mission
missugune which, what, what kind of, like
mistõttu in consequence of what, as a result of what
mitme- multi-, multiple, poly-
mitmeaastane perennial, of many years
mitmed sundry, several
mitmekeelne polyglot, multilingual
mitmekesine manifold, diverse
mitmekesistama diversify, vary
mitmekesisus diversity, variety
mitmekohaline multidigit, multiplace, of several places

mitmekordistuma multiply
mitmekordne multiple
mitmekordsus multiplicity
mitmekülgne miscellaneous, versatile, wide-ranging
mitmekülgsus versatility, variety
mitmenaisepidamine polygamy, polygyny
mitmeotstarbeline all-purpose, versatile
mitmeparteisüsteem multi-party system
mitmepoolne multilateral
mitmesugune diverse, heterogeneous, manifold, miscellaneous
mitmesugused sundry, various
mitmesus multiplicity
mitmetahuline many-sided
mitmetasandiline split-level
mitmetähenduslik of several meaning, polysemic
mitmetähenduslikkus multiple meaning
mitmevõistlus combined events
mitmevärviline many-coloured, multi-coloured
mitmikud offspring born at one birth, multiple siblings
mitmus plural
mitmuslik plural
mitte no, not
  mitte ainult not only
  mitte enam kui at (the) most
  mitte enne at the earliest
  mitte et not that
  mitte hetkekski not for one moment
  mitte hiljem kui at the outside
  mitte iialgi never ever
  mitte just otseselt not in so many words
  mitte just väga none too

M

mitte keegi nobody, none, no-one, no one

mitte kunagi never, not ever

mitte kuskil nowhere

mitte kõige vähematki not the least

mitte liiga not too

mitte midagi none, nothing

mitte midagi erilist nothing to write home about, nothing special, nothing much

mitte midagi peale nothing but

mitte midagi taolist nothing of the sort

mitte mingi hinna eest by no means, on no condition, in no circumstances, under no circumstances, never, on no account, not on any account, for the life of you, not for the world, wouldn't be seen dead

mitte miski zero, none, nothing

mitte niipea not in a hurry

mitte põrmugi a fat lot

mitte päris not exactly, quite

mitte raasugi not a bit

mitte rohkem kui as few as, no more than

mitte sugugi by no means, not at all

mitte veel not yet

mitte vähem kui no fewer than

mitte vähimalgi määral the least bit, in the least, in the very least

mitte vähimatki in the slightest

mitte ükski none, not one

mitte- dis-, di-, in-, un-, non-, mis-

mitteametlik informal, unofficial, backstreet

mittearuandekohuslane unaccountable

mittemidagiütlev anonymous, bland, indifferent, nondescript, plain

mittepoliitiline apolitical

mitterakendatav inapplicable

mitteseotud unattached, unconnected

mittesuitsev smokeless

mittetõhus insubstantial

mittevajalik unnecessary

mittevastav inadequate

mitteveenev flimsy, unconvincing

mittevääriline beneath

mitu many, plenty, several

mobiilne mobile

mobiilsus mobility; *inf* portability

mobiiltelefon mobile phone, cellular phone

mobilisatsioon mobilization

mobiliseerima mobilise

modaaltegusõna *lgv* modal verb

modell model, sitter

modellina töötama model

modelleerija model maker

modelleerima model

modellitöö modelling

moderaat moderate

moderniseerima modernise, rationalise

modernism modernism

modernist modernist

modernistlik modernist(ic)

modernne modern, up-to-date, latest

modernsus modernity

modifikatsioon modification

modifitseerima modify

modifitseeruma become modified

modifitseerumine alteration

modulatsioon inflection, inflexion

moeajakiri fashion magazine

moeasi the thing, fashionable item

moeateljee fashion shop

moedaam fashionable lady
moekas fashionable, trendy, sharp, snappy
moenarrus craze, fad
moenäitus fashion show
moepäratsev newfangled
moeröögatus rage, the latest fashion
moes in, in fashion, in favour, in vogue
moestläinud old-fashioned, out
moesõna catchword
moevool trend, fashion
moevärk in, trendy
mohäär mohair
mokalaat gossip
  mokalaata pidama gossip, have a hen party
mokassiin moccasin
mokk lip
  see on talle mokka mööda it is to his/her liking
  moka otsast rääkima speak affectedly
  mokka minema fail, go amiss
molbert easel
mold trough
molekul molecule
molekulaarne molecular
molkus lout, yob(bo), oaf
mollusk mollusc
molu gob, mug, chop
  pea molu shut up, shut your trap
molutaja gaper
molutama gape, gawk
moment moment, minute
  kriitiline moment crunch, crucial moment
momentaanne momentary, instantaneous
monarh monarch, sovereign
monarhia monarchy

monarhistlik monarchist
monetaar- monetary
monitor monitor
mono- mono-
monogaamia monogamy
monograafia monograph
monograafiline monographic
monoliit monolith
monoliitne monolithic
monoliitsus cohesion, total uniformity
monoloog monologue
monopol monopoly
monopoliseerima monopolise
monopolist monopolist
monopolistlik monopolistic, monopoly
monopoolne monopoly
monotoonne monotonous, uninspired, level
monotoonsus monotony, sameness
monstrum monster
montaaž assembly, installing, cutting (and editing)
montaažiliin assembly line
monteerija fitter
monteerima assemble, install, cut (and edit)
  lahti monteerima take to pieces, dismantle, dismount
monteerimine assemblage, installation, montage, cutting (and editing)
montöör fitter, assembly-worker
monument monument
monumentaalne monumental
mood (**riide jne**) fashion, style, vogue, mode; (**viis**) manner, mode, way
  moest läinud dated, out of fashion, out
  moest minema date, go out

M

moest minemas on the way out
moodi minema catch on, become
fashionable
moodi like, resemble
moodne fashionable, modern, up to
date, up-to-date, smart
moodsalt fashionably, smartly
moodul module, modulus
moodus way, mode
moodustama form, make up, com-
prise, account for, constitute
moodustav formative
moodustis formation
moodustuma form, be formed, be
constituted
moodustus formation, constitution
moon provisions, foodstuffs, (**sõja-**)
supplies; (**taim**) poppy
moona- provisions
moonapaun haversack
moonduma turn into, change into,
metamorphose, be transformed
moondumine metamorphosis
moondunud contorted, deformed,
distorted, metamorphic, trans-
formed
moone metamorphosis, metamor-
phism
mooniseemned poppy seeds
moonutama disfigure, deface, de-
form, distort, disguise, mar, (**mõ-
tet**) mutilate, pervert, twist, warp
moonutatud disfigured, deformed,
distorted, contorted, (**väärarengu-
line**) malformed
moonutatus disguise
moonutus deformity, mutilation,
caricature
moor old woman, crone, (**inetu**) hag
moorima stew, braise
mooritud stewed
mooruspuu mulberry bush

moos jam, jelly, (AmE) sauce
moosima sweeten up
mootor engine, motor
mootor- motor, power
mootorikate bonnet, (AmE) hood
mootoririke engine trouble
mootorpaat launch, motor-boat
mootorratas motorcycle, motor-
bike, cycle
mootorrattur motorcyclist
mootorsõiduk vehicle, (AmE) auto,
automobile
mootorvedur gasoline locomotive
mopeed moped
mopp mop
moraal moral, morale
  moraali lugema preach, give sb
  a lecture
moraalijutlustaja moralizer
moraalilage licentious, immoral
moraalilugeja prig
moraalilugemine priggishness
moraalinormid ethics
moraalitseja moralizer
moraalitsema moralise
moraalitsev priggish
moraaliõpetus moral
moraalne moral
  moraalne allakäik demoraliza-
  tion
  moraalne sitkus fortitude
  moraalselt laostama demoralise,
  subvert
  moraalselt laostuma be cor-
  rupted, moulder
  moraalselt laostunud decadent
moraalsus morality
moraliseerima moralize, edify
moraliseeriv moralizing, didactic
moralist moralist
moratoorium *maj* moratorium (*pl*
-iums, -ia)

morfiin morphine
morfoloogia *lgv* morphology
morfoloogiline *lgv* morphological
morg mortuary
morn glum, sullen, gloomy, dreary, morose
morsetähestik Morse (code)
morsk walrus, sea-horse
morss fruit juice, cordial
mortiir *aj* mortar
mosaiik mosaic
mosaiikmõistatus jigsaw (puzzle)
moskiito mosquito
moslem Muslim, Moslem
mossis sulky, pouting
mossitama pout, (huuli) purse, sulk
mossitus pout, sulk(s)
mošee mosque
motell motel
motiiv motive, motif, subject, (ajend) cause; *muus* theme
motivatsioon motivation, incentive, justification
motiveerima motivate, justify
moto motto, watchword, epigraph
motoriseeritud motorised
motoroller motor scooter
mu mine
   üks mu sõpru a friend of mine
muda mud, (sopp) dirt, muck, (jõesuus) silt
   mudasse kinni jääma get stuck in the mud
   mudaga ummistuma silt up
mudane muddy, boggy, dirty, bedraggled
mudaravi *med* mud cure, mud treatment
mudel model, make, (makett) mockup
mudeliehitaja model maker
mudil *zool* loach

mudilane tot, toddler, (little) child
mudima twiddle, knead, squeeze, (kägardama) crumple; (tüdrukut) (AmE) neck, pet
mugandama adapt, accommodate
muganema be/become adapted/accommodated, adapt oneself
mugav comfortable, cosy, snug, convenient, handy, casual, easy-(going)
   ta on väga mugav mees he likes to take it easy
mugavalt comfortably, easily, easy, cosily, snugly
mugavus comfort, convenience, cosiness
mugavused amenity, comfort, mod(ern) con(venience)s
   kõigi mugavustega korter a flat with all modern conveniences
   mugavusteta hakkama saama rough it
mugima munch
mugul bulb, tuber
mugulpäevalill Jerusalem artichoke
mugulsibul onion
muhamedlane Muslim, Moslem
muhamedlus Islam, Mohammedanism
muhe mellow, pleasant
muhedus mellowness
muhelema smirk, smile smugly (to oneself)
   habemesse muhelema smile in one's sleeve
muhelus smirk, smug smile
muhenema mellow
muhk bump, knob, bruise
muhklik bumpy, lumpy, knobbly, (AmE) knobby
muhklikkus bumpiness
muhv muff

M

muide by the way, actually

muidu (**vastasel juhul**) otherwise, else, or; (**tasuta**) for nothing, free (of charge); (**tavaliselt**) usually

või muidu or else

ta ütles seda nii muidu he mentioned it in passing

muidugi certainly, of course, surely, (AmE) sure; by all means; you bet, quite

muidugi mõista surely, (AmE) sure

muidusööja one who lives on other people, (AmE) freeloader

muie smirk, (faint) smile

lollakas muie simper

muigama smile, smirk

muinasaeg antiquity

muinasese antique

muinasesemed antiquities

muinasjutt fairy-tale, tale, fable, legend, saga, myth

muinasjutuline fabulous

muinasjutuliselt fabulously

muinasjutuvestja storyteller

muinaslooline legendary

muinasteadlane archaeologist

muinasteadus archaeology

muinasteaduslik archaeological

muinsuskaitse protection of antiquities

muiste in olden days, in olden times

muistend folk-tale, myth, saga, legend

muistised antiquities, ancient relics

muistne ancient, antique, archaic

mujal away, elsewhere, somewhere else, in some other place

mujale away, elsewhere

mukkima smarten up, spruce up

mulatitar mulatto (*pl* -os)

mulatt mulatto (*pl* -os)

muld earth, soil, (AmE) dirt

mulda sängitama bury, inter

muldama earth (up), (**kartuleid**) hill

muldasängitamine burial, interment

muldkeha embankment

muldne earthy

muldonn turf hut, (**maaalune**) dugout

muldtamm embankment, dike

muldvana antique, long in the tooth, age-worn, age-old, as old as the hills

mulgustama (**piletit**) punch, (**auke läbi lööma**) perforate

mulisema babble, carry on, (**vulisema**) purl

mulje impression, effect

mulje pärast for show

muljet avaldama impress, make an impression, weigh with

see avaldas mulle sügavat muljet I was much impressed

muljet jätma strike, come across, come over, read

sügavat muljet jätma make a deep impression, engrave

muljet omama under the impression

muljetavaldav impressive, imposing, formidable

muljuma bruise; (**puruks**) crush; (**rõhuma**) press

mulk (**mulgi**) peasant from Viljandimaa; (**mulgu**) hole, perforation, aperture; (**lünk**) gap

mulksuma bubble up

mull bubble

mulla- earthy

mullahunnik heap of earth

mullakamakas clod

mullatööline labourer, navvy

mullikas heifer
mullitama bubble, sparkle
mullitav effervescent
mullivann jacuzzi
mullune of last year
multi- multi-
multifilm cartoon
mummud spots, dots
mummuline flecked, dotted, spotted
mumps *med* mumps
muna egg
    muna õpetab kana teach one's grandmother how to suck eggs
munakivi cobble(stone)
munakivi- cobbled
munakivisillutisega cobbled
munakollane yolk
munakoor eggshell
munand testicle
munapeeker eggcup
munapuder scrambled egg
munarakk ovule
munarebu yolk
munaroog omelette
munasari ovary
munavalge white, albumen
munder uniform
mundrikuub tunic
munema lay (eggs)
mungaklooster monastery
    mungakloostri ülem abbot
mungalik monkish
mungalill *bot* Indian cress, nasturtium
mungarüü habit, frock
munitsipaalne municipal
munitsipaliteet municipality
munk monk
murakas blackberry
murd *mat* fraction; (**luu-**) fracture; (**rahva-**) crowd, mob

murdarv fraction
murdeiga puberty
murdejoon fraction line
murdekeel vernacular, dialectal speech
murdekoht breaking point, point of fracture
murdeline dialectal, dialect
murdlaine breaker
murdlainetus surf
murdma break, break off, fracture, destroy
    kaheks kokku murdma double over
    kokku murdma fold
    lahti murdma break loose, break open
    läbi murdma break through
    maha murdma bring down, break down
    pead murdma rack one's brains, wreck one's brains, puzzle
    sisse murdma break in, break into, burgle, burglarise
    välja murdma break out
murdmaa- cross-country
murdosa fraction
murduma break, fracture, crack, break down, break off
    kergesti murduv fragile
murdumatu unbreakable, irrefrangible
murdumine breakage, fracture
murdvaras burglar, housebreaker; *kõnek* cracksman
murdvargus burglary, housebreaking
mure worry, concern, problem, care, grief, sorrow, fear, (**vaev, häda**) trouble, (**rahutus**) anxiety; (**pude**) crumbly, friable, short, floury, mealy

M

mures olema be concerned, be worried, be anxious

murest halliks minema worried sick

murest murtud broken-hearted, distracted, troubled, distraught

muret tegema trouble, vex, worry, cause worry (or anxiety), bother

muret tundma worry (about), trouble, take care (of), concern oneself (about)

mure- problem

murederohke disturbed, troubled, careworn

mureküpsis shortbread, shortcake

murel morello, (**magus**) heart cherry

murelaps trial; *sl* headache

murelik anxious, concerned, haunted, solicitous, uneasy, woeful, disturbed

murelik olema be worried, be troubled, be anxious (about sb)

murelikkus anxiety, solicitude

murelikult anxiously, woefully

murendama crumble, make crumbly

murenema crumble, erode, weather

murenemine erosion

murenev crumbly

mures alarmed, worried, uptight

muretseja worrier

muretsema worry (for), fear, have fears for, concern, bother, procure, raise, supply

ära muretse don't worry, take it easy

murettegev troubling

murettegevalt disturbingly

murettekitav alarming, disturbing, unnerving, unsettling, vexing

murettekitavalt alarmingly

muretu carefree, comfortable, happy-go-lucky, light-hearted, unconcerned

muretult comfortably, lightly, airily

muretus ease, carelessness

murjan dirty brat

murrak dialect, vernacular

murrang break, fault, sudden change, upheaval

murranguline climactic, critical, decisive

murre dialect

murrujoon fraction line

murrukoht breach

murtud broken

muru grass, green, lawn

murukeegel bowls

murulauk *bot* chive

murumuna *bot* puff-ball

murumättad (pieces of) sod, turf

muruniiduk lawnmower

muruplats green, lawn

mururiba verge

muserdama crush, weigh down

muserdatud downtrodden, overcome, devastated

muserdav devastating

musi kiss, (AmE) buss

kerge musi peck, light kiss, touch of a kiss

matsuv musi smack

musikaalne musical

musikaalsus musicality

musirull sugar, (**laps**) pet lamb, (AmE) *sl* cutie

muskaatpähkel nutmeg

muskaatvein muscatel, muscat

muskel muscle

musketär musketeer

musklid brawn

musklis muscular, beefy

muskulaarne muscular, brawny

muskulatuur muscles, musculature
musliin muslin
mussoon monsoon
must black; (**määrdunud**) dirty, unclean, grimy, filthy, impure, stained, foul, menial
mustama black, blacken, denigrate, soil, asperse
mustanahaline black
mustand rough draft, rough copy, rough notes; *inf* draft copy
mustandikvaliteet *inf* draft quality
mustas in mourning, in black
mustatööline labourer, (AmE) blue-collar worker
mustaverd dark (skinned)
mustendama be black, blacken, darken, look black
muster pattern, design, figure, marking, standard
muster- exemplary
musterkuju paragon, type
musternäide byword, model, specimen
musternäidis sample, epitome, paragon, picture, soul
musternäidiseks olema epitomise
mustikas bilberry, (AmE) blueberry
mustkunst conjuring, black magic, necromancy
mustkunsti- magic
mustkunstnik conjurer, conjuror, magician
mustlane gypsy, gipsy
mustlasvanker caravan
mustmiljon legion, trillion, umpteen
mustriline patterned
musträstas blackbird
mustsõstar blackcurrant
musttuhat myriad

mustuma black, blacken, smear
mustus dirt, filth, grime, impurity
mustuseplekk smut
must-valge black-and-white
musulman Muslim, Moslem
musutama kiss, (AmE) buss
muti little mother
mutimullahunnik molehill
mutrivõti screwdriver, spanner, (AmE) wrench
mutt mole; (**eit**) old woman, old crown
mutter (screw) nut
mutukas small creature, little insect
muu other, something else, else, another
muu hulgas among(st), among(st) other things
muus osas otherwise
muud other
muud kui aside form
muudatus change, alteration
muudetav changeable, variable, convertible
muuhulgas → **muide**
muukeelne foreign-language
muukima pick open
muukraud skeleton key, picklock, (AmE) passkey
muul (**muula**) mule; (**muuli**) mole, jetty, pier, breakwater
muulane alien, foreigner
muumia mummy
muundama transform, convert, transfigure
muunduma be transformed, be transfigured
muundus transformation, conversion, transfiguration, transmutation
muuseas by the way, in passing, incidentally

muuseum museum
muusik musician
muusika music
   muusikat looma compose, produce
muusikaandeline musically talented
muusikakeskus hi-fi, stereo system
muusikakool music school
muusikakõrgkool music academy
muusikal musical
muusikaline musical
muusikapala number, piece of music
muusikariist musical instrument
muusikateadlane music expert
muusikateadus music science
muutelõpp *lgv* inflection, inflexion
muutlik changeable, variable, unsettled, (**ilm**) fickle, fitful, fluid, volatile
muutlikkus changeability, variability, instability, (**heitlikkus**) fickleness, fluidity
muutma alter, change, distort, modify, pervert, render, reverse, transform (into), turn (from, to, into), convert, vary; *lgv* inflect
   ära muutma change, cancel, call off, abolish
muutmatu unchanged, (**tühistamatu**) irrevocable, (**määrus**) ironbound
muutmine alteration, modification, reversal
muutuja variable
muutuma change, alter, turn (from, to, into), vary, become, (**ilm**) break, degenerate, (**saama**) get, go, going to, (**järk-järgult**) grow, pass (into), range
muutumatu constant, firm, fixed, static, steady
muutumatult invariably, steadily
muutus (**muundus**) alteration, (**muudatus**) change, transformation, fluctuation, (**vahetus**) shift, swing, (**teisendus**) variation
   põhjalik muutus revolution
muutuv (**hõlpsasti**) changing, floating, fluctuating, (**vahelduv**) variable
mõeldamatu unthinkable, inconceivable
mõeldav thinkable, conceivable; *ülek* earthly
mõeldud intended, implicit
   mõeldud olema be geared, be meant
mõhn knob, bump, callosity
mõhnaline bulgy, callous
mõikama cotton on
mõis estate, (**rüütli-**) manor, hall, seat
mõisahärra squire, landlord
mõisaproua landlady
mõisavalitseja bailiff
mõisnik squire
mõistaandev suggestive
mõistaandvalt roundabout
mõistad okay, OK
mõistagi as a matter of course, naturally, of course, certainly
mõistatama riddle, guess, figure out, puzzle (out), divine
mõistatus riddle, enigma, mystery
mõistatuslik enigmatic, mysterious, puzzling, (**isik, asi**) enigma
mõistatuslikkus mysteriousness
mõistatuslikult enigmatically, mysteriously
mõiste concept, (**kujutlus**) notion
mõistesuguluses synonymous (with)

mõistetamatu unaccountable, incomprehensible, inscrutable

mõistetav comprehensible (to), excusable, intelligible (to), understandable

   raskesti mõistetav abstruse

mõistetavalt understandably

mõistev understanding

mõistlik reasonable, sensible, well-advised, judicious, (**tasakaalukas**) level-headed, balanced, (**otstarbekas**) rational, sane (policy), healthy, logical, tolerable, wholesome

   mõistlik olema have one's feet on the ground, make sense

mõistlikkus prudence, sanity, (good) sense

   mõistlikkuse piires within reason, in reason

mõistlikult reasonably, sensibly, prudently, rationally

mõistma understand, comprehend, grasp, realise, get, appreciate, fathom, find, get the hang of, make sense, penetrate

   karistust mõistma inflict punishment

   valesti mõistma get wrong, misunderstand, misinterpret, get hold of the wrong end of the stick

   õigeks mõistma acquit, find not guilty

   õigesti mõistma get sth right

   mõista andma hint, get at, suggest, tip off

mõistmatu mindless, unreasonable

mõistmatus incomprehension, unreason

mõistmine understanding, comprehension, intelligence

   vastastikune mõistmine rapport, bond, link, harmony, sympathy

mõistu- allegorical

mõistujutt parable

mõistukujuline allegorical

mõistukõne allegory; figurative speech

mõistupilt allegory

mõistus intellect, (**meel**) mind, brain, head, senses

   kaine mõistus reason, cold reason, common sense, sanity, lucidity

   selge mõistuse juures coherent

   piiratud mõistusega limited intelligence, dull

   üle mõistuse a bit much, above one's head, over one's head, beyond one

   see käib mul üle mõistuse that's beyond me, it beats me, it's above me

   mõistuse kaotanud out of one's senses, crazy

   mõistusele kutsuma reason with

   mõistusele tooma knock some sense into sb

   mõistusele tulema come to one's senses

   mõistust kaotama lose one's senses, lose one's mind

   mõistust pähe panema bring one to reason (to one's senses)

   mõistust pähe võtma listen to reason

mõistusega clear-headed

mõistusekaotus *med* dementia

mõistuslik rational, logical

mõistuspärane intellectual, rational

mõistuspärasus rationality, intellectuality

M

mõju influence (upon), **(toime)** effect, impact, currency, potency, power, repercussion
  kaudne mõju knock-on effect, distant effect, indirect influence
  vastastikune mõju interplay
  mõju alla sattuma come/fall under sb's influence
  mõju avaldama affect, bring pressure/influence, impress, tell, tell on
  mõjule pääsema come into effect, take effect, put into effect, see to best effect/advantage
mõjuala sphere (of influence)
mõjujõud force, power, influence
mõjukalt impressively
mõjukas influential, impressive, forceful, forcible, prestigious, **(kaalukas)** telling
mõjukus influentiality, impressiveness, efficacy, prestige
mõjulepääs effect
mõjuma have an influence, influence, **(toimima)** affect, act, act on/upon, come across, come into effect, take effect, put into effect, take its toll, tell, tell on, **(arstirohu, abinõu kohta)** work
  halvasti mõjuma have bad effect on/upon sb, have bad influence on/upon/over sb, be bad for sb
  hästi mõjuma have good effect on/upon sb, have good influence on/upon/over sb, be good for sb
mõjur agent, factor
mõjurikas influential, impressive, **(jõuline)** forcible, **(isik)** magnate
mõjuringkond influential circles
mõjus effective, influential, telling, potent (drug)
mõjusfäär sphere of influence

mõjustama affect, induce
mõjusus effectiveness
mõjutama affect, concern, condition, do, impinge, influence, lean on, make one's mark, massage, push, sway, **(tundeid)** work on, (AmE) *kõnek* swing, induce
  kavalalt mõjutama manipulate, beguile
mõjutamata unaffected, uninfluenced (by)
mõjutatav influenced by, responsive, suggestible, tractable, weak
  kergesti mõjutatav impressionable
  kergesti mõjutatav inimene pushover
mõjutav manipulative
mõjutusvahend lever
mõjuv effective, efficacious, forceful, operative, potent, strong, telling
mõjuvus efficaciousness, effectiveness, impressiveness
mõjuvõim authority, prestige, charisma, clout, force, hold, leverage, power
mõjuvõimas authoritative
mõla **(aer)** oar, **(lühike)** paddle, **(pikk)** sweep
mõlemad both, either
  mõlemad on head both are good
  mõlemad sobivad either will do
mõlemakäeline ambidextrous
mõlemapoolne mutual, two-way
mõlemasooihar bisexual
mõlgutama meditate, muse, speculate, reflect
mõlk dent, dint
mõlkima dent
mõlkis dented, dinted
mõmin growl, mutter

mõmisema growl, mutter
mõmmik bear, teddy bear
mõnevõrra some, to some extent, somewhat
mõni some, any, few, certain, one or two
   mõnda aega a bit, a bit of, for a bit
   mõnel määral in part, rather, to some degree
   mõnes mõttes in a sense
mõnikord sometimes, at times, occasionally, on occasion
mõningane some, a certain
mõnitama mock (at), deride, taunt, scoff (at), jeer
mõnitamine derision, mocking (at)
mõnitav derisive, mocking, scoffing
mõnitavalt derisively, mockingly
mõnitus taunt, scoff, jeer, jibe, mockery; *inf* flame
mõnu pleasure, relish, gusto, delight, indulgence
mõnuga cheerfully, with relish
mõnulema feel at ease, luxuriate (in), relish, savour, wallow (in)
mõnulemine indulgence, luxuriation
mõnulev luxurious; complacent
mõnulevalt luxuriously
mõnupakkuv luxurious
mõnus pleasant, pleasurable, enjoyable, comfortable, congenial, delectable, savoury, sensuous
mõnusasti comfortably
mõra (pragu) crack, flaw, (lõhe) rift
mõrane cracky, cracked
mõranema crack, flaw, rift
mõranenud cracked
mõrsja bride, (kihlatud) fiancée
mõrtsukalik homicidal, murderous
mõrtsukas murderer, homicide,

(palga-) (AmE) gunman
mõrtsukatöö murder
mõru bitter, dour, (arstim, jook) bitters
mõrv homicide, killing, murder, (poliitiline) assassination
mõrvama murder, (poliitilisel põhjusel) assassinate
mõrvar murderer, (poliitiline) assassin
mõrvatu murdered
mõte thought, (kujutlus) idea, conception, drift, meaning, sense, point, purport, spirit, term
   mõtetega mujal absent-minded, abstracted
   mõtteid avaldama express
   mõtteid lugema read one's mind
   mõtteid mujale viima take one's mind off
   mõtteid mõlgutama ponder, (AmE) *kõnek* mull
   mõtteid vahetama discuss
   mõtteist välja tõrjuma blot out
   mõttele tulema get the idea
   mõttele viima suggest
   mõttes hauduma harbour
   mõttes läbi mäluma chew over
   mõttes läbi võtma turn over
   mõttes olema have in mind
   mõttes tagasi minema cast
   mõttesse jääma be lost in thoughts
   mõttesse tulema come to mind, spring to mind, enter
   mõttesse vajunud deep in thought, broody, preoccupied, in thought
   mõttest aru saama get the message, take one's point
mõtestama give sense to, give meaning to
   lahti mõtestama interpret
mõtestatud meaningful

mõtiskelu (sügav) cogitation, (mõl-
gutus) meditation, (unistav) day-
dream
mõtisklema meditate, contemplate,
brood, muse, ponder, ruminate,
(AmE) *kõnek* mull
mõtleja thinker
mõtlema think, reflect, (kavatsema)
mean, intend, fancy, figure, guess,
mind is on, reason
mõelda vaid to think
järele mõeldes on second thoughts
järele mõtlema consider, delib-
erate, see, think over, reflect, pon-
der, muse
järele mõtlemata rashly, reck-
lessly, slapdash
läbi mõtlema think over, reason
out
kaksipidi mõtlema in two minds,
be undecided
pikemalt mõtlemata offhand, on
the spur of the moment
ringi mõtlema budge
selgelt mõtlema think straight
tagasi mõtlema think back
teisiti mõtlema dissent
välja mõtlema come up with,
work out, imagine, figure out, make
up, conceive, cook up, devise,
dream up, hatch, invent, manufac-
ture, think, think up
ümber mõtlema change one's
mind, think better of sth, come
round to sth
mõtlematu thoughtless, blithe, hare-
brained, hasty, ill-advised, impru-
dent, (hoolimatu) inconsiderate,
misguided, throwaway, unthink-
ing, unwise
mõtlematult thoughtlessly, blithely,
pell-mell

mõtlemisaine matter, subject
mõtlemisainet pakkuma give
someone a pause, give something
to think about
mõtlemisvõime reason, intellectual
power
mõtlev thinking, reasoning
mõtlik thoughtful, pensive, reflec-
tive
mõtlikult thoughtfully, pensively,
wistfully
mõtteavaldus observation, senti-
ment
mõttekaaslane follower, adherent
mõttekas rich in thoughts, teeming
with ideas
mõttekriips dash
mõttekus practicality
mõttekäik drift, train of thought
mõttelaad mentality, way of think-
ing
mõttelage blank, vacant, empty,
brainless, pointless
mõttelagedus vacancy of mind,
nonsense
mõtteline mental, conceptual, (ku-
juteldav) imaginary, (abstraktne)
abstract
mõttelõng thread
mõttelõnga kaotama lose the
thread
mõttetark philosopher, sage, thinker
mõttetarkus philosophy
mõttetera aphorism; gnome
mõttetihe terse, pithy, full of mean-
ing
mõttetu senseless, aimless, point-
less, empty, futile, hopeless, in-
ane, meaningless, no use, nonsen-
sical, absurd, preposterous
mõttetult senselessly, pointlessly,
absurdly

mõttetus futility, nonsense, point-lessness, absurdity
mõttevahetus interchange of ideas, exchange of thoughts, discussion
mõtteviis manner of thought
mõttevälgatus brainstorm, flight
mõtus capercaillie, capercailzie, wood grouse
mõõde dimension
mõõdetud measured
mõõdik dial
mõõdistama survey
mõõdistus survey
mõõdud measurement, proportion
mõõdukalt moderately, **(mõistlikult)** reasonably
mõõdukas moderate, temperate, abstemious, conservative, modest, reasonable
  mõõdukamaks muutma moderate
mõõdukus moderation, modesty, restraint
mõõdulint tape measure
mõõdupuu standard, *ka ülek* yard-stick, criterion
mõõdutundetu tactless
mõõdutundetus tactlessness
mõõdutunne sense of proportion
mõõk sword, **(kõver)** sabre
  mõõku ristama cross swords (with)
mõõn ebb, low tide
mõõna- tidal
mõõnama ebb
mõõnaperiood recession
mõõnas at a low ebb
mõõt measurement
  mõõdu järgi fitted
  mõõdus olema fit
  mõõtu võtma measure, take the measure of

mõõte- measure
mõõteklaas beaker
mõõtelatt surveyor's table
mõõtelint tape measure
mõõteriist gauge, monitor
mõõtkava scale
mõõtkavas to scale
mõõtma measure, gauge, **(maad)** survey
  kätte mõõtma meter out
  välja mõõtma pace out
mõõtmatu immeasurable, incalcu-lable
mõõtmed dimensions
mõõtur meter, measuring instru-ment
mõõtühik unit
mäda rotten, bad; *med* pus, (AmE) bum
  mäda eritama fester
mädamuhk boil; *med* abscess
mädandama rot, decompose
mädane rotten, putrid, purulent, **(mäda jooksev)** running, festering
mädanema rot, decompose, fester, **(roiskuma)** putrefy
  läbi mädanema rotten
mädanenud decomposed, rotten, putrid, festered
mädanev septic, rotting, **(haav)** fes-tering
mädanik rot; *med* abscess
mädapaise boil, abscess, gathering; *ülek* ulcer
mädarõigas horse-radish
mädasoo quagmire
mäeahelik mountain chain, range
mäe-eend shoulder
mäehari ridge, crest, **(terav)** pinna-cle
mäekuru gorge, pass, glen
mäekülg hillside

M

mäenõlv bank, mountain slope
mäeseljak mountain ridge, chine
mäestikuharu spur
mäesuusataja alpine skier
mäetipp hilltop, peak, pinnacle
mäetööline miner, pitman
mäeveer descent
mäger badger
mägi mountain, (väike) hill
Ameerika mäed roller coaster,
big dipper
mägi- alpine
mägikarjamaa alp
mägikits chamois
mägine hilly, mountainous
mägironija climber, mountaineer
mägironimine mountaineering
mägismaa highland
mägivaher sycamore
mähe (lapse) napkin, nappy, swad-
dle, (AmE) diaper
mähis wrap, wrapping, swathe
mähitud wreathed, swaddled,
wrapped
mähkima (last) swathe, (mässima)
wrap, wind, roll (in)
sisse mähkima wrap up
mähkuma envelope, lap, enfold
mäkketõus ascent, (küljetsi) traverse
(in mountaineering), climbing
mälestama commemorate, remem-
ber
mälestis (mälestusese) keepsake,
memento, souvenir, token, (mäles-
tusmärk) memorial
mälestus remembrance, recollec-
tion, memory, (mälestamine) com-
memoration
mälestusi heietama reminisce
mälestuste kirjutaja obituarist
mälestus- commemorative, memo-
rial

mälestused reminiscence, memo-
ries, (üleskirjutatud) memoirs
mälestuseks in memory of
mälestusese keepsake, memento,
souvenir, token
mälestusmärk memorial, monu-
ment, token
mälestussammas monument, me-
morial, (haual) tombstone
mälestustahvel memorial tablet,
(AmE) marker, plaque, memorial
mälestusvõistlus memorial games/
contest
mälestusväärne memorable, worth
remembering
mäletama remember, recollect
mäletseja ruminant
mäletsema ruminate, chew (the cud)
mälu memory, mind; (mälutav toit)
cud
mällu sööbima engrave, stamp,
sink into one's mind
mällu talletama commit to
memory
mälus elama live on
mälukaotus *med* amnesia
ajutine mälukaotus blackout
mälulünk mental block
mäluma chew
mäluseade *inf* storage (device)
mänd pine
mänedžer manager
mänedžeri- managerial
mäng game, play, performance,
show; (lindudel) courtship display,
coupling
mäng on läbi the game's over (or
up)
mängu panema play, stake
mängu tooma come into play,
bring into play
mängust välja astuma bow out

mängija player
mängima play, (**esinema**) perform, (**näitlema**) act, (**õnnemänge**) gamble, game, (**teesklema**) put on, enact, flirt, play at, present, pretend, toy with, trifle with
  kaasa mängima enter into, play along, have a part
  kokku mängima collude, play together
  läbi mängima play through
  maha mängima gamble away
  osa mängima play a part
  tulega mängima play with fire
  välja mängima play off against
  üle mängima (**üle pakkuma**) ham up
  mängima hakkama strike up, start playing
mänglema dally, trifle with
mängu- toy
mänguaedik playpen
mänguasi toy, plaything
  tühine mänguasi bauble
mänguautomaat fruit machine
mängufilm feature
mängujuht (game) leader
mängukaart playing card
mängukaaslane playmate, partner
mängukann plaything, toy
mängukaru Teddy bear
mängukava programme; repertoire
mänguline play, playful
mängumaa playground
mängunupp piece
mänguplats playground
mängupõrgu gambling house, gambling-den
mängur gambler
mängurühm playgroup, team
mängutuju playfulness, mood for play

mänguväljak playground, playing field, recreation ground
mära mare
märasälg filly, female foal
märatseja vandal, rioter, (**mässuline**) rowdy
märatsema go on the rampage, rampage, rage, riot
märatsemine disorder, riot, raging
märatsev disorderly, riotous, raging, (**raevutsev**) rampant
märavarss filly
märg wet
  märjaks saama become wet
märgama wet
märgatav noticeable, observable, (**tajutav**) perceptible, (**eristatav**) appreciable, (**silmatorkav**) distinguishable, detectable, discernible, measurable, showy, visible
märgatavalt noticeably, appreciably, decidedly, fundamentally, visibly
märge check, mark, (**tähelepanemine**) notice, (**pitser**) stamp
märgend mark, (**sõnaraamatus**) special label; *inf* tag
märgiboks *inf* bounding box
märgike speck, tick
märgiruut *inf* character box
märgis mark, label, impress, imprint
märgistama mark, brand, earmark, flag, label, tag, mark out, stamp, tick off
märgistus marking
märgistuskeel *inf* mark-up language
märguanne (**hoiatus**) notice, sign, signal (for), (**kaudne**) hint, (**vihje**) inkling
märguma wet, become wet
märgusõna cue

märjuke (strong) drink, liquor, (AmE) booze

märk mark, sign, token, badge, evidence, harbinger, show, (**pitser, tunnus**) stamp, suggestion, trace, whiff; *inf* character
märki tabama hit the mark; *ülek* strike home
märkide keel sign language
märku andma signal, mark, beckon, herald, wave

märkama notice, heed, (**täheldama**) observe, catch (sight of), (**tajuma**) discern, distinguish, find, light on, note, see, sight, spot, spy
kiiresti märkama pounce
märkamata jääma escape

märkamata heedless, unnoticed, unobserved

märkamatu unnoticed, inconspicuous, undetected, unseen, (**hooletu**) unheeded, imperceptible

märkamatult unobtrusively

märkima mark, brand, (**tähendama**) note, observe, denote, express, remark
piiri maha märkima peg out
ära märkima mark out, highlight, signalise
üles märkima write down, put down, jot down, log, note down, pencil in, record

märkimisväärne considerable, remarkable, drastic, (**silmatorkav**) marked, singular, substantial

märkimisväärselt remarkably, drastically, markedly

märklaud target, butt, object
märklaua kese bull's-eye

märkmed notes
märkmeid tegema take notes

märkmepaberipakk pad

märkmik notebook

märksõna (**sõnaraamatus**) entry

märkus note, observation, qualification, remark
joonealune märkus footnote
sarkastiline märkus barb
märkusi tegema comment, reprimand

märss net-bag, (**kasetohust**) bark pouch

märter martyr

märterlik martyr

märts March

märul *kõnek* row, uproar

märulifilm action film

mäss revolt, riot, uprising; (**sõdurite, madruste**) mutiny, rebellion
mässu tõstma mutiny, rise

mässaja rebel, mutineer

mässama mutiny, rebel, revolt, riot, rage, (**sekeldama**) fuss over
mis sa mässad sellega why do you fuss over this so much

mässima wind, wrap, (**asjasse segama**) involve (in)
sisse mässima implicate, involve, net
üleni sisse mähkima envelop, engulf
ümber sõrme mässima *ülek* twist sb round one's finger, wrap sb around one's (little) finger

mässitud embroiled
võlgadesse mässitud immersed in debts

mässuline rebellious, mutinous, disorderly (crowd), turbulent

mässumeelne rebel, rebellious

mäsu riot; *kõnek* tumult

mätas clod, tuft, sod, hummock
mätta alla minema die, bite the dust

mätasse lööma slaughter (human being)

mätsima squash, mash
  kinni mätsima hush up, cover up, paper over, whitewash, hush down, put under the carpet

määgima bleat, baa

määr quantity; (**ulatus**) extent, rate; (**norm**) standard; (**aste**) degree
  kõrgel määral to a high degree, to a degree
  sel määral to this extent
  suurel määral generally, in a big way, rather, way

määrama determine, decide, make; (**korraldusi tegema**) appoint, assign, designate, allocate, allow, earmark, allot, schedule
  ametikohale määrama appoint, nominate
  ette määrama predetermine
  kohale määrama assign, appoint, secure/appoint a job
  seadusega määrama decree, lay down
  saatusest määrama ordain
  ravimit määrama prescribe
  tasu määrama award, adjudge, nominate

määramatu indefinite, undetermined
  määramatu aja till doomsday

määratlema define, lay down; specify

määratlematu unidentified

määratletud fixed, determined, definite

määratlus definition; specification

määratu immense, enormous, prodigious

määratud fixed, determined; definite; given; allotted, predestined

määratus enormity, immensity

määrav decisive, dominant, cardinal

määrdeaine lubricant, grease

määrdenuga palette knife

määrduma stain, smudge, dirty

määrdunud stained, dirty, unclean, dingy

määre grease, spread, (**suusa-**) wax

määrima smear, (**rasvaga**) grease, (**õlitama**) lubricate, oil, (**mustaks tegema**) soil, stain, (**head nime**) asperse
  mett mokale määrima oil a person's tongue, butter up
  laiali määrima smear, smudge
  kaela määrima foist, lumber with, palm off, plant, tout
  kokku määrima patch with, smudge
  peale määrima apply, spread
  pähe määrima foist, thrust, fob off
  sisse määrima grease, smear with, lubricate

määrimistinktuur lubricant tincture

määrosa quota

määrsõna *lgv* adverb

määrsõnaline *lgv* adverbial

määrus rule, ruling, law, order; *lgv* adverbial
  kohalik määrus by-law, bye-law, an ordinance of municipality

määrustevastane against the rules; *sport* foul

määrustevastaselt unfair

määrustik regulations, statute

möbleerima furnish

möbleerimata unfurnished

möbleeritud furnished

möga drivel, nonsense, (AmE) poppycock
  möga ajama talk nonsense

M

möirakaru brawler, rowdy
möire bellow, roar
möirgama bellow, roar, bray, shout
one's head off
naerda möirgama howl
mökitama bleat
möku clodhopper, blockhead
mölakas creep, lout
mölder miller
möll rave-up, riot, turmoil, hell
möllama rage, riot, (haigus) run riot
mört mortar
mööbel furniture
mööbelsepp furniture maker
mööblikomplekt suite
mööbliratas castor, caster
mööblitegija joiner
mööda (piki) along, down; (kaudu)
by; through; about, past, away, out
kaugelt mööda wide, wide of the
mark
möödahiilimine evasion, elusion
möödakäija passer-by
möödalask miss
möödaminnes fleetingly, in passing
möödanik past, yesterday, bygones
möödanikku backward
möödapääsmatu inevitable, una-
voidable, inescapable
möödapääsmatult inevitably, una-
voidably
möödas all over, past, behind, over
aeg on möödas (the) time is up
möödasõidul during the overtaking
möödasõit overtaking, driving past
möödudes in passing
mööduja passer-by
mööduma pass (by), go (by), blow
over, overtake, tick away, tick by,
(aeg) elapse
möödumine passage, passing, (aja-)
lapse (of)

möödunud bygone, past, last
mööduv passing, (põgus) transient,
(ajutine) transitory, temporal
kiiresti mööduv momentary, fast-
flowing, temporal
möögima moo
mööndus avowal, concession
mööndusi tegema defer (to)
möönma admit, grant; allow, con-
cede, confess
müdin thunder, thud
müdisema thud
mügar bump, knob, (pundumus)
protuberance
mügarik bump, knob
mügarlik knobbly, bumpy
müha roar; (tuule-) sough
mühakas boor, lout; (AmE) *sl*
roughneck
mühaklik boorish, loutish
mühama roar; sough, whisper
mühatama growl
mühav roaring, soughing
mühin roar; (tuule-) sough, whisper;
(kose-) the thunder
mühisema roar; (tuul) sough, whis-
per, murmur
mühisev roaring, soughing
mühk wad; (kimp, pundar) truss;
bundle
mühklik bumpy
müks bump, nudge, (tõuge) jog,
poke, jolt, shove
müksama bump, nudge, jog, poke
müksima joggle, nudge (repeatedly)
mülgas swamp, quagmire, slough,
(urgas) den
mündikiri mintage
mündivalukoda mint
münt coin, piece; *bot* spearmint
mündi esikülg obverse
mündi tagakülg reverse

müntima coin, mint, strike
müntimine coinage, mintage
müra noise, din, fracas
mürakas jumbo, huge; *sl* thumper; (**mürts**) crash
mürama romp
mürgel racket, brawl, fracas, rave-up, riot, row
mürgeldama brawl, go on the rampage, rampage, riot
mürgeldav riotous, rowdy
mürgi- venomous, poison, toxic
mürgihammas fang
mürgijook potion
mürgine poisonous, toxic, venomous, noxious (gases), (**vaenulik**) vitriolic
mürgiseen toadstool
mürgitaja poisoner
mürgitama poison, doctor, (**uimastama**) drug
mürgitatud poisoned
mürgi(s)tus poisoning, toxication
müriaad myriad
mürin roar, rumble
mürisema roar, rumble, thunder
mürisev rumbling, thunderous
müristama rumble, thunder, (**paukuma**) fulminate
mürk poison, toxin, (**madude jms**) venom, (**kahjuri-**) pesticide
mürk- venomous
mürsk missile, shell
mürsulehter shell crater
mürts bang, crash, slam, rave-up, thump
mürtsatama crash, thud
mürtsuma boom, rumble
müsli muesli
müsteerium mystery, riddle
müstifikatsioon mystification
müstifitseerima mystify

müstik mystic
müstika mysticism
müstiline mystical
müstitsism mysticism
mütoloogia mythology
mütoloogiline mythological
müts (**mütsi**) cap, (**soni-**) tweed cap, (**noka-**) peaked cap, hat; (**mütsu**) bump, thump, thud
    ühe mütsi all in league (with)
    mütsi maha võtma take one's hat off to
mütsatama bump, flop
mütsatus bump, thud
mütsinokk peak
mütsuma thump, thud
müüa for sale, on sale
müüdud out of stock, sold (out)
müügiagent sales representative, salesman
müügiartikkel lot
müügiautomaat slot machine, vending machine
müügiesindaja sales representative
müügiks for sale, on sale
müügikõlblik marketable, vendible
müügil on/for sale, on the market, on offer, in stock
    müügil olema sell, be on sale
    müügile tulema come out
müügilaud, -lett counter, (AmE) stand
müügiosakond sales department
müügioskused salesmanship
müügiputka stall, booth, kiosk, (AmE) stand
müügisaal showroom, salesroom, sales area
müügitehing sale
müügitehnika salesmanship
müügitelk booth
müüja sales clerk, salesperson,

M

seller, shop assistant, vendor
müük sale, distribution
müüma sell, purvey, realise, vend;
(**ennast raha eest**) prostitute
  edasi müüma sell on, resell
  maha müüma sell out, flog
  poolmuidu müüma sell for a trifle, sell for a song
müümine sale, realisation
müür brickwork, wall
  müüriga ümbritsema wall off, enclose
  müüriga ümbritsetud walled
müüriladumine bricklaying

müürileht poster
müürima lay
  kinni müürima brick in, brick up, wall up
müüripääsuke swift
müüritis masonry, stonework
müüritööline mason, bricklayer
müürsepakunst masonry
müürsepatöö brickwork
müürsepp bricklayer, mason
müüser mortar
müüt myth
müütama hawk, peddle
müütiline mythical

M

N

naaber neighbour
naaber- neighbouring
naabrus neighbourhood, vicinity
naabruses neighbouring
naalduma lean
naarits mink
naaritsanahk mink
naaskel awl
naasma return, come back
naasmine return
naast stud
naatrium *keem* sodium
naba navel
nabaväät umbilical cord
nabima (**kinni**) collar, nail; *sl* cop
nad they
nadi shabby, paltry
nadikael scamp, rascal
nael nail; (**kaalu-, rahaühik**) pound; (**väga populaarne isik**) toast
naelkingad spike
naelsterling pound, quid, sterling
naelutama nail
   paigale naelutama nail, pin, fasten, fix
   paigale naelutatud transfixed
naer giggle, laugh, laughing, laughter
   ülekeev naer giggles (*pl*)
   naeru kihistama giggle
   naeru kätte surema fall about, split one's sides

naeru lagistama roar with laughter, guffaw
naerust kõveras in stitches
naeratama smile, smile on
   üleolevalt naeratama smirk
naeratus smile
naeris turnip
naerma laugh, laugh at
   lõhki naerma split one's sides with laughing
   pihku naerma laugh up one's sleeve
   viimasena naerma have the last laugh
   välja naerma jeer, make fun of
   naerma ajama amuse, make sb laugh
   naerma pahvatama burst out laughing, dissolve in laughter
naermaajav laughable, uproarious
naermine laughing, laughter
naerualune figure of fun, laughing stock
   naerualuseks tegema spectacle
naerusuine laughing, smiling
naerukaja mirth
naerukihin chuckle
naerukrampides in fits, in stitches
naerulagin guffaw, peal
naerutama make laugh, make fun
naeruvääristama make a fool of, ridicule, take the mickey, ridicule

naeruväärne absurd, derisory, farcical, foolish, laughable, ludicrous, preposterous, senseless, silly
naeruväärselt absurdly, farcically, foolish, ludicrously
naeruväärselt derisory
naeruväärsus absurdity
nafta oil, petroleum
naftajuhe oil-line, oil-conduit; pipeline
naftaleiukoht oilfield
naftaliin *keem* naphthalene, naphthalin
naftapuurauk oil-well
naftapuurimisplatvorm rig
naftapuurtorn oil rig
naftatanklaev oil tanker
naftatööstus oil industry
naftaväli oilfield
naga spigot, plug
nagi (clothes-)hanger, hook, peg
nagu as, kind of, like
   nagu ... suust kukkunud spitting image
   nagu ikka as ever, as usual, in character
   nagu ma arvasin I thought as much
   nagu olukord nõuab as the case may be
   nagu sa ütled whatever you say
   nagu uni peale käima badger, pester
   nagu uus pristine
   nagu öeldakse to coin a phrase
nagunii anyhow, anyway
nahaalune *anat* hypodermic, subcutaneous
nahaarst dermatologist
nahahaigus *med* skin disease
nahaparkimistöökoda tannery
nahatoon colouring

nahatäis beating, thrashing, licking
nahavolt skin fold
nahk leather, skin
   paksu nahaga impervious, unwavering
   terve nahaga safe and sound
   terve nahaga pääsema make a clean break
   nahast välja pugema lay oneself out
   nahka võtma flay
   nahka üle kõrvade tõmbama pull a fast one
   oma nahka päästma save one's own skin
nahkhiir bat
nahkjas leathery
nahkjope, nahkmantel leather jacket/coat
nahkne leathery
nahutama harangue, sort out, punish
nahutamine punishment
naiivne naive, starry-eyed, uncritical
naiivselt naively
naiivsus naivety
nailon nylon
naine woman, wife, dame, female, she
   vana naine hag
   naiseks paluma propose, make an offer for marriage
   naiseks võtma marry
nais- female, feminine, -woman
naiseiga womanhood
naiselik feminine, ladylike, womanly; *halv* (**mehe kohta**) effeminate, pansy
naiselikkus femininity
naisevend brother-in-law
naisevõtt marriage

naiseõde sister-in-law
naiskond (female) team
naiskoor female choir
naisliikumine feminism
naisluuletaja poetess
naispeategelane heroine
naispere womenfolk
naissoost female, feminine
naissportlane sportswoman
naissugu womankind, female sex; *lgv* feminine
naiste- lady
naistearst gynaecologist, doctor for women's diseases
naisteenindaja, ettekandja waitress
naistehaigused women's diseases
naistekütt philanderer, womanizer; *sl* tomcat
naistepesu lingerie
naistepuna *bot* hard-hay
naisterätsep dressmaker
naistesadul side-saddle
naistesärk chemise
naistevihkaja misogynist
naisõiguslane feminist
    naisõiguslaste liikumine Women's Liberation, Women's Lib
naisõiguslus feminism
naisõpetaja schoolmistress
naitma marry, give in marriage
naituma marry, get married
najatama, najatuma lean, put, stand, rest (against, on, upon)
nakatama infect
nakatamine infection
nakatav infectious
nakatuma infect, pick up
nakatumine infection
nakkav catching, contagious, virulent
    ohtlikult nakkav poisonous

nakkus infection
    äge nakkus virulence
nakkus-, nakkuslik contagious, infectious
naksama nip
naksamine nip
nali gag, jest, joke, lark
    nali naljaks joking apart/aside
    nalja pärast for a laugh, for laughs
    naljaga pooleks jocularly, in fun
    naljast kaugel beyond a joke
    nalja heitma laugh at, take the piss out of
    nalja mõistma see the joke, take a joke
    nalja tegema joke, make fun of
    nalja viskama *kõnek* crack jokes
    naljast aru saama take a joke
naljahammas joker, wit
naljakalt amusingly, humorously
naljakas amusing, comical, funny, humorous, jocular; *kõnek* priceless
    väga naljakas hilarious
naljamees, naljavend jester, figure of fun
naljamäng comedy
naljanumber farce, joke, scream
naljapildileht comic
naljasoon sense of humour
naljatama joke
naljatav jocular
naljatlema joke, trifle with
naljatlevalt jocularly
naljaviluks for fun, in fun, in jest, jokingly
napakas half-witted, foolish, daft; nutty
napilt barely, briefly, margin, only just, scantily, thin on the ground
napisõnaline abrupt, brief, concise, laconic, terse

N

napisõnaliselt laconically, briefly
napp brief, curt, meagre, narrow, poor, scanty, shoestring, short, skimpy
nappima badly off, stretch
nappus dearth, scarcity, shortage
naps drink, shot
    kange naps short drink, shot
napsama grab, snap, snip, snatch
    eest napsama snap up
    ära napsama snap up, jump
napsamine snatch
napsiklaas (small) wine-glass
napsitama drink, tipple, booze
nari bunk
narkodiiler pusher, peddler
narkomaan drug addict; *kõnek* user, dope-fiend, junkie
narkomaania addiction, dependence
narkoos narcosis
    narkoosi alla panema anaesthetize, anaesthetise, drug, put to sleep
narkoosiarst anaesthetist
narkootikum drug, narcotic, dope
narkootiline narcotic
narkouim *sl* trip
narkouimas high
narmad fringe
narmashari mop
narmastega fringed, frayed
narmendama be frayed/frazzled
narmendav frayed
narr fool, jester, stooge, silly
    narriks tegema make a fool of
narrima bait, fool, mock, take for a ride, taunt, tease
narrimine banter, mockery, teasing
narritaja tease, teaser
narritama kid, fool, deceive
narritamine mockery
narrus foolishness
narts rag

nartsiss *bot* daffodil
nastik grass-snake
nats Nazi
natsionaliseerima nationalize, nationalise
natsionaliseerimine nationalization
natsionalism nationalism
natsionalist nationalist
natsionalistlik nationalistic
natsism Nazism
natslik Nazi
natuke a bit, a trifle, little, little-bit, modicum, ounce, slightly, some, spark, spot, sprinkling, wee
naturaalne natural
naturalism naturalism
naturalist naturalist
naturalistlik naturalistic, naturalist
natuur nature, character, make-up
natuuras *maj* in kind
natüürmort still life
nauding delight, enjoyment, pleasure
nauditav delightful, enjoyable, pleasant, pleasing
nauditavalt delightfully
nautima bask, delight, enjoy, lap up, love, luxuriate, relish, revel in, savour
nautleja hedonist
nautlemine hedonism
nautlev hedonistic
navigaator navigator
navigatsioon navigation
navigatsiooniagent *inf* (navigation) assistant/agent
need such things as, these, they, those
needma curse, damn
needus anathema, curse, damnation, oath

neeger Negro
neel pharynx, throat
neelama absorb, devour, swallow, take, engulf
    alla neelama swallow, gulp (down), drink (down), ingest
    keele alla neelanud lost one's tongue, cat has caught the tongue
neelamine absorption
neelatama gulp, swallow
neelatus swallow
neelav absorbent
neelduma be absorbed
neelukoht whirlpool, maelstrom
neelupõletik *med* pharyngitis
neem cape, headland, point
neer kidney
neerukivi *med* kidney stone, renal calculus (*pl* -li)
neerupõletik *med* nephritis
neet rivet, stud
neetima rivet
neetnael rivet-pin
neetud blasted, bloody, damn, damned, darn
neetult damn, damned, darn
nefriit jade
negatiiv negative
negatiivne minus, negative
    negatiivne tegelaskuju villain
negatiivselt negatively
neid them
neile them
neitsi maiden, maid; (**süütu**) virgin
neitsilik, neiulik virgin, maiden
neitsilikkus virginity
neitsinahk *anat* hymen
neiu girl, lass, maiden
neiupõlvenimi maiden name
nekroloog obituary
nekrut recruit
nektar nectar

neli four
nelik quadruplet
nelikud quadruplets
nelikümmend forty
nelinurk rectangle
nelipüha Whitsunday, Pentecost
nelisada four hundred
neliteist fourteen
neljajalgne quadruped
neljakesi foursome, all four together, the four of (us)
neljakordistama quadruple
neljakordne fourfold, quadruple
neljakäpakil on all fours, on one's hands and knees
neljakümnendik fortieth
neljakümnes fortieth
neljandaks, neljandana fourth
neljandik fourth, quarter
neljapäev Thursday
neljas fourth
neljasõit full gallop
neljateistkümnes fourteenth
nelk *bot* pink, carnation; (**vürts**) clove
nemad they
nende their, theirs
nendele them
nentima remark, state, assert, declare
neo- neo-
neoontuled neon light
netikett *inf* netiquette, network etiquette
netiuudised *inf* network news
neto- *maj* net
neurasteenia *med* neurasthenia
neurasteenik *med* neurasthenic
neuroos *med* neurosis
neurootiline neurotic
neutraalne neutral
neutraalsus neutrality

N

neutraliseerima neutralize
neutraliseerimine neutralization
nibu nipple
nigel feeble, poor, slim, puny, weak
nihe fault, shift, displacement, dislodg(e)ment, dislocation
nihelema fidget, fret, squirm, tingle
nihelev fidgety
nihestama dislocate, slip, sprain
   paigast nihestama dislocate, disjoint
nihestatud out of joint
nihestus dislocation, displacement, sprain
nihilism nihilism
nihilistlik nihilistic
nihkuma budge, edge, gravitate, shift, displace, dislodge
   kõrvale nihkuma edge closer, move closer to the side, move away from
   lähemale nihkuma move up
   paigast nihkuma slip, slide, budge
nihu (minema) go wrong
nihutama budge, shuffle
   ettepoole nihutama advance
   ettevaatlikult nihutama ease
   lähemale nihutama move up
   paigast nihutama dislodge, slide
   peale nihutama shift on, slide on
nihverdamine embezzlement
nii so, all that, right, such
   nii et I take it that, so, so as to, so that, that
   nii head kui halba a mixed blessing, six of one and half a dozen of the other
   nii hästi kui oskad as best one can
   nii ja teisiti with one thing and another

nii nagu as, like
nii või teisiti in any case
nii õnnes kui õnnetuses through thick and thin
nii öelda as it were
nii... kui as ... as
nii...kui ka both ... and
niidiots clue, lead, thread
niiduk mowing machine, mower, hay mower, (**muru-**) lawnmower
niikaua kui as long as, so long as
niikuinii anyhow, anyway
niimoodi like
niinepuu lime-tree, linden; basswood
niinimetatud so-called
niipalju kui as many as, in so far as, as far as
niipea kui as soon as, directly, hardly, immediately, instantly, once, when
niisama about, equally, for the hell of it, just as soon ... as
niisiis consequently
niiske damp, dank, humid, moist
niiskuma become damp, moist
niiskus damp, dampness, humidity, moisture
niiskuskindel damp-proof
niisugune such
niisutama dampen, irrigate, moisten, wash, wet
niisutus irrigation
niit (**õmblus-**) thread; (**tolmuka, hõõglambi jms**) filament; (**rohumaa**) meadow
   niite tõmbama pull strings
   niiti nõela taha ajama thread
niitma cut grass, mow
niitmine cutting, mowing
niitnuudlid vermicelli
niiviisi so, such, this

niivõrd so (much); to such an extent/a degree

niiöelda in a manner of speaking, so to speak

nikastama crick, dislocate, put out, sprain, twist

   nupust nikastanud have a screw loose, round the twist

nikastatud out of joint

nikastus sprain, twist

nikeldatud nickelled, nickel-plated

nikerdama carve, sculpt

nikerdatud carved, sculptured

nikerdus carving

nikkel nickel

nikotiin nicotine

niks curtsey, bob

   niksu tegema curtsy, curtsey, bob, drop curtsey

nilbe bawdy, blue, dirty, obscene, risqué

nilbus obscenity

nilpsama lick, give a lick

nimbus halo

nimekaart visiting card, business card

nimekaim namesake

nimekas distinguished, renowned, well-known; notable

nimekeskus *inf* naming authority

nimekiri catalogue, list, roll

   nimekirja paigutama index

   nimekirjas olema down for

   nimekirjast maha tõmbama score off

(murru) nimetaja *mat* denominator

nimekus distinction

nimeline by name, by the name, inscribed, nominal

nimeliselt nominally; by name

nimelt namely, specifically, (**nimme**) deliberately, on purpose

nimepidi by the name

   nimepidi hõikama page

nimepäev name-day

nimestik list, register, roll

nimetama appoint, call, christen, entitle, itemize, itemise, label, mention, name, nominate, refer, style, term

   õige nimega nimetama call a spade a spade

   ümber nimetama rename

nimetamine appointment, mention

nimetav *lgv* nominative

nimetissõrm forefinger, index finger

nimetu anonymous, nameless

   nimetu sõrm ring-finger

nimetus designation, item, label

nimetähed initials

   nimetähtedega märkima initial

nimi name

   teine nimi middle name

   teise nimega alias

   nime all under a name of

   nime järgi by name, titular

   nime poolest nominal

   nimel in one's name, in the name of, on behalf of someone, on someone's behalf

   nime andma christen, entitle

   nime kirja panema enter, sign up

   nime panema christen, name

   nime tegema make a name for oneself, make one's name

nimiosa title-role

nimistu → **nimekiri**

nimisõna *lgv* noun, substantive

nimitegelane title-role

nimme on purpose, deliberately

nimmepiirkond lumbar region

nina nose; *kõnek* hooter; (**laeval**) bow, prow; (**kingal vm**) toe

suur nina bigwig, (AmE) big wheel, big shot, big nose
terava ninaga pointed nose
nina ees at close quarters
nina on kinni stuffed up, clogged nose
nina peale apiece
nina all olema stare one in the face
nina ees lehvitama dangle
nina krimpsutama turn one's nose up at
nina luristama sniffle
nina peale andma cut someone down to size, put down, take someone down a peg or two
nina peale viskama rub someone's nose in it
nina püsti ajama get too big for one's boots, put on airs, give oneself airs
nina teiste asjadesse toppima put one's oar in, shove one's oar in, stick one's oar in
nina toppima meddle, mess with, muscle in, pry
nina- nasal
ninaesine *kõnek* grub
ninahäälega with a nasal twang
ninajuur bridge
ninakalt flippantly
ninakas brash, cocky, flippant, pert, snooty, snotty
ninakus flippancy
ninalurin sniff
ninamees figurehead, ringleader
  ninamees olema rule the roost
ninasarvik rhino, rhinoceros
ninaselg ridge of the nose
ninasõõre nostril
ninatark pert, impertinent; (AmE) snooty

ning and
nipe-näpe bric-a-brac, odds and ends
nipp trick
nipsakalt flippantly
nipsakas flippant, pert, saucy
nipsakus flippancy
nipsasi bric-a-brac
nipsutama flick, flip, fillip
nire dribble, trickle, rivulet, rill
nirisema dribble, trickle
niristama trickle
niru measly, miserable, small
nisa teat
nisu wheat
nišš bay, niche, recess
niuded loins
niudevöö loincloth
niuts whimper
niutsuma whimper, yap
nivoo level
noaaegne antediluvian; old-fashioned, outdated
nobe agile, fast, nippy, quick
nobedalt deftly, fast, quickly
noh come on, eh, now, then, well, what is it, why, come on
nohik geek
nohisema wheeze
nohu cold
  kerge nohu sniffle, touch of a cold, mild cold
nohune runny
nojah! well, yes!
nokalöök peck
nokastanud tipsy; *kõnek* merry
nokaut knockout
  nokauti lööma knock sb/sth out
nokitsema peck, pick at, potter
nokk beak, bill; (**mütsil**) peak, (AmE) visor
  nokk-kinni-saba-lahti catch-22

nokaga lööma peck
nokk- peaked
nokkima peck, tease
nokkmüts cap, baseball cap
nolk whipster, greenhorn
nomaad nomad
nomenklatuur nomenclature
nominaal- nominal
no-no now, now; come, come!
nonoh there, there, there now
noobel noble, smart, stylish; grand, posh
nood those
noodijoonestik staff
noodikiri music
noodivõti *muus* clef
noogutama bow, nod
noogutus nod
nool arrow, dart, bolt, shaft
nooleots arrow-head
noolima lick
nooljas arrowy, arrow-shaped; *tehn* sagittate
noomen *lgv* noun
noomima admonish, jump on, lecture, pull sb up, rebuke, reprimand, reprove, reproach, tell off
noomitus admonishment, rebuke, reproof, reprimand, reproach
noor at a tender age, new, young, youth, youthful; (varaarenenud) precocious
noored young, youth
noorem below, junior, kid, little, younger
noorem- junior
nooreminspektor (politseis) sergeant
nooremohvitser sergeant
noorendus rejuvenation
noorenema be rejuvenated, grow/make younger

noorik (married) bride; newly-wed, young wife
noorkari, noorloomad young cattle/stock
noorkuu new moon
noormees boy, lad, young man/fellow
noorsand (young) master, young gentleman
noorsoo- juvenile
noorsugu youth, the young, young people
noorsõdur recruit
noortehotell youth hostel
noorteklubi youth club
noortepärane youthful
nooruk adolescent, juvenile, lad, teenager
ülbe nooruk *kõnek* tearaway
nooruke (very) young
noorukiaastad teens
noorukieas adolescent
noorukiiga adolescence
noorus youth, time of youth
nooruslik well-preserved, young, youngish, youthful
nooruslikkus youthfulness, juvenility
noos swag, hand, loot
noot *muus* note; (varjund) suggestion; (kalapüügiks) seine, dragnet, sweep-net; *pol* note
noppija picker
noppima pick, pluck
üles noppima pick up, lift up
norgus crestfallen, downcast, in the dumps, down in the mouth
norija crabby, nagger, stickler, tease
norima cavil, carp, find fault with, get at, nag, pick on, pick, pick flaws in, tease, look for trouble with sb

N

norin snore
norm norm, orthodoxy, ration, rule, standard
   normile vastav standard
normaal- standard
normaalaeg full-time, standard time
normaalne normal, regular, standard
normaalselt normally
normaalsus normality
normaliseerima normalise, normalize
normaliseerimine, normaliseerumine normalization
normaliseeruma normalise, normalize
normatiiv norm, standard
norm(eer)ima standardize, standardise, ration
Norra Norway
Norra, norra Norwegian
norralane Norwegian
norsatus snort
norskama snore
norskamine snore
norus, norutav low-spirited; in the blue; depressed, downcast, down
norutama mope, be depressed
nosima nibble, munch
nostalgia nostalgia, yearn
nostalgiline nostalgic
notar notary
notariaalne notarial
notariaalselt notarially
   notariaalselt tõestatud legally confirmed, attested by a notary
noteerima *maj* quote; list
notiits *inf* notification
nott log
nottima beat, beat to death, cudgel
   maha nottima butcher, massacre, cut down, slaughter

novaator innovator
novaatorlik innovatory, innovative; **(uudne)** novel
novaatorlus innovation(s); **(uudsus)** novelty
novell short story, novelette; *jur* novel, amendment
november November
nudi bare, smooth; **(sarvedeta)** pollard, hornless
nudist naturist, nudist
nuga knife
   nugade peal at daggers drawn, be sworn enemies
   nuga selga lööma stab one in the back
   üle noatera a near thing, narrow, by the skin of one's teeth, hair's breadth, touch and go
nugiline parasite
nugis pine marten
nuhk informer, spy, (AmE) snooper
nuhkima shadow, snoop, nose, snuffle, spy about
   välja nuhkima hunt out, dig out, sniff out, track down, ferret out
nuhtlema castigate, chastise, curse, lash, punish
nuhtlemine punishment
nuhtlev punitive
nuhtlus blight, bother, drag, handful, pain, pest, plague, punishment, scourge, nuisance
nuhutama sniff
nui club
nuiama **(lunima)** cadge, scrounge, beg; **(taguma)** cudgel
nukk doll
nukker dejected, dismal, doleful, downhearted, lugubrious, plaintive, rueful, sad
nukker-mõtlik wistful

nukralt dejectedly, doleful, wistfully
nukrus dejection, wistfulness, melancholy, sadness
nukrutsema be sad/melancholy/wistful
nuku- puppet
nukuteater puppet theatre, puppet-show
nulg *bot* silver fir
null nil, nought, O, o, zero
nullifitseerima nullify, annul
nulliline zero
nullima clear, cancel out
nullist *ülek* from scratch
nullkraad zero
nullpunkt zero point
number digit, figure, number, (**hinne**) mark; (**ajalehe, ajakirja vms**) issue, edition
   Araabia number Arabic numeral
   Rooma number Roman numeral
   suurt numbrit tegema make a fuss of
number- digital
numbriketas dial
numbrilaud (**mõõteriistal**) dial, (**kellal**) face
numbriline numerical
numbrimärk number plate; *inf* numeric character
numbrituba hotel room
numeratsioon numeration
nummerdama number
nummerdamine, nummerdus numbering; numeration
nunn nun
nunnaklooster convent, nunnery
nunnalik nun-like
nunnarüü habit
nunnutama nourish
nupp (**seadmel**) button, knob; (**õie-**) bud

nuppjuhtimisega push-button
nupukas brainy, good, astute, clever, bright, shrewd, have one's head screwed on
nupukus astuteness, shrewdness, brightness
nupumees no fool
nuputama devise, invent, think/figure out
nurgaarst quack
nurgakivi cornerstone
nurgalöök *sport* corner(-kick)
nurgamõõtur dividers
nurgapealne on-the-corner
nurgatagune round-the-corner; *ülek* hole-and-corner; underhand; obscure
nurgeline angular
nurgelisus angularity
nuri- mal-, mis-
nurin grievance, grouse, grumble, gripe
nurisema complain, gripe, grumble, grouse, whinge
nurisemata grin and bear it
nurisünnitama miscarry
nurisünnitus abortion, miscarriage
nurjama defeat, foil, frustrate, scupper, thwart
nurjamine thwart, foil
nurjaminek failure, fiasco; *kõnek* flop
nurjatu bad, foul, heinous, wicked, wretched
nurjatult shamefully, infamously
nurjatus baseness, infamy, iniquity
nurjuma break down, come unstuck, go wrong, fail
nurjumine breakdown, defeat, washout
nurjunud abortive, bogged down, failed, unsuccessful

N

nurk corner, tab; *mat* angle
  nurka ajama corner
  nurka muutma angle
  nurka suruma corner
nurklaud square
nurksulud square brackets
nurm field
nurmenukk *bot* primrose, cowslip
nurruma purr
nurrumine purr
nuruja cadger
nuruma press, cadge, beg
nutetud tear-stained
nutikalt astutely, shrewdly
nutikas astute, brainy, clever, cunning, shrewd, smart
nutikus cunning, shrewdness
nutma cry, (be) in tears, weep
  taga nutma bemoan
  nutma puhkema dissolve, burst into tears
  nutta lahistama howl
nutmine cry
nutria nutria, coypu
nutt cry, wail, weep
nuttev tearful
nutulaul dirge, lamentation, jeremiad, threnody
nutune tearful, weepy
nutuselt tearfully
nuudlid noodles, vermicelli
nuudlisupp noodle soup
nuuksatus sob
nuuksuma sob
nuumama fatten, feed up
nuumamine fattening
nuumatud fattened
nuumav fattening
nuuskama blow one's nose
nuuskamine blow
nuuskima nose about, sniff, snuffle
  ringi nuuskima sniff about

välja nuuskima ferret out, find out, nose out
nuuskpiiritus liquid ammonia
nuusktubakas snuff
nuustik rag, duster, sponge
nuusutama scent, smell, sniff
nuut knout, whip
nuutsuma whimper
nõbu cousin
nõder decrepit, feeble, frail
nõdrameelne demented, lunatic, feeble-minded
nõdrameelsus dementia, lunacy, feeble-mindedness
nõel needle, pin; (**putukal**) sting
nõelama bite, sting
nõelapadi pincushion
nõelasilm needle's eye
nõelravi *med* acupuncture
nõeluma darn
nõeluss snake, viper
nõges nettle
nõgi smut, soot, grime
nõgine smutty, sooty, grimy
nõgu hollow, concavity, depression
nõgus concave
nõia- magic
nõiajaht witch hunt
nõiajook potion, magic potion
nõiakunst magic, sorcery
nõiamoor hag
nõiaring vicious circle
nõid hag, magician, witch
nõiduma bewitch, enchant
nõidus sorcery, spell, witchcraft
nõiduslik magic, magical
nõjatama lean
nõjatuma lean, lie back, sit back
nõks jerk, trick
nõksatama jerk, nod, twitch
nõksatus jerk, twitch
nõlv hill, hillside, side, slope

nõlvak ascent

nõme a bit off, fatuous, ignorant, stink, benighted

nõmedalt fatuously

nõmedus ignorance, benightedness

nõmm heath, moor, moorland

nõnda like so, like, such, thus

nõndaks well

nõndamoodi like

nõretama drip

nõretav dripping wet, dripping with

nõrgake weakling

nõrgalt faintly, feebly, weakly

nõrgamõistuslik weak-minded, imbecile

nõrgamõistuslik isik moron

nõrgendama weaken, enfeeble; (**leevendama**) mitigate

nõrgenema ease, ease off, erode, let up, slacken, tail off, wane

nõrgenemine let-up

nõrgenev failing, on the wane

nõrgestama cripple, exhaust, knock the stuffing out, weaken

nõrgestatud debilitated

nõrgestatus enfeeblement, loss of strength

nõrgestav debilitating

nõrgestuma weaken

nõrguma drain, drip

nõrgumisalus draining board

nõrisema drip, trickle

nõristama strain, filter

nõrk weak, dim, faint, feeble, delicate, fragile, frail, groggy, low, shaky; unsatisfactory

nõrkema weaken, become weak; faint

nõrkus crush, debility, failing, faintness, fault, feebleness, flaw, foible, frailness, frailty, partiality, penchant, weakness

nõrutama drain, strain, filter

nõtke fluid, graceful, pliant, supple

nõtkuma bend, give way, bow

nõtkus grace, suppleness

nõtrus feebleness, debility

nõu (**nõuanne**) advice; (**mõte, kavatsus**) plan, intention; (**anum**) container; (**söögi-**) dish

   ühel nõul at one (with each other)

   ühel nõul olema be of one mind, see eye to eye (with)

   nõu andma advise, counsel, dispense

   nõu järgi tegutsema act on, act upon

   nõu küsima consult, pick one's brains, seek

   nõu pidama confer, consult, put one's heads together

   nõuks võtma propose, intend, take into one's head

   nõusse jääma agree, accord, get on

   nõusse rääkima prevail

   nõusse saama bring round, bring to

nõuandev advisory, consultative, deliberative

nõuandja consultant

nõuandla clinic, consultancy

nõuanne advice, hint, word

nõudekuivatusrest dish rack, drainer

nõudekuivatusrätik dish towel

nõudel on request

nõudepeatus flag stop

nõudepesu washing-up

nõudepesumasin dishwasher

nõudepesuruum scullery

nõudleja claimant

nõudlema claim, lay claim to, pretend to

N

nõudlik demanding, exacting, fastidious, pretentious, setting high demands

nõudlikkus exactingness, pretentiousness, fastidiousness

nõudlikult fastidiously

nõudlus claim, pretension(s)

nõudma call for, claim, command, demand, exact, insist, necessitate, press, reclaim, request, require, seek, stick out for, take

  sisse nõudma call in (debts), levy

  valjult nõudma clamour, complain loudly

nõudmata unsolicited

nõudmine call, claim, demand, insistence, request

  nõudmist esitama stake a claim

nõudmisel on demand

nõue claim, demand, request, requirement

nõuetekohane formal, proper

nõuetekohasus formality

nõukas resourceful, ingenious

nõukogu board, council

nõukoguliige councillor

nõukogude Soviet

nõukogulikkus Sovietism

nõunik adviser, advisor, aide

nõupidamine conference, consultation, deliberation

nõupidamisruum boardroom

nõus agreeable, disposed, done, prepared, ready, willing

  nõus olema agree, allow, approve, assent, be agreed, okay, OK

nõusolek acceptance, approval, assent, consent, okay, OK, sentiment, willingness

  vaikiv nõusolek tacit agreement

  üldine nõusolek consensus

  nõusolekut andma give one's seal of approval

nõustaja adviser, advisor, consultant, counsellor

  nõustajate grupp consultancy

nõustama advise, counsel

nõustamine consultancy

nõustuma accede, accept, acquiesce, agree, comply, concede, concur, consent, fall in with, give in, go along with, submit, take one's point

nõustumine acceptance, acquiescence, compliance

nõutav in demand, marketable

nõutu at a loss, bemused

  nõutuks tegema baffle, it beats me

  nõutuks tegev baffling, perplexing

nõutud desirable, sought-after

nõutus perplexity

nõva channel, waterway, gully

nõõtama gee up

nädal week

nädala- weekly

nädalaleht weekly

nädalane weekly

nädalavahetus weekend

nägelema bicker, squabble, wrangle, tiff, altercate

nägelus bickering, hassle

nägema see, behold, sight

  ette nägema anticipate, foresee

  läbi nägema see through, penetrate

  pealt nägema be witness to, witness

  palju vaeva nägema go to a lot of trouble, sweat blood, make an effort

  terve välja nägema look oneself

  välja nägema look, demonstrate, show

nägemine eyesight, sight, vision

nägemis- optic, optical, visual
nägemiseni see you, so long, cheer, goodbye, bye
nägemisteravus sharpness of vision, visual acuity
nägemisulatus view
nägemisvõime eyesight
nägemisvõimetu sightless
nägemus version, view, vision
nägija sighted
nägu face, front, countenance, impression
  näost ära off colour
  nägu näitama put in an appearance, show one's face
  nägu tegema affect, bluff, play at
  mossis nägu tegema screw up one's face
  head nägu tegema keep up appearances
  ükskõikne nägu poker face
  ükskõikset nägu tegema put on a brave face
  nägupidi tundma know sb by sight
  nägusid tegema grimace, make a face, pull a face
  näost näkku face to face, in person
  näost punetama burn
  otse näkku ütlema say straight out
nägus good-looking, handsome, pretty, becoming, comely
nägusus prettiness, comeliness, handsomeness
näht attribute, symptom
nähtamatu invisible
nähtav visible, conspicuous
nähtaval on view
  nähtaval olema in sight, in sight of

  nähtavale ilmuma appear, come up/out, emerge, loom, put in an appearance
nähtavalt visually
nähtavasti seemingly, to all appearances, by all appearances
nähtavus reception, sight, visibility
nähtuma manifest
nähtus phenomenon (*pl* -mena)
nähvama flick, snap
  tigedalt nähvama lash out
näide example, case, demonstration, illustration
  näidet esitama exemplify
näidend drama, play, spectacular
näidik visual display unit, VDU
näidis example, sample, showpiece, specimen
  tööde näidised samples, portfolio
näidustama *med* indicate
näidustus *med* indication
näilik apparent, spurious
näiline specious
näiliselt apparently, seemingly
näilisus appearance
näima appear, look, purport, seem
näit reading
näitaja barometer, indication, level, yardstick; (**arvuline**) index; (**osuti**) pointer
näitama point, point out, show, show off, indicate, attest, denote, display, model, parade, read, reflect, reveal, say, tell
  ekraanil näitama project
  ette näitama demonstrate, produce
  näpuga näitama point the finger
  täpselt näitama pinpoint
  õiget aega näitama (kella kohta) keep (good) time

N

üles näitama (ilmutama) air, exhibit, express, make known, show forth, manifest, reveal
näitamine display, parade, showing, demonstration
näitav indicative, pointing
näite- dramatic
näitejuht producer, stage-manager
näitejuhtimine staging
näitekirjandus dramatic literature, the drama
näitekirjanik dramatist, playwright
näiteks for example, for instance, say
näitekunst dramatics
näitemäng play, show, drama
näitetrupp cast, company
näitleja actor, player
näitlejanna actress
näitlema act, play
näitlemine acting
näitlik graphic, visual, audio-visual
näitlikustama exemplify, illustrate
näitsik damsel
näitus exhibition
näituse- showroom
näitus-laat show, fair
näiv apparent, seeming
näiv- virtual
näivus seemingness, appearance
näkineid water-nymph, mermaid
näkitsema nibble, gnaw
näkkama take a bite, swallow the bait
näksama give a hack
näksima hack
nälg hunger, famine, starvation
   nälga jääma go hungry
   nälga kustutama satisfy (one's hunger)
   nälga surema starve to death
nälgima starve, fast

nälgimine, näljakuur starvation; starvation diet
näljahäda famine
näljane hungry, glutton, peckish
   näljane kui hunt ravenous, famished
näljas hungry
näljaselt hungrily
näljastreik hunger-strike, starvation strike
näljutama starve
nälkjas slug
nämmutama munch, chew; mumble
näo- facial
näoilme countenance, expression, look
näojooned feature
   klassikalised näojooned sculptured features
näolapp face
näoli face downwards, prone
näotu ugly, unattractive, unseemly, unsightly
näotus ugliness
näovärv complexion
näpatud stolen
näperdama finger
näpistama bite, pinch
   küljest näpistama nip from
näpistatud pinched
näpistus pinch
näpitsad tweezers
näpitsema pick
näpitsprillid pince-nez
näpp finger
   näpud põhjas hard up
   vastu näppe andma slap on the wrist
näppama filch, knock off, lift, nick, pilfer, pinch, snatch, whip
näppima fiddle, pick at, pick
näpsama snap, grab, snatch

N

näpujälg fingermark, fingerprint
  näpujälgi jätma leave finger-prints
näpunäide instruction, hint, pointer, tip
näpuots fingertip
näputäis pinch
näputöö needlework, handiwork
näpuviga slip
närb (**rauge**) languid, listless; (**isutu**) without appetite
närbuma scorch, wilt, wither
näriline rodent
närima bug, chew, consume, gnaw, nag, niggle, start on
närimiskumm → **näts**
näriv niggling
närtsima shrivel, wither
närtsinud faded, wan, wizened
närtsitama sap, shrivel
näru (**kalts**) rag, tatter; (**närukael**) scamp, rascal, scoundrel
närud tatters
  närudeks kuluma tatter
närukael skunk, villain
närune disreputable, foul, lousy, ragged, rotten, scruffy, shoddy, sleazy, tatty, worn out
närv nerve
  pingul närvid wrought up nerves, nerves are on the edge
  närvi ajama fluster, rattle
  närvi minema get the wind up, lose one's nerve, lose one's rag
  närvidele käima gall, get on one's nerves, get under one's skin, get up one's nose, grate
närveerima be nervous, fidget
närvesööv nerve-racking
närvi- nervous
närviarst nerve specialist, neurologist, neuropathist

närvihaige neurotic
närvikõdi adventure
närviline edgy, fidgety, jumpy, nervous, on edge, uptight
  närviliseks tegema get the wind up
närviliselt hectically, nervously
närvilisus nerve, nervousness
närvipinge nervous tension, strain on the nerves
närvipundar a bundle of nerves
närvipõletik *med* neuritis
närvirakk *anat* nerve cell
närvisüsteem nervous system
närvis in a state, jittery
närvisolemine fluster
närvitsema fidget, fret, have butterflies, have butterflies in one's stomach
  ära närvitse take it easy
närvitsev fussy
närvivalu *med* neuralgia
närvivapustus breakdown, nervous breakdown
näsa wart
nässus screwed up
  nässu ajama cock up
  nässu keerama make a hash of
  nässu minema go to pot, haywire
näts chewing gum, bubble gum, gum
nätsutama champ, chew, munch
näuguma mew, miaow
näugumine miaow
näägutama keep on, nag, taunt, twit
näägutus twit, taunt
nääklema bicker, spar with, squabble, wrangle
nääklemine scrape, squabble
nääklus bickering
nääre gland
nöbinina snub

N

nördima resent, become indignant
nördima panema exasperate, frustrate
nördima panev frustrating, exasperating
nördimus exasperation, frustration, indignation, resentment
nördinud frustrated, indignant, resentful
nööbirida row of buttons
kahe nööbireaga double-breasted
ühe nööbireaga single-breasted
nööge taunt, gibe, jib, dig (at sb), quip
nöökamine banter
nöökav with one's tongue in cheek
nöökija tease
nöökima tease, taunt, gibe at, rally
nööp button
nööbist haarama buttonhole
nööpaugupiste button-hole stitch
nööpauk buttonhole
nööpima button
kinni nööpima button up, do up, fasten
lahti nööpima unbutton
nööpnõel pin
nööpnõelaga kinnitama pin
nööpsilmad beady eyes
nöör cord, line, string, twine, lace
nööri mööda käima toe the line
nöörima (siduma) tie up with a string, lace up; (koorima) fleece, skin, extort (money); halv rip off
kinni nöörima lash together, lace up

lahti nöörima unlace
nöörimine rip-off
nööriv exorbitant
nöörkinnis laced
nöörredel rope-ladder
nöörsaabas lace-up
nüanss nicety, nuance, shade
nügima nudge
nühkima rub, scrub
ära nühkima rub away, scour off/away, erase, wipe out, rub out
läikima nühkima polish
nühkimine rub, scrub
nüke ploy, trick
nülgima flay, skin
nüpeldama cudgel, thrash
nüri (nuga) blunt, (tömp) dull; (mõistuselt) obtuse, dull
nüridus bluntness, dullness, obtuseness
nürilt dully, obtusely
nürimeelne obtuse
nürinema become blunt
nürinurk mat obtuse angle
nüristama blunt, stultify, dull
nüristav soul-destroying, stultifying
nüristuma become dull/stultified
nüsima cut with a blunt knife
nüüd now, at present
nüüdisaeg present, the present day
nüüdisaegne contemporary, modern, present-day
nüüdisajastamine modernization
nüüdne present, these, actual
nüüdsest hence, henceforth, hereafter

O

oaas oasis
oakaun bean pod
oakohv pure coffee
oakujuline bean-shaped
oasupp bean soup
oavars beanstalk
obadus slap, bash, wallop
obelisk obelisk
objekt object
   füüsiline objekt *inf* layout object
   loogiline objekt *inf* logical object
objektiiv object glass, object lens, objective
   kaugpildistamise objektiiv telephoto lens
objektiivne objective
objektiivselt objectively
objektiivsus objectivity
objektivism objectivism
objektivistlik objectivistic
obligatoorne obligatory, compulsory
obligatsioon (**võlakiri**) debenture
oblikas sorrel, dock
oblikasupp sorrel soup
oboe oboe, hautboy
oboemängija oboist, hautboy player
observatoorium observatory
obskurant obscurantist
obskurantne obscurant
oda javelin, spear; (**males**) bishop
   odaga torkama spear

odavise *sport* javelin throw, throwing the spear
odamees spearman
odav cheap, low-priced, inexpensive
odavalt cheap(ly), at a low price, as a bargain, economically
odavdama cheapen, lower the price
odaviskaja javelin thrower
odavnema become cheap
odavus cheapness
odekolonn eau-de-cologne
oder barley
odraiva barleycorn; (**silmas**) sty, stye
odrajahu barley flour
odrajahupuder barley porridge
odrakruup peeled barley
odratera barleycorn
ofitsiaalne official
ofort etching
oga prickle, spine
ogaline spiky, thorny
ogar crazy, dotty, loony, lunatic
ogarus craziness, dottiness
oh! Alas!, Oh!, O!
   oh häda! Alas!
   oh sa poiss! Oh boy!
ohakalind goldfinch
ohakane thistly
ohakas thistle
ohatis *med* rash, herpes

ohe gasp, sigh
ohelik halter, leash
oherdi brace
ohh ooh
ohhetama say oh's
ohjad reins
  ohjes hoidma hold the reins
ohjeldama leash, manage, restrain
ohjeldamatu licentious, rampant
ohjeldamatult uncontrollably, licentiously
ohjeldamatus incontinence, abandon
ohjeldatud restrained
ohjeldatus restraint
ohkama sigh, heave a sigh
ohkima keep sighing
ohmu dunce
oht danger, threat, menace, peril, risk
  ohtu seadma endanger
  ohu eest hoiatama alarm, warn
  ohust teatama alarm
ohter abundant, plentiful, profuse
ohtlik dangerous, perilous, risky, high-risk, insecure, unsafe
ohtlikkus dangerousness, riskiness
ohtlikult dangerously, perilously, precariously
ohtralt plentifully, profusely, abundantly
ohtrasõnaline wordy
ohtrus abundance, profusion, richness
ohus at risk, in danger
ohustama endanger, jeopardise, menace, threaten
ohustatud high-risk, endangered
ohustav menacing
ohutu safe, harmless, innocuous
ohutult safely, harmlessly
ohutus safety

ohutusmeede precaution
ohver victim, casualty
  ohvriks tooma forfeit, sacrifice
ohverdama sacrifice
ohverdatav expendable
ohvitser officer
ohvri- sacrificial
ohvriand offering, sacrifice
ohvrikstoomine (Jumalale) oblation, sacrifice
ohvrimeelne self-sacrificing
ohvrimeelsus self-sacrifice
ohvritall sacrificial lamb
ohvrituli sacrificial fire
oid reason, sense
oie groan, moan
oigama groan, moan
oih oops
oikumeeniline ecumenical
oim (meelekoht) temple; (aru) reason, understanding
oimetu senseless, unconscious, dizzy
  oimetuks lööma knock out
  oimetuks tegev crippling
oimetus senselessness, dizziness
oinas ram
oivaline excellent, exquisite, fantastic, gorgeous, grand, marvellous, splendid, stunning, terrific
oivaliselt admirably, excellently, exquisitely, marvellously, stunningly
oivalisus excellence
oivik excellent student, A-student
oja brook, stream
okas thorn, needle, prickle, spine
okas- thorny
okasmets coniferous forest
okaspuu conifer
Okasroosike the Sleeping Beauty
okassiga porcupine

okasteta thornless
okastraat barbed wire
okasvööde coniferous forest
Okeaania Oceania
okeanograafia oceanography
okei all right, okay, OK
okkaline thorny, prickly, spiky, spiny
okra okra
oks branch, spray
oksakoht knot
oksakäärid tree pruner
oksamädanik branch rot
oksaraag sprig, twig
oksasaag pruning saw
okse vomit, puke
  oksele ajama retch, make one vomit
okseleajav emetic
oksendama vomit, puke, spew, throw up, bring up
oksendamisvahend emetic, vomitive
oksjon auction, sale
  oksjonil maha müüdud auctioned off
  oksjonil müüma auction, come under the hammer
oksjonihaamer auctioneer's hammer
oksjonipidaja auctioneer
oksjonisaal saleroom, auction room
okslik branchy, gnarled
oksüdeerima oxidize
oksüdeerimine oxidation
oktaan *keem* octane
oktaanarv *tehn* octane number, octane rating
oktaav *muus* octave
oktett octet
oktoober October
okultism occultism

okupant occupant
okupatsioon occupation
okupeerima occupy
olek state, being, existence
olelema exist
olelus existence
olelusvõitlus struggle for existence
olema be, exist
  eemal olema be at a distance, be absent
  ees olema be in front of
  ilma olema lack, starve, miss, deprive
  järel olema be behind a person; **(kella kohta)** be slow, be behind, lose
  kinni olema be tied up, fastened, moored; **(tööga)** be busy, be engaged
  lahti olema be open
  (kellegi) poolt olema take sides, take someone's side
  taga olema trail
  üle olema be superior (to), rise above, **(parem olema, ületama)** pass, exceed, surpass, **(tähtsam olema)** transcend
  olla laskma leave someone alone, let someone be
  ole lahke feel free, here you are, welcome
  ole meheks cheer
  ole nüüd come on
  on ju right?
  ongi (vist) kõik that's (about) it
olemasolev existing, available, present, real
olemasolu existence, availability, presence
olematu non-existent
  olematuks muutma undo, annihilate, cancel out

O

olemus gist, nature, soul
olemuselt essentially, in essence
olemuslik substantial, essential
olemuslugu feature
olend being, thing, creature
olenema depend on
   oleneb olukorrast it depends
olenemata independent
olenev dependent, down to
olenevalt depending on
olenevus dependence
oletama assume, guess, imagine, presume, speculate, suppose, suspect
oletatav alleged, reputed, supposed
oletatavalt presumably, supposedly, reputedly
oletus guess, hypothesis, presumption, supposition, conjecture
oletuslik hypothetical
olevik present; *lgv* present tense
olevus → **olend**
olgu all right, done, right, well
   olgu nii whatever you say
   olgu peale okay, OK, very well
   olgugi et although
oligarh oligarch
oligarhia oligarchy
oligarhiline oligarchic(al)
oliiv olive
oliivipuu olive tree
oliiviroheline olive
oliiviõli olive oil
olijad those present
ollus substance, element
   kleepuv ollus gummy
olme living conditions
olud circumstances
   kitsastes oludes in straitened circumstances, hard times
olukirjeldus description of condition

olukord circumstances, condition, context, situation, state, state of affairs, status
   ebasoodne olukord disadvantage
   raske olukord strait
   viletsas olukorras at a low ebb, on the blink
   väljapääsmatu olukord catch-22
   õnnetus olukorras down on one's luck
   olukorda asetama expose
   olukorda hindama size up, stocktaking
   olukorda normaliseerima pick up the pieces
   olukorraga tutvuma become acquainted
oluline essential, important, serious, substantial, crucial
oluliselt considerably, essentially, materially
olulisim basic, first, foremost, overriding, essential
olulisus importance, substance
olupilt scene of everyday life
olupoliitik opportunist
olupoliitika opportunism
olustik condition, circumstances
olümpiamedal Olympic medal
olümpiamängud Olympic (Games)
olümpiarekord Olympic record
olümpiavõitja Olympic gold medallist, Olympic winner
oma of one's own, own, personal
   omaks võtma accept, admit, adopt, take to
   omalt poolt for one's part
oma- one's own, home-
omaalgatus self-initiative
omaalgatuslik on one's own initiative

omadus characteristic, facet, feature, quality, property
omaduslik qualitative
omadussõna *lgv* adjective
omadussõnaline *lgv* adjectival
omaealised of one's age, peer group
omaette alone, private, self-contained
　omaette tegutsema act on one's own
omaetteolek privacy
omahind *maj* cost price
omakasupüüdlik mercenary
omakasupüüdmatu altruistic, disinterested, selfless, unselfish
omakasupüüdmatult altruistically
omakasupüüdmatus unselfishness
omakohus lynch law, mob law
　omakohtu teel hukkama lynch
omakorda in turn
omaksed folk, kinsfolk, relatives
omaksvõtt acceptance, acknowledgement
omalaadselt interestingly
omalooming one's own creation
omama have, hold, own, possess
omamaine native
omamoodi of one's kind
omand possession, property
　ühiskondlik omand public property
　omandi valdamine tenure
omandama acquire, learn, master, pick up
omandamine acquisition
omandatud acquired
omandi- proprietary
omandiõigus ownership
omane characteristic, indigenous
　omane olema characterise
omanik owner, landlady, landlord, possessor, proprietor, proprietress

omanikku vahetama change hands
omanikuinstinkt possessiveness
omanikuinstinktiga possessive, possessively
omanäoline peculiar
omapoolne on one's part
omapäi by oneself
　omapäi jätma leave someone by oneself
omapära character, flair, originality
omapärane original
omapäraselt distinctively, originally
omapärasus originality
omapäratsema be original
omaselt characteristically
omasooihar homosexual
omastama appropriate, assimilate, embezzle
omastav *lgv* possessive, genitive
omatahtsi one's own will
omataoline equal, peer
omatehtud self-made
omavahel among, amongst, between sb
omavalitsus self-government, local authority
omavalitsuslik local, autonomous
omavanune of one's age
omavoli arbitrary action, self-will
omavoliline arbitrary
omavoliliselt arbitrarily
omavolitsema act arbitrarily, take the liberty
omavolitsev high-handed
omavolitsevalt high-handedly
ombudsman ombudsman
ometi however, though, yet
omistama ascribe, attach, attribute, credit
omlett omelette

O

omni- omni-
omnivoor omnivorous animal
onaneerima masturbate
onanism onanism
ondatra muskrat, ondatra
onlain- *inf* on-line
onn cabin, hut
ontlik decent
onu uncle
onunaine aunt
onupoeg cousin
onupojapoliitika nepotism
onutütar cousin
oober waiter
ood ode
oodatav likely, prospective
oodatud expected, intended
ookean ocean
ooper opera
ooperi- operatic
ooperiteater opera house
ooperlik operatic
oopium opium
ootama wait, anticipate, await, expect; hang on, hold on
  ees ootama await, be in for, in store, loom
  pikisilmi ootama await longingly, wait impatiently
  tegevusetult ootama wait about, wait around
  ära ootama wait and see
  ootama jätma put off
  oota nüüd wait a moment
ootamatu abrupt, sudden, surprising, unexpected
ootamatult unexpectedly, by surprise, out of the blue
ootamatus surprise, uncertainty
ooteaeg waiting time
ootel in line for, pending
  ootel olema be in line

ootele jääma hold on
ooteruum lounge, waiting room
ootus anticipation, expectation, wait
  pinev ootus suspense, anticipation
  üle ootuste *kõnek* over the odds, beyond one's expectations
ootusaeg lag
ootusel pending
ootuspärane expected
  ootuspäraselt toimima conform
ootusrikas expectant
ootusärevus anticipation, expectancy, suspense
operaator operator
operatiivgrupp task force
operatiivne operative
operatiivplaan operational plan
operatiivsus operativeness
operatsioon operation, (**kirurgiline**) surgery
operatsiooni- operational
  operatsiooni teel surgically
operatsioonilaud operating table
operatsiooniline operational
operatsioonisaal, -tuba operating theatre
op(eratsiooni)süsteem *inf* operating system, OS
opereerima operate
opereeritav operable
operett operetta
opiaat opiate
oponeerima act as an opponent
oponent opponent
oportunism opportunism
oportunist opportunist
opositsionäär oppositionist
opositsioon opposition
opositsioonipartei opposition party
opositsiooniline oppositional
opossum opossum
optik optician

optika optics
optiline optical
optimaalne optimum
optimaalsus optimality
optimaalsusprintsiip principle of optimality
optimism optimism
optimist optimist
optimistlik optimistic
optimistlikult optimistically
ora pin, spike
oraakel oracle
oraakellik oracular
oraalne oral
oraator orator
oraatorlik declamatory
orajas spiky
orangutan orang-utan
oranž orange
oras green crop, shoots
orashein couch
oratoorium oratorio (*pl* -os)
orav squirrel
orb orphan
orbrida *inf* (alumine) orphan (line); (ülemine) widow (line)
orbiidi- orbital
orbiit orbit
   orbiidil liikuma orbit
   orbiidile saatma orbit
orbitaaljaam space station
orbitaalne orbital
orden decoration, order, medal
ordenilint decoration
order order
ordinaarne ordinary, regular
ordinatsioon ordination
ordineerima ordain
ordu order
ordumeister master of an order
ordurüütel knight of an order
orel organ

orelikunstnik concert organist
orelilõõts bellows of an organ
orelimuusika organ music
orelimängija organist
orelipedaal organ pedal
orelitallaja organ bellows-blower
orelivile organ pipe
oreool halo
org valley, dale, vale, hollow
orgaaniline organic
orgaaniliselt organically
organ body, organ
organi- organic
organisaator organiser
organisatoorne organising, organisational
organisatsioon organisation
organisatsiooniline organisational
organiseerija organiser, promoter
organiseerima organise, hold
organiseerimatu unorganised
organiseerimatus disarray
organiseerimine organisation, running
organiseerimis- organisational
organiseeritud organised
organiseeritult in an organised way
organism organism
organist organist
orgasm orgasm
orgia orgy, debauch, carousal, revelry
orhidee orchid
ori slave
orientatsioon orientation
orienteerima orientate
orienteeruma orientate, find one's bearings
orienteerumine orienteering
orienteerumisvõime ability to get one's bearings
orientiir landmark

O

originaal original
originaaldokument original document
originaaleksemplar original
originaalitsema be original
originaalne original
originaalselt originally
originaalsus originality
originaaltekst original text
orikas hog
orjaike yoke of slavery
orjakauplemine slave trade
orjakaupmees slave trader
orjalik servile, slavish, subservient
orjalikkus servility, slavishness, abjection
orjalikult abjectly, slavishly
orjama slave, sweat, toil, labour
orjameelne servile
orjameelsus servility
orjandus slavery
orjanduslik of slavery, slave
orjapidaja slaveholder
orjapidamine keeping of slaves
orjapõlv slavery, bondage
orjastaja enslaver
orjastama enslave, subjugate
orjastus enslaving, subjugation
orjatöö slavery
orjus bondage, slavery
ork pick, spike
orkaan hurricane
orkester band, orchestra
orkestrant member of an orchestra, bandsman
orkestreerima orchestrate, score, arrange
orkestri- orchestral
orkestrijuht conductor
orkestrilava bandstand
orkestriline orchestral
orkestripala orchestral piece

orkestripill orchestral instrument
orkestriproov orchestral rehearsal
orkestriruum orchestra, pit
orkestriseade orchestration, arrangement
ornament ornament
ornamentaalne ornamental
ornitoloog ornithologist
ornitoloogia ornithology
ortodoksia orthodoxy
ortodoksne orthodox
ortograafia spelling, orthography
ortograafiakorrektor *inf* spelling checker, spellchecker
ortograafiline orthographic, spelling
ortopeed orthopaedist
ortopeedia orthopaedics
orv niche, recess
osa (terviku osa) part, component, detail, piece, portion, section, element; (filmi-, raamatu- vm) chapter, scene, episode; (roll, ülesanne) role, duty; (kellegi jagu) share
alumine osa bottom, lower part
ülemine osa top, upper part
suurelt osalt mostly
oma osa andma contribute, do one's part
oma osa nõudma demand one's share; take its toll
oma osa ära tegema pull one's weight
osa võtma take part in, participate, join in
osadeks jagama parcel, portion out
osadeks lagunema break down, break up
osadeks võtma take apart
osa- semi-
osaalus *lgv* partial subject

osadeks apart
osadus communion, participation
osak *maj* holding
osakaal proportion
osakapital *maj* holding
osakasu, -tulu *maj* dividend
osakond department, division, branch, unit
osakonna- departmental
osakonnajuhataja head of the department
osalause *lgv* clause
osalema attend, take part in
osalemine attendance
osaline fragmentary, partial, privy, semi-
osaliselt partially, partly, up to a point
osalus participation, stake
osamaks share, instalment, premium
osanik shareholder, stockholder
osapool party, signatory
osariik state
osasihitis *lgv* indirect object
osastav *lgv* partitive
osatama irritate, mock
osatähtsus importance, role
osatäitja performer, player
osav skilful, skilled, able, clever, cunning, wily
　　osavate kätega good with one's hands
osavalt skilfully, ably, cleverly
osavnäpp handyman
osavus skill, proficiency
osavõtja participant
osavõtlik sympathetic
osavõtlikkus sympathy
osavõtlikult sympathetically
osavõtmatu apathetic, nonchalant
osavõtmatult apathetically

osavõtmatus apathy, nonchalance
osavõtt participation; sympathy
osaühing *maj* limited liability company, Ltd.
osis component, ingredient
oskama can, know how
oskamatu unskilled, ignorant
oskus ability, skill, accomplishment, command, qualification
　　oskusi testima test one's abilities
oskus- skilled, technical
oskuslik skilful, able, professional
oskuslikkus professionalism
oskuslikult skilfully, capably, expertly
oskussõna term
oskussõnavara terminology
oskusteave know-how
oskustöö craft
oskustööline artisan, craftsman, tradesman
osmik shack, cot
osoon ozone
osoonikiht ozone layer
osoonisõbralik ozone-friendly
ost purchase
ostja buyer, customer, purchaser, shopper
ostjaskond clientele, customers
ostma buy, purchase
　　kokku ostma buy up
　　sisse ostma buy in
　　võileivahinna eest ostma buy for a song
　　välja ostma buy out, ransom
　　ära ostma bribe, buy over, grease, suborn, tamper
　　üles ostma buy up
ost-müük *maj* purchase and sale
ostueesõigus *maj* refusal
ostuhind *maj* purchase price, cost price

O

ostujõud purchase power
ostuagent buyer
ostud shopping
ostukeskus shopping centre, (AmE) mall
ostuleping *maj* contract of purchase
ostuluba *maj* licence
ostu-müügileping *maj* contract of purchase
ostupalavik rush for goods
ostusumma *maj* purchase sum
ostutehing *maj* mercantile transaction
ostutingimused *maj* conditions of purchase
ostuvõime *maj* purchasing power
ostuvõlg *maj* balance
ostuväärtus *maj* purchase value, market value
ostuõigus *maj* right of purchase
osund quotation
osundama quote
osutama point, indicate, designate, note
osutav indicative
osuti pointer, (**kellal**) hand
osutuma prove, turn out
  õigeks osutuma prove (to be) true/correct/right
ots back, bottom, end, head, tip, top
  kahe otsaga mäng double-dealing
  ots-otsaga kokku tulema make both ends meet
  otsast peale once over again
  otsi kinnitama tie up
  otsi kokku tõmbama sum up
  otsi lahti andma cast off
otsaesine forehead
otsajäänud haggard
otsas at an end, out of stock
otsasõit running down

otsatu endless, infinite
otse directly, firsthand, immediately, live, straight
otse- frontal, through
otsejoones directly
otsekohe at once, now, immediately, instantly, here and now, on the spot, right away, right now, straight away
otsekohene direct, explicit, frank, outspoken, plain, straight
otsekoheselt bluntly, frankly, point-blank
otsekohesus directness, forthrightness, frankness
  järsk otsekohesus bluntness
otsekorraldus *maj* standing order
otsekui as if, as though
otselask point-blank shot
otseliin hot line
otsemaid at once, at a glance
otsene direct, explicit, immediate, literal
otsesõnaline point-blank
otsetee short cut
otseteed straightaway
otsevaade front view
otseühendus hot line
otseülekanne live
otsija seeker, hunter
otsik nozzle, top
otsima look for, search, seek, dig, hunt
  abi otsima look for aid
  läbi otsima search
  välja otsima hunt out, find
  üles otsima look up, seek out, find
otsimisrühm search party
otsimootor → **otsingumootor**
otsing hunt, quest, research, scout, search, pursuit, find
otsingumootor *inf* search engine

otsingurobot *inf* (knowledge) robot, search robot, inforobot, robotic librarian
otsingutel in search of
otsirobot → otsingurobot
otsitav wanted, in demand
otsitud sought
otsiv searching
otsmik forehead
otstarbekalt usefully
otstarbekas functional, practical
otstarbekohane rational
otstarve function, purpose
   otstarvet täitma serve a purpose
otsus decision, conclusion, judgement, resolution
   ettetehtud otsus foregone conclusion
   otsuseks võtma resolve
   otsusele jõudma conclude, decide
   otsust langetama pass judgement
   otsust vastu võtma decide
otsusekindel decisive, determined, resolute
otsusekindlus determination, resolution
otsustaja judge, decision maker
otsustama decide, determine, judge, make up one's mind, rule
   ennatlikult otsustama jump to conclusions
   ette otsustama prejudge
   kasuks otsustama settle on, decide for
   kiiresti osutama pounce
   lõplikult otsustama finalise
   ära otsustama fix on/upon, settle, clinch
otsustamata in dispute, open, open to question, under consideration
otsustamatu indecisive, undecided
otsustamatus indecision
otsustamisel in dispute
otsustamisvalmidus presence of mind
otsustanud set
otsustav decisive, definite, conclusive, crucial, determining
otsustavalt decisively, resolutely
otsustavus decision, decisiveness, finality
otsustus decision, judg(e)ment, resolve
otsustusvõime discretion, judg(e)ment
otsustusvõimeline discerning
otsustusvõimetu incompetent, undiscerning, spineless
ovaal oval
ovaalne oval
ovatsioon ovation, acclamation
ovulatsioon ovulation

P

Paabel Babel, Babylon
paabeli segadus Babel
paabulind peacock, peahen
paadialune tramp, vagrant, (AmE) bum
paadikuur boathouse
paadisadam (boat) harbour, landing place
paadisild pier, jetty, quay
paadisõit boating
paaduma become inveterate/habitual
paadunud inveterate, compulsive, habitual
paadunult compulsively, habitually
paak tank, cistern, container
paakspuu black alder
paakuma harden, cake
paakunud hardened, caked
paakjää pack ice
paan strip
paanika panic, terror, scare, fright, anxiety
paanikas panic-stricken, panicky
paaniline panic
paanitsema panic
paar pair, couple
    paar korda once or twice
    paari minema pair off, pair up, marry
    paari moodustama pair, form a pair

paari panema match, pair off, marry off
paarike couple
paariline, paarimees partner, fellow
paaris in pairs, in tandem
paaris- double, even, paired, one-to-one
paarisarv even number
paarismaja semi-detached house
paarismäng double
paarisrakend two-horse team
paaritama mate, breed
paaritu odd, uneven, not paired
    paaritu arv odd number
paarituma mate, couple, pair up
paas → paekivi
paasapüha Passover
paasapühaaegne paschal
paast fast
paastuaeg Lent
paastuma fast, abstain
paaž page, pageboy
paat boat, skiff, punt, longboat, tub
    ühes paadis (istuma) *ülek* (be) in the same boat
paater father, priest
paatina *keem, kunst* patina
paatkond crew
paatmaja houseboat
paatos pathos
paatoslik pathetic, full of pathos

paavian baboon
paavst pope, pontiff
  paavsti saadik nuncio
paavsti- papal
paavstikroon tiara
paavstlane papist
paber paper, document
  paberile panema put something on paper, write down
  paberile viskama jot down
paberikorv wastebasket
paberil on paper
paberileheke slip (of paper)
paberileht sheet, leaf
paberilõikur guillotine
paberimäärija hack, penpusher, scribbler
paberinuga paper knife
paberipoogen sheet
paberirull scroll
paberitaoline papery
paberitega licensed
paberitöö paperwork
paberitööstus paper industry
paberitükike slip (of paper), scrap (of paper)
paberivabrik paper mill
paberivajutis paperweight
paberkott paper bag
paberlaevuke *zool* paper nautilus
paberraha banknote, bill, paper money
pabertahvel clipboard
pabertaskurätt tissue
pabeross (Russian) cigarette, smoke
pabin jitters, anxiety, excitement, apprehension
pabinas jittery, anxious, apprehensive, hung up, in a flap
pabistaja worrier
pabistama worry, be jittery, be anxious

paburitski brambles
pada (**pott**) cauldron, pot; (**kaardimast**) spade
  ühte patta panema treat all alike, bracket, lump
padavai quickly, right-away
padi pillow, cushion
padin splash
padistama splash, splatter, dash
padjand pad, bolster
padjapüür pillowcase
padrik thicket, coppice, undergrowth
padrun cartridge, (AmE) shell
padrunipesa chamber
padrunisalv magazine
padrunitasku cartridge pouch
padu forest on low moist ground
paduvihm torrent(ial rain), deluge, heavy shower, downpour, monsoon
paekivi limestone
pael band, ribbon, lace, streamer, string, tape
  paelu kinni panema lace, tie
paeluma captivate, fascinate, attract, enthral
paeluv captivating, fascinating, attractive, engaging, enthralling
paemurd limestone quarry
paene limestone
paepealne limestone subsoil
pagan pagan, heathen
  pagan (võtaks) blast, damn, confounded, bother, hell
pagana a hell of a, bloody, a heck of
  pagana pihta heck, (what, why) on earth, (what, why) the devil
paganausk paganism
paganausuline pagan, heathen
paganlik pagan, heathen

pagar baker, pastry cook
pagarituba bakery
pagariäri baker's (shop), bakery
pagas luggage, (AmE) baggage
  pagasi kättesaamise lint carousel
pagasiriiul rack
pagasiruum luggage room, left-luggage; (autol) boot, (AmE) trunk
pagema flee, escape, run (away), fly, abscond, elope, get away, take flight
pagendama banish, exile, deport
pagendatu → **pagulane**
pagendus → **pagulus**
pagev fleeing, fugitive, escapee
pagi gust, blast
pagood pagoda
pagu refuge, retreat, place of safety
pagulane exile, refugee, expatriate
pagulus exile, refuge
paha bad, evil, wicked, ill, nasty, naughty
  paha tegema harm, hurt
  paha tuju bad humour, annoyance
  süda paha feel ill, be sick
  pahaks panema disapprove, mind, object, resent, frown on begrudge, take amiss, take exception to
  ei mõelnud midagi paha no offence, meant no harm
paha- mal-
pahaaimamatu innocent, unsuspecting, unwitting
pahaendeline ominous, sinister, fateful, portentous
pahakspanek disapproval, resentment, objection
pahakspanev disapproving, resentful, objecting

pahakspanevalt disapprovingly, resentfully
pahaloomuline malignant, ill-natured, nasty
pahameel disapproval, aggravation, annoyance, displeasure, indignation
  pahameelt tekitama rankle, infuriate, annoy, displease
  pahameelt tekitav invidious, infuriating, annoying, displeasing, aggravating
pahameeletorm outcry
pahandama aggravate, displease, annoy, irk, put out; chide, reproach, scold, reprimand
pahandav annoying, irksome, vexing
pahandus trouble, mischief, mess
  pahandusi kaela tõmbama get into mischief, get into trouble
  pahandust tegema be up to sth, make trouble, do mischief
  pahandustes olema in trouble
pahane annoyed, cross, displeased, in a temper, offended, peeved, sore, uptight
paharet demon, fiend, mischief
pahaselt crossly, angrily, furiously, irritably
pahasoovlik → **pahatahtlik**
pahasti badly, poorly, amiss, ill
pahatahtlik malevolent, mean, spiteful, vicious
pahatahtlikkus malevolence, spite, malice, wickedness, ill-will
pahatahtlikult malevolently, spitefully, wickedly
  pahatahtlikult katkestama butt in, heckle, jeer
  pahatahtlikult vihjama insinuate
pahategija wrongdoer, offender,

transgressor, malefactor

pahategu wrongdoing, offence, transgression, misconduct

pahatihti as often as not, more often than not

pahe vice, evil, wickedness, depravity

paheline depraved, evil, corrupt, debauched

pahelisus depravity, immorality, degeneracy, corruption

pahem (vasak) left; (halvem) worse

pahemakäeline left-handed

pahempidi → pahupidi

pahempoolne left, left-hand

pahin murmur, rustle

pahisema murmur, rustle

pahk gnarl, knot

pahklik gnarled, knotted, knobbly

pahkluu ankle

pahn junk, pap, rubbish, scrap, refuse, garbage, debris

pahtel putty

pahteldama putty

pahuksis in trouble, bear grudge

pahupidi inside out, upside down, inverted, distorted

    pahupidi pöörama invert, distort

pahupool the wrong side

pahur sulky, grumpy, bad-tempered, cantankerous, disgruntled, fractious, fretful, gruff, moody, morose, ratty, sullen, surly

pahuralt grumpily, fractiously, fretfully, moodily

pahurus huff, petulance, grumpiness, sulkiness, sullenness

pahv puff, whiff

pahvak puff, whiff, gust, outburst

pahvatama burst, explode

    välja pahvatama blurt out, burst out, explode

pahviks löödud astounded, stunned, flabbergasted, dumbfounded, gobsmacked

pahviks lööma astound, stun, dumbfound, flabbergast

pahvima puff

pai caress, stroke

paigaldaja fitter, installer, fixer

paigaldama fit, install, fix, lay, set, mount, assemble

paigaldus installation, fitting, fixing, set up

paigalolek presence, attendance

paigalseis standstill, stagnation, rest

paigalseisev immobile, stationary, fixed

paigatud patched

paigutama place, put, set, allocate, (raha) invest, sink, plant, seat, station

    ümber paigutama displace, transfer, shunt

paiguti in places, here and there

paigutuma place, settle

paigutus allocation, installation, placement

paik patch, mend; (koht) place, situation, spot

    kauge paik a faraway place

    üle kogu paiga all over the place, throughout the area

paikama mend, patch

paikapidamatu untenable, invalid

paikapidav valid, true

paikapidavus validity

paikkond locality, neighbourhood

paikkondlik local

paikne local, settled, stationary

paiknema lie, be located, be based

paiknemiskoht location, position

paikselt locally

paiksustsensus residential qualification

paiku time, toward(s)

pailaps good child, goody-goody, as good as gold

painaja nightmare, haunt

painajalik nightmarish, haunting

painama haunt, gnaw, obsess

painav haunting, gnawing, obsessing

paindlik flexible, fluid, pliable, pliant, supple

   paindlik tööaeg flexitime

   paindlike hindadega flexi-price

   paindlik kurss variable exchange rate

paindlikkus flexibility, elasticity, fluidity

paindlikult flexibly

painduma bend, bow, flex

paindumatu stiff, inflexible, unbending; (**kompromissitu**) uncompromising, hard-line, firm

painduv elastic, pliable, supple

painduvus elasticity, flexibility, suppleness

paine pressure

painutama bend, bow, flex, curve, incline

paipoiss → **pailaps**

pais dam, weir, barrage

paise swelling, abscess

paiskama hurl, throw, catapult, dash, shoot

   alla paiskama fling down

   laiali paiskama scatter

   maha paiskama send sb flying

   välja paiskama eject, emit, spew, throw out

   üles paiskama throw up

   ümber paiskama bowl over, tip (over), upset, knock over

paiskuma burst, dash

   ümber paiskuma tumble

paistamm weir

paiste shine, radiation, glow

paistes swollen, bloated, bulged, distended

paistetama swell, bloat, bulge

   üles paistetama puff up, puff out, swell up, swell out

paistetus swelling, bloat, bulge

paistma (**näima**) appear, seem; (**valguse vm kohta**) shine, glare; show, dawn, be visible be in sight

   läbi paistma be transparent

   välja paistma show, stand out

paistus glow, radiance, halo, nimbus

paisuma swell, expand, billow, dilate

   pallina paisuma balloon

paisunud swollen, expanded

paisusilm lock, sluice

paisutama swell, expand, dilate

   üle paisutama get out of proportion

paitama caress, stroke

paitav caressing

paitsi (**välja arvatud**) except, save, but

paitus caress, stroke

pajalapp oven glove

pajatama tell, narrate

pajats buffoon

pajatus tale, story-telling, narration

paju willow

   pajuurbadega oks pussy-willow

pajuk pension

pajukorv wicker basket

pajupill willow whistle

pajuvenelane Russianized Estonian

pajuvõsa willow thicket

pakane frost, freeze, chill, cold
pakaseline freezing, cold, chilly
pakatama burst, brim over, shoot, chap
pakatanud (nahk) chapped
pakend cover, packet, wrapper, wrapping, casing
pakendama package, wrap, case
pakendamata unpacked
paketinuuskur *inf* packet sniffer
pakett package, packet
pakiauto van
pakihoidla, -ruum (left-)luggage office
pakikandja handler, porter
pakiline pressing, urgent, imperative
pakilisus urgency
pakiraam roof rack, (luggage) carrier (on a bicycle)
pakitsema tingle, prickle, itch
pakk pack(age), parcel, carton, bundle
pakkekast packing case
pakkematerjal packaging, wrapping material
pakkepaber wrapping paper
pakkija packer
pakkima pack, wrap, pack up, package, parcel up, process
  kokku pakkima bundle up, pack up, collect the belongings, pack the suitcase
  lahti pakkima unpack, unwrap
  sisse pakkima do up, wrap up
  täis pakkima stow with
pakkimata loose, unwrapped, unpacked
pakkimismasin packer, packing machine
pakkuja offerer, supplier, tenderer; bidder

pakkuma offer, tender; bid, present, propose, extend, lay on, proffer; supply
  abi pakkuma offer help, come forward
  abistavat kätt pakkuma offer a helping hand
  huvi pakkuma be of interest
  lauas pakkuma serve, pass
  lõbu pakkuma amuse, give pleasure
  välja pakkuma propose
  üle pakkuma err on the side of, ham up, overstate
pakkumine offer, bid(ding), supply
  pakkumist tegema tender, bid against/on, make an offer, tender an offer
  pakkumist vastu võtma accept an offer, close with an offer, take an offer
  pakkumine ja nõudlus *maj* demand and supply
  pakkumise ja nõudluse suhe *maj* supply-demand situation
  pakkumise eesõigusega *maj* supply-side
  pakkumist ületav nõudlus *maj* buyer's over, demand surplus
  pakkumist innukalt vastu võtma jump an offer
pakkumisel on offer
pakkumiskonkurss tender procedure
pakpoord port
paks thick, dense; (tüse) corpulent, fat, plump, big, heavy, overweight
  paksuks tegev fattening
paksend thickening, bulge
paksendama thicken, condense
paksmagu fatty, potbelly
paksult thickly

P

paksune thick, as thick as
paksus thickness, consistency, ply
pakt pact, treaty
   pakti sõlmima make a pact
pakutud proposed, offered
pala piece, bit, morsel; *muus* piece of music, composition
palagan show, farce, circus
   palagani tegema put on a show, make a circus
palat ward, hospital room
palataliseerima palatalise
palataliseeritud palatalised
palav hot, burning, torrid, sweltering, baking, boiling
palavalt hotly, burningly, torridly, fervently
palavik fever, temperature
   kõrge palavik high temperature
   palavikku alandama bring down one's temperature
   palavikku mõõtma take one's temperature
   palavikuvastane rohi febrifuge
   troopiline palavik blackwater fever
palavikuline feverish, fevered
palavikuliselt deliriously, fervently, feverishly, furiously
palavikus feverish, run a temperature
palavus heat
palavvööde tropical zone, torrid zone
palderjan valerian
pale face, cheek, countenance
   palgest palgesse face to face, facing
palee palace
paleepööre revolution, coup d'état
paleetaoline palatial
palett palette

palga- paid, salaried
palgaarvestus payroll accounting, salaries accounting
palgaaste pay-scale
palgafond packet, pay packet, payroll, pay-roll fund, total payroll, wage bill
palga-ja tööajaseadus wages and hours law
palgakasv wage growth, wage increase
palgakokkulepe wage settlement
palgakonto payroll bank account
palgal on payroll, in the pay of
palgalangus wage cut, wage reduction
palgaleht payroll, paylist
palgalisa(d) bonus, amenities, (fringe) benefits
palgamäär rate of wages
palgapäev pay-day
palgaraha wage, salary
palgasüsteem wage plan, wage system
palgatõend payslip
palgatõus raise, increase in salary
   palgatõusu nõudma press wage claims
   palgatõusu külmutamine wage restraints
palgaline paid, hired, salaried
palgamõrtsukas assassin, hit man
palgamõrv assassination
palgasõdur mercenary
palgatud hired, employed
palgeleht frontispiece
palistama hem, skirt, edge
palistus hem, edge
palitu (over)coat
paljajalu barefoot
paljak bare spot
paljand denuded place, outcrop

paljapäi bareheaded
paljas (**üksnes**) mere; (**alasti**) bare,
naked, uncovered, exposed
paljas pealagi bald, hairless
paljas jutt mere talk
palja jõuga by sheer force
palja silmaga with naked eye
palja ülakehaga topless
paljad seinad bare walls
paljaste kätega with one's bare
hands
paljastama bare, denude, expose;
(**avalikustama**) disclose, reveal,
uncover, give away, lay sb open to
paljastav exposing, showing; re-
vealing
paljastus exposure; disclosure, un-
covering, revelation
paljasõnaline only in words, empty
(promise)
palju many, much, a lot, a great deal,
plenty
väga palju billion, no end, vastly
üsna palju quite a lot, good few,
quite a bit, quite a few, good deal
of
palju käsil olema have a lot on
one's plate
palju tänu many thanks, thanks a
lot
palju õnne congratulations, many
happy returns, good luck
päris palju great many
palju- multi-, poly-
paljukannatanud much-suffered
paljukasutatud well-worn
paljukeelne multilingual
paljukiidetud much-praised, much-
admired
paljukirutud execrable, cursed
paljukogenud experienced, veteran
paljukorruseline multi-story

paljukuuldud much-heard
paljulapseline large family, with
many children
paljulubav promising, auspicious,
rosy
paljulugenud well-read, literary
paljulugev bookish, literary
paljundama copy, duplicate, Xerox;
propagate
paljundus copy, duplicate
paljundusmasin copying machine,
Xerox machine
paljunema multiply, reproduce,
proliferate
paljunõudev pretentious, challeng-
ing
paljunäinud experienced, knowl-
edgeable
paljurahvuseline multinational,
transnational, multiethnic
paljus multitude
paljusõnaline wordy, verbose, long-
winded
paljusõnalisus wordiness, verbos-
ity
paljutõotav promising, auspicious,
budding
paljutõotavalt promisingly, auspi-
ciously
paljutähendav meaningful, signifi-
cant
paljuütlev suggestive, meaningful,
eloquent, expressive
palk (**tasu**) pay, salary, wage; (**puust**)
beam, log, timber
teenitud palk come-uppance
palka saama draw a salary, be
paid
palk natuuras tommy, truck
(wage)
palga külmutamine wage freeze
palga alammäär minimum wage,

P

wage floor
palgast sõltuv earnings-related
palkaja employer
palkama employ, engage, hire
palkamine employment
palkmaja log house, timber house
palkon balcony
pall ball, sphere, globe; (**kaubapakk**) bale; (**hinne**) mark, point, credit, rating, grade
  pall on tema käes the ball is in his court
  palli auku lööma putt, pocket
  palli lööma hit, strike, bat, kick, volley
  palli püüdma catch, field
  palli ära võtma tackle
pallaadium *keem* palladium
pallima serve, bowl
pallimäng ball game
palling serve, service
pallur (ball) player, bowler
palm palm (tree)
palmik plait, braid
palmioks palm, branch of palm
palmipuude(püha) Palm Sunday
palmisalu palm grove
palmitsema (**juukseid**) braid, plait; (**lilli pärjaks**) wreathe
palmiõli palm oil
palpeerima palpate
palsam balm, conditioner
palsameerima embalm
paluja petitioner, requester
palukas lingonberry, cranberry
paluke crumb, bit
paluma ask, request, invite; plead, petition, solicit, woo
  abi paluma ask of help
  härdalt paluma beseech, entreat
  jumalakeeli paluma implore (in God's name), beseech, supplicate

jumalat paluma pray
kirja teel paluma apply for, appeal in letter
seletust paluma ask for an explanation
palutakse vastust please reply, R.S.V.P. (répondez si'l vous plaît)
palumata unasked; unsolicited
palumets coniferous forest, heath forest
palun please, kindly; here you are
  palun vabandust excuse me, I beg you pardon, pardon, pardon me
palunurm heath, moorland
paluv asking, begging, pleading
palve prayer; request, appeal, petition, plea
  tungiv palve entreaty
  palvet lugema say a prayer, pray
  palvega pöörduma appeal, petition
palvehelmed rosary
palvekiri petition, application
  palvekirja esitama petition
palvel on request
palverändur pilgrim
palverännak pilgrimage
palvetaja prayer, worshipper
palvetama pray, worship, adore
palvus prayer, worship
pamflett pamphlet
pamp bundle, pack
pampa pampas
pampel *bot* bramble
pan- pan-
panamakübar panama (hat)
panatsea panacea
panda panda
pandeemia *med* pandemic
panderoll printed matter, parcel
  panderolli saatma send printed matter

pandiandja pawner, pledger
pandileping contract of pledge, mortgage deed
pandimaja pawnbroker's shop, pawn office, pawnshop
pandimajapidaja pawnbroker
pandis at or in pawn, in pledge
pandivõtja pawnee, pledgee
paneel panel, board, slab
paneelima panel
paneelitud panelled
paneelmaterjal panelling
paneerima bread, roll in egg and bread crumbs
panek putting, placing, laying, fitting
panelist panellist
panema put, place, lay, set
  asemele panema replace
  hoiule panema store
  imeks panema wonder
  jalga, pähe, selga panema put on
  juurde panema add, put to/on
  keeli peale panema string, put on strings
  kiirelt kokku panema throw together
  kinni panema (**reserveerima**) reserve, book (up); (**lukustama**) close, fence in, lock up, put away, shut (up)
  kindlalt kinni panema seal in, close safely
  kirja panema register, enrol, sign up, list, record, note, put/write down
  kohale panema place, set, put in place
  kokku panema assemble, compose, fabricate, fold, match, pack up, piece together, put together

  kõrvale panema lay/set/put aside, put by, salt away, save, stow (away)
  käest panema divest, put away
  käima panema start
  käiku sisse panema change up, change down, shift the gear, gear
  maha panema put down, lay down, (**ametit**) resign
  mõtlema panema set thinking
  mööda panema overshoot, miss
  nahka panema devour, eat up
  najale panema lean against
  nimeks panema name
  paigale panema place, put in place, set in place
  peale panema put, apply
  pihta panema steel, filch, pocket, swipe, make off with
  pikali panema throw down, floor
  plehku panema run away, flee, bolt, scamper, bunk, slope off
  päid kokku panema put/lay heads together
  püssi palgele panema raise a gun, aim a gun
  püsti panema erect, put up
  riidesse panema dress oneself, clothe oneself
  tagasi panema put back, return
  toime panema carry out, execute, perform
  tuld otsa panema set fire to
  vahele panema insert, (**seletusi, täiendusi**) interpolate
  valmis panema put out, get ready
  välja panema put out, display, exhibit, lay out, lay, set out
  õigeks panema (**kella**) set, time
  ära panema put away
  üles panema put up, build, (**lõksu vms**) set

P

ülestikku panema superimpose
ümber panema (**millelegi**) put
around, (**tõlkima**) translate
pane oma suumulk kinni shut
up, belt up
pane tähele mind you, note, no-
tice, NB!
panetama blunt, dull, harden
panetunud blunt, dull, hardened
pang bucket, pail
pange astuma make an embar-
rassing mistake
pangandus banking
pangaametnik bank employee,
bank official
pangaarve bank account
pangaautomaat cash machine, ATM
pangabilanss bank statement
pangadeposiit bank deposit, de-
posit with a bank
pangahoius bank deposit, cask in
a bank
pangaintress bank(ing) interest
pangakaart bank card
pangakonto bank account, account
current, checking account
pangakonto omanik account
holder, depositor
pangakonto väljavõte bank
statement
pangakonto ületamine over-
draft, overdraw
pangakontor bank office
pangakrahh collapse of a bank
pangalaen bank loan, bank accom-
modation, bank borrowing
pangapidaja banker
pangarööv bank robbery
pangaseif vault
pangatagatis bank(er's) guarantee
pangateenused banking services,
banking facilities

pangatäht banknote, bill
pangavõlg debt to a bank, bank
debt
pangaülekanne bank transfer
panipaik storage room, depository
pank bluff, cliff, steep rocky coast;
maj bank
pankreas pancreas
pankrot bankruptcy
pankrotti ajama bankrupt
pankrotti välja kuulutama file
a petition in bankruptcy
pankrotihaldur assignee in bank-
ruptcy, bankruptcy registrar, trus-
tee in bankruptcy
pankrotis bankrupt, broke, down
and out; *sl* skint, stony-broke
pankrotistuma go bankrupt, go
broke
pankrotistunu bankrupt, insolvent
pankrotmeister master of bank-
ruptcy
pankuma clod, become lumpy
pankur banker
pann pan
pannal buckle, clip, clasp, fastener
pannaldama buckle, clasp, fasten
pannkook pancake
pannoo mural
panoraam panorama, vista
panoraamne panoramic
pansion(aat) boarding house, board
and lodging
pant pawn, pledge, bail, guarantee
pandiks andma pawn, put in
pawn, deposit a pledge, put up a
bond
pandiks võtma take a pledge
pandist lunastama take out of
pawn, redeem a pledge
panditud ese hock
panditud kaubad pledged goods

panditud omand mortgaged property

panter panther

panteism pantheism

panteon pantheon

pantima pawn, mortgage

pantkiri *jur* mortgage

pantomiim pantomime, mime

pantomiimi tegema mime

pantser armour

pantvang hostage

pantvangi võtma take hostage

panus bet, stake; contribution

panust andma contribute, do one's share

panust tegema bet, gamble, lay a wager

paokil ajar, slightly open

paos on the run, in hiding

paotama open slightly

papa papa, pop

papagoi parrot

papaia papaya, pawpaw

papi pop, old man

papjeemašee papier-mâché

papp cardboard; *relig* parson, priest

pappel poplar

paprika bell pepper, sweet pepper, paprika

paps dad, daddy, pa, pop

papüürus papyrus

paraad parade, procession

paraadil marssima parade, march

paraadiväljak parade ground

paraadrongkäik parade, procession

paraadsaal stateroom

paraadtrepp main entrance

parabool parabola

paraboolantenn dish

paradiis paradise, heaven

paradiislik heavenly, divine

paradoks paradox

paradoksaalne paradoxical

paradoksaalselt paradoxically

parafiin paraffin

parafraas paraphrase

parafraseerima paraphrase

paragrahv paragraph, section, article

paragrahvimärk section mark

parajasti currently, just, on the point of

paraku alas, unfortunately

paralleel parallel

paralleelne parallel

paralleelselt parallel

paralleeltelefon extension, relay telephone

paralüseerima paralyse

paralüüs paralysis

paralüütiline paralytic

parameedik paramedic

parameeter parameter

paramilitaarne paramilitary

parandaja fixer, fitter

parandama amend, fix, correct, emend, overhaul, patch up, rectify, remedy, repair, upgrade; better, improve, polish up; (tervist) cure, heal; (paikama) mend, patch

parandama ja täiendama revise

maad parandama improve soil; retrieve, reclaim

pead parandama cure a hangover

parandamatu hopeless, incurable, irreparable, pathological, terminal, beyond repair

parandus amendment, correction, repair

parandusettepanek amendment

paranduslik corrective, reformatory

parandusmaja reformatory

P

paranema get over, heal, recuperate, throw off; improve
paranemas on the mend
paranemine convalescence, recovery, recuperation, upturn; improvement; healing
paranoia paranoia
paranoiline paranoid, paranoiac
paranähtus paranormal phenomenon
parapett parapet
parapsühholoogia parapsychology
paras fitted, fitting, moderate; (õige) appropriate, proper, right
   paras olema fit, do; serve one right
   parajaks tegema fit
   paras mees selle jaoks just the man for it
   parajal ajal at the right time, at a convenient time
   paras paar have met one's match
parasiit parasite, scrounger
parasiit- parasitic, parasitical
parasiteerima be a parasite, sponge off, sponge on
parasitism parasitism
parasjagu in the midst of, in the process of
parastama gloat, joy over sb's misfortune
parastav gloating
parasvööde temperate zone
parasvöötme- temperate
parašütist parachutist; *sõj* paratrooper
parašütt parachute
paratamatu inevitable, unavoidable
paratamatult inevitably, bound
paratamatus inevitability, necessity
pardakaart boarding pass, boarding ticket

pardakahur cannon
pardal(e) aboard
pardel razor, shaver
pardikõnnak waddle
pardiliha duck
pardipoeg duckling
pareerima parry, ward off, counter
pareering parry
parem better, preferable, superior; (**parem pool**) right
   parem olema pass, surpass
   parema puudumisel by default, for want of
   parema äranägemise järgi as one think best
   paremaks muutma enhance, perfect
   paremaks muutuma improve, get better, progress, perk up, shape up
   paremaks pidama prefer, favour, like better
   paremalgi juhul at the best of times
   paremas olukorras better off
   paremat välja valima cream off
paremakäeline right-handed
paremik cream of the top, elite, pick
paremini better
   paremini teadma know better
parempoolne conservative; right-hand
paremsirge straight right
paremus advantage, benefit, superiority
   paremuse poole for the better
   paremuselt teine second best, second only to
parfümeeria perfumery
parfüüm perfume, fragrance, scent
pargas barge
pargivaht ranger

parim best, number one, top, utmost, unbeatable
  parim olema be the best, beat, lead the field, outmatch
  parima tervise juures in the pink, fit, hale and hearty
  parimal juhul at best
  parimas vormis at one's best
  parimast küljest näitama on someone's best behaviour
  parimat andma do one's (level) best, do the utmost, try one's best
  parimat lootma hope for the best
  parimat võtma make the best of
paristama clatter, rattle off; (**raiskama**) waste
pariteet parity
park park, recreational area, playing ground
parkaine tannin, bark
parkal tanner, dresser
parkett parquet
parkima (**nahka**) tan; (**sõidukit**) park
parkimisautomaat parking meter
parkimisplats → **parkla**
parkimiskontrolör traffic warden
parkla parking lot, car park, lay-by
parknahk leather
parktuled sidelights
parkunud weather-beaten
parlamendi- parliamentary
parlamendihoone parliament building
parlamendiliige member of parliament, MP
parlamendisessioon parliament session
parlamendivalimised parliamentary elections
parlament parliament
  parlamendi kuluaarid lobby
parlamentaarne parliamentary

parm gadfly, horsefly
parmupill jew's harp
parodeerija parodist
parodeerima parody, take the mickey
paroodia parody, spoof, travesty
parool password, code word, secret code
parras board
  parem parras starboard
  vasak parras port, larboard
  pardale minema board
  pardale minek boarding
  üle parda overboard
parseldaja horse dealer
part duck, drake
partei party, faction
parteijuht party leader
parteiliige party member
parteiliin party line
parteiline party, of a party
parteiprogramm platform
parteitu independent, non-party
parter parterre, floor, stall
partii game, match; lot, run, batch, shipment
partikkel *lgv* auxiliary word
partisan partisan, guerrilla
partitsiip *lgv* participle
partituur score
  partituuri kirjutama score
partner partner, associate, mate
partnerlus partnership
partsatama thud, thump, splash, plop
parukas wig, toupet, toupee
parukategija wigmaker
parun baron
paruness baroness
parv (**veesõiduk**) raft, float; (**linnu-vm**) flock, bevy, flight, school, swarm

P

parve kogunema swarm, flock
parvena liikuma swarm
parvejuht raftsman
parvetama raft, float
parvetatav suitable for rafting
parvetus rafting
parvlaev ferry, ferryboat
pasandama shit
pasjanss solitaire, patience
pask shit, excrement, filth
pasknäär jay
paskvill squib, travesty, burlesque
paslik proper, suitable, fit
paspartuu passe-partout
pass passport, identification document; (**kaardimängus**) pass
  tehniline pass technical passport, registration certificate
passaaž arcade, mall
passaat trade wind
passe upper part of a dress, blouse etc., cut separately
passiamet passport office
passiiv *lgv* passive
passiivne passive, idle, inactive
passiivselt passively
passiivsus passivity, passiveness
passikontroll passport control
passima (**vahtima**) stare; (**seljas istuma, selga proovima**) suit, try on; (**kaardimängus**) pass
  peale passima watch, keep an eye on, attend
passipilt passport photograph
passiva *maj* liabilities, obligations
pasta paste; (**toit**) pasta
pastakas, pastapliiats ballpoint, pen
pasteet paste, pâté
pastell pastel
pastellkriit crayon, pastel
pastellmaal pastel

pastellvärv pastel colour, pale colour
pastelne pale, pastel
pastill pastille, lozenge
pastinaak parsnip
pastor parson, minister, rector
pastoraalne pastoral
pastöriseeritud pasteurised
pasun trumpet, brass wind instrument, horn
pasunahääl trumpet, blast, fanfare
pasunakoor brass band
pasunapuhuja trumpeter
pasundama trumpet, blare, sound off
patakas wad, pile, sheaf, batch, stack
pataljon battalion
patarei battery, accumulator
  patareid laadima charge batteries
pateetika pathetics
pateetiline pathetic
patendi- patent, proprietary
patendiamet patent office
patendikaitse patent protection, protection of patents
patendiomanik patentee, patent holder
patent patent
  patendi kestvus patent life
  patenditud näidis patented design
patentima patent
paterdama pad, toddle, waddle
patiseis stalemate, deadlock, tie
patoloog pathologist
patoloogia pathology
patoloogiline pathological
patrama chatter, babble, prattle
patriarh patriarch
patriarhaalne patriarchal

patriarhaat patriarchy
patrioot patriot
patriootlik patriotic
patriotism patriotism
patroneerima patronise
patroneeriv patronising
patroneerivalt patronisingly
patroon patron
patrull patrol, guard, sentry, squad
patrullauto squad car
patrullima patrol, guard, perambulate
patrullkäigul on the beat
pats pigtail, plait, ponytail, braid
  patsi tegema braid, plait
patsakas wad, stack, pile, pad
patsatama splash, flop, thump
patseerima walk
patsient patient
patsifism pacifism
patsifist pacifist
patsipael hair ribbon
patsutama pat, pet
patsutus pat, petting
patt (males) stalemate; *relig* sin
  pattu kahetsema repent
  pattu langema fall into sin
  pattu tegema sin, commit a sin
  pattu üles tunnistama confess
  pattude andestamine absolution
  patust puhastama purge, purify, sanctify
  patust pöördumine conversion
pattukahetsev penitent, repentant, contrite
patuelu life of sin
patukahetsus penance, repentance, contrition
patukahetsuspäev Shrove Tuesday
patukustutus indulgence, pardon
patune sinful
patuoinas scapegoat

patustaja sinner
patustama sin, be in the wrong, offend
patustamine sinning, offence, wrongdoing
paugupealt in a flash, like a shot
paugutama bang, crack, knock, pop
pauk bang, crack, slam, knock, pop
  suure paugu teooria big bang theory
  pauguga avanema pop
  pauguga kinni lööma slam
paukkompvek cracker
paukpadrun blank cartridge
paukrakett banger
paukuma bang, crack, pop, snap
paun pouch, bag, knapsack
paus break, gap, interval, pause, respite
  pausi panema play truant
  pausi tegema have a break, take a break
pauspaber tracing paper
paviljon pavilion, pergola
pea head
  pea ees headfirst, headlong
  peajagu kõrgemal a cut above
  peajagu pikem a head taller than
  peajagu üle by far, far and away
  pea kohal overhead, above
  pea käib ringi feel giddy, head swims
  pea püsti chin up, keep smiling
  pea õigel kohal head screwed on right
  annan oma pea I'll eat my hat
  kõva pea blockhead, stupid, have a poor head for, thick head, be thick-skulled
  külma peaga level-headed, with a cool head
  selge peaga clear-headed

P

üle pea (milleski) up to one's neck (in sth)

pea- chief, general, main, master, head

peaaegu almost, nearly, quite, pretty, sort of, more or less, half, close, just on, next to, practically, quasi-, short of, well-nigh, virtually

peaaegu samasugune much the same

peaaegu tegema on the brink of, on the border of

peaaine(na õppima) major (in)

peaaju brain, cerebrum

peaaju- cerebral

peaajukasvaja *med* brain tumour, brain cancer

peaajupõletik *med* encephalitis

peaajupõrutus *med* concussion (of the brain)

peaaltar great altar

peaasi main issue, main point, leading circumstance

peaasjalikult mainly, primarily, principally

peadirektor director general, general manager; **(kooli)** principle

peadpidi headlong

peadpööritav dizzy, giddy

peaehe headdress, diadem, headband, circlet, crown, tiara

peagi soon, before (very/too) long, presently

üsna pea quite soon, any time now

peagi toimuv forthcoming, imminent

peahari hairbrush

peahoiak (head) carriage

peaingel archangel

peainsener chief engineer

peainspektor chief inspector

peakapsas cabbage

peakate headdress, headgear

peakirik cathedral

peakokk chef

peakorter headquarters (HQ), base

peaks ought, should, supposed

peakõneleja main speaker, key speaker

peakütt headhunter

peal on, on top of, above, upon, over

pealagi top of a head

pealaest jalatallani from head to foot, from top to toe, to one's fingertips

pealause *lgv* main clause

pealdis heading, inscription

peale onto, beyond, past; **(välja arvatud)** besides, aside but, except, excluding; **(lisaks)** in addition to, other than, after that

peale selle moreover, not forgetting, plus, furthermore, besides, what is more

nüüdsest peale henceforth, from now on

sellest ajast peale since then, from that time on

pealegi besides, furthermore, moreover, what is more

pealehakkamine initiative, starting

pealekaebaja informer, grass, spy, mole

pealekaebus informing, denunciation

pealekauba in addition, into the bargain

pealekauba andma throw in

pealekirjutus inscription

pealekäimine insistence

pealekäiv insistent, persistent

pealelõuna afternoon
pealetikkuv obtrusive, overwhelming
pealetulev oncoming, forthcoming, approaching
pealetung attack, assault, aggression, onslaught
pealetungiv offensive, attacking
pealetuule windward
pealetükkiv aggressive, intrusive, encroaching
pealiin main line, trunk line
pealik chief, boss, chieftain, elder
pealinlik metropolitan, of a capital
pealinn capital
pealis upper part, top part
pealis- over-
pealisehitus superstructure
pealiskaudne superficial, cursory, facile, perfunctory, shallow, sketchy, surface
pealiskaudselt superficially, perfunctorily, sketchily
    pealiskaudselt tegema rattle through
pealiskiht top layer, super stratum
pealiskiri inscription, superscription
pealispind surface, exterior
pealkiri heading, headline, title
pealkirjastama entitle, head
pealmaa- opencast
pealmik ornamental top, cap
pealmine upper, top, higher
pealmisim uppermost, topmost
pealt off, from
pealtkuulamine overhearing, eavesdropping, spying
pealtkuuldeaparaat bug
pealtnägija eyewitness, witness
pealtnäha apparently, on the face of it
pealtvaade top view

pealtvaataja spectator, observer, onlooker
    salajane pealtvaataja *kõnek* a fly on the wall
pealuu skull, cranium
pealöök header, brunt
peamaks capitation (tax)
peamees figurehead
peamine main, primary, principal, major, basic, cardinal, central
peaminister prime minister, premier
peaministriamet premiership
peamiselt mainly, primarily, principally, basically, predominantly, chiefly, fundamentally, in the main
peanahk scalp
peanoogutus nod
peanorutamine moping, brooding
peanupp head
peaosa lead, leading role
    peaosa mängima star, play the leading role
    peaosa mängiv starring, leading
peaosatäitja star, leading character, principal character
peapesu dressing-down, scolding, lecture, sermon, reprimand
    peapesu saama get a dressing-down, receive a lecture
    peapesu tegema give a dressing-down, scold, come down on someone like a ton of bricks
peapiiskop archbishop
peapostkontor central post office
peaprokurör attorney general
peapõrutus concussion
peapööritus dizziness, vertigo
pearaamat ledger, book of final entry
pearaamatupidaja chief accountant

P

pearaha head tax
pearõhk primary accent, main stress
pearätik headscarf
peas by heart
   müts peas hat on
   peas ei ole kõik korras not all there
   peas olema have on, have something on the brain; know by heart
peasekretär Secretary General
peasissepääs gateway, main entrance
peast by heart, off the top of one's head
   peast segi in a daze, confused, nuts
   võta müts peast take off your hat
peata headless
peatala girder
peatama stop, halt, arrest, block, prevent, call off, pull up, abort, check
   ajutiselt peatama suspend
peataolek confusion, irresolution, panic
peatee main road, highway
peateema main topic, keynote
peategelane hero, main character, protagonist
peatelefonid earphones
peatelg principal axis
peateos masterpiece
peatoidus subsistence, livelihood
peatoimetaja editor-in-chief
peatoru main pipe
peatrepp main entrance
peatribüün grand stand
peats head, bed head
peatselt soon, presently, before long
peatugi headrest
peatuma stop, halt, pause, pull up, rest, stay
   järsku peatuma stop dead/short
   enne lõppu peatuma stop short
   küsimuse juures peatuma dwell on a question
peatus stop, halt, arrest, stay, check
   lühike peatus stopover
peatuspaik stopping place, halt
peatusteta nonstop
peatähelepanu focus
peatänav main street, high street, thoroughfare
peatöövõtja main contractor, package dealer
peatükk chapter, episode, section
peavalu headache, have a bad head
   peavalu valmistama cause headache
peavari shelter
   peavarju andma give shelter, provide accommodation
peavõit jackpot, top prize
pebred crushed hay, triturated hay or straw
pedaal lever, pedal
   pedaale sõtkuma pedal
   pedaalile vajutama step on
pedagoog educationalist, educator, teacher, pedagogue
pedagoogika pedagogy
pedagoogiline pedagogic
pedajas pine
pedant pedant, prig, nit-picker, hairsplitter
pedantne pedantic, priggish, fastidious, finicky, meticulous, squeamish, prim
pedantselt pedantically, priggishly, fastidiously, meticulously
pedantsus pedantry, fastidiousness
pederast pederast, pervert, gay
pediaater paediatrician

P

pediaatria paediatrics
pediküür pedicure
peegel mirror, looking glass, reflector
peegeldama mirror, reflect, bounce
peegeldamine *inf* mirroring
peegelpilt mirror image, reflection
peegelsile like a mirror, smooth as millpond
peegliklaas plate glass
peegliraam mirror frame
peeglisaal hall of mirrors
peeker goblet, cup, beaker
peekon bacon
peen (elegantne) fine, classy, dapper, elegant, exquisite, genteel, noble, posh, refined; (peenike) thin, faint, tenuous, delicate, slender
peenar bed, plot
peenejoonelisus delicacy
peenelt delicately, elaborately, elegantly, exquisitely, finely, smartly
peenestama grind, grate, flake
peenestatud ground, grated
peenetundeline tactful, discreet, sensitive
peenetundeliselt tactfully, discreetly, sensitively
peenetundelisus tact, discretion, delicacy
peenetundlik tactful, discreet, delicate
peenhäälestus fine tuning, sharp tuning
peenike fine, thin
peenis penis, phallus
peenmehhaanika precision mechanics
peenraha change, petty cash, small change

peenramaa allotment, vegetable plot
peensool table salt
peensuhkur refined sugar, granulated sugar
peensus refinement, subtlety
peenus fineness, finesse, elegance, polish, smartness, subtlety
peenutsema be a snob, be prim, try to be elegant
peenutsemine snobbery
peenutsev fancy, precious, prim
peenutsevalt snobbishly, primly
peenvill fine wool
peer peer, nobleman; (puuks) fart
  peeri abikaasa peeress
peerg pine splinter, chip
  peerge kiskuma splint (pinewood)
peesitama bask, sunbathe
peet beet, beetroot
peetav reputed, alleged, presumed
peetud worn, shabby
pehkima decay, rot slightly, decompose
pehkinud decayed, slightly rotten, unsound
pehme soft, mild, balmy, floppy, downy, mushy, squashy, tender
  pehme ja karvane fluffy
pehmekaaneline (raamat) paperback
pehmekäeline lenient, merciful
pehmekäeliselt leniently, mercifully
pehmeloomuline gentle
pehmendama soften, alleviate, mitigate, mollify, tenderise, tone down
pehmendav softening, alleviating, mitigating
pehmenema soften

P

pehmus softness, mildness, tenderness, limpness
peibutama decoy, lure
peibutav luring, enticing
peibutis bait, decoy, lure
   peibutisega varustama bait
peibutus allurement, enticement
peibutusmäng courtship
peidetud hidden, concealed, veiled, cryptic, latent, undisclosed
peidukoht concealment, recess, hiding place
peidus olema hide, be concealed
peidusolek hiding
peied funeral feast
peigmees bridegroom, fiancé, groom
peika boyfriend, fiancé
peiler pager
peilima sound, gauge, take bearings
   välja peilima pick up
peiling bearing
peitel chisel
   peitliga raiuma chisel
peitepilt puzzle
peitesõna *lgv* euphemism
peitevara buried treasure
peiteväljend *lgv* euphemism
peitma hide, conceal, disguise, stash, sweep under the carpet
   pihku peitma palm
   ära peitma shut away, tuck, hide
peitmikrofon bug
   peitmikrofonidega varustama bug
peitmärk *inf* hidden character
peits stain
peitsima stain
peituma be hidden, be concealed, lie behind, nestle
peitus(mäng) hide-and-seek
peiulill *bot* marigold

pekine lardy, porky
pekk lard, fat, blubber, bacon
peks spanking, beating, thrashing, good licking, battering, flogging, lashing
pekslema thrash, palpitate, race
peksma beat, thrash, lash, batter, club, crash, flog, pelt, pound, whip
   läbi peksma beat up
   surnuks peksma beat to death
   vaeseomaks peksma beat the hell out of, beat black and blue, beat sb to a jelly/a mummy
peksurihm strap
pelargoon *bot* geranium
peleriin cape
peletama frighten away, scare away, scare off, deter
   eemale peletama alienate, dispel, frighten off, put off, warn off
peletav deterrent, frightening
peletis monster
peletislik monstrous
peletislikkus monstrosity
pelg dread, fear, fright
pelgupaik refuge, retreat, asylum, sanctuary, harbour
pelgama be afraid of, dread, fear
pelglik fearful, timid, shy
pelglikkus timidity, shyness
pelglikult fearfully, timidly, shyly
pelgur coward, chicken
pelgurlik cowardly, gutless
pelgurlikkus cowardice, fearfulness
pelikan pelican
pelk mere, sheer
pelmeen dumpling (with minced-meat filling)
pelutav frightening, frightful, scary
penalti penalty
pendel pendulum

pendeldama oscillate, swing, alternate

pendeldav oscillating, swinging, pendulous

peni dog

penikeel *bot* pondweed

penikoorem mile

penitsilliin penicillin

penn penny

   pool penni halfpenny

   veerand penni farthing

   rahasumma pennides pence

   viimse pennini to the last farthing

pennita penniless, stony-broke

pension pension

   pensionile jääma retire

   pensionile saatma pension off

pensionifond pension fund

pensioniiga retirement age

pensionikindlustus pension insurance, retirement insurance

pensionipõlv retirement

pensioniseadus pension law

pensioniõigus right to a pension

pensioniõiguslik pensionable

pensionär pensioner, senior citizen, old-age pensioner (OAP)

pentaeeder pentahedron

pentagoon pentagon

pentagramm pentagram

pentameeter pentameter

pentsik strange, bizarre, funny, grotesque, crazy

pentsikult strangely, bizarrely, funnily

peokõne address of the day, festival oration

peolaud banquet table

peoleo golden oriole

peoperemees host

peoperenaine hostess

peopesa palm

peorõivas party clothes, festive clothes, finery

peosaal grand hall, banqueting hall

peotuju party mood, festive mood

peotäis handful, sprinkling

peoõhtu party night, festive evening

peps choosy, pernickety, prim, squeamish

pepu bottom, bum, rear

pere family, folk, household, people

   peret heitma swarm

   peret looma found a family, start a family

   peenike pere children

pere- domestic, family

perearst general practitioner (GP), family doctor

pereema mother (of a family)

pereettevõte family business, family-owned enterprise

pereheitmisaeg swarming time

perekond family

   perekonna asi family affair, domestic affair

   perekonna au family honour

   perekonna toitja breadwinner

   purunenud perekond broken home

perekonnaelu family life

perekonnainimene family man

perekonnaliige member of a family, flesh and blood

perekonnanimi surname, family name

perekonnapea head of a family, head of a household

perekonnasaladus family secret, skeleton in one's cupboard

perekonnaseis marital status

perekonnatüli domestic quarrel

perekonnauhkus family pride

perekondlik familial, domestic
perekonna- familial
perekonnaseisuamet registry office
pereliin family line
peremees master, landlord, boss, householder, employer, host
  iseenese peremees olema be one's own man
  oma majas peremees olema be a master in one's house
  olukorra peremees olema control the situation
  peremeest mängima boss
  peremehe kulul on the house
peremeesloom *zool* host
peremeestaim *bot* host
peremehelik masterly, bossy, possessive
peremeheta derelict, neglected
peremehetsema boss, play a master
perenaine landlady, mistress, hostess
pereplaneerimine family planning
perestroika perestroika
pereõhtu family evening
perfektne perfect
perfektselt perfectly, to perfection
perfektsionist perfectionist
perfektsus perfection
perfokaart punch card
perfolint punch tape
perforatsioon perforation
perforeerima perforate
perifeeria periphery
perifeerne peripheral
periood period, phase, time, term
perioodika periodicals
perioodiline periodic(al)
perioodilisus periodicity
periooditi in periods, seasonally, in between whiles
periskoop periscope
permanentne permanent, lasting
permanentselt permanently, lastingly
permutatsioon *mat* permutation
peroksiid *keem* peroxide
perpendikulaarne perpendicular
perroon platform
perse arse
  mine persse go to hell!; *halv* kiss my arse!
  asi on persses *halv* it's fucked up
personaal- personal
personaalarvuti personal computer, PC
personaalne personal
personaalsus personality
personal personnel, staff
  tehniline personal technical staff
  personali valimine ja paigutamine manpower deployment
personaliosakond personnel department, employment office
personalitöö staffing
personalivoolavus fluctuation of personnel, staff turnover
personifitseerima personify
persoon person, character
perspektiiv perspective, prospect, viewpoint
perspektiivikas promising, hopeful
perspektiivis in perspective
perspektiivitu without perspective
perspektiivne perspective
perspektiivplaan long-term plan
perpektiivuuringud advanced research
perspektiivvaade vista, view
peru restive, skittish, wild
perutama bolt
perutav skittish

P

perv bank, brink
perversne perverse
perverssus perversion
pervert pervert
pesa nest, den, lair
   pesa ehitama nest
   kuritegevuse pesa hotbed of criminality
pesakast nest box
pesakond brood, litter, hatch
pesamuna baby, youngest child of a family
pesapall baseball
pesapallikinnas mitt
peapallikurikas baseball bat
pesapallimeeskond baseball team
pesapallimängija baseballer, baseball player
pesapalliväljak baseball field
peseeta peseta
pesema wash, clean, shampoo, rinse, bathe, scrub
   maha pesema wash off
   nõusid pesema do the dishes, wash up
   pead pesema wash one's hair
   pesu pesema launder, do the washing
   puhtaks pesema wash out
   põrandat pesema mop
   välja pesema wash out
pesija washer
pesitsema nest, nestle
pesitsus nesting
pesitsuspaik nesting place, breeding ground
pessaar pessary
pessimism pessimism
pessimist pessimist
pessimistlik pessimistic, despondent
pessimistlikult pessimistically

pestav washable
pestitsiid *keem* pesticide
pesu laundry, linen, wash
   pesu kuivama riputama hang out to dry
   pesus olema at the wash, in the wash, in laundry
   must pesu dirty clothes, soiled linen
pesuaine detergent
pesuehtne dyed-in-the-wool
pesukaru *zool* racoon
pesukauss washbasin
pesukindel washable, fast
pesukord wash, washing
pesukumm elastic band
pesukäsn sponge
pesuköök laundry
pesulõks clothes peg
   pesulõksuga kinnitama peg
pesumaja laundromat
pesumasin washing machine
pesunaine washerwoman, laundress
pesunöör clothes line
pesupulber washing powder
pesuruum washroom
pesusamet corduroy
pesusametpüksid cord, corduroy
pesusooda washing soda
pesuvesi wash water, dirty water
pete deception, fraud, sham, con, cheating
petersell parsley
petetu dupe, deceived, gullible
petis cheat, fake, impostor, fraud, rascal, swindler, con
petislik deceitful, cheating, fraudulent, cunning
petitsioon petition
petlik deceptive, fallacious, illusory, specious, wicked, tricky

P

petlikkus duplicity, falsity, guile, deceptiveness
petlikult deceptively, guilefully, misleadingly
petma cheat, con, deceive, betray, fool, hoax, bamboozle, delude, fob off, lie, pull a fast one, swindle, take in, trick
välja petma cheat, defraud
petrool(eum) petroleum, kerosene
petrooleumlamp kerosene lamp
petrooleummootor kerosene motor
pett buttermilk
pettekujutlus illusion, delusion, mirage
petteliigutus feint, manoeuvre, dodge, fake
petteline deceptive, illusionary
pettelöök feint
pettemäng act, manoeuvre
pettenäht optical illusion
pettuma be disappointed, be mistaken
pettumus disappointment, frustration, disillusionment, let-down, anticlimax
    pettumust valmistama disappoint, disillusion, fail
    pettumust valmistav disappointing
pettunud disappointed, disillusioned, frustrated
    väga pettunud disgusted
pettur → **petis**
petturlik fraudulent, deceitful, fake, underhanded
petturlikult fraudulently, deceitfully
pettus deceit, deception, bluff, fraud, sham, swindle, con, lie, malpractice
    pettuse teel by swindling, by deception, under false pretences, fraudulently
pettus(e)-, petu bogus, deceiving, deceptive
petujutt humbug
petukaup gimmick, put-up jobs
pianiino upright piano
pianist pianist
pidaja keeper, holder, occupier
pidalitõbi *med* leprosy
pidalitõbine leper
pidama keep, hold, have, rear, run; (**kohustatud olema**) must, should; (**millekski**) perceive, take for, consider, believe
    pea suu shut up, belt up
    pidage kinni hold it, stop
    pidama saama halt, stop
    ametit pidama follow a profession
    arveid pidama keep accounts
    halvaks pidama look down upon, consider bad
    kalliks pidama hold dear, cherish, prize, treasure
    kelleks sa mind pead? what do you take me for?, what do you think I am?
    kinni pidama abide by, adhere, keep (to), stick to, uphold; delay, detain, intercept
    kirjavahetust pidama maintain a correspondence, write
    koosolekut pidama hold a meeting
    korda pidama keep someone in line, police, keep an order
    kõnet pidama deliver a speech
    liiga kalliks pidama consider too expensive
    lubadust pidama keep one's promise

P

lugu pidama respect, honour, esteem

nõu pidama consult, take council

paika pidama be valid, be true, hold water

pidu pidama have a party, celebrate

piiri pidama be moderate

päevikut pidama keep a diary

salajas pidama keep quiet about

sammu pidama keep pace

silmas pidama mean, take, think, consider, deem, view, believe, regard

silmas pidades in view of, considering

sõda pidama wage war, fight

tähtsaks pidama make much of, consider important

vahti pidama watch, guard, patrol

vastu pidama (**näljale, janule**) endure, hang on, hold one's own, hold out, *ka sõj* hold, resist, stick out, survive, (**rünnakule**) sustain, stand, stand up, (**kandmisele**) wear, withstand

vett pidama hold water

viha pidama bear grudge

välja pidama sustain

ülal pidama (**toetama**) keep, maintain, support; (**käituma**) conduct oneself, behave

pide holder, handle, grip, knob

pidepunkt fulcrum

pidev constant, continual, continuous, permanent, unbroken, perpetual, persistent, relentless, running, solid, steady, unremitting

pidevtellimus standing order

pidevalt all the time, always, constantly, continually, ever, forever, permanently, persistently, progressively, steadily

-pidi -way, -wise, along

pidžaama pyjamas, night clothes

pidu party, festival, celebration, fete, feast

pidu pidama party, give a party

pidu- gala

pidulik festive, formal, gala, ceremonial

pidulikkus festiveness, dignity, pomp

pidulikult festively, ceremonially

pidupäev holiday, festivity, feast

pidupäevane festive

pidur brake; drag

pidurit vajutama brake, put on the brakes

pidurdama brake; check, drag down

pidurdamatu inexorable, unstoppable, relentless

pidurduma brake, slow down

pidurituli brake light

pidustus celebration, festivity, fete

pidusöök feast

pidutsema party, celebrate, have fun, feast

pieteeditunne feeling of piety

pietism pietism

pigem rather, better, more, preferably, sooner

pigem ... kui ... rather ... than ...

pigi pitch

pigis olema be in a fix, be in a pickle, be in a tight spot, be in deep water

pigist pääsema get off the hook

pigilind cobbler

pigimust jet-black, pitch-black, pitch-dark

P

pigistama squeeze, clasp, pinch, press, jam
  kinni pigistama squeeze shut, press shut
  kokku pigistama clench, compress, constrict, jam, squeeze, set teeth
  välja pigistama drag out, elicit, extract, gouge out, squeeze
pigistav tight
pigistus constriction, pinch, squeeze
pigisüsi jet
pigmendilaik mole, liver spot
pigmendipuudumine pigment deficiency, albinism
pigment pigment
pihajoon waistline
pihaosa bodice
pihid tongs, pincers, pliers
pihik bodice
pihikseelik pinafore, (AmE) jumper
pihk palm
  peost suhu from hand to mouth
pihlakamari rowanberry
pihlakas mountain ash, rowan(tree)
piht *relig* confession; (**keskosa**) waist, middle
  pihil käima go to confession
  pihile võtma hear a confession, confess
pihtija confessant
pihtima confess
pihtimus confession
pihustama pulverise, spray
pihusti spray
pihutama drizzle
pihutäis fistful
pii tooth; *mat* pi
piibel Bible, scripture
piibeleht lily of the valley
piibellik, piibli- biblical
piiber *zool* beaver

piibliseletus exegesis
piiblitund Bible class, scripture lesson
piibliuurimine Bible study
piibunosu nosewarmer
piibutäis pipe
piiga gal, girl, maid, lass
piik lance, pike
  piigiga läbi torkama lance
  piike murdma break a lance with
piiks bleep, peep
piiksatus squeak, yelp, peep
piiksuma bleep, squeak, tweet
piiksuv squeaky, peeping
piilar pillar
piiluma peek, peep, pry, steel a look
piilur scout
  piilurina tegutsema scout
piim milk
  kooritud piim skimmed milk, skim milk
  piima andev milk-yielding
  piima eritav (taim) lactiferous
  piima koorima skim milk
piimaand milk yield
piimaeritus lactation
piimafarm dairy farm
piimaga milky, au lait
piimahabe downy beard, greenhorn
piimahammas milk tooth, first tooth
piimakann milk can
piimakari dairy cattle
piimakokteil milkshake
piimamees milkman
piimanaine milkmaid, dairy-woman
piimanõges dead nettle
piimanõu milk keg, milk can
piimapood dairy, milkshop
piimapulber milk powder
piimapõrsas sucking pig
piimapütt churn
piimatoodang milk production

P

piimatooted dairy products
piimatööstus dairy industry
piimhape *keem* lactic acid
piimhappebakter lactic-acid bacterium
piimjas milky
piin agony, torment, torture, anguish, affliction
piinaja tormentor
piinama torture, torment, afflict, plague
  südametunnistus piinab stung by remorse, suffering pangs of conscience
  surnuks piinama torture to death
piinapink rack
piinapost stake
piinarikas agonising, excruciating, painful
piinatud anguished, vexed
piinav agonising, excruciating, harrowing, niggling
piinavalt agonisingly, excruciatingly
piinlema agonise, suffer
piinlik embarrassing, awkward
piinlikkus embarrassment, awkwardness, discomfort, self-consciousness
  piinlikkust tekitama embarrass
  piinlikkust tundma be embarrassed
piinlikult embarrassingly, awkwardly, scrupulously
piip pipe
  piipu tõmbama smoke a pipe
piipar beeper, pager
piir border, borderline, boundary, edge, frontier, limit, line
  piiri panema set limits to, confine, curb
  piiri peal olema be on the verge of, on the brink of

üle piiri minema cross a line, cross a border; *ülek* go too far
mingi piirini to the point of
üle piiri over the border; *ülek* off limits, off range
piirama limit, restrict, bound, circumscribe, confine, constrain, constrict, curb, cut down, edge, border
  ümber piirama besiege, beleaguer, shut in
  juukseid piirama trim, cut short, crop
  nööridega piirama rope off
  sisse piirama block in, close in, hem in, surround, encircle, blockade, (**linna, kindlust**) besiege
piiramata free-for-all, unrestricted
piiramatu absolute, indefinite, unlimited
piiramine infringement, limitation, siege
  piiramist alustama lay siege to
piiramiskraav sap
piiramismasin testudo
piirang limit, restraint, restriction, constraint, curb
piiranguteta free-for-all, freely, with no strings attached
piiratud limited, restricted, confined, finite, latent, narrow, one-track mind
  tähtajaga piiratud terminable
piiratus confines, narrowness
piirav limiting, restrictive, confining
piirdehekk hedgerow
piirdematerjal fencing
piirduma confine, be limited, keep to, be content
piire periphery, border, fencing
piirhind *maj* maximum price, highest price

piiri- peripheral, border
piiriala frontier, borderland, periphery
piirides within the limits, within the bounds
piirikaubandus border trade, frontier trade
piirikohtunik linesman
piirikontroll immigration
piirileping treaty on borders
piiripealne borderline, marginal
piiripunkt border check point, customs point, border crossing point
piiririigid border states
piiririkkumine border violation
piiristama demarcate, border, define a border
piiristus demarcation, defining a border
piiristusjoon line of demarcation
piiritagune abroad, overseas
piiritleja determiner, definer, marker
piiritlema determine, define, mark
piiritu boundless, limitless, infinite
piiritus spirit, alcohol
    tehniline piiritus meths, methylated spirits
piiritusevabrik distillery
piiritusevedaja smuggler of spirits, bootlegger
piirituslamp spirit lamp
piirivalve border guard
piirivalvepaat border guard boat, coast guard boat
piirivalvepunkt border guard post
piirivalvur border guard
piiriäärne frontier, along a border
piirjoon borderline, boundary, contour, division, line, outline
    ringi piirjoon circumference
piirkond area, region, district, precinct, quarter, sphere

piirkondlik regional, local
piirkonnas in the area of
piirmäär marginal rate
piirnema border on, be next to, adjoin, abut
piirnev bordering, neighbouring, adjoining
piirnorm limit, restriction
piirpääsuke swift, martlet
piisama suffice, be enough
    piisab kõigile suffices for all
    mitte piisama run short, not enough
    vaevu piisama stretch
piisamrott ondatra
piisav sufficient, adequate, ample
piisavalt enough, sufficiently, adequately
piisavus sufficiency, adequacy
piisk drop, bead, droplet, globule
piiskhaaval in drops
piisknakkus *med* droplet infection
piiskop bishop
piiskopikirik cathedral, Episcopal Church
piiskopimüts mitre
piiskopisau crosier
piiskopitool see
piiskopkond diocese
piiskoplik episcopal
piison bison, buffalo
piisonikütt buffalo hunter
piit jamb, frame, pier, stanchion
piits whip, lash, scourge
    piitsa andma whip, lash
    piitsa laksutama crack a whip, snap a whip
piitsahoop lash
piitsakeel lash
piitsavars whip handle, whip stock
    peenike nagu piitsavars skeletal
piitsutama whip, lash, flog, scourge,

P

encourage, urge (to do)
pikaajaline long, prolonged, long-range, long-standing, long-term
pikaealine long-lived
pikaealisus longevity
pikajalgne long-legged
pikakarvaline long-haired
pikakasvuline tall
pikakoivaline long-legged
pikalakaline with a long mane
pikaldane slow, phlegmatic, sluggish, protracted
pikaleveninud lengthy, long-drawn-out, prolonged, protracted
pikali lying down, stretched out, flat
pikalt at length, lengthily, for a long time
pikamaa- long-distance, long-range
pikamaajooks long-distance run
pikameelne forbearing, patient, long-suffering
pikantne piquant, savoury, spicy
pikantsus piquancy, spiciness
pikanäpumees thief, light-fingered
pikap pick-up
pikapeale in the long run, slowly, at last, by and by
pikatoimeline slow, sluggish, stolid
pikatoimelisus sluggishness, stolidity
pikavõitu longish, tallish
pikeerima dive; *bot* prick out
pikendama extend, lengthen, prolong, renew
pikendatud extended, elongated
pikendus extension, lengthening, prolongation, respite, renewal
pikendusjuhe extension cord
pikenema lengthen, be extended
pikergune elongated, oblong
piketeerija picket
pikett picket

pikettima picket
piki along, down, lengthwise
pikijoon longitudinal line
pikilõige longitudinal section
pikisuunaline linear
pikk long, tall, lengthy
   pikk ja peenike spindly, lanky, willowy
   pikk ja tugev tall and strong, strapping
   pikka aega ages, at length, for long
   pikka aega tagasi ages ago, the year dot
pikkamisi → **pikkamööda**
pikkamööda slowly, gradually, unhurriedly
pikker lightning
pikkima (aianduses) prick (out); (kokanduses) interlard
pikkpoiss meatloaf
pikksilm telescope, field glasses
pikkus height, length, longitude, stature
pikkuskraad longitude
pikkusmõõt long measure, linear measure
pikkusühik unit of length
piklik oblong, elongated
pikne lightning, thunderbolt
   pikne lõi sisse lightening struck
   piksest rabatud thunderstruck
piknik picnic
   piknikut pidama picnic
piknikukorv hamper, picnic basket
piknikuline picnicker
piksekaitse lightning protection
piksekärgatus peal, thunderclap
piksenool thunderbolt, bolt, shaft
piksevarras lightning rod, lightning-conductor
pikoloflööt piccolo

P

pikša *zool* haddock
piktograafia pictography
piktogramm pictogram
pikutama lie, recline, rest
pikutamine lie-down, resting
pikuti along, lengthwise
pikutine longitudinal, lengthwise
pila ridicule, travesty, jest, joke
pilaff pilaf(f)
pilama ridicule, mock, jest, joke
pilapilt caricature
pilapiltnik caricaturist
pilastama rape, ravish
pilastus rape, ravishment
pilbas splinter, chip
   pilbasteks purustama splinter
pilbaskatus shingle roof
pildi- pictorial
pildimaterjal graphics
pildistaja photographer
pildistama photograph, take pictures
pildistamine taking pictures, photography
pilditöötlus *inf* image/picture processing
pilduma throw, scatter, fling, pelt, sling
pilet ticket, pass, permit, voucher
   pileti hind fare, price of a ticket, admission fee
   edasi-tagasi pilet return ticket
   piletit mulgustama punch, check in
   piletita reisija stowaway
piletikassa ticket office, box office
piletikontroll ticket inspection
piletikontrolör ticket inspector
piletikonts stub, counterfoil
piletimüüja conductor, ticket salesman, booking clerk
pilge mockery, ridicule, taunt, crack,

jeer, jibe, put-down
pilgeni filled to capacity, chock-full, packed
pilguheit glimpse, glance, look, squint
pilgutama blink, wink, bat an eyelid
   silmagi pilgutamata without wincing
piljard billiards, pool, snooker
   piljardit mängima play billiards, shoot
piljardikepp cue
piljardikuul billiard ball
piljardilaud billiard table
piljardisaal billiard room, poolroom
pilk look, glance, glimpse, leer, gaze
   esimesest pilgust at first sight, at a glance
   himur pilk dirty look
   raevukas pilk glare, angry stare
   pilguga puurima stare, gaze, scrutinise
   pilke vahetama exchange looks
   pilku heitma glimpse, cast an eye on, dip into
   pilku maha lööma cast eyes down
   pilku minevikku heitma cast one's mind back
   pilku suunama focus
pilkama mock, ridicule, jeer, satirize, taunt
pilkamine mockery, ridicule, taunting
pilkav mocking, sardonic, wry
pilkavalt mockingly, sardonically
pilkealune laughing stock, mockery, butt
pilkelaud butt
pilkelaul satirical song, lampoon
pilkenimi nickname
   pilkenime andma dub

pilkeobjekt → **pilkealune**
pilkepilt caricature, cartoon
pilkerahe shower of taunts
pilkesalm epigram
pilkupüüdev arresting, eye-catching
pill (musical) instrument
   pill lahti cry, weep
   kõrvad ajavad pilli ringing in one's ears
   pille kotti panema call it a day
   pilli järgi tantsima eating out of one's hand, dance to one's tune
   pilli lõhki ajama be too demanding, exaggerate
pillaja squanderer, wastrel, spendthrift
pillama drop, let fall; (**raiskama**) squander, waste, dissipate, fritter away
pilla-palla pell-mell, all over the shop, in disorder
   pilla-palla paiskama muddle
pillav wasteful, extravagant, lavish, uneconomical
pillavalt wastefully, extravagantly, freely, lavishly
pillerkaar revel, merrymaking, spree
pillikeel string, chord
pillilugu piece of music, song
pillimees musician, player
pilliroog reed
pillirookatus thatched roof
pillutama scatter, toss, flip
   laiali pillutama scatter, throw about
piloot pilot, aviator
   teine piloot co-pilot
pilotaaž pilotage
piloteerima pilot
pilt picture, painting, image, photo, illustration, sketch, vision

pildi allkiri caption
pildil kujutama picture, visualise
pilte klõpsutama take a picture, snap
piltidega varustatud pictorial, illustrated
   selget pilti saama get a picture of
piltilus pretty as a picture
piltkiri pictograph, hieroglyphics
piltkujutis icon
piltlik figurative, metaphoric
piltlikkus figurativeness
piltlikult figuratively, metaphorically, pictorially
piltmõistatus puzzle, rebus
piltmärk *inf* pictorial character
pilu slit, slot
pilukil half-closed, narrowed, hooded
pilusilmne slit-eyed, almond-eyed
pilutama narrow, squint; (**käsitöö**) hemstitch
pilv cloud
   pilve minema cloud over
   pea pilvedes head in the clouds
pilvelõhkuja skyscraper
pilverünk bank (of clouds)
pilves overcast, clouded, cloud-capped; (**uimas**) intoxicated, stoned, high
pilvik russula
pilvine cloudy, overcast
pilvisus cloudiness
pilvitu cloudless
pilvitus clouding, overclouding
pime (**nägemisvõimetu**) blind, sightless, eyeless; (**valgusetu**) dark, dim, murky
   täiesti pime stone-blind, as blind as a bat

P

pimedaks jääma grow blind, lose one's sight
pimedate kiri Braille
pimeda tulekul at nightfall
pimedaks minema darken
pimedas in the dark
pimedus blindness; dark, darkness, obscurity, blackout
  pilkane pimedus pitch-dark, impenetrable darkness
  pimeduse katte all under the cover of darkness
  pimedusse jätma black out
pimedusejünger obscurant
pimeduses all at sea
pimekohting blind date
pimendama black out, darken
pimendus darkening, blackout
pimenduspilt *inf* screen saver
pimenema darken
pimesi blindly
pimesikumäng blindman's buff
pimesool appendix, caecum
pimesoolepõletik *med* appendicitis
pimestama blind, dazzle
pimestav blinding, glaring
pimestavalt blindingly, dazzlingly
pimik darkroom
pimss(kivi) pumice
pinal pencilbox
pind (**pinna**) ground, surface, face, soil, texture; (**pinnu**) splinter, sliver, slab
  pinda jalge alt kaotama lose one's footing
  kindel pind solid ground
  pinnuks silmas eyesore, thorn in one's side
  pind läks sõrme ran a splinter in one's finger
pindala area, superficies; acreage
pindama surface, cover

pindmine superficial, surface, external, skin-deep
pinev tense, charged, strained, taut
  pineva vahekorra lahenemine détente
pinevil anticipating, tense, agog, on tenterhooks
pinevus tension, strain, tautness
pinge tension, pressure, strain; *el* voltage
  pinge all olema stress, at high pressure
  pingest vabanema thaw
  pinget hoidma stoke up
  pinget pakkuma thrill, challenge
  pinget pakkuv thrilling, challenging
  pinget tõstma work up
pingelangus drop of tension; *el* voltage drop
pingeline intense, strenuous, stressful, electric, uneasy
pingeregulaator voltage regulator
pingeseisund stress
pinges tense, intent, anxious, uptight
pingestama put a strain on
pingevaba effortless, free
pinginaaber deskmate
ping-pong table tennis, ping-pong
ping-pongilabidas bat, paddle
ping-pongilaud table
ping-pongipall ping-pong ball
pingsalt intently, acutely, tightly
pingul taut, tense, tight, keyed up
  pingul täis bursting
pinguldama brace, tighten
pingulolek tension, tightness, tautness
pingutama stretch, strain, tighten, exert, flex; strive
  üle pingutama play up, strain

pingutatud strained, tightened, laboured

pingutav demanding, strenuous, arduous, taxing

pingutus effort, struggle, exertion, snatch

pingutusköis brace

pingutuspöör toggle

pingutusraam tenter

pingviin penguin

pinin whine, buzz

pinisema whine, buzz, cry

pink bench, desk, form, seat

   pingile saatma order off, send off

pinnaehitus relief, topography

pinnakate residual soil, ground cover, glaze

pinnalaotus development

pinnamood relief

pinnapealne superficial, surface, facile, skin-deep, perfunctory

pinnapealselt superficially, on the outside

pinnas earth, ground, land, soil

pinnasekiht layer of soil

pinnaseliik soil type

pinnaseproov soil sample

pinnastee dirt road

pinnavesi surface water

pinnavorm surface form

pinnima cross-examine, extort, grill

pint pint

pintsak jacket, coat

pintsaklipslane yuppie, yuppy

pintsel brush, pencil

   pintslisse pistma eat up

pintseldama brush, paint

pintsett tweezers, pincers

pinstlitõmme stroke of a brush, touch

pioneer pioneer

pipar pepper

jahvatatud pipar ground pepper

pipardama pepper

pipardatud peppery, spicy

piparmündi- peppermint, menthol

piparmündikompvek mint, peppermint

piparmünt peppermint, mint

pipett pipette, dropper

piprakaun pepper pod

piprane peppery, spicy, hot

pipratera peppercorn

pipratoos pepper pot

pipraveski peppermill

pipraviin spiced vodka

piraat pirate

piraatlus piracy, illegal copying

piraattoode pirate copy, illegal product

pirakas large, huge, chunky

pird pine splinter, chip

pire irritable, snappy, grumpy

pirin buzz

piripill cry-baby, wimp

pirisema buzz, whine, cry, whimper

pirn pear; (**elektri-**) bulb

pirniaed pear orchard

pirnikujuline pear-shaped

pirnipuu pear(tree)

pirnivein perry

piroog pirogue

pirtsakalt petulantly, primly, prudishly

pirtsakas petulant, prim, prude, prudish, finicky, peevish

pirtsutaja prude, petulant person, prima donna

pirtsutama be petulant, be prude, be finicky

piruett pirouette

pirukas pie, pastry, flan, tart

pisar tear, teardrop, drop

   pisarad kurgus lump in the throat

P

pisaraid valama shed tears, cry, weep

pisarat poetama drop a tear

pisarateni liigutatud moved to tears

pisarateni viima reduce to tears

pisaratest täituma well up

läbi pisarate through tears, tearfully

pisarais in tears, wet

pisarajuha lachrymal duct

pisarakott lachrymal sac

pisaranääre lachrymal gland

pisargaas tear gas

pisarsilmi with tears (in one's eyes)

pisarsilmne tearful

pisendama play down, trivialise, minimise

piserdaja sprinkler, spray

piserdama sprinkle, spray

pisi- miniature, mini-, petty, small-time

pisiarvuti calculator

pisiasi trifle, detail

pisiasjad bits and pieces, odds and ends

   pisiasjadega tegelema fiddle, niggle

pisiasjake knick-knack

pisik germ, bacterium, microbe

   pisikut saama become infected, become contaminated

   pisikutega saastuma contaminate

pisike little, petite, diminutive, fine

pisikujutis miniature, microcosm

pisikukandja carrier

pisikuline bacterial, microbial

pisikulud incidentals, petty charges, sundries

pisikutevaba aseptic, germfree

pisikutevastane bactericidal, germicidal

pisipakk small parcel, packet

pisipatt peccadillo

pisipõnn small child, toddler, tot, kid

pisitasa gradually, little by little, silently

pisiteade small ad

pisitilluke minute, diminutive, tiny

pisivargus petty larceny

pisiviga small error, minor mistake

pisku scant, little, bit, small amount

piss pee, piss

pissima pee, piss

pissine wet

pissuaar urinal

pistaatsia(pähkel) pistachio

pistak *inf* plug in

piste sting, stab, prick, stitch, twinge

pisteline random, incidental, irregular, from time to time

pistelisus irregularity

pistik plug

pistikupesa socket, point

pistis bribe, inducement, smear

   pistist andma bribe, induce, buy off

pistma stab, prick, thrust, stick, dip, poke, shove, tuck

   pistmist olema have to do with

   kinni pistma eat up, gobble down, demolish

   läbi pistma puncture

   nahka pistma tug in, eat up, gobble up, put away

   pihku pistma slip into someone's hand

   jooksma pistma take to one's heels

   sisse pistma dip in, stick in, insert into

   vahele pistma stick in, tuck,

(ajalehes) spatchcock
välja pistma poke, pop, stick out
pistoda dagger, poniard, dirk
pistong percussion cap
pistrik falcon, merlin
pisut a little, a bit, a trifle, some, any, slightly, somewhat, marginally
pits dram, shot; (käsitöö) lace
pitsa pizza
pitsat stamp, seal
pitsatiga varustama stamp, seal
pitsatit lööma stamp
pitsatijälg stamp, seal
pitsatilakk sealing wax
pitsatsõrmus signet ring, seal ring
pitseerima seal, seal up
pitser seal, stamp
pitseriga sulgema seal up
pitserit panema set the seal on
pitserijälg seal, stamp
pitserivaha sealing wax
pitsikuduja lacemaker
pitsiline lacy
pitsisilmus picot
pitsitama pinch, squeeze, pressure
pitsitus pinch, squeeze, pressure
pitskaelus lace collar, Vandyke collar, collarette, bertha
pitskardin lace curtain
pitskaunistus lace trimming
pitspael lace ribbon
pitstangid pointed pliers
piuks peep, squeak
piuksatama peep, squeak
piuksatus peep, squeak, tweet
piuksuma peep, squeak
piuksuv squeaky, peeping
pjedestaal pedestal, stand, dais, podium
plaadiautomaat jukebox
plaadike plaque

plaadikook girdle cake
plaadimängija record player
plaadistama record
plaaditud tiled, plated
plaadiümbris sleeve, envelope
plaan plan, schedule, scheme, design, formula; map, layout; intention, plot
tehniline plaan blueprint
plaani ellu viima realise a plan
plaani koostama formulate, plan
plaani lülitama fit in, fit into
plaani täitma hit the target, beat the target, fulfil the plan
plaani võtma schedule
plaani nurja ajama foil
plaanile märkima map, plot
plaanist eest ahead of schedule
plaanist maas behind schedule
plaaner glider
plaanija planner, designer, plotter
plaaniline planned, methodical, systematic
plaaniliselt on schedule, according to plan
plaanima plan, project, calculate, figure on
plaanimajandus planned economy, centrally-planned economy, controlled economy
plaanimata unscheduled, unplanned
plaanistama map, survey, plot
plaanistuslaud surveyor's table, planer table
plaanitsema contrive, plan
plaanitsetud deliberate, planned, intended
plaaniväline unscheduled, not intended, not provided by the plan
plaaster plaster, sticking plaster, dressing
plaasterdama plaster

P

plaat panel, plate, board, slab, tile, sheet; (**heliplaat**) record
plaatima plate, tile, slab, board up
plaatina platinum
plaatinablond platinum blond
pladistama paddle, splash, patter
plafoon light sign
plagama scurry, scuttle, scamper
plagiaat plagiarism, stealing, copying
plagieerima plagiarise, steal, copy
plagin clapping, rattle, patter, flap
plagisema rattle, patter, chatter, flap
   hambad plagisevad teeth chatter
plagu flag, jack, standard
plahvatama explode, go off, blow up, burst into, detonate, erupt
plahvatav explosive, volatile
plahvatus blast, explosion, detonation, blast
plahvatuskindel explosion-proof
plahvatusoht explosion hazard
plahvatusohtlik explosive, volatile
plakat poster, placard
plaks slap, whack, clap
plaksatama crack, slap, clap
plaksatus crack, slap, clap
plaksuma clap, rattle, crack, slap, chatter
plaksutama applaud, clap
planeerija planner, schemer, plotter
planeerima plan, project, design, lay out
planeerimine hang-gliding; planning
planeerimisoskus planning capacity, vision
planeeritud planned, mapped out
planeet planet
planeetidevaheline interplanetary

planetaarne planetary
planetaarium planetarium
plank board, plank; (**blankett**) form, blank, application
   planki täitma fill out, fill up
plankaed board fence, boarding
plankton plankton
planšett plane-table, planchette
plarts splash, flop, thud
plartsatama splash, flop, thud
plasku flask
plasma plasma
plasmaline plasmatic
plass pale, sallow
plast plastic
plastika plastic art
plastikaat plastic foil
plastiliin plasticine
plastiline plastic
plastmass plastic
plastne plastic, fictile, soft, flexible
plastsus plasticity, softness, flexibility
plasttops plastic cup, beaker
platoo plateau, table, upland
platooniline platonic
plats place, ground, site, field, square
   platsi puhtaks tegema sweep the board, clean up
   platsis olema be on the spot, be there, be ready
platsdarm base, bridgehead, foothold
platseeruma be placed, place
platsenta placenta
platskaart berth ticket on a train, train reservation
platvorm platform, stand, dais, base, foothold
plebei plebeian
pleed plaid, rug

pleegitaja bleach
pleegitama bleach, blanch, lighten, fade
pleekima bleach, fade
pleekinud faded, washed-out
pleier player
plekiline spotted, speckled, stained, dotted, spotty, blotchy
plekimõlkimine *ülek* bump, slight car crash
plekine tinny, metallic
plekissepp tinsmith
plekk tin; (**määrdunud koht**) spot, stain, smear, blot, blotch, mark, smudge, speck, splash, taint, blemish
   plekke jätma leave a stain
   plekkidega katma spot, stain, smear, taint
   plekki kõrvaldama remove the stain
plekk-katus tin roof, sheet-iron roof
plekknõu tin vessel, tinware, can
plekkpurk tin
plekkämber pail
pleksiklaas plexiglas
plenaaristung plenary session
plii lead
pliiaku lead accumulator
pliiats pencil, pen
pliiatsi- pencil
pliiatsijoonistus pencil drawing
pliiatsikarp pencil box
pliiatsisüsi lead
pliiatsiteritaja pencil-sharpener
pliidiplaat (cooking) plate, cooking range, hotplate
pliidirõngas hob
pliin large pancake
pliit stove, cooker, cooking range
   pliidile panema put on
   keraamiline pliit ceramic stove

plika girl, gal, lass
plikalik girlish
plikatirts little girl, little tot
plinder predicament, plight, trouble
plindris in a fix, in a jam, in trouble, in a tight spot
plink stiff, dense, close, firm, compact, hard
plinkima blink, flash, glisten
plissee pleat
plisseeseelik pleated skirt
plisseerima pleat
plokk bloc; block
plokkflööt recorder, fipple flute
plokkima block
plokk-kalender tear-off calendar
plokkskeem block diagram
plombeerima fill, seal
plombiir ice cream
plomm filling, seal
plommima fill, seal
ploom plum
   kuivatatud ploom prune
ploomiaed plum orchard
ploomirasv suet
plotter plotter
plumps plop, splash
pluraalne plural
pluraalsus plurality
pluralism pluralism
pluralistlik plural
pluss plus, in addition, as well as, and, advantage
pluss-miinus give or take
plussmärk plus, plus sign, positive sign
plutoonium *keem* plutonium
pluus blouse, shirt, top, smock
plõks click, pop, snap, crack
plõksatama click, pop, snap, crack
plõksatus → **plõks**
plõksuma → **plõksatama**

P

plõnnima strum, twang
pläma crap, gibberish, rubbish, piffle
plämama talk rubbish, talk crap, gibber
plära crap, gibberish, rubbish, piffle, bullshit, twaddle
plärisema blare, jangle, blast
plärts splash, splotch, spit
plärtsatama splash, splotch, spit
plärtsatus splash, splotch, spit
pläru self rolled cigarette
plätserdama daub, smear, splotch, model unskilfully
plätserdis botch, daub, splotch
plötserdama → plätserdama
plüüs plush
pneumaatiline pneumatic
pobin mumble, mutter, murmur, splutter
pobisema mumble, mutter, murmur, splutter
podagra *med* gout
podin mumble, sputter, bubbling
podisema mumble, sputter, bubble, chug
poeaken shop window, display
poeem poem
poeesia poetry
poeet poet
poeetiline poetic, poetical
poeetilisus poetry
poeg son; (looma) cub, calf
poegima give birth, whelp, kitten, foal, litter, calve, fawn, cub
poeglaps boy (child), male child
poehind retail price, selling price
poekott shopping bag
poelett counter
poemüüja salesman, shop assistant
poepidaja shopkeeper, retailer, grocer

poesilt shop sign
poetama drop, slip, shed
  vahele poetama put in (words)
poetuma steal, slip
poetess poetess
poetiseerima poeticise
poevargus shoplifting
pohl lingonberry, cowberry, (AmE) mountain cranberry
pohmell hangover, crapulence
pohmellis hung over, crapulent
pohmelusepäev blue Monday
poi buoy
poisiiga boyhood, boyish age
poisike (little) boy, youngster
poisikesetemp prank, lark, shenanigan
poisilik boyish
  poisilik tüdruk tomboy
poisilikult boyishly
poisinolk whippersnapper, brat, urchin
poisipea bob
poisipõli, -põlv boyhood
poisivolask stripling
poiss boy, guy, chap, fellow, lad, son
  koer poiss naughty boy, mischievous boy
poissmees bachelor, single man
poissmeesteõhtu stag party, stag night
poiste- boys', male
poistekoor boys' choir
poisu sonny, laddie
pojalik filial
pojanaine daughter-in-law
pojapoeg grandson
pojatütar granddaughter
pojeng *bot* peony
pokaal goblet, chalice, cup
pokker poker

poks boxing
  poksiasendit võtma square up
  poksilööke andma spar at
poksija boxer, prize fighter, bruiser
poksikinnas boxing glove
poksilöök punch, blow
poksima box
poksimatš boxing match, fight
poksiring boxing ring
polaar- polar
polaarala polar region
polaarekspeditsioon polar expedition
polaarjaam polar station
polaarjoon polar circle
polaarjänes polar hare
polaarmeri polar ocean
polaarne polar
polaarpäev polar day
polaarrebane arctic fox
polaarsus polarity
polaaruurija Arctic explorer
polaaröö polar night
polarisatsioon polarisation
polariseerima polarise
pole (be) not
  pole aimugi no idea, can't imagine, haven't a clue, haven't the foggiest idea
  pole häda midagi none the worse
  pole ime no wonder
  pole kahtlustki beyond question, beyond doubt
  pole kõneväärt don't mention it
  pole midagi it's okay, never mind, it doesn't matter, there now
  pole midagi parata nothing doing
  pole oluline forget it
  pole paha not bad
  pole suurem asi no great shakes
  pole tänu väärt not at all, don't

mention it
  pole vahet it makes no odds (or difference)
  pole vaja no call (or need) for
  pole viga not to worry, never mind
  pole võimalik no way
poleemika polemics, controversy
poleemiline polemic
poleer polish, burnish, shine, buff, gloss
poleerima polish, burnish, shine, buff
poleerimisvaha polishing wax
poleeritud polished, burnished
poliis policy
poliitik politician
poliitika politics, policy
poliitiline political
  poliitiline koosolek convention, political rally
  poliitiline pagulane émigré
  poliitiline tiib wing
  poliitiline varjupaik political asylum
  poliitilise tiiva pooldaja winger
  poliitilised vabadused political liberties
poliitiliselt politically
poliitvang political prisoner
polikliinik policlinic, hospital, outpatient department
politikaan intriguer, scheming politician
politiseerima politicise
politoloog political scientist, political researcher
politoloogia (science of) politics
politsei police
  politseile üles andma turn someone in
  politseisse teatama report to the police

politseiahelik police cordon
politseiinspektor inspector
politseijaoskond (police) station, (AmE) (police) precinct, department
politseijõud police force, constabulary
politseikohtunik magistrate
politseikonstaabel police constable, PC
politseinik policeman, police officer, constable, copper, cop
politseiohvitser (police) officer
  kõrgem politseiohvitser superintendent
politseipatrull police squad
politseiprefekt chief constable, (AmE) police commissioner, prefect
politseiprefektuur police district, prefecture
politseiülem police chief, chief of police, marshal
politseivalve police surveillance
polk regiment
polkovnik colonel
pollar bollard, bitts
polo polo
polokaelus polo neck
polokurikas polo mallet
polster padding, pad, wadding
polsterdama upholster, pad, stuff
polsterdatud upholstered, padded
polsterdus upholstery, padding, cushion
polt bolt, pin, peg
  poldiga kinnitama bolt, pin, peg
polü- poly-
polüester *keem* polyester
polüeteen, -etüleen *keem* polyethylene
polüfoonia *muus* polyphony

polügoon *mat* polygon; *sõj* range
polügaamia polygamy
polügaamne polygamous
polüglott polyglot
polügraafia polygraphic printing
polügraafiline polygraphic
polügrafist expert on polygraphic printing
polümeer *keem* polymer
polümeerne *keem* polymeric
polümorfism polymorphism
polüskleroos *med* multiple sclerosis
polüstüreen, -stürool *keem* polystyrene
polüteen *keem* polythene
polütehnikum polytechnical college
polütehniline polytechnical, poly
  polütehniline instituut polytechnical institute
polüüp polyp; *med* polypus
pomin murmur, mutter, mumble
pomisema murmur, mutter, mumble
pomm bomb, bombshell
pommikild splinter
pommikindel bombproof
pommirünnak bomb attack, air raid
pommitaja bomber
pommitama bomb, bombard, shell, spray
poni pony
ponks bonnie, bonny
ponnistama exert, strain, endeavour, stretch to
ponnistus exertion, effort, endeavour
pontoon pontoon
pontsakas chubby, plump, flabby, lumpy
pontšik doughnut

pood shop, (AmE) store, grocer's, supermarket
  poes käima shop
poodium stand, platform, dais, podium, rostrum
poodnik → **poepidaja**
poogen bow; sheet
poognakaupa by the sheet
poognasuurus size of a sheet of paper
pookeoks graft, scion
pookima graft, engraft, bud, inarch; (**vaktsineerima**) inoculate, vaccinate
pookimisalus stock, standard
pool half; side, party, part; (**juures**) at, by; (**pooli**) spool, reel
  poole aruga half-witted, simple-minded, crackpot
  poole hinnaga half-price, at half-price, for half-price
  poole häälega in an undertone, in a low voice
  poole kehani waist deep
  poole kohaga part-time
  poole rohkem twice as much
  pooles vardas half-mast
  poole võrra by half
  pooleks minema halve, go to halves
  poolel teel halfway, midway, on one's way
  poolele teele vastu tulema meet someone halfway
  poolele asuma side with, ally, align
  poolele hoidma side with, support
  parem pool! right face!
  vasak pool left, left wing
  tema pool at his place
  ühelt poolt ... teiselt poolt on the one hand ... on the other hand
pool- half, quasi-, semi-
Poola Poland
poolaasta half year, semester
poolaeg half, half time
poolakas Polish
pooldaja adherent, supporter, follower, sympathiser, proponent, believer, holder, partisan
pooldajaskond following
pooldama adhere, support, follow, favour, sympathise, take one's part
pooldav adhering, supporting, favouring, partisan, sympathetic
poolduma halve, go to halves, divide
poole to, toward(s), for, round
  tuba on lääne poole room looks west
  aknad on tänava poole windows open to the street
  kuhu poole which way
  igale poole everywhere, anywhere
  päeva lõpu poole towards the end of the day
poolehoid adherence, affinity, favour, sympathy, following
  poolehoidu avaldama give one the thumbs-up
  poolehoidu teenima score points off
  poolehoidu võitma win, win over, win round, endear, ingratiate
poolehoidja adherent, supporter, hanger-on
pooleks in two, in halves, fifty-fifty
  pooleks jagama go halves, divide into halves, in half, halve
pooleldi half, partly, halfway
pooleli in the middle of, in the process of

P

pooleli jätma break, drop out, discontinue
pooleli jääma cut short
pooleliolev pending
poolenisti half, halfway, nearly, almost
poolepennine halfpenny
poolest by, for, in regard to, as for, in respect
   minu poolest for my part, as far as I am concerned
   ei millegi poolest halvem by no means worse
   ameti poolest by profession
poolestusaeg half life
pooletunnine half-hourly
poolfabrikaat half-finished
poolfinaal semifinal
poolfinalist semifinalist
poolik half, unfinished
   pooliku oskusega semi-skilled
poolilmadaam demimondaine, courtesan
poolima spool, wind
poolistukil half sitting up, slouching
poolitama halve, bisect, divide
poolitusjoon axis, bisector
poolituskriips *inf* soft hyphen
poolitusmärk hyphen
pooljuht semiconductor, quasi conductor
poolkaar crescent
poolkaarjas crescent
poolkaitse halfback
poolkasukas fur jacket
poolkera hemisphere
poolkeraline hemispherical
poolkorrus intermediate floor
poolkuiv semidry
poolkurt half-deaf
poolkuu crescent

poolküps rare, half-done, half-ripe
poollamaskil recline
poolläbipaistev translucent, sheer
poolmast half-mast
   poolmastis olema at half-mast
poolmetall semimetal
poolmuidu dirt-cheap, for next to nothing
poolnoot *muus* minim, half-note
poolpaks thick, semi-liquid
poolpansion half board
poolpilet half-fare ticket
poolpööre half turn
poolring semicircle
poolringjas semicircular
poolsaabas half boot
poolsaar peninsula
poolsosin undertone
poolsurnu half-dead
poolsõjaväeline paramilitary
poolt for, in one's favour, pro-
   poolt- ja vastuargumendid the pros and cons
   kellegi poolt (olema) on one's part, on one's behalf, take sides with sb
poolt by, from
   isa poolt on one's father's side
   igalt poolt from all sides
pooltald half sole, (AmE) tap
poolteist one and a half
   pooleteist aastat a year and a half
poolthääl aye, affirmative vote, vote for
pooltoode intermediate product
pooltoon *muus* semitone, undertone
pooltoores medium rare, half-baked
pooltund half hour
pooltunnil on the half hour
poolus pole
poolvaljusti in an undertone

poolvend half-brother
poolvääris- semiprecious
poolvääriskivi semiprecious stone
poolõde half-sister
poom beam, spar
pooma hang, gibbet
   üles pooma hang; *kõnek* string up
poomisnöör rope, halter
poomissurm death by hanging
poonima wax, polish
poonimismasin floor polisher
poonimisvaha floor wax, floor
   polish
poor pore
poorne porous, permeable, spongy
poort border, braid, purl
poos pose, posture, attitude
poosetaja poser
poosetama pose, posture
pootshaak boat hook, grapnel
pootsman boatswain
popitegemine truancy, malingering
popitegija truant, malingerer
popkorn popcorn
popkunst pop art
popmuusika pop music
popp pop, in
popp- pop
pops cot, cottage
popsutama puff, whiff
populaarne popular
populaarsus popularity
   populaarsust tõstma boost
populariseerima popularise
populatsioon population
populism populism
populist populist
populistlik populistic
poputama pamper, spoil, coddle,
   cosset
porgand carrot
pori mud, dirt, mire

porikärbes bluebottle
porilaud mudguard, dashboard
poriloik puddle
porin grumbling, murmur
porine, porikarva muddy, dirty,
   miry
poriseja grumbler
porisema grumble, murmur
porisev grumbling, glum
poritiib mudguard, fender, wing
pornograafia pornography, porn
pornograafiline pornographic,
   porn, blue, mucky
porru(lauk) leek
portaal portal, gateway, porch
porter porter, stout
portatiivne portable
portfell briefcase, portfolio, case
   portfelli (aktivate) kontroll ja
   reguleerimine *maj* portfolio man-
   agement
portikus portico
portjee porter, doorkeeper, commis-
   sionaire
portjäär portière
portree portrait, likeness, picture
portreemaalija, portretist portrait
   painter
portreteerima portray
portreteerimine portrayal
ports lot, batch, bunch
   portsu otsa sattuma get into
   trouble, suffer misfortune
portselan china, porcelain
portselanesemed chinaware
portselanserviis set of china
portsigar cigar case, cigarette case
portsjon portion, helping, serving,
   ration
portvein port
poseerija model, poser, poseur
poseerima pose, sit, strike a pose

P

posija exorcist, charmer, quack
posima exorcise, charm, quack
positiiv positive (picture)
positiivne positive, plus, favourable
    positiivselt meelestatud positively disposed
    positiivne maksebilanss *maj* active balance of payments
    positiivne saldo *maj* debit balance
positsioon position, place, status, standing, rank, station
    kindel positsioon ground, secure position, firm ground
    positsioonidele liikuma move in
    positsioonilt välja tõrjuma dislodge
positsiooniline positional
positsioonisõda position warfare
post post, stake, pole; **(saadetis)** mail, post
    posti panema mail, post, send off
    postiga saadetud postal, posted, mailed
    postiga saatma mail, send a mail
post- post-, postal
postament pedestal, stand, post, rack
postiaadress postal address, mailing address
postiametnik, -töötaja post officer
postiasutus post office
postiindeks postal code, postcode, zip code
postikott postbag
postiljon postman, mailman
postiloend mailing list
postimaja post office
postimaks postage
postimüügifirma mail-order house
postimüük mail-order sale
postipakk parcel, package

postipoiss postboy, postillion
postisaadetis post, mail
postitama post, mail, send off
postitariif postal rates
postiteenistus mail, postal service
postiteenus post
postitellimine mail order
postitempel stamp, postmark
postituskuupäev mailing date
postitõld stage, stagecoach
postiülekanne mail payment remittance, mail transfer, postal (money) order
postiülekandega by post remittance
postkaart postcard
    postkaarti saatma send a postcard, drop someone a line
postkast postbox, PO box, letter box, pillar box, (AmE) mailbox
postkontor post office
    postkontori ülem postmaster, postmistress
postmark (postage) stamp
    postmarkide koguja philatelist
postskriptum postscript, P.S.
postulaat postulate, axiom
postuumne posthumous
postuumselt posthumously
pošeerima poach
pošeeritud poached
potentne potent, virile
potents potential, potency, virility
potentsiaal potential, possibility
potentsiaalne potential, possible
potentsiaalselt potentially, possibly
poti spade
potikinnas oven glove
potipõllumees petty farmer, gardener who grows plants in flower pots
potisinine indigo blue

potisoeng bob
potitaim pot plant, houseplant
potsatama fall with a thump, plump, flop down
   maha potsatama plump down
pott pot, saucepan, crock
   potti istutama pot
pottsepatöö pottery
pottsepatöökoda pottery
pottsepp potter
praad roasted meat, roast, steak
praadima fry, roast
praak refuse, waste, damaged goods, goods of inferior quality, spoiled units
praak- refuse, waste, shoddy
praakima sort out, check, reject as inferior, (**loomi jms**) cull
praaktoode → **praak**
praalima boast, brag, crow
praam ferry, ferryboat, barge
praeahi oven, roaster
praegu at present, now, currently, just now, presently, in this day and age, at the moment, for the moment
praegune present, current
   praegune olukord status quo
   praegusest hetkest hence, henceforth, from now on
praeguseks by now, for the present, now, for the moment
praeguseni up to now, until the present moment
praekartulid fried potatoes, French fries
praeliha roast, roasted meat
praelõik steak
praepann frying pan
praetaldrik large dinner plate
praetud fried
praevarras broach, spit

pragama scold, bawl out, come down on
pragin crackle
pragisema crackle
pragmaatik pragmatist
pragmaatiline pragmatic
pragmaatiliselt pragmatically
pragmatism pragmatism
pragu crack, split, cranny, crevice, fissure, slit
pragunema crack, split
pragunenud cracked, split, fissured, chapped
prahihunnik scrap heap, garbage heap, dump
prahilaev freighter, cargo ship
prahileping *maj* charter
prahivedu garbage removal; *mer* freight
prahivedaja garbage man, dustman
praht litter, rubbish, trash, crap, garbage, refuse, debris, rubble; *mer* freight
   prahti maha ajama litter, spoil
prahtima *mer* charter, freight
prahtkaup *mer* freight
prahvatama burst, explode, crash, bang
praks crack, snap
praksatama crack, snap, crackle
praksis practice
praksuma crackle, crack
praktik practical man, practitioner
praktika practice, training
praktikant trainee, apprentice
praktikum practical training, laboratory course
praktiline practical, businesslike, utilitarian, no-nonsense, commonsense
praktiliselt practically, realistically; (**peaaegu**) almost

P

praktilisus practicality
praktiseerima practise, exercise, keep one's hand in
pralle revelry, partying, carousing
prantsatama slam, crash, bang, flop
  maha prantsatama plonk
prantsatus slam, smash, crash, bang
prantslane French
Prantsuse, prantsuse French
Prantsusmaa France
praokil ajar, half-open
praost provost, rural dean
prassima feast, carouse, revel, squander
prassing feast, carousing, revelry, saturnalia
prassiv profligate, bacchanal, squandering
preambula preamble
predikaat *lgv* predicate
predikatiiv *lgv* predicative
preemia bonus, premium, bounty, fee, remuneration in money, carrot
preeria prairie
prees brooch
preesens *lgv* present (tense)
preester priest, father
preesterkond priesthood
preesterlik, preestri- priestly
preestriamet priesthood
preestrikuub frock, cassock, soutane, alb
preestrinna priestess
prefekt prefect, chief constable, police commissioner
prefektuur prefecture, police district
prefiks *lgv* prefix
preili Miss, Ms
prelaat *relig* prelate
prelüüd *muus* prelude

premeerima give a bonus, award a premium, reward, incite
preparaadialus slide
preparaat preparation, slide
prepareerima prepare
prepositsioon *lgv* preposition
presbüter *relig* presbyter
presbüterlik Presbyterian
present tarpaulin, canvas, oilcloth
presentatsioon presentation
presentmantel waterproof coat
preservatiiv condom, preventive
presideerima preside
presidendiamet presidency
presidendikandidaat presidential candidate
presidendivalimised presidential elections
president president
  presidendi ametiaeg presidency
presidentlik presidential
presiidium presidium
press press, media; (**surve**) pressure, strain
pressiesindaja spokesman, public relations officer
pressikeskus press centre
pressikonverents press conference
pressima press, squeeze, smooth
  kahe vahele pressima sandwich
  kokku pressima compact, press, crowd, sardine up
  sisse pressima squeeze in, jam in(to)
  välja pressima blackmail, extract, force, extort, squeeze, wring, (AmE) *sl* racketeer
pressisekretär press secretary
pressitalitus press service, media service
pressiteade press release
presspärm pressed yeast

pressraud smoothing iron
prestiiž prestige
   prestiiži kaotama lose face
prestiižne prestigious
pretendeerima pretend, lay claim
   to
pretendent pretender, claimant,
   challenger, contender
pretensioon pretension, claim
   pretensiooni esitama raise a
   claim, complain
   pretensiooni rahuldama meet a
   claim, satisfy a claim
   pretensiooni tagasi lükkama
   reject a claim
pretensioonikas pretentious
pretensioonitu unpretentious
pretsedenditu unprecedented, first-
   time
pretsedendiõigus case law
pretsedent precedent, example
preventiivne preventive, preventa-
   tive
preventsioon prevention
prii free
prii- complimentary
priileivasööja parasite, idler,
   sponger, drone
priima- prime, prima
priimabaleriin prima ballerina, first
   dancer
priimula *bot* primrose, cowslip
priimus top student, top of the class;
   (**keeduaparaat**) primus stove
priipilet complimentary ticket, free
   ticket
priiskama dissipate, squander, waste
priiskav dissipative, prodigal, waste-
   ful, squandering, extravagant
priisõit lift
priius liberty, freedom
prillid glasses, spectacles, specs

prillikivi spectacle stone
prilliklaas lens
prilliraam spectacle frame
prillitoos spectacle case
prillmadu *zool* cobra
primaarne primary, ultimate
primaarturg *maj* primary market
primaat primate
primadonna prima donna
primitiivne primitive, uncivilised,
   barbarous
primitivism primitivism
prindivaade *inf* print preview
prindivaatur *inf* printview
pringel *zool* porpoise
prink tight, firm
printer printer
printima print out
prints prince
printsess princess
printsiibitu without principles
printsiip principle
printsipiaalne principal, major, key
printslik princely
prioriteet priority
   prioriteete paika panema get
   one's priorities right
prioriteetne of major importance,
   having priority
priske full, buxom, chubby, tubby
priskus plumpness, buxomness,
   chubbiness
prisma prism
prismakujuline prismatic
prits spray, squirt, syringe
pritsima spray, squirt, sprinkle, spit,
   splash, slop, spatter
   täis pritsima splatter
pritse sprinkle, spray, spatter, splash
privaatne private, personal
privatiseerima privatise
privatiseerimine privatisation

P

privileeg privilege
privilegeerima grant rights/privileges, chart, license
privilegeeritud privileged, chartered
pro- pro-
probleem problem, issue, matter, trouble, difficulty, snag
  probleemide kütkes vaevlev beleaguered
  probleemile lähenema tackle a question
  probleemne olukord fix, mess
problemaatiline problematic, troublesome
produkt product, produce
produktiivne productive
produktiivsus productivity, productiveness
produktsioon production, produce
produtsent producer
profaan profane person
profaanne profane
professionaal professional, expert
professionaalne professional, expert
professionaalselt professionally
professionaalsus professionalism
professioon profession
professor professor
professuur professorship
proff pro, professional, expert
profiil profile
profiilis in profile
profiit profit, benefit
  profiiti lõikama profit, cash in on, make capital out of
pro forma *ld, maj* pro forma
profülaktika prophylaxis, disease prevention, preventive maintenance
profülaktiline preventive, preventa-

tive, prophylactic
  profülaktiline kontroll checking
prognoos prognosis, prediction
prognoosima prognosticate, predict
prognoosimatu unpredictable
prognoosiv prognostic
programm programme, broadcast
  programmi käivitama launch a programme
programmeerija programmer
programmeerima *inf* program, compute
programmeerimine *inf* programming
programmeeritav programmable, smart
programmikeel *inf* programming language
programmiline program
progress progress, advancement
progresseeruma progress, advance
progresseeruv progressive
progressiivne progressive
progressiivsus progressiveness
prohmakas blunder, gaffe, bad break, boob
  prohmakat tegema blunder, put one's foot in it
prohvet prophet
prohvetlik prophetic, apocalyptic
projekt project, plan, design, draft, blueprint
projektdokumentatsioon design documentation
projekteerija projector, draftsman, designer
projekt(eer)ima project, draft
projektihaldus project management
projektilahendus design approach
projektor projector
projektsioon projection

projektvõimsus designed capacity, estimated capacity
projitseerima project
projitseerimine projection
proklameerima proclaim
prokuratuur (public) prosecutor's office
prokurör (public) prosecutor, prosecuting attorney
proletaarne proletarian
proletariaat proletariat
proloog prologue
promenaad promenade, walkway
promeneerima walk, stroll
promill per mill(e)
prominent celebrity, prominent person
prominentne prominent, outstanding
pronks bronze
pronksiaeg Bronze Age
pronksist bronze
pronksmedal bronze (medal)
pronksskulptuur bronze sculpture, bronze figure
pronoomen *lgv* pronoun
proosa prose
proosakirjanik prose writer
proosaline prosaic
proosit cheers, here's to you!
prooton *füüs* proton
proov sample, specimen, test; rehearsal, trial run, try, experiment, attempt; (**selgaproovimine**) fitting, try-on
   proovile panema test, challenge, dare, strain
   proovi tegema rehearse
   proovi välja kannatama stand the test
   kannatust proovile panema try one's patience

proovi- experimental, mock, pilot
prooviaeg probation time, trial period
prooviesinemine audition
proovikivi touchstone, challenge
prooviks experimentally
proovikuld standard gold
proovilend test flight
proovilepanek test, strain
proovima test, experiment, try, sample, attempt, give it a whirl, have a go, see, taste, touch; (**selga**) fit, try on
   järele proovima try out, test, check, make sure
proovipartii trial consignment
proovisõit test run, test-drive
proovitempel hallmark
propaan *keem* propane
propaganda propaganda, promotion
propagandakära build-up
propagandist, propageerija propagandist
propagandistlik propagandist
propageerija advocate, propagandist, promoter
propageerima advocate, propagate, promote
propeller propeller, screw
proportsionaalne proportional, proportionate, well-proportioned
proportsionaalselt proportionately
proportsioon proportion, ratio
proportsioonis in proportion
proportsioonitaju sense of proportion
prorektor prorector, vice-principal, vice-president
prosaist prose writer
prosoodia prosody

P

prospekt prospect, avenue, pamphlet; review, booklet
pross brooch
prostitutsioon prostitution
prostituut prostitute, hooker, whore, streetwalker
prožektor spotlight, floodlight, searchlight
    prožektoriga valgustama spotlight
protees prosthesis, artificial limb, denture
protektor protector
protektoraat protectorate
protektsionism protectionism
protektsionistlik protectionist
protektsioon protection
protest protest, objection, remonstrance, outcry
protest(eer)ima protest, object, remonstrate
protestant Protestant
protestantism Protestantism
protestantlik protestant
protestija protester, protestant, objector
protežeerima protect, favour
protokoll protocol, etiquette; (the) minutes, record
protokollija one who takes minutes, secretary, recorder
protokolliline protocol, according to the minutes
protokollima take minutes, protocol, record
protokolliülem chief of protocol, chef de protocole
protoplasma *biol* protoplasm
prototüüp prototype
protseduur procedure, proceedings
protseduurireeglid order of procedure, procedural rules

protsent per cent, percentage, rate, interest
protsess process; (**kohtuasi**) lawsuit, case
    protsessi käigus along the line
protsessima litigate, proceed against
protsessioon procession
protsessor *inf* processor
protsessuaalne procedural
proua Mrs, lady, madam, ma'am
proviisor registered pharmacist, dispenser at a chemist's
provints province, backwater
provintsiaalne provincial
provintslane provincial
provintslik provincial, parochial
provisoorne provisional
provokaator provocateur
provokatiivselt provocatively
provokatsioon provocation
provotseerima provoke, elicit
provotseerimata unprovoked
provotseeriv provoking
prunt plug, cork, bung
pruntima bung, purse up
pruntis pursy, pouted, chubby
pruss balk, beam, timber
prussakas cockroach
pruudi- bridal
pruudiloor veil
pruudipärg bridal garland
pruugitud second-hand, used, worn
pruuk usage, custom
pruukima use, utilise
pruukost breakfast
pruulija brewer
pruulikoda brewery
pruulima brew
pruulis brew
pruun brown, auburn, tanned
pruunikas brownish

pruunistama brown, roast, burn, sauté
pruunistatud roast, sauté
pruunistuma brown, tan
pruunjas brownish
pruut bride, fiancée, girlfriend
pruutneitsi bridesmaid, attendant
prõksatama crackle, snap, crunch
prõmmima bang, slam, hammer
prääks quack, honk
prääksatus quack, honk
prääksuma quack, honk
präänik cookie
   piits ja präänik stick and carrot
pröökama shout, yell, bellow
prügi trash, refuse, rubbish, garbage, rubble
   prügi täis ajama litter, spoil, pollute
prügikast dustbin, bin, trashcan, wastepaper basket, wastebin, litter bin
prügikühvel dustpan
prügimägi dump, tip
prügivedaja dustman, garbage collector
prügivedu garbage removal
prügiveoauto garbage truck
prügiämber bin
prükkar scavenger
psalm psalm, chant
pseudo- pseudo-
pseudonüüm pseudonym, alias
pst! sh!, hush!
psühhedeelne psychedelic
psühhiaater psychiatrist, analyst
psühhiaatria psychiatry
psühhiaatriline psychiatric
psühhoanalüüs psychoanalysis, analysis
psühhoanalüüsima psychoanalyse
psühhoanalüütik psychoanalyst, analyst; *kõnek* shrink
psühholoog psychologist, shrink
psühholoogia psychology
psühholoogiline psychological
psühholoogiliselt psychologically
psühhoos psychosis
psühhopaat psychopath
psühhopaatia psychopathy
psühhopaatiline psychopathic
psühhosomaatiline psychosomatic
psühhoteraapia psychotherapy
psühhoterapeut psychotherapist, therapist
psüühika psyche
psüühiline psychic
   psüühiliselt haige psychotic
ptii(kiri) brevier
ptruu whoa
ptüi ugh, for shame
puberteet puberty, teens
puberteediealine teenager
publik audience, spectators, viewers, listeners, public
publikatsioon publication
publitseerima publish
publitsist publicist
publitsistika literature treating current public or political affairs
publitsistlik of current public/political affairs
pude crumbly, brittle, loose, mealy
pudedus crumbliness, brittleness, looseness
pudel bottle
   kerajas pudel flagon, ball-shaped bottle
   pudelisse ajama bottle
pudeli- bottled
pudelihari bottle brush
pudelikael bottle neck
pudelikast crate
pudelipost bottle post

pudelitäis bottle
pudenema crumble, chip, shed
  maha pudenema drop (leaves)
  peeneks pudenema fall to powder, fall to pieces
puder porridge, cereal, mush
  puder ja kapsad mess, cock-up, mixed bag
  nagu kass ümber palava pudru käima beat around the bush
pudi crumbles
pudikeelne lisp, indistinct speech
puding pudding, dumpling, sponge, sponge pudding
pudi-padi bric-a-brac, jumble
pudipõll bib, pinafore
pudistama lisp, splutter, crumble
pudrunui (potato) masher
pudrupea blockhead
pudrutama speak indistinctly, lisp
pudukaup haberdashery, petty wares, small ware
pudulojused domestic animals
pugeja creeper, crawler; (lipitseja) toady, flatterer, sycophant
pugejalik toadyish, sycophantic, slimy
pugema crawl, climb; (lipitsema) toady, fawn, suck up to, keep on the right side, lip service
  kaissu pugema cuddle up, snuggle, take into arms/bosom
  läbi pugema creep through
  nahast välja pugema bend over backwards, fall over backwards, lean over backwards
  peitu pugema hide, hole up
pugerik dingy little room
pugima munch, gorge, tuck in, stuff with food
  täis pugima stuff
pugu crop, crawl, gizzard, belly

puha quite, entirely, sheer, all
  vale puha downright lie
puhang gust, blast, burst, flare-up, puff, whiff
  haiguse puhang bout, outbreak
puhanguline gusty
puhas clean, tidy, immaculate, neat, spotless, unadulterated; (ehe) pure, solid, straight, raw, sheer
  õhk on puhas all clear
  puhas leht tabula rasa
puhas- net
puhaskaal *maj* net weight
puhaskadu dead loss
puhaskasu *maj* net profit, margin of profit, bottom-line profit
  puhaskasu saama net, clear
puhaskulud *maj* net spendings
puhassäästud net savings
puhastama clean (up), tidy up, cleanse, clear, purge, purify, refine, dust
puhastatud cleaned, purified, refined, dusted
puhastuma become clean, become purified, chasten
puhastus purge, purification
  keemiline puhastus dry cleaner
puhastustuli purgatory
puhastustöö clean, lustration, purge
puhastusvahend detergent, cleaning agent, cleaner
puhastverd full-blooded, purebred, pureblood, thoroughbred
puhevil puffed up, swelled
  puhevile ajama/minema swell, puff up
puhisema wheeze, puff
puhitama inflate, blow up, puff
puhitus inflation, flatulence, wind
puhk occasion, case, bout
puhkaja holidaymaker, vacationer

puhkama rest, repose, relax, holiday, take a break, put one's feet up

puhkav resting, dormant

puhkehetk, -paus break, sit-down, respite

puhkekodu holiday home, rest home

puhkeküla, -laager holiday camp

puhkema bud, leaf, shoot, sprout; (**algama**) break into, break out, burst into, burst out, erupt, open, strike

õide puhkema burst into blossom

puhkenud budded, sprouted, burst, broken

puhkepäev holiday, day off

puhketuba common room, day room

puhkima puff, pant, wheeze

puhkpill wind instrument, brass instrument

puhkpilliorkester brass band

puhkus holiday, vacation, break, breather, leave, leisure, recess, repose, rest

palgata puhkus holidays without pay, leave without pay

puhkusele minema break up, go on holiday

puhkusel on holiday, on leave, on vacation

puhkuseraha holiday pay

puhm bush, shrub, clump

puhmas bush, shrub, clump

puhmastik shrubbery

puhmjas shrubby, bushy

puhtalt clean(ly), purely, spotlessly

puhtand clean copy, final draft

puhtjuhuslik purely accidental

puhtsüdamlik sincere, honest, wholehearted, heartfelt, unaffected

puhtsüdamlikkus candour, sincerity

puhtsüdamlikult sincerely, honestly, wholeheartedly

puhtteoreetiline purely theoretical

puhtus cleanliness, purity, spotlessness, clearness, tidiness, chastity

puhtusepidamine cleanliness, keeping clean, housetraining

puhtvormiline purely formal

puhuma blow, fan, funnel, puff, waft

juttu puhuma chat, have a chat, tell a story

peale puhuma blow on

pilli puhuma blow, play

sisse puhuma breathe into, blow into

suureks puhuma swell up

täis puhuma blow up, inflate

ära puhuma blow out

üles puhuma blow up/out, build up, exaggerate, play up, puff up, whip up

puhur heater, blower, fan

puhuti sometimes, fitfully, occasionally, in fits and starts, off and on

puhver buffer, bumper

puhverdatud *inf* cached

puhvet buffet, canteen

puhvetkapp sideboard

puhvis puffy, baggy, swollen

puhvpüksid wide baggy trousers, trunk hose

puhvseelik gathered skirt

puhvvarrukas puffed sleeve

puiestee avenue, boulevard

puiestik grove, parkland

puige evasion, dodge, subterfuge, quirk; excuse

P

puiklema evade, dodge, quibble, balk, baulk, hang back, side-step
kõrvale puiklema hedge, dodge, shirk, evade
vastu puiklema show reluctance
puiklev evasive, quibbling, equivocal
puiklevalt evasively, equivocally
puine wooden, stuffy, stiff, dry
puistama scatter, strew, sprinkle
maha puistama shake off
peale puistama scatter over, sand, sprinkle
tühjaks puistama tip out
vahele puistama intersperse
üle puistama dust, spatter, sprinkle on/with, strew; *ülek* heap
puit timber, wood
puit- wooden, woody
puituma turn into wood
puitunud woodlike
puju *bot* mugwort, field southernwood, tarragon, sagebrush
pukk trestle, horse, easel, buck
pukseerima tow
puksiir tug, tugboat
puksiiris on tow
puksiirtross towline, towrope
puksima butt
pukspuu box, boxwood
pulber powder
pulbitsema bubble, fizz, sparkle, seethe
pulbitsev bubbly, ebullient, effervescent
puldan canvas, sailcloth, sacking, burlap
pulgajäätis lolly
pulgakomm lollipop, lolly, rock
puljong bouillon, broth, stock
pulk stick, peg, bar, spike, pin
ühel pulgal as good as, equal

pulkpisik bacillus
pull bull, buck
pullover pullover
pulma- bridal, nuptial
pulmad wedding, nuptials; bridal feast
pulmakingitus wedding gift
pulmakomme wedding custom, nuptial rites
pulmareis honeymoon, wedding trip
pulmatseremoonia marriage ceremony
pulmavana best man
pulmaöö nuptial (or wedding) night
pulseerima pulsate, throb, beat
pulss pulse
aeglane pulss low pulse
kiire pulss frequent pulse
ebaühtlane pulss irregular pulse
pulssi katsuma take one's pulse
pulstis shaggy, straggly, unkempt
pulstuma mat, get entangled, become shaggy
pulstunud matted, shaggy, entangled
pult rostrum, stand, dais, desk
pulverisaator pulverizer, spray
pulveriseerima pulverize
pumat pomade
pummeldama booze, be on the spree, carouse
pummelung binge, spree, carousal
pump pump
pumpama pump
sisse pumpama pump into
välja pumpama pump out
puna redness, flush, rose
punaarmee Red Army
punakas reddish, rosy
punakaskollane ginger, orange
punakaslilla purple

punakaspruun ginger, maroon, auburn, ruddy, sorrel, foxy
punalible red cell, red blood corpuscle
punama turn red, be red, redden
Punamütsike Little Red Riding-hood
punanahk Red Indian
punane red, vermilion, sanguine, florid, ruddy
punapea red-haired person, carrots, ginger
punapeet beet, beetroot
punapõsine, punapõskne rosy, red-cheeked
punarind robin
punastama blush, flush, redden, turn red
pundar bundle, bunch
  puntras olema get into fix, get into trouble
  puntrasse jääma be in a mess
punduma bulge, swell, bloat
pundunud bulged, swollen, bloated, distended, puffy
punetama be red, blush, redden, flush
punetav red, ablush, ruddy
punetised *med* rubella, German measles
punetus redness, blush, glow
pung bud, sprout, shoot
  punga minema, pungi ajama bud, sprout, blossom, put forth buds
pungas in bud
pungil bulging, bursting, full of, overloaded, awash
pungis goggle, protuberant, bulging
pungitama goggle, bulge, balloon
punguma bud, open buds; *zool* gemmate
punk punk

punkar punk
punker bunker
punk-rokk punk rock
punkt dot, stop, full stop, period; (**koht**) place, spot; (**jaotus**) clause, item, point, mark, count
  kaugeim punkt back, bottom, outermost, utmost corner
  surnud punkt deadlock
  punktist A punkti B from A to B
  punktide vahe margin
  punkti võrra ees one up on
  punkte arvestama keep score, score, mark
  punkti panema put an end to
  punkti saama score
punkteeritud dotted, spotted
punktiir dotted line
punktiir- dotted
punktipealt on the dot, on the stroke of, sharp, precisely
punktisüsteem grading system
punktitabel scoreboard
punktjoon → punktiir
punktuatsioon *lgv* punctuation
punn plug, stopper, cork, bung
  punniga sulgema plug
punnima hang back
punnis bulging, swollen, protuberant
punnivinn corkscrew
punš punch
punt bunch, group
punuma scuttle, run away, scamper away; (**käsitööd**) weave, intertwine, lace, (**patsi**) plait, braid, pleat
  sisse punuma plait in
punutis plait, braid, wickerwork, wattle, basketry
punutud woven, plaited, braided, entwined

P

puperdama throb, dither, falter
pupill pupil
purakas big, large, heavy, strong
puravik (edible) boletus
purelema fight, quarrel, bicker
purema bite, gnaw, nibble, chew
   surnuks purema bite to death
puretud bitten, gnawed; pinched
purgatoorium purgatory
purgi- canned
purgikast crate
purgima deplete, discharge, exhaust
puri sail
   täis purjes in full sail
   purjesid tõstma hoist the sails
   ülestõstetud purjedega under sail
purifikatsioon purification
purihammas molar
purikas icicle-like thing, spindle-shaped thing
   terve nagu purikas fit as a fiddle
purikatus awning
purilennuk glider
purism purism
purist purist
puristama splutter, burble
puritaan puritan
puritaanlik puritan
purjejaht sailing yacht
purjekas sailer, cutter
   purjekat juhtima sail
purjelaev sailing ship
purjelauasport windsurfing
purjelaud sailboard
purjenöör sheet
purjepaat sailing boat
purjepeel spar
purjeraa yard
purjerehvija reefer
purjeriie sailcloth, canvas
purjesport yachting, sailing

purjesportlane yachtsman, sailor
purjetama sail; sail through, waltz
   välja purjetama set sail
purjus drunk, drunken, tipsy, groggy, intoxicated, pissed, sloshed, unsober
   purju jootma get someone drunk
   purju jääma get drunk, become drunk
purjuspäi under the influence (of alcohol)
purjutaja tippler, boozer
purjutama tipple, booze
purk jar, can, pot
purpur(puna)ne purple
purre footbridge, plank
purse outbreak, burst, spurt, gush, eruption, flare-up, storm, ejaculation
purskama burst, gush, belch, spout, erupt, squirt, ejaculate, eject; *ülek* blurt out, spew
purskeava crater, jet
purskkaev fountain
purskuma gush, spout, spurt, jet
purssima mangle, speak a language badly
puru speck, crumb, dust, rubble; (**katki**) broken
   puru silma ajama pull the wool over someone's eyes
   puruks kiskuma tear to pieces, maul
   puruks lööma smash, shatter, crush
   puruks muljuma jam, squash
   puruks närima gnaw off
   puruks rebima tear up, rend, lacerate
   puruks tallama trample
   puruks tegema break, smash, shatter

P

puru- quite, very
puruhaige hopelessly ill
puruloll hopelessly stupid
purunema break (up), go to pieces, crack, crumble, collapse, smash, disintegrate, burst, shatter, dash
kildudeks purunema fall to bits, come to bits, fragment, smash to pieces, fall to pieces, splinter
purunematu unbreakable, indestructible, resistant
purunenud broken, broken-down, bust, wrecked, flat, in tatters, in pieces
purupurjus dead drunk, inebriated, plastered, smashed
pururikas filthy rich
purustama break (up), crush, smash, wreck, dash, demolish, destroy, bust, shatter, explode, knock out, mangle, mash
purustamine demolition, breakage, smashing, wrecking, dashing, destruction
purustatud demolished, broken, smashed, wrecked, dashed, shattered
purustav destructive, breaking, crushing, dashing, smashing
puruvaene miserably poor, penniless
puruväsinud worn out, shattered
pusa mess, tangle; (riietusese) sweater, jumper
puseriti criss-cross, obliquely
pusima bungle, botch, tinkle
pusiv bungling
puskar raw spirits, moonshine
puskima butt, gore
puss knife, bowie knife, dagger
pussitama knife, stab
puterdama splutter, babble

putiik boutique
putitama tinker, potter about
  üles putitama soup up
putka booth, box, kiosk
putket tegema run away, abscond, decamp
putrama splutter, stammer
putš revolt, riot
putukas bug, insect
putukanukk chrysalis
putukamürk insecticide
putukasööja insectivore
putuktoiduline insectivorous
putukateadus entomology
puu tree; wood
  noor puu sapling
  puid langetama chop down
  puid lõhkuma chop
  puuga pähe saanud struck dumb
puud pood
puudane pood, of pood, weighing ... pood(s)
puudel poodle
puuder powder
puuderdama powder
puuderdatud powdered
puudritoos powder box, compact
puudu missing, lacking, short
  puudu jääma fall short, run short
puuduja absentee
puudujääk deficiency, deficit, minus, shortfall
puudulik deficient, insufficient, incomplete, defective, faulty, imperfect, insubstantial, patchy, sketchy
puudulikkus shortcoming, failure, inadequacy, insufficiency
puudulikult poorly, inadequately, insufficiently, defectively
puuduma miss, lack, be short of, want, be absent
  mul jääb sõnadest puudu words

P

fail me
palju ei puudunud nearly, almost
puuduolev missing
puudus (**vaesus**) poverty, privation, destitution; (**puudumine**) lack, want, shortage, dearth, minus, shortcoming, imperfection; absence; fault, flaw, defect, deficiency, drawback, failing
puudusi leidma find fault, pick holes in
puudusi omama have flaws, be deficient, have weaknesses
puudusi paljastama reveal flaws
puudust tundma badly off, be in want of, lack, miss
puudusel for lack of, through lack of
puudustega flawed, deficient
puudustkannatav deprived, destitute, poverty-stricken
puudutama touch, feel, dab, handle, pass hand over, brush; mention
põhja puudutama touch ground
valusalt puudutama affect, sting sb to the quick
õrnalt puudutama scratch the surface, kiss, skim
puudutus touch, feel, dab
puuduv missing, absent
puue handicap, disability, impediment
füüsiline puue physical disability
puudega handicapped, disabled
puuhalg log, firewood
puuharu bough, limb
puujalg stump, wooden leg
puujuur tree root
puuk tick
puuking clog, sabot

puukoi woodworm
puukool nursery, plantation
puukoor bark
puukuur woodshed
puukäsn agaric
puuküte heating with wood
puulatv treetop
puuma panther, puma
puunikerdus wood carving
puupakk wood block, chunk (of wood), log
puupaljas → **puruvaene**
puupea dolt, dunce, blockhead
puupiiritus meths, methylated spirits
puupuhkpillid woodwind
puupulk pin, peg
puur drill, borer, bore, wimble, gimlet; (**looma-, linnu- vm**) cage, coop
puuraidur woodcutter
puuripistetud, -aetud caged
puurima drill, bore, ream
läbi puurima pierce, perforate, hole, bore through
silmadega puurima peer, scrutinise
sisse puurima bore, drive (a hole) into
puus hip
puusepakunst, -töö carpentry
puusepp carpenter
puuslik idol
puust wooden
puusärk coffin
puusüsi charcoal
puutuja toucher; *mat* tangent
puutuma concern, relate, refer, regard, bear upon, encroach, touch
asjasse puutuma have a bearing on
kokku puutuma come into contact with, touch

puutumatu untouched, intact, virgin
puutöö woodwork
puutükk piece of wood
puuvili fruit
kuivatatud puuvili dried fruit
puuvilja- fruity
puuviljaaed orchard
puuviljaalus punnet
puuviljakasvatus growing fruit, fruit farming
puuviljakauplus fruit shop, greengrocery
puuviljakivi stone
puuviljakook fruitcake, shortcake
puuviljakoristus fruit gathering
puuviljakorvike punnet
puuviljaliha fruit flesh
puuviljamahl squash, fruit juice
puuviljamaitseline fruity
puuviljamädanik fruit rot
puuviljapuding trifle
puuviljasaak fruit crop
puuviljasalat fruit salad
puuvill cotton, batting, cotton wool
puuvillaistandik plantation
puuvillakasvatus cotton growing
puuvillane cotton, cottony
puuvirn wood pile
puuvõra crown of a tree
puuvõõrik mistletoe
puänt point, punch line
põdeja sufferer, valetudinarian
põdema suffer from, be ill, be ailing
põder elk, moose
põdrajaht elk hunting
põdrakanep willow herb
põdraliha venison, elk meat
põdrasamblik reindeer moss
põdrasarv buckhorn, hartshorn
põdravasikas elk calf
põdur sickly, ailing, infirm, poorly, bedridden, weak
põdurus sickliness, frailty, infirmity
põetaja nurse, attendant
põetama nurse, tend
põgenema escape, flee, run (away or off), abscond, get away, take flight; elope
laiali põgenema scatter
põgenema sundima put someone to flight
vanglast põgenema break jail
põgenemine escape, flight, getaway, elopement
põgenev fugitive
põgenik fugitive, runaway, escapee
põgus brief, faint, casual, cursory, transient, fleeting
põgusalt briefly, faintly, casually, slightly
põhi bottom, floor, foundation, base; (**jõe-**) bed; (**taust**) background; (**ilmakaar**) north
põhja peale tegema drink up, empty one's glass
põhi- main, primary, basic, elementary, cardinal, substantial, overriding, predominant
põhiaine main subject, major
põhiainena õppima major in
põhielement essential ingredient, staple
põhihulk bulk
põhiidee basic idea
põhijoon ground line
põhikiri statute, constitution
põhikapital basic capital, real assets, fixed assets
põhikohaga full-time
põhikomponent base component
põhikoosseis main cast
põhiline primal, principal, fundamental, basic, bare, salient

põhiliselt essentially, fundamentally, basically, in the main

põhimotiiv main theme

põhimõiste fundamental concept, element

põhimõte principle, fundamental, precept, canon
 põhimõtetele kindlaks jääma be true to principles

põhimõttekindel principled

põhimõttelage unprincipled

põhimõtteline principle, fundamental, radical

põhimõtteliselt in principle, in theory

põhimäärus statute

põhinema base on, be grounded on, be founded on, owe, rest on, root

põhiolemus essence

põhiolemuslik essential

põhiosa basic part, main part, body

põhiosas in principle

põhioskused basics, ABC, grounding

põhipalk basic salary

põhiplaan ground plan

põhirõhk main emphasis, thrust

põhiseadus constitution
 põhiseaduse parandus constitutional amendment

põhiseaduslik constitutional

põhisuund guideline, main trend, tenor

põhiteadmised basics, basic knowledge, grounding

põhitoiduaine staple

põhitoode main product, staple

põhitoon keynote

põhituumik backbone, nucleus, basic kernel

põhitõde principle, fundamental truth

põhitõed ABC, basics

põhivahendid fixed assets, capital assets, permanent assets

põhivool mainstream, main trend

põhivorming *inf* basic format

põhivärvus primary colour

põhja- north, northerly, northern, Nordic

Põhja-Ameerika North America

põhjaameeriklane Yankee

põhjakiht scum, dregs, gutter, bottom

põhjal according to, on the grounds

põhjalik thorough, exhaustive, profound, detailed, radical, full-scale, out-and-out, painstaking, firm

põhjalikkus thoroughness, profoundness, solidity, deliberation

põhjalikult thoroughly, profoundly, exhaustively, deeply, completely, properly, definitively, full well, fully, in depth, through

põhjamaa the North, Northland

põhjamaalane northerner

põhjamaine northern

Põhjanael North Star

põhjapanev fundamental, standard, basic

põhjapoolkera northern hemisphere

põhjapoolne northerly

põhjapoolus North Pole

põhjapõder reindeer

põhjapõdrakasvatus rearing of reindeer

põhjasuunaline northbound, northward

Põhjasõda the Great Northern War

põhjatu bottomless, fathomless

põhjavajunud sunken

põhjavesi ground water, subsoil water

põhjavool undercurrent, undertow

põhjendama explain, justify, argue

põhjendamatu groundless, unfounded, baseless, gratuitous, unsound

põhjendamatult groundlessly, unfoundedly, gratuitously

põhjendatud justified, valid, wellfounded

põhjendus explanation, argument, basis, case, reason

põhjus reason, cause, motive, ground, root

    põhjuseks olev causative

    põhjuseks olema give occasion to

    põhjuseks lugema put down to

    põhjuseni jõudma get to the bottom of

põhjusel for that reason, on that account

põhjuseta without reason, without a cause

põhjuslik causal

põhjustama cause, lead to, bring about, bring on, bring out, give rise to, occasion, effect, trigger, induce, make

põhk straw, litter

põiepõletik *med* inflammation of the bladder, cystitis

põige dodge, evasion

põigiti, põiki athwart, aslant, across, traverse, crosswise, straight through

põik(tänav) alley, crossroad

põikama swerve from, dodge, avoid, prevaricate

    kõrvale põikama dodge, duck, evade, swerve

    sisse põikama drop in/round

põiklema elude, prevaricate, dodge

    kõrvale põiklema dodge, elude, shirk

põiklev elusive, prevaricatory

põikpea headstrong person, pigheaded person

põikpuu rail

põikpäine headstrong, obstinate, opinionated, stubborn, pigheaded

põikpäiselt obstinately, opinionatedly, stubbornly, pigheadedly

põikpäisus obstinacy, stubbornness, pigheadedness

põimik plait, plaited work; composition, anthology

põimima plait, entwine, twine, splice, weave, twist, interlock, interlace

    läbi põimima intertwine

    pärjaks põimima wreathe

    sisse põimima plait in; *ülek* weave ... into, interweave

    ühte põimima interweave, intertwine, interlace, knit

põiming plaiting, intertwining

põimitud plaited, entwined, spliced, woven, twisted

põimlause complex sentence

põimuma twist, wreathe, be plaited, be entwined

põis bladder, cyst

põisrohi catchfly

põkk joint, junction

põkkama dock, butt

põkk-keevitus butt weld

põkkuma dock, interlock

põksuma beat, throb, palpitate, flutter

põlastama detest, abhor, scorn, loathe, despise, look down on

põlastav abhorrent, contemptuous, scornful

põlastavalt abhorrently, disdainfully, scornfully

põlastus abhorrence, detestation, scorn, disgust
põlastusväärne detestable, contemptible, despicable
põlastusväärselt detestably, despicably
põld field
põldmari blackberry
põldpüü partridge
põldhiir field-mouse
põldvutt quail
põlema burn, be on fire, blaze, shine, smoulder; be alight
lõpuni põlema burn out
läbi põlema burn out, blow out, fuse
maha põlema burn down, go up in smoke
tuhaks põlema burn to ashes
uudishimust põlema be dying with curiosity
ära põlema burn up, (**maja kohta**) burn down
põlema panema set fire to, set light to
tuld põlema panema turn the lights on
põlema plahvatama burst into flames, flare up
põlema süttima catch fire
põlemine burning, combustion
põlemiskamber combustion chamber
põleng large fire, conflagration
põlenud burnt, sunburnt
põletaja burner, incendiary
põletama burn, scorch, scald, set on fire, bake
sisse põletama brand
välja põletama burn sth out
ära põletama burn up, burn down
põletatud burnt, scorched, scalded, baked
põletav burning, scorching, searing, scalding, baking
põleti burner, gas jet, flare, furnace
põletik inflammation, hives
põletikuline inflamed, fiery, reddened, angry
põletusahi furnace, oven, incinerator
põletushaav burn, singe, scald
põletusmatus cremation
põletusmärk burn, brand, scorch, stigma
põletusohver burnt offering
põletusvill blister
põlev burning, afire, blaze
põlevkivi oil shale
põlevkivikaevandus oil shale mine
põlevkiviõli shale oil
(orgaaniline) põlevmaare fossil fuel
põlg ban, banishment, outlawry
põlgama contempt, scorn, despise
ära põlgama disdain, despise, spurn
põlglik contemptuous, scornful, disdainful
põlglikult contemptuously, scornfully, disdainfully
põlgus contempt, scorn, disdain
põline ancient, primeval, lifelong, time-honoured, traditional
põliselanik native, aborigines
põlismets (virgin) forest
põlisvaenlane sworn enemy, mortal enemy
põlistama immortalise, perpetuate
põll apron
põllu- arable, field
põlluharija farmer, tiller
põlluharimine farming, husbandry, tillage

põllumajandus agriculture, farming
põllumajanduslik agricultural, farming, rural
põllumajandusmaa agricultural land, farmland
põllumees farmer, husbandman, granger
põllundus agriculture
põlluramm fertiliser
põllutöö fieldwork, agricultural labour, farming
põllutööline farm hand, farm labourer
põllutööriistad agricultural machinery
põllutükk small plot
põlluvili field crop
põlv knee; *tehn* elbow, bend
põlvekaitse kneecap, kneepad
põlvekeder kneecap
põlveküülus hamstring
põlvepikkune knee-high, dwarfish
põlveõnnal crook
põlvili on one's knees
põlvini knee-deep, knee-high, knee-length
põlvikud stockings, knee-highs
põlvitama kneel, go down on one's knees, genuflect
põlvitus kneeling, genuflexion
põlvituspadi hassock
põlvkond generation
põlvnema descend from, derive from, have one's origin in, spring from
põlvnemine descent, origin, parentage, ancestry
põlvnemislugu genealogy
põlvpüksid breeches, knickerbockers
põmmutama bang, slam, plonk
põnev exciting, thrilling, gripping,

fascinating, dramatic, stirring
põnevik thriller
põnevil excited, thrilled, anxious, on tiptoe
põnevile ajama excite, thrill
põnevus excitement, thrill
põngerjas brat, kid, urchin
põnn toddler, kid, baby, brat
põnts thump, thud
põntsutama thump, stamp
põrand floor
põranda all underground
põrandat pesema mop
põrandaalune underground, backdoor, backstreet, under the table
põrandaalune organisatsioon underground organisation
põrandahari mop, broom
põrandalamp standard lamp, floor lamp
põrandalapp mop
põrandalaud floorboard
põrandaliist skirting board
põrandamatt mat, rug
põrandariie, -vaip floorcloth, carpet (runner), rug
põrgatama bounce
põrgatus bounce
põrge bounce, push, ricochet
põrgu hell, inferno, abyss
käi põrgusse go to hell, to hell with you, go to the devil, get away!, push off!, beat it!
päris põrgu lahti all hell is loose
põrguauk the pit, the bottomless pit
põrgukoer hellhound, Cerberus
põrgulik hellish, infernal, fiendish
põrgulikult as hell, hellishly
põrguline fiend, fiendish, imp
põrgulärm pandemonium, hellish racket
põrgumasin infernal machine

P

põrgupalavus hellish heat
põrgupiin torments of hell, excruciating pain
põrgutee road to hell
põrgutuli inferno
põrguvürst devil, Prince of Darkness
põrin roll, drum, beating, rattle, buzz
põrisema roll, beat, buzz, drone, whirr
põrkama bounce, bound, bump, glance off, ricochet
    kokku põrkama bump, clash, collide, plough into, slam, run into; encounter, meet
    tagasi põrkama bounce, spring back, flinch
    vastu põrkama run into
põrkav bouncing, bumping, ricocheting
põrke- bouncy
põrkuma bounce, bump
    tagasi põrkuma shrink, stick at
põrm dust, remains, ashes
põrmugi (not) a bit, (not) the least
põrmustama smash to pieces, crush
põrmustav smashing, crushing
põrn spleen
põrnikas beetle, bug
põrnitsema glower, scowl
põrnitsus scowl, stare
põrsas pig, piglet, suckling pig
põruma jolt, shake, rattle, bump
    läbi põruma fail
põrunud jolted, cracked, off one's mind
    peast põrunud crazy, crackpot, nutty, dotty, flip
põrutama jolt, jar, knock, bang
põrutav shocking, staggering
põrutus jolt, knock, bang
põselohk dimple

põseluu cheekbone
põsemusi smack
põsenukk cheekbone
põsepuna blush, rouge
põsesarn cheekbone
põsetasku pouch
põsk cheek, jowl
põskhabe sideburn, whisker
põtkima kick, stamp
põu bosom, breast; inside pocket
põuane droughty, dry, arid, drought-parched
põuaperiood drought period, dry spell
põuavälk summer lightning
põud drought, spell of dry weather; (puudus) scarcity of, lack of
põõn half-belt; cleat, crosspiece
põõnama sleep, slumber, doze, loll
põõsas bush, shrub
põõsastara hedge
põõsastik bush, shrubbery
pädev competent, proficient, adept, authorised
päev day, daytime
    päev otsa all day long
    päeva mööda saatma pass the time of day
    päevad on loetud days are numbered
    päevast-päeva day in, day out; from day to day
    iga päev every day, daily
    kehv päev off day, sordid day
    head päeva good day
    päise päeva ajal in broad daylight, in the middle of the day
    vaba päev day off
    ühel päeval some day, someday, one day, one of these days
    (elama) üks päev korraga (live) from day to day

päevakajaline current, hot, topical
päevakangelane man of the day, hero of the hour
päevakava schedule of the day, timetable, routine
päevakoer tiger moth
päevakohane topical, timely, of current interest
päevakord agenda
   päevakorda tõusma come up, become topical
   päevakorda võtma take into agenda, table
päevakurss *maj* day's exchange rate
päeval at daytime
päevaleht daily
päevalill sunflower
päevalilleseemned sunflower seeds
päevalilleõli sunflower oil
päevaline day labourer
päevamoon ration
päevane daily
päevanorm daily quota
päevapalk day's pay
päevapealt immediately, exactly
päevapilet day card, day return
päevapilt photograph
päevaraamat diary, journal
päevaraha daily allowance
päevasündmused current affairs, daily events
päevatekk bedspread, coverlet, counterpane
päevauudis daily news
päevavalgus daylight
päevavalgel in broad daylight
   päevavalgele tooma bring to light, come to light, unearth
päevavaras loafer, idler, wastrel
päevhaaval a day at a time, from day to day

päevik diary, journal, log
päevinäinud worn, battered
päevitama sunbathe, sun, tan
päevitanud tanned, bronzed
päevituma tan
päevitunud sun-tanned, tanned
   liigselt päevitunud sunburnt
päevitus suntan, tan
päevituskreem suncream, sunscreen, sunburn
päevselge obvious, plain as day
päh! boo!, fie!
pähe by heart, in mind
pähkel nut, hazelnut, peanut, walnut, earthnut; **(raske ülesanne vm)** poser, puzzle, crux
pähkelpruun hazel
pähklipuit walnut
pähklitangid nutcrackers
pähklituum nut kernel
päike, Päike sun, Sun
päikese- solar
päikesekell sundial
päikesekiir sunbeam
päikeseküllane sunny
päikeselaik sunspot
päikeseline sunlit, sunny
päikeseloojang sunset, sundown
päikesepaiste sunshine, sun
päikesepaisteline sunny
päikesepatarei solar battery, solar cell
päikesepiste sunstroke
   päikesepistet saama get a sunstroke, be sunstruck
päikeseprillid sunglasses, dark glasses
päikesepruun tanned
päikesepõletus sunburn
päikesesüsteem solar system
päikesetõus sunrise, dawn
päikesevalgus sunlight, sun

P

päikesevari parasol, sun visor
päikesevarjutus solar eclipse
päis heading, head
päistiitel *inf* page header
päitsed bridle, halter
    päitseid pähe panema put the bridle on, bridle
päitserihm halter strap
päkk ball
    jooksis nii, et päkad välkusid went like a streak of lightning
pälvima deserve, merit, earn
pära rear part, end part, back, tail, stern, butt; (**jäänused**) residue, rest, sediment, grounds, lees, dregs
pärak anus, vent
päraku- anal
päral have arrived, at one's destination, there
    pärale jõudma arrive (at one's destination), turn up; (**aru saama**) get it, sink in, come through, understand
    kellegi päralt have all to oneself, belonging to
päramootor outboard motor/engine
pärand heritage, inheritance, legacy, heirloom
    pärandist ilma jätma disinherit
pärandama bequeath, leave, devise, hand down to
pärandatud hereditary
päranditomp *jur* estate to be divided between the heirs
päranduma be inherited, pass on, descend from
pärandus heritage, inheritance, legacy, heirloom
    testamendijärgne pärandus bequest
    päranduse teel saama inherit,

come into
    pärandusena maha jätma bequeath
pärani wide (open)
    pärani ajama open wide
    pärani tegema throw open
pärapõrgu backwater, backwoods, middle of nowhere
pärast after, afterwards, post, behind, following, past, since, subsequent; (**põhjusel**) because of, for, sake, in the name of, on account of
    pärast keskööd the early hours, in the small hours
    pärast seda thereafter, after, since
    pärast sulgemist after hours
    pärast surma after death, post mortem, posthumous
    pärast lõunat in the afternoon, p.m. (post meridiem)
    tunni aja pärast in an hour
    jumala pärast for god's sake, for heaven's sake
pärast- post-
pärastlõuna afternoon
pärastpoole afterwards, later, subsequently
pärastine subsequent
päratu immense, infinite, huge, enormous
pärdik monkey
pärg wreath, chaplet, garland, crown
    pärga panema lay a wreathe
pärgama wreathe, crown
pärgamendirull scroll of parchment
pärgament parchment
pärgarter coronary artery
päri willing, agreeable, compliant
    päri olema agree, concur
pärija heir, heiress, inheritor, beneficiary, devisee

P

427

pääs

pärikarva the right way
pärilik hereditary, inheritable, be in one's blood
pärilikkus heredity, inheritance
pärima inherit; (**küsima**) ask, inquire, enquire, demand
järele pärima inquire (after, for, about), make inquiries (about), ask (about)
pärimise teel by way of inheritance, heritably
pärimisõigus *jur* right of succession
pärimisõiguslik *jur* in the line of succession, qualified to inherit
pärimus tradition, legend
pärimuskultuur lore
pärimuslik traditional, legendary
pärinema originate, come from, descend, stem from, spring, date back
päring inquiry, request, search
päripäeva clockwise, sunwise
päris real, true, genuine; (**lausa**) quite, fairly, pretty, right, very, absolute
päris- full, natural, proper
päriseks for good, for keeps
päriselt altogether, completely, for real, in fact, fairly, fully, strictly speaking, truly
päriskodu permanent home
päriskodune *biol* indigenous; *zool* endemic
pärismaalane native, aborigines
pärismaine native, indigenous
pärisnimi *lgv* proper noun, proper name
pärisori serf, bondman, thrall
pärisorjastama make a serf
pärisorjus serfdom, bondage
pärisosa heritage, lot

pärispatt original sin
pärit native of, born in
pärit olema come from, descend, belong, emanate, spring, date from
päritav hereditary
päritolu descent, origin, background, blood, extraction
päritolult originally
päritolumaa country of origin
pärituul fair wind, wind is behind us
pärivoolu downstream
pärl pearl, bead
pärleid püüdma pearl
pärlendama sparkle, shine, pearl
pärlendav pearly, sparkling
pärlhall pearl grey
pärlikarp pearl oyster, pearl shell
pärlikee string of pearls, pearls
pärlmutter mother-of-pearl
pärlsibul pearl onion
pärm yeast
pärmine yeasty, barmy
pärmseen yeast fungus
pärn lime, linden
pärnakas inhabitant of Pärnu, a person from Pärnu
pärssima inhibit, constrict, depress, drag down, cramp, stunt
pärus patrimony, heritage, legacy
pärusmõis demesne, manor
pärusomand hereditary property
pärusosa (share of an) inheritance
päss ram
päterdama waddle, splash
päts loaf; sod
pätsama lift, pocket, steal
pätt rogue, scoundrel, bum
pätti tegema rogue, do mischief
pääs (**pääsemine**) escape; (**juurdepääs, väljapääs**) access, way
pole pääsu no way out, no escape

pääsema escape, get, get in, get out of, make it, be admitted, elude
alandusest pääsema be spared from the humiliation
juurde pääsema have access, be admitted, gain/find admittance; *inf* access
karistusest pääsema get off
lahti pääsema break loose, break free
läbi pääsema pass through
mõjule pääsema gain ground, get a footing
põgenema pääsema manage to escape, break free
vaevu pääsema scrape through, scrape by
valla pääsema slip, break loose
võimule pääsema come to power
välja pääsema get out, be let out, pull through
õnnelikult pääsema be safely out of, be well out of
üle noatera pääsema make a narrow escape
pääsemine escape, flight, break, getaway, deliverance
pääsetee escape (route), a way out, loophole
pääste- rescue, salvation
Päästearmee Salvation Army
päästeekspeditsioon rescue party
päästeingel saviour (angel)
päästelaev rescue boat, salvage vessel
päästenöör lifeline
päästepaat lifeboat
päästepoi lifebuoy
päästerõngas lifebuoy
päästetöötaja rescue officer
päästev saving, rescuing
päästevest life jacket

päästevöö lifebelt
päästik trigger
päästikule vajutama pull the trigger
päästja rescuer, salvation, saviour
päästma rescue, salvage, save, deliver, free
lahti päästma disentangle
valla päästma set off, trigger, open, unleash, loosen
pääsuke swallow
pääsupunkt *inf* access point
pääsusaba swallowtail
pääsutarnija *inf* access provider
põetud shorn, cropped
põial thumb
põialt hoidma cross one's fingers
põidlaid keerutama twiddle one's thumbs
põidlaküüdiga reisima hitch-hike, thumb a lift
põialpoiss Tom Thumb, dwarf
põiaselg instep
põid foot; felloe, felly, rim
põidlaküüs thumbnail
pööbel mob, populace, rabble, the plebs
pöögipuust beechen
pöök beech
pööning attic, loft, garret
pöör spindle-shaped latch (or button)
pöörama turn, twist, wheel; *mer* haul; *tehn* fix, swivel; (**veendumust vm muutma**) convert, reclaim; *lgv* conjugate
kanna pealt ümber pöörama turn on one's heel, turn suddenly
kõrvale pöörama avert, turn away, turn aside, shunt, divert
pea peale pöörama turn upside down, turn topsy-turvy

tähelepanu pöörama pay attention

selga pöörama turn one's back to, ignore

ära pöörama turn away, turn off, turn one's back on

ümber pöörama turn over, turn round, invert, reverse, up-end, pivot, swing round

pööramine turn, twist, shifting; *mer* hauling; *tehn* fixing; (**veendumuse vm muutmine**) conversion, reclaiming; *lgv* conjugation

pöörane wild, preposterous, mad, erratic, frantic, frenzied, furious, manic, outrageous, potty

pöörane inimene madman, fiend, maniac

pöörang turn, bend, curvature, switch

pööraselt madly, erratically, frantically, frenziedly, furiously, outrageously

pöörasus fury, madness, frenzy

pööratav reversible, convertible, invertible

pöörde- turning, pivotal, climactic

pöördel overleaf, on the other side

pöördeline revolutionary, transitional, epochal, climacteric, pivotal

pöördepunkt turning point, landmark, twist, hinge, juncture, watershed

pöördkond *lgv* conjugation

pöördlava revolving stage

pöördotsing *inf* backward search, reverse search/find

pöördtelg axes of rotation, pivot

pöörduks swing door, revolving door, turnstile

pöörduma turn, rotate, shift, spin, swing, twirl, twist, wheel, change; *inf* access; (**muutuma**) convert

kõrvale pöörduma turn aside, shunt

kellegi poole pöörduma call on, address to, turn to sb, approach, appeal

tagasi pöörduma return, revert, turn back

vastu pöörduma turn against

pöördumatu irreversible, terminal

pöördumatult irreversibly, terminally

pöördusmeetod *inf* access method

pööre turn, change, twist, shift, swing; development, revolution

järsk pööre (paremuse poole) sudden turn (for the better)

pööret võtma come to pass

pöörijoon tropic

pöörik variable condenser

pööripäev equinox, solstice

pööris swirl, whirl, eddy, vortex, spin

pööritama twirl, whirl, roll, reel; swim

pööritav dizzy, light-headed, swimming

pöörlema spin, whirl, swirl, revolve, pivot, rotate, swivel, turn

pöörlev spinning, whirling, rotary

pöörlus spin, whirl, twirl

püdel semiliquid, viscous, smooth

pügal degree, grade, notch, score

pügama shear, clip, cut, fleece, prune, trim

pügatud shorn, clipped, trimmed, pruned

püha holy, sacred, sainted, St.; (**pidupäev**) holiday, feast, festival, fete

Püha Jüri Saint George

Püha Maa Holy Land

P

Püha Tool Holy See
Püha Vaim Holy Ghost
püha isa holy father
püha viha righteous anger, wrath
pühaks kuulutama canonise
pühaks peetud hallowed
puutumatult püha sacrosanct
häid pühi happy holidays, season's greetings
püha- festive
pühademuna Easter egg
pühadus holiness, sanctity
Tema Pühadus His Holiness
pühak saint
pühakuks kuulutama canonise
pühakiri Holy Scripture
pühaklik saintly
pühakoda church, temple, sanctuary
pühaku- saintly
pühalik solemn, holy, festive
pühalikkus solemnity
pühamu sanctuary, shrine, adytum
pühapaik sacred place, sanctuary
pühapilt icon, image
pühapäev Sunday
pühapäevakool Sunday school
pühendama dedicate, devote, pledge
asjasse pühendama initiate into, let in on
pühenduma dedicate, commit, live for
pühendumus dedication, devotion
pühendunu devotee, zealot
pühendunud dedicated, devoted, zealous
pühendunult dedicatedly, devotedly, zealously
pühendus dedication, consecration, initiation
püherdama wallow; roll about

pühitsema celebrate, commemorate; (**ametisse**) inaugurate, sanctify, ordain, consecrate
pühitsetud consecrated, hallowed, sacred
pühkija sweeper, wiper
pühkima wipe, sweep, brush, whisk, dust, mop
kuivaks pühkima wipe up, wipe dry
peast pühkima forget, put out of one's mind, banish
ära pühkima wipe away, wipe off, wipe out, obliterate, mop
pühvel buffalo
püksid trousers, pants, slacks, jeans, breeches
alt laienevad püksid flared trousers
lühikesed püksid shorts
püksi tegema wet one's pants
mööda pükse saama suffer losses, get a raw deal
püksikud knickers
püksikäänis turn-up
püksilukk fly, zipper
püksimansett turn-up
püksirihm belt
püksirihma pingutama tighten one's belt
püksisäär trouser leg
püramiid pyramid
püramiidikujuline pyramidal
püree purée, cream, mash
püreemikser liquidiser
püreestama mash, purée, liquidise
püreesupp cream soup
pürgima aspire, strive, endeavour, seek, follow
pürgimus aspiration, striving, endeavour
püromaan pyromaniac

pürotehnika pyrotechnics
püsi- fixed, set, permanent
püsiese fixture
püsik perennial
püsiklient regular (customer)
püsikoopia *inf* hard copy
püsikriips *inf* required hyphen
püsilokid perm
   püsilokke tegema perm
püsima last, keep to, keep up, persist, stay, remain, hold, stand
   ei püsi paigal will not keep still
   jälil püsima dog
   koos püsima hold together
   paigal püsima hold, stay put, keep still
   pinnal püsima float
püsimatu unstable, inconstant, restless, fickle
püsimatus instability, inconstancy, restlessness, fickleness
püsimisaeg lifetime
püsipaikne in the same place permanently
püsiseade fixture
püsisoojane warm-blooded (animal)
püsiv permanent, constant, lasting, stable, standing, fixed, lingering, steady
püsivalt permanently, constantly, steadily, fixedly
püsivara *inf* firmware
püsivool continuous current
püsivus persistence, stability, steadiness, endurance, fixity, permanence
püss gun, firearm, revolver
   püssi laskma shoot, fire
püssikaitse safety catch
püssilaad gunstock
püssipauk gunshot

püssipära butt, buttplate
püssiraud gun barrel
püssirohi gunpowder, powder
püssisalv magazine
püssisihik backsight, hindsight
püssitikk bayonet
püssituli gunfire
püst- vertical, upright
püsti upright, vertical, erect
püsti- standing, stark
püstihull stark mad, lunatic
püstijala-baar stand-up bar
püstik vertical pipe
püstine upright, erect, perpendicular
püstitama put up, set, set up, erect, raise
püstjoon vertical line, perpendicular
püstkrae stick-up collar
püstloodis vertical, perpendicular, sheer
püstol gun, revolver, pistol, handgun
püstolitasku holster
püstolkuulipilduja submachine-gun
püsttabeldus *inf* vertical tabulation/ formatting
püstvorming *inf* portrait (format), vertical format
pütt tub, firkin, wooden pail, kit
püüd endeavour, attempt, effort, aspiration
püüdlema strive, aspire, endeavour, aim, pursue
   edu püüdlema make a go of
püüdlik aspiring, assiduous, ambitious, zealous
püüdlikkus studiousness, assiduity, ambition
püüdlikult aspiringly, studiously, ambitiously

P

püüdlus aspiration, striving, endeavour, aim, ambition, pursuit

püüdma catch; (**üritama, proovima**) try, attempt, aim, endeavour, strive

kinni püüdma capture, round up, catch

kõigest hingest püüdma try the hardest, bend over backwards, try hard, lean over backwards

püüe → **püüd**

püük catch, fishing, capture

püül flour, bolted flour

püünis snare, trap, noose, net, pitfall

püünisega püüdma snare

püünispael snare, noose

püünisrauad iron trap

püür pillowcase

püüton python

raad town council
raadio radio, wireless
  kaasaskantav raadio walkie-talkie, portable radio
raadioamatöör radio amateur
raadioantenn aerial
raadioaparaat radio set
raadiojaam radio station
raadiokava radio programme
raadiokuulaja radio listener
raadiolaine radio wave
raadiolamp radio valve
raadiolevi broadcast
raadiolokaator radar
raadiolokatsioon radio location
raadiosaade broadcast
raadiosidevõrk cellular
raadiosõlm radio relay centre
raadiotehnik radio technician
raadiotehnika radio technology
raadiovastuvõtja radio receiver
raadium *keem* radium
raadius radius
raag twig
raagus bare, leafless
raal *inf* digital computer
raal- *inf* computer-aided, computer-assisted
raalgraafika *inf* computer graphics
raalistama *inf* computerise
raalkirjastamine *inf* computer-aided publishing, computer-as-

sisted publishing
raalkonverents *inf* computer conference
raam frame, rim
raamas ruined, run-down
raamat book
raamatukauplus bookshop, (AmE) bookstore
raamatukogu library
raamatukogutöötaja librarian
raamatukoi bookworm
raamatuköitja book-binder
raamatulik bookish
raamatuostukupong book token
raamatupidaja accountant
raamatupidamine accountancy, bookkeeping
raamatupidamisosakond accounting department
raamaturiiul bookcase, bookshelf
raamatusõber bibliophile
raamatutark book-learned
raamima frame
raamis setting
raamistama → raamima
raamistik framework, frame, scope
raamistus framing
raamjutustus narration, stories within a story
raas crumb, scrap, bit, shred
raba bog, marsh
raba- marshy

rabak *sport* smash
rabakana willow grouse
rabama astound, shock; hit, strike
rabandus stroke
rabane boggy
rabanõmm moor
rabapüü grouse
rabarber rhubarb
rabatud astounded, shocked
rabav astounding, striking, shocking
rabavalt strikingly
rabe brittle, friable, crumbly
rabedus brittleness, friability
rabelema fidget, flounder, struggle
   lahti rabelema break free, break loose
   läbi rabelema struggle through
   välja rabelema wriggle out of
rabelus struggle
rabi rabbi
rabin rustle
rabistav rustling
rada path, footpath, track
   tallatud rada beaten track, rut
radar radar
radiaalne radial
radiaalselt radially
radiaator heater, radiator
radiatsioon radiation
radikaal radical
radikaalne radical, fundamental, profound
radikaalselt radically
radikalism radicalism
radikuliit *med* radiculitis
radio- radio
radioaktiivne radioactive
radioaktiivsus radioactivity
radiofitseerima install radio equipment
radist radio operator
raekoda town hall

raev fury, rage, wrath, anger, frenzy, vehemence
   raevu ajama enrage, incensc, infuriate, anger, madden, provoke, inflame
raevukalt ferociously, fiercely
raevukas ferocious, fierce, furious, stormy
raevukus ferocity, fury
raevuma become furious, become enraged
raevunud furious, enraged, irate, livid
raevutsema rage, storm, ramp
rafinaad(suhkur) refined sugar
rafineerimistehas refinery
rafineeritud refined, polite
rafineeritus refinement
ragbi rugby
ragbimängija rugby player
ragin rattle, crackle
ragisema rattle, crack, crunch
ragistama rattle, crunch
ragulka catapult
raguu ragout
raha money, cash, currency
   rahast lage broke, flat
   tagasiantav raha change
   vaba raha fund
   oma raha peal elama pay one's way
   raha eest tublisti saama get one's money's worth
   raha andma give a purse, give money
   raha hankima raise money; *sl* raise the wind, work the oracle
   raha hoiustama deposit money, lodge money
   raha kantima siphon, syphon
   raha kaotama lose money
   raha koguma save money, hoard

R

money, save up
raha kulutama expend money,
(AmE) outlay, spend money
raha laenama borrow money
raha laenutama lend money
raha laiaks lööma blow money
raha paigutama invest
raha ostuvõimet tõstma deflate
raha peale mängima gamble
raha raiskama waste money
raha saama raise capital/finance
raha säästma save money
raha teenima earn, make money
raha vahetama change, exchange
raha (kontolt) võtma charge,
take out, draw on an account
raha välja käima pay out
rahaks tegema realise, cash
raha- monetary
rahaabi subvention, financial aid
rahaahne avaricious
rahaahnus avarice
rahaasendaja money substitute, to-
ken
rahaasjad money matters, pecuni-
ary affairs
rahaauk treasure pit
rahaannetus donation, grant
rahahunnik pile of money
rahahädas be pressed for money
rahaiha craving for money
rahakaart money order, postal
(money) order, remittance
rahakapp safe
rahakarp money box
rahakas moneyed, rich
rahakott purse, wallet
rahakurss money rate, rate of ex-
change
rahakäive cash flow, money turn-
over
rahaline financial, monetary, pecu-

niary
rahaliselt financially
rahamees financier, man of prop-
erty, plutocrat, moneyed man,
City man
rahanappus shortage of money
rahandus finance(s)
rahandus- financial, fiscal
rahandusaasta financial year, fis-
cal year
rahandusasutus financial estab-
lishment
rahanduskriis monetary crisis
rahanduslikult financially
rahandusminister minister of fi-
nance, (**Suurbritannias**) Chancel-
lor of the Exchequer
rahanduspoliitika financial policy
rahandusseadus financial law
rahandussektor financial sector
rahandustegelane financier
rahandusõigus public finance
rahanõue monetary claim
rahapada mint
rahapaigutus investment
rahapakk pile of money, hardup,
(AmE) bankroll, *sl* wad
rahapakkumine money supply
rahapesu laundering
rahaprobleemid money problems
rahapuudus impecunosity, money
deficit, squeeze, want of money,
lack of money
raharaiskaja spendthrift, squan-
derer
raharaiskamine waste of money,
squandering
rahareform currency reform, mon-
etary reform
rahariisumine usury, extortion
raharinglus monetary circulation
rahasaadetis remittance

R

rahasaaja remittee
rahasaatja remitter
rahastaja financier
rahastama finance, fund
rahasumma amount/sum of money
rahasääst (money) savings
rahatagavara monetary reserve, coffers
rahatasku pocketbook, wallet
rahatrahv fine
rahatšekk cheque, tender
rahatu moneyless, broke
rahatuus tycoon
rahatäht (bank) note
rahavahetus exchange of money, currency exchange
rahavarud money reserve, coffers
rahavoog cash flow
rahavõim plutocracy
rahavõlg debt
rahavõltsija counterfeiter
rahavääring standard
rahaväärtus monetary value
rahaühik monetary unit
rahaülekanne cash remittance, money transfer
rahe hail
   rahet sadama hail
rahetera hailstone
rahetorm hailstorm
rahevihm sleet
rahhiit *med* rickets
rahhiitiline *med* rachitic
rahmeldama toil, drudge, bustle
rahmeldav toiling, drudging
rahn boulder
rahu peace, quiet, tranquillity
   rahu sõlmima make peace
rahuaeg(ne) peacetime
rahuarmastav peace-loving
rahuarmastus love of peace
rahuettepanek peace offer

rahukohtunik Justice of the Peace, JP, magistrate
rahukonverents peace conference
rahul content, happy, pleased, satisfied
   väga rahul on top of the world
   rahul olema be satisfied
rahuleping peace treaty
rahuldama satisfy, please, suit
rahuldamatu unsatisfied, insatiable
rahuldamine indulgence, satisfaction
rahuldatud contented
rahuldav satisfactory, adequate, reasonable
rahuldavalt satisfactorily
rahulduma be satisfied, content oneself with
rahuldus satisfaction
   rahuldust pakkuma give satisfaction
   rahuldust pakkuv fulfilling, rewarding
rahulik calm, peaceful, placid, quiet, still, tranquil
   rahulikuks jääma remain calm
rahulikkus calm, peacefulness, serenity, stoicism, tranquillity
rahulikult calmly, leisurely, peacefully, quietly
rahulolematu dissatisfied, discontented
rahulolematus dissatisfaction, discontent
   rahulolematust avaldama protest
rahulolev contented, fulfilled, satisfied
rahulolevalt contentedly, complacently, smugly
rahulolu satisfaction, complacency, contentment, fulfilment

rahumeelne peaceful
rahunema calm down, cool down, quiet, keep one's hair on
rahupiip peace pipe
rahupreemia peace prize
rahu-rahu order!, order!
rahus in peace, at rest
rahusadam haven
rahustama calm (down), quiet, appease, reassure, soothe, tranquillise, allay
rahustamine calming, reassurance
rahustav reassuring, soothing
rahusti sedative, tranquilliser
rahutu anxious, disturbed, impatient, restless, troubled, unsettled
    rahutuks tegema make anxious
rahutuks tegev worrying, disturbing
rahutukstegevalt disturbingly
rahutult impatiently
rahutus (rahulolematus) restlessness, unrest; anxiety; (rahvarahutus) riot, disturbance
rahuvalvaja peacekeeper
rahuvalvejõud peacekeeping forces
rahva- folk, popular, public
rahvaarv population
rahvad peoples
rahvaeepos national epic
rahvahulk crowd
    märatsev rahvahulk mob
rahvahääletus referendum
rahvajutt folk tale
rahvakeel folk speech
rahvakiht social stratum
rahvakogunemine rally
rahvakombed folklore
rahvakoosolek (mass) meeting
rahvakunst folklore
rahvaküsitlus referendum
rahvalik folk

rahvaloendus census
rahvalooming popular art
rahvaluule folklore
rahvaluulekogu collection of folklore
rahvaluuleteadlane folklorist
rahvamaja community centre
rahvamajandus national economy
rahvameditsiin folk medicine
rahvamurd crowd, crush, throng
rahvamöll melee
rahvamuusika folk music
rahvapidu folk festival, popular festival
rahvapill folk instrument
rahvapüha public holiday
rahvaraamatukogu public library
rahvariided national costume
rahvarikas populous
rahvarinne popular front
rahvarohke crowded
rahvarohkus populousness
rahvaränne exodus
rahvas people, nation, folk
rahvasaadik representative, deputy, Member of Parliament, MP
rahvastama populate
rahvastatud populated
rahvastik population
rahvastikuteadus demography
rahvasumm crowd
rahvatants folk dance
rahvatantsurühm folk dance group
rahvatarkus folk wisdom
rahvatervishoid public health
rahvatraditsioon popular tradition
rahvausund folk belief
rahvausunditeadus mythology
rahvavabariik people's republic
rahvavaenlane public enemy
rahvavalgustus enlightenment of the people

R

rahvavastane antipopular
rahvaviis folk melody
rahvavool stream of people
rahvavõim democracy
rahvavägi people's army
rahvus nationality
rahvus- ethnic, national
rahvuseepos national epic
rahvusgrupp ethnic group
rahvushümn national anthem
rahvuskaaslane compatriot
rahvuskangelane national hero
rahvuskeel national language
rahvuskomitee national committee
rahvusküsimus national question
rahvuslane nationalist
rahvuslik national
rahvuslipp national flag
rahvuslus nationalism
rahvusmeeskond national team
rahvuspark national park
rahvuspoliitika national policy
rahvuspüha public holiday
rahvusriik nation sate
rahvusrühm ethnic group
rahvustama nationalise
rahvustoit national food
rahvusvaheline international, multinational
raibe carrion, carcass
raidkiri epigraph
raidkuju statue, sculpture
raidkunst sculpture
raidur sculptor
raie cutting, felling
raielank felling area
raiepakk chopping block
raiesmik clearing
raietööline feller, woodcutter
raikala skate
raipesööja scavenger
raisakotkas vulture

raisatud wasted, lost, misspent
raiskaja waster
raiskama waste, spend, squander, throw away
raiskamine wastage, waste
raiskav extravagant, wasteful
raiskuminek waste
raisus be wasted, spoiled
raiuma hack, hew, slash, chop
  maha raiuma fell, chop down
  pead maha raiuma behead, decapitate
  peeneks raiuma hack, chop
  sisse raiuma hew in
  välja raiuma sculpture
raiutud chopped, sculptured
raja bound, boundary, frontier
rajaja founder
rajajoon boundary line
rajaleidja pathfinder
rajama establish, found, set up, build
rajamine establishment, foundation
rajanema be based on
rajatis building, erection
rajoon district, county, region
raju tempest, storm; (raev) rage, fury
rajuhoog flurry
rajune stormy
rajuvihm rainstorm
rakend team
rakendama administer, apply, employ, exercise; (hobust) harness
  lahti rakendama unharness
rakendamine adoption, application, exercise
rakendatav applicable
rakenduma be applied
rakendus application, function, purpose, use
rakendus- applied
rakenduskõrgkool vocational/trade school, college

rakenduslik applied
rakenduslikult technically
rakendusprogramm *inf* application program
rakendustarkvara *inf* application software
rakett rocket, missile
   ballistiline rakett ballistic missile
rakis device
rakk cell
rakkes in harness, working
rakmed harness
raksatama crack, crash
raksuma crack, crackle, crash
rakuehitus cell structure
rakujagunemine cell division
rakukest cell membrane
rakukude cellular tissue
rakuline cellular, celled
rakurss foreshortening
rakusein cell wall
rakusisene intracellular
rakuteadus cytology
rakutuum nucleus
ralli rally
rambe feeble
rambipalavik stage fright
rambivalgus footlights, limelight
ramm strength
rammestama enfeeble
rammestus faintness
rammetu faint, feeble, exhausted
rammima ram
rammuleem broth
rammumees strong man
rammus fattening, fatty, rich, stodgy
rammusus stoutness; fatness, richness
ramp ramp
rand beach, shore
randuma land, come ashore

range severe, stern, strict, tight, tough
rangelt severely, strictly, stringently
rangid collar
rangjalad bandy legs, bow legs
rangjalgne bandy-legged, bow-legged
rangluu collarbone
rangus severity
ranits haversack, satchel
ranna- coastal
rannajoon coastline
rannakalju cliff
rannakarp mussel
rannaking sandshoe
rannatool deckchair
rannaäärne coastal
ranne wrist
rannik coast, coastline, seashore
ranniku- onshore
rannikuala waterfront
rannikul on shore
rannikulähedane offshore
rant edge, brim, rim
rantšo ranch
rapiir rapier
rapiiritorge rapier thrust
raport report, statement
raporteerima report, state
rappaaetud bogged down
rappaminek washout, failure
rappuma shake, bump, joggle, shudder
rappuv shaking, jerky
raps rape
rapsama snatch; twitch
rapsima pick up; scratch
raputama shake, joggle, jolt
   maha raputama shake off
   pead raputama shake one's head
   peale raputama sprinkle, scatter, dust

R

raputav shaky, bumpy
raputus shake
rariteet rarity
rariteetsus rarity
rase pregnant
  rase olema be pregnant
rasedus pregnancy
  raseduse katkestamine abortion
  rasedust katkestama abort
rasedus- maternity
raseerima shave
raseerimis- shaving
raseeritud shaven, clean
  puhtaks raseeritud clean-shaven
rasestuma become pregnant, conceive
rasestumine conception
  rasestumise vältimine contraception
rasestumisvastane contraceptive
  rasestumisvastane tablett baby pill, birth control pill, contraceptive
raske difficult, hard, tough, heavy, serious, grave
raskejõustik heavy athletics
raskekaallane heavyweight
raskekaaluline ponderous, heavy
raskelt hard, heavily, laboriously, ponderously
raskemeelne melancholic
raskendama aggravate, encumber
raskendav aggravating
raskenema become heavier/harder
raskepärane heavy, ponderous
raskepäraselt laboriously
raskesti hard
rasketöö- heavy-duty
rasketööstus heavy industry
raskus weight, gravity; (**keerukus**) complication, difficulty, trouble
  raskusega koormama weight

raskusi tekitama make difficulties
raskustega seotud olema beset with problems
raskustele näkku vaatama square up to
raskustesse sattuma entangle
raskustest üle saama weather, come through, withstand
raskusjõud gravity
raskustes troubled, in difficulties
rass race
rassi- ethnic
rassiline racial
rassiliselt racially
rassima toil, slog
rassism racism
rassist racist
rassistlik racist
rassisuhted race relations
rassivaen race hatred
rasune greasy
rasupunn acne
rasv fat, grease
  rasva minema become fat
rasv- fatty
rasvaine fat
rasvane fatty, greasy, oily
rasvollus fatty substance
rasvuma fatten, expand, thicken
rasvumus fatness, obesity
rasvunud fat(ty)
ratas wheel
ratastega wheeled
ratastool wheelchair
ratifitseerima ratify
ratifitseerimine ratification
ratsa on horseback
  ratsa rikkaks saama make a fast buck
ratsa- equestrian, mounted
ratsanik rider

R

ratsapatrull mounted patrol
ratsapiits horsewhip
ratsapolitsei mounted police
ratsapolitseinik (AmE) trooper
ratsapüksid breeches, jodhpurs
ratsarügement cavalry regiment
ratsasport equestrian sports
ratsasõit ride
ratsavõistlused horse-riding competition, horse race
ratsaväelane trooper, cavalryman
ratsavägi cavalry
ratsionaalne rational
ratsionaalselt rationally
ratsionaliseerija rationaliser
ratsionaliseerima rationalise
ratsioon ration
ratsmed bridle
ratsu saddle horse; (males) knight
ratsutaja horseman, horsewoman, rider
ratsutama ride
rattakumm tyre
rattapöid felly
rattarumm hub
rattasportlane cyclist
rattasõidutee cycle path
rattasõit cycling
rattatelg axle
rattur cyclist
rauakaup hardware
rauakaupmees ironmonger
rauakeevitus welding of iron
rauamaak iron ore
rauapuru iron filings
rauasaag hacksaw
rauasulatusahi smelting furnace
rauatöö ironwork
rauatööstus iron industry
rauatükk piece of iron
rauavalukoda iron foundry
rauaviil file

raud iron; barrel
rauda taguma forge, hammer
raudbetoon reinforced concrete, ferroconcrete
raudkang crowbar
raudkindel hard as iron
raudkübar skullcap
raudnael nail, spike
raudne iron, cast-iron
raudrüü armour
raudsepp blacksmith
raudtee railway, rail
raudtee pöörmesulud points
raudteejaam railway station
raudteelane railway man
raudteerööbas rail
raudteesõiduplaan railway timetable
raudteesõlm junction
raudteetamm embankment
raudteetransport railway transport
raudteevagun railway carriage, coach
raudteevahipost signal box
raudteevedur locomotive
raudteevõrk railway system
raudteeülesõidukoht railway crossing
raudvarb iron bar
raugalik senile
raugalikkus senility
raugastuma become senile
rauge languid, faint
raugema languish, fade, wither
raugematu indefatigable, unremitting, constant
raugus languor
raukus senility
raund round
rautatud shod
ravi cure, therapy, treatment
ravi- medical, therapeutic

R

ravialune patient
raviarst therapist
ravija healer
ravikulud medical expenses
ravila health resort
ravim medicine, medication, drug, remedy
  määratud ravim prescription
  ravimit andma administer, dose
  ravimit määrama prescribe
ravima treat (for a disease), doctor, remedy, heal, cure
  välja ravima heal (of)
ravimatu incurable
ravimine treatment
ravimjook potion
ravimkuulike pill
ravimküünal *med* suppository
ravimpreparaat preparation
ravimtaim herb
ravimuda curative mud
raviomadus curative property
raviosakond therapeutics department
ravitav curable
ravitoime curative effect
ravitseja healer
raviv therapeutic
re *muus* re, D, d
reaalaja- on-line
reaalne real, actual
reaalosa real part
reaalpalk real wages
reaalselt in reality
reaalsus reality
reaalsustunne sense of reality
reaalteadused sciences
reaalväärtus real value
reageerima react, respond
reageerimine reaction
reageerimiskiirus speed of reaction
reageering reaction, response

reageeriv reactive, responsive
  kiirelt reageeriv responsive, quick-witted, intelligent
reaktiiv- jet-propelled
reaktiivlennuk jet
reaktiivmootor jet engine
reaktor reactor
reaktsionäär reactionist, reactionary
reaktsioon reaction
reaktsiooniline reactionary
realiseerima realise, carry through
realiseerimatu unrealised
realiseerimine, realiseerumine realisation
realiseeritav realisable
realiseeruma be realised
realism realism
realist realist
realistlik down-to-earth, realistic
reamees private
reamehed rank
reamurdmine, reavoltimine *inf* wraparound
rearedaktor *inf* line editor
reas in a row, in line
reasamm *inf* line spacing
reastama align, rank
reastuma (**sõiduki kohta**) pull out
reastus alignment
rebane fox; (**esmakursuslane**) freshman
rebasejaht foxhunting
rebasekoer foxhound
rebasekoobas foxhole
rebasekutsikas cub
rebaserauad fox-trap
rebasesaba foxtail
rebaseurg foxhole
rebend tear, rupture, laceration
rebenema tear, wrest
rebenenud torn

rebestama tear, rip, rupture, lacer-
ate
rebestus tear, rupturing
rebima pull, rip, tear
  katki rebima rip, tear up
  küljest rebima blow from, tear
  off/away from
  lahti rebima tear open
  lõhki rebima slit, tear apart
  maha rebima tear off/down, pull
  down/off
redaktsioon editing, redaction
redel ladder, steps
redelipulk rung
redigeerija editor
redigeerima edit
redis radish
redusolek hiding
redutama hide
reede Friday
reegel rule, law
reeglikohane regular
reeglina as a general rule, in gen-
eral
reeglipärane regular
reeglipäraselt regularly
reeglipärasus regularity
reeglistik rules, code
reeglivastane irregular, abnormal,
improper, unconventional
reekviem requiem
reetev betraying, telltale
reetja traitor
reetlik treacherous, false, insidious
reetlikkus treachery, foul play
reetma betray, inform on; *sl* shop,
double-cross; *ülek* disclose, give
away, tell, divulge
reetmine betrayal, treachery, trea-
son, sell-out, disloyalty
reetur traitor
reeturlik treacherous

reeturlus treachery
referaat paper, essay
refereerima report, abstract
referendum referendum
referent reporter, reviewer
refleks reflex
reflektoorne reflex
reflektor reflector
reform reform
reformaator reformer
reformaatorlik reformative
reformija reformer
reformima reform
refrään chorus, refrain
regatt regatta
regi sleigh
regionaalne regional, local
regionaalpoliitika regional policy
regionaalvõrk *inf* metropolitan area
network, MAN
regioon region
register index, record, register, file,
account
  täielik register gamut
  registrisse kandma put on file
registraator registrar, registrant,
recorder; (**hotellis**) desk clerk
registraatorköites loose-leaf
registratuur registry, check-in
registreerima check in, record, reg-
ister, book, put on record
registreerimine registration, regis-
try, record-keeping
registreerimiskeskus *inf* registra-
tion authority
registreerimislaud check-in
registreerimisnumber registration
number
registreerimisprotseduur registra-
tion procedure
registreeritud on record, registered
registreeruma register

R

reglement ordinance, standing order, regulations

regress regression, retrogression, setback

regulaarne on regular basis, regular, usual, customary, normal, ordinary, systematic

regulaarselt regularly, habitually

regulaator regulator

reguleerija controller

reguleerima regulate, set, tune, adjust

reguleerimine regulation, tuning, adjustment, control

reguleeritav adjustable, variable, controllable

reguleeritud adjusted, managed

reha rake

rehabilitatsioon rehabilitation, exculpation

rehabiliteerima rehabilitate, exculpate (from)

rehepeks threshing

rehepeksumasin threshing machine

rehi barn

rehitsema rake

rehkendama reckon

rehmama strike, hit

rehv tyre

reibas lively, brisk

 reipamaks muutuma cheer up

reibastama exhilarate, enliven, vitalize

reibastav exhilarating, stimulating

reid raid

reinkarnatsioon reincarnation

reinvesteerima *maj* reinvest

reinvesteering *maj* reinvestment

reipalt vivaciously

reipus briskness, exhilaration, vivacity

reis journey, trip, travel, voyage; (**kehaosa**) thigh

 reisi alustama set off

reisibüroo travel agency

reisija passenger, traveller

reisijuht (**giid**) guide; (**raamat**) guidebook

reisikaaslane fellow-traveller

reisikirjeldus travel article, travel book/guide

reisikorraldaja travel agent

reisikott holdall, suitcase

reisilennuk passenger plane

reisima travel, tour, journey

 ringi reisima travel about

reisimees traveller, hiker

reisimuljed travel impressions

reisipakett package holiday, package tour

reisiplaan itinerary

reisirong passenger train

reisitekk rug

reisitšekk traveller's cheque

reiting rating

reiv rave

reket racket, racquet, bat

reklaam advertisement, advert, ad, promotion, publicity, (AmE) commercial

 ülespuhutud reklaam puff

reklaami- commercial

reklaamibrošüür prospectus

reklaamija advertiser

reklaamima advertise, (AmE) blast, boost, exploit, plug, publicise, promote

reklaamindus advertising

reklaampost advertisement pillar

reklaamitrikk gimmick, stunt

reklaamklipp commercial

reklaamleheke flyer, dodger

reklaampala plug

rekonstrueerima reconstruct
rekonstruktsioon reconstruction
rekord record
  rekordit purustama beat/break a record
rekordiline record
rekordimees record man
rekordiomanik record holder
rektor rector, president
rektoraat rectorship
rekvireerima requisition, commandeer
rekvisiidid properties, props
relaps relapse
relatiivne relative
relatiivsus relativity
relatiivsusteooria theory of relativity
relativism relativism
relee relay
relevantne relevant, pertinent, material
relevantsus relevance, pertinence, materiality
religioon religion, faith
religioosne religious, spiritual
reliikvia relic
relikt relic
reljeef relief
reljeefne in relief
relss rail
relv(ad) weapon(s), arms
relva- armed, munition
relvaladu armoury, arsenal
relvaliik arm
relvaluba gun licence
relvarahu armistice, ceasefire
  relvarahu sõlmima cease fire
relvastama, relvastuma arm
relvastamata unarmed
relvastatud armed
relvastus armament, arming

relvatoru barrel
relvitu unarmed
relvitukstegev disarming
relvitukstegevalt disarmingly
relvitustama disarm
remark remark
remmelgas brittle willow
remont repair, service, decorating
  jooksev remont maintenance, current repairs
remontima repair, decorate
rendikoht tenancy farm
rendileping lease
rendiraha rent, rental (fee)
rendivaldus tenancy
rendiväärtus leasehold value
rendiõigus lease, tenant right
renessanss renaissance
renn chute, groove
renoveerima renovate, restore, repair, do up
rent lease, rent
  rendile andma lease, rent
  rendile võtma lease, rent
rentaabel profitable
rentaablus profitability
rentija leaser
rentima lease, let, rent
  edasi rentima sublet
  välja rentima let out, rent
rentnik tenant
rentsel gutter
reo- waste
reorganiseerima reorganise
reorganiseerimine reorganisation
reostama pollute, contaminate
reostatud contaminated, foul
reostuma be polluted
reostus contamination, pollution
reostusaine pollutant
reoveetoru waste pipe
reovesi sewage

R

repertuaar repertoire
repeteerima repeat
repetiitor rehearser
repliik retort, reply, repartee
reportaaž commentary, coverage
   reportaaži andma cover
   reportaaži tegema commentate
reporter reporter, commentator
representeerima represent
represseerima repress
represseeritud repressed
repressiivne repressive
repressioon repression
reproduktsioon reproduction
reprodutseerima reproduce
reptiil *zool* reptile
reputatsioon reputation
reserv reserve, store, savings
   peidetud reserv hidden reserve,
   latent reserve, untapped reserve
reserv- reserve, substitute
reservatsioon reservation, booking
reserveerima (kinni panema) book,
   reserve; **(varuks hoidma)** save,
   store
   kohta reserveerima book in,
   book into, make a reservation, re-
   serve a seat/place
reserveeritud booked, reserved;
   taken
reservuaar reservoir
reservväelane *sõj* reservist
reservväed *sõj* reserves
resideeruma reside, base
residents residence
resiin resin
resistentne resistant
resolutsioon resolution
resoluutne resolute
resoluutsus resolution
resolver *inf* resolver
resonants resonance

respekt respect
respektaabel respectable
respekteerima respect
ressursikirje *inf* resource record
ressurss resource
rest grate
restauraator restorer
restaureerima restore, repair, reno-
   vate, do up
restaureerimine restoration
restoran restaurant
   odav restoran diner
   restoranis sööma dine out
restoranvagun buffet car
resultaat result
resümee résumé, summary
resümeerima sum up
režii management, direction
režiim regime, régime
režissöör stage manager, producer
retk trip, journey, excursion
retoorika rhetoric
retooriline rhetorical
retrospektiivne retrospective
retsenseerima review
retsensent reviewer
retsensioon review
retsept prescription; recipe
   retsepti välja kirjutama pre-
   scribe
retsidiiv *jur, med* relapse
retsidivist recidivist
retušeerima, retuššima retouch
retuusid tights
reumaatiline *med* rheumatic
reuma(tism) *med* rheumatism
revanš revenge
revanšipoliitika policy of revenge
revanšist revanchist
revanšistlik revanchist
reveranss curts(e)y
   reveranssi tegema curts(e)y

revers reverse
reversioon reversion
revideerima audit, inspect
revident auditor, accountant, inspector
revisionism *pol* revisionism
revisjon audit, revision
revolutsionäär revolutionary
revolutsioon revolution
revolutsioonieelne pre-revolutionary
revolutsiooniliikumine revolutionary movement
revolutsiooniline revolutionary
revolutsioonimeelne revolutionary-minded
revolutsioonivastane anti-revolutionary
revolutsioonivõitleja revolutionary fighter
revolver revolver, gun
revolvrikuul revolver bullet
revolvripadrun revolver cartridge
revolvripauk revolver shot
revolvritasku revolver case
revolvritoru barrel of a revolver
reväär lapel, facing
riba band, ribbon, strip, shred, sliver
ribakardin Venetian blind
ribareklaam banner
ribavalgustus strip lighting
ribi rib
ribitükk chop
ribonukleiinhape *biol* ribonucleic acid, RNA
riburada in single file
rida line, row; series
    ühes reas in (a) line, in a row, in single file
    ridade vahelt lugema read between the lines
    ridadesse kuulumine fellowship

ridahaaval line by line
ridadevaheline interlinear
ridaelamu terraced house
ridamisi in a row, in a line
rida-realt line by line
ridikül reticule, bag
riff reef, ledge
rigin crackle
rigisema crackle
rihm belt, strap
rihmikud sandals, thong shoes
rihmülekanne *tehn* belt drive
rihtima set straight
rihvatud fluted
riiakalt argumentatively
riiakas argumentative, quarrelsome
riid quarrel, strife, argument, fight
    riidu ajama set persons by the ears
    riidu minema quarrel, fall out
riided clothes
riideese garment
riidehari clothes-brush
riidehoid cloakroom
riidehoidja cloakroom keeper
riidehoiunumber cloakroom ticket
riidekapp wardrobe
riidekate binding
riidekaup textiles, drapery
riidematerjal material
riidepuu (coat-)hanger
riides attired, dressed
    hästi riides well-dressed
    kehvalt riides poorly/shabbily dressed, in rags, poorly clad
    uhkelt riides smartly/stylishly dressed, well turned out
    riidesse panema clothe, dress
    uhkelt riidesse panema dress up
    riidest lahti võtma take/strip off clothes
riidetükk binding

R

riidevabrik textile factory
riidevärv dye
riidevärvimine dying
riidlema quarrel, argue, fight
riie cloth, fabric
riietama clothe, dress
    lahti riietama get undressed, strip, undress
    ümber riietama change sb's clothes
riietatud attired, dressed
riietekomplekt outfit
riietuma dress, get dressed
    lahti riietuma get undressed, undress, strip
    ümber riietuma change (one's clothes), get changed
riietus attire, clothing; dressing
riietuse- dressing, sartorial
riietusruum dressing room
riigi- national, state, public
riigialam subject
riigiametnik civil/public servant
riigihümn national anthem
riigikaitse national defence
riigikassa treasury
riigikool public school
riigikord political system, regime
riigilipp national flag
riigimees statesman
riigipea head of state, president
riigipiir border, frontier
riigipööre coup (d'état)
riigipüha public holiday
riigireetmine treason
riigisekretär Secretary of State
riigistama nationalise
riigistamine nationalisation
riigivaraamet state treasury board
riigivõlakiri bond
riigiõun orb
riik state, country, land

riiklik state, public, national
riiklus statehood
riil reel
riim rhyme
    riimis olema be in rhyme
riimima, riimuma rhyme
riimsõna rhyme
riis rice
riisijahu rice flour
riisikas milk mushroom
riisiko risk
    omal riisikol at one's peril
riisipõld rice field, paddy
riisiviin sake
riismed wreckage, scrap
riist instrument, tool, device
riistapuu instrument, contraption
riistvara *inf* hardware
riisuja robber, plunderer
riisuma rob, plunder, rake
riisumine robbery, plunder, foray
riit pile, stack
riitus rite
riituslik ritual
riiukukk bully
riiul shelf
riiulid shelving, shelves
riiulimatejal shelving
riius in dispute, at loggerheads, at odds with
riiv (**lukk**) bar, bolt; (**köögitarve**) grater
    riivi panema bolt, bar
    riivist lahti tegema unbolt
riivama brush, graze, glance off, scrape, skim
riivatu shameless, randy
riivav grazing, glancing
riivima grate
riivistama bolt
riivitud grated
riivjuust grated cheese

riivsai white bread crumbs
rikas rich, wealthy, well off; fertile
rikastama enrich, enhance, improve, refine
rikastamine, rikastumine enrichment
rikastatud concentrated, enriched
rikastuma make one's fortune
rike defect, fault, flaw, breakdown; disorder
rikkalik abundant, generous, bountiful, full, rich
rikkalikkus richness
rikkalikult abundantly, elaborately, richly
rikkis faulty, out of order, defective
  rikki minema break down, fail, go wrong
rikkuja spoiler, violator
rikkuma spoil, ruin, damage, wreck, corrupt; disturb; violate
  ära rikkuma spoil, rot, queer, mess up, foul up, (**moraalselt**) corrupt
rikkumata clean, pure, unspoiled, unspoilt
rikkumatu unspoilt, undamaged, pristine
rikkumine violation, infringement
rikkus richness, riches, wealth, abundance, affluence
riknema spoil, decay
riknenud spoilt, rotten, bad
riknev perishable, short-lived
rikošett ricochet
riksa ricksha(w)
rikutud spoilt, corrupt, depraved, tainted
rikutus depravity
rind bosom, breast, bust, chest
  rinnaga toitma breastfeed
rindadevahe cleavage

rindejoon front line
rindemees front-line soldier
ring circle, ring; lap
  suletud ring catch-22
ring- orbital
ringe circulation
ringhääling broadcasting
ringhäälingustuudio broadcasting studio
ringi round, about, around
ringikujuline circular
ringiminek detour
ringiratast around
  ringiratast tiirutama go round in circles
ringiuitamine ramble
ringjoon circle
ringkiri circular
ringkond district, region
ringkäik circulation, round, tour
ringlaul roundelay
ringlema circle, circulate, go about
ringlihas orbicular muscle
ringliiklus roundabout traffic
ringlus circulation
ringmäng round dance
ringrada track
ringreis tour
ringtee roundabout
ringutama stretch
ringvaade review
rinnahaav chest wound
rinnahoidja brassière, bra
rinnahääl chest voice
rinnak breastbone
rinnakas broad-chested
rinnakelmepõletik *med* pleuritis
rinnakorv chest, thorax
rinnakuti breast to breast
rinnalihas pectoral muscle
rinnaluu breastbone
rinnamärk badge

rinnanibu breast nipple
rinnanõel brooch, pin
rinnanääre mammal gland
rinnapiim breast milk
rinnatasku breast pocket
rinnatis (**kaitsevall**) parapet; (**kaitse-võre**) balustrade
rinnavähk *med* mammary cancer, breast cancer
rinna(ümber)mõõt chest measurement, bust measurement
rinne front
rinnuliujumine breast stroke
ripakil hanging, hang down loosely; out of order
ripats charm, pendant
ripendama hang loosely
ripik *anat* appendix
ripnema dangle, hang
ripp- overhead
rippkang trapeze
rippsild suspension bridge
rippuma hang, droop
    kohal rippuma hang, overhang, overhead; (**ähvardama**) threaten
    üle rippuma overhang, jut out over
rippuv hanging, drooping, pendulous
ripse (eye)lash
ripsmetušš mascara
riputama hang, suspend
    üles riputama hang up, stick up
riputi hanger
risk risk, hazard
    riski hajutama hedge one's bets
riskantne risky, adventurous, dicey, high-risk
riskeeriv adventurous
riskima risk, hazard, venture
riskimine risking, venture
risoom rhizome

rist cross
    risti lööma crucify
rist- perpendicular
ristama cross
ristamisi crosswise
ristand cross, hybrid
risti (**kaardimast**) clubs
ristiema godmother
ristiisa godfather
ristiinimene Christian
ristija baptiser
ristijalu cross-legged
ristikhein *bot* clover
ristikäik cloister
ristima baptise, christen
ristimine baptism, christening
ristimiskivi, -nõu font
ristimärk sign of the cross
ristinimi first name, given name
ristipoeg godson
risti-rästi criss-cross
ristitud baptised
ristitütar goddaughter
ristiusk Christianity
ristiusuline Christian
ristivanem godparent
ristjalg cross-shaped leg
ristjoon cross line
ristkülik rectangle, oblong
ristkülikukujuline rectangular, oblong
ristküsitlema cross-examine, quiz
ristküsitlus cross-examination
ristleja cruiser
ristlema cruise
ristlips bow-tie
ristloodis perpendicular
ristluu sacrum
ristluuvalu lumbago
ristlus cruise
ristlõige cross section
ristlõik cross section

R

ristmik crossroads
ristpalk cross-beam
ristpiste cross-stitch
ristpostitama *inf* cross post
ristpuu cross-bar
ristsed christening, baptism
ristsirge perpendicular line
ristsugutis crossbreed
ristsõna crossword
risttahukas rectangular parallelepiped, cuboid
risttee crossroad
risttelg transverse axis
risttolmlema cross-pollinate
risttuli cross-fire
ristuma cross, intersect
risttänav cross street
ristumiskoht crossing
ristuv crossing
ristviide cross reference
ristõielised *bot* crucifers
risu trash, garbage, litter
risustama clutter, litter
ritsikas grasshopper, locust
rituaal ritual
rituaalne ritual
ritv rod, pole
riugas trick, dodge, catch
riukalik devious, shifty, slick
riukaline dodgy
riukalisus wiliness, guile
riukamees dodger, intriguer
riukleja intriguer
riuklema intrigue
rivaal rival
rivaalitsema rival, compete with
rivaliteet rivalry
rivi rank, file, line, row
　rivist väljas out of line; (**löödud**) upset
rivistama align, line up
rivistuma fall in, line up

rivistus alignment
　pidulik rivistus parade
rivitu out of the ranks
rivitult! dismiss!
riviõppus drill
robootika *inf* robotics
robot robot, automaton
robustne robust
rock'n'roll rock and roll, rock'n'roll
rododendron *bot* rhododendron
rodu row, line
roe excrement, faeces
rogusk bast mat
rohekas greenish
roheline green, verdant
rohelus greenery
rohetama look green, be green
rohi grass; (**ravim**) remedy
rohima weed
rohke abundant, ample, numerous, plentiful
-rohke enriched, full
rohkelt amply, plentifully, abundantly, a lot, profusely
rohkem more
　rohkem kui in excess of, more than
　rohkem kui tavaliselt more than usually
rohkendama increase
rohkendus increasing
rohkenema increase
rohkus abundance, multitude
rohmakas rough, uncouth
rohtla steppe
rohtuma overgrow with grass
rohtunud weedy
rohukõrs blade of grass
rohumaa grassland, meadow
rohumätas turf
rohune grassy
rohuteadlane pharmaceutist

rohuteadus pharmacy
rohutirts grasshopper
roiduma become tired
roidumus weariness, fatigue
roidunud exhausted, weary, fatigued
roie rib
roigas pole; stake, pale
roim felony, crime
roimar criminal, felon, convict
roisk rot, rotten
roiskuma rot, decay
roiskumus rottenness
roiskunud rotten
roiutama exhaust, tire
roiutav exhausting, tiring
rokk(-) rock
rokkmuusika rock music
roll part, role
rollimäng role-play
romaan novel, romance
romaanikirjanik novelist
romanss romance, love story
romantik romantic
romantika romance
romantiline romantic
romantiliselt romantically
romantiseeritud romanticised
romantism romanticism
romb lozenge, rhombus
  võrdkülgne romb diamond
romsteek rump steak
romu banger
rong train
  rongi peale minema board the train
rongkäik parade
  pidulik rongkäik procession
ronija climber
ronima climb, ascend
  maha ronima climb down, get down (from a horse), dismount from

peale ronima mount
välja ronima pull oneself out of sth
üle ronima climb over
üles ronima mount, shin up, scale, go up
ronitaim climber, climbing plant, creeper
ronitaimede tugivõre trellis
ronk raven
ronkmust raven-black
ront log
rood fishbone; *sõj* company
roog dish, course
roojama defecate
roojane dirty, filthy; *med* feculent
rookima scrape, gut
  välja rookima purge, weed out
rool steering wheel; *mer* helm
roolima drive; steer, navigate
roolimees steersman, helmsman
roomaja reptile
roomama crawl, creep, trail
  välja roomama creep out, crawl out
roomik caterpillar
roopad rails
roopill reed pipes, panpipes
roos rose
roosa pink, rosy
roosakas pinkish
roosakaslilla puce
roosatama look pink
roosiline rosy
roosk whip, scourge
rooskapsas (Brussels) sprout
rooste rust
roostekarva rusty
roosteplekk rust-stain
roostepruun rusty brown
roostes rusty
roostetama corrode, rust

roostetus corrosion, rustiness
roostevaba stainless
roostevesi rust-coloured water
roostevärvi rusty
roostik reeds
roosuhkur cane sugar
roosõieline *bot* rosaceous
rootor rotor
roots stalk
Rootsi Sweden
Rootsi, rootsi Swedish
rootslane Swede
roov lath
roovlatt roof-lath
ropendaja one who makes smutty remarks
ropendama talk smut, use foul language
ropendamine bad language
ropendav smutty
ropp dirty, filthy, foul, obscene, smutty
roppus dirtiness, obscenity, smut, indecency
ropsima (**puhtaks lööma**) swingle, scutch; (**peksma**) thrash, beat, flog; *kõnek* (**oksendama**) vomit, throw up
rosett rosette
rosin raisin, sultana
rosmariin rosemary
rosolje Russian salad
rostbiif roast beef
rotaprint offset press
rott rat
rubiin ruby
rubiinpunane ruby
rubiinsõrmus ruby ring
rubla rouble
rubriik column, feature, article, editorial
rudiment rudiment

rudimentaarne rudimentary
rudin crunch, crackle
rudisema crunch, crackle
ruie grunt, squeal
ruigama grunt, squeal
ruineerima ruin
ruineeruma be ruined
rukis rye
rukkihakk shock of rye
rukkijahukört rye gruel
rukkijahupuder rye porridge
rukkileib rye bread
rukkilill cornflower
rukkilillesinine cornflower blue
rukkilõikus reaping of rye
rukkima rusticate
rukkipeks threshing of rye
rula skateboard
rulaad roulade, meat-roll
ruleerima taxi
rulett roulette
rull roll, reel, roller, spool
rullbiskviit Swiss roll
rullik castor, caster
rullima roll
   kokku rullima roll up, furl
   lahti rullima unroll
rull-laager roller bearing
rullraamat scroll
rulluisk roller skate
rulluisutaja (roller-)skater
rulluisutee rink
rulluma roll
   lahti rulluma unfold
ruloo blind
rumal stupid, silly, foolish, simpleminded, (AmE) *sl* dumb
rumalalt stupidly, unwisely
rumalus stupidity, foolishness, nonsense
   rumalusi tegema fool about, fool around

R

rumb rhumb, point
rumm (jook) rum; (ratta-) nave, hub
rupskid offal, tripe
rusikahoop punch
rusikas fist
    rusikat näitama shake one's fist
rusikavõitleja boxer
rusikavõitlus boxing match
ruske russet, reddish brown
rusud debris, ruins, wreck, rubble
rusudes in ruins, ramshackle
rusuma oppress, crush
rusutud depressed, low-spirited, oppressed
rusutus depression, oppression
rusuv oppressive, depressive
rusuvalt oppressively, depressively
rutakalt hastily, hurriedly
rutakas hurried
rutiin routine
rutiinne routine
rutt haste, hurry, rush
ruttama hasten, make haste, speed, hurry
ruttamata unhurried, calmly
ruttav hasty
ruttavalt hastily
ruttu quickly, fast, swiftly
ruudukujuline checked, square
ruuduline checked, chequered
ruuge light brown
ruum room, space
    ruumi tegema make room
    ruumi võtma take up room
ruumala volume
ruumi- spatial
ruumikas spacious, commodious
ruumikitsikus lack of space
ruumikujundus architectural planning of space
ruumikus spaciousness
ruumiline spatial

ruumimeeter cubic metre
ruumipuudus lack of space
ruupor megaphone
ruuž rouge
ruut square
    ruutu tõstma square
ruut- square
ruutjuur square root
ruutu (mast) diamond
rõdu balcony; (teatris) circle, gallery
rõhk stress, accent, emphasis
rõhknael drawing pin
rõhknööp press button, stud
rõhkside compression bandage
rõht- horizontal
rõhtloodis level, horizontal
rõhtne level, horizontal
rõhtpaigutus *inf* landscape/horizontal format
rõhtpind horizontal surface
rõhtpuu crossbar
rõhttabeldus *inf* horizontal tabulation/formatting
rõhtvorming *inf* landscape
rõhuasetus accent, stress
rõhuja oppressor
rõhuline stressed
rõhuma oppress, grind down
rõhumärk acute accent, grave accent, stress mark
rõhutama stress, underline, accent, emphasise
rõhutamine stress, emphasis
rõhutatud emphasised, pronounced, stressed
rõhutatult emphatically, pointedly
rõhutud oppressed, subdued, broken-hearted, downcast
rõhuv oppressive, depressing
rõhuvalt oppressively
rõigas radish

rõivad clothes, garment
rõivas dress, clothing, garment
  rõivaste parandus repairing of clothes
rõivastama clothe
rõivastatud clad
rõivastuma dress
rõivastus clothing, clothes
rõkatama shout, hoot
rõkatus hoot, bellow
rõnga- ring
rõngakujuline ring-shaped
rõngas ring
rõngastama ring
rõske damp, dank
rõskus dampness, dankness
rõugearmid pock-holes, pockmarks
rõugearmiline pock-marked
rõuged *med* smallpox
rõve obscene, filthy, bawdy, smutty
rõvedavõitu spicy, risqué
rõvedus obscenity, smut
rõvetsema talk obscenely
rõõm joy, delight, enjoyment, pleasure
  taevalik rõõm bliss
  suureks rõõmuks much to one's delight
  rõõmu tegema give joy to
  rõõmu tundma enjoy, be happy
  rõõmu valmistama give joy
rõõmsalt happily, cheerfully, joyfully
rõõmsameelne cheerful, glad, jovial
rõõmsameelselt cheerfully, jovially
rõõmsameelsus cheerfulness, exhilaration, joviality
rõõmsatujuline jovial
rõõmuga with joy, gladly
rõõmuhõise cry of joy

rõõmuhüüd cheer
rõõmujoovastus elation
rõõmulaul carol, song of joy
rõõmupidu jubilation
rõõmurikkuja spoilsport
rõõmus happy, glad, merry, cheerful, joyful
  meeletult rõõmus euphoric
rõõmustama cheer, delight, gladden, rejoice
rõõmustav cheering
rõõmusõnum good news
rõõmutsemine jubilation
rõõmutsev jubilant
rõõmutu cheerless, joyless
rõõmutult joylessly, bleakly
rõõmutunne feeling of joy
rõõmutus cheerlessness, gloom
rõõmuärevus excitement of joy, elation
rõõsk fresh, sweet
räbal rag, tatter, shred
räbalais in tatters
räbalduma become ragged
räbaldunud in tatters, ragged
räbu slag
rägastik jungle, maze
rägin *med* rhonchus
rägisema rattle, crack
rähk rubble, gravel
rähm gum, mucous
rähmama be gummy
rähmane gummy
rähn woodpecker
räige garish, harsh, jarring, lurid
räigelt luridly
räigus shrillness
räim Baltic herring
räitsakas flake, wet snowflake
räkit racket
räme hoarse, rough, gruff, raucous
rämedus roughness, hoarseness

R

rämps rubbish, trash, garbage, litter, crap
rämps- junk
ränd- itinerant, migratory, mobile
rändaja hiker, traveller
rändama travel, wander, hike, migrate
  jalgsi rändama hike, trek
  ringi rändama travel about
  välja rändama emigrate
rändkaubitsema peddle
rändkaupmees peddler, pedlar
rändleja nomad
rändlema roam, nomadize
rändlev nomadizing; vagrant
rändlind migratory bird
rändmuusik busker
rändneer *med* floating kidney
rändrahn boulder
rändtirts locust
rändur wanderer, rambler
rängalt heavily, bitterly
räni silicon
ränikiip silicon chip
ränikivi flint, quartz
ränk serious, grievous, harsh, heavy
ränkraske swingeing
rännak excursion, tour, trek, trip
ränne migration
rännumees wanderer
räntsatama crash, slam
räpakas sleazy, sloppy, bedraggled
räpakäi dirty person, filthy person
räpane dirty, filthy, shabby, untidy
räpasus squalor
räpp rap
räsima tangle
räsitud tangled
rässakas squat, stunted
rästas thrush
rästik adder, viper
rätik, rätt shawl

rätsep tailor
rätsepa- sartorial, tailor-made
rätsepatöö tailor's work, dressmaking
rääkides speaking of, talking of
rääkija speaker
rääkima speak, talk, tell
  arukalt rääkima talk sense
  avameelselt rääkima talk openly, speak out, speak one's mind
  halba rääkima speak ill of
  head rääkima speak highly of
  kasuks rääkima have a lot to be said for it, have something to be said for it
  kellegi nimel rääkima speak for, in the name of
  kokku rääkima prearrange, arrange beforehand, preconcert
  kähinal rääkima have a frog in one's throat, speak gaspingly/hoarsely
  läbi rääkima negotiate, talk over
  pehmeks rääkima talk into, soften up
  pikemalt rääkima dwell upon, expand on
  segaselt rääkima bumble, slur, splutter
  selgeks rääkima clear the air, have it out
  surnuks rääkima talk to death
  vahele rääkima cut in, interrupt
  vaiksemalt rääkima lower one's voice
  vaimustunult rääkima rave; *kõnek* gush
  valjemalt rääkima speak up
  vastu rääkima answer back, contradict, object, argue
  taga rääkima gossip, talk
  üksteisest mööda rääkima be at

cross-purposes
rääqi aga you can talk
räägib iseenda eest sth speaks
for itself
räägitakse et the story goes
ära räägi you don't say
ära räägi lollusi come off it
rääkimata let alone, not to mention,
to say nothing of
räämas dilapidated, dingy
räästas eaves
rääs(t)uma become stale
rääsunud rancid
röga phlegm
rögastama expectorate, spit
rögin hawking
rögistama hawk
röhatama belch
röhatus belch, burp
röhitsema burp
röhitsus burp
röhkima grunt
röh-röh oink-oink
röntgen roentgen, X-ray
röntgenikabinet X-ray room
röntgenikiired X-rays
röntgenipilt X-ray
röntgenipilti tegema X-ray
röster toaster, grill
röstima barbecue, roast, toast
röstitud roast
röstleib toast
röstsai toast
rööbas rail
rööbaspuu(d) parallel bars
rööbastee rail-track
röögatama bawl out
röögatu exceedingly, very, extremely
röögatus yell
röökima bawl, bellow, yell
rööpjoon parallel line

rööpjoondama *inf* justify
rööpkülik parallelogram
rööpmestik track
rööpne parallel
rööv robbery
  relvastatud rööv hold-up, armed
  robbery
rööv- predatory
röövel bandit, gunman, hijacker,
  robber
röövellik predatory, robber-like
röövija robber
röövik caterpillar
röövima rob, plunder, abduct; hijack
  paljaks röövima mug, rob, despoil, denude
röövimine abduction, plunder, rip-off
röövkallaletung mugging, foray
röövlind bird of prey
röövloom predator
röövretk foray
röövsaak booty, loot, plunder
rüblik romp
rügama labour, slave, toil
rügement regiment
rühikas stately
rühikus stateliness
rühkima strive for, struggle, labour
  edasi rühkima press ahead, push on
rühm band, group, squad
  rühma moodustama band together
rühmatöö teamwork
rühmitama group
rühmitis grouping
rühmituma group
rühmitus grouping, community
rüht bearing, posture
rümp torso

R

ründaja attacker, raider, striker
ründama attack, assail, assault
   vihaselt ründama have one's knife into sb
ründamas on the attack
ründav offensive, attacking
ründavalt offensively
ründavus offensiveness
ründe- offensive, strategic
ründeretk raid
rünk piece of rock
rünklik rocky
rünkpilv cumulus, altocumulus
rünnak assault, attack, onslaught
rünnaku- offensive
rünnakul on the attack
rünt gudgeon
rüpp lap, bosom
rüselema tussle, grapple, jostle
rüselus scuffle, tussle, scrum
rüsin crush, rush
rütm beat, rhythm
   ühes rütmis kõndima walk in step

rütmist väljas out of step, out of rhythm
rütmikas rhythmical
rütmiline rhythmic, rhythmical
rütmis in step, in rhythm
rüvetama pollute, defile, soil, violate
rüvetamine desecration, violation
rüvetatud desecrated, violated
rüvetus defilement, pollution, taint
rüüpama sip, swig
rüüstaja devastator, looter
rüüstama plunder, plunder, rifle
rüüstamine plunder, ravage, looting
rüüste looting
rüüsterünnak looting raid
rüütatud clad
rüütel knight
   rüütliks lööma knight
rüütellik cavalier, chivalrous, gallant
rüütellikkus chivalry
rüütliau (dignity of) knighthood
rüütliseisus knighthood

R

S

sa you
saabas boot
saabel sabre
saabuma arrive, appear, come, come in, get in, reach, show up
saabumine arrival, advent, appearance
saad (hay) cock
saadaval available, on offer, on the market; forthcoming
saade *muus* accompaniment, (**pop-muusikas**) backing, (**raadio-, tele-**) broadcast, programme, transmission
saadetis consignment, delivery, shipment
saadik delegate, envoy, herald
eriülesannetega saadik emissary
saadus produce, product
saag saw
saaga saga
saagijahil on the prowl
saagi(ri)kas productive, fruitful
saagikus productivity, productiveness, fruitfulness, crop/yielding capacity, yield
saagima saw
    maha saagima fell, saw off, cut down
saaja receiver, recipient, (**kirja-**) addressee, (**kauba-**) consignee, (**pärandi-**) legatee, beneficiary

saak crop, yield, harvest, (**rööv-looma**) prey, (**sõja-, rööv-**) spoil
kerge saak pickings, light prey, easy catch
saaki püüdma prey on
saaki varitsema prowl
saagiks võtma capture
saal hall, chamber, (**teatris**) floor, theatre hall
saalima run up and down, bustle, fuss about
saama get, acquire, obtain, receive, come by; (**muutuma**) become, make, come to; (**võima**) derive; be able to, can; (**haigust**) contract
eemale saama get away
jagu saama master, overcome, get over; (**hakkama saama**) manage, handle; (**üle trumpama**) get the better of, overpower; (**haigusest**) recover (from), get over
joonde saama straighten
kasu saama benefit
kokku saama get together, meet, meet up, meet with, see
kätte saama catch, catch up, get hold of, get/lay one's hands on, receive, recover
lahti saama get rid of, dispose of
läbi saama get along, get on; (**eksamil**) pass
märjaks saama soak

otsa saama run out, come to an end
pihta saama get hit
üle saama get over, beat, overcome, defeat, trounce, surmount, outdo
said nüüd there you are
saamahimu avarice, greed, covetousness
saamahimuline avaricious, greedy, covetous
saamatu bad at, clumsy, feckless, incapable, ineffectual, inefficient, inept
saamatult clumsily, fecklessly
saamatus clumsiness, fecklessness, incapability, inefficiency, ineptitude
saan sledge, sleigh
saaniga sõitma sledge
saapapael bootlace
saapaparandaja cobbler
saapasäär leg of a boot
saar island, isle
saareline insular
saarepuu ash
saarepuust ashen
saarestik archipelago
saarlane islander
saarmas otter
saast grime, scum; crap
saastama contaminate, foul, poison, pollute
saastamata pure, unpolluted
saastamine pollution
saastatud contaminated
saastatus contamination
saaste contamination, pollution
saasteaine pollutant, contaminant
saastuma get contaminated/polluted
saastunud contaminated, polluted, foul

saatan devil, Satan
saatanahing, -nahk devil
saatanlik devilish, diabolical, satanic, evil
saatanlikud jõud satanic/evil forces
saate- transmitting
saateansambel backing
saatejaam transmitter
saatejaamade ühisvõrk network, hook-up
saatejuht host, presenter
saatekava programme, prog, (AmE) program
saatekiri covering letter, (AmE) cover letter
saatekulu postage, forwarding charges
saateleht bill of delivery, bill of parcels, waybill
saatemuusika accompaniment, backing
saatesalk escort
saatesõna foreword
saatev (kaasnev) concomitant
saatja sender, dispatcher, (kauba-) consigner; *muus* accompanist; escort, (raadio-) transmitter
saatjadaam chaperon(e)
saatjaskond retinue, suite, train
saatkond (diplomaatiline) legation, (suur-) embassy
saatkonnahoone legation, embassy
saatma send; accompany, escort
edasi saatma forward
eemale saatma banish
ette saatma send on
järele saatma send for, call for; **(kellelegi midagi)** forward, send afterwards/later
korda saatma accomplish, carry out, achieve, go about, perform

laiali saatma send out, distribute, disband

maale saatma (**laevalt**) land, disembark

mööda saatma spend

pikalt saatma send to hell, give one an elbow

uuesti ringlusse saatma recycle

välja saatma deport, exile, banish; (**raketti, päästepaati**) launch

ära saatma send off, post, dispatch, forward, see off, wave off

üles saatma → **üles lennutama**

saatus fate, destiny, doom, fortune, future, lot, (**vedamine**) luck

saatust narrima push one's luck

saatuslik fatal, fateful, (**surmatoov**) lethal

saatuslikkus fatality, fatefulness

saatuslikult fatally

saavutama achieve, (**lõpule viima**) accomplish, attain, (**edukalt**) bring off, fulfil, gain, reach

edu saavutama succeed, get the upper hand

mõistmist saavutama get across

saavutamatu unattainable

saavutatav attainable

saavutatavus attainability

saavutus accomplishment, achievement, attainment

meisterlik saavutus coup, master stroke

saba (**järjekord**) line, queue; (**looma**) tail; (**vedik**) train

saba jalge vahel tail between one's legs

saba liputama wag one's tail; fawn on

sabas käima tag along, (**salaja**) tail

sabas seisma queue up

sabakuub tailcoat, dress-coat; *kõnek* tails

sabaluu tail bone; *anat* coccyx

sabarakk hanger-on, henchman, (AmE) heeler

sabarakk olema dance attendance (up)on sb

sabat Sabbath

sabatäht comet

sabin rustle; (**vihma**) spatter, drizzle

sabotaaž sabotage

saboteerija saboteur

saboteerima sabotage

sada hundred

sajad tuhanded tens of thousands

sajas aastapäev centenary

sadam harbour, port

sadama fall; (**vihma**) rain, shower; (**lund**) snow; (**rahet**) hail

kaela sadama descend, be caught in the rain, shower on

nagu oavarrest sadama rain in buckets, rain cats and dogs

sadamalinn port, seaport

sadamasild jetty, pier, quay

sadamatamm pier, breakwater

sadamatööline docker

sade precipitation, dregs; (**sadestis**) sediment

sademetehulk rainfall

sademeterohke rainy

sadestama *keem* precipitate, cause to be deposited/sedated

sadestuma *keem* precipitate, be deposited

sadism sadism

sadist sadist

sadistlik sadistic

sadu fall; shower

sadul saddle

sadulast maha tulema dismount

sadulat ära võtma unsaddle, remove the saddle
sadulakorv pannier
sadulas in the saddle
sadulata bareback
saduldama saddle
saehammas tooth
saekaater sawmill
saelaud rough board
saematerjal lumber
saepuru sawdust
saeveski → **saekaater**
safari safari
safiir sapphire
safiirsinine sapphire
sagar *anat* lobe
sage frequent; (**levinud**) rife
sagedane frequent
sagedus frequency
sageli commonly, frequently, often
   üsna sageli quite often, as often as not, more often than not
sagenema increase in frequency
sagima bustle, fuss
sagin bustle, flurry
sagiv bustling
sagrima tousle; (**sakutama**) tug, pull
sagris tousled, dishevelled
sahhariid saccharide
sahhariin saccharin
sahin murmur, rustle
sahisema rustle
sahistama rustle
sahk plough
sahkerdama speculate, huckster, (**petma**) fiddle, (**narkootikumidega**) push, rig, traffic
   maha sahkerdama flog
sahkerdamine fiddle, goings-on, traffic
sahkermahker on the fiddle
sahmerdaja fuss(pot)

sahmerdama fuss about
sahtel drawer, pigeonhole
sahver larder, pantry
sai white bread, (**saiake**) bun, roll
saialill marigold
saira mackerel
sait *inf* site
sajajalgne centipede
sajand century
sajandik hundredth
sajane hundred
sajas hundredth
sajatama curse, execrate
sajatus curse, execration
sajuhoog shower
sajune rainy, wet
sakiline indented, dentate, jagged, serrated
sakkparapett battlements
sakrament sacrament
sakris ragged
saks (**saksi**) Saxon; (**saksa**) gentleman, master; toff
Saksa German
saksa German
saksad gentry
Saksamaa Germany
saksik (would-be) genteel, affectedly refined
sakslane German
saksofon saxophone, sax
saksofonist saxophonist
sakusment snack
sakutama tug, pull
sala secretly, furtively
sala- closeted, secret, sneaking, undercover
salaagent (secret) agent
salaami salami
saladus secret, confidence, mystery, secrecy
   saladuses hoidma conceal, hide

saladuskatte all confidential, in confidence

saladusse pühendama take someone into one's confidence

saladust hoidma keep secret

saladust reetma spill the beans

saladuslik mysterious, mystical, secret

saladuslikkus mysteriousness, secrecy

saladuslikult mysteriously

salainformatsioon confidential information; *kõnek* dope

salaja secretly, in secret, in private, behind back, on the quiet, undercover

salajane secret, clandestine, closeted, covert, hush-hush; (**info**) classified, confidential

salajasim innermost

salajasus secrecy

salajutt private/confidential talk

salakaubavedaja smuggler

salakaubavedu smuggling

salakaup contraband, smuggled goods

salakaval sly, crafty, insidious

salakavalus guile, slyness, insidiousness

salakiri code, cryptogram

salakood cipher, cypher

salakuulaja spy, mole

salakuulama spy

salakuulamine espionage, spying

salakäik secret passage

salakütt poacher

salaküttima poach

salalik devious, sly

salalikkus insidiousness, secretiveness

salaluure espionage, intelligence, secret service

salamahti surreptitiously

salanimetusega code-named

salanõu secret plan, conspiracy, plot

salapiiritus smuggled spirits, bootleg

salaplaan scheme, stratagem

salapolitseinik detective, plain-cloth man; *kõnek* sleuth

salapära furtiveness, occult

salapärane mysterious, mystical, enigmatic, inscrutable, furtive

salapäraselt mysteriously, enigmatically

salapärasus mystery, occult

salasepitseja conspirator

salasepitsema conspire, plot

salasepitsus conspiracy, intrigue, machination, plot

salastama conceal, classify, keep secret

salastatud classified

salasõna parole, password

salat salad; (**köögivili**) lettuce

salateadus the occult, occultism

salatikaste (salad) dressing

salatikauss salad bowl

salatsema be secretive

salatsev secretive

salaviha grudge

saldo *maj* balance

sale slender, slim

saledakstegev slimming

saledus slimness

saledus- slimming

saleduskuur slimming

salenema slim down

salgaja denier

salgama deny, hold back

　　maha salgama renounce, deny, repudiate (a friend, son)

salgamine denial

salk troop, band, (eriülesandega) detachment; *kõnek* bunch, flock, gang, pack, squad
salkus straggly
sall scarf, shawl
sallima abide, bear, endure, stand, tolerate
sallimatu intolerant of, strait-laced
sallimatus intolerance
sallimine toleration
salliv tolerant, broadminded, forbearing, permissive
sallivus tolerance, toleration, forbearance, permissiveness
salm verse
salmonella salmonella
salong drawing-room, parlour, (hotellis) lounge, (kunsti-) salon, (laevas) saloon
salto somersault
salu grove
saluteerima salute
saluun saloon
saluut salute
salv (salve) bin; (salvi) ointment, salve
salvama bite, sting
salvav biting, acrimonious, blistering, caustic, cutting, scathing, tart, vitriolic
salvavalt acrimoniously, acidly, scathingly
salvavus acrimony, acidity
salvei sage
salvestama record; save
salvestamine *tehn* recording, storing up; *inf* save
salvesti *inf* storage (device)
salvestus *tehn* recording
salvima anoint, salve
salvimine anointment, unction
salvrätik napkin, serviette, tissue

sama same, identical, parallel
sama hästi kui to all intents and purposes
sama lugu the same story
sama vana lugu the same old story
samal ajal at the same time, meanwhile
samal arvamusel like-minded
samal lainel on the same wavelength
samal tasemel level, neck and neck
samaga vastama get even with, retaliate, return in kind, reciprocate
samas olukorras olema in the same boat
sama- equi-
samaaegne simultaneous, contemporary
samaaegselt simultaneously, concurrently
samaealine of the same age
samagonn homemade spirits, rotgut, (AmE) moonshine, hooch
samahästi just as well
samalaadne analogous
samamoodi equally, likewise, same, similarly
samane identical, same
samanimeline of the same name
samarõhujoon isobar
samas (sealsamas) in the same place, (samal ajal) in/at the same time
samastama equate
samastuma identify
samasugune similar, identical
samasus sameness, identity
samasuunaline going in the same direction
samatasemeline flush

samatähenduslik equivalent, synonymous

samatähenduslikkus synonymity, synonymousness

samavõrra equally

samaväärne comparable, equivalent, on a par with, homogeneous

samaväärsus equivalence, equivalency

samaõiguslik equal under the law, having the same rights

samaõiguslikkus equality of rights

samba samba

samblane mossy

samblasoo moor

samblik *bot* lichen

sambo(maadlus) sambo wrestling

samet velvet

sametine velvety

samm footstep, step, tread, pace
  pikk samm stride
  esimesi samme tegema toddle
  samme astuma take steps
  sammu pidama keep pace with, keep up, keep in step with
  sammu võrra ees olema keep one jump ahead

sammal moss

sammaldunud mossy

sammas column, obelisk, pillar, post, stele

sammaseeskoda, -hall portico

(sillutatud) sammaskäik cloister

sammaspool *med* eczema

sammastik colonnade

samm-sammult step by step

sammukombinatsioon figure

sammuma pace, walk, step

sammupikkus stride

samovar samovar

samuti also, too, as well (as); alike, for that matter, likewise, similarly

sanatoorium sanatorium (*pl* -ia), (AmE) sanitarium

sandaal sandal

sandistama cripple, maim, mutilate; (**vaeseks tegema**) pauperise

sandistav crippling

sandistuma become crippled/mutilated, (**vaeseks jääma**) become pauperised

sandistunud mutilated

sang handle

sangar hero

sangaritegu heroic deed, feat

sangarlik heroic

sangarlikult heroically

sangarlus heroism

sangpomm weight with a handle

sanitaarne sanitary

sanitaarseadmed sanitaryware

sanitar orderly

sanktsioneerima sanction, authorise, confirm

sanktsioon sanction, approval, (**luba**) authorisation, authorization

sant (**vigane**) cripple, invalid; (**kerjus**) beggar

santlaager drifter

sapine acid, bilious

sapiselt acidly, bilious, crabbily, bitterly

sapisus biliousness, sour temper, crabbedness

sapp bile, gall

saputama shake; (**tiibu**) flap

sapöör *sõj* sapper

sara hovel, shed

sarapik hazel wood, hazel coppice

sarapuu hazel

sarapuupähkel hazelnut

sardell Paris sausage

sardiin pilchard, sardine

sardooniline sardonic

S

sardooniliselt sardonically
sargakate pall
sari (India riietusese) sari; (sarja) series, sequence, set, string of
sarifilm serial
sarikas rafter; *bot* umbel
sarjama (tuulama) winnow; (noomima) rebuke, say one's piece, scold
sarkasm sarcasm
sarkastiline sarcastic
sarkastiliselt sarcastically
sarlakid *med* scarlet fever
sarm charm
sarmikas charming
sarn cheekbone
sarnakas with high cheekbones
sarnaluu cheekbone
sarnane akin, alike, analogous, like, similar; (inimene) lookalike
   äravahetamiseni sarnane very much alike, as like as two peas
sarnanema approximate, look like, resemble, take after
sarnanev comparable, similar
sarnaselt alike
sarnastama liken to, compare to, assimilate with
sarnastamine, sarnastumine likening, assimilation
sarnastuma become similar/alike, assimilate
sarnasus affinity, analogy, likeness, resemblance, semblance, similarity
sarrus *tehn* reinforcement
sarv horn
sarvesai croissant
sarviline horned
sasi shock
sasima tangle, twiddle
sasine tangled, dishevelled

sasipundar tangle, welter
sasis, sasitud entangled, tousled
sassis matted, ruffled, rumpled, shaggy, (en)tangled, confused, twisted, unkempt, unmade
   sassi ajama foul up, mess up, muddle, tousle
   sassi minema tangle
satanistlik satanic
satelliit satellite
satelliitantenn satellite dish
satelliitlinn satellite town
satelliitriik satellite state
satelliittelevisioon satellite television, satellite TV
saterkuub frock coat
satiir satire
satiirik satirist
satiiriline satirical
sats frill
satsiga frilled
satsiline frilly
sattuma chance (up)on, come upon; encounter, get caught up in; hit (on, upon), land up
   ebameeldivustesse sattuma walk into, get into trouble, run into trouble
   kokku sattuma meet, bump into, coincide, concur, fall in with; come across, run across, run up
   lõpuks sattuma finish up, end up
   peale sattuma come across, stumble across, catch at
satään (puuvillane) sateen, satin
saun sauna
savi clay
saviesemed pottery
savikann pitcher
savikruus crock
savine clayey, (maa) loamy; argillaceous

S

savinõud pottery, earthenware
savipott crock, clay pot
seade appliance; *muus* arrangement, adjustment, formation; **(vahend, tööriist)** gadget, set
seadeldis set-up, equipment
seadis (piece of) apparatus, appliance, device, unit
seadistama fit up, gear up
seadistus gearing
seadlus decree, edict, law
seadma put, set, programme, form, gear, preset
  kokku seadma construct, put together, piece together, compile
  korda seadma arrange, balance out; freshen up, groom, lick something into shape, put/set things right; renovate, repair, tidy
  mugavalt sisse seadma nestle, snuggle, make oneself comfortable
  sisse seadma set up, install, establish, settle, **(korterit)** furnish
  valmis seadma line up
  vastu seadma be pitted against, set against, compare
  õigeks seadma adjust, put/set right
  üles seadma set up, install; set out, arrange, position, locate, work out, devise, prepare
  ümber seadma rearrange, transcribe
seadmed apparatus, facility
seadmestama equip
  ümber seadmestama re-equip
seadmestik equipment
seadus law, act, statute
  seaduses ettenähtud statutory
  seadusega sätestama enact
  seadusega sätestatud vested
  seadust andma legislate

  seadust rikkuma break the law, breach, in breach of, offend
  seadust rikkuv delinquent
  seadust väänama bend the rules
seadusandja legislator
seadusandlik legislative
  seadusandlik kogu legislature
  seadusandliku kogu liige legislator
seadusandlus legislation
seaduseelnõu bill
seaduserikkuja lawbreaker, offender, delinquent
seadusesilm law
seadusetu lawless
seadusetus lawlessness
seadusetäht letter of the law
seadusevastane illicit, illegal, unlawful, wrongful
seadusevastaselt wrongfully, illegally
seadusevastasus unlawfulness, wrongfulness, illegality
seadusjärgne legitimate
seaduskuulelik law-abiding
seaduslik lawful, legal, legitimate, rightful, above board
  seaduslikuks tunnistama legalise, legalize
seaduslikkus legality
seaduslikult lawfully, legally, rightfully
seadusloome law making
seaduspära logic
seaduspärane legitimate, legal, lawful, **(korrapärane)** regular
seaduspäraselt legitimately
seaduspärasus legitimacy, legality, lawfulness, **(korrapärasus)** regularity
seadustama enact, legalise, legalize, legislate

S

seadustamata unconstitutional
seadustamine enactment
seadustik code (of laws), body of laws, legislation
seafarm pig farm
seafilee pork fillet
seajalad (toiduna) trotters
seakala porpoise
seakarbonaad pork chop
seakarjus swineherd
seakasvatus pig breeding, (AmE) hog breeding
seakärss pig's snout
seal there, yonder
sealaut pigsty, sty
sealhulgas among this/these
sealiha pork
sealjuures therewith, with it
sealpool over there, on the other side, across, beyond
sealt thence
seanss session, sitting
seapesa mess; pig-pen, pigsty
searasv pork fat, lard
seas amid(st), among(st), between, in the midst of
seast from
seasöök slop
seasült brawn
seatina lead
sebima fidget
sebiv fiddly, fidgety
sebra zebra; (ülekäigurada) pedestrian/zebra crossing
sedaan sedan, saloon
sedamoodi (in) this/that way
sedasi like this, like
sedaviisi like so, that's the way, thus
sedavõrd to this/that extent/degree
sedavõrd ... kuivõrd in so far as
sedel label, tag, (papp-) card, (pabe-

ri-) slip, (kataloogis) index card
sedeldama label, write out/register on cards/slips
sedelkogu card index, card catalogue
see it, that, this
  see ja teine so-and-so
  see kes whoever
  see kord just for once, this time
  see on kõik that's it, there it is
  see on tõsi that is the case
  see ongi just see this is it
  see tähendab i.e., ie, that is to say
  seda enam all the more
  seda ja teist this and that, odds and ends, snippets (of information), miscellaneous
  seda parem (halvem) all the better (worse)
  sel ajal while
  sel ajal kui whilst
  sel hetkel just then, the minute, the moment
  sel juhul at this rate, in which case, then
  sel moel in this manner
  selle abil thereby
  selle asemel et instead, rather than
  selle poolest in that
  selle puudumisel failing that
  selle pärast therefore
  selleks et in order to, so that, with a view to
  selleks korraks for the time being
  sellele lisaks on top of, in addition to
  sellele vaatamata nonetheless, nevertheless
  selles mõttes et to this effect
  selles on midagi there is something in
  selles punktis on this/that score

sellest ajast alates since that time, thence, thenceforth

sellest hoolimata all the same, anyway, even so, nonetheless, still

sellest piisab that's it, that's enough, that will do

seebialus soap dish/bowl

seebikarp soapbox

seebikas *kõnek* soap

seebimull soap bubble

seebine soapy

seebiooper soap opera

seebitama soap, (**habemeajamisel**) lather

seebivaht lather, (**seebivahune vesi**) suds

seede- digestive

seedeelundid *anat* digestive organs

seedehäire *med* indigestion, dyspepsia

seeder cedar

seedima digest; *sl* stomach

seedimatu indigestible

seedimine digestion

seeditav digestible

seedripuu → **seeder**

seeduma be digested/digestible

seega consequently, hence, hereby

seejuures at that, at the same time, doing so

seejärel after that, thereafter, thereupon, with that, with this

seeläbi thereby

seelik skirt

seeme seed; *biol* sperm, semen

　seemneid kandma seed

　seemneid kasvatama go to seed, run to seed

seemendama seed; (**külvama**) sow; *biol* inseminate, fertilise

　kunstlik seemendamine artificial insemination, artificial husbandry

seemendus (**külvamine**) sowing; *biol* insemination, fertilisation

seemik seedling

seemisnahk chamois, suede, suède

seemisnahkne suede, suède

seemneline containing seeds, seedbearing, seeded

seemnetera pip, kernel

seemnetu seedless

seemnevedelik semen, sperm

seen fungus (*pl* -gi, -guses); (**söögi-**) mushroom

seenbakter *biol* mycobacterium (*pl* -ia)

seeneline mushroom-gatherer (or picker)

seenior senior, elder

seep soap

seepeale thereupon, therewith, with that, with this

seepärast accordingly

seeria series, (**väärtpaberite**) issue

seeriafilm serial

seerianumber serial number

seeriaviisiline serial, in series

seersant sergeant

sees in, indoors, inside, within

　üleni sees olema be immersed in

seesama selfsame, identical, (**eelmainitud**) ditto, the same, the very

seesmine inner, inward, interior

seesmiselt inwardly, internally

seespool within

seespoolne inside

seest from within

seestpoolt from inside

seetõttu hence, therefore, thus

seevastu on the other hand, however, on the contrary, conversely

sefiir marshmallow

sega- mixed, miscellaneous, composite; *kõnek* promiscuous

S

segadik hotchpotch, mix-up, welter
segadus chaos, confusion, bewilderment, disarray, disorientation, havoc, jumble, mayhem, mess, mix-up, muddle, tangle, turmoil
segaduses confused, bewildered, disorientated, abashed, befuddled, disoriented, in a whirl
  segaduses olema be confused, be bewildered, be befuddled
  segaduses olev perplexed
  segadusse ajama bamboozle, confound, confuse, disconcert, puzzle; fox
  segadusse ajav bewildering, confusing, disconcerting
  segadusse viima stupefy, befuddle, confuse
segaja mixer; (**takistaja**) hindrance, jammer
segama mix, blend; stir, (**kaarte**) shuffle, (**häirima**) disturb, trouble, put off, (**kellegi asjadesse**) interfere (in, with), meddle
  kokku segama blend, mix, intermix, concoct, mingle, interfuse
  läbi segama stir up
  vahele segama interfere, intervene (in talk), cut in, chop in, barge in, break in; *sl* butt in, chip in, heckle, mess with
segamine distraction; disturbance, interference; stir
segamini criss-cross, messy
  segamini ajama jumble, mix up, upset, confuse
segane confused, muddled; (**raskelt mõistetav**) abstruse; *kõnek* fiddly; (**ebaselge**) indistinct, obscure, vague, fuzzy, woolly; (**moonutatud**) garbled; (**kõne**) inarticulate; (**jutt, kiri**) rambling, (**vedelik**)

turbid; (**hull**) deranged, mad
  segaseks minema get confused/deranged/mad
segapuder hotchpotch, mixed bag, cock-up
segaselt distractedly, incoherently, abstrusely
segasus confusion, confusedness; (**ebaselgus**) obscurity, indistinctness; (**vedeliku kohta**) turbidity
segavereline half-caste, of mixed blood
segi round the bend
  segi ajama confuse, disarrange, disturb, mix up, muddle
  segi lööma throw into confusion, jumble up, confound, upset, disconcert (plans)
  segi minema get confused, get mixed up, get entangled, lose count; *kõnek* freak
  segi paiskama jumble, scramble, throw into confusion, mess up
segiajamine mixing up, confusion; (**hämmeldus**) obfuscation
segu blend, mixture, mix, hybrid
  segu tegema mix, shake, blend
segunema mingle, mix, blend
segunemine mixing with, mingling, (**ühte sulamine**) interfusion; *füüs* diffusion
segunevus miscibility
seib disk, (**tihend**) washer
seier hand
seif safe
seik matter, affair, business, circumstance, fact
seikleja adventurer, adventuress
seiklus adventure
seikluslik adventurous
seiklusrohke full of adventures, odyssey, epic

sein wall, (**vahe-**) partition, curtain wall
  seinaga eraldama wall off
  seinast seina wall-to-wall
seinakell wall clock
seinaleht wall newspaper, wallboard news
seinamaal(ing) mural
seinanišš alcove
seinapeegel wall mirror, hanging mirror
seinatennis squash
seirama follow, pursue
seis state; position; (**punkti-**) score; (**seltskondlik, varanduslik**) status; (**olukord**) condition
  kehvas seisus decrepit, in a bad way, miserable, sordid
  kriitilises seisus at critical point, in the balance, on the razor edge (or blade)
seisak standstill, hiatus, stop, breakdown
seisang (**võimlejal**) stand, stance, position; (**kehahoiak**) carriage, bearing, posture
seisev stagnant, stationary
seiskama stop, turn off, disconnect, shut off, bring to a standstill, knock off; (**verd**) staunch; (**ajutiselt**) suspend
seiskamine stopping, suspension, cessation
seiskuma come to a stop, stall, (**masina kohta**) seize up, stall
seiskumine stop, stagnation
seisma stand; (**seisnema**) lie in
  harkisjalu seisma straddle
  kellegi eest seisma stand up
  oma sõnade taga seisma mean business
  paigal seisma stand still

püsti seisma stand; stick up, bristle
tühjalt seisma be empty, be abandoned, stand still/idle
vastu seisma make difficulties, resist, stand against
(kindlalt) vastu seisma *ülek* put one's foot down
seisma jääma stop, halt, come to a halt
seisma jäänud (**kaup**) leftover
seismapanek stopping, ceasing
seismiline seismic
seismoloogiline seismological
seismine standing, (**seisak**) cessation, standstill
seisnema consist, lie in
seisnud (**või, õli**) rancid
seisuaeg halt, pause, stopping time
seisukohavõtt taking up a position (or an attitude)
seisukoht position, side, stand, standpoint, term, view, viewpoint, point of view
  seisukohal olema stand
  seisukohta kardinaalselt muutma *kõnek* blow hot and cold
seisukord condition, state, position
  erakorraline seisukord state of emergency
seisund condition, health, shape, standing, state, status
  kindel seisund footing, stability
  ühiskondlik seisund rank, station (in life)
seisus rank, position
seisusesümbol status symbol
seisusesüsteem order, hierarchy
seisuslik of rank
seitse seven
  seitsmendas taevas on cloud nine, over the moon

S

seitsekümmend seventy
seitsesada seven hundred
seitseteist seventeen
seitsmendik seventh
seitsmes seventh
seitsmik septuplet
sekeldades fussily
sekeldama bustle, fuss
sekeldav bustling, fussy
sekeldus fuss, bother, trouble, annoyance
sekka (hulka) in, to, inter-
   sekka lööma join in
   sekka ütlema intervene in, get a word in edgeways
sekkuma break in, come in, draw into, interfere, intervene, meddle, step in, tangle with
   teiste asjadesse mitte sekkuma mind one's own business
sekkumatus non-intervention
sekkumine intervention, interference
sekkuv interfering
sekretariaat secretariat
sekretär secretary; (kirjutuspult) bureau, escritoire
sekretäri- secretarial
seks sex, sexual intercourse
seksapiilsus, seksikus sex appeal
seksikas sexy
seksima go to bed with sb, make love to, sleep with, have sex with
seksism sexism
seksist sexist
seksistlik sexist
sekstett sextet
seksuaal- intimate, sexual
seksuaalakt sex, sexual intercourse
seksuaalne sexual
seksuaalsus sexuality
seksuaalvahekord intercourse

seksuaalvahekorrata celibate
sekt denomination, sect
sektant sectarian, denominationalist
sektantlik sectarian
sektantlus sectarianism
sektor sector
sektsioon section, area, bay, compartment
sektsioonkapp cabinet
sekund second
   sekundi murdosa split second
sekundaarne secondary, subsidiary
sekundant second
sekundeerima second
sekundi(li)ne lasting a second
sekundiosuti second hand
selekt(eer)ima select, choose
selektiivne selective
selektsioon selection, choice, pick
seletama explain, make clear, elucidate, interpret, account for, (järjekorras) set out; (silmadega) see, make out
   pikalt-laialt seletama speak at length, hold forth
   põhjalikult seletama elaborate, dwell on
seletamatu indefinable, inexplicable, unaccountable, unfathomable
seletamatult inexplicably, unaccountably
seletatav explainable, explicable, accountable
seletav explanatory
seletus explanation, account, definition, elucidation, interpretation, comment
   seletust andma account for
   seletust leidma unravel
seletus- explanatory
seletuskiri explanatory letter

S

selg back; spine
  selga panema put on, don
  selga proovima try on
  selga pöörama turn one's back on
  selga sirgeks lööma straighten one's back, square one's shoulders
  selga sirgu ajama square
  selga tõmbama pull on
  selga viskama throw on
  selja taha jätma outdistance
selge clear, coherent, definite, distinct, clear-cut, fair, lucid, obvious, (**kahtluseta**) outright, (**tähendus, seletus**) specific, unequivocal, explicit
  selgeks minema (ilm) clear up
  iseenesest selge it goes without saying, it stands to reason, obvious
  selgeks saama get the feel of, learn, master
  selgeks tegema elucidate, get across, get straight, get through
selgelt clearly, definitely, distinctly, easily, loud and clear, lucidly, obviously, plainly, precisely, unequivocally, explicitly
selgeltnägemisvõime second sight, clairvoyance
selgeltnägev clairvoyant
selgeltnägija clairvoyant, visionary
selgepiiriline clear-cut
selgepiirilisus definition
selgepilguline clear-sighted
selgesti clearly, distinctly
selgesõnaline explicit, point-blank, unequivocal
selgesõnaliselt flatly, point-blank
selgima (ilm) clear up, brighten; (**udu**) clear away, (**õlu, vein**) fine; (**selguma**) clear, lighten, clarify
selginema clear, clear up, (**ideed, mõtted**) gel, jell

selgitama clarify, explain, clear, define, demonstrate, elucidate, enlighten, illuminate, illustrate, spell out
  mõistuspäraselt selgitama rationalise
  välja selgitama find out, ascertain, check out, pin down
selgitav enlightening, explanatory
selgitus explanation, clearing, clarification, elucidation, illustration
selgitused commentary
selgroo- spinal
selgroog backbone, spinal column, spine
selgroogne vertebrate
selgroolüli vertebra
selgrootu (loom) invertebrate; (**inimene**) spineless
selguma come to light, dawn (up)on, transpire, appear, become apparent, prove, turn out
selgus clarity, definition, lucidity
  selgusele jõudma grasp (comprehend), get clear idea of, find out the truth of the matter
  selgust looma *jur* clarify, elucidate
  selgust saama be clarified, be elucidated
  selgust tooma cast/shed/throw light on
selguseta indeterminate
selgusetu imprecise, obscure, uncertain, unclear
selgusetus vagueness, indistinctness, uncertainty, obscurity
selili on one's back, supine
selilikrool backstroke
seliliujumine backstroke swimming
selitama purify, fine (down), refine
selitsi back to back

seljaaju spinal cord
seljak bank, ridge
seljakott backpack, rucksack
seljapoolne *anat* dorsal
seljas on
  seljas olema have on
  seljast tulema (**hobuse**) dismount
  seljast viskama shed, get off, pull off
  seljast võtma take off; tear off
seljataga behind, behind back
seljatagune back; *sõj* rear; *ülek* support
seljatugi back, backboard
seljavalu backache
sell (**vennike**) chap, bloke, fellow, guy
selle-eest instead of it, for it, for this, but
sellegipoolest all the same
sellegipärast nevertheless, for all that, all the same, even so/then/now
sellepärast therefore, for that reason, hence, seeing, because, what with
seller celery
selles herein, in that, in the way of
sellesisuline to this effect
selline like, sort, such
  selline nagu such as
  sellisel viisil at this rate
sellisena as such
selts society, association, company, fellowship, organisation, organization
  seltsiks olema keep someone company
seltsiline companion, fellow, buddy, sidekick
seltsima associate, mingle, mix

seltsimatu uncommunicative, unsociable
seltsimatus unsociability
seltsimees comrade
seltsimehelik companionable
seltsimehelikkus companionship, fellowship
seltsisolek company
seltsiv companionable, sociable
seltsivus sociability, sociality
seltskond society, companionship, party, crowd, folk
  kõrgem seltskond high society
seltskondlik fun, sociable, social
  seltskondlik koosviibimine social, (AmE) sociable
  seltskondlik vestlus small talk
  seltskondlikku elu elama *kõnek* live it up
seltskondlikkus sociability
seltskonnaelu social life
seltskonnaklass society
seltskonnategelane public figure
selve self-service
selvehall supermarket
selvepesula launderette
selvesöökla cafeteria
semester term
semestrivaheaeg half term
semikoolon semicolon
seminar seminar, workshop
semu bloke, buddy, chum, comrade, fellow, man, mate
semulik pally
semutsema pal around
semutsemine familiarity
senaator senator
senat senate, the Senate
seni meanwhile; up to, yet, till
seniajani hitherto, so far
seniilne senile
seniilsus senility

seniit zenith
senikuulmatu unheard-of
senini so far
seninägematu unseen, unprecedented
seniolematu novel, unprecedented
sensatsioon sensation, thrill, scoop
sensatsiooniline sensational
sensatsioonilisus sensationalism
sensuaalne sensual
sensuaalsus sensuality
sent cent
sentents adage, maxim
sentimeeter centimetre
sentimeetririhm tape measure
sentimentaalne sentimental; *kõnek* soppy, mushy
sentimentaalselt sentimentally
sentimentaalsus sentimentality; *kõnek* mush
sentimentalism sentimentalism
seonduma be bound, be connected
seos connection, correlation, involvement, link, relation, relationship
seoses olema correlate
seoses concerning
seoseta unconnected
seosetu disconnected, disjointed, incoherent
seosetult incoherently
seosetus incoherence
seostama associate, connect, link, relate, tie in with
seostatud coherent; related
seostuma identify, stand for, tie in with, tie up, have a bearing on
seotud bound, connected, conjunct, have to do with, involved, spoken for
seotus affiliation, involvement, connexion, connection

sepahaamer smith's hammer, sledgehammer
sepalõõts bellows
separaat separate
separatism separatism
separatist separatist
separatistlik separatist, separatistic
sepik graham bread, whole wheat bread
sepikoda smithy, forge
sepistama forge
sepistatud wrought
sepitsema concoct, contrive, cook up, scheme, engineer, fabricate; forge, manufacture
sepitsemine plotting, scheming, forging, fabrication, contrivance, concoction
sepitsus forging, fabrication, device, scheme, plot, intrigue
sepp blacksmith
september September
septett septet
septiline septic
serenaad serenade
seriaal serial
serpentiin serpentine; streamer
serv (**nõu**) rim, lip, (**kausi, klaasi, järve**) brim, (**taldriku, laua, metsa**) edge, border, side, skirt, (**etteulatuv**) ledge, (**kuristiku**) brink, (**tee**) verge, (**kanga**) selvage, (**raamatulehe**) margin; (**kõnnitee**) curb, kerb; *sport* serve, service
serveerima serve (out/up), dish up
serveerimislaud trolley
server *inf* server
serviis service, set
servija server; (**kriketis**) bowler; (**pesapallis**) pitcher
servima serve; (**kriketis**) bowl; (**pesapallis**) pitch

S

sesoon season
sesoonne seasonal
sessioon session
sest as, because, since, for
sete deposit, dregs, sediment, sludge
sett set
setteline sedimentary
settima be deposited, settle (down), (**sadestuma**) subside
settimine settling (down), (**sadestumine**) subsidence, sedimentation
setukas jade, crock
sfäär sphere
sfääriline spherical
si *muus* si, B
sibama scurry, scuttle
siblima scrabble, scuttle
sibul onion; bulb
sibuljas bulbous
sibullill bulb
side bandage, (**haava-**) dressing; (**seos**) belonging, bond, tie, link, connection; communication, contact, telecommunications
  sidemesse panema bandage, strap up
  sidet pidama liase, keep in touch
sideasutus post (office)
sidekaar *muus* slur
sidekanal line
sidekriips dash, hyphen; *inf* hard hyphen
sidekude ligament
sidemees contact; *sõj* liaison man
sisend- *inf* input
sidepidamine liaison
sidestuma associate
sidesõna *lgv* conjunction
sidetühik *inf* hard space
sideväelane *sõj* soldier of the signal corps
sidin twitter, chirping, warble

sidistama twitter, chirp, warble
sidrun lemon
sidrunikarva lemon-coloured
sidrunikoor lemon peel
siduma bind, connect, do up, knot, link, tangle, tie, twine, commit; (**haava**) dress; (**kimpu**) bundle, bunch
  kinni siduma bandage, lash together, strap up, tape, tether, tie (up)
  ühte siduma tie together, bind (together)
  üles siduma bind up, tie up
sidumisnöör twine, string, cord
sidur clutch
sidus connected, coherent, associated; *inf* on(-)line
sidusettevõte related company
sidusus connectedness, connexity, coherence
siduv binding, cohesive
siesta siesta
sifoon siphon, syphon
siga pig, swine, hog
sigadus piggery, dirty trick
  sigadusi tegema act beastly
sigala pigsty
sigar cigar
sigaret cigarette
sigaretiots (fag) end; (AmE) butt
sigaretipits cigarette holder, mouthpiece
sigaretitoos cigarette case
sigatsema act like a pig
sigima breed, reproduce
sigimatu barren, infertile
sigimatus infertility
sigimisala breeding ground
siginema rise, spring into existence, arise
sigin-sagin bustle, fuss
sigitama procreate

sigivus fertility, fecundity
signaal signal, toot
   signaali andma sound, toot
signaalima, signaliseerima signal
signaallamp pilot light
signaalpasun signal horn
signaalseade signalling apparatus
signaaltuli beacon
signalisatsioon burglar alarm
signatuur signature tune, signature
signeerima sign; mark, number
sigur chicory, endive
sihik sight
   sihikule võtma sight
sihikindel purposeful
sihikindlalt purposefully
sihikindlus perseverance, purpose
sihilik intentional, wilful
sihilikkus wilfulness
sihilikult on purpose, purposely
sihiline *lgv* transitive
sihipärane purposeful, determined
sihipärasus purposefulness
sihiteadlik purposeful, single-minded
sihiteadlikkus purposefulness
sihiteadlikult purposefully
sihitis *lgv* object
sihitu aimless; *lgv* intransitive
sihitult aimlessly
sihitus aimlessness
siht (**sihtmärk, -punkt**) target, direction, end; (**eesmärk**) aim, goal, object, objective, purpose
siht- target
sihtasutus fund, foundation
sihtima aim, level, point, sight, take aim, target, train
sihtkapital foundation
sihtkoht destination
sihtmärk target
sihtnumber postal code, zip code

sihtur *sõj* gunner
sihvakas slim
sihvakus slimness
siia here, hither
Siiami kaksikud Siamese twins
Siiami kass Siamese cat
siiani as yet, so far, yet, up to now
siiapoole in this direction, hither, this way
siia-sinna back and forth, hither and thither, to and fro
siiber (bed)pan; slider, damper, register
siid silk
siider cider
siidikäsi idler
siidiliblikas silk moth
siidine silken, silky, flossy
siidiuss silkworm
siidniit silk thread
siidpaber tissue
siil (**siilu**) gore; (**siili**) hedgehog
siilisoeng crew cut
siin here
   siin ja seal here and there, in places
   siin ligidal/lähedal hereabout(s)
   siin sees herein
siinjuures hereby
siinkandis hereabout(s), round, round about
siinmaal here
siinne of this locality, here
siinsamas just here, right here, on this very spot
siin-seal round
siinus sinus
siiralt sincerely, candidly, devoutly
   siiralt Sinu/Teie yours faithfully; yours sincerely
siiras sincere, candid, genuine, heartfelt, honest

S

siirdama graft, implant, transplant
siirdatav transferable
siirdeelund graft, implant
siirduma go; come
siirdumine going/moving over, transition
siirdus transition
siirduvus transitiveness, transferableness
siire transition
siirup syrup, treacle
siirupine syrupy
siirus sincerity, candour
siis then, when, while
siisike siskin, aberdevine
siiski even so, however, still, then again, there again, though, yet
siit from here, there
siitpeale in the future, from now on
siivsalt decorously, demurely, decently
siivsus decency, decorum
siivus decent, decorous
siivutu impure, naughty, rude, suggestive
siivutus indecency, immodesty, impropriety
sikh *relig* Sikh
sikhism *relig* Sikhism
sikk goat
siksak zigzag
siksakitama zigzag
sikutama yank, heave, lug, pluck, pull, tug
    üles sikutama hitch up, pull up
sikutus yank, heave
silbiline syllabic
sild bridge
sildama bridge, moor
silduma moor, (AmE) dock
sile smooth, flat, even, clean-shaven, level, sleek, slick

siledus smoothness, sleekness, evenness
silikoon silicone
silinder cylinder
silindriline cylindrical
silitama fondle, pet, stroke
silitus stroke
silk Baltic herring
sillerdav iridescent
sillutama pave
    sillutamata tee dirt road
sillutatud paved, gravelled
sillutis paving
sillutuskivid paving, paving stone, tiles, clinker bricks
silm eye; (**kudumi-**) stitch; (**võrgu-**) mesh
    kahe silma vahele jätma miss, overlook
    silma all in front of
    silma alla sattuma lay eyes on, set eyes on
    silma hakkama attract attention, catch attention, catch one's eye
    silma kinni pigistama stretch a point, turn a blind eye
    silma paistma excel, outshine, stick out, show up
    silma peal hoidma keep tabs on, keep track of, keep an eye on
    silma tegema make sheep's eyes at
    silma torkama dominate, show up, stand out
    silma vaatama look someone in the eye
    silmadega puurima scrutinise
    silmadega õgima ogle
    silmagi pilgutamata not batting an eyelid
    silmal üle käia laskma cast an eye over, run an eye over

S

silmas pidades in view of, considering

silmas pidama consider, have in mind

silmast silma face to face

silme all/ees before one's eyes

silme ees virvendama swim

silmi kinni pigistama close one's eyes, shut one's eyes

silmi kinni siduma blindfold

silmi pilgutama blink

silmi pungitama goggle

silmi vidutama screw up one's eyes

silmili maas prone

silmist kaotama lose sight of

silmist pimedaks võtma blind

silma- ophthalmic, optic

silmaarst optician

silmaava pupil

silmahakkav conspicuous

silmahakkavalt obtrusively

silmahammas eye-tooth, canine tooth

silmakate patch

silmakirjalik hypocritical, shifty, two-faced

silmakirjalikkus hypocrisy

silmakirjalikult hypocritically

silmakirjateener hypocrite

silmakirjatsema dissemble, dissimulate

silmaklapid blinkers

silmaklapp eye patch

silmaklappidega blinkered

silmalaug eyelid, lid

silmalääts lens

silmama catch sight of, glimpse, notice

silmamoondaja illusionist

silmamoondus conjuring

silmamuna eyeball, orb

silmamõõt estimation by sight, visual judgement

silmanähtav obvious, evident, apparent, manifest, transparent

silmanähtavalt obviously, evidently, appreciably, manifestly, transparently

silmanähtavus obviousness, evidence

silmapaistev eminent, distinguished, grand, great, outstanding, prominent, notable

silmapaistmatu undistinguished, inconspicuous

silmapaistmatus obscurity, inconspicuousness

silmapaistvalt eminently, prominently

silmapaistvus distinction

silmapete illusion, optical illusion

silmapiir horizon

silmapiiril in sight, in the offing, on the horizon

silmapilgutus wink, blink

silmapilk instant, moment, no time, no time at all

otsustav silmapilk juncture

silmapilkne instant, instantaneous, momentary

silmapilkselt in a flash, in the blink of an eye, momentarily

silmapilksus instantaneousness, instantaneity

silmaring horizon, field of view, outlook, scope

silmaside blindfold

silmaspidamine regard, consideration; (**seaduse jne**) observance

silmatera darling, the apple of sb's eye

silmatorkamatu inconspicuous, sober

S

silmatorkamatus inconspicuousness

silmatorkav arresting, conspicuous, fetching, flamboyant, showy, striking

silmatorkavalt flamboyantly, markedly, strikingly

silmatorkavus showiness

silmavaade look

silmavalge white of the eye

silmipimestav dazzling

silmitsema behold, contemplate, eye, look, (**pinevalt**) peer, gaze

silmitsi up against, facing

   silmitsi seadma confront

   silmitsi seisma come up against, confront, face

silmus loop, (**kinnijooksev**) noose; (**kudumi-**) stitch; (**võrgu-**) mesh

silmustama loop

silo silage

silp syllable

silp- syllabic

silt label, sign, tag

   silti külge kleepima label

siluett figure, silhouette, (**taeva taustal**) skyline

   siluetina kujutama silhouette

siluma smooth, sleek, flatten, iron out

silumine smoothing, sleeking; *inf* debug

simss ledge

simulant (**teeskleja**) simulator, malingerer

simuleerima sham, fake, malinger

simuleerimine simulation

simuleeriv simulant (of), malingering

simultaanne simultaneous

simultaanselt simultaneously

sina you

sinu asemel if I were you, in your place

sinu järel after you

sinakas blue, bluish

sinama appear (or look) blue (or bluish)

sinatama thee-and-thou, call someone by their first name

sinavus blueing

sindel shingle

sinel soldier's greatcoat

sinep mustard

sinepiplaaster mustard plaster

singel single

sinikaelpart mallard

sinikas bruise

siniliilia bluebell

sinine blue

   sinine silm black eye

   siniseks lööma bruise

sinisilmne *kõnek* starry-eyed

sink ham

sinkjashall bluish-grey

sinna there

sinna-tänna to and fro; from pillar to post

sinu your, yours

sipelgad *ülek* pins and needles

sipelgapesa anthill

sipelgas ant

siplema fidget; (**imik**) kick; (**vingerdama**) wriggle

siplev fidgety

siputama kick

siputuspüksid rompers

sirama twinkle

sireen siren, hoot

sirel lilac

sirge straight; (**kehahoiult**) upright, erect

   sirgeks ajama (**õgvendama**) straighten; square (one's shoulders)

sirgeks lööma (selga) straighten up

sirgeks minema straighten out

sirgeks painutama unbend

sirgeks rääkima explain away, clear the air

sirgeldama scrawl, scribble

sirgeldus doodle, scrawling, scribbling

sirgelt straight, upright

sirgestama straighten; *mat* rectify

sirgjooneline linear, straight

sirgjoonelisus linearity; straightforwardness

sirgu ajama straighten up, stretch out, draw oneself up, stretch oneself

sirguma grow up; (**sirgeks muutuma**) straighten

sirgus straightness, uprightness, erectness

sirin twitter, chirp, trill, (**rohutirtsu**) chirr

siristama chirp, warble

sirkel compasses, a pair of compasses

sirklikarp compass case

sirm screen, shade

sirp sickle

sirtsuma tweet, chirp, chirrup

siruli stretched out, at full length

  siruli kukkuma fall flat, sprawl

  siruli lööma knock down

  siruli olema sprawl

  siruli viskama stretch out, lie down at full length, sprawl

sirutama reach; straighten up, stretch

  välja sirutama stretch out, extend, hold out, (**tiibu**) spread

sirutus stretch

siruulatus wingspan, wingspread

sirvima leaf through, thumb through, browse, glance, skim

sisaldama contain, hold, carry, comprise, embrace, include

sisaldis contents, (**kirjas**) enclosure

sisalduma inhere in, consist

sisaldus content

sisalik lizard

sise- inner, inside, interior, internal, domestic, indoor

siseaje impulse

sisearst physician

siseelundid internal organs

sisehoov back yard

sisekate liner, lining

sisekord regulations, rules of the house

sisekujundus interior decoration

sisekumm inner tube; (**jalgpallil**) bladder

sisekülg inside, inner side

sisemaa inland

sisemaailm inner world, inner life, realm of thought

sisemine inside, interior, internal, intrinsic

sisemiselt inwardly, internally; (**hingeliselt**) spiritually, mentally

sisemus inside, interior, entrails, bowels

sisendama suggest to, infuse into, implant, instil, imbue, plant, insert, embed

sisendus suggestion, infusion, instillation, instilment, embedding

sisendusjõud power of suggestion, charisma

sisene internal

-sisene inside

sisenema enter, get on, go in

sisenemine entrance, entry

siseriiklik domestic, internal

S

siseruum interior space
sisesidesüsteem intercom
sisestama insert, enter, feed, (**andmeid arvutisse**) key, load, type in
sisestus input, entering; *el* lead-in
sisestuskoht feed
sisesund compulsion
sisetald inner sole
sisetelefon extension
sisetundepiinad scruples
sisetunne conscience, inner voice
sisetühik *inf* no-break space
siseviimistleja decorator
siseviimistlus decoration
siseviimistlust tegema decorate
siseõu patio
sisikond bowel, entrails, inside, intestine; *kõnek* guts
sisim inmost, innermost
sisimas at the core, in one's inmost feelings
sisin hiss, simmer
sisisema hiss, (**vee, katla jne kohta**) simmer, (**kihisema**) fizz
sisisev hissing, simmering, fizzing
siss guerrilla
sisse in, indoors, inside, into
sisseastuja entrant
sisseastumine entering, entrance, entry
sisseastumis- entrance, (AmE) initiation
sisseehitatud built-in, fitted
sissehingamine inhalation
sisseimmitsemine leakage
sissejuhatav introductory, opening
sissejuhatus introduction, opening, preamble, preface, prelude, prologue
sissekandmine registration
sissekanne entry
sissekastmine dip

sissekirjutus inscription; writing down; enrolment
sissekukkumine falling into, collapse; failure
sissekäik entrance, door
kaunistatud sissekäik portal
sisselangemine caving in, collapse
sisselangenud collapsed, (**aukus**) hollow, cavernous
sisselaskmine admission
sisselõige cut, incision
sissemakse down payment, deposit, (**osamaks**) instalment
sisseminek entry, admission
sissemurdmine break-in, burglary, housebreaking
sissemäärimine lubrication
sissenõudmine calling in, recovering
sisseost purchase
sisseoste tegema shopping, go shopping
sissepakkimine packing up
sissepanek laying in, putting in, insertion, (**raha**) investment
sissepiiramine encirclement, envelopment
sissepoole inward(s)
sissepressitud impressed
sissepääs entrance, entry, access, admission, admittance
sissepääsuluba, -õigus admittance
sissepühitsemine inauguration
sisserändaja immigrant
sisseränne immigration
sisseseade equipment; (**ruumi**) fitment, fitting, plant
sisseseadmine institution, installation
sissesõidutee avenue, drive
sissesõitmine driving in
sissetagumine ramming into

sissetulek income, earnings, means, revenue, (**sisenemine**) entrance
sissetung invasion, intrusion
sissetungija interloper, intruder, invader, squatter, trespasser
sissetungiv intrusive, invading
sissetõmbamine retraction
sissetõmmatav retractable
sissetöötamisraskused teething troubles
sissevajunud fallen in, caved in; (**põsed**) sunken
sissevajutamine impression, plunge
sissevalamine pouring in, filling up, infusion, bottling
sissevarisemine collapse
sissevedamine (**petmine**) deception
sissevedu import
sisseveetav imported, importable
sisseviimine intake, bringing in, ushering in
sisseõnnistamine consecration, inauguration, (**maja, korteri**) housewarming
sisu content(s), pith, (**tuum**) gist, (**olemus**) essence, substance, purport, (**ainestik**) subject, matter
sisukas pithy, serious, comprehensive
sisukokkuvõte abridgement, précis
sisukord contents, table of contents
sisukus pithiness, comprehensiveness
sisustama furnish
sisustatud furnished
sisustus furnishings
sisutarnija *inf* content provider
sisutihe succinct
sisutihedalt succinctly
sisutihedus succinctness
sisutu empty, meaningless

sisutus emptiness, meaninglessness
sisutühi empty
sitaseen toadstool
sitikas beetle
sitke resilient, (**visa**) tenacious, tough, wiry; (**kleepuv**) viscous, sticky
sitkelt resiliently, tenaciously, toughly
sitkus stamina, tenacity
sits cotton print, chintz
sitsima stand on its hind legs
sitt shit
sittuma shit
situatsioon situation
situatsioonikomöödia situation comedy, sitcom
siug snake
siugtee serpentine
siuts peep, cheep
siutsuma chirp, peep, cheep
skaala scale
skafander diving suit, space suit
skalp scalp
skalpeerima scalp
skalpell scalpel
skandaal scandal, (**lärm**) row, riot
　skandaali tegema kick up a row/ a racket, make a scene
skandaalitseja rioter, brawler
skandaalitsema brawl, make a row, kick up a fuss/a racket, raise a riot
skandaalne flagrant, outrageous, scandalous
skandaalsus scandalousness
skandeerima chant
Skandinaavia Scandinavia; Scandinavian
skandinaavlane Scandinavian
skanner scanner
skannima scan
skaut scout

S

skeem scheme, pattern; *tehn* schema, schemata
skeleti- skeletal
skelett skeleton
skemaatiline schematic
skemaatilisus being schematic
skematiseerima schematise
skematism schematism
skepsis scepticism
skeptik sceptic
skeptiline sceptical
skeptitsism scepticism
sketš sketch
skisofreenia *med* schizophrenia
skisofreenik *med* schizophrenic
skisofreeniline *med* schizophrenic
skits sketch, draft, draught
skitseerima sketch, delineate
skleroos *med* sclerosis
sklerootiline *med* sclerotic
skolastika scholasticism
skolastiline scholastic
skorpion scorpion
skulptor sculptor
skulptuur sculpture
  skulptuuri tegema sculpt
skulptuuriline sculptural
skumbria mackerel
skunk skunk
skvaier squire
skväär square
slaalom slalom
slaalomisõitja slalomist
slaavlane Slav, Slavonian
slaid slide, transparency
slaiss (**golfis**) slice
  slaissi lööma slice
slalomist → **slaalomisõitja**
slepis in tow, on tow
slepp train
slumm slum, shanty town
släng slang

slängiline slangy
smaragd emerald
smaragdroheline emerald green
smoking dinner jacket
smugeldaja smuggler
smugeldama smuggle
snaiper sniper
snepper latch
snobism snobbery, snobbishness
snoob snob
snooblik snobbish
snuuker snooker
sobib all right, fine with me
sobilik suitable
sobilikkus suitability
sobilikult suitably
sobima suit, (**rõivas**) fit, sit, (**kokku sobima**) match, blend in, (**sünnis olema**) befit, (**läbi saama**) get along, (**kooskõlas olema**) accord with, (**leppima**) agree
  kokku sobima dovetail, hang together, harmonise, match, mix, tone in
  nagu sobib at one's convenience
sobimatu improper, inappropriate, inadequate, unsuitable, indelicate; (**ebakohane**) out of place, unacceptable; (**ebasünnis**) unbecoming, uncivilised; (**antud töö jaoks**) unequal, (**isik**) the odd one out, the odd man out
  sobimatut ütlema speak out of turn
sobing (**kokkulepe**) understanding, agreement, settlement, (**halvas mõttes**) shady deal, political deal
sobitama fit; (**lepitama**) reconcile, (**vahendama**) mediate
  kokku sobitama join together, dovetail, reconcile, match with
  vahele sobitama slot

S

sobitamine fitting; (**lepitus**) (re)-conciliation; (**vahendus**) mediating, mediation

sobiv appropriate, proper, right, suitable, apt, becoming, consistent, convenient, eligible, fit, in good taste, matching, OK, opportune, palatable

sobiv olema *kõnek* lend itself to

sobivalt appropriately, aptly, conveniently, fittingly, suitably

sobivus suitability, fitness; (**kõlblikkus**) aptness, (**sündsus**) propriety; (**tingimustega**) eligibility; (**kooskõla**) harmony

sobrama rummage

sodi mash, gruel, dirt, muck, crap; (**kritseldus**) scribble

sodiks peksma mash

sodiaagimärk the sign of the zodiac

sodiaak zodiac

sodima (**kritseldama**) scribble

soe warm; *kõnek* (**peast**) soft in the head

sooja andma heat, warm

sooja südamega soft-hearted

soojaks minema grow warm, warm up

soojaks tegema warm up, (AmE) warm over

soeng haircut, hairdo, hairstyle

soetama acquire

soetamine, soetis acquisition

soga muck

sogama make turbid

sogane muddy, murky, (**vesi**) turbid

sogaseks minema thicken

sogaseks tegema make turbid/muddy

sohilaps illegitimate child, bastard

sohk swindle, fraud; *kõnek* skulduggery, trickery

sohki tegema swindle, defraud, cheat, fiddle

sohva couch, sofa

sohver chauffeur

soiguma moan

soikujäämine standstill

soikuma fizzle out, stagnate, come to a halt, come to a standstill, (**tuul**) abate, subside, lull, (**töö**) slacken, slack, (**vaibuma**) die away

soikunud slow, slack

soine boggy, swampy, waterlogged

soja soya

sojakaste soya sauce, soya sauce

sojauba soya bean, (AmE) soy bean

sokihoidja garter

sokk (**soki**) sock; (**soku**) buck, goat, he-goat, billy-goat

sokkel (**ehituses**) base; *el* lamp cap, (AmE) socket

sokutama (**salaja kuhugi paigutama**) plant, (**kaupa, teenust peale suruma**) tout

solaar- solar

solaarium solarium

soldat soldier; (**kaardimängus**) jack, knave

solgiauk refuse pit, rubbish dump

solgitoru sewer

solgivesi waste water

solgutama splash, plash, slop

solidaarne solidary, loyal to

solidaarne olema be on one's side, be loyal to

solidaarsus solidarity, sympathy

soliidne solid, respectable, reliable, sterling

soliidsus solidity, reliability, respectfulness

solist soloist

solistama dabble

solk sewage, slop

solkima adulterate

solvama give offence, insult, offend, hurt sb's feelings, (**teotama**) affront, outrage, pique, (**alandama**) mortify, (**lugupidamatult kohtlema**) slight

solvang affront, insult, offence, outrage, slight, sting

   jäme solvang slap in the face

solvatud offended, hurt

solvav offending, offensive, hurtful, insulting, scurrilous

solvuma take offence

solvumine hurt, pique

solvunud offended, aggrieved, hurt

solvuv easily offended, touchy

sombune gloomy, muggy

sompus gloomy, foggy

sonaat sonata

sond probe

sond(eer)ima probe, sound

   pinda sond(eer)ima sound out, probe

sonett sonnet

song rupture; *med* hernia

soni tweed cap

sonima be delirious, wander

sonimine delirium

soniv delirious

sonkima (**maad**) grub

soo swamp, bog

soobel sable

sooda sodium bicarbonate

soodne favourable, conducive

   soodne kaup *kõnek* snip

   soodne ost bargain

   soodne võimalus opening for, good opportunity

   soodne väljavaade opening

   soodsat mõju avaldama *kõnek* do one a power of good

soodsalt favourably

soodumus predisposition

soodus favourable, advantageous; propitious

soodushinnaga concessionary

soodustama encourage, favour, forward, foster, (**edendama**) promote

soodustav favourable, conducive

soodustus advantage

soodusväljamüügil on offer

soojalt warmly

soojapidav warm

soojavereline warm-blooded

soojendaja heater

soojendama heat, warm

   üles soojendama heat up, make hot

soojendus warm-up

   soojendust tegema *sport* limber up, warm up

soojendusdress tracksuit

soojendusharjutused warm-up

soojenduskott hot-water bottle

soojendusplaat hotplate

soojenema warm up

soojus warmth, heat

soojus- thermal

soojusjaam thermal power plant

soojustama insulate, lag

soojustatud insulated

soojustus insulation

sookurg crane

sool *anat* bowel, gut; (**maitseaine**) salt

soola- salt, salted

soolalahus salt solution

soolaleivapidu housewarming

soolama salt

   sisse soolama (**liha**) cure, (**kurke**) pickle

   üle soolama salt over

soolane salt, salty

soolasus salinity, saltiness
soolatoit salt-, corned
soolatoos saltcellar, (AmE) salt
  shaker
soolatud salted
soolatüügas wart
soolduma become salty
soolenugiline intestinal parasite
soolestik entrails
soolikas → **sool**
soolo solo
soolvesi brine
Soome Finland; Finnish
soome Finnish
soome-ugri Finno-Ugric
soomlane Finn, Finnish
soomus- armoured
soomus(ed) scale(s)
soomuseline scaled, scaly
soomuskate armour
soomusrüü a suit of armour, coat
  of mail, chain armour (or mail)
soomustama armour, plate
soomustransportöör armoured car
soomusvägi armoured troops
soon *anat* vessel, vein, artery;
  (**kõõlus**) tendon, sinew; *geol* vein,
  (**vee-**) vein, (**vagu, uure**) groove
sooneline veined
soonikkude corduroy
sooniline sinewy, wiry
soonima cut into, strangle
sooritaja performer, executor
sooritama accomplish, commit, dis-
  charge, do, execute, pass, serve,
  take, (**midagi halba, kriminaalset**)
  perpetrate
sooritamine execution
soosija patron, protector
soosik favourite, protégé
soosima favour, foster, in favour,
  pander to

soosimine favouritism
soosing favour
soositud in favour, favoured
soosiv favourable
soosivalt favourably
soostuma agree, accede, (**pärast
  kaalumist**) assent, (**ilma vaidluseta**)
  acquiesce, (**nõusolekut andma**)
  consent
soostumine (**ilma vaidluseta**) acqui-
  escence, go-ahead
(**kergesti) soostuv** acquiescent
soov wish, desire, inclination
  (**suur) soov** urge
  vastupandamatu soov compul-
  sion
  soovi avaldama utter a wish,
  make a request
  soovi hellitamine wishful think-
  ing
  soovi korral on one's request
soovima wish, desire, have a mind
  to, like
  edu soovima wish success
  head soovima mean well
soovimatu undesirable, unwanted,
  unwelcome, undesired, unwished
soovitama advise, commend, (**tun-
  givalt**) urge; (**nõustama**) counsel;
  halv (**moraali lugema**) preach, rec-
  ommend, suggest
soovitatav advisable
soovitav desirable
soovitavus desirability
soovitud wanted, desired
soovitus commendation, recom-
  mendation, reference, suggestion
  soovitust andma recommend,
  give reference(s)
soovunelm pipe dream, wish
sopaleht rag
sopane mucky

soperdama botch, bungle, muck up
soperdatud bungled
soperdis botch, bungle, scamped work
sopis nook, cranny, (lohk) recess
sopp muck, scum
sopran soprano, treble
sorakas tousled
sorav fluent, (sõnarohke) voluble
soravalt fluently
soravus fluency
sorima rummage, rake in
  läbi sorima ransack, rummage
sorkima tamper with
sort brand, breed, kind, sort, make, grade, species, type
  alamat sorti second-rate
sortima assort, sort out
sortiment selection, assortment
sorts (sortsu) dash, splash, squeeze
sosin whisper
sosinal under one's breath
sosistama whisper
sotsiaal- social
sotsiaalhooldus social maintenance/security
sotsiaalhoolekanne social work, welfare
sotsiaalkindlustus social security
sotsiaalne social
sotsiaaltöötaja social worker
sotsialism socialism
sotsialist socialist
sotsialistlik socialist
sotsioloog sociologist
sotsioloogia sociology
sotsioloogiline sociological
soul-muusika soul, soul music
soust sauce, (lihakaste) gravy
soustikann gravy boat
sovrin sovereign
spaatel spatula

spagaat splits
spagetid spaghetti
spanjel spaniel
spargelkapsas broccoli
spartalik spartan
spasm spasm
spastiline spastic
spektaakel spectacle
spekter spectrum
spekulant speculator
spekulatiivne speculative
spekulatsioon speculation
spekuleerima speculate
speller *inf* spellchecker
sperma sperm
spetsiaal-, spetsiaalne specialised, special
spetsiaalselt specially, specifically
  spetsiaalselt tegema tailor
spetsialiseeritud specialised
spetsialiseeruma specialise
  ümber spetsialiseeruma branch out
spetsialiseerumine specialisation
spetsialist specialist
spetsialiteet special(i)ty
spetsifikatsioon specification
spetsiifika specificity
spetsiifiline specific
spidomeeter speedometer, speedo
spiiker speaker
spikker crib
spinat spinach
spinning fishing rod with a spinner
spionaaž espionage
spioneerima → spioonima
spioon spy
spioonima spy, spy out the land
spiraal spiral
spiraalne spiral
spiraalvedru spiral spring
spiritism spiritualism

S

spiritist spiritualist
sponsor sponsor, backer, patron
sponsorlus sponsorship
spontaanne spontaneous
spontaansus spontaneity
spoor spore
spordi- athletic, sporting
spordiala branch of athletics, event, sports
spordikelk toboggan, bobsleigh
spordipüksid (sports) shorts
spordisaal gym, gymnasium
spordisärk sports shirt, T-shirt
spordivorm sports costume
spordivõistlus fixture, match, contest
spordiväljak sports ground, sports field
sport sport
sportauto sports car
sportlane athlete, sportsman, sportswoman
sportlaslik sportsmanlike
sportlaslikkus sportsmanship
sportlik athletic, sporty
sportmäng game
sprinkler sprinkler
sprint sprint
sprinter sprinter
sprott smoked sprat
spurt sprint, spurt
squash → **seinatennis**
staadion stadium, arena
staadium stage
staap staff; headquarters
staapel (laevaehituse koht) stock
staar star
staaž length of service, tenure of office
 pidev staaž continuous record, continuous service
staatika statics

staatiline static
staatus status
stabiilne stable
stabiilsus stability
stabiliseerima stabilise, stabilize
stabiliseerimine stabilisation
stagnatsioon stagnation
stagneerunud stagnant
stamp (tempel, pitsat) stamp; (šabloon) cliché
 stambiks muutma typecast
 stampi kasutama stereotype
standard(-) standard
standardikohane standard
standardima standardise
standardmõõt gauge
standardne basic, standard
standardsus being standard
stanniol foil
stants stamp, die
stantsima stamp
stardihetk blast-off, takeoff
stardikapital starting capital, venture capital
stardipaik starting place
start start
 kiire start scramble, prompt start
 stardivalmis olema ready to start, on stand by
starter starter
startija starter
startima start off, take off
stažeerima fellowship, practice
statiiv stand, foot, tripod
statist supernumerary (actor)
statistik statistician
statistika statistics
statistiline statistical
statistiliselt statistically
statsionaarne stationary, fixed, (haige) inpatient, (üliõpilane) full-time resident student

statuut statute, regulation
stend stand
stenograafia shorthand, stenography
stenograafiline stenographic
stenografeerima write shorthand
stenografist stenographer, shorthand typist
stenogramm shorthand report, stenograph
stepp (rohumaa) steppe; (tants) step
stepsel plug
stereo- stereo
stereosüsteem stereo system
stereotüüp stereotype
stereotüüpiline stereotypical
steriilne sterile
steriilsus sterility
steriliseerima sterilise, sterilize
steriliseerimine sterilisation, sterilization; (mehe kirurgiline) vasectomy
sterlet sturgeon
stetoskoop stethoscope
stiihiline elemental
stiil style, design, fashion, manner, strain, tone
stiili- stylistic
stiilikorrektor *inf* style checker
stiililiselt stylistically
stiilipuhas stylish, in style
stiilitunne sense of style
stiilne classy, stylish
stiilselt stylishly
stiimul stimulus (*pl* -li), stimulant, impetus
stiliseerima stylize
stiliseering stylization
stilist stylist
stilistiline stylistic
stimulatsioon stimulation
stimuleerima stimulate

stipendiaat fellow, scholar
stipendium scholarship, grant, fellowship, bursary
stjuardess stewardess, air hostess
stjuuard steward
stoiline stoic, stoical
stoiliselt stoically
stoilisus stoicism
stopp stop, halt
stopper stopwatch
strateeg strategist
strateegia strategy
strateegiline strategic
strateegiliselt strategically
streigimurdja strike-breaker; *sl* scab, blackleg
streik strike, stoppage, walkout
    streiki alustama walk out
    streiki välja kuulutama go on strike
streikija striker
streikima strike, be on strike; *kõnek* act up, stay out (on strike)
streikiv striking
stress stress
    stressis olema be in stress
strippar stripper
striptiis striptease, strip
striptiisiklubi strip club
stroof *kirj* stanza, verse, strophe
strukturaalne structural
struktureerima structure
struktuur structure
struktuurne structural
stseen scene
stsenaarium scenario, screenplay
stsenarist scriptwriter
stsilla → **siniliilia**
stuudio studio
subjekt subject
subjektiivne subjective, unbalanced
subjektiivsus subjectivity

subjektivism subjectivism
subjektivistlik subjectivist
subkultuur subculture
subordinatsioon subordination
subsideerima subsidise
subsiidium subsidy, grant
substantiiv *lgv* noun
substantsiaalne substantial, essential, main
subtiiter subtitle
subtroopika subtropics
subtroopiline subtropical
sudu smog
sufiks *lgv* suffix
suflee soufflé
suflöör prompter
sugema (**kammima**) comb; (**hobust**) curry; (**linu**) hackle, (**peksma**) thrash
sugenema arise, spring up, ensue, come into existence
sugereerima suggest
sugereeritav suggestible
sugestioon suggestion
sugu (**-pool**) sex; (**tõug**, **sort**) breed, kind, stock, kin, family; *lgv* gender
   kõrgest soost noble, of high/noble birth
   sugu tegema reproduce
sugu- sexual
suguelu sexual life
sugugi any
   mitte sugugi not at all, not in the least, by no means
suguhaigus *med* venereal disease
suguharu tribe
suguharu- tribal
sugukond kin, tribe, clan, family, breed
sugukondlik tribal, clan
sugukonnapealik chieftain

sugulane relative, relation, kinsman, kinswoman
   lähim sugulane next of kin
sugulased relatives, kinsfolk, relations
suguline sexual
sugulus kinship
   suguluses olema relate
sugupool sex
   mõlemale sugupoolele sobiv unisex
sugupuu family tree, pedigree
sugupõlv generation
suguselts clan
suguti *anat* penis
sugutu asexual, sexless
sugutäkk stud
suguvõsa family, lineage, house
suhe relation, connection; relationship; *mat* ratio
   suhet lõpetama break up with; *kõnek* give someone the push
suhisema chug
suhkruasendaja sweetener
suhkruglasuur icing
   suhkruglasuuriga katma ice up/over
suhkruhaige diabetic
suhkrune sugary, sugared
suhkrupeet sugar beet
suhkruroog sugar cane
suhkrusisaldus sugar content
suhkrutoos sugar-basin, sugar-bowl
suhkrutükk lump of sugar
suhkur sugar
   pruunistatud suhkur caramel
   suhkruga katma coat with sugar
   suhkruga üle riputama sprinkle with sugar
suhkrumagus saccharine, sugary
suhkurtõbi *med* diabetes
suhkurtõbine → **suhkruhaige**

S

suhtarv ratio module
suhtekorraldus public relations
suhteline comparative, relative
suhteliselt comparatively, proportionally, relatively
suhtes with regard/respect to sb/sth, regarding/respecting sb/sth, concerning sb/sth, as to sb/sth, relative to sb/sth
  igas suhtes in every respect/regard, in all respect/regard
  selles suhtes in this respect
suhtlema communicate, socialise; commune with; fraternise, be on speaking terms
  kirja teel suhtlema write, communicate in writing, correspond, change letters
  lähedalt suhtlema hobnob
  suhtlema hakkama take up with
suhtlemine communication, dealing, fraternisation
suhtlemisaldis communicative
suhtlusoskus communication skills
suhtuma feel, regard, take a stand to, take an attitude to
  armulikult suhtuma smile on
  kahtlusega suhtuma suspect, misdoubt
  sõbralikult suhtuma look kindly on, take kindly to
  ükskõikselt suhtuma shrug off, shrug aside
  üleolevalt suhtuma look down on
suhtumine attitude, approach
  karm suhtumine hard line, be hard on
  praktiline suhtumine pragmatism
  suhtumist kardinaalselt muutma change one's tune

suigatama, suikuma doze off, take a nap
suigatus, suige, suik doze, nap
suigutama lull
suisa straight, outright, openly, plainly
suits smoke; *kõnek* (**sigarett**) fag
  suitsu ajama emit smoke
  suitsu põlema panema light up
  suitsu tegema have a cigarette, *kõnek* have a smoke
  suitsu välja puhuma puff
suitsema smoke, smoulder
suitsetaja smoker
suitsetama smoke, (**pahvima**) puff
suitsetamisruum smoking room
suitsev smoky
suitsidaalne suicidal
suitsiid suicide
suitsu- smoked, smoky
suitsuheeringas kipper
suitsukarva smoky
suitsukate smokescreen
suitsune smoky
suitsuots cigarette-end, butt
suitsupilv cloud of smoke; billow; pall
suitsupääsuke chimney swallow
suitsusink smoked ham, gammon
suitsutama smoke, (**liha**) cure, (**sinki**) gammon
suitsutatud smoked, smoky
suitsuvaba smokeless, smoke free
sujuma go right, run smoothly, glide (along)
sujuv fluent, slick, smooth
sujuvalt freely, smoothly, fluently
sukaad candied fruit/fruitpeel
sukad-sokid hosiery
sukahoidja garter, suspenders
sukasilm stitch
  jooksev sukasilm ladder, (AmE)

S

run
sukelduja diver
sukelduma dive, fling oneself into, immerse, launch into, plunge, submerge
sukk stocking
    nagu sukk ja saabas hand in glove
sukkis stockinged
sukkpüksid pantyhose, tights
sula thaw
    sulale minema thaw
sula- molten
sulam blend
sulama melt, thaw
    kokku sulama fuse, merge, melt into, amalgamate
    ühte sulama blend, fuse, assimilate
    üles sulama thaw, defrost, melt, defreeze, de-ice
sulamine melting, thawing, (**kokku-**) fusion
sulanduma integrate, merge
sulane farmhand
sularaha cash
    sularahaks vahetama cash
sulatama defrost, thaw; (**lahustama**) dissolve
    välja sulatama smelt
    ühte sulatama weld, blend, fuse
    üles sulatama melt down
sulatatud melted
sulatus melting, (**metalli-**) smelting
sulatuskatel melting pot
sulatõsi plain truth
sulav melting, thawing, (**kokku-**) fusible
sulejope, -mantel down coat, down jacket
sulelised poultry
sulepea pen

sulestik feather, plumage
    sulestikku kohendama preen
suletekk continental quilt, duvet
suletud closed, confined, shut
suletutt crest
sulg (**sulu**) bracket; (**sule**) feather, plume
    sulgudesse panema bracket
sulgema shut, shut down, close, (**tõkestama**) bar, block, (**kinnitama**) fasten, (**snepriga**) latch, (**tarastama**) pen in, pen up
    sisse sulgema block in, seal in, shut in
    õhukindlalt sulgema seal
sulgemine closure, wind-up
sulgima moult
sulgjas feathery
sulgkerge feathery
sulgmadrats feather bed
sulgpall(imäng) badminton, battledore and shuttlecock
sulgpallipall shuttlecock
sulgpallur badminton player
sulgpehme downy
sulgtekk duvet
sulguma close, shut
sulgur shutter, stopper
suli crook, rascal, swindler
sulikamp gang of crooks
sulin ripple, purl, babble
suline, sulis feathered
sulisema ripple, purl, babble
sulistama splash, plash
sulitemp trick, dirty trick, confidence trick, scurvy trick
sulnis sweet, delicious, delightful
sulps(atus) plop
sulpsa(ta)ma plop
sultan sultan
sulusala enclave
suluseisus offside

S

sulustama enclose
sumadan trunk, suitcase
sumama wade
sumbuma trail away
sumbunud stuffy
sume dim
sumedus dimness
sumin buzz, drone, hum, murmur
sumisema buzz, drone, hum
sumisti buzzer
summ crowd, throng, (**mesilas-sülem**) swarm
summa sum, amount
   kenake summa tidy sum, respectable sum, pretty penny
   lahutatud summa deduction
   sissenõutud summa levy
   tasumata summa outstanding amount
   tühine summa petty cash
summaarne summary
summutama drown, stifle, damp down, muffle; cover up; hush up; quell, smother, suppress, repress
summutatud hushed, low, muffled, muted, subdued
summutav repressive
summuti damper, (**klaveril**) muffler, (**keel- ja puhkpillidel**) mute; *tehn* silencer
sumpama wade
sund coercion, compulsion
sund- forcible
sundasumine compulsory exile, banishment
sundima force, compel, coerce, make, push, drive
   peale sundima enforce, impose on, force on, press on, foist
   tagant sundima push, press, spur
   ähvardustega sundima bully sb into doing sth, bludge on sb into sth

sundimata of one's own free will
sundimatu unconstrained, casual, easy, effortless, free and easy, spontaneous
sundimatult at ease
sundimatus abandon, ease, spontaneity
sundivalt authoritatively
sundkorras under compulsion
sundmäärus by-law
sundus coercion, obligation
sunduslik obligatory
sundvõõrandama expropriate
sundvõõrandus expropriation
sunni- forced
sunniabinõu sanction
sunnitud forced, strained, constrained, enforced; (**enese poolt**) self-imposed
sunnitöö hard labour
sunnitööline convict
sunnivahendid sanctions
sunniviisil forcibly
sunniviisiline compulsory, forced
sunniviisiliselt forcibly
supelkostüüm bathing costume, swimming costume, (AmE) bathing suit
supelmantel bathrobe, robe
supelpüksid trunks
super- super-
superintendent superintendent
superlatiiv *lgv* superlative
supermarket supermarket
superstaar superstar
supilusikas tablespoon
supitaldrik soup plate
supleja bather
suplema bathe, have a bathe, swim, have a swim
suplus bathe, dip
supp soup

S

surelik mortal
surelikkus mortality
surema die, lose one's life, pass away, pass on
  sureb nagu kärbseid drop like flies
  välja surema die out, become extinct
  üksteise järel surema die off
  ära surema die, turn up one's toes, **(jalgade v käte kohta)** be asleep
suremas at death's door
surematu immortal, undying
  surematuks tegema immortalise
surematus immortality
suremus death-rate
suretama deaden
  välja suretama stall
surev dying
surfima surf
surija dying person (*pl* the dying)
surilina pall, shroud
surimask death mask
surin buzz, hum
surisema buzz, hum
surivoodi deathbed
surm death, demise, end, the grave
  surm õnnetusjuhtumi tagajärjel fatal casualty
  surmale määratud inimesed dying/doomed people
  surmale määratute nimekiri hit list
  surma mõistma condemn to death
  surma saama be killed, meet one's death
surm(a)- dead, deadly, deathly, fatal, mortal, lethal
surmaeelne preceding death
surmaheitlus agony
surmahoop death-blow, mortal blow
surmaja killer
surmajuhtum death, case of death
surmajärgne post mortem, **(avaldatud teos jms)** posthumous
surmakuulutus obituary notice
surmama put to death, kill, murder
surmani to death
surmanuhtlus capital punishment, death penalty
  surmanuhtlusega karistatav liable to the death penalty
  surmanuhtlust täide viima execute
surmaoht peril
surmasaanu fatal casualty
surmasuus at death's door
surmatoov lethal
surmav deadly, fatal, killing, lethal, mortal
surmavalt fatally, terminally
surmtõsine solemn
surnu deceased
surnuaed cemetery, churchyard, graveyard
surnud the dead, the departed, gone, lifeless; **(käed-jalad)** pins and needles, sleeping
surnukahvatu ghastly, deathly pale
surnukuur morgue, mortuary
surnukeha body, corpse
surnukirst coffin, (AmE) casket
surnumissa requiem, mass for the dead
surnupõletus cremation
surrogaat surrogate
suruma press, squeeze
  alla suruma suppress, press down; depress, oppress; **(tundeid)** fight back, keep back
  kokku suruma compress, crowd, press, clench, sardine up

ligi suruma press
läbi suruma force, push
maha suruma suppress, depress, put down, grind down, dismiss, (**lämmatama**) quell
peale suruma enforce, foist, press, thrust on, thrust upon
põlvili suruma bring to one's knees
sisse suruma jam, wedge
tagasi suruma press back
vahele suruma wedge, jam
vastu suruma brace, press against
vastu seina suruma pin down
välja suruma expel
surutis *maj* slump; *med* depression, recession
surve pressure; (**rõhumine**) oppression, compulsion, press; stress
surve all under pressure; under coercion/duress
survet avaldama exert pressure, lobby, put pressure, pressurise, push, twist someone's arm
surveavaldus pressure, coercion, duress
survegrupp pressure group
surverühmitis lobby
susima (**tagaselja rääkima**) backbite; (**urgitsema**) pettifog, undermine
susisema hiss, fizzle
susistama hiss
suskama jab; (**vehklemises**) lunge, (**sõrmega**) poke, prod
suspensioon suspension
suss slipper
sussutama lull; pamper, cosset
suu mouth
suu kaudu orally
suu kaudu manustatav *med* oral
suu kinni shut up, hold your tongue
suud andma give a kiss, kiss
suud kinni hoidma keep one's mouth shut
suud kinni panema (**vaikima panema**) squash, score off a person; *kõnek* dry up
suud kinni toppima gag
suud pidama keep quiet about; *kõnek* button one's lip
suud puhtaks rääkima speak one's mind, not to mince one's words
suubuma flow, fall into
suudlema kiss
suudlus kiss
suudmeala delta
suudmelaht estuary
suue mouth
suu- ja sõrataud *vet* foot-and-mouth disease
suukorv muzzle
suulagi palate, roof of the mouth
suuline oral, verbal
suuliselt orally, verbally, by word of mouth
suunama direct, point, aim, target, channel, (**millelegi**) fix on, (**kõrgemale poole otsustamiseks**) refer, (**mööda kindlat marsruuti**) route, (**kirja**) address, (**läkitama**) send, (**asjade käiku mõjutama**) mould
ümber suunama divert, redirect
suunamiskiri referral letter
suunanäitaja direction indicator
suunas toward(s), to, at, bound, for, over, -ward
suunatuli indicator, (AmE) turn signal
suunavöönd carriageway
suund direction, drift, line, orientation, trend, way

suunda kaotama lose one's bearings
suunda näitama indicate
suunduma proceed to, tend, drift, head, make for, move
suundumus direction, line, tendency, trend, current, orientation
suunduv bound
suunis directive
suunitlus tendency, trend
suupill harmonica, mouth organ
suupiste snack
suupisted savoury
  külmad suupisted cold snacks, refreshments, cold cuts
  suupisted ja joogid refreshments
suur big, great, large, considerable, hefty, king-size(d), (**kogukas**) bulky
  väga suur grand, fantastic
  ülemäära suur outsize
  üsna suur fairly large, sizeable, sizable
  suureks kasvama grow up
  suureks paisuma expand, swell
  suureks puhuma magnify, make sth of, swell
suurarvuti *inf* mainframe
Suurbritannia Great Britain
suurearvuline numerous, in force
suurejooneline grand, grandiose, magnificent, monumental, pompous, spectacular
suureline haughty, boastful, ostentatious
suuremeelne charitable, generous, high-minded, magnanimous, sporting
suuremeelsus generosity, magnanimous
suuremõõtmeline large-scale
suurendama boost, enlarge, extend, increase, magnify, raise
  äärmuseni suurendama maximize, maximise
suurendatud enlarged, extended, magnified
suurendus enlargement, magnification
suurendusklaas magnifying glass
suurenema grow, (**aja jooksul**) build, enlarge, intensify, increase, heighten, (**kiirelt**) escalate, snowball
suurenemine escalation, growth, increase
suurenev increasing
suurepärane excellent, magnificent, glorious, gorgeous, grand, perfect, scrumptious, stunning, wonderful, superb; *kõnek* brilliant, super, terrific, tremendous, splendid, spanking, (AmE) neat
suurepäraselt brilliantly, excellently, famously, beautifully, magnificently, splendidly, superbly, wonderfully
suurepärasus excellence
suuresti largely
suuresõnaline grandiloquent, boastful
suurettevõte concern, corporation, empire
suureulatuslik large-scale
suurevõitu biggish, largish, rather big
suurim supreme, utmost, paramount
suurkuju great figure
suurlinn city, metropolis
suurlinna(-) metropolitan
suurmeister (**males, kabes**) grand master
suuromand estate
suurpere clan

suurpuhastus spring cleaning
suurriik empire, power, superpower
suursaadik ambassador
  erakorraline suursaadik ambassador extraordinary
suursaatkond embassy
suursaavutus feat
suursugune aristocratic, majestic, noble, stately
suursuguselt majestically
suursugusus grandeur
suurtalunik big farmer
suurturustaja distributor
suurtäht capital letter
suurtööstur magnate, tycoon
suurtükikuul cannonball
suurtükiväelane artillerist
suurtükivägi artillery
suurtükk cannon
suurus greatness, largeness, (**mõõtmed**) size, dimension; (**astronoomias**) magnitude, (**kasv, pikkus; tähtsus**) stature
suurushull megalomaniac
suurusjärk calibre, magnitude
suurustaja show-off
suurustama brag, pride oneself on, show off
suurustlemine boast(ing), brag(ging), big talk, ostentation
suurustlev flashy, ostentatious
suurvaim genius
suurvarvas great toe
suurvesi flood, river in spate
suurärimees tycoon
suusakepp ski-stick, ski-pole
suusamägi slope
suusarada ski-track, ski-run
suusaside ski binding
suusataja skier
suusatama ski
suusk ski

suusõnaline oral, verbal
suuteline able, capable
suutelisus ability, capability, capacity
suutlik efficient, organised
suutlikkus efficiency, effectiveness
suutma be able to, can, manage
suutmatus inability
suutäis bite, morsel, mouthful
suva discretion, one's own judgement
  (oma) suva järgi at one's discretion, at choice, pleasure
suvaline discretionary
suvatsema condescend
suvekodu, -maja summer cottage
suvekursus summer course
suveniir souvenir, keepsake
suverään sovereign
suveräänne sovereign
suveräänsus sovereignty
suvi summer, summertime
suvikõrvits zucchini
suvila summer cottage/bungalow/cabin
suvine summer
suvisted The Whitsun holidays, Whitsuntide
suvitaja summer guest/visitor, summer holiday maker
sviit suite
sviiter sweater, jersey
sving swing
sõber friend; *kõnek* chum, guy, mate, old man, pal
  sõbraks saama befriend, become friends
sõbralik friendly, affable, amicable, genial, kind, outgoing
sõbralikkus friendliness, amicability, affability, bonhomie
sõbralikult amicably, kindly, affably

S

sõbranna girlfriend, friend
sõbrunema befriend, hit it off, make friends, pal up
sõbrustama be friends
sõda war, conflict, warfare
 külm sõda cold war
sõdalane warrior
sõdima fight, militate, war
sõdimine fighting
sõdiv warring
sõdur soldier
sõel sieve, (**kurn**) colander, (**liivajms**) screen, riddle
 sõelapõhjaks laskma riddle
sõeluma sieve, sift
 ringi sõeluma mill about
 välja sõeluma filter out, sift
sõge blind; (**nõme**) blinded, benighted, foolish
sõgedalt fanatically
sõgedus blindness, folly, fanaticism, benightedness, foolishness
sõiduk vehicle
sõidukõlblik (**auto**) roadworthy; (**tee**) passable
sõiduliin route, line
sõidupilet ticket
sõiduplaan timetable
sõiduraha fare
sõidurida lane
sõidutama drive
sõidutee road, way
 kahesuunaline sõidutee dual carriageway
sõiduvesi fairway, navigable channel
 sõiduvees olema be in one's element
sõim abuse, bad language
 vastastikune sõim slanging match
sõimama abuse, call (bad) names

läbi sõimama abuse, revile
sõimav abusive
sõimusõna abusive word, bad word, swear word
sõimuvaling volley of abuse
sõit driving, ride, run
sõitja passenger; (**ratsa, jalgrattal jne**) rider; (**sõidukijuht**) driver
sõitjateruum passenger compartment
sõitma go (in a vehicle), (**ratsa**) ride, (**autos**) drive, (**laeval**) sail, (**paadis**) row, (**liiklema**) run
 autoga sõitma go by car, drive car
 järele sõitma drive out and fetch, pick up
 kiiresti sõitma speed, overspeed
 kohale sõitma arrive at, drive to the spot
 läbi sõitma pass through
 lähedale sõitma *ülek* zoom in
 maha sõitma cover
 mööda sõitma overtake, pass, overhaul, overshoot
 otsa sõitma ram, run over, strike
 ringi sõitma drive about
 sisse sõitma pull in(to)
 välja sõitma drive out, go, depart
 võidu sõitma race, race in driving
 ära sõitma drive away/off, leave, depart
 üle sõitma ferry, overshoot
sõja- military, warlike, martial
sõjaaeg wartime
sõjaeelne pre-war
sõjajalal be at war, be at daggers drawn with sb, on the warpath
sõjajärgne post-war
sõjakalt belligerently
sõjakas belligerent, combative, militant, warlike

S

sõjakavalus stratagem
sõjakinnas gauntlet
sõjakirves pole-axe, battle-axe, tomahawk
  sõjakirvest maha matma bury the hatchet
sõjakomissariaat military registration and enlistment office
sõjakool military school
  sõjakooli õpilane cadet
sõjakus belligerence
sõjalaev battleship, warship
sõjalaevastik navy, the fleet
sõjalendur airman
sõjaline military
sõjaliselt militarily
sõjamees warrior, soldier
sõjandus military matters
sõjard warmonger
sõjardlik warmongering
sõjariist weapon, missile
sõjas at war
sõjasaak booty, loot
sõjasalk troop
sõjataktika tactics
sõjategevus warfare
sõjavang prisoner, prisoner of war
sõjaveteran veteran
sõjaväe- military
sõjaväehaigla military hospital
sõjaväekohuslane conscript
sõjaväekohustus conscription
sõjaväelane serviceman, soldier
sõjaväelased military men
sõjaväestama militarise
sõjaväeõppus military training, drill
sõjavägi army, military forces
  sõjaväkke astuma join up, enlist
sõjaõhutaja warmonger, war-instigator
sõklad chaff

sõlg brooch, clasp
sõlm knot, (lennunduses) loop, (tõrge, takistus) kink
sõlm- (määrava tähtsusega) key
sõlmima knot, tie, bind, (lepingut) conclude, enter into, contract
  lahti sõlmima undo, untie
sõltlane addict
sõltlasriik satellite
sõltuma depend on, hinge on, bank on, lean, rely
  sõltub it depends
sõltumata irrespective of, regardless of
sõltumatu independent, sovereign; *lgv* absolute
  sõltumatu olema be independent, stand on one's own feet
sõltumatult independently
sõltumatus independence
sõltuv contingent on, dependent on, reliant; (mõjutatav) subject to; (kuulekas, alluv) subservient
sõltuvalt depending on, due, subject to
  sõltuvalt olukorrast as the case may be, depends
sõltuvus dependence, reliance, habit
sõltuvuses connected, hooked, addicted
sõmer grainy, gritty, granulated
sõna word
  ropp sõna four letter word
  selge sõnaga in so many words
  teiste sõnadega in other words
  üldtuntud sõna household name, household word
  suuri sõnu tegema talk big
  sõna kuulama obey
  sõnu mitte leidma words fail someone
  sõna otseses mõttes actually, lit-

erally
sõnu otsima flounder
sõna pidama keep one's word, be
true to one's word
sõna poetama chime in
sõna sekka ütlema get a word in
edgeways
sõnu tagasi võtma take back
sõna võtma take the floor
sõnu väänama twist words
sõnaaher of few words, taciturn,
laconic, uncommunicative
sõnajalg fern, bracken
sõnakas voluble, eloquent
sõnakeeld taboo
sõnakehv reticent
sõnakehvus reticence
sõnakuulelik docile, obedient
sõnakuulelikkus obedience
sõnakuulelikult obediently
sõnakuulmatu disobedient, unruly
sõnakuulmatus disobedience
sõnakõlks mere jingle of words,
empty phrase, catchword, *kõnek*
rigmarole, *sl* bunkum
sõnakõlksutaja phrasemonger
sõnaliik *lgv* part of speech
sõnaline verbal
sõnaloend word list
sõnaloendus *inf* word count
sõnama say, utter, remark
sõnamoodustus *lgv* derivation
sõnamulin empty verbiage, clap-
trap, patter, froth
sõnamurdlik perfidious
sõnamurdmine breach of promise
sõnamäng play on words, pun,
wordplay
sõnaohter long-winded
sõnaohtralt volubly
sõnaosav articulate
sõnaosis *lgv* affix

sõnaraamat, sõnastik dictionary
mõisteline sõnaraamat thesau-
rus
sõnarohke wordy
sõnaseadmine rhetoric
sõnaselge express, explicit
sõnaselgelt expressly, explicitly
sõnastama formulate, frame,
phrase, verbalise, word, (**kindlas
stiilis**) couch
ümber sõnastama paraphrase,
reword, rephrase
sõnastus wording, formulation,
tenor, terms
sõnasõda controversy, word-battle,
polemics
sõnasõnaline literal, verbatim,
word for word
sõna-sõnalt literally, verbatim,
word for word
sõna-sõnalt võtma take sb at
one's word, take sth at face value,
take sth literally
sõnatu wordless, lost for words,
speechless, silent, tacit, (**tumm**)
mute, dumb, (**kimbatuses**) at a
loss
sõnatuletus *lgv* derivation
sõnatult in silence, tacitly
sõnavahetus exchange, altercation,
discussion
äge sõnavahetus heated discus-
sion
sõnavaling harangue, tirade
sõnavara stock of words, vocabu-
lary
sõnavaraline vocabulary
sõnavool tirade
sõnavõtt speech
sõnaõigus right to speak, voice
sõnaühend *lgv* phrase
sõnelema have words, fall foul of

S

sõnelus scene
sõnn bull
sõnnik dung, manure, muck
sõnulseletamatu indescribable, unspeakable, untold, ineffable
sõnum message, story
  sõnumit edastama break sth to
sõnumileht newsletter
sõnumisaatja correspondent, reporter
sõpradeta friendless
sõprus fellowship, friendship, intimacy
sõpruskohtumine friendly meeting
sõrad (**vähil, krabil jms**) pincers
sõraline (cloven-)hoofed animal
sõre (**hõre**) thin, (**jahu**) granular, coarse-grained; *inf* discrete
sõrendama thin out; (**teksti**) space
sõrestik frame, framework
sõrg cloven hoof, (**vähil**) claw
  sõrgu vastu ajama dig one's heels in
sõrm finger, digit
  keskmine sõrm middle finger
  läbi sõrmede vaatama overlook
  sõrmi nipsutama snap one's fingers
  sõrmega kutsuma beckon
  sõrmega viibutama wag one's finger
sõrmejälg fingermark, fingerprint
sõrmeküüs fingernail
sõrmenukk knuckle
sõrmeots fingertip
sõrmis key
sõrmistik keyboard
sõrmitsema fiddle, finger, flip
sõrmkinnas glove
sõrmkübar thimble
sõrmus ring
sõsar sister

sõstar currant
  must sõstar black currant
  punane sõstar red currant
  valge sõstar white currant
sõtkuma knead
  sisse sõtkuma stamp down; (**taignasse**) knead (into dough)
sõudepaat dinghy, rowboat, rowing boat
sõudesport boating
sõudja rower, oarsman
sõudma row, (**ühe mõlaga**) paddle
sõõm draught, gulp, pull
sõõr circle, ring, orb
sõõrik doughnut
sõõrjas round, circular, orbicular
säbarlainetus ripple, ruffle
säbruline choppy, frizzy
säde glimmer, spark
sädelema glimmer, radiate, spark, sparkle, twinkle
sädelev brilliant, glittering, radiant, scintillating, sparkling
sädelus glimmer, radiance, sparkle
sädin chatter
sädistama chatter
säga catfish, wels
sähvak flick
sähvama flick
  vastu sähvama retort; *kõnek* round on
sähvatama flash
sähvatus flash, glint, spark, streak
sähvima flash, flick, sparkle
säilima keep, last
säilitama conserve, keep, maintain, preserve, retain, (**raha, väärisasju tallele panema**) hoard; *kõnek* (**töökohta**) hold down
säilitamine conservation, preservation, retention
säilitusaine preservative

säilmed remains
sälg colt, (**mära**) filly
sälgustama dent, nick, score
sälk dent, indentation, nick, notch, score
säng bed
sära dazzle, glamour, gleam, glitter, lustre, radiance, sparkle, twinkle
särama gleam, radiate, shine, twinkle, light up
särasilmne starry-eyed
säratu dull, dim, lacklustre
särav ablaze, bright, brilliant, dazzling, glittering, glossy, luminous, lustrous, radiant, resplendent, scintillating, vivid
säravalt brilliantly, dazzlingly
säravus vividness
särg roach (*pl* roach)
särgik (AmE) shirtwaist
säriaeg *foto* speed
särin sizzle
särisema sizzle, splutter
säritama *foto* expose
säritus *foto* exposure
särk (**meeste**) shirt, (**naiste**) chemise
särp sash
särts exuberance, high spirits, pep, punch, spice, spunk
  särtsu lisama spice
  särtsu täis full of beans
särtsakas ebullient, exuberant, high-spirited
särtsakus ebullience
särtsuma blaze (up)
säsi pith
säte article
sätendama glisten, glitter
sätendav glittering
sätendus sparkle
sätestama legislate, stand
sätestamine enactment

sättima set, (**kohandama**) adjust, do sth out/up, (**kenaks tegema, üles lööma**) groom, (**parandama, leevendama**) modify, (**linnu kohta:** sulgi puhastama; inimese kohta: ennast üles lööma**) preen
säutsuma twitter
säär leg
sääred tegema take to one's heels
säärane such
säärekaitse pad
sääreluu shin
sääremari calf (*pl* calves)
säärik boot
sääsk gnat, mosquito
  sääsest elevanti tegema make a mountain out of molehill
sääst(ud) saving(s)
säästev economical, frugal
säästlik economical, sparing, thrifty
säästlikkus thrift
säästlikult economically, sparingly
säästma economise, put aside, put by, save, save up, spare
  kindlaks otstarbeks säästma budget for, save on purpose
säästmine (**keskkonna**) conservation; (**kokkuhoid**) economy
söakus spirit
söandama dare, presume, venture, have the heart
söed cinder
söepann brazier
söepunker coal bunker
söestuma cinder
söestunud charred
sörk jogging, trot
sörkima jog, trot
sörkjooks jog
sööbe-, sööbiv corrosive, caustic
sööbima corrode, eat (one's way) into, etch

S

sööbivus corrosiveness, causticity
söödapeet field beet, stock beet
söödav edible
söögiaeg meal(time)
söögiisu appetite
söögikoht inn, eating-house, eating place
söögikraam foodstuff
söögikõlblik edible, eatable
söögikõlbmatu inedible
söögipeet beet, beetroot
söögipulgad chopsticks
söögiriistad cutlery
söögisaal dining room, (**koolis, usuasutuses**) refectory
söögisooda sodium bicarbonate, cooking/baking soda
söögitegemine cooking
söögitoru *anat* gullet, oesophagus
söögituba dining room
söök food
söökla eating-house, mess hall
sööma eat, consume, have, feed, take
  aplalt sööma eat greedily, wolf (down), shovel, devour, guzzle
  kodus sööma eat in, eat at home
  lõpuni sööma finish off
  lõunat sööma dine
  vaeseks sööma eat a person out of house and home
  välja sööma supplant
  väljas sööma dine out, eat out
  ära sööma eat up; *kõnek* put away
  üle sööma binge, overeat
  süüa andma feed
  süüa tegema cook; *kõnek* (AmE) fix
  süüa vitsutama scoff
söömaaeg dinner time, lunch time, mealtime
  korralik söömaaeg sit-down, decent meal, five-course meal, proper meal/load
rikkalik söömaaeg spread
tubli söömaaeg square meal
söömiskõlblik edible
sööst dash, dart, (**vehklemises**) lunge, (**ettepoole**) onrush, plunge, (**hüpe**) spring
sööstma dash, lunge, plunge; *kõnek* bomb, fly, hurtle; shoot
  alla sööstma swoop, rush down, fall headlong
  kallale sööstma pounce, swoop, descend upon
  sisse sööstma rush into
sööt (**loomatoit**) feed, fodder, forage, (**kalapüügil**) bait, (**peibutis**) decoy; *sport* pass
  sööta alla neelama rise to the bait, take the bait
söötis fallow (land)
söötma feed; *sport* pass
  paksuks söötma fatten
  täis söötma feed up, fodder well
söövitama etch
söövitav caustic, corrosive
söövitustrükk etching
süda heart; (**südamik**) core, (**maa, piirkonna tähtsaim osa**) heartland
  kuldne süda heart of gold
  kogu südamest from one's heart, with all one's heart, full-heartedly
  kõva südamega hard-hearted
  murtud südamega broken-hearted
  pehme südamega soft touch, gentle
  südame seiskumine heart failure
  südamesse minema go to the heart
  südameasjaks võtma make it one's business, put one's mind to

südames kandma cherish
südamesse võtma take to heart
südant kergendama let off steam
südant läikima ajama make sb sick
südant murdma break one's heart
südant puistama unbosom oneself to
südant rindu võtma pluck/pick up the courage
südalinn inner city, (AmE) downtown
südame- cardiac
südameatakk *med* heart attack
südamehaige cardiopath
südamekloppimine *med* heart fluttering
südamel on one's mind
südamelt ära rääkima get something off one's chest
südamelöök heartbeat, beat
südamepõhjas deep down
südamepõhjast vihkama hate one's guts
südamesoojus warm-heartedness
südamesopis in one's heart of hearts
südamestimulaator *med* pacemaker
südamesõber, -sõbranna bosom friend, confidant(e)
südametemurdja heart-stealer, heartbreaker
südametevõitja charmer
südametu heartless, unfeeling
südametukse heartbeat
südametult heartlessly
südametunnistus conscience
must südametunnistus guilty conscience
puhas südametunnistus clear conscience

südametunnistuse piinad pangs/twinges of conscience, compunction(s)
südametunnistusele koputama appeal to sb's conscience
südametunnistuseta unscrupulous, conscienceless
südametus heartlessness
südamevalu heartache, grief, heartbreak
südamik core, heart, kernel
südamlik cordial, genial, hearty, affectionate, soft, soft-hearted
südamlikkus heartiness, warmth
südamlikult cordially
südantliigutav heart-warming, moving, touching
südantlõhestav heartbreaking, heartrending, poignant
südapäev broad daylight, midday, noon
südasuvi midsummer
südaöö midnight
südi(kas) plucky, spirited, courageous, stout, (**innukas**) eager
südikus pluck, spirit, courage, (**innukus**) eagerness, heart
sügama scratch
sügav deep, (**hääl**) fruity, low, profound, (**uni**) sound, (**värv, heli, lõhn**) rich
väga sügav bottomless
sügaval deep
sügavalt deeply, heavily, low, profoundly
sügavalt magama be sound asleep
sügavamõtteline deep, profound
sügavik abyss
sügavkülmkamber freezer
sügavkülmutama deep-freeze, freeze
sügavkülmuti freezer

sügavkülmutus deep freeze
sügavmõtteline philosophical, profound
sügavus depth
sügavuti in depth
sügelema itch, tickle
sügelev itchy
sügelus itch
sügis autumn, fall
sügisene autumnal
süit suite
sülearvuti *inf* laptop (computer)
sülelaps infant, baby
sülelema cuddle, embrace
sülelus cuddle, embrace
sülem swarm
sületäis armful
sülg saliva, spit, spittle
süli lap
sülitama spit
   välja sülitama spit out
   sülita kolm korda üle õla touch wood
süllekukkunud heaven-sent
sült jelly
sümbol symbol, icon, mark, token
sümboliseerima symbolise, mark
sümboolika symbolism
sümboolne symbolic, token
sümboolsus symbolism
sümfoonia symphony
sümfooniline symphonic
sümmeetria symmetry
sümmeetriline symmetric, symmetrical
sümmeetriliselt symmetrically
sümpaatia liking for, sympathy
sümpaatne lik(e)able, attractive
sümpatiseerima warm to, sympathise
sümpoosion symposium (*pl* -sia)
sümpto(o)m symptom

sümptomaatiline symptomatic
sünagoog synagogue
sünd birth, arrival, beginning, origin
sündikaat syndicate
sündima be born, come into the world; (**tekkima**) arise, (**juhtuma**) happen, occur
   ümber sündima *ülek* open a new chapter
sündimata unborn
sündimine birth
sündimus birth rate
sündinud born, natural
   surnult sündinud stillborn
sündmus event, episode, fact, happening, occasion, affair
   põnev sündmus excitement, thrill
   üllatuslik sündmus *kõnek* turn-up for the book
   sündmuste keeris vortex
   sündmuste keskpaik action
sündmuskohal on the spot
sündmuskoht scene
sündmusterikas eventful
sündmustevaene uneventful
sündmustik plot, story
sündroom syndrome
sündsalt decently, decorously, properly, suitably
sündsus decency, propriety, decorum
sündsusetu improper, indecent, unseemly
sündsusetus indecency
sünge gloomy, grim, sombre, (**morn, tusane**) sullen, (**morn, kurb, õudne**) dreary, (**salapärane**) dark, (**tontlik, õudne**) lurid, (**haiglane**) morbid, (**tume, pime**) murky
süngelt dourly, drearily, sombrely, darkly

süngestuma darken, grow gloomy/ dreary/sombre
süngus gloom(iness), dreariness
sünkroniseerima synchronise
sünkroonne synchronic; *inf* synchronous
sünkroontõlge synchronous/synchronized translation
sünni- native, birth
sünniaeg date of birth
sünnieelne antenatal, prenatal
sünnikoht birthplace
sünnimaa home(land), native country
sünnimärk birthmark, mole
sünnipäev birthday
sünnipäevalaps birthday child
sünnipära ancestry, descent, extraction
sünnipärane inborn, innate, congenital, inbred, inherent
sünnis proper, decent, becoming, reputable, (**korralik**) decorous, (**kohane**) suitable, appropriate
sünnitaja woman in childbirth
sünnitama give birth to, bear, (**tekitama**) beget, call/bring forth, generate, breed; *halv* spawn
sünnitunnistus birth certificate
sünnitus childbirth, delivery, labour
sünnitus- maternity
sünnitusabi midwifery, obstetrics
sünnitusabiarst obstetrician
sünnituseelne prenatal
sünonüüm synonym
sünonüümne synonymous
sünopsis synopsis
sünoptik weather forecaster
süntaks *lgv* syntax
süntaksiredaktor *inf* syntax-directed checker
süntaktiline *lgv* syntactic

süntees synthesis (*pl* -eses)
sünteesima synthesise
sünteetika synthetic
sünteetiline artificial, synthetic
sürpriis surprise
sürrealism surrealism
sürrealist surrealist
sürrealistlik surreal, surrealistic
süsi coal; (**pliiatsi-**) lead
    hõõguv süsi ember
süsihappegaas *keem* carbon dioxide
süsinik *keem* carbon
süsivesik carbohydrate
süst (**süsta**) canoe; (**süsti**) *med* injection; *kõnek* jab, shot
süstal syringe
süstasõit canoeing
süsteem system, order, scheme, set-up; apparatus; establishment
    keeruline süsteem edifice, wheels, within wheels
    süsteemi tarkvara *inf* system software
süsteemipärane organised
süsteemitu disorderly, disorganised, eclectic
süsteemne systematic
süsteemselt systematically
süstemaatiline systematic
süstemaatiliselt systematically
süstematiseerima systematise
süstematiseeritud systematised
süstik shuttle
süstima inject; *kõnek* shoot
süstimine injecting, injection
süžee plot, (**ainestik**) topic, subject
sütik detonator
sütitama kindle, inflame, set/put on fire
sütitav inflammatory, (**kõne**) inspiring, (**ergutav**) rousing

S

süttima break out, catch fire, ignite, light
süttiv inflammable
süva- deep-lying, deep
süvamere- deep-sea
süvend hollow, cavity, depression, pit
süvendama deepen, dredge, sink
süvendatud deepened, dredged
süvenema absorb, (**sügavamaks muutuma**) deepen, become absorbed in, be deeply engaged in, go into, look into
süvenenud engrossed
süvenev deepening
süvik hollow
süvis draught
süü blame, fault, guilt
  oma süü of one's own making
  süüd (kellegi) kaela veeretama lay the blame on sb, lay the blame at sb's door
  süüd tõendama prove/establish sb's guilt
  süüd varjama cover up
  süüks ajama blame
  süüks panema impute to
  süüst puhas in the clear
  süüst vabastama clear, exonerate
  süüst vabastamine absolution, acquittal
süüalune defendant
süüde ignition
süüdi guilty, culpable
  süüdi lavastama frame
  süüdi mõistma condemn, (**kohtulikult**) convict
  süüdi tunnistama confess, plead guilty
süüdimatu *jur* irresponsible, not answerable

süüdimõistetu (**kohtulikult**) convict
süüdimõistetud guilty
süüdiolev culpable
süüdistaja accuser, prosecution, (**riiklik**) prosecutor
süüdistama accuse, blame, charge with, (**vormilist süüdistust tõstma**) indict, (**alusetult**) incriminate, lay (the blame), (**avalikult**) point the finger
  vastu süüdistama retaliate, recriminate
süüdistatav accused
süüdistav accusing
süüdistavalt accusingly
süüdistus accusation, blame, charge, (**kohtulik**) indictment
  süüdistusest vabastama vindicate
süüdistus- incriminating
süüdlane culprit
  süüdlaseks tembeldama frame, incriminate
süüdlaslik guilty
süüdlaslikult guiltily
süüfilis *med* syphilis
süümepiin remorse
  süümepiinu tundma feel bad
süüpink the prisoner's bench, dock
süütama ignite, (**kütust**) kindle, (**lampi, sigaretti jne**) light, (**põlema panema**) set fire to, set light to, set off, (**tikku**) strike
süütamine ignition, (**kuritahtlik**) arson
süüte- incendiary
süütegu misdemeanour, offence
süüteküünal plug, spark plug, sparking plug
süüteleek pilot light
süütenöör fuse
süütu innocent, blameless, harm-

less, inoffensive; clean, pure, virgin

süütunne feeling of guilt

süütus innocence, guiltlessness, purity, virginity

süütõend *jur* evidence (of guilt)

süüvima go into, immerse oneself

süüvimine immersion

süüvinud engrossed

S

Š

šaakal jackal
šabloon stencil, model, pattern, stereotype; *tehn* template
    šablooni abil trükkima stencil
šabloon(ili)ne stereotyped, trite, commonplace
šahh shah; *sport* check; (**šahh ja matt**) checkmate
šaht pit, mine, chute, shaft, well
šampanja champagne, bubbly
šampinjon meadow agaric
šampoon shampoo
šanss chance
    võrdsed šansid toss-up
šantaaž blackmail
šantažeerija blackmailer
šantažeerima blackmail
šaraad (**silpmõistatus**) charade
šarlatan charlatan, quack, phoney, phony
šarž cartoon, caricature, sketch
šarž(eer)ima cartoon, caricature, sketch
šašlõkk shashlik, shashlick, kebab
šatään brown-haired
šedööver masterpiece
šeff chief, boss, head, principal
šeik sheikh, sheik
šerbett sherbet
šerif sheriff
šerri sherry
šiffer cipher, cypher, secret code

šifoon chiffon
šifreerima scramble, encode, cipher
šikk stylish, elegant, snappy, smart, jaunty, posh
šilling bob, schilling, shilling
šimpans chimp, chimpanzee
šinjoon toupee
šlakk *tehn* slag, dross
šlikerdama dodge, shirk
šnitsel cutlet
šokeerima astound, outrage, scandalize, scandalise, shake, shock
šokeeritud stunned, overwhelmed, astounded
    šokeeritud olema have a fit, scandalize, scandalise
šokeeriv astounding, atrocious, flagrant, outrageous, scandalous, shocking
šokeerivalt scandalously
šokk shock
šokolaad chocolate
šokolaaditahvel bar of chocolate
šortsid shorts
Šoti Scots, Scottish
šoti Scotch, Scots
Šotimaa Scotland
šotlane Scot, Scotsman, Scotswoman
šovinism chauvinism
šovinist chauvinist
šovinistlik chauvinistic

šrapnell shrapnel
šrift type, print, font
šveitser doorkeeper, janitor

Šveits Switzerland
šveitslane Swiss

zooloog zoologist
zooloogia zoology
zooloogiline zoological

žanr genre
žargoon jargon, patter
želatiin gelatine
želee gel; jelly
žest gesture
žestikuleerima gesticulate, gesture
žestikuleerimine gesticulation
žetoon token

žilett gillette, razor
žongleerima juggle
žonglöör juggler
žurnaal magazine, journal
žurnalistika → ajakirjandus
žürii jury

T

ta he, she, it
taak burden, load
taaler thaler
taamal over there, yonder
taandama back, reduce, dismiss; *inf*
(taandega alustama) indent
taandamine backing, reduction,
dismissal
taandareng degeneration
taandrida indented line, indention
taanduma withdraw, draw back,
back off, recede
taandumine withdrawal, drawing
back, recession
taanduv regressing, reducible
taanduvus withdrawal
taane indention
Taani Denmark; Danish
taani Danish
taanlane Dane
taara tare; packing
taaruma stagger, teeter, waddle
taarumine staggering
taaruv staggering
taas once again, again, anew, once
more
taasavastama rediscover
taaselustama renew, revive
taaselustamine revival
taaselustumine renaissance, resur-
rection, revival
taasesitama playback

taasilmuma reappear
taasilmumine reappearance; come-
back
taaskehtestama re-establish
taaskehtestamine re-establishment
taaslooma recreate, reproduce
taasloomine recreation, reproduc-
tion
taasomandama repossess
taassünd rebirth, reincarnation,
renaissance
taastaja restore, reproduce
taastama bring back, recreate, re-
store
normaalset hingamist taastama
get one's breath back
taastatav restorable
taasteke regeneration
taastekkima regenerate
taastootma reproduce
taastootmine reproduction
taastrükk reprint
taastrükkima reprint
taastuma recover
taastus recovery
taastusravi rehabilitation
taasühinema reunite
taasühinemine reunion
taat old man
tabalukk padlock
tabalukustama padlock
tabama catch, capture, detect, hit,

strike, trap
naelapea pihta tabama hit the nail on the head
ootamatult tabama take by surprise
täpselt tabama pinpoint
äkki tabama catch/take sb unawares
üldist mõtet mitte tabama can't see the wood for the trees, (AmE) can't see the forest for the trees
tabamatu elusive, intangible
tabamine capture, detection
tabamus hit
tabatav catchable, seizable
tabav apt, pointed, to the point
tabavalt strikingly, to the point
tabavus accuracy
tabel chart, table
tabeldama chart, tabulate
tabeldus *inf* tabulation, formatting
tabeldusklahv *inf* tab
tabeliprogramm *inf* spreadsheet program
tablett pill, tablet
tabloid tabloid
tabloo display
tabu taboo
tabuleerima tabulate
tabuleerimine tabulation
taburet stool
taeva- celestial
taevake good heavens, goodness, good gracious
taevakeha heavenly body, orb
taevakõrgune sky-high
taevalaotus canopy
taevalik blissful, heavenly
taevalikult blessedly
taevamanna godsend
taevane celestial, heavenly
taevapiir horizon

taevas heaven, sky
taeva pärast for goodness sake
taevas teab heaven knows
taevani kiidetud glorified
taevani ulatuv sky-high
taevast sadanud heaven-sent
taeva(s)sinine azure, sky-blue
taevasse skyward, skywards
taevatäht star
taevavõlv heaven
taga after, around, at, behind, beneath, beyond
taga nõudma claim
taga- back, hind, trans-
tagaaed backyard, yard
tagaajaja chaser, pursuer
tagaajamine chase, pursuit
tühja tuule tagaajamine wild-goose chase
tagahoov → **tagaaed**
tagaiste back seat, pillion
tagaistmel sõitma ride pillion
tagajärg after-effect, aftermath, consequence, product, result
tagajärjel in consequence, in the wake, as a result
tagajärjetu ineffective, unsuccessful
tagajärjetult without result
tagakaas back cover
tagakiusaja persecutor
tagakiusamine persecution
tagakülg back, rear, tail
tagala rear
tagama assure, ensure, guarantee, provide
tagamõte motive, implication
tagandama dismiss, remove, relegate
taganema back, retreat, recede
taganemine backing, retreat
taganemisvõimaluseta point of no return

T

tagant from behind, after, round
tagantjärele after, in arrears, too late
tagantkihutus abetment
tagantkäelöök backhand
taganttorkimine prod
taganttõuge jog
taganttõukamine boost, impelling
tagaosa back, bottom, rear, tail
tagaotsimine searching for, looking for
tagaotsitav wanted, sought after
tagaplaan background
tagapool back, background
tagapõhi background, foil
tagarääkimine backbiting, slandering, talk
tagasein back, rear wall
tagaselja behind one's back
tagaseljaotsus judgement by default
tagasi ago, back, backward, re-
tagasiandmine return, restitution
tagasiastumine withdrawal, retirement
tagasihoidlik humble, modest, discreet, quiet
tagasihoidlikkus humbleness, modesty, restraint, reticence
tagasihoidlikult humbly, modestly, demurely, discreetly
tagasihoidmine suppression
tagasikanne carryback
tagasikutsumine recall
tagasikäik regression
tagasilöök return, setback
  tagasilööki andma backfire
tagasilöömine striking back
tagasilükkamine dismissal, rejection
tagasimakse refund, pay back, rebate

tagasimaksmine refund, repayment
tagasiminek recession
tagasipõrge recoil, rebound
tagasipööramine turning back
tagasipöördumine returning, return
tagasipööre U-turn
tagasiside feedback
tagasitee way back
tagasitulek comeback, homecoming, return
tagasitõmbumine withdrawal
tagasitõmbunud withdrawn, retiring
tagasiulatuv retrospective
tagasivaade flashback
tagasivaatepeegel rear-view mirror
tagasivõtt *inf* undo
tagastama bring back, return, restore
tagastamine returning, return, recovery
tagastatav returnable, recoverable
tagatiib hind wing, flap
tagatipuks on top of, to cap it all
tagatis guarantee, warrant, security, voucher
tagatisraha bail
tagatissumma deposit
tagavara supply, store, stock, reserve
tagavara- backup
tagavarad resource
tagavaraosa spare part, spare
tagavarapilet standby
taglas rigging, tackle
taglastama rig
taguma beat, batter, hammer, lash, pound, thump
  kõvasti taguma bang, fist, clang, rattle
  pähe taguma drum into, hammer
  sisse taguma ram into

tagumik backside, behind, bottom, buttocks, bum
tagumine battering; (viimane) back, hind
taguots → **tagumik**
tagurdama back, reverse
tagurlane reactionary
tagurlik reactionary
tagurlus reaction
tagurpidi back, backward, in reverse, upside down
tagurpidine reverse
taha behind, back
tahapoole back, backward
tahe will, volition
　tahte järgi at will
　omal tahtel of one's own volition
　vaba tahe free will
　vabast tahtest of one's own free will, of one's own accord
　viimne tahe last wish
tahendama dry, make dry
tahendamine drying
tahenema become dry
tahes-tahtmata in spite of, willy-nilly
tahk face, facet
tahke solid
tahkuma solidify
tahkus solidity, dryness
tahm smut, soot
tahmama smut, soot
tahmane smutty, sooty
tahmuma become sooty
taht wick
tahtejõud will-power
tahtejõuetu lacking will-power, shiftless, spineless
tahtejõuetus lack of will-power
tahtejõuline of strong will, determined

tahtlik intentional, conscious, wilful
tahtlikkus intentionality, wilfulness, deliberateness
tahtlikult intentionally, purposely
tahtma want, wish, intend, desire
　kangesti tahtma die for, yearn, desire
tahtmatu involuntary, unintentional
tahtmatult involuntarily, unintentionally, unwittingly
tahtmatus involuntariness
tahtmine want, wish, will
　vastu tahtmist grudgingly, under protest, with a bad grace, against one's will
　vastu tahtmist tegema hate, be reluctant to
tahuma hew
tahumata rough, unpolished, rustic
tahumatu rough, uncouth, crude, ropy
tahumatus roughness, crudity
tahumine hewing, squaring
tahutud sculptured
tahvel bar, board, panel, plate, tablet; (koolis) blackboard, schoolboard
taibu scholar
taibukas bright, intelligent, discerning, perceptive
taibukus wit, understanding, intelligence
taidlus amateur art
taies art
taifuun typhoon
taignarull rolling pin
taim plant
　taimi istutama plant out
taime- botanic, floral
taimekasvatus plant growing
taimelava hotbed
taimeleht leaf

T

taimer timer
taimestik flora, vegetation
taimestiku- floral
taimeteadlane botanist
taimeteadus botany
taimeteaduslik botanic
taimetee tea, herb tea
taimetoitlane vegetarian
taimkate flora
taimne vegetable
taimtoiduline *zool* herbivore
tainapea pudding-head
tainas dough, pastry
taine lean
taip comprehension, understanding, insight, wit
    kiire taibuga on the ball, quick on the uptake, quick-witted, apprehensive
    kiire taip penetration, apprehension
taipama grasp, realize, understand
taipamatu slow-witted
taipamine grasp, grip, realization
taiplik bright, intelligent
taiplikkus intelligence, wit, smartness
taju perception, sense
tajuma perceive, sense, discern, feel
tajumatu imperceptible
tajumine feeling, sense
tajutav discernible, perceptible
takerdudes haltingly
takerduma tangle, catch, stumble
takerdunud entangled
takerduv halting
takistaja hindrance
takistama block, hamper, hinder, prevent, restrain
takistamatu unhindered, unhampered, free
takistatud handicapped

takistav deterrent, obstructive
takistus bar, barrier, block, hindrance, hurdle, obstacle, obstruction
takistusjooks steeplechase
takistussõit steeplechase
takjas thistle
taks tariff, rate
taksikoer dachshund
takso cab, taxi
taksojuht taxi driver
taksomeeter taximeter
taksopeatus taxi rank
takt bar, tact, time
    takti lööma beat
    ühes taktis kõndima walk in step
taktika tactics
taktikaline tactical
taktikepp baton
taktimõõt signature
taktitu ill-mannered, tactless
taktitult tactlessly
taktitundeline delicate
taktitundeliselt tactfully, delicately
taktitunne decency, discretion
taktitus bluntness, faux pas
takune towy
tala beam, spar
talaar gown, robe
talb wedge
tald sole
taldrik plate
    lendav taldrik flying saucer, UFO, unidentified flying object
taldrikud *muus* cymbals
taldrikutäis plateful
talendikas gifted, talented
talent gift, talent
talinisu winter wheat
talirukis winter rye
taliplokk pulley
talisman talisman

talisport winter sports
talitama tend, look after
talitlema function
talitlus function
talitluslik functional
talitsema control, restrain, master
talitsematu unbridled, unrestrained
talitsetud reserved
talitus action, tendering, job
talivili winter corn
talje waist
taljejoon waistline
talk talc
talkpuuder powder, talcum powder
tall (**talle**) lamb; (**talli**) barn, stable
tallaalune under the sole
tallalakkuja bootlick
tallalaud treadle
tallama tread
    kõvaks tallama tread until hard/ solid
    maha tallama tread down (flowers, etc.), trample
    sisse tallama tread into
    varvastel tallama tread on someone's toes
talle him, her, it
talletama lodge, log, set aside, store (up)
tallimees groom, stableman
tallipoiss groom
tallutama sole
talong coupon
taltsas tame
taltsutaja tamer
taltsutama tame
taltsutamatu untameable, obstreperous
taltsutatud domesticated, housetrained
taltuma become tame, calm down
talu farm

taluma bear, endure, put up with, resist, stand
talumaja farmhouse
talumatu unbearable, unendurable, intolerable, insufferable
talumatus intolerance
talumees peasant, farmer
talumine bearing, enduring
talunaine peasant woman, farmer's wife
talundus → **talupidamine**
talunik farmer
talupere farm household
taluperemees owner of a farm
talupidaja → **talunik**
talupidamine farming
talupoeg peasant
talupoeglik peasant, rustic
talurahvas peasantry
talutama lead, guide, walk
talutav bearable, tolerable
talutüdruk country girl
taluvus endurance, tolerance
taluõu farmyard
talv winter, wintertime
talveaed conservatory
talvekindel hardy
talvekorter winter quarters
talveuni hibernation
    talveunes olema hibernate
talvine wintry
talvitama winter
talvituma hibernate
tambur tambour
tamburiin tambourine
tamm oak; (**tammi**) dam
tammepuit oak timber
tammetõru acorn
tammik oak wood
tammuma stamp, toddle
    paigal tammuma *ülek* go round in circles

tampima stamp, pound, mash
katki tampima pound, crush
pulbriks tampima powder, grind, pound
tampoon tampon
tandem tandem
tangens *mat* tangent
tangid forceps, pincer, tongs
tango tango
tangud groats
tank tank
tanker tanker
tankima fill up, tank
tankist tankman
tankitõrje anti-tank defence
tankitõrjekraav anti-tank trench
tankla → bensiinijaam
tants dance
tantsija dancer
tantsima dance
tantsimine dancing
tantsisklema dance
tantsuorkester dance band
tantsupartner dancing partner
tantsupidu dancing party, dance
tantsupõrand dance floor
tantsusaal ballroom
tantsusamm dance step, pas
tantsutund dancing lesson
tantsuõhtu dance party
tantsuõpetaja dancing teacher
tanu cap, coif
taoline like, of a sort, of a kind
teised taolised suchlike
taotleja applicant
taotlema apply, pursue, aim
taotlus application, bid, endeavour, aim
tapalava scaffold
tapamaja slaughterhouse
tapariist deadly weapon
tapatalgud massacre, slaughter

tapatöö butchery
tapeet paper, wallpaper
tapeetima paper, wallpaper
tapja killer
taplus combat, fight
tapma kill, assassinate, slaughter, butcher
tapmine killing, murder, slaughter
tappev deadly, excruciating, killing, lethal
tara fence, pen
tarakan cockroach
tarandik enclosure
tarastama fence off, fence
tarastatud fenced
tarbeese commodity
tarbekaup consumer goods
tarbeks for
tarbekunst applied art
tarbepuit timber
tarberiist implement, tool
tarbetu unnecessary, useless, superfluous, needless
tarbetult gratuitously, needlessly
tarbetus uselessness, unnecessariness
tarbija consumer
tarbijakaitse consumer protection
tarbima consume
ära tarbima consume, use up, go through, get through
tarbimine consumption, intake
tarbimistase consumption level
tarduma congeal, freeze, harden
tardumus congealing, stiffness
tardunud congealed, frozen, languid, set
tardunult languidly
tarduv congealing
tare cottage
targalt cleverly, judiciously, sensibly

targutama reason
targutus reasoning
tariif rate
tariifimäär tariff rate
tariifiseadus law of tariffs
tarind construction, structure
tarindama construct
tark wise, clever, bright, great, learned
tarkpea clever person, smart person, egghead
tarkus wisdom, brain, intelligence, cleverness
   tagantjärele tarkus hindsight
   tarkus on otsas at one's wits' end
tarkusehammas wisdom tooth
tarkussõna maxim
tarkvara *inf* software
tarvkvarapakett *inf* software package
tarkvarapiraatlus *inf* software piracy
tarkvaratehnika *inf* software engineering
tarm energy, vigour, drive
tarmukalt strenuously
tarmukas energetic, vigorous
tarmukus energy, vigorousness
tarn sedge, carex
tarne supply, delivery, purveyance
tarnija supplier, deliverer, purveyor
tarnima purvey, supply, deliver
tarnimine supply, delivery, purveyance
tarrend jelly
tarretama congeal, curdle
tarretis jelly
tarretuma congeal, jell
taru hive, beehive
tarve requirement, need, want
tarvidus → **tarve**
tarvik fitting, property

tarvilik necessary, required
tarvitama use, expend, exploit
   ära tarvitama spend, use up, go through, get through
tarvitamata unused, new
tarvitamine consumption
tarvitamiskõlblik usable, serviceable
tarvitamiskõlblikkus fitness for use
tarvitatav usable
tarvitatud second-hand
tarvitsema need, come in handy
tarvitus use, exploitation
   tarvitusele võtma adopt, come into use, introduce
tarvituselevõtt adoption
tasa quietly, silently, still
   tasa ja targu step by step
   tasa sõuad, kaugele jõuad more haste, less speed
tasaarveldus *maj* clearing of accounts
tasahilju quietly, slowly
tasakaal balance, equilibrium
   tasakaalu hoidma keep one's balance
   tasakaalu kaotama overbalance, lose balance
   tasakaalust välja viima unsettle
   tasakaalust väljas off balance
tasakaalukas balanced, composed, deliberate
tasakaalukunstnik equilibrist
tasakaalukus being balanced, poise
tasakaalus stable
tasakaalustama balance
tasakaalustamine balancing
tasakaalustatud balanced
tasakaalustatus symmetry
tasakaalustav redeeming
tasakaalustuma balance out, stabilize

T

tasakaalutu unbalanced
tasakaalutus lack of balance
tasakesi quietly
tasand level, plane
tasandama even, level, slow down, smooth, equalize
  pinda tasandama flatten, polish, surface, dub
tasandamine trim
tasandik plain, level, flat ground
tasandikuline plain, level, even
tasanduma level
tasandus smoothing, levelling
tasane (**ühtlane**) even, level, flat; (**vaikne**) gentle, quiet, still
tasanema calm down, smooth down, flatten
tasapind level, plane, plateau, level surface
tasapinnaline plane
tasapisi gradually, little by little
tasaselt softly, gently, smoothly
tasasus calmness, stillness, smoothness
tasavägine even, equal, close
tase level, standard, plane, rate, degree
  ühel tasemel on a par (with), on the same level (with)
tasemeeksam O-level exam
tasemel on a level, up to
  tasemel olema be on a level, up to sth
tasemerühm stream
tasku pocket
taskuarvuti calculator
taskulamp torch, flashlight
taskunuga pocket knife, penknife
taskuraamat pocketbook, wallet
taskuraha allowance, pocket money
taskurätik handkerchief, hanky, hankie

taskutäis pocketful
taskuvaras pickpocket
taskuväljaanne pockct edition
tass cup
tassima carry, drag, lug
  laiali tassima carry, deliver
  ära tassima carry away, walk away/off with
tassitäis cupful
tasu payment, wages, fee, reward, price
  tasu võtma charge
tasuja avenger
tasuline paid, for pay
tasuma pay, compensate, avenge, reimburse, reward
  tasub ära worth one's while
  kuhjaga tasuma dividend, be fully paid, be blessed in Heaven
  ära tasuma pay off, be worth one's while
tasumata unpaid, outstanding
tasumine repayment
tasumäär rate of pay
tasustama pay, remunerate, award
tasustamata unpaid
tasustatav paid
tasuta free, free of charge, for nothing, on the house
tasutav payable
tasuv economic, profitable, paying
tasuvus profitability, feasibility
tasuvusaeg payback time
tatar buckwheat
tatikas (**seen**) granulated boletus
tatine snotty
tatistama dribble, snivel
tatratangud buckwheat groats
tatraveski *ülek* chatterbox
tatsama toddle, patter, waddle
tatt snot
taud epidemic, plague

taunima condemn, deplore, disapprove
taunimine condemnation, disapproval
taunitav deplorable, objectionable
tauniv deprecating, disapproving
taunivalt disapprovingly
taust background, context, foil, setting
  tausta uurima screen
tausta- incidental; background
taustal against background
tava custom, norm, practice, precedent, tradition, way
  kivinenud tava convention
  tava järgima practise
tava- comprehensive
tavad traditions, customs, groove
tavakeelne colloquial
tavaline common, usual, normal, conventional, everyday
tavaliselt usually, as usual, in general, generally, ordinarily
tavalisus usualness, commonness
tavand ritual, rite, ceremony
tavandlik ceremonial
tavapärane customary, habitual, normal, ritual
tavapäraselt conventionally, ordinarily
tavatsema be accustomed to, be in the habit of, used to
tavatu unusual, uncommon
tavatult unusually, abnormally
te you
teaberikas informative
teabetund briefing
teadaanne advertisement, announcement, declaration, notice, statement
  avalik teadaanne proclamation
teadaolev public, understood

teadaolevalt notoriously
teadasaamine discovery
teade message, communication, note, notice, release, word
  teadet jätma leave a message
teadlane scientist
teadlik aware, conscious
teadlikkus awareness, consciousness
teadlikult knowingly
teadma know, be aware of, understand
  tead küll you know
  tead mis know what
  teada andma let someone know, inform
  teada lugu the same old story
  peast teadma know by heart
teadmata unknown, without my knowledge
teadmatu unaware, unconscious
teadmatus uncertainty, unknown
teadmatuses ignorant
teadmised knowledge
  üldiseks teadmiseks for the record
  praktilised teadmised working knowledge
  laialdaste teadmistega well-read, knowledgeable, well-informed
  teadmistel põhinev educated
  teadmisi näitama show one's paces
  teadmisi proovima put through one's paces
  teadmisi täiendama bone up on
teadmishimu curiosity, inquisitiveness
teadmishimuline inquisitive, curious
teadmisjanu thirst for knowledge
teadmisjanu(li)ne inquisitive
teadmistekogum lore

T

teadmisterikas read in
teadmusbaas *inf* knowledge base
teadur scientist
teadus science
teadusdoktor Doctor of Philosophy, PhD
teadusharu discipline, science
teaduskond department, faculty
teaduskraad degree
teaduslik scientific
teaduslikkus scientific nature
teaduslikult scientifically
teadusmaailm the world of science
teadustaja announcer, compère
teadustama announce, compère
teadustamine announcement
teadustöö research, researches, scientific research
teadustöötaja research worker
teadvus consciousness
    teadvusele tulema come round, come to, come to one's senses
    teadvust kaotama black out
    teadvust moonutav psychedelic
teadvusehäire disturbance of consciousness
teadvusekadu blackout
teadvusetu unconscious, lifeless
teadvusetus oblivion, unconsciousness
teadvuslik conscious
teadvustama make conscious
teadvustamata unconscious
teadvustav self-confessed
teatama announce, inform, notify, declare, report
    ametlikult teatama declare
    avalikult teatama publish
    ette teatama notify
teatav → **teatud**
teated news, tidings
    teateid küsima inquire after

teatejooks relay race
teatejooksja relay runner
teatepulk baton
    teatepulka üle andma pass the baton
teater theatre, playhouse
teaterlik theatrical
teatesuusatamine relay ski race
teatetahvel *inf* bulletin board
teateujumine relay swimming
teatevõistlus relay
teatis report, certificate, information
teatmekirjandus reference literature
teatmematerjal reference material
teatmeteos reference book
teatmik book of reference, directory, handbook
teatraalne theatrical, dramatic, histrionic
teatraalsus theatricality, dramatics, histrionics, panache
teatri- dramatic, theatrical
teatrihuviline theatre-goer, theatre fan
teatrikunst theatre, drama
teatrikülastus theatregoing, visit to the theatre
teatrilava stage, scene
teatrimaja theatre, playhouse
teatripilet theatre ticket
teatrirepertuaar playbill
teatrisaal theatre hall
teatristuudio theatre studio
teatritrupp theatre company
teatud certain, given, some
    teatud määral to a certain extent, rather, somewhat
    teatud punktini up to a point, in its way
    teatud tingimustel conditionally

teave information
teavitama inform, let know
teder grouse
tedrekana grey-hen
tedrekukk black-cock
tedretähn freckle
tedretähniline freckled
tee way, road, line, path, route; (**jook**) tea
  õigel teel on the right lines, on the right track
  üle tee across the way, over the way
  teed andma give way, make way for
  teed juhatama direct, guide
  teed kaotama lose one's way
  teed küsima ask one's way
  teed leidma find one's way
  teed näitama guide, lead the way
  teed rajama break the way
  teed sillutama pave the way for
  teed tegema force one's way to
  teed tõkestama block off
  teel olema be on the road
  teele asuma depart, go off, set off, set out, start
  teele saatma send off
  teelt eksima go astray, lose one's bearings
teeaeg teatime
teeauk pothole
teeistandik tea plantation
teejoomine tea drinking
teejuht guide
  teejuhiks olema lead the way
teekaaslane fellow-traveller
teekallak gradient
teekann teapot
  teekannu soojendaja tea cosy
teekasvatus cultivation of tea
teekatel teakettle
teekond journey, route, track

  ränk teekond slog
teekotike teabag
teekraav ditch
teekäija traveller
teel (**kaudu**) through, via, under way; (**teel olema**) on the way
teelahe crossroads
teeleht *bot* plantain
teeleminek departure, start
teelesaatmine sending away
teeline traveller
teelolev bound
teelusikas teaspoon
teema subject, theme, topic
  valus teema a sore point
teemaks toll
teemaksutõend tax disc
teemant diamond
teemantkõva adamantine
teemantpuur diamond drill
teemanttera diamond point
teemasin roadmaking machine
teene favour, merit
  teenet osutama do a favour
  teenetele vastavalt on its merits
teeneline honoured, merited
teener servant
teenetemärk order
teenija servant
teenijatüdruk maid
teenima earn, make, serve
  kiiresti raha teenima make a fast buck, make a quick buck, make easy money
  kõrvalt (**raha**) **teenima** earn extra, have extra earnings, earn on the side
  lisa teenima earn extra
  musta raha teenima make money on the side
  ära teenima deserve, merit; (**oma aega**) serve one's time

T

teenimatu unworthy
teenimine service
teenindaja attendant
teenindama cater, serve, wait
teenindamine service
teenindus service
teeninduspiirkond service area, catchment area
teenistuja civil servant, employee
teenistus earnings, employment, service
  kellegi teenistuses at one's service
  teenistuses olema be in sb's service
teenistusaeg time of service
teenistuses on duty
teenistuskäik career
teenistuslik service, official
teenistusvalmidus obligingness, complaisance
teenistusvanus seniority
teenitud deserved, earned
teenitult deservedly
teeniv serving, ancillary
teenus(ed) service(s)
  ühiskondlikud teenused social services
  teenust pakkuma do a service, render a service
teenusepakkuja service provider
teenustasu service charge
teenustetarbija purchaser of services
teeparandus road repair
teepeenar wayside
teepõõsas tea plant
teerada trail, walk
teerajaja pioneer, precursor
teerist crossroads
teeröövel bandit
tees thesis

teeseldud pretended
teeskleja pretender, simulator
teesklema pretend, simulate, feign
  haigust teesklema malinger
teesklematu genuine
teesklemine simulation
teesklev feigning, simulant
teesklus pretence, sham
teetamm causeway
teetanus *med* tetanus
teetass teacup
teetähis road sign
teetööd roadworks
teeviit signpost
teeäär roadside, wayside
teeääris verge
teeäärne roadside
tegelane character
tegelaskond cast
tegelaskuju character
tegelema be engaged, deal with, occupy
  edasi tegelema continue
  pealiskaudselt tegelema dabble
  tegelema hakkama get down to, start on, take up
tegelik actual, real, true, concrete
tegelikkus actuality, fact, reality
tegelikkuses in actuality, in reality
tegelikult actually, in fact, literally, really
tegema do, make, perform, produce, execute
  järele tegema imitate; (**raha jms**) counterfeit; (**eeltehtut**) follow suit
  hästi tegema make a good job of
  katki tegema break, wreck
  kiiresti tegema get a move on, hurry up, move fast
  kindlaks tegema ascertain, check, determine, establish, identify, make certain, make sure

T

kokku tegema add up to, make, spell, work out

koos tegema muck in, do jointly

korda tegema clear up, straighten out, set right, fix up, settle, adjust

lahti tegema open, open up, uncover, undo

liiga tegema treat badly, do wrong

läbi tegema go through, undergo

maha tegema run down, slag, belittle, knock, (**halvustama**) decry

mustaks tegema black, blacken, dirty

palehigis tegema sweat blood

pihuks ja põrmuks tegema make mincemeat of, pulverize, crucify, wipe the floor

pikemaks tegema lengthen, let down

poppi tegema play truant, malinger, skip, cut a class

säru tegema give it hot to sb, come down on sb like a ton of bricks

tagasi tegema get even with

tasa tegema catch up, level, make up

välja tegema treat, stand to, notice

õigesti tegema do the right thing

ära tegema finish, finish off, complete, do, get/go through with

üksikasjalikult tegema go over

üle tegema remake, redo, overmake

üles tegema (**voodit**) make (a bed)

ümber tegema remake, make over again, reform

tegema hakkama set about, set to work

tegemata undone, outstanding

tegemata jätma fail, get around, omit

tegemata jätmine omission

tegemata tööde kaust in-tray

tegemine making

tegev active, busy, in operation

tegev- executive, full, managing

tegevdirektor chief executive officer, operations manager, executive director, managing director

tegevus activity, business, movement, occupation, action, engagement, function, job, operation

tegevuse lõpetamine liquidation, shutdown

tegevuses osalema be in business

tegevusse asuma go into action

tegevusse rakendama mobilize, activate

tegevust lõpetama close down, close, shut down, shut up

tegevusaeg operating time

tegevusala area, field, line, occupation

tegevusalad activities

tegevusetu inactive, idle

tegevusetult inactively, at a loose end, idle

tegevusetus inaction, inactivity

tegevussfäär sphere of action

tegevuskava programme, project

tegevuskeeld taboo

tegevuskoht place of action

tegevusluba licence

tegevusnimi *lgv* infinitive

tegevuspaik place of action

tegevuspiirkond → **tegevusala**

tegevusplaan plan of action

tegevusprogramm platform, programme

tegevusrohke full

tegevusruum leeway

T

tegevussuund course of action, tack
tegevusvabadus freedom
tegevusvalmis ready to act, on standby
tegevusviis action, method
tegevusväli sphere of action, arena, scene
tegija doer, agent
  kõva tegija hot stuff, hardworking
  vana tegija old hand
tegu act, batch, business, deed, fact, work
  metsik tegu barbarity
  teod ja tegemised doings
  teoks tegema put into practice, carry out, execute
  teolt tabatud red-handed
tegumood *lgv* voice; (**riietel**) fashion
  isikuline tegumood *lgv* personal voice
  umbisikuline tegumood *lgv* impersonal voice
tegur dimension, factor
tegus busy, active, exuberant
tegusõna *lgv* verb
  ebareeglipärane tegusõna *lgv* irregular verb
  reeglipärane tegusõna *lgv* regular verb
tegusõnaline *lgv* verbal
tegutsema act, do, move, operate
  salaja tegutsema conspire
  üksi tegutsema asuma *kõnek* go it alone
tegutsemine action, activity, operation
tegutsemisviis policy, course of action
tegutsev active

tehas factory, plant, work
tehasetööline factory worker
tehe *mat* computation, operation, rule
tehing bargain, deal, transaction
tehis- man-made, simulated, synthetic
tehisintellekt *inf* artificial intelligence
tehiskaaslane artificial satellite
tehiskeel *inf* artificial language
tehislik artificial
tehislikkus artificiality
tehistoode artefact, artifact
tehnik technician
tehnika technique, technology
tehnika- technical
tehnikakõrgkool tech, technical college
tehnikum technical school
tehniline technical
tehniliselt technically
tehnoloog technologist
tehnoloogia technology
tehnoloogiline technological
tehnoloogiliselt technologically
tehtud done, made
teie you; (**teie oma**) your, yours
  teie asemel in your place
  Teie Hiilgus Your Grace
  teie järel after you
  teie nimel in your name
teine second, alternative, another, separate
teineteise one another
teineteist each other
teisaldama transfer, displace
teisaldatav transferable
teisaldus transference
teisalt alternatively
teised others
teisejärguline secondary, second-

class

teiseks in the second place, secondly

teisend variant

teisendama convert, modify, transform

teisendus modification, transformation, variation

teisene secondary

teisenema alter, change

teisenemine metamorphosis

teisik double, lookalike

teisikeksemplar duplicate, copy

teisipäev Tuesday

teisisõnu in other words

teisiti differently, otherwise

teisitimõtleja dissenter, dissident, nonconformist

teismeline teenager

teispoolne opposite

teistkordne repeated, second

teistmoodi differently, distinctively

teistsugune dissimilar, different

teivas pole

teivashüpe pole-vault

teivashüppaja pole-vaulter

teivastara paling

teke birth

tekikott blanket cover

tekitama give rise, raise, generate, produce, engender

tekk blanket; (laeva-) deck

tekkeline genetic

tekkima arise, come into being, spring up

tekkimine arousal, birth, genesis

teksad denim, jeans

teksariie denim

tekst text

tekstiala *inf* text area, type area

tekstiil textile

tekstiilikaubad textile goods

tekstiilikauplus textile shop

tekstiilikunst textile art

tekstiilne textile

tekstiilitooted textile goods

tekstiilitööline textile worker

tekstiilitööstus textile industry

tekstiilivabrik textile factory

tekstikriitika textual criticism

tekstikriitiline text-critical

tekstiline textual

tekstiparandus emendation

tekstiprotsessor *inf* text processor, word processor

tekstiredaktor *inf* text editor

tekstirida line (of text)

tekstitelevisioon teletext

tekstitöötlus *inf* text processing, word processing

tekstuur texture

telefaks telefax

telefon telephone, phone

telefoni juures on the telephone

telefoniga rääkima be on the phone

telefoniühendust saama get through

telefoneerima → **helistama**

telefoniabonent telephone subscriber

telefoniaparaat telephone (apparatus)

telefoniautomaat phone booth

telefonikaart phonecard

telefonikabiin booth

telefonikeskjaam telephone exchange

telefonikõne call, phone call

telefoninumber telephone number

telefonioperaator switchboard, telephonist

telefoniputka call box, phone box, telephone box, telephone booth

T

telefoniraamat telephone directory, phone book
telefonitoru receiver
   telefonitoru hargile panema hang up
telefonogramm telephoned message
telegraaf telegraph
telegraafiline telegraphic
telegrafeerima cable, telegraph
telegramm cable, telegram, wire
   telegrammi saatma wire, send a telegram
telekas → **televiisor**
telekava TV magazine
telekommunikatsioon telecommunications
teleks telex
   teleksit saatma telex
teleoperaator cameraman
telepaatia telepathy
telepaatiline telepathic
telepaatiliselt telepathically
teleskoop telescope
telestuudio television studio
teletaip teletype
televaataja viewer
televiisor television set, TV set, TV
televisioon screen, television, TV
telg axis, axle, spindle
telgikate flysheet
telgiriie canvas
telgitagune behind the scenes, back-stage
   telgitaguseid tundma know the ropes
telgjoon axis
telik undercarriage
telk tent; (**suur telk**) marquee
telkija camper
telkima camp
telkimine camping

telkimispaik campsite
telklaager camp
tellija subscriber
tellima order, send for, subscribe
   tellimise peale tegema tailor
   tellimise peale tehtud tailor-made
tellimissumma subscription
tellimus commission, order
   tellimus on täitmisel on order
   tellimust andma place an order
   tellimust täitma deliver
   tellimuste hankija canvasser
   tellimuste raamat order book
   tellimust kinnitama confirm an order
   tellimust tagasi võtma withdraw an order
   tellimust tühistama cancel an order
tellimus- fitted
tellimusvõlgnevus order backlog
tellingud scaffold, scaffolding
tellingumaterjal scaffolding
tellis brick
tellisehitus brickwork
tellisetehas brickworks
telliskatus tiled roof
telliskivi brick
tellispunane brick red
tellitud on order
tema he, she, it; (**tema oma**) her, hers, his, its
   tema ise herself, himself, itself
temaatika subject, matter
temale him, her, it
tembeldama stamp, mark, brand
tembutama play the fool, play pranks, play tricks on
tembutamine farce, frolic
temp prank, trick, frolic, ploy, stunt
tempel stamp; (**hoone**) temple

temperament temperament
temperamentne temperamental
temperatuur temperature
tempo tempo, pace, rate, time
  oma tempoga at one's own pace
  tempot dikteerima pace, set the pace
  tempot maha võtma slow down
tempomääraja pacemaker, pacesetter
tendents tendency
tendentslik tendentious
tennis tennis
tennised tennis shoes
tennisemängija tennis-player
tenniseväljak tennis court
tenor tenor
teod activity, deeds
teoksil in progress, under way
teoloog theologian
teoloogia theology
teoloogiline theological
teooria theory
teoreem theorem
teoreetik theoretician
teoreetiline theoretical
teoreetiliselt in theory, theoretically
teoretiseerima theorize, theorise
teos creation, volume, work
teosammul at a snail's pace
teostama accomplish, carry out, come into effect, execute, implement
teostamatu unrealistic
teostamine execution, realization, implementation
teostatav feasible, workable
teostatavus feasibility
teostuma materialize
teostumine fruition, realization
teostus implementation

teotahteline active, exuberant
teotahtelisus exuberance, enthusiasm
teotama abuse, dishonour
  pühadust teotama desecrate, blaspheme
teotatud abused
teotav abusive, derogatory, libellous
  pühadust teotav sacrilegious, blasphemous
teotus abuse, dishonour, libel
  pühaduse teotus desecration, sacrilege, blasphemy
teping quilted ornament
tepitud quilted
teppima quilt
teppimine quilting
tera (noal) blade, cutter; (viljatera) grain, corn
teraapia cure, therapy
terake grain, granule
teraline grainy, granular
terane bright, cute, smart
terapeut therapist
terapeutiline therapeutic
teras steel
terasbetoon steel concrete
teraselt attentively, closely, alertly
terasesulataja steel smelter
terasesulatus steel smelting
terasetehas steelworks
terasevalaja steel founder
terasevalamine steel casting
terashall steel-grey
teraskõva hard as steel, steely
teraskülm steely
terastraat steel wire
terav sharp, acute, biting, hot
teravamaitseline hot
teravamõtteline witty
teravapilguline sharp-sighted
teravalt sharply, keenly

T

teravaotsaline pointed
teravatipuline spiky
teravdama make sharper, taper
teravdatud pointed
teravik point, spearhead
teravikuline pointed
teravili cereal, corn, grain
teraviljahoidla grain storage
teraviljakasvatus grain growing
teraviljakombain grain harvester
teraviljasaadus grain product
teraviljasaak grain harvest
teravmeelitseja a witty person
teravmeelitsema be witty, joke
teravmeelitsus quip
teravmeelne witty, ingenious, jocular
teravmeelsus ingenuity, repartee, wisecrack, witticism
teravnema (**suhete kohta**) blow up
teravus sharpness, acuteness, pointedness
tere hello, hallo, hullo, hi, how do you do?
  tere hommikust good morning
  tere päevast good afternoon
  tere tulemast welcome
  tere õhtust good evening
terenduma loom
terendus mirage
teretama greet, say hello
teretulnud welcome
teretus greeting
teritaja sharpener
teritama grind, sharpen
teritatud sharpened
teritus sharpening
teritusriist sharpening tool
terjer terrier
termiit termite
termiline thermic, thermal
termin term

terminal terminal
  kasutaja terminal *inf* user terminal
terminoloogia terminology
termo- thermal
termomeeter thermometer
termos flask, thermos, vacuum flask
termostaat thermostat
terrass terrace
territoorium territory
  kinnine territoorium compound, closed territory
territoriaalne territorial
territoriaalveed territorial waters
terror terror
terroriseerima terrorize
terrorism terrorism
terrorist terrorist
terve healthy, sound, well, fit, fine
tervelt no less than, whole
tervendama make healthy, cure, heal
tervendav medicinal
tervenema heal
tervenemine convalescence
tervenisti wholly, entirely, completely
tervik entirety, whole
  ühtne tervik ensemble
terviklik complete, full, integral, whole
terviklikkus totality
tervikuna as a whole, collectively
tervis constitution, health
  tervisest pakatav bonny, bonnie
  hea tervise juures in shape
  hea tervise juures olema be in bloom
  nõrga tervisega delicate
  terviseks jooma drink to, drink to one's health, toast

tervisehäire disorder
tervisejooks jogging
   tervisejooksu tegema jog
tervisejooksja jogger
tervisekeskus health centre
terviseks (**toost**) cheers, here's to ...
tervisetoit healthy food
tervishoid hygiene
tervishoiu- sanitary
tervishoiuteenistus health service
tervislik healthy, wholesome
tervislikult healthily
tervist → **tere**
tervistama heal, cure
tervitama greet, send love, send
   greetings; salute, welcome
   kättpidi tervitama shake hands,
   greet by handshake
   palavalt tervitama send one's
   love, give one's love
tervitamine greeting
tervitatav welcome
tervitus greeting, salute
tervitus- welcoming
tervitused greeting, love, regard,
   wish
tesaurus thesaurus
test test
testament testament, will
   uus testament *relig* New Testa-
   ment
   vana testament *relig* Old Testa-
   ment
testima test
tiaara tiara
tiba drop, spot, dash
tibatilluke tiny, minute
tibi chick, babe
tibu chick
tibuke babe
tibutama drizzle, spit, spot
tige beastly, vicious

tigedalt viciously, virulently
tigedus ill nature, spite, vicious-
   ness, venom
tigetseja ill-natured person, vicious
   person
tigu snail
tihane titmouse
tihe dense, thick, bushy
tihedalt closely, densely, tightly
tihedus density, thickness
tihend packing, gasket
tihendama thicken, condense
tihendamine compression, packing
tihendatud concentrated
tihenduma condense
tihendus thickening, packing
tihenema thicken
tihenemine thickening, compres-
   sion
tihestama thicken, make dense
tihestus packing
tihkama dare, have the courage
tihke dense, heavy
tihkestama make tight, tighten
tihkuma whimper, sob
tihkus tightness
tihnik thicket
tihti often, lot
tihtilugu frequently, often
tihtima caulk
tihvt spike, tack
tiib wing, flank, vane
   tiiva alla võtma take someone to
   one's bosom
tiibhoone wing
tiibklaver grand piano
tiibur(laev) hydrofoil
tiiger tiger
tiigrikutsikas tiger cub
tiigrinahk tiger skin
tiik pond, reservoir
tiikpuit teak

T

tiimitöö teamwork
tiinus pregnancy
tiir round, circle; (**lasketiir**) shooting range
tiirane randy, ruttish
tiirlema circle, revolve, rotate, spin
tiirlemine rotation, circling, spin
tiirlus spin, rotation
tiirutama hover, spin, wheel
tiisikus *med* tuberculosis
tiitel title
    tiitlit andma bestow, elevate
    tiitlit kaitsma defend
tiitelleht title page
tiiter caption
tiitlitaotleja contender
tiivalaba sail
tiivalöök wing stroke
tiivaripsutamine courting, flirtation
tiivaulatus wingspan
tiivik propeller, blade
tiivulised winged
tiivustama stimulate, inspire, motivate, incite
tikand embroidery, tapestry
tikitud embroidered
tikk stick, pin, match
    tikku tõmbama strike
tikker gooseberry
tikkija embroiderer
tikkima embroider, stitch
tikkimismaterjal embroidery material
tikkimine embroidery, embroidering
tikkimispiste stitch
tikkimisraam embroidery frame
tikkimistöö needlework
tikksirgelt bolt upright
tikkuja intruder
tikkuma intrude
    ligi tikkuma accost
    peale tikkuma beset, overwhelm,

intrude, obtrude, assail
tiksuma tick
tiksumine tick
tikutoos matchbox
tila spout
tilgad drops
tilgutama splatter
tilguti drip
tilin tinkle
tilisema tinkle
tilistama tinkle
tilk drip, drop
tilkuma drip, fall, trickle
tilkuv dripping
till (**maitseaine**) dill
tilluke tiny, wee
tilulilu trinket, knick-knack
timpan kettledrum
timukas hangman
tina lead, tin
tinahall leaden grey
tinajas leaden
tinakuul lead bullet
tinamaak lead ore
tinanõu pewter
tinapaber tinfoil
tinaraske leaden
tinasulam pewter
tinavalge white lead
tindikala smelt
tindiplekk ink-stain
tindipott ink-pot
tindipritsija *halv* hack
ting nit
ting- conditional
tingima bargain, haggle
tingimata by all means, necessarily
tingimine bargaining
tingimisi conditionally
    tingimisi karistus probation
    tingimisi otsus suspended sentence

tingimisi vabastamine parole
tingimisi vabastatud on parole
tingimus condition, stipulation
  kindlatel tingimustel in no uncertain terms, on certain terms, on fixed conditions
  kokkulepitud tingimus agreed condition, stipulated sum
  piirav tingimus restriction, limitation
tingimused conditions, odds, circumstances
tingimusel on condition that
tingimuslik conditional
tingimuslikult conditionally
tingimusteta unconditional
tingitud due to, conditioned by
tingitus conditionality
tingiv conditional
tinglik stipulated
tingmärk symbol
tinin twang
tinisema twang
tinistama twang
tinktuur tincture
tint ink
tinutama lead; *sl* (**jooma**) booze
tipmine topmost
tipnema crown, peak
tipp point, summit, zenith, top
  lumise tipuga snow-capped
tipp- top
tippima (**kirjutusmasinal**) type
tippiv dainty
tippklass world-class
tippkohtumine summit meeting/conference
tippsportlane world-class sportsman
tippteos masterpiece
tipp-topp tip-top
tipptund rush hour

tippvorm top form
tipsutama tipple
tipsutanud tipsy
tiraad tirade, harangue
tiraaž circulation, printrun
tiree dash
tirel flip
tirelring handspring
tiriasend toe hang
tirima drag, draw, trail
tirin tureen
tirt *zool* cicada
tisler joiner
tisleripink joiner's bench
tisleritöö joiner's work
tisleritöötuba joiner's workshop
tiss tit, boob, boo-boo
  tissi andma give the breast
tita baby
titaan *keem* titanium; *ülek* titan
titaanlik titanic
titelik babyish
titemüts baby's bonnet
tits prop
titt babe
titulaarne titular
tituleerima title
toakaaslane roommate
toalill houseplant
toapoiss valet
toataim room plant
toatuhvel slipper
toatüdruk chambermaid, maid
tobe stupid, dumb, silly
tobedus stupidity
tobu dolt, dope, silly
toekas strong, sturdy
toend support
toeng support
toestama back, shore up, supply with props
toestik framework, props

toetaja supporter, backer, sponsor
toetajaskond fan club
toetama support, back, prop, sponsor, subsidize, stand by
  hea sõnaga toetama put in a word
  rahaliselt toetama endow, stake, support
toetav contributory, supportive, sympathetic
toetuma be supported, rest, lean, rely
toetus support, aid, backup, sponsorship, subsidy
  rahaline toetus endowment, support
toetuseks in aid of
toetuspunkt base, stronghold
toetusraha grant, subsidy
togima buffet
tohiks might, ought, should
tohman clot, prat, gawk
toht birch-bark
tohter doctor
tohterdama doctor
tohtima can, could, may, must
tohutu enormous, gigantic, great, huge, immense
tohutult enormously, hugely, immeasurably, tremendously, vastly
tohutus enormity
tohuvabohu confusion, chaos, topsy-turvy
toibuma recover, come to
toibutama bring round, bring to
toiduained foodstuff, foods, victuals
toiduainetetööstus food processing industry
toiduannus helping, portion
toidubaar cafeteria
toidujäänused scraps, remains

toidukaart menu
toidukapp larder
toidukaubad groceries, articles of food, provisions
toidukauplus grocer's, food store
toidukaupmees grocer
toidukorv hamper
toidukraam food, provisions
toidulisand additive
toidumoon provision
toidumürgistus food poisoning
toidunorm ration
toidunõud dishes
toidupood → **toidukauplus**
toiduraha money for food
toiduratsioon ration of food
toiduretsept recipe
toidusegamismasin blender
toiduteravili bread grains
toiduvaagen dish, platter
toiduvalik choice of food
toiduvalmistamine cooking
toiduvaru provision
toiduvärv food colouring
toiduõli cooking oil
toime effect, power, action, impact
  vastastikune toime interaction
toimeaine agent
toimekas active, busy, efficient, energetic
toimekus activity
toimepanija perpetrator, executor
toimetaja editor
toimetama (**tegutsema**) do, perform, execute; (**teksti**) edit; (**kuhugi saatma**) send, forward, transact
  edasi toimetama carry, convey
  kohale toimetama deliver, fetch
  kõrvale toimetama consign, salt away, embezzle, sneak away with
  kätte toimetama serve, deliver, dispatch

maale toimetama disembark, land
salaja kõrvale toimetama spirit away
toimetis publication, (**teaduslik**) transaction
toimetu inactive
toimetulek handling
toimetuleku piiril olema be on breadline
toimetulekutoetus supplementary benefit
toimetulev afloat
toimetus performing, activity, business, job, editing; editorial
toimetus- editorial
toimetuskolleegium editorial board
toimetuslik editorial
toimik dossier, file, record, folder
toimima act, do, operate, function, perform
ausalt toimima play fair
tavapäraselt toimima conform
vastu toimima counteract
toimimine operation, deal
toimimisaeg time of action, life
toimimisviis procedure, way
toiming action, activity, operation
toimingud proceedings
toimiv active, operative
toimkond committee
toimuma happen, occur, take place
toimumispaik venue
toimuv ongoing
lõpuks toimuv eventual
toit food, diet
looduslik toit health food
toitaine nutrient
toiteallikas feeder
toitekeskkond nutrient medium
toitekude endosperm
toitelahus nutrient solution

toitev nourishing, nutritious, substantial
toiteväärtus nutritive value
toitja feeder
toitlustama cater
toitlustamine catering
toitlustus catering, nourishing
toitma feed, nourish
hästi toidetud well-fed
üle toitma overfeed
toitmine feed, feeding
toituma feed, subsist
toitumine nourishment
toitumis- dietary
toitumisspetsialist dietician, dietitian
toitumisviis diet
toitumus state of nutrition
tokk hank
toksama poke
toksiin toxin
toksiline toxic
toksima tap
tola fool, clown
tola mängima play fool
tolerantne tolerant
tolerantsus tolerance
tolknema hang about, hang around, loll, dangle
toll customs; (**pikkusmõõt**) inch
tolliamet customs (office)
tolliametnik customs officer
tollideklaratsioon customs declaration, entry
tollieeskirjad customs regulations
tollilõiv customs duty/fee, impost, tariff
tollima impose customs/duties, fix duty on
tollimaks custom due/duty
tollimäärustik customs regulation
tollindus customs affairs

tolliseadus customs law, tariff law
tollitariifid customs schedule/tariffs
tollivaba duty-free, custom-free
tolm dust
    radioaktiivne tolm fallout
    tolmu pühkima dust
tolmeldama *bot* pollinate
tolmeldamine *bot* pollination
tolmjas dust-like, powdery
tolmlema pollinate
tolmsuhkur powder sugar
tolmuimeja hoover, vacuum cleaner
    tolmuimejaga puhastama hoover, vacuum
tolmukas stamen
tolmulapp duster
tolmuma get dusty
tolmune dusty
tolmupilv cloud of dust
tolmusisaldus dust content
tolmutama dust, cover with dust
tolmutort fluff
tolvan gawk, booby
tomat tomato
tombuline lumpy
tomp lump
tonaalne tonal
tong cap, primer
tongpüss cap gun
toniseerima tonisize
tonks nudge, tot
tonksama nudge
tonksima joggle
tonn ton, tonne
tonnaaž tonnage, shipping facilities
tonsill → **kurgumandel**
tonsilliit *med* tonsillitis
tont ghost, spectre
tontlik ghostly, ghastly, spooky
too that
toober tub

toodang make, manufacture; (**kogutoodang**) output, production, turnout
toode article, commodity, item, make, produce, product, ware, creation
tooga toga
tooja bearer
tookord then, at that time
tool chair, seat
toolijalg leg of a chair
toolipadi cushion
toolipõhi seat
tooma bring, fetch, carry, take, deliver, transport
    alla tooma take down, carry down, bring down, fetch down
    esile tooma accentuate, bring out, demonstrate
    kaasa tooma breed, bring about, bring along, carry, entail, produce, wreak
    kergendust tooma take the sting out, bring relief, comfort down
    kohale tooma bring in, fetch, bring to the spot
    kätte tooma deliver, fetch, bring to
    lagedale tooma bring to light, disclose
    maale tooma land; (**kaupu**) import
    salaja tooma sneak
    sisse tooma bring in, fetch, import, inject
    tagasi tooma bring back
    välja tooma bring out, launch, show off, work up
    ära tooma get, fetch, collect
toomhärra canon
toomine bringing, fetching, delivery
toomingas bird-cherry

toomingaõis bird-cherry blossom
toomkapiitel cathedral chapter
toomkirik cathedral
toompraost dean
toon shade, tint, tone
toona a short while ago
toonane former, past
toonekurg stork
toonela realm of death
toonik tonic
toonima tone, shade, tint
toonitama stress, emphasize, accentuate
toonitamine emphasizing, accentuation
toonus tonus
   toonust tõstma tone up
toor- crude, raw
tooraine raw materials, basic materials, primary goods
toorainetööstus primary production
toorelt raw; barbarically
toores (ebaküps) raw, fresh; (jõhker) rough, brutal
   tooreks muutuma brutalize
toorikud semifinished goods, semi-products, semis
toorkiud crude fibre
toormahl fresh juice
toormaterjal → tooraine
toormetööstus extractive industry
toorpiiritus crude spirits
toorsalat green salad
toorsiid raw silk
toorus brutality, cruelty
toorutseja brute, sadist
toorutsema behave brutally
toorõli crude oil
toos box, case
toost toast
   toosti ütlema propose, (say a) toast

tooted goods, ware
tootja manufacturer, producer
tootlik productive, efficient, intensive, prolific
tootlikkus productivity, productiveness, output capacity, yield
tootlus (man-)efficiency, performance, productiveness, productivity, yield
tootma manufacture, produce
tootmine manufacture, production
tootmisaeg production time
tootmisala production area/line
tootmisbaas production basis
tootmisdirektor production manager, unit manager
tootmisettevõte manufacturing enterprise
tootmisharu branch of production, field of production/industry
tootmishind production costs
tootmisjäätmed manufacturing wastes, wastage
tootmiskeeld production prohibition
tootmiskulud production costs
tootmisliin production line
tootmismaht production capacity
tootmisnõupidamine production meeting
tootmisomahind cost price, manufacturing costs
tootmisosakond manufacturing/production department
tootmispind production area
tootmisplaan production plan, (AmE) scheduling plan
tootmistööline production worker, blue-collar (worker)
tootmisvahendid means of production

T

tootmisviis mode of production

tootmisvõime capacity for production

tootmisüksus production/operating unit

tootmisülesanne production target

topelt double, doubly, twice

topeltlõug double chin

topis effigy, plug

topograaf topographer

topograafia topography

topograafiline topographical

toppama be at a standstill

toppima stuff, cram, poke, jam

   kinni toppima stop, arrest, stuff, gag, wad

   sisse toppima jam

   täis toppima cram, stuff

tops cup, mug

torbik cone

tore fine, splendid, brilliant, grand, great, magnificent

toredasti splendidly, prettily

toredus splendour

toretsema flaunt, show up

toretsev flamboyant, flashy, luxurious

toretsevalt flamboyantly, luxuriously

torge stab, jab, thrust, prod

torin grumble, growl

toriseja grumbler

torisema grumble, growl, mutter, whinge

torisev grumpy

torkama stab, jab, poke, puncture, sting

   läbi torkama pierce, prick

   sisse torkama stick, prick

   vahele torkama put in

torkav stinging

torkeauk prick, puncture

torkehaav stab-wound

torkima needle, prick, jab, prod

   tagant torkima goad, prod

torkimine prodding

torm storm

   torm veeklaasis storm in a teacup

   tormi jooksma storm, swoop

tormakalt rashly

tormakas boisterous, tempestuous, rash, impetuous

tormakus impetuosity, frenzy

tormama rush, dash

   edasi-tagasi tormama bounce

   kallale tormama fly at, go at, assault violently

   otsa tormama barge

   peale tormama storm, rush at

   sisse tormama burst, burst in on

tormamine dash, rush, stampede

tormijooks run, stampede

   tormijooksuga ründama rush

   tormijooksuga vallutama take by storm

tormilatern hurricane lamp

tormilind albatross

tormiline turbulent, whirlwind

tormine stormy, rough, turbulent

tormitsema bluster

tormituul gale

tormlema be impetuous

tormlemine scramble

torn tower

tornaado tornado

tornike pinnacle, turret

tornikell tower clock

tornikiiver spire

tornikujuline towerlike, steeplelike

tornitipp spire

tornkraana tower-crane

tornmaja tower block

tornmast pylon

T

torpedeerima scupper, torpedo
torpeedo torpedo
torso torso, trunk
tort cake, gateau
toru pipe, tube; (relval) barrel
torukübar top hat
torulukksepp plumber
toruots muzzle, nozzle
torupill bagpipe, pipe
torupillimäng piping
torupillimängija piper
torustik drainage, pipeline
torutama drain, provide with pipes;
    (huuli) pout
tosin dozen
tossike duffer, sissy
tossud sneakers
tossutama steam, smoke
totaalne total
totaalsus totality
totakas silly, doltish
totalitaarne totalitarian
totalitarism totalitarism
totralt ludicrously, stupidly
totrus idiocy, foolishness, stupidity,
    lunacy
tots babe
totter idiotic, ludicrous, lunatic
tou heavy blow
traaditangid pliers
traageldama baste, tack
traageldus basting, tacking
traagik tragedian
traagika tragedy
traagiline tragic
traagiliselt tragically
traal trawl
traaler trawler
traalima drag
traallaev → traaler
traat wire
traatjuhe wire

traatnuustik steel wool, wire wool
traatvõrk wire netting
traav canter, trot
traavel trotter
traavima canter, trot
traavivõistlus trot race
traditsioon tradition
traditsiooniline conventional, tradi-
    tional
traditsiooniliselt traditionally
trafaretne stereotyped
trafaretsus being stereotyped
trafarett stencil; *inf* boilerplate
trafo *tehn* transformer
trafomähis *tehn* transformer wind-
    ing
tragi smart, active
tragidus smartness, briskness
tragikomöödia tragicomedy
tragikoomiline tragicomic
tragism tragedy
tragöödia tragedy
trahter pub
trahv fine, forfeit, smart money,
    penalty
    trahvi maksma pay penalty
trahvikviitung parking ticket
trahvima fine, impose a fine/pen-
    alty, mulct sb of sth, penalize
trajektoor trajectory
traksid braces, (AmE) suspenders
traktaat tract, treatise
traktor tractor
traktorist tractor driver
tramm tram, (AmE) streetcar
trampima pound, stamp, stomp
trampimine stamp
trampliin springboard
transatlantiline transatlantic
transformaator transformer
transformeerima transform
transformeerimine transformation

transiit transit traffic, through traffic, traffic transit
transiit-, transiitne transit
transiitkaubandus transit trade
transiitsadam transit port
transiitveod transit traffic
transiitviisa transit visa
transistor transistor
transleerima translate
transleering translation
transpordiettevõte transport agency
transpordikindlustus freight insurance
transpordikulud transport costs
transpordilaev cargo vessel
transpordilennuk cargo plane
transpordiosakond transport department
transporditööline transport worker
transpordivahend means of transport
transpordiveok float
transport transport, transportation, carriage, conveyance
transportija transporter, conveyor
transportima transport, convey
transportöör carrier, transporter, conveyor
transs trance
transseksuaal transsexual
transvestiit transvestite
tranšee trench
trapets trapeze
trapp (lind) bustard; (laevas) ladder; (äravoolurest) trap
trass track
trauma trauma, injury
traumaatiline traumatic
traumaosakond casualty department/ward
traumapunkt casualty department
traumatoloogia traumatology

traumeerima traumatize
treener coach, instructor, trainer
treenima train, coach, practise
treenimine training
treening practice, training
treeningdress training suit, track suit
treeningulaager training camp
treeninguplaan training plan
treenitus training
treial turner
treiler trailer
treima turn
treimine turning
treipink lathe
treitera lathe tool
trekk track
trell (varb) bar; (trellpuur) drill
   trellide taga behind bars
trellitama bar
trellitatud barred, grated
trellpuur (spiral) drill
trend trend, course, flow, vogue, fashion, style
   trendi looma set the trend
trendikas trendy, stylish, fashionable
trepiaste step, stair
trepikoda entrance hall
trepikäsipuu banister, balustrade
trepimade landing
trepp stairs, staircase
treppredel stepladder
tress braid
triangel triangle
triblama *sport* dribble
triblamine dribble
tribunal court-martial, tribunal
tribüün tribune, platform, grandstand
trigonomeetria *mat* trigonometry
trigonomeetriline *mat* trigonometric

triibuline streaky, striped
triigitud ironed
triikima iron, press
triikimine ironing
triikimislaud ironing board
triikraud iron
triiksärk shirt
triip streak, stripe
   peen triip pinstripe
triipkood bar code
triiv drift
triivima drift, sail through
triivimine drift
triivjää drift ice
trikimeister showman, trickster
trikk trick
   kaelamurdev trikk stunt
   trikke tegema conjure, play tricks
trikoo swimming suit
trikotaaž hosiery, knitted goods
triktrakk backgammon
triljon trillion
triller *muus* trill, treble
trillerdama trill, quaver
triloogia trilogy
trimmima trim
trimmis trim
trimpama booze
trio trio
tripihoidja suspenders
tripp tab, hanger
tripper → **gonorröa**
triumf triumph
triumfaalne triumphal
triviaalne trivial
triviaalsus triviality
trobikond bevy, swarm
trofee trophy
troll troll
trollibuss trolley bus
tromb clot
tromboon trombone

tromboonimängija trombonist
tromboos *med, vet* thrombosis
trompet trumpet
trompetist trumpeter
troon throne
   troonile tõusma ascend to the throne
   troonilt tõukamine dethronement
   troonist loobuma abdicate
   troonist loobumine abdication
trooniköne throne speech
troonileastumine accession
troonima sit on a throne
troonipärija heir to the throne
troonipärimine succession to the throne
troopika tropics
troopikakiiver sun helmet
troopikakliima tropical climate
troopikakuumus tropical heat
troopikamets tropical forest
troopikapalavik *med* tropical fever
troopikataim tropical plant
troopikavihm tropical rain
troopiline tropical
troost comfort, consolation
tropp gag, plug, wad
trops drop
tross cable, rope
trots defiance
trotsima brave, defy
trotsist in defiance of
trotsivalt defiantly
trotslik defiant, brave, sullen
trotuaar pavement
trukk(nööp) press-button, stud
trulla fatty
trullakas buxom
trumm drum
trummar drummer
trummel barrel, cylinder
   trumlis kuivatama tumble-dry

T

trummeldama drum
trummelkuivati spin drier, spin dryer
trummikile *anat* eardrum
trumminahk → **trummikile**
trummipulk drumstick
trump trump, trump card
    trumpi käima play trumps
(üle) trumpama cap, knock spots off, outdo, outmanoeuvre, run rings round, score off
trupp troupe
trust trust
trussikud Y-fronts
truu faithful, loyal, true
truualamlik loyal
truudus faithfulness, faith, loyalty, fidelity
    truudust murdma break faith
truudusemurdmine breach of faith
truudusetu disloyal, unfaithful, untrue
truudusetus disloyalty, infidelity
truult faithfully
truup pipe, flue, drain
truusüdamlik faithfully hearty
träni stuff
trööst consolation, comfort
trööstima comfort, console
trööstitu comfortless
trügija pushy
trügima push, press, thrust
    kõrvale trügima push nearer, push aside, elbow closer
    sisse trügima barge in, muscle in
    vahele trügima jump, push in
trügimine pressing, push
trühvel truffle
trükiarv circulation, printrun
trükiasjandus typography
trükikiri print, type
trükikoda printing plant/office

trükikunst printing
trükimasin typewriter, printing press
trükiplaat printing plate
trükipress printing press
trükis book
    trükis avaldama print, publish
    trükis avaldatud printed, published
    trükist ilmuma appear
trükised printed matter
trükisõna printed word
trükitud typewritten, in print
trükitäht type
trükitööline printer
trükiviga misprint, erratum, typo
trükivärv printer's ink
trükk edition, print
trükkal, trükkija printer
trükkima print, type
    välja trükkima type up
trükkimine printing, typing
trümm hold
trümoo(peegel) pier glass
tsaar czar, tsar
tsaarinna czarina, tsarina
tsaarivalitsus czarist, tsarist government
tsarism czarism, tsarism
tsaristlik czarist, tsarist
tsehh shop, department
tsellofaan cellophane
tselluloid celluloid
tselluloos cellulose
tsement cement
tsementima cement
tsenseerima censor
tsensor censor
tsensus census
tsensuur censorship
tsensuurivaba uncensored
tsenter centre

T

tsentner hundredweight
tsentraalne central
tsentralisatsioon centralization
tsentraliseerima centralize
tsentralism centralism
tsentreerima centre
tsentrifugaaljõud centrifugal force
tsentrifugaalne centrifugal
tsentrifuugima spin
tsentrist centrist
tsentristlik centrist
tsentrum centre
tsepeliin Zeppelin
tseremoniaalne ceremonial
tseremoniaalselt ceremonially
tseremoonia ceremony
tseremooniameister master of ceremonies
tseremoonitsema stand on ceremony
tsiitsitaja bunting
tsikaad *zool* cicada
tsikkel motorcycle
tsimbel cymbal
tsingitud galvanized
tsink zinc
tsinkplekk zinc sheet
tsirkulaar circular
tsirkulatsioon circulation
tsirkuleerima circulate
tsirkus circus
tsirkuseareen circus arena
tsirkuseartist circus performer
tsirikuseetendus circus performance
tsirkusenumber circus number
tsirkusetola clown
tsirkusevõimleja acrobat
tsirroos *med* cirrhosis
tsistern tank
tsisternauto tank trunk
tsitaat quotation, quote

tsiteerima cite, quote
tsiteerimine quotation
tsitrus citrus
tsitrusvili citrus fruit
tsiviil- civil, civilian
tsiviilasi *jur* civil case
tsiviilehitus civil engineering
tsiviilelanikkond civilian population
tsiviilhagi *jur* civil action
tsiviilinsener civil engineer
tsiviilisik civilian
tsiviilkaitse civil defence
tsiviilkohus *jur* civil court
tsiviilkoodeks civil code
tsiviilmenetlus civil procedure
tsiviilnõue civil suit
tsiviilprotsess civil proceedings
tsiviilriided plain clothes
tsiviilseadustik civil code
tsiviilteenistus civil service
tsiviilvõimud civil authorities
tsiviilõigus *jur* civil law
tsiviilõiguslik *jur* according to civil law
tsivilisatsioon civilization
tsiviliseeritud civilized, civilised
tsiviliseeritus civilization
tsonaalne zonal
tsoon zone, area
tsoonivalik zone selection
T-särk T-shirt
tsunft guild
tsölibaat celibacy
tsölibaatne celibate
tsükkel cycle, round
tsükliline cyclic(al), periodic(al)
tsüklon cyclone
tsüst *med* cyst
tsütoloogia cytology
tsütoplasma cytoplasm
tšarter charter

tšekiraamat chequebook, check-
book
tšekk check, cheque
tühi tšekk blank cheque
tšellist cellist
tšello cello
tšempion champ, champion
tšempionaat championship
tšillipipar chilli, (AmE) chili pepper
tualett toilet, bathroom
tualettlaud dresser, dressing table
tualettpaber toilet paper, toilet roll
tualettruum lavatory, toilet
meeste tualettruum gents
naiste tualettruum ladies
tualett-tarbed toiletries
tuba room
vaba tuba vacancy
tuba hommikusöögiga bed and
breakfast, B&B
tubakapood tobacconist
tubakas tobacco
tubakataim tobacco
tubane indoor
tuberkuloos med tuberculosis
tubli good, great, fine, fair
tubli olema do a good job
tublidus capability, efficiency, ex-
cellence
tublisti well, a good deal
tudeerima → õppima
tudeng student
tudengiaeg student years
tudi dodderer
tudisema totter
tugev strong, sturdy, firm, powerful,
solid
tugev olema be strong in, be good
at
tugevalt heavily, solidly, strongly
tugevatoimeline hard, potent
tugevdama strengthen, make

stronger, reinforce, harden
tugevdus strengthening
tugevnema strengthen, become
stronger
tugevus strength, sturdiness
tugi support, stand, prop
tuge otsima lean, resort
tuge saama lean, support
tugimüür buttress
tuginema be supported
tuginedes millelegi on the basis
of
tugipiilar buttress
tugiplaat backing plate
tugipost strut
tugiprogramm inf support program
tugipunkt stronghold
tugipuu prop
tugiraam easel
tugiraamistik framework
tugisammas pillar, support
tugisein retaining wall
tugitala summer
tugitarkvara inf support software
tugitool armchair
pehme tugitool easy chair
tuhahunnik ash pile
tuhakarva ashy
tuhandeaastane thousand years old
tuhandes thousandth
tuhandik milli-, thousandth
tuhar buttock
tuhastama cremate
tuhastamine cremation
tuhastuma cinder
tuhastus cremation
tuhastusahi incinerator
tuhat thousand
tuhat asja a thousand and one
things
tuhat üks a thousand and one
tuhatnelja at full gallop

tuhatoos ashtray
tuhin whistling, whirl
tuhisema sweep, scream
  sisse tuhisema sweep into
  välja tuhisema breeze
tuhk ash, cinder
Tuhkatriinu Cinderella
tuhkblond flaxen
tuhksuhkur powdered sugar
tuhkur polecat
tuhlama forage, root
tuhm dull, dim, tarnished
tuhmhall slate
tuhmilt dimly
tuhmkollane buff
tuhmuma blur, dull, fade, tarnish
tuhmus dullness, dimness
tuhnima root, rout, burrow, dig,
  poke about
  läbi tuhnima ransack, rummage
tuhud labour pains
tuhvel slipper
  tuhvli all under one's thumb
tuige throb
tuigerdama totter
tuikama throb
tuiklema pulsate, throb
tuiksoon artery
tuikuma reel, stagger
tuim dull, insensitive, numb
tuimalt dully, numbly, languidly
tuimastama *med* anaesthetize; dull,
  numb
tuimasti *med* anaesthetic
tuimastus *med* anaesthesia
tuimus dullness, insensitivity
tuisk whirl, storm
tuiskama drift
  kinni tuiskama snow up
tuisuilm snowdrift
tuisune stormy, blizzardy
tuisupea hothead

tuisupäine hot-headed
tuju temper, caprice, mood, spirit,
  temper
  heas tujus in a good mood, cheer-
  ful, fine
  tuju ajel at whim
  tujust ära out of temper, in low
  spirits
  tujust ära minema lose temper
tujukas capricious, moody, whim-
  sical
tujukus moodiness, whimsicality
tujuküllane cheerful, jovial
tujurikkuja spoilsport
tujutsema be moody, be whimsical
tujutsemine being capricious
tujutu out of mood
tukastama doze off, take a nap
tukastus doze, snooze
tukk (**uni**) snooze; (**juuksetukk**) fore-
  lock; (**tuletukk**) brand
tukkuma doze off, drowse, snooze
tukse throb, pulse, beat
tuksuma beat, pulsate, pulse, throb
tulehaav burn
tulehakatis kindling, tinder
tulejõud firepower
tulek arrival
tulekahju fire
tulekahjukell fire alarm
tulekindel fireproof
  tulekindel eesriie safety curtain
  tulekindel klaas Pyrex
tulekindlustus fire insurance
tulekindlustuspoliis fire policy
tulekivi flintstone
tulekustutamine fire-fighting
tulekustuti fire-extinguisher
tuleliin firing line
tuleliinil in the line of fire
tulelont burning brand
tulelõõm blazing glow

T

tulelõõsk blaze
tulem receipts, takings
tulema come, arrive
  alla tulema descend, come down, get down
  ette tulema come up
  hädapärast välja tulema make ends meet
  juurde tulema approach, come up to
  järele tulema call for, come for, pick up; (**järgnema**) follow, come after; (**hiljem tulema**) join later
  kallale tulema come at attack
  kasuks tulema come in useful, dividend, do someone good, fit, stand somebody in good stead, to one's advantage, would not come amiss
  kohale tulema make it, come to the spot, appear in body, make appearance, show up
  kokku tulema add up to, gather together, reunite, rally up, assemble, convene
  kutsumata kaasa tulema tag along
  küljest tulema split off
  külla tulema have in, have round
  lahti tulema come unstuck
  lähemale tulema approach
  maha tulema peel off, peel, get off
  peale tulema come over, overtake
  sisse tulema come in
  tagasi tulema come back, return, recur
  toime tulema keep on the top of, get on the top of, cope, manage
  vahele tulema come up
  vastu tulema meet, comply (with)
  viimasena tulema bring up the rear, come last
  välja tulema come out, emerge, (**raamatu jms kohta**) come to light, (**omadega**) manage, bring to light, come through, leak out, come up with
tulemasin lighter
tulemid *maj* revenue
tulemus result, outcome, finding, fruit, product
  tasavägine tulemus dead heat
tulemusena in consequence of
tulemuslik productive, efficient, fertile
tulemuslikkus effectiveness, efficiency
tulemusrikas → **tulemuslik**
tulemusrikkus → **tulemuslikkus**
tulemusteta ineffective, zero result
tulemägi volcano
tulemöll blaze
tulemüür *inf* firewalls
tulenema result, arise, come
tulenev ensuing, resultant
tuleoht danger of fire
tuleohtlik inflammable
tulepaiste firelight
tuleproov fire-ordeal
tuleraud flint
tuleriit stake
tules on fire
tulesäde spark
tulesööja fire-eater
tuletama deduce, derive
tuletamine deduction, derivation
tuletangid fire tongs
tuletegemine making a fire
tuletikk match
tuletis *lgv, mat* derivative
tuletorn lighthouse
tuletukk firebrand
tuletungal torch

tuletus *lgv, mat* derivation
tuletõrjeauto fire engine
tuletõrjedepoo fire station
tuletõrjekomando fire brigade
tuletõrjeredel fire escape
tuletõrjesalk fire brigade
tuletõrjeülem head of fire department, marshal
tuletõrjuja firefighter, fireman
tulevahetus exchange of fire, skirmish
    tulevahetust lõpetama cease fire
    tulevahetust pidama skirmish
tulevalgus firelight
tulevane future, coming, forward
tulevik future; *lgv* future tense
    tulevikku vaatama look ahead
    tulevikku vaatav forward-looking
    tuleviku ettenägija visionary
tulevikuväljavaated future prospects
tulevikukuulutaja fortune-teller
tulevikus in future
tulevärk fireworks
tuli fire
    läbi tule ja vee through thick and thin
    tuld avama open fire
    tuld kohendama stoke fire
    tuld näitama show light
    tuld tegema make fire
    tuld võtma catch fire
    tuld ära puhuma blow out
    tule all under fire
    tules hävima burn up
tulihingeline ardent, enthusiastic
tulihingeliselt ardently
tulikas *bot* buttercup
tulikuum burning hot, scalding
tuline hot, boiling, scalding
tulipunkt focal point, focus
tulirelv firearm, gun

tuliselt heatedly, hotly
tulistaja shooter
tulistama fire, shoot
    alla tulistama shoot down
tulistamine firing, shooting
tulisus heat
tulitav fiery
tuliuus brand new
tulivihane furious
tulnukas alien
tulp (tulba) column, post, stake; **(tulbi)** tulip
tulu benefit, profit, return, revenue
    tulu saama draw income, earn, gain income, profit, receive revenue
tuluaasta income year
tuluallikas source of income
tuludeklaratsioon (income-)tax return
    tuludeklaratsiooni täitma make a return
tulukus profitability
tulumaks income tax
    progresseeruv tulumaks progressive income tax
tulumaksumäär income tax rate
tulumaksuseadus income tax law
tulus profitable, fruitful, beneficial
    tulus ots plum
tulusaaja beneficiary
tulusalt profitably
tulutu unprofitable, profitless
tuluvoog income stream
tulv deluge, flood, influx
tulvama flood
    üle tulvama surge up, swim in, swim with
tulvavesi flood water
tulvil full, overflow, bristle with
    tulvil elu full of life
    tulvil olema brim, be overcrowded

T

tulvil täis chock-full
tulvil täis olema bubble over
tume dark, black, sombre
tumedanahaline coloured, swarthy
tumedavärviline dark coloured, dusky
tumenema darken
tumesinine navy blue
tumestama tarnish
tumm dumb, mute, silent
tummaks lööma strike dumb
tummine thick, sticky
tunamullune of the year before last
tund hour; (**õppetund**) lesson, period
tunde- emotional
tundeasi matter of sentiment
tundeavaldus sentiment
tundeehtsus sincerity of sentiment
tundeelamus emotion
tundeelu emotional life
tundeerksus sensibility
tundehell sensitive
tundeinimene man of sentiment
tundeküllane emotional, sentimental
tundeküllaselt emotionally, lyrically, soulfully
tundeküllus sentiment
tundel *zool* feeler
tundelaad temperament
tundelage soulless
tundeline emotional, lyrical, sentimental
tundeliselt feelingly
tundelisus feeling
tundeluule lyric poetry
tundeluuleline lyric
tunderõhk emphasis
tundetu insensitive, callous, soulless
tundetult impassively

tundetus insensitivity
tundeõrn sensitive
tundlik sensitive, sensible
tundlikkus sensibility, sensitivity
tundma feel, know, sense, tell
asja tundma know what is what, know one's onions, know one's stuff, know what one is talking about
ebamugavalt tundma ill at ease, feel uncomfortable
kaasa tundma commiserate, feel for, pity, sorry, sympathize, sympathise
kehvasti tundma out of sorts, feeling poor/low
koduselt tundma make oneself at home, feel at home
ära tundma recognize, recognise, know
tundma õppima get to know
tundmatu anonymous, strange, unfamiliar, unknown
tundmatus obscurity, being unknown
tundmatuseni beyond, beyond recognition
tundmine feeling, knowing
tundmus feeling
tundra tundra
tunduma feel, look, seem, appear
tunduvalt considerably
tung drive, surge, urge
tungal torch
tungima force, intrude, invade
esile tungima protrude
kallale tungima advance, assault, fall on, pitch into, set upon
läbi tungima penetrate, pervade
peale tungima attack, assault, assail, hit, strike
sisse tungima intrude, invade,

occupy, penetrate; (**eravaldusse**) trespass; (**laiutama**) encroach; (**imbuma**) infiltrate
välja tungima pop
tungiv pressing, urgent
tungivalt urgently
tungivus urgency
tunglema press, throng, strive for
tunglemine hustle, jostle, press
tungraud jack
   tungrauaga tõstma jack up
tunked dungarees, overalls
tunne emotion, feeling, sensation, sense, sentiment
tunnel subway, tunnel
tunnetama sense
tunnetamine cognition
tunnetatav cognisable
tunnetus cognition
tunnetuslik cognitive
tunni- hourly
tunnikava timetable
tunnimees sentry
tunnine hourly
tunnipalk hourly wages
tunniplaan timetable
tunnistaja eyewitness, witness
tunnistajapink witness box
tunnistajapult stand
tunnistama witness, give evidence, testify, be witness to, bear witness
   avalikult (üles) tunnistama make a public confession
   kehtetuks tunnistama quash, revoke, invalidate
   ebaseaduslikuks tunnistama outlaw
   üles tunnistama come clean, confess, own up, make a clean breast of it
   valeks tunnistama belie
tunnistamine admission

tunnistus certificate, evidence, licence, testimony
tunnitasu hourly pay/wages, pay by hour, wage per hour
   tunnitasu alusel by the hour
tunnus mark, sign, badge
tunnusjoon feature, mark
tunnuslik distinguishing, symptomatic
tunnusmeloodia signature tune
tunnusmuusika theme
tunnusmärgid trappings
tunnusmärk hallmark, sign
tunnussõna password
tunnustama acknowledge, recognize, recognise, approve
tunnustamata unacknowledged
tunnustamine recognition
tunnustatud acknowledged
tunnustav approving
tunnustavalt approvingly
tunnustus appreciation, recognition, admission, granting
   üldine tunnustus eminence
   tunnustust avaldama acknowledge
   tunnustust tooma do sb credit
tunnustusväärne worth of appreciation
tuntav discernible, distinguishable
tuntud famous, well-known
tuntus prominence
tupee toupee
tupik blind alley
tupikseis *ülek* blind alley
tupp cap, sheath; *anat* vagina
   tuppe panema sheathe
tups bob, tuft, tassel
tupsutama dab
tupsutus dab
turbabrikett peat
turbagaas peat gas

T

turbakompost peat compost
turban turban
turbane peaty
turbiin turbine
turbiiniehitus turbine construction
turbogeneraator turbogenerator
turbulents turbulence
turd half-dried
turduma become half-dried
turg market, market place
   must turg black market
   turult välja tõrjuma go out of business
turgatama occur
   pähe turgatama cross one's mind, occur, come to mind, spring to mind, hit on, hit upon
turgutama foster, nurse, take care of
   üles turgutama patch up, mend
turgutamine care, nursing
turi scruff
turism tourism
turist sightseer, tourist
turjakas square-shouldered
turnee tour
turniir tournament
turris bristle
turritama bristle, be ruffled, stick up
turritav spiky
tursafilee fillet of cod
turse swelling
tursk cod
turske sturdy, strong
tursuma swell, puff out
tursumine swelling
tursunud bloated, swollen, puffed out
turteltuvi dove
turtsakalt petulantly
turtsakas peevish, petulant, surly
turtsakus petulance

turtsatama flare up, chortle
turtsatus snort, chortle
turtsuma chortle, snort
turuanalüüs *maj* market research
turuhind *maj* market price
turuintress *maj* market interest
turukasum *maj* market profit
turukaubandus *maj* market trading
turukonjunktuur *maj* market conditions
turukäive *maj* market turnover
turukott shopping bag
turul on the market
turumajandus market economy
turundus marketing
turunõudlus *maj* market demand
turuolukord *maj* market condition
turuplats market place
tururisk *maj* market risk
turustama market
turustamine marketing, distribution
turustatav marketable
turustus marketing, distribution
turustusdirektor marketing manager
turustusosakond marketing/distribution department
turustuspiirkond *maj* marketing area
turustusplaan *maj* marketing plan
turuväline *maj* non-market
turuväärtus *maj* market value
turuülevaade *maj* market report
turva- protective, safe
turvaköis lifeline
turvaline safe, secure
turvaliselt safely
turvalisus safety
turvarihmad harness, seat belts
turvas peat, turf
turvavöö harness, safety belt, seat belt

turvavööd peale panema fasten the seatbelts
turve protection, shelter; security
tusane sulky, sullen, glum, moody
tusatsema mope, sulk
tusatuju sulky mood
tusk grief, chagrin
   tuska tegema grieve, vex
   tuska tundma feel grief
tušš (tervitusmarss) flourish; (värvaine) China ink
tuššima draw in China ink
tutistama pull by the hair
tutt bobble, clump, tassel; tuft, crest
tuttav known, familiar, acquainted
   tuttav ette tulema ring a bell
   tuttav olema be acquainted
tuttavlik familiar
tuttavlikkus familiarity
tuttavlikult familiarly
tuttpütt grebe
tuttuus → **tuliuus**
tutvuma make the acquaintance of, meet
   lähemalt tutvuma familiarize, get to know sb
tutvus acquaintance, contact
   tutvusega algust tegema break the ice
tutvused connections
tutvustama acquaint, introduce, present
tutvustamine demonstration, introduction
tutvustus introduction
tuub tube
tuuba tuba
tuuker diver
tuukritöö diving
tuukriülikond diving suit
tuul wind
   tuult lehvitama fan

tuulama winnow, fan
tuulduma be aired
tuulehaug garfish
tuulehoog gust, blast
   kerge tuulehoog breeze
tuuleiil blast
tuulejõud force
tuulekaitse windshield
tuulekeeris whirlwind
tuulekiirus wind velocity
tuulekindel weatherproof
tuuleklaas windscreen
tuulelipp weathervane
tuulelohe kite
tuulepea scatterbrain
tuulepluus anorak
tuulepuhang gust, squall
tuulepäine scatterbrained
tuulerõuged *med* chickenpox
tuuletallaja kestrel
tuuletu windless
tuuletõmbeline draughty
tuuletõmbus draught
tuulevaikne calm
tuulevaikus calm, lull
tuuleveski windmill
tuuline windy, breezy
tuulispask whirlwind, vortex
tuulispea whirlwind
tuultolmleja wind-pollinated
tuulutama air, ventilate
tuulutatud ventilated
tuuluti ventilator
tuulutus airing
tuum nucleus, heart, core, essence, kernel
tuuma- nuclear
tuumafüüsik nuclear physicist
tuumakatsetus nuclear test
tuumakas full of kernels, substantial
tuumakiirgus nuclear radiation

tuumapomm nuclear bomb
tuumareaktor nuclear reactor
tuumarelv nuclear weapon
tuumasisene intranuclear
tuumasõda nuclear war
tuumavaba nuclear-free
tuumik core, nucleus
tuumor *med* tumour
tuunika tunic
tuunikala tuna fish
tuunjas opaque
tuupija crammer, swotter
tuupima cram, swot
   pähe tuupima swot up, pass off, cram, set one's heart on, take it into one's head
   täis tuupima cram
tuupur swot
tuur (**tuura**) sturgeon; (**tuuri**) round, turn
   tuure üles võtma warm up
tuus ace; *ülek* bigwig, big pot
tuuseldama tousle, manhandle, maul
   läbi tuuseldama thrash
tuusik voucher
tuust wisp, bundle
tuustima burrow, grub
tuutu cone
tuututama honk, toot
tuututus toot
tuvastama establish, ascertain
tuvastamine ascertaining
tuvi dove, pigeon
tuvila pigeon house
tviid tweed
tõbi disease, illness, malady
tõbine sick, ill
tõbras beast, brute
tõde truth, verity
   karm tõde home truth, severe reality
   tõele näkku vaatama face truth

tõeks pidama believe
tõeks saama come true
tõena võtma take someone's word for it
tõtt väänama prevaricate
tõtt öelda to tell the truth
tõdema arrive at the truth
tõearmastaja lover of truth
tõearmastus love of truth
tõega seriously
tõekspidamised beliefs, convictions
   üldine tõekspidamine orthodoxy
tõelevastavus fidelity
   tõele vastav authentic
   tõele vastavalt authentically
tõeline true, real, actual, genuine
   tõeline põhjus seisneb selles the bottom line is
   tõeline vaev purgatory
tõeliselt truly, really, actually, genuinely
   tõeliselt omane intrinsic
tõelisus fact
tõemeeli in earnest
tõend certificate
tõendama prove, affirm, assert
tõendamine assertion
tõendatav arguable, demonstrable
tõendav evidential, confirmative
tõendus evidence, proof
tõendusmaterjal evidence
tõene true, valid
tõenäoline probable, likely
tõenäoliselt probably, most likely
tõenäolisus probability
tõenäosus likelihood, probability
tõepoolest actually, honestly, truly, indeed, really
tõepõhi substance
tõepärane truthful, authentic, true
   tõepärasust kinnitama substantiate

tõestama prove, demonstrate, witness, verify, **(ehtsust)** authenticate
tõestamine verification
tõestatav provable, demonstrable, verifiable
tõestatavalt demonstrably
tõestatud proven
tõesti indeed, positively, really, truly
tõestisündinud true story
tõestus proof, demonstration, corroboration, verification, authentication
tõestusmaterjal material for verification
tõestusvahend argument, proof, evidence
tõestusviis method of verification
tõetera aphorism, dictum
tõetruu accurate, true, truthful
tõetruudus accuracy, fidelity
tõeväänamine distortion of truth
tõhk polecat
tõhus effective, efficient, powerful, strong
tõhusalt effectively, efficiently
tõhustama make efficient
tõhustuma become more effective
tõhusus effectiveness, efficiency, potency
tõik fact
tõke obstacle, bar, barrier, blockage, hurdle
tõkend deterrent
tõkestama obstruct, hinder, bar, block
tõkestamine prevention
tõkestav obstructive, preventive
tõkestus obstruction
tõketeta slick, free
tõkkepuu barrier
tõld carriage, coach

tõlge translation
tõlgendama interpret
　　meelevaldselt tõlgendama read into
　　valesti tõlgendama misinterpret
tõlgendus interpretation
tõlgitsema interpret, explain, construe
tõlgitsemine interpretation
tõlgitsus rendering
tõlk interpreter
tõlkehonorar translation charge
tõlketeenus **(suuline)** interpretation service; **(kirjalik)** translation service
tõlkija translator
tõlkima **(kirjalikult)** translate; **(suuliselt)** interpret
tõlkimine **(kirjalik)** translation; **(suuline)** interpretation
tõlvik ear
tõmbama pull, draw, tug
　　alt tõmbama cheat, trick, swindle, talk in
　　eemale tõmbama wrench
　　ette tõmbama draw
　　kaasa tõmbama draw into, rope in, sweep, persuade, carry with
　　kaela tõmbama incur to, bring on, misfortune
　　katki tõmbama pull, apart, smash, break
　　kinni tõmbama pull, fasten up, pull shut, draw curtains
　　kokku tõmbama draw together, tighten, shrink, constrict, abridge, cut down
　　kriipsu peale tõmbama give up a plan, cross out
　　kõrvale tõmbama wrench, diver, distract, grab into hold
　　külge tõmbama attract

T

lahti tõmbama pull open, draw open
ligi tõmbama attract, draw
lukku kinni tõmbama zip
lukku lahti tõmbama unzip
läbi tõmbama strike out
maha tõmbama cross out, delete, cross off, scratch, strike out
pingule tõmbama brace, flex, strain, tighten
ringi tõmbama fool about, fool around
ringi ümber tõmbama circle
sisse tõmbama retract, draw/pull in, (**suitsu**) inhale
välja tõmbama draw, (**hammast**) extract, pull, take out
ära tõmbama pull off, withdraw
üles tõmbama pull up
tõmbama panema brew
tõmbav draughty
tõmbejõud attraction
tõmbelukk zipper, zip-fastener
tõmbenumber hit, feature of attraction
tõmbetuul draught
tõmblema twitch, be convulsed
tõmblev twitching, jerking, convulsive
tõmblukk zip, zipper
tõmblukustama zip, zip up
tõmblus convulsion, spasm, twitch
tõmbsoon → **veen**
tõmbuma draw, contract, huddle
endasse tõmbuma withdraw
kerra tõmbuma curl up, coil up
kokku tõmbuma contract, flutter, shrink, become drawn together
kõrvale tõmbuma divert, withdraw
tagasi tõmbuma back off, retract, withdraw

tõmbus draw, pull
tõmmatud drawn
tõmme pull, stroke, draw, jerk
tõmmis proof, extract
tõmmu swarthy, dark-skinned
tõotama promise, swear, vow
tõotus pledge, promise, vow
tõotust murdma break faith
tõotust pidama keep faith
tõprakari herd, stupid lot
tõpralik beasty
tõre stern, cross, grumpy, surly
tõredus huff
tõrelema berate, chide, scold, quarrel, tell off
tõrelemine telling-off
tõrge failure, hang-up, stoppage
tõrges stubborn, unwilling, refractory, fractious, grudging, obstinate, reluctant
tõrje prevention; (**kahjuri-**) pest control
tõrjevahend repellent, means of prevention
tõrjuma avert, fend off, ward off, repel
eemale tõrjuma fight off, drive away
kohalt tõrjuma oust, remove from one's seat
kõrvale tõrjuma displace, upstage, parry, suppress
tagasi tõrjuma keep off, parry
välja tõrjuma dislodge, freeze out
tõrjuv dismissive, hostile
tõrked malfunction
tõrksalt reluctantly, stubbornly, unwillingly
tõrksus reluctance, stubbornness, unwillingness
tõrkuma resist, oppose

tõrs vat, tun
tõru acorn
tõrv tar
  tõrvatilk meepotis a fly in the ointment
tõrvaine tar
tõrvama tar; (**laimama**) blacken, smear
tõrvane tarry
tõrvapapp tar-paper
tõrvaseep coal-tar soap
tõrvatünn tar barrel
tõrvik torch
tõrvikurongkäik torch-light procession
tõsi truth, seriousness
  tõsi küll it's true
  tõsi taga in earnest
tõsiasi fact, the fact that
tõsidus deliberation, gravity, seriousness
tõsielu real life, reality
  tõsielust eemalepagev escapist
tõsielufilm → **dokumentaalfilm**
tõsieluline documentary
tõsimeelne earnest, sober, staid
tõsimeelsus earnestness
tõsine serious, earnest, solemn, straight, weighty
  tõsiselt earnestly, in earnest, seriously, solemnly
  tõsiselt mõtlema mean
  tõsiselt võtma mean business, take seriously
  tõsist ilmet säilitama keep a straight face
tõsinema become serious
tõstatama raise, take up
tõstealus pallet
tõsteharjutus weight-lifting exercise
tõstekang lifting pole

tõstekraana crane
tõstekõrgus height of lift
tõsteköis hoist rope
tõstenurk angle of elevation
tõstesport weight lifting
tõstesportlane weight lifter
tõstevõistlus weight-lifting competition
tõstetud raised
tõstja lifter
tõstma lift, elevate, heave, raise, pick
  esile tõstma highlight, single out, underline
  ettepoole tõstma put forward
  jalga üle põlve tõstma cross one's legs
  kohtuotsusega välja tõstma evict
  kõrvale tõstma lift aside, leave for the later
  last põlve peale tõstma take a child on one's knee
  maha tõstma lift down (from)
  pead tõstma rear a head
  püsti tõstma get up, raise
  välja tõstma eject
  ümber tõstma lift over, hoist over, transfer
tõstmine heave, weightlifting
tõstuk elevator, lift, hoist
tõtlik hurried, hasty
tõttama rush
tõttu because of, due to, owing to, by reason of, for, owing to, thanks to
tõu- pedigree
tõug breed, stock, strain
tõuge impulse, push, shock, shove, stimulus
  tõuget andma start off
tõuk caterpillar, grub, maggot, worm

T

tõukama push, shove, thrust
  eemale tõukama repel, spurn
  tagant tõukama hurry up, boost, hustle, jog, prod
  välja tõukama push out, expel, exile
  ära tõukama push off, reject, spurn
tõukejõud impetus, repulsive force
tõukekelk push-sledge
tõukeratas scooter
tõuklema elbow, jostle, push
tõuloom thoroughbred animal, pedigree animal
tõuparandus breed improvement
tõupuhas thoroughbred
tõus rise, ascent, tide
  järsk tõus upsurge
  tõusud ja langused the ebb and flow, ups and downs
  tõus ja mõõn high tide, low tide; ebb and flow
tõusev ascending, buoyant, rising
tõusik upstart
tõusiklik upstart
tõusma ascend, climb, mount, rise
  esile tõusma crop up
  kiirelt tõusma rocket, zoom
  lendu tõusma take off
  pinnale tõusma surface, emerge
  püsti tõusma stand, stand up, get to one's feet, rise to one's feet, straighten up, bristle
  õhku tõusma take off, rise, get airborne
  äkki tõusma soar
  üles tõusma get up, wake up, surface; (**toibuma**) pick up; (**vastu hakkama**) rebel
tõusmed shoots
tõusu- tidal
tõusulaine tidal wave

tõusutee path of progress
tõusutendents buoyancy
tõusuvesi tide
tõvestama infect
täbar awkward, embarrassing, tricky
  täbar olukord plight situation
  täbaras olukorras in a tight spot, in the hot seat
  täbarasse olukorda sattuma come to a pretty pass
täbarus predicament
tädi aunt
tädipoeg cousin
täditütar cousin
täheke starlet
tähekujuline star-shaped
täheldama observe, watch
täheldamine observation
täheldus observation
tähelennuline meteoric
tähelepandamatu unnoticeable, indiscernible
tähelepandav noticeable
tähelepanek observation
tähelepanelik attentive, observant, watchful
tähelepanelikkus observation
tähelepanelikult attentively, closely
  tähelepanelikult jälgima watch attentively
  tähelepanelikult kuulama listen attentively
tähelepanematus inattention, heedlessness, oversight
tähelepanu attention, notice
  avalik tähelepanu publicity
  tähelepanu haarama rivet
  tähelepanu hõivama distract, preoccupy
  tähelepanu juhtima draw attention, point out

tähelepanu keskendama focus
tähelepanu keskmesse asetama
spotlight
tähelepanu keskpunkt focus,
limelight, spotlight
tähelepanu kõrvale juhtima
distract
tähelepanu köitma attract, attract
attention, catch attention
tähelepanu osutama give atten-
tion to
tähelepanu pälviv worthy
tähelepanu pöörama draw, high-
light, pay attention
tähelepanu tõmbama draw at-
tention
tähelepanu vääriv worthy
tähelepanu äratama attract at-
tention
tähelepanuta jätma disregard,
ignore
tähelepanuavaldused respect, at-
tentions
tähelepanuvõime observation
tähelepanuväärne dramatic, nota-
ble, spectacular, striking, remark-
able
tähelepanuväärselt noteworthily,
remarkably
tähelepanuväärsus notability
tähemäng anagram
tähemärk character
tähendama mean, denote, imply,
signify
  ette tähendama foreshadow
  üles tähendama note down, take
  down, record
tähendus meaning, sense, signifi-
cance
tähenduseta meaningless
tähenduslik with meaning, mean-
ingful, significant

tähendusmärk omen
tähendusrikas → tähenduslik
tähendusvarjund connotation
tähenärija hair-splitter, stickler
tähenärimine precisianism, hair-
splitting
tähestik ABC, alphabet
tähestikuline alphabetical
tähestikuliselt alphabetically
tähetark astrologer
tähetarkus astrology
täheteadlane astronomer
täheteadus astronomy
täheteaduslik astronomical
tähetorn observatory
tähevalgus starlight
täheühend combination of letters
tähik receipt
tähine starry
tähis marker, symbol
tähistaevas starry sky
tähistama commemorate, mark,
represent, symbolize
tähistamine commemoration, fes-
tivity
tähistus marking
tähistuspost bollard
tähitud registered
tähn fleck, spot
tähnid marking
tähnik brown trout
tähniline dappled, flecked, speck-
led
täht (taeva) star; (kirja) letter, char-
acter
  tähtedega märgistamine letter-
  ing
  tähthaaval ütlema spell (out)
tähtaeg deadline, time limit
  üle tähtaja overdue, late, delayed,
  behind schedule
tähtajaline at a fixed date

tähtajatu open-ended, termless
tähtis important, meaningful, notable, of value, prestigious, prominent, significant, vital, worthy
tähtis isik bigwig
tähtis olema matter, signify
tähtsaks pidama value
tähtkuju (zodiacal) constellation
tähtpäev appointed date, term, anniversary
tähtsaadetis registered packet
tähtsalt importantly
tähtsam prior
tähtsamad asjad kõigepealt first things first
tähtsus importance, significance, value
    tähtsuse rõhutamine pretension
    tähtsust hindama balance
    tähtsust omama matter
    tähtsust vähendama downgrade importance
tähtsusetu unimportant, insignificant, trivial, of no account
tähtsusetus indiference, insignificance, irrelevance, irrelevancy
tähtsustama matter, be important, make a difference, mean sth
    üle tähtsustama make a big thing of sth, make a big deal of sth
tähttäheline literal
täht-tähelt literally, word for word
täi louse
täide filling
täide (**minema**) come true; (**saatma**) accomplish, effect; (**viima**) carry out, execute, fulfil, put into action, realize
täideminek attainment, fruition, fulfilment, realization, accomplishment
täidesaatev executive

täidesaatja executor
täidetav realizable, possible, reachable, observable
täideviija executor
täideviimine accomplishment, execution, realization
täidis filling, stuffing
täidlane buxom, full, plump
täidlus plumpness, corpulence
täielik complete, full, full-scale, perfect, profound
täielikkus integrity, totality
täielikult absolutely, completely, entirely, fully, totally
täiemõõduline of full length
täiend supplement, complement; *lgv* attribute
täiend- attributive
täiendama add, complement, supplement
täiendamine completion, supplement
täiendav additional, complementary, extra, supplementary
täiendavalt additionally, attributively, extra
täiendus complement, supplement, supplementary
täiendusettepanek amendment
täienduskursus refresher course
täienduskõide supplementary volume
täiendusvalimine *pol* by-election
täiendõpe advanced studies, additional training, in-time studies
täienema be supplemented
täiesti absolutely, all, all over, altogether, completely, entirely, perfectly, quite, totally
täievoliline plenipotentiary
täieõiguslik fully qualified, full and equal

täis full, filled
   kuhjaga täis overflown, filled to the running over
   maani täis inebriated, dead drunk
   puupüsti täis bristle with, packed out, jam-packed, crammed, full
   ääreni täis full to the brim, brimful
   täis olema be full, brim
täis- full, grand, total
täisarv whole number, integer
täisarvuline integral
täisealine adult, of age
   täisealiseks saama come of age
täisehitatud built-up
täishäälik vowel
täisiga adulthood
täiskarske teetotal
täiskarsklane teetotaller
täiskasvanu adult, grown, grown-up
   täiskasvanuks saama grow up
täiskiilutud crammed full, overcrowded
täiskogu full assembly
täiskohaga full-time
täiskuhjatud heaped
täiskuu full moon
täiskäik full speed
täismaja full house
täismandaat full proxy
täismees grown-up man
täisminevik *lgv* present perfect
täismonopol pure monopoly
täisnurk right angle
täisnurkne right-angled
täispansion full board
täispiim whole milk
täispikk full-length
täispikkuses full-length, full-size
täispuhutav inflatable
täispuhutud blown up

täispööre U-turn, full turn
täissihitis *lgv* total object
täissöönud full, full up
täistald full sole
täistera- wholemeal
täisteraleib wholemeal bread
täistopitud stuffed
täistuli headlight
täistuubitud crammed, stuffed
täistuupimine cramming, stuffing
täisvarjutus total eclipse
täisverd thoroughbred
täisvereline full-blooded
täisvillane of pure wool
täisvolitus full power of attorney
täisvõimsus aggregate capacity
täisväärtuslik whole, sterling
täisühing general partnership
täitematerjal padding, stuffing
täitesulepea fountain pen
täitevkomitee executive committee
täitevvõim executive power, (AmE) executive branch
täitja executor
täitma fill, fill up, fill out, carry out, complete
   blanketti täitma fill out, fill up, fill in a form, fill out a form, complete a form
täitmata blank, empty, vacant
täitmatu insatiable, unfilled, voracious
täitmine filling, discharge, implementation
täitsa absolutely, all, altogether, completely
täitsamees good sport
täituma fill, fill up
täitumatu unfilled, insatiable
täiturg second-hand market, jumble sale
täius → **täiuslikkus**

T

täiuslik perfect, consummate, flawless, full, ideal
täiuslikkus perfection, consummation, fullness
täiuslikult flawlessly, ideally, to perfection
täiustama improve on, rationalize, upgrade
täiustamine perfection, refinement
täiustuma become perfect
täiustus perfection
täke chip, nick, notch, indentation
täkestama dent, nick, score
täketega dented
täkk stallion
täkkeline notched, nicked, indented
täkksälg colt
täkkvarss young stallion
täks hack
täksima chip, hack
tämber tamber, timbre
täna today
   täna õhtul tonight
tänama thank, acknowledge
tänamatu thankless, ungrateful
tänamatus ingratitude
tänan thank you
tänapäev the present day, today
tänapäeva- present-day
tänapäeval nowadays, these days
tänapäevane contemporary, modern, up-to-date
tänapäevasus modernity
tänav street
   elava liiklusega tänav thoroughfare
   kaarjas tänav crescent
   kitsas tänav lane, narrow street, alley, gut
   lai tänav boulevard
tänavakaubitseja vendor
tänaval on the street

tänavalamp street lamp
tänavalaps urchin
tänavamoosekant busker
tänavarenn gutter
tänavaröövel mugger
tänavasilt street sign
tänavatevahe block
tänini hitherto
tänitama bawl out, vociferate, bleat, keep on
tänitav vociferous
tänu gratitude, thank
   tänu jumalale thank God
   tänu võlgnema be indebted, owe
   tänu võlgu beholden
tänuavaldus acknowledgement, acknowledgment
tänukiri letter of thanks
tänulik grateful, obliged, thankful
   tänulik olema appreciate, have to thank for
tänulikkus appreciation, gratitude
tänumeel gratitude
tänupüha Thanksgiving
tänusõna words of thanks
tänutunne sense of gratitude
tänuvõlg debt, obligation
tänuväärne thanksworthy
täpike speck
täpiline dotted, flecked, speckled, spotted, spotty
täpipealne exact
täpipealt exactly
täpne accurate, close, concrete, definite, exact, particular, precise, prompt, punctual
   piinlikult täpne meticulous
täpp dot, fleck, point, smudge, spot
   täppi minema hit the mark
täppis exact
täppisteadused exact sciences

täpselt accurately, definitely, duly, exactly, precisely, promptly, punctually, quite, sharp
täpsemalt specifically, that is
täpsus accuracy, precision, punctuality
täpsuslaskur marksman, sniper
täpsustama detail, elaborate, specify
täpsustamine elaboration, specification
täpsustuma make more exact
täpsustus specification
tärgeldama starch
tärgeldatud starched
tärin rattle, clash
täring dice
tärisema clash
täristama rattle, jangle
tärkama sprout, shoot
tärklis starch
tärn asterisk, star
tärpentin turpentine
tätoveerima tattoo
tätoveering tattoo
täägivõitlus bayonet fight
tääk bayonet
tögama jibe, chaff, make fun
tögamine banter, jibe
töinama blubber
töine labour
töllerdama reel about, loaf
töllmokk droop
tömp blob, blunt, stubby
tönts blunt, dull
töntsakas stocky, squabby, stumpy, tubby
törts blare, slug
töö job, business, labour, work
  füüsiline töö manual labour
  kodused tööd chore, housework
  raske töö toil, graft

tühi töö it's useless
tüütu töö chore
tööd leidma find job
tööd rügama sweat blood
tööd saama get job
tööl käima go to work
tööl olema be at work
tööle asuma set to work
tööle minema go to work
tööle määrama appoint to work
tööle panema set, set off, work
tööle võtma employ, engage, hire, take on
töölt lahkuma quit, resign
töölt puuduma absent from work
töölt vabastama fire
töös olema be at work
tööta olema be out of job/work
töö- occupational, working
tööaeg business hours, working hours
tööajafond *maj* working time
tööajakaart *maj* time sheet, working time record
tööajaväline unsocial, off-hour
tööalane working
tööandja employer
tööarmastus love for work
tööbrigaad working team
tööbörs labour exchange, job centre
töödejuhataja foreman, forewoman
töödeldav workable
  kergesti töödeldav plastic, easily processed
töödistsipliin labour discipline
tööerakond Labour Party
tööettevõtuleping labour agreement
töögraafik roster, graph of work
tööhull workaholic
tööhõive employment

T

tööiga serviceable life, service life
tööjaam work station
tööjaotus division of labour, work allocation
tööjõud force, labour, manpower, workforce
  tööjõu voolavus turnover
  tööjõudu säästev labour-saving
töökaaslane colleague, workmate, associate
töökaitse labour protection
töökas hardworking, industrious
töökittel smock, overall
töökoda workshop
töökoht place of work, job, situation, station, work, office
  vaba töökoht vacancy
  töökohta vahetama transfer workplace
töökoormus workload
töökord working regulation, standing order
  töökorda seadma put into working order
töökorraldus organizing of work, job management
töökorras functional, in working order, operational, working
töökus diligence
töökäsk (kirjalik) order for work
tööl at work
töölaager labour camp
töölisklass working class
tööliskond workers, working people
tööloom draught animal
töölaud worktable, desk
tööline worker·
töölisklass working class
tööliskond working people
töölissöökla canteen
tööluus absenteeism, loafing

töömahukas labour consuming
töömees workman
tööndus home industry
töönädal working week
tööori drudge
tööpakkumine offer of work, job offer
tööpalk wages
tööpartei Labour Party
tööpind work surface
tööpink bench, workbench
tööplaan work plan, job schedule
tööpost workstation, office
tööpostil at work
tööpraktika placement
tööpuudus unemployment
tööpõlgur work-dodger, workshy
tööpäev business day
tööraamat service record
tööriietus working clothes
tööriist implement, instrument, tool
  tööriistu käest panema down tools
tööruum work-room
töös under way
tööseadus labour law
tööseadusandlus labour legislation
tööseisak stoppage, strike
töösobivustest placement test
tööstaaž length of service
tööstandard working standard
tööstur industrialist
tööstus industry
tööstus- industrial, industrialized
tööstusettevõte industrial enterprise
tööstusharu branch of industry
tööstushooned industrial building
tööstusinsener industrial engineer
tööstusjääk effluent
tööstuskaup industrial goods

T

tööstuslik industrial, manufacturing
tööstuspiirkond industrial region
tööstuspoliitika industrial policy
tööstusrevolutsioon industrial revolution
tööstusriik industrial state
tööstussektor industrial sector
tööstustarbija industrial consumer
tööstustoodang industrial production
tööstustooraine raw material for industry
tööstustooted manufactured goods
tööstustuus industry baron
tööstustööline industrial worker
töötaja employee, worker
   ajutine töötaja temp, (**asendaja**) stopgap
   lepinguline töötaja part-time worker
töötajaskond manpower, staff (of workers)
töötama work, labour, toil, do a job
   hooti töötama surge
   kaasa töötama play ball, co-operate, concur
   koos töötama collaborate, pull together
   läbi töötama elaborate
   sisse töötama (**ennast**) acquaint/ familiarize oneself with, get the hang of one's work, settle down to one's new job, (AmE) get into the swing of, (**ettevõtet**) work up (a business)
   vastu töötama oppose, strike a blow against, counterwork
   visalt töötama plod, plug away, slog
   välja töötama develop, work out
   üle töötama overwork, overdo it, overdo things, work (up)

   üle aja töötama work extra time, work overtime
   ümber töötama rework, remake, revise
   töötamast lakkama stop work, cease work
töötamine operation, working
töötaolek unemployment
töötasu wages
töötatööline unemployed (person)
töötav working, operating, running
töötegemine working
töötegija worker
töötingimused working conditions
töötleja processor
töötlema cure, process, treat, work up, handle
töötlemata crude, raw, unprocessed
töötlemine processing, treatment
töötlemiskulud processing costs
töötlemismeetod method of treatment
töötlus processing, treatment, handling
töötlusseade *inf* central processing unit
töötrauma working trauma, employment injury
töötu jobless, out of work, unemployed
   töötu abiraha dole, unemployment benefit
   töötu abiraha saama be on the dole
töötund hour of labour
tööturg labour market
tööturuamet job centre
töötus unemployment
töötõend certificate of job
töötüli labour dispute
töövahend implements
töövahetus (working) shift

T

töövihik workbook
tööviljakus productivity for work, working efficiency
töövilumus work skills
töövõime working ability, working capacity
töövõime kaotus disablement
töövõimeline efficient, able to work
töövõimetus disability, disablement, incapacity to work, invalidism
töövõtja employee
töövõtuleping employment contract, labour agreement
tööõnnetus work accident
tööülesanne task
tüdima get tired, get weary
tüdimatu untiring
tüdimus boredom, weariness
tüdinema tire, get tired
tüdinenud tired
tüdinud bored, sick, weary
    surmani tüdinud sick to death of, fed up
tüdruk girl, girlfriend, maid, lassie
tühe gap, hollow, cavity
tühermaa wasteland
tühi empty, bare, blank, clean, deserted, vacant
tühiasi mere nothing, trivial matter, trifle
tühik blank, gap, hiatus, lapse, space
tühikäik neutral; *ülek* running idle
tühimik lapse, space, window
tühine insignificant, slight, trivial
tühipaljas idle
tühistama abolish, annul, cancel, dissolve, overrule
tühistamine abolition, reprieve, withdrawal
tühistus annulment, cancellation

tühisus nonentity
tühisõnaline bombastic
tühi-tähi triviality
tühjast-tähjast lobisema blab
tühja-tähjaga tegelema fiddle
tühjaksimemine suction
tühjaltseisev empty, abandoned, unoccupied, idle
tühjaläinud wasted
tühjendama clean out, clear, discharge, empty, turn out, vacate
tühjenema empty
tühjus emptiness, void
    tühjust haarama draw a blank
tühjustunne vacuum, void
tükeldama carve, chop, dice, dismember, hack, split
tükeldatud diced
tükeldus cutting up
tükid pieces, patchwork
tükihind price per piece
tükikaubad price goods
tükike bit, morsel, pat, scrap, snippet
tükiline lumpy
tükitöö piecework
tükitöötasu payment by piece
tükk bar, bit, cake, cube, length, lump, piece
    kleepuv tükk blob, sticking speck
    suur tükk *kõnek* wodge
    ühes tükis in one piece, (as a) whole
    ühes tükis olev one-piece
    suur tükk ajab suu lõhki one mustn't bite off more than one can chew
    tükke kokku korjama pick up the pieces
    tükke tegema do foolish things
    tükkhaaval koguma cull
    tükkideks lagunema crumble,

fall into pieces
tükkideks lahti võtma take to
pieces
tükkideks lõikama cut up
tükkideks purunema smash to
pieces, fall to pieces
tükkideks raiuma cut to pieces
tükkideks rebima dismember,
pull to pieces, tear to pieces, tear
up
tükkideks tegema break up
tükkideks apart
tükkima force, intrude, push in
peale tükkima intrude, encroach
tükksuhkur lump sugar
tülgastav disgusting, nauseating
tülgastavalt disgustingly
tülgastunud sick
tülgastus abhorrence, aversion
tüli quarrel, row, dispute, fight, trou-
ble
tüli lahendama adjudicate
tüli norima pick a quarrel, ask for
trouble
tüli tegema bother, put out
tülis olema be at odds with
tülli ajama set quarrelling
tülli minema quarrel
tülikas cumbersome, inconvenient,
troublesome
tülin bother, hassle
tülinorija cantankerous (person),
bully
tülinoriv aggressive, quarrelsome
tülis at loggerheads
tülitaja trespasser
tülitama annoy, bother, disturb, har-
ass, hassle
tülitamata untroubled
tülitamine harassment
tülitekitaja troublemaker
tülitseja quarreller

tülitsema quarrel, row, argue, dis-
pute, fight
tülitsemine quarrelling
tülitsev bickering
tülitus annoyance, bother, disturb-
ing, trouble
tüliõun apple of discord
tüll tulle
tülpimus boredom
tülpinud blasé, jaded
tüma soft, boggy
tümikas cudgel
tümitama bludgeon
tümpsima clump
tümpsuma blare out
tünder tun, barrel
tünn barrel, cask
tüpiseerima typify
tüpograafia typography
tüpograafiline typographical
türanlik tyrannical
türann bully, tyrant
türannia tyranny
türanniseerima bully
türkiis turquoise
türkiissinine turquoise
türm prison, jail
türnpuu buckthorn
tüse stout, burly, corpulent, over-
weight
tüsedus stoutness, burliness
tüsenema grow stout
tüsistama aggravate
tüsistuma become complicated
tüsistus complication
tüssaja cheat, swindler, fraud
tüssama cheat, deceive, bluff, dou-
ble-cross, trick
tüssamine swindle, trickery
tütar daughter
tütarettevõte subsidiary, affiliate
tütarfirma subsidiary company

T

tütarlaps girl, lass
tütarlapselik girlish
tütarpank subsidiary bank
tütrelik filial
tütrepoeg grandson
tütretütar granddaughter
tüvi stem, trunk, strain
tüüakas chunky
tüübel dowel
tüüfus *med* typhoid
tüüfuseline typhoid
tüüfusepisik typhoid bacillus
tüügas stub, stump
tüükaline bristly, stumpy
tüümian thyme
tüüne calm, placid
tüüp type, character, build, species
tüüpiline typical, average, classic, like

tüüpiliselt typically
tüüpkiri form letter
tüüpleping standard contract
tüür steering wheel, helm, rudder
tüürima steer, lead up to
tüürimees mate
tüürpoord starboard
tüütama bore, annoy, bother, worry
  ära tüütama weary, pall on
tüütav annoying, irksome, irritating, wearisome
tüütu aggravating, annoying, boring, tiresome
  tüütuks minema become a nuisance
tüütult annoyingly
tüütus annoyance, bore, bother, nuisance, pain

T

U

uba bean, broad/horse bean; **(Türgi, aed-)** French/haricot/kidney bean **valged oad** baked beans

ubajas bean-shaped

uberik (small) hut, cot, shanty, shack

ubin (small) apple

udar udder

udarapõletik *vet* inflammation of the udder, udder clap, garget, mastitis

ude fluff, flue, downy hair

udemed down, fuzz

udu fog, **(kerge)** mist, **(väga kerge)** haze, **(suitsune)** smog
   udu ajama beat about/around the bush
   uduseks tõmbuma mist, steam (up)
   uduseks tegema fog, befog, *ka ülek* mist

udujutt *kõnek* gas, moonshine

udukate *sõj* smoke screen
   udukatet tegema produce a smoke screen

udukogu nebula (*pl* -ae)

uduloor (misty) veil/shroud

udune misty, hazy, foggy; **(ähmane)** blear; **(segane)** cloudy/vague (idea)

udupilv cloud of fog/mist, fog bank

udusein smoke screen

udusireen *mer* foghorn, siren, fog signal, fog bell

udusuled down

udusulepadi downy pillow

udusulg down feather; **(linnul)** plumule

udusuline/udusulis downy

uduvihm drizzle, Scotch mist
   uduvihma sadama drizzle

uduvine haze

ufo UFO, unidentified flying object, flying saucer

ugri Ugrian, Ugric

ugrilane Ugrian

uhhaa fish soup, chowder

uhiuus brand-new, in mint condition

uhkama spring (from), well (up, out, forth), gush

uhke proud; **(edev)** vain; **(kõrk)** arrogant, haughty, supercilious, lofty; *kõnek* stuck-up; **(tore)** gallant, gorgeous; **(suurepärane)** glorious, **(peen)** stylish, swagger, sumptuous; *kõnek* swell, posh
   uhke olema be proud of, **(millegi üle)** take (a) pride in; **(võidurõõmu tundma)** glory in
   uhkeks minema become stuck-up (over)
   uhkeks tegema make proud, elate

uhkeldaja show-off, swaggerer

uhkeldama take pride in, be proud

of, plume, pride, vaunt, make a show of, prank, prance; flaunt, swagger, put on airs, talk big; *kõnek* put on side

uhkeldamine taking pride in, display, bravado, flamboyance, swagger, peacockery

uhkeldav showy, ostentatious, swaggering, flamboyant; *kõnek* sidy

uhkelt proudly, (**kõrgilt**) arrogantly, haughtily, (**toredasti**) in (fine) style, gorgeously, sumptuously

uhkus pride, (**kõrkus**) arrogance, haughtiness, loftiness, (**toredus**) finery, bravery

uhkus ajab upakile pride goes before a fall

uhkust alla neelama swallow one's pride

uhkustama take pride in, show off, glory in, pride oneself, pique oneself on, boast of, vaunt

uhkustunne sense of pride

uhmer mortar

uhmerdama pound in a mortar, bray

uhmrinui pestle

uhteline alluvial

uhtlamm flood plain, river/water meadow

uhtliiv alluvial sand

uhtma wash, carry, sweep off, swill, irrigate; (**loputama**) rinse, flush, (**jõe v mere kohta**) lave

uhtorg *geogr* gully

uhtpinnas alluvium (*pl* -ia, -iums), alluvial soil

uhtuma → **uhtma**

uhuu tu-whit tu-whoo, how-how-how

uid sudden fancy/idea/thought, whim

uim intoxication, (**pööritus**) dizziness, giddiness, (**uimasus**) daze,

stupefaction, stupor, (**segasus**) befuddlement; (**kalauim**) fin

uimane dizzy, giddy, stunned, (**juhmistunud**) dazed, stupefied, befuddled, (**narkootikumidest**) dopey, (**unine**) dozy, (**oimetu**) groggy

uimaseks lööma knock on the head, stun

uimaseks minema feel dizzy

uimastama (**löögiga**) stun, (**juhmistama**) daze, stupefy, befuddle; (**narkootikumist, alkoholist**) drug, dope, narcotize, intoxicate

uimastatud stunned, dazed, stupefied, befuddled; (**narkootikumist, alkoholist**) doped, intoxicated

uimastav (**uimaseks tegev**) stupefying, dazing, befuddling; (**joovastav**) intoxicating, heady

uimasti narcotic; *sl* dope

uimasus dizziness, giddiness, drowsiness, (**segasus**) stupefaction, befuddlement, (**tardumus**) stupor

uimerdama hang around/about

uimerdis sluggard, slow on the uptake, slowpoke

uinak nap, doze, snooze, forty winks, slumber

uinakut tegema (take a) nap, doze, snooze

uinuma fall asleep, drop asleep, drop off, drift off, doze (off), slumber

uinutama lull

uinutav soporific, slumb(e)rous

uinuti soporific, hypnotic, opiate, sleeping pill, (**rahusti**) sedative

uinuv dormant, sleeping, slumb(e)rous, drowsy

uisapäisa rashly, thoughtlessly, helter-skelter, headlong, precipi-

tately
uisk (ice) skate
uisutaja (ice) skater
uisutama (ice) skate
uisutamine (ice) skating
uitaja rambler, stroller, rover, ranger, wanderer
uitama stroll (about), saunter (about), rove, ramble, roam, range, wander
uje shy, coy, bashful, diffident, timid
ujedalt shyly, coyly, bashfully, diffidently, timidly
ujedus shyness, coyness, bashfulness, diffidence, timidity
ujuja swimmer
ujuk float; (õngel) bob
ujukriipsueemaldus *inf* hyphen drop
ujuksild pontoon bridge, floating bridge
ujula swimming pool
ujulest web
ujuma swim, go swimming; (veepinnal püsima/hõljuma) float
  rinnuli ujuma swim the breast stroke
  selili ujuma swim the backstroke, swim on one's back
  vastuvoolu ujuma *ülek* strive/swim against the current
ujumine swimming, swim
ujumis- swimming, bathing, swim-
ujumislestad flippers, (AmE) fins
ujumismüts bathing cap
ujumispüksid swimming trunks, trunks
ujumisstiil swimming style/technique
ujumistrikoo bathing/swimming suit/costume, swimsuit
ujunahk web

ujutama swim; *ülek* deluge; (midagi veepinnal ujutama) float
  üle ujutama flood, overflow, inundate; *ülek* cover/fill with sth, suffuse, bathe
ujuv afloat, buoyant, floating
ujuvdokk floating dock
ujuvkraana floating crane
ujuvkurss *maj* dirty float, variable exchange rate, (freely) floating exchange rate
ukaas ukase
ukerdama plod (along)
Ukraina Ukraine
ukrainlane Urkainian
uks door, (sissepääs) entrance
  ust avama/sulgema open/shut the door
  (kedagi) ukse taha jätma lock/shut sb out
  ukse taha jääma be locked out, be shut out, get the key of the street
  (kellelegi) ust näitama *ülek* show a person the door
  lahtisest uksest sisse murdma force an open door
  ust lahti murdma wrench the door open
  (kellegi nina ees) ust kinni lööma slam the door in a person's face
  (midagi) ukse vahele jätma shut sth in a door
  lahtiste uste päev open day, (AmE) open house
ukseava doorway, door
uksehoidja porter, janitor, doorkeeper, doorman, commissionaire
uksekell doorbell
uksekett door chain
uksekoputi doorknocker
ukseleng architrave

U

ukselink doorknob, latch, door handle

ukselävi threshold, doorsill, doorstep

uksematt doormat

uksepakk doorstep, doorsill

uksepiit (door)jamb

ukseriiv door bolt

ula (**vabalt, omapäi**) idle, at leisure; at large, (on the) loose; (**ringi aelemas**) on the gad, loafing, gallivanting

ulaelu free and easy life; loafing; (**hulkurlus**) vagabondage

ulaelu elama gad about, hang about/around, knock around/about, loaf, idle, lead a free and easy life, lead a wild life, lead a vagabond life

ulakas mischievous, naughty, frolicsome

ulakus mischief, naughtiness

ulakust tegema misbehave

ulatama reach, pass, hand, give, proffer

ulatuma reach, extend, stretch, range; amount to, measure up to, run to, come to, (**mingi summani**) total up to; (**arvult**) number, reach

esile ulatuma stick out

ligikaudu ulatuma approach

välja ulatuma jut out, project, protrude

üle ulatuma overlap, tower

ulatus reach, extent, stretch, range, dimension, spread, area, scope, sweep

kiviviske ulatuses stone's throw away/from, at a striking distance

suures ulatuses on a vast/large scale

ulatuslik extensive, comprehensive, far-reaching, sweeping

ulatuslikult extensively, comprehensively

ulg howl, wail

ulguma howl, rave, wail

ulgumeri high sea(s), open sea

ulgumine howl, wail, rave

uljalt daringly, bravely, valiantly, gallantly, dashingly

uljas daring, brave, valiant, gallant, dashing

uljaspea daredevil

uljus daring, bravery, valour, gallantry, dash

ullike silly person, silly

ulme fantasy

ulmekirjandus science fiction, sci-fi

ulmekirjanik science fiction author

ulmeline fantastic(al)

ulmelisus irreality

ultimaatum ultimatum (*pl* -tums, -ta)

ultimatiivne categoric(al), absolute, definite, unconditional

ultra- ultra-

ultraheli ultrasound

ultraheli- ultrasonic

ultraviolett- ultraviolet

ultraviolettkiirgus *füüs* ultraviolet radiation, UV

ultraviolettlamp sunlamp, sunray lamp, ultraviolet lamp

ultusäär (**kangal**) selvage, selvedge

ulualune shelter, cover, refuge, accommodation, housing, lodging, harbourage, (AmE) harborage

uluall sheltered, under shelter; (**öömajal**) put up, lodged

ulualust andma accommodate, give shelter, provide with shelter, roof, house, put up, lodge, harbour, (AmE) harbor

U

uluk game (*pl* game), wild animal
uluki- game
ulukiliha game, venison
uluma → **ulguma**
umbekasvanud overgrown
umbes (ligikaudu) about, approximately, circa, around, some, something like; (ummistunud) blocked, filled up, closed; (toru kohta) choked, clogged; (kehaliikme kohta) swollen
   umbe ajama (teed) block; (toru) choke, clog
   umbe kasvama overgrow, become overgrown, choke with weeds
   umbe minema (ummistuma) choke, clog; (tee kohta) become blocked up, (kehaosa kohta) become swollen
umbisikuline *lgv* impersonal
umbkaudne approximate, rough, round
umbkaudu approximately, about, roughly, more or less
   umbkaudu määrama approximate, estimate
umbmäärane *lgv* indefinite
umbne close, stuffy, oppressive; (kopitanud) musty, frowzy
umbrohi weed(s)
   umbrohi ei kao ill weeds grow apace
   umbrohtu kasvama become overgrown (by weeds), get weedy
   umbrohtu kitkuma weed
   umbrohtu täis weed-grown, weedy
umbropsu at random, at haphazard, at a venture, (AmE) at an off-chance, (pimesi) blindly, in the dark

umbsool *anat* blind gut, caecum
umb(s)us closeness, stuffiness, oppressiveness, frowziness
umbsõlm simple knot, difficult/hard knot
umbtänav blind alley, close, cul-de-sac, dead end street, impasse
umbusaldama distrust, mistrust, have no confidence in
umbusaldus distrust, mistrust, discredit
umbusaldusavaldus vote of censure, vote of no confidence
umbusk disbelief, incredulity
   umbusuga suhtuma disbelieve, look askance (at), take something with a pinch of salt
umbusklik distrustful, doubtful; incredulous, disbelieving, distrustful, mistrustful, (kahtlustav) suspicious
ummik deadlock, dead end, stalemate, congestion; *kõnek* mess, jam; (liiklus-) traffic jam
   ummikusse ajama stump, corner
   ummikus olema be stuck, be in a deadlock
ummisjalu headlong, rashly, hotfoot
ummistama block up, choke, clog, jam, stop up, congest
ummistuma choke, clog, be clogged, be stopped up, congest
ummistunud choked, clogged
ummistus choke, cloggage, congestion, obstruction
unarus oblivion, neglect
   unarusse jätma neglect, leave uncared for, bury in oblivion
   unarusse jääma pass into silence, sink into oblivion
undama howl, boot, boom; (kõrvus undama) tingle, ring, buzz

U

undamine howl, hooting, boom; (kõrvus) tingling, ringing (in the ears)

undiin (vetevaim) undine

undruk skirt; (alus-) petticoat

uneaeg bedtime, time for bed, sleeping time

unearter *anat* carotid (artery)

unehäire *med* disorder of sleep

unekott sleepyhead, lie-abed

unelaul lullaby

uneleja dreamer

unelema dream, daydream, moon (over)

unelemine reverie, dreaming

unelev dreamy

unelm dream, daydream

unelmatemaa dreamland, cloudland

unelus reverie

unenägu dream, (painav) nightmare

unepuudus *med* insomnia
　unepuuduse all kannaja insomniac

unesegane sleepy, drowsy

unetablett sleeping pill, sleeping tablet

unetarve need for sleep

unetu sleepless, wakeful, insomniac

unetus insomnia, sleeplessness, wakefulness

Ungari Hungary; Hungarian

ungari Hungarian

ungarlane Hungarian

uni sleep; (unenägu) dream
　sügavas unes fast asleep, sound asleep; *kõnek* dead to the world
　und nägema dream
　unes kõndima sleepwalk

unifitseerima unify

unifitseerimine unification

unihiir dormouse

unikaalne unique

unikaalsus uniqueness

unilateraalne unilateral

unimagun *bot* white poppy, opium poppy

unimüts sleepyhead

unine sleepy, drowsy, dozy, somnolent

uniselt sleepily, drowsily

unisoon *muus, ka ülek* unison

unisoonis *muus, ka ülek* in unison

unistaja dreamer; *ülek* stargazer

unistama dream, daydream, fantasize, indulge in fancies, be lost in reverie, moon (over)

unistamine dreaming, daydreaming

unistav dreamy, visionary, moony

unistus dream, daydream, reverie

unistuslik dreamy

unisus sleepiness, drowsiness, drowse, somnolence

unitaarne unitary

unitarism unitarism

universaal-, universaalne universal, all-purpose, multi-use

universaalauto station wagon

universaalsus universality, flexibility

universum universe, cosmos

unts ounce

untsiaalkiri uncial (writing)

untsus be a failure, be a flop, sour
　untsu keerama spoil, botch, foil, balk, baulk, screw up, mess up
　untsu minema fail, flop, go wrong, go to pot

ununema be forgotten, fall into oblivion, slip one's mind

unustaja forgetter; forgetful (person)

unustama forget, neglect, omit, leave

U

ennast unustama lose oneself in
maha unustama leave behind
unustamatu unforgettable, never-
to-be-forgotten
unustamine forgetting, neglecting,
omitting, (**maha unustamine**) leav-
ing behind; (**hajameelsus**) forget-
fulness, absent-mindedness
unustatud forgotten
unustus forgetfulness, oblivion
unustuse hõlma vajunud buried
in oblivion, forgotten
upakil (**isiku kohta**) toppling, stoop-
ing, bending double; (**eseme koh-
ta**) half-overturned, tumbling
down
uperkuuti head over heels, head
first
uperkuuti lendama topple over/
down, tumble
uperpallitama fall head over heels,
tumble, somersault
upitama lift, raise, hoist (up), pull
up, give a bunk-up; *ülek* boost,
push up
uppis lying upside down, the wrong
end/side up, knocked down
uppi lendama tumble, topple
over/down; *ülek* fail
uppi lööma knock down/over,
tumble
uppuma drown, be/get drowned,
sink, (**laeva kohta**) founder
uppumisoht danger of drowning
uppunud drowned, sunken
ups oops, whoops
upsakalt proudly, arrogantly,
haughtily, superciliously
upsakas proud, arrogant, conceited,
haughty, supercilious, presumptu-
ous, bigheaded, high and mighty,
snooty, stuck-up

upsakus pride, arrogance, conceit,
haughtiness, superciliousness,
presumption
uputama drown, sink; (**üle ujutama**)
overflow, flood, swamp; (**laeva
uputama**) scupper, scuttle
üle uputama be deluged, flood,
drench, overwhelm
uputus flood, deluge, inundation
uraan *keem* uranium
urahtama growl, grunt, snarl
urahtus growl, grunt, snarl
urb catkin
urbaniseerima urbanize, urbanise
urbaniseeruma be/become urban-
ized/urbanised
urbne porous, spongy
urbsus porosity, sponginess
urg burrow, cave, den, hole, lair
urgu õõnestama burrow
urgas den, hole, dive; *sl* dump, joint
urge *anat* sinus
urgitsema pick; (**nuhkima**) ferret,
pry, poke
uriin urine
urin growl, snarl; (**torin**) grumble
urineerima urinate; *kõnek* pee, piss,
have/take a piss
urisema growl, snarl; (**torisema**)
grumble
urn urn; (**valimiskast**) ballot box
usaldama trust, confide, believe in,
credit; rely; (**julgema**) dare, ven-
ture
hoolde usaldama entrust, com-
mit, trust
pimesi usaldama have blind/ab-
solute faith/confidence in
täielikult usaldama have every
confidence in
usaldamatus distrust, mistrust, dis-
credit

U

usaldatav reliable, safe, trustworthy, dependable, loyal, solid, stalwart, staunch, steadfast, tried and tested

usaldav trusting, trustful, confiding, unsuspicious

usaldus confidence, faith, trust; belief, credence, credit, reliance

    usaldust kaotama be discredited

    usaldust kuritarvitama breach confidence/trust

usaldusalune confidant(e)

usaldusfond *maj* trust (fund)

usaldusisik trustee, confident, authorized person/representative

usalduslik confidential, heart-to-heart

usalduslikkus confidentiality

usalduslikult confidentially, in confidence

usaldusväärne trustworthy, reliable, dependable, faithful, credible, authentic

    usaldusväärne allikas authority, reliable source

usaldusväärselt trustworthily, faithfully, reliably, credibly

usaldusväärsus authenticity, trustworthiness, faithfulness, reliability

usin diligent, assiduous, industrious, hard-working, studious

usinalt diligently, assiduously, busily

usinus diligence, industry, assiduity, application

usjas snaky, vermicular

usk belief, faith, trust, credit, credence; (**usund**) religion

    kindel usk expectation, firm belief, eternal faith

    pime usk unquestioning faith, implicit faith

    mul ei ole temasse usku I have no confidence in her/him

    hea usu peale on trust

    heas usus in good faith, bona fide

usklik religious, believing, believer

usklikud believers, the faithful

uskmatu (**umbusklik**) incredulous, unbelieving; (**mitteusklik**) irreligious, unbeliever; (**pagan**) infidel, pagan, heathen

uskudes in the belief that

uskuma believe, credit, have faith, trust, hold; *kõnek* swear by

    pimesi uskuma take sth on trust

    uskuma panema make sb believe, convince

    usu mind believe me

    uskuge või mitte believe it or not

uskumatu incredible, unbelievable, beyond belief, fantastic, fabulous, implausible

uskumatult incredibly, unbelievably, beyond belief

uskumatus disbelief, incredibility

uskumus belief, tenet

uss snake, viper, serpent; (**vagel**) worm, maggot

ussiauk wormhole, worm burrow

ussihammustus snakebite

ussimürk venom, snake poison

ussinahk slough, snakeskin

ussipesa nest of snakes; *ülek* den of vipers

ussisugu viperous brood

ussitama become worm-eaten, get wormy

ussitanud worm-eaten, wormy

ussnugiline helminth

ussripik appendix

ussripikupõletik *med* appendicitis

U

ust! (hüüd koera peletamiseks)
shoo!, scat!
ustav faithful, loyal, devoted, true,
trusty, reliable, stalwart, staunch
ustavalt faithfully, loyally, devot-
edly, truly
ustavus faithfulness, loyalty, true-
ness, faith, fidelity, devotion, de-
votedness, attachment
usufanaatik religious fanatic
usuhull religious fanatic/maniac
usukannataja martyr
usukomme (religious) rite, observ-
ance, ordinance
usukombeid täitma practise
usukommete täitmine religious
observance, practice
usulahk (religious) sect, denomina-
tion, cult
usuline religious, of faith
usund religion, religious system,
faith
usundiline religious
usupuhastus reformation
usupuhastuspüha annual com-
memoration of the Reformation
usurpaator usurper
usurpeerima usurp
ususalgaja apostate, renegade
ususalgamine apostasy
ususallivus (religious) toleration
usutalitus religious ceremony, rite
usutav believable, credible, plausi-
ble, probable, authentic
usutavus credibility, plausibility,
authenticity
usuteadlane theologian
usuteadus theology, divinity
usuteaduslik theological
usutlema question, interview
usutlus questioning, interview
usutunnistus confession of faith,

creed, credo (*pl* -os)
usuvabadus religious liberty/free-
dom
usuvahetus change of faith/reli-
gion, conversion
usuvastane antireligious
usuõpetaja teacher of religion,
catechist
usuõpetus religious instruction
usuühing religious society
utiil scrap, wastage
utiliseerima utilize, utilise, reclaim,
recover
utiliseerimine utilization, utilisation
utilitaarne utilitarian
utilitarism utilitarianism
utma burn by a slow fire, distil, ex-
tract, carbonize, carbonise, retort
utmine burning by a slow fire, dis-
tillation, low-temperature car-
bonization/carbonisation
utoopia utopia
utoopiline utopian
utopist utopian
utreerima exaggerate, overdo, carry
to extremes, go/run to extremes
utreerimine exaggerating, overdo-
ing
utsitama incite, goad, push, hurry
utt ewe
uudis (a piece of) news, (**uudisasi**)
novelty
jahmatav uudis startling news,
bombshell, eye-opener
uudisegrupp *inf* news group
uudiseriider *inf* news reader
uudiseserver *inf* news server
uudishimu curiosity, inquisitiveness
uudishimu äratama arouse cu-
riosity, intrigue
uudishimulik curious, inquisitive,
nosy, nosey

U

uudishimulikult curiously, inquisitively, in curiosity

uudishimutsema be curious, be eager to know, be inquisitive, poke about, rubberneck

uudiskaup novelty

uudiskirjandus recent literature

uudislooming new creation

uudismaa new land, newly broken land, virgin soil/land, newly reclaimed land

uudistama wonder (at), look at in curiosity

uudistoode new product line, product innovation

uudne new, novel, fresh, of recent origin, modern

uudsus newness, novelty, freshness, recentness

uuendaja innovator, reformer, renewer; renovator

uuendama renew, update, bring up-to-date, modernize, modernise, innovate, (**muutma**) reform, (**parandama**) renovate

uuendamine renewal, bringing up-to-date, modernization, reforming, reorganizing, innovating

uuendus renewal, innovation, reform, renovation, modernization, improvement

uuenduslik innovatory, reformatory, avant-garde

uuendusmeelne innovatory, reformatory

uuenema become new, revive, reform

uuesti again, anew, afresh, once again, once more, re-

uur pocket watch, wrist watch

uure groove, furrow; *geogr* gully

uurendama engrave

uurija investigator, researcher; (**maade-**) explorer

uurima examine, investigate, look into, go into, inquire, inspect, scrutinize, scrutinise, scan; (**teaduslikult**) research, study; (**maasid, meresid**) explore
  edasi uurima follow up
  järele uurima examine, investigate, inquire (into), find out, probe, wise up
  läbi uurima examine, elaborate
  välja uurima → **järele uurima**
  üksikasjalikult uurima follow up

uurimine examination, investigation, inquiry, scanning, scrutiny, search; (**teaduslik**) research, study; (**maade-**) exploration, (**kohtulik**) inquest

uurimismeetod research method

uurimisobjekt object of investigation/research

uurimisreis expedition

uurimistöö → **uurimus**

uurimus research, study, treatise, essay, paper, disquisition, analysis, investigation, survey

uuring exploration, examination, investigation, inquiry, test, study

uuristama scoop out, hollow out, groove, furrow, channel; (**vee kohta**) wear away, erode; (**õõnestama**) undermine, sap
  käiku uuristama tunnel
  läbi uuristama bore
  sisse uuristama engrave

uuristus hollowing out, scooping out; engraving, erosion, undermining

uurits burin, graver, graving tool

uuriv investigative, examining, inquisitive, searching

uus new, novel, modern, fresh, recent
  täiesti uus in mint condition
uus- neo-
uusaasta New Year
uusasukas (new) settler, migrant, immigrant
uusasunik (new) settler
uusehitis new building, newly erected building
uusim newest, latest, up-to-date
uustulnuk newcomer, new arrival, novice, recruit; *kõnek* greenhorn
uusversioon remake
uutma → **uuendama**
uutmine → **uuendamine**
uvertüür *muus* overture

U

V

vaablane hornet, **(taimekahjur)** sawly

vaade (pilk) look, **(vaatepilt)** sight, aspect, look, **(arvamus)** opinion, view, outlook, perception, prospect, **(minevikku)** retrospect

vaade linnulennult bird's-eye view

vaadiõlu draught

vaagen dish, **(kauss)** basin, bowl, **(puust)** platter; *anat* pelvis

vaagima ponder, consider, think over

vaagimine consideration

vaagna- *anat* pelvic

vaakum vacuum

vaakumpakitud vacuum-packed

vaal whale, **(grööni)** bowhead

vaalapüük whaling, whale fishing

vaap (email) enamel, **(glasuur)** glaze

vaarao pharaoh

vaarema great-grandmother

vaarikas raspberry

vaaritama cook, do cooking, prepare (a meal)

vaaruma stagger, reel, teeter, **(vankuma)** falter

vaas vase, bowl

vaasi- bowl

vaat barrel, cask, butt, drum, **(väike)** keg

vaata take care of

vaatajaskond audience, public, people out front

vaatama look at/upon, behold, **(vaatlema)** watch, check, see, turn, **(vargsi)** peep

ainiti vaatama stare, gaze

ette vaatama look out, watch, watch out

hoolikalt üle vaatama scrutinise, (AmE) scrutinize

järele vaatama look up (in a book), consult (a book); **(hoolitsema)** look after; **(kontrollima)** inspect, supervise

kõrvalt vaatama stand by, be an outsider, view from the side

kõõrdi vaatama squint, give a sidelong glance

läbi vaatama look through, scan, **(arstlikult)** examine

läbi sõrmede vaatama overlook

otsa vaatama look someone in the eye

pealiskaudselt üle vaatama cast an eye over, run an eye over

pealt vaatama look on

ringi vaatama browse, look round, look about

sisse vaatama look into, glance into

valmis vaatama dash off, rustle up

välja vaatama look out (of), peer out

ükskõikselt (midagi halba) pealt vaatama condone

ülalt alla vaatama condescend, patronize, look down on, talk down to, disdain

üle vaatama look over, review, overhaul, service, survey, view, **(põgusalt)** run over

vaatama minema go round, visit, drop in/by

vaat see juba läheb now you're talking

vaata aga funnily enough

vaata et mind, be sure

vaata ette look out, mind out, watch it, be careful, take care

vaatamata although, despite, in spite of, in the face of, nevertheless, notwithstanding, none the less

vaatamata kõigele after all, against all odds

vaatame let's see

vaatamine viewing, looking, watching

vaatamisväärne scenic, spectacular, worth seeing

vaatamisväärsus sight

vaatamisväärsusi külastama do the rounds, see the sights

vaatamisväärsustega tutvumine sightseeing

vaateaken shop window, (AmE) store window

vaateakende uurimine window shopping

vaatekoht viewpoint, aspect, attitude (towards), angle, perspective, point of view, standpoint, (AmE) *kõnek* slant

vaatemäng show, spectacle, spectacular, **(tore)** pageant

vaatenurk → **vaatekoht**

vaatepilt view, scene, **(vaade)** sight, spectacle, **(kaunis)** picture

vaatepunkt → **vaatekoht**

vaatevinkel → **vaatekoht**

vaateväli field of sight, view

vaatevälja kerkima heave in sight

vaatevälja piirama block (the view/sight)

vaateväljas within/in view

vaatleja lookout, observer, surveyor, watcher

vaatlejana istuma sit in on

vaatlema observe, **(silmitsema)** survey, watch, view, **(kaalutlema)** contemplate, look (at), spot

vaatlus observation, survey, examination

pealiskaudne vaatlus once-over

vaatlusjaam observing station; observatory

vaatluskoht lookout, observation place/spot

vaatur *inf* viewer

vaatus act, **(filmil)** sequence

vaba free, available, **(riiete kohta)** casual, clear, devoid, free-for-all, **(lahe)** loose, slack, baggy, roomy, **(tööst vaba)** off, off duty, unoccupied, **(lahti)** open, open-ended, **(koha, istme kohta)** spare, unoccupied, **(ametipost)** vacant

vabaks laskma free, release, discharge, dismiss, liberate

vabaks ostma buy off, redeem

vabaks saama get free, free, be released

vabaks võtma take off

-vaba -free, non-

V

vaba- free
vabaabielu cohabitation
  vabaabielu elama cohabit, live together, sleep together
vabaabielu- common-law
vabadus freedom, latitude, liberty
  vabadusse laskma free, release
  vabadusse pääsema break out (of sth)
  vabadust piirama cramp one's style, tie down
  vabadust võtma take the liberty
vabadusaateline freedom idealist
vabadus(e)armastus love of/for freedom
vabaduses at large, at liberty, on the loose
vabadustarmastav freedom loving
vabadusvõitleja freedom fighter
vabakutseline freelance, freelancer
  vabakutselisena töötama freelance
vabakäe- freehand
vabakäik (autol) neutral gear, **(jalgrattal)** freewheel
vabalt freely, free, **(avameelselt)** openly, **(sundimatult)** at ease, easily, fluently, liberally, loosely, ad lib
vabameelne liberal, liberated, open-minded
vabameelsus permissiveness, liberality
vabamõtlemine free thinking, free thought
vabandage excuse me!, I beg your pardon!, pardon me!
  vabandage väga do you mind?
vabandama excuse, forgive, let off, pardon
vabandatav excusable, justifiable

vabandus excuse, forgiveness, pardon, justification; *jur* condonation
  vabandust paluma apologise for sth/to sb, (AmE) apologize
vabandust excuse me, sorry, pardon me
vabanema (lahti saama) get rid of, offload, rid, see the back of, shake off, slip, throw off; **(minema pääsema)** be freed, get free from, be released; **(koormast, ülesandest)** be relieved, become exempt from; **(ruumi kohta)** become vacant
  kiiresti vabanema shrug off, shoulder off
vabanemine disposal, freedom, liberation, release, relief, exemption, **(orjusest)** emancipation
vabanenud rid, free
vabapidamis- free-range
vabapääse free admission
vabariik republic
vabariiklik republican
vabastaja rescuer, liberator, saviour
vabastama free from, set free, rid of, let do of; **(vallandama)** fire, release, dismiss, discharge, lay off; **(koormast, orjusest vms)** liberate, disburden, emancipate, redeem; **(lahti võtma)** disengage, withdraw; **(päästma)** rescue, deliver from, release, save; **(süüst)** discharge; **(kohustusest)** excuse from, exempt from; **(istekohta)** vacate; **(teed)** clear (the road)
vabastatud exempt, released, free
vabastav relieving
vabastiil freestyle
vabastus lib, rescue
vabasurm suicide
vabatahtlik voluntary, free, volunteer, (AmE) elective (subject);

(**mittekohustuslik**) optional, not obligatory

vabatahtlikult voluntarily

   vabatahtlikult tegema volunteer

vabaõhu- open-air, outdoor

vabin shiver, quiver, shudder, trepidation

vabisema shiver, shudder, quake (with/for)

vabisev shivery, tremulous

vabrik factory, (**puuvilla-, paberi- jne**) mill, plant, works

vada babble, jabber, prattle

vadak (**juustuvesi**) whey; *med* (**vereseerum**) (blood) serum

vader godparent

vadin chatter, prattle, (**patramine**) jabber

vadistaja chatterbox, prattler

vadistama chatter, twitter, (**putrama**) babble

   vadistab nii, et suu vahutab one talks until one froths at the mouth

vadistamine chatter, prattle, babble, gabble

vaeg- deficient

vaegareng infantilism

vaeglugeja *med* dyslexic

vaeglugemine *med* dyslexia

vaegus poverty

   vaegust kannatama starve

vaen enmity, hostility, (**kibedus**) bad blood, (**vaenulikkus**) ill blood, strife

   vaenu põhjustama antagonise, (AmE) antagonize

   vaenu tundma feel hostility/enmity/disaffection

   vaenu üles näitama have one's knife into one

vaene poor, deprived, (**rahatu**) badly off, (**hädas olev**) destitute, devoid,

(**vilets**) shabby

   vaene kui kirikurott as poor as a church mouse

vaenelaps orphan; *ülek* maverick

vaenlane enemy, adversary; *luul* foe

   vaenlaseks tegema antagonise, make an enemy of, (AmE) antagonize

vaenlas- hostile, enemy

vaenu- hostile

vaenujalal at daggers drawn, at loggerheads

   vaenujalal olek confrontation

   vaenujalal olema feud, be at loggerheads (with sb)

vaenulik hostile, adverse, antagonistic, (**tige**) virulent

vaenulikkus enmity (of/against), animosity, hostility, aggression, antagonism (to/between)

vaenulikult balefully

vaenutegevus hostility

vaenutsema feud, be at enmity/loggerheads

vaenutsemine feud

vaenuvägi enemy forces

vaesed needy, the poor, paupers

vaesem worse off

vaesestama impoverish, pauperize

vaesestuma become poor

vaesestumine impoverishment

vaeslaps → **vaenelaps**

vaesteagul slum

vaesuma impoverish

vaesunud impoverished, poverty-stricken

vaesus poverty, need, bankruptcy (**puudus**) want, (**äärmine**) destitution, extreme poverty, penury, (**armetus**) misery, (**vaimne**) intellectual poverty

V

vaesuspiir subsistence, poverty line
vaev trouble, (**hool**) pains, (**tülin**)
bother, discomfort, effort, (**kitsi-kus**) hardship, (**töö, pingutus**) labour, fatigue, fag, (**mure**) worry
vaeva eest for one's pains/trouble
vaeva nägema be at pains, take pains (with), take trouble (with), labour (for), toil
vaeva väärt olema worth, be worth-while
vaevaks võtma bother, take the trouble, go out of one's way, put out
vaevast säästma save oneself the trouble
pole vaeva väärt not worth powder and shot
ärge nähke minu pärast vaeva don't let me trouble you
vaevades in the throes of
vaevaline (**raske**) arduous, laborious, toilsome, (**tülikas**) cumbersome, hard, heavy going, troublesome, (**pingutatud**) laboured, leaden
vaevaliselt painfully, laboriously, plaintively
vaevalt scarcely, (**napilt**) barely, faintly, (**vaevu**) hardly, not very, unlikely
vaevalt kunagi once in a blue moon
vaevalt küll scarcely
vaevama (**tülitama, koormama**) trouble, pester, (**tüütama**) worry, harry, nag, disturb, haunt, bother, bedevil, bug, distress, (**piinama**) plague, torment, afflict, (**närima**) prey on, gnaw (at)
vaevanõudev painstaking, awkward

vaevarikas → **vaevaline**
vaevata easily, effortlessly
vaevatu effortless, easy
vaevatud fagged out, fraught, harassed, harried, pinched, (**murest**) careworn
vaevlema exert, (**piinlema, muretsema**) worry (about), (**igatsusest**) pine, languish
vaevu just, little, only just, scarcely, barely
vaevukuuldav inaudible
vaevuma bother, take the trouble
vaevumärgatav slight
vaevumärgatavus slightness
vaevus trouble, worry; *med* complaint, malaise
vaga devout, holy, pious, saintly
vaga kui lammas as meek (or gentle) as a lamb
vaga vesi, sügav põhi still waters run deep
vagaks tegema *sl* kill a person, (AmE) bump off
vagabund vagabond, drifter
vagadus piety, devoutness
vagatseja puritan, devotee
vagatsev sanctimonious; *sl* pi
vagel worm, grub, maggot
vagonett (**söekaevanduses**) tram, (**madal**) trolley, dog
vagu furrow, groove, (**külvi-**) drill
vagusid ajama furrow
vagun (**raudtee-**) carriage, coach, (AmE) car; wagon, waggon
vagunisaatja guard, (AmE) conductor
vagur quiet, still, (**leebe**) meek, lamblike, (**taltsas**) tame
vaguraks jääma calm, calm down
vaguralt meekly, tamely

V

vagurus meekness, gentleness
vaha wax, polish
vahakarva waxen, wax-coloured
vahakuju wax figure, **(elusuurune)** waxwork
   vahakujude muuseum waxworks
vahaküünal wax candle, **(peenike)** taper
vahane waxy
vahariie wax cloth, oilcloth
vahatama wax
vahe **(terav)** sharp, keen; **(erinevus)** difference, distinction, gap, space; **(vaheaeg)** break
   vahet pidama take a break
   vahet pooleks jagama split the difference
   vahet tegema tell apart, tell the difference, can't tell apart, differentiate, discriminate, distinguish
   vahet pole nothing to choose between
vahe(lt)kasu profit, clear net, margin (AmE) *sl* rake-off
vaheaeg break, interlude, (AmE) vacation, holiday, interlude, **(näidendil)** interval, **(kooli-)** recess
   lühike vaheaeg (AmE) intermission
   vaheajale minema break up
vaheaegadega at intervals, on and off
vahedus sharpness, keenness
vahejoon intermediate line
vahejuhtum incident, episode
vahek lead
vahekiht intermediate stratum/layer
vahekoht gap, interspace, **(tee-)** parting (of the ways)
vahekohtunik arbiter, arbitrator, go-between, referee, **(er spordivõistlustel)** umpire

vahekohtunik olema arbitrate, referee, umpire
vahekohus arbitration
vahekord relation(ship), footing; **(suguline)** intercourse; **(paras)** proportion, **(suhe millegagi)** ratio
   õiges vahekorras in proportion, in the due proportion
   vahekorda rikkuma drive a wedge
   vahekorra klaarimine showdown
vahekäik aisle, gangway
vahel between, in between, **(hulgas, seas)** among(st), inter; **(mõnikord)** sometimes, occasionally
   vahel harva once in a while
vahelagi inserted ceiling
vahelapp spacer
vaheldama alternate, interchange
vahelduma vary, change, rotate
vaheldumine alternation, rotation, varying
vaheldumisi alternately, by turns
vaheldus change, **(muutus)** variation
   kirev vaheldus kaleidoscope, fancy, omnifarious
   vaheldust pakkuma make a change
vahelduseks for a change
vaheldusrikas chequered, varied, eventful
vaheldusrikkus kaleidoscope
vahelduv variable, varied, sporadic, **(muutlik)** changeable, alternate, intermittent
vahele between, **(hulka)** among(st)
   see jäi kahe silma vahele it was overlooked
vaheleht insert
vahelejätt omission, skip
vahelekirjutis interline
vahelepandav insertable

V

vahelepanek insertion, interposition

vahelesegaja heckler

tüütu vahelesegaja busybody

vahelesegamine heckling, interruption, intervention

vahelesegav interfering

vahelihas diaphragm, midriff

vahelik (seen) involute paxillus

-vaheline inter-

vahelmine intermediate, (keskmine) medium, average

vaheltkasu gain, profit

vahemaa distance, way, length, stage

vahemaandumine intermediate landing

vahemees arbitrator, intermediary, (vahekohtunik) arbiter, (vaheltsobitaja) mediator

-vahemik span

vahemälu *inf* cache (memory)

vahemärgistus punctuation

koomiline vahemärkus gag

vahend (abinõu) means, (levitamis-) agent, device, mechanism, (võitlus-) medium, (ravi-) remedy, instrument

vahendaja dealer, (vahemees) mediator, negotiator

vahendama liaise, mediate (between), brokerage, intermediate, job

vahendamine mediation, broking, jobbing

vahendid (vara) assets, facility; (rahalised) resource, wherewithal, finance, funds, means

vahendite eraldamine funding

vahenditu mediumless, meanless

vahendus mediation

vahendustasu commission

vahepala inserted piece; *muus, ka ülek* interlude, parenthesis

vahepaus pause, lapse, break

vahepeal meantime, meanwhile; halfway, midway

vahepealne interim, intermediate, intervening, middle

vahepeatus pit stop

vaher maple, (mägi-) sycamore

vaherahu armistice, truce, (ajutine) ceasefire, lull, peace

vaherahu sõlmima cease fire, conclude peace

vaheruum space, interspace

vaheseib washer

vahesein screen, party wall

vaheseinaga eraldama screen off, partition (off)

vahest perhaps, maybe

vahetald insole

vahetalitaja go-between, mediator

vahetama (raha, kohti vm) change, exchange (for sth); (vastastikku) interchange, switch, shift; *sl* swap, swop, trade (for)

kohti vahetama shuffle, shift, change places, transpose

käiku vahetama change up, change down, shift the gear

välja vahetama replace, exchange

ära vahetama exchange; (segi ajama) take by mistake, confuse

ümber vahetama exchange

vahetamine exchange, reversal, (kaupade) truck

vahetatav interchangeable

vahetegemine discrimination

vahetevahel at times, every now and then, in between whiles, now and again, now and then, occasionally, on occasion, sometimes

vahetpidamata at a stretch, nonstop, day in, day out, interminably, solid, thick and fast
  vahetpidamata terve nädala for a solid week

vahetpidamatu unceasing, continual, continuous

vahetpidamatus continuity

vahettegev discriminating

vahetu direct, firsthand, spontaneous

vahetult directly, live, firsthand, immediately

vahetuma give way, change, shift, **(perioodiliselt)** revolve

vahetund break **(ka koolis)**, (AmE) intermission

vahetus change, changeover, exchange, immediacy, **(muutus)** shift, sitting, spontaneity, turn, **(asjade, kauba)** *sl* swap, swop, turn
  öine vahetus night shift
  kolmes vahetuses töötama work in three shifts

vahetuseks in exchange for

vahetusjooks single

vahetuskaubandus barter, exchange

vahetuskaup barter, swap, swop
  vahetuskaupa tegema swap, swop, barter (with sb for sth)

vahetuspesu change

vahetusraha change, **(peenraha)** small coin

vahetusriided change

vahetustööline exchange worker

vahetükk panel

vahevõrk *inf* internetwork

vahi all under arrest, custodial
  vahi all hoidma detain, guard
  vahi alt põgenenud on the loose

vahialune custodial

vahikord watch; *mer* **(lühike)** dogwatch

vahimajake watchman's hut, **(raudteel)** watch box; *mer* roundhouse

vahimees sentry, watchman; *mer* lookout

vahipost sentry, post, guard, station

vahiruum sentry box

vahistama arrest, nick

vahistamine arrest

vahistatu custodial

vahistus custody, arrest

vahitorn watchtower

vaht **(vahi)** lookout, warder, guard; **(vahu)** foam, **(õlle-)** froth, **(seebi-)** lather, **(keetmisel tekkiv)** scum, whip, mousse
  vahtu suust ajama foam at the mouth
  vahti pidama fort, be on guard, stand sentry, watch

-vaht keeper

vahtima glare, stare (at), **(ahnelt)** gloat
  ammuli sui vahtima gape (at), **(juhmilt)** gawp, gawk
  päranisilmi vahtima be all eyes, stare eyes wide open, goggle
  tigedalt vahtima glower
  üksisilmi vahtima gaze at, stare at

vahtimine gaping, gaze
  mis vahtimine see on! *sl* get to work!, get busy!, pull your socks up!
  vastu vahtimist saama get a smack in the eye

vahtkond *sõj* guard

vahtkumm foam

vahtplast foam

vahukoor double cream, whipped cream

vahukoorekook trifle
vahukreem mousse
vahukulp skimmer, skimming ladle
vahune foamy, scummy (liquid), (**seebi-, higi-**) lathery
vahustama whip, whisk
vahusti whisk, mixer
vahustuma become foamy
vahutama foam, froth, (**seebi kohta**) lather, (**veini kohta**) sparkle
ta räägib nii, et suu vahutab peas he talks nineteen to the dozen
vahutamine foaming
vahutav fizzy, foaming, frothy, (**vein**) sparkling
vahuvein champagne; *sl* bubbly
vahva (**vapper**) brave, courageous, gallant (soldier), (**julge**) bold, (**tubli**) spirited; *kõnek* brilliant (idea), first-rate, fine
vahvel waffle, wafer
vahvus bravery, boldness, prowess, spirit, valour
vai peg, (**teivas**) picket, pole, stake
vaiadega märgistama peg out, stake out
vaib vibes
vaibuma weaken, fade (away), die away/down, (**raugema**) drop, (**lakkama**) pass off, (**alanema**) abate, (**palaviku kohta**) subside, slacken
vaibumatu unweakened, undying (interest), unabated
vaibumine fading, (**alanemine**) subsidence
vaibuv dying, fading
vaid but, just, only, alone
vaidleja disputant, (**osav**) debater
vaidlema argue, debate, dispute, cross swords (with), have words, quibble
vastu vaidlema argue (against),

dispute, contradict, protest, challenge
vaidlus argument, (**sõnasõda**) controversy, debate, dispute, disagreement
äge vaidlus heated discussion
vaidluse all under discussion
vaidlusala battleground
vaidlusalune contentious
vaidlushimuline argumentative, (**isik**) controversialist
vaidlushimuliselt argumentatively
vaidlusküsimus issue, question at issue, contention
vaidlusküsimust tegema make an issue of
vaidlustama challenge, contest, protest, take up on, (**testamenti**) dispute (a will)
vaidlustamine challenge
vaidlustatav negotiable
vaieldamatu outright, undeniable, undisputed, undoubted, unquestionable
vaieldav a matter of opinion, arguable, debatable, disputable, in dispute, contentious, controversial, negotiable, questionable
vaier cable, wire rope
vaigistama allay, appease, sooth, placate, calm, deaden, lower, salve, (**rahustite abil**) tranquillise, (AmE) tranquilize, (**beebit**) lull
vaigistamine appeasing
vaigistav quieting, soothing, sedative (drug)
vaigune resinous
vaik resin, wax
vaike- *inf* default
vaikevorming *inf* default format
vaikelu still life
vaikides tacitly, silently

V

vaikima be silent, keep silence, remain silent, become silent, hold one's speech
  maha vaikima hush up, keep silent, (**tõde**) suppress
  vaikima sundima muzzle, shout down, squash, silence
vaikimine silence
vaikimisi (by) default
vaikimisvannet võtma swear a person to secrecy
vaikiv silent, reticent, tacit, still, tight-lipped
vaikne silent, still, (**rahulik**) quiet, tranquil, faint, hushed, low, placid, serene, slack, soft, taciturn
  vaikseks jääma sink, quieten
  vaiksemaks keerama turn down
vaikselt silently, quietly, still, softly, serenely
vaikus stillness, silence, hush, (**rahu**) quiet, (**tuule-**) calm, (**mere-**) lull, reticence, tranquillity
  vaikus enne tormi calm before the storm
vaim ghost, spirit, (**metsa-**) sprite, (**kaitse-**) genius; (**mõistus**) mind, intelligence, wits
  keha ja vaim body and mind
  kuri vaim demon
  vaimude väljakutsumine séance, seance
  vaimudega suhtleja medium
vaimne spiritual, intellectual, (**tegevuse kohta**) mental, psychiatric
vaimselt mentally, spiritually
vaimsus spirit, inwardnesss
vaimu- mental
vaimuhaige insane, lunatic, mentally ill
vaimuhaigla mental home, asylum, institution

vaimuhaigus insanity, psychosis
vaimuhiiglane giant
vaimuinimene intellectual, (AmE) *sl* egg-head
vaimukas witty, bright
vaimulik spiritual; (**kiriklik**) sacred, ecclesiastical, clerical; (**inimene**) clergyman, ecclesiastic, cleric, churchman, chaplain, minister
vaimulikkond clergy
vaimuliku- clerical
vaimupimedus *ülek* blindness, ignorance, state of intellectual unenlightenment
vaimusilmas in one's mind's eye
  vaimusilma ette kerkima come to one's mind's eye
vaimustama inspire, fill with enthusiasm, ravish
vaimustatud enchanted, intoxicated, rapturous, enamoured
vaimustav breathtaking, enchanting, intoxicating, ravishing
vaimustuma get carried away, go into ecstasies, (AmE) *kõnek* enthuse (about)
  (millestki) üleliia vaimustuma *kõnek* go overboard for/about sth
vaimustunud enthusiastic, ecstatic, delirious
vaimustunult enthusiastically
vaimustus ardour, enthusiasm, rapture, zeal
  vaimustuses olema sold on, be in raptures (about, over)
  vaimustust üles näitama enthuse
vaimusünnitis brainchild, creation
vaimuvälgatus *kõnek* brainwave, flash of thought
vaip carpet; (**seina-**) wall hanging, tapestry
  kaminaesine vaip hearth rug

V

vaiba alla lükkama sweep under the carpet
vaibaga katma carpet
vaipkattega fitted
vaipkatus canopy
vaist instinct, acumen, intuition, sixth sense
vaistlik gut, instinctive
vaistlikult instinctively
vait silent, quiet, shut up
  vait jääma break off, stop talking, cut the speech, pipe down, cease speaking; *kõnek* dry up
  vait olema be silent, be quiet, hold one's peace
  vait sundima put the finger to one's lips
  äkki vait jääma *kõnek* clam up
vajadus need, necessity, **(nõue)** requirement
  äärmine vajadus emergency, addiction, demand, occasion
  vastavalt vajadusele play it by ear
  vajadusi rahuldama suffice, meet the needs, supply
  vajadust tundma constrain
  vajadustele vastama fills the bill, fit the bill
vajadused want, exigencies
vajak **(puudujääk)** deficiency, shortage, **(puuduolev osa)** wantage
  vajaka jääma find something wanting, be found someone wanting
  vajaka olema lack, be wanting (in)
vajakajäämine want, shortage
vajalik basic, necessary, needful, needed, essential
  vajalikuks osutuma come in, come handy

vajalikkus necessity, requirement
vajama need, be in want of, require, want
vajuma sink, subside, set, drop, fall, settle, slump
  alla vajuma go down, sink; **(maa kohta)** give way
  auku vajuma sink, **(silmade kohta)** become hollow
  kinni vajuma start to close, closing down
  kokku vajuma collapse, sink down, break down, subside
  lonti vajuma droop, sag
  looka vajuma bend down
  maha vajuma fall down, sink to the ground
  mülkasse vajuma plumb the depths
  norgu vajuma flag
  põhja vajuma subside, go down, sink, settle down
  sisse vajuma cave in
  viltu vajuma sink askew
  ära vajuma fall, flag
vajumine sinking, settlement, subsidence
vajutama press, plunge
  alla vajutama depress, dig, push, strike
  kinni vajutama stop, press shut
  maha vajutama press, weigh down
  peale vajutama press, push, squash, imprint
  sisse vajutama press/squeeze in
vajutamine pressing, stressing, pushing
vajutis weight, ballast
vajutus pressure, push, stress
vakantne free, vacant
vakants vacancy

V

vakatama fall silent

vakka still, quiet, silent

   vakka jääma become silent/ speechless

vaks span

vaksal (railway) station

vakstu oilcloth

vaktsiin vaccine

vaktsineerima vaccinate, immunise, (AmE) immunize

vaktsineerimine vaccination, immunization

valama pour, turn

   maha valama pour down

   peale valama pour on to

   täis valama fill up a glass

   välja valama pour, empty, take out on, vent, cull

   üle valama douse; *ülek* heap

   ümber valama (vedelikku) transfuse, pour over, (**kuju**) recast

   valama nagu oavarrest piss down, rain cats and dogs

valamine pouring, pour

valamu sink, washbasin

valand cast, casting, ingot

valang flood, round, (**kuulipildujast**) burst

vald parish

valdaja occupier, possessor, proprietor

valdama possess, own, occupy, dominate, handle; (**keelt**) know, command; (**haarama**) seize, overcome

valdamine possession, occupancy, occupation, (**keele**) command, mastery, (**omandi**) tenure

valdas (**tõkkepuu**) turnpike, (**kaevuvinn**) swipe

valdav dominating, prevailing, mighty

valdkond aspect, domain, line, realm, field, sphere

   reguleerimata valdkond grey area

valdus ownership, possession; (**võimu all olek**) occupancy

   valdusse võtma occupy, seize, possess

valdushimuline possessive

valdusühing *maj* holding company

vale false, wrong, bad, falsehood, inaccurate, lie, out, spurious, story, untrue, untruth, unfair

   tühine vale fib

vale- fake, false, mis-, pseudo-, assumed

valearvestus miscalculation

valedevõrk tissue of lies

valehäire false alarm, hoax

valekaebus calumniation, false accusation

valelik lying, deceitful, dishonest, untruthful, two-faced, bent

valelikkus deceitfulness, dishonesty, lying

valelikult deceitfully, dishonestly

valelähe false start

valem formula

valendama gleam, shimmer, lighten

valendav luminous, shimmering

valendus shimmer, lightness

valenimi alias, (**varjunimi**) pseudonym

valentiina valentine

valentin valentine

valentinipäevakaart valentine card

valesti wrong, wrongly, amiss, awry, falsely, flat, out of tune

valetaja liar, (**luiskaja**) fibber, storyteller

valetama lie, fib, lie in one's teeth, lie through one's teeth

valetab nii et suu suitseb *kõnek*
lies like truth, lies like a trooper
valetamine falsehood, lying
valetav lying
valetunnistaja false witness, perjurer
valetunnistus false testimony
valevanne perjury
valevus lightness, luminosity
valg(a)la catchment basin
valge white, light
    määrdunud valge off-white
    valgeks minema get light
    valgemaks tegema lighten
    nagu valge vares stick out like a
    sore thumb
valgeharjaline frothy
valgekaartlane *aj* white guard
valgekrae white-collar
valgenahaline white
valgendama whiten, (**lupjama**)
    whitewash
valgendamine whitening
valgenema dawn, clear up
valgeplekk tin
valgepöök hornbeam
valgetuhkur ferret
valgevask brass
valgeveresus *med* leukaemia
valguma flood, pour, spill, trickle,
    drain away, run
    laiali valguma disperse, scatter
valgus light
    pimestav valgus glare, dazzle
    õiges valguses in its proper perspective
    valguse ees olema stand in one's
    light
    valgust heitma cast, cast light on,
    shed light on, throw light on
valgus- photo-
valgusaasta light year

valguses in the light of, light
valgusfoor traffic light, (AmE)
    stoplight
valguskiir ray of light
valguskoopia photocopy
valguskopeerima photocopy
valgusküllane bright, sunlit
valgusküllasus brightness
valguslaik luminous spot; *foto* flare
    spot
valguspilt slide
valgussõõr spotlight
valgustama cover, illuminate, light
    up, shine; (**selgitama**) enlighten,
    explain; *foto* expose
    läbi valgustama illuminate; *med*
    X-ray
valgustamine lightning; *foto* exposure; (**selgitamine**) explanation,
    enlightening
valgustatus light, lightening, *ka*
    ülek illumination
valgustav enlightening, illuminating
valgusti lamp, luminary
valgustundlik (light) sensitive, photosensitive
valgustundlikkus (light) sensitivity
valgustus illumination, light, lighting; (**selgitus**) explanation, enlightenment
valgustuslik enlightening
valgustusrakett flare, star shell; *sõj*
    light rocket
valgustustöö enlightenment
    valgustustööd tegema enlighten,
    explain
valgusvihk beam, chink, spotlight
valgusõpetus *füüs* optics
vali loud, draconian, hard, strict
    väga vali ear-splitting
valija elector, constituent

valijad electorate, constituency
valijas- electoral
valijaskond constituency, electorate, constituent body
valik choice, selection, option, pick, assortment, range, variety, will
 looduslik valik selection
 omal valikul of one's choice
 vabal valikul out of choice
valik- assorted, choice
valikuline elective, optional
valikuvabadus option, (**suva**) discretion
 valikuvabadust jätma keep one's options open, leave one's options open
valikuvõimalus option
valikuõigus option
valikvastustega multiple-choice
valim sample, chance control
valima choose, decide on, decide upon, go for, make, opt, opt for, pick on, pick, (**numbrit**) dial, (**valimistel**) elect, vote in
 hoolikalt valima pick and choose
 juurde valima elect in addition to, co-opt
 valimata jätma vote out
valimatu indiscriminate, wholesale, vulgar (expression)
valimik choice, selection
valimine choice, election, selection
valimis- electoral
valimised *pol* election, poll
 erakorralised valimised *pol* extraordinary elections
 valimistel võitma *pol* get in
valimiseelne *pol* pre-election
valimishääletus *pol* poll
valimisjaoskond *pol* polling station, (AmE) precinct
valimiskampaania *pol* hustings,

election campaign
valimiskast *pol* ballot box
valimispiirkond *pol* ward, (AmE) district
valimispunkt *pol* polling station
valimisringkond *pol* constituency
 valimisringkonna liige constituent
valimissedel *pol* ballot paper
valimisvõitlus *pol* hustings, election campaign
valimisõigus *pol* suffrage, franchise
valing torrent, (**vihma-**) *ka ülek* shower
valitav eligible, at choice, (**aine kohta**) optional, (AmE) elective
valitseja administrator, ruler, sovereign
 valitsejaks saama ascend
valitsejanna (**käskijanna**) mistress, queen, sovereign
valitsejasugu dynasty
valitsema rule, reign, administer, govern, master, predominate, prevail, dominate, sway
 ennast valitsema control oneself
valitsemine administration, domination, government, rule
valitsemisaeg reign, rule
valitsemiskord regime, form of government
valitsev ruling, dominant, governing, commanding, predominant, prevailing, prevalent
valitsus government, board, mastery, rule, sway
valitsusaeg administration, reign
valitsusasutus authority
valitsuskabinet cabinet
valitsuspiirkond domain
valiv choosy, picky, selective, fastidious, finicky, pernickety, fussy

valivus selectivity, fastidiousness
valjad bridle
valjastama bridle
valjemaks up, louder
valjenema rise, grow loud
valjuhääldi loudspeaker, speaker
valjuhääldimuusika piped music
valjuhäälne loud, loud-mouthed
valjult loud and clear, (a)loud; severely, rigidly
valjus rigours, loudness
valjusti aloud, loudly, loud
valk protein
valk(aine) albumen
valkjas blonde, blond, whitish
vall wall, (**kaitse-**) rampart, (**muld-**) mould
valla loose, open, slack, off
vallabi wallaby
vallaelanik parishioner
vallaline single, unmarried, unattached
  vallaline mees bachelor
vallandama dismiss, fire, sack, suspend, *kõnek* get the boot, give the boot, get the chop, give one the heave; (**valla päästma**) let loose, unleash, release
vallandamine dismissal, (AmE) *sl* bounce; release
vallanduma loosen, slip, discharge
vallandustoetus discharge allowance, dismissal pay
vallas- illegitimate; *inf* offline, offline
vallasvara movable assets, movables, personal propriety
vallatlema mess about, mess around, run about
vallatlemine frolic
vallatu frisky, mischievous, playful, sly

vallatult playfully
vallatus playfulness, waggery, mischief
  vallatust tegema play
vallikraav moat
vallutaja invader, conqueror
vallutama conquer, invade, take, capture, force, overrun, top, occupy, seize
vallutamine capture, seizing
vallutav invading
vallutus conquest, invasion, occupation
vallutuslik invasive
vallutusretk invasion, raid
valm fable
valmidus readiness, maturity, alacrity
valmikirjanik fabulist
valmima ripen, mature
valmimisaeg season
valminud ripe, mature
valmis ready, complete, done, finished, in season, in the bag, mature, prepared, set, up to, willing; (**küps**) ripe
  valmis olema reckon with, be ready
  valmis olla get set, ready
valmisolek readiness, willingness
valmissaamine completion
valmistaja maker, make, manufacturer
valmistama make, prepare, manufacture, produce, turn out, fashion, improvise
  ette valmistama prepare
  kiiresti valmistama rustle up, throw together
valmistamine making, manufacture, production
valmistatud -made

kodus valmistatud home-made
valmistuma prepare, anticipate; *sport* train
valskus duplicity, falsehood, lie
  valskust tegema cheat, defraud
valss waltz
  valssi tantsima waltz
valts (rull) roller, roll, (pleki servade kokkumurdekoht) fold, welt
valtsima roll, (uuristama) groove
valtsimine roll forging
valtsmetall rolled metal
valu ache, anguish, discomfort, pain, sting
  valu tegema pain, hurt, prick
  valu vaigistama soothe pain
-valu -ache
valudes in the throes of, in pain
valukoda foundry
valulik pained, painful, sore, agonizing
valuline → valulik
valulisus painfulness, agony
valupiste pang, stitch
valupunkt sore point
valus bad, bitter, painful
valusalt painfully, sorely
valutama ache, hurt, play up, smart
valutav painful, aching
valutu painless; *med* indolent
valutult painlessly
valutus painlessness
valutustama numb, deaden
valutööd founding, casting
valuuta currency
  konverteeritav valuuta hard currency, convertible currency
valuutavahetus currency exchange
valuvaigistav soothing, analgesic, (vahend) anodyne
valuvaigisti balm, painkiller
valvaja watcher, guardian

valvama guard, be on the watch for, watch, police, spy, watch over
valvamine watching, guarding
valvas alert, (ettevaatlik) guarded, observant, watchful, vigilant
valve guard, inspection, keeping watch over, lookout
valveahelik cordon
valvekoer watchdog
valvekoht lookout
valvekord watch, (arsti) duty
  öine valvekord vigil
valvel on one's guard, on the lookout, (AmE) *kõnek* on one's toes
  valvel olema be on the lookout, keep a lookout, beware
  valvel seisma stand to attention
valvepost post, sentry
valveruum sentry-box
valves on call, on duty, on the watch for
valvesalk patrol
valvsalt alertly, vigilantly
valvsus vigilance, alertness, watchfulness
valvur guard, warden, (vahimees) watch, custodian, lookout
  valvuri saatel under escort
vampiir vampire
vana old, out of date, aged, clapped-out, decrepit, outworn, stale; old man
  väga vana antique
  vanaks jääma get on, olden
  vanaks saama turn/become obsolete, get old
  vanast harjumusest tegema go through the motions
  vanast kinnihoidev inimene bigot
  vana mees, aga varsa aru there's no fool, like an old fool
vana- great-

V

vana-aastaõhtu New Year's Eve, watch night

vanaaegne antique, archaic, old, old-world

vanadus old age; *ülek* the black ox

vanaduspension old-age pension

vanaeit crone

vanaema grandmother, grandma, granny

vanainimeselik old man's, old-ladyish

vanaisa grandfather, granddad, grandpa

vanakraam lumber, jumble, junk

vanakraamiturg flea market, rag-fair

vanakuri ogre, Old Harry

vanaldane elderly

vanameelne conservative, (**poliitiliselt**) blue, (AmE) Bourbon

vanameelsus conservatism

vanamees old man, (AmE) *kõnek* father

vanameister old master

vanametall scrap metal

vanamoeline old-fashioned, antiquated, archaic, old hat, outmoded, quaint, square

vanamoodne behind the times, dated, old-fashioned, out of date, unfashionable

vanamoodsalt conservatively, unfashionably

vanamoor hag, old woman

vanamutt old woman, crone

vananaisteloba old wives' tale

vananaistesuvi Indian summer

vananema age, olden

vananenud anachronistic, old, aged

vananev ageing, aging, (**iganev**) obsolescent

vanaonu great-uncle

vanapaber waste paper

vanapagan Old Heathen, (**vanakuri**) Old Nick, the devil

vanapiiga spinster

vanapoiss bachelor

vanaproua old lady

vanaraamatukaupmees second-hand bookseller

vanaraud scrap

vanasti formerly, in olden days, in olden times, those

vanasõna proverb, saying

vanataat grandfather, hoary old man

vanatädi great-aunt

vanatüdruk old maid, spinster, *kõnek* on the shelf

vanavanaema great-grandmother

vanavanaisa great-grandfather

vandaal vandal

vandaalitsema vandalise, (AmE) vandalize

vandalism vandalism

vandekohtunik *jur* juror, judge

vandekohus *jur* jury

vandemees *jur* juror

vandenõu conspiracy, plot

vandenõulane conspirator

vandeseltslane conspirator

vandesõna swearword

vandetõotus oath, vow

   vandetõotust andma take an oath

vanduma swear, curse, swear by, vow

   alla vanduma yield, submit, succumb

   kurja vanduma damn, condemn

vandumine bad language, curse, swear

vanem elder, senior, big, parent

   ühe vanemaga pere one-parent family

vanemad parents

naise/mehe **vanemad** in-laws
vanemad inimesed elders
vanemad kui from ... upwards, and upwards
vanemaks jääma grow old, olden
vanemapoolne elderly
vanemlik parenting
vanemus seniority
vanemõde matron, sister
vang captive, convict, prisoner
vangi mõistma condemn
vangi panema imprison, jail, gaol, shut up
vangi võtma capture, take someone prisoner
vangis istuma be in jail/prison
vangis pidama confine
vangikong cell, lockup
vangikoobas dungeon
vangilangenu captive, prisoner
vangipõli captivity, imprisonment, bondage, fetter, prison
vangirauad shackles, fetters, irons
vangistaja captor
vangistama capture, confine, jail, gaol
vangistamine capture
vangistatu captive
vangistatud captive, captured
vangistus confinement, imprisonment, custody, detention, prison
vangivalvur jailer, gaoler, warder, wardress
vangivõtmine capture, seizure
vangla prison, jail, gaol, (AmE) penitentiary
riiklik vangla penitentiary
vangla- custodial
vanglakaristus imprisonment
vanglas behind bars
vanglaülem warden
vangutama wag, shake

pead **vangutama** shake one's head
vangutamine waggle, wobble
vanik wreath, (rippuv) festoon
vanikutega kaunistatud festooned
vanill vanilla
vanim eldest, oldest, firstborn
vanker carriage, cart, castle, wagon, waggon; (males) castle, rook
vankuma reel, shake, totter, vacillate
vankumatu firm, stern, steady, unflinching
vankumatult firmly, steadily, decidedly
vankumatus steadfastness
vankuv rickety, shaky, unsteady, wobbly; *sl* wonky
vankuvus unsteadiness, vacillation
vann bath, bathtub, tub
vanni võtma have a bath; *kõnek* tub
vanne oath, sworn
vande all on oath, under oath
vande alla panema ban
vandega kinnitatud sworn
vannet andma swear
vannikardin shower curtain
vannimatt bathmat, bath, bathe
vannisool salt
vannitama bath
vannitoavaip bathmat
vannituba bathroom
vanuma shrink, (pulstuma) mat, felt
vanumine shrinkage, matting
vanune aged, old
vanunud shrunken, washed-out
vanuri- geriatric
vanurid aged, elderly
vanus age
vanusegrupp age group

V

vanuseline of age
vanutama full, shrink, felt
vanutamine fulling, shrinkage
vaoshoidmine restraint, control
vaoshoitud reserved, collected, low-key, sedate
vaoshoitult sedately
vaoshoitus reserve
vaostama plough
vapikilp shield
vapindus heraldry
vapiteadus heraldry
vapluskramp *med* convulsion, shaking spasm
vapp (coat of) arms
vappekülm *med* chill, shivers
  vappekülmast värisema shiver
vapper bold, brave, fearless, gallant, high-spirited, valiant
vappuma shake, jolt
vapralt bravely, fearlessly, valiantly
vaprus bravery
vapsik hornet, wasp
vapustama shock, jar, stagger
vapustatud shocked, concussed, shattered, devastated
vapustav devastating, ravishing, shattering, shocking, staggering
vapustus shock, concussion, jar, jolt
vara early; (**varandus**) belongings, property, wealth, goods, treasure
  väga vara at the crack of dawn
  vara veel it's early days
varaait treasure house, thesaurus
varad assets, riches
varahoidja curator, treasurer
varahommik early morning
varahommikune early-morning
varajane early, untimely, premature
varajasem earlier
varajasus earliness

varakantsler chancellor
varakas wealthy, rich
varakus richness
varaküps forward, precocious, premature
varal by, force of, on the strength of, by means
varaline financial, property
varamu storehouse
varandus fortune, treasure, substance, property, money
  varandust koguma make money
varanduslik financial, pecuniary, material
varane → varajane
varas thief; *sl* prig
varasalv storehouse
varasem earlier, prior, lapsed
varasemaks forward
  varasemaks tooma put forward, bring forward
varastama steal, make off with; *sl* pinch, swipe, take, walk off
varastamine stealing, theft
varastatud stolen, (AmE) hot
varatu badly off, propertiless
varavalge dawn, daybreak
  varavalgest hilisõhtuni from dawn to dusk
varavalges bright and early
varavalmiv fast-ripening, early
varb stalk
varbaed plashed hedge
varbaküüs toenail
varbkolb plunger
varblane sparrow
varbsein frame
vare wreck, ruin
varem before, beforehand, earlier, formerly, further, jump the gun
  varem või hiljem sooner or later
varemed ruins

varemeteks muutma gut
vares crow
varesejalad scrawl, hieroglyphics, scribble
vargalik thievish, (**petislik**) flash
vargapoiss young thief
vargsi stealthily, furtively, on the quiet, stealth, surreptitiously, tentatively, secretly
vargsi tegema steal
vargsi vaatama sneak, pry (about)
vargus stealing, theft
vari shade, shadow; *ülek* cloak, (**kaitse**) cover, screen, shape
varju heitma cast, overshadow
varju jätma eclipse, shade
varju jääma keep a low profile, overshadow, shade
varju minema take to
varju otsima shelter
varjul hoidma hide, conceal
varjul olema be under cover, sheltered
vari- shadow
variant variant
variatsioon variation
varieerima vary, modify
varieeritav variable
varieeruma range, vary, be modified
varieeruv varied
varieeruvus diversity
varieeruvus variability
varietee variety
varikatus awning, penthouse
varikatusega vabaõhulava bandstand
varing avalanche
varioobjektiiv zoom lens
varipilt silhouette
varisema cave in, collapse
kokku varisema break down, crack, crack up, founder, give way, go to pieces
maha varisema fall off, crumble away, drop away
lootused varisesid kokku hopes were shattered
varisemine dilapidation
variser pharisee, hypocrite
variserlik pharisaic, hypocritical; *ülek* sleek
variserlikkus hypocrisy
varisev ramshackle
varitsema lurk, lie in wait for, skulk, waylay
varitöö cover
varjama hide, disguise, conceal, shade, shelter, overshadow, block, bury, cloak, cover up, gloss over, harbour, hold back, keep from, obliterate, paper over, screen, shield, shroud
varjamata simple, open, overt
varjamatu avowed, explicit, naked, open, overt, undisguised, bare
varjamatult baldly, overtly
varjamatus openness
varjamine concealment
varjatud hidden, covered up, covert, cryptic, latent, secluded, tuck, ulterior, under the table, underlying, veiled
varjatus anonymity, furtiveness
varjav furtive
varjend bunker
varjualune shelter, cover
varjukülg drawback, disadvantage
varjulembene (**taim**) sciaphilous
varjuline shady, sheltered
varjuma hide
varjumine hiding
varjund shade, nuance, tint, glimmer, hint, overtone, tinge, touch

V

varjunimi pseudonym
varjupaik asylum, home, hospice, sanctuary
   varjupaika leidma take refuge
varjupoolne shady
varjurikas shady, bowery
varjus background
varjutama eclipse, overshadow, obliterate, obscure
varjutus eclipse
varmas ready
varn peg
varras (staff) needle, (lipu) pole
   vardasse ajama skewer
varrukaauk armhole
varrukas sleeve
varrukateta sleeveless
vars (tööriista-) handle, haft, helve, (varb) shaft, (taime-) stalk, stem; *zool, anat* pedicel, pedicle
varspiste stem stitch
varss foal, (mära-) filly, (täkk-) colt
   varsa aru *kõnek* the sense of a foal
varsti soon, shortly, presently, before, before long, fast, not just yet, (silmapilk) in a minute
varu store, stock, supply, spare, provision, reserve, fund, holding, backup
   varuks koguma lay in, (sõjaajal) hoard
   varuks olema have something up one's sleeve
   puutumatu varu emergency stock
varu- backup, duplicate, margin
varuaeg leeway
varukoopia *inf* backup
   varukoopiat salvestama *inf* back up
varuma hoard, lay in, stock up, reserve (for), (aega) allow time
varumine provision, storing

varuosa spare part
varustaja supplier, provider
varustama supply (with), furnish, provide, purvey, (toiduainetega) cater, equip (with), fit out, fit up, fit, kit out
varustatud armed, furnished
   halvasti varustatud badly off
   hästi varustatud well off
varustatus state of being furnished/provided
varustus equipment, furnishings, supply, gear, (sõduri/matkaja) kit, paraphernalia, payload, rig, stock, munitions; *mer* tackle
varuväeosad reserve troops
varuväljapääs fire escape
varvas toe; *zool* digit
vasak left
vasakpoolne left-hand, left-wing
vasakukäeline left-handed
vasar hammer, (oksjonil) gavel
vasaraheide throwing the hammer
vasardama forge, hammer, (metalli) work
vasektoomia *med* vasectomy
vaseliin vaseline
vasem left
vasikaliha veal
vasikas calf
vasikavaimustuses potty
vask copper
vaskesemed brass
vaskmünt copper
vaskne copper, of copper
vaskpuhkpill brass
vassija muddle-headed
vassima (segi ajama) tangle, muddle (up), confuse, (soperdama) *sl* muck sth up, (moonutama) distort
vast just now, (only) just
vast- new

vastaline objector
vastama (**vastust andma**) answer, answer to, reply, respond, return, write back; (**vastav olema**) answer to, match, correspond to/with, tally with
  järsult vastama give a curt answer, retort
  nõuetele vastama qualify, meet the requirements
vastamata unanswered
vastamisi face to face, vis-à-vis
  peadega vastamisi head-on
  vastamisi seisma confront
vastand opposite, contrast (to), converse, inverse (of), reverse (of)
vastand- opposite
vastandama contrast (with), juxtapose, set against
vastandamine line-up
vastandina as distinct from, as opposed to, contrary to
vastandlik contrary, opposite, antagonistic, (**vastuolev**) averse (to), conflicting, divergent, (**täiesti**) polar
vastandsõna *lgv* antonym
vastanduma contrast (with)
vastandus antithesis, contradistinction
vastanduv opposite
vastane adversary, antagonist, opposer, contestant, enemy, foe, objector, opponent, rival, competitor, rebel, dissident
  ta ei ole tõsine vastane he is an easy match
  nõrk vastane pushover
-vastane against, anti-
vastas opposite
vastas- against, counter-, opposite
vastasleer opposition

vastasmängija *sport* opposite number, opponent, (**mängukaaslane**) partner
vastasolev opposite, opposed, opposing
vastasrind opposition, opposite party, opponents
vastasrindlane opposition, member of the opposing party
vastasseis confrontation
vastassuunas around, in opposite direction
vastastikku reciprocally, mutually
vastastikune mutual, reciprocal
vastav corresponding, respective; (**nõuetele**) appropriate, adequate, suitable
  vastav olema answer to, correspond to/with
vastavalt according to, accordingly, adequately, duly, further to, in proportion to, *ka mat* respectively
  vastavalt tekkinud olukorrale pro re nata
vastavus adequacy, accordance, agreement, analogy, conformity (to), fidelity
  vastavuses olema conform, correspond (with), parallel
  vastavusse viima *mat* assign
vastavuses in accordance with, index-linked
vaste equivalent, counterpart, analogue
vastik disgusting, (**jälk**) loathsome, nasty, abhorrent, detestable, (**läila**) sickening, nauseous, (**vastumeelne**) repulsive; *kõnek* abominable, damnable, horrible (weather), horrid, beastly, distasteful (duty), ghastly, gross, hateful, vile, repugnant, odious, revolting, stink,

(närune) *sl* stinking, unsavoury

vastikult detestably, disgustingly, nastily, sickeningly; *kõnek* beastly

vastikus loathing, disgust (at/for) aversion, distaste

　vastikust tundma sicken

　vastikust äratama disgust (at), make one sick, sicken, put off, repel, revolt (at, against)

vastikustunne disgust, distaste, revulsion

vastlapäev Pancake Day, Shrove Tuesday

vastne (uus) new, fresh; *zool* larva, (tõuk) maggot

vastsündinu newborn

vastu against, contrary to, for, into, opposed to, (vastas) opposite, to, (poole) towards, up against; versus, vis-à-vis

　vastu olema oppose, object, have against, (pahaks panema) mind, stack

　vastu panema resist, stand out, stand up to, withstand, (lõpuni) die in the last ditch

　mul ei ole midagi selle vastu I don't mind

　poolt ja vastu pro and con, for and against

vastu- anti-, counter-, dis-, dissenting, opposing

vastuabinõu countermeasure

vastuhakk resistance, opposition, rebellion, uprising, (rahvahulkade) riot

vastuhakkaja rebel, mutineer

vastuhelk reflection

vastuhüüd calling back

vastukaal counterbalance

　vastukaaluks olema balance out, compensate, counterpoise

vastukaja (kajastus) repercussion, response, echo, (tagasiside) feedback

vastukaja tekitama reverberate

vastukarva *ülek* (go) against the grain

vastukäiv contradictory

vastuluure counter-intelligence

vastulöök retort, return, (sõnaline) retort

　vastulööki andma hit back, retort, (poksis) counter

vastumeelne (ebameeldiv) unpleasant, disagreeable, loath, (jälk) abhorrent, grudging, loath, repellent, (vastik) repulsive, repugnant

　vastumeelt olema cannot face

vastumeelselt reluctantly, unwillingly, (vastu tahtmist) grudgingly

vastumeelsus reluctance, unwillingness, disinclination, antipathy (to, for), aversion, complex, dislike, distaste

　vastumeelsust tundma dislike, take against

vastumürk antidote

vastunäidustatud *med* contraindicated

vastunäidustus *med* contraindication

vastuoksa on the contrary, in reverse

vastuokslik inconsistent

vastuoksus inconsistency, contrariety

vastuolek objection, opposition

vastuolev opposed, (vaenuline) averse, dissenting

vastuolu breach, antagonism, (lahkheli, tüli) jar, conflict, discord

　vastuollu minema fly in the face of

vastuoluline inconsistent, conflicting, repugnant, sensitive
vastuolulisus inconsistency, contradiction
vastuolus at variance with, inconsistent
  vastuolus olema be at odds with, conflict, contradict, out of tune with
  vastuolus olev conflicting, at variance; *ülek* warring
vastupandamatu irresistible, compelling, compulsive, overpowering, uncontrollable
vastupanev resistant
vastupanu resistance, opposition, rebuff
  vastupanu avaldama resist, oppose
vastupanuvõime capacity of resistance, power of resistance
vastupidamine resistance, survival
vastupidav (**riie**) durable, hardwearing, (**kestev**) lasting, firm, (**tugev**) hardy, heavy-duty, resistant, strong, sturdy, (**inimene**) survivor
vastupidavalt strongly, sturdily
vastupidavus durability, staying power, endurance, stamina, sturdiness, strength, (**karastus, tugevus**) hardiness
vastupidi on the contrary, contrary to, conversely, in reverse, opposite, vice versa
vastupidine contrary, inverse, opposite, to the contrary, reverse
  vastupidiseid tulemusi andma backfire
  vastupidiseks muutma reverse
  vastupidiseks osutuma counter
vastupidiselt conversely

vastupidisus contrariety
vastupuiklemine, vastupunnimine opposing, showing reluctance
vastupäeva anticlockwise
vastureaktsioon backlash, reflex
vasturääkimine arguing, contradiction, back talk; *kõnek* backchat
vasturääkiv contradictory
vasturääkivus contradiction
vastus answer, reply, response
  teravmeelne vastus repartee
  tabav vastus retort, pointed answer
  vastuseks kohmama grunt
  vastusest kõrvale hoidma parry
  vastust andma give an answer, respond
  vastust leidma find an answer
  vastust nõudma demand an answer
  vastust võlgu jätma owe an answer, not to reply
vastuseis resistance, opposition, hostility
vastuseisev resistant, opposing, antagonistic
vastuseks in answer to, in reply, in return
vastustama balk, baulk, oppose, resist
vastutama answer for, answer to, account (for), vouch, be responsible (for), in charge of, guarantee
vastutasuks in exchange for, in return for
vastutav responsible, accountable, answerable, executive, liable, on one's hands, in charge of, (**seaduse ees**) amenable to law
vastutegevus counteraction
vastutulek concession, (**lahkus**)

obligingness

vastutulelik kind, obliging, accommodating, approachable, forthcoming, good-natured

vastutulelikkus give-and-take, benignancy

vastutulelikkust osutama accommodate, oblige

vastutulematu uncooperative, disobliging

vastutulematus discourtesy, rigidity

vastutus responsibility, blame, concern, **(kohustus)** liability

kohtulikule vastutusele võtma prosecute, take proceedings against

oma vastutusel on one's responsibility

vastutusele võtma prosecute, arraign, **(ametialase kuriteo eest)** impeach

vastutusele võtmine prosecution, arraignment

vastutusest loobuma wash one's hands of

vastutust endale võtma claim, incur liability, let in for

vastutust (teise) kaela veeretama (AmE) *kõnek* pass the buck to

vastutuskindlustus third-party insurance

vastutusrikas responsible

vastutustundetu irresponsible, **(muretu)** devil-may-care

vastutustundlik responsible, conscientious

vastutusvõimetu unable to take responsibility; *jur* non compas (mentis)

vastutuul headwind, contrary wind

meil oli vastutuul we had the wind dead against us

vastutöötamine opposition, counterwork

vastuvaidlematu dogmatic, irrefutable, unquestionable; *jur* peremptory, unchallenged, undeniable

vastuvaidlematult without question, beyond question, dogmatically, incontrovertibly

vastuvoolu upstream

vastuvoolu liikuma move against the tide

vastuvõetamatu → **vastuvõtmatu**

vastuvõetav acceptable, **(klubisse)** *ka jur* admissible, decent, okay, OK, passable, tolerable, **(hind)** reasonable

vastuvõtja host, **(saaja)** recipient, receiver

vastuvõtlik an open mind, attuned, predisposed, receptive (mind), responsive, subject to, susceptible/sensitive (to)

vastuvõtlikkus receptivity; *med* predisposition, susceptibility

vastuvõtmatu unacceptable, controversial, **(lubamatu)** inadmissible

vastuvõtmatu olema stick in one's throat

vastuvõtmatuks pidama disagree

vastuvõtt admission, **(kingituste jms)** acceptance, intake, receipt, **(isiku)** reception, welcome, **(seaduse)** passage

pidulik vastuvõtt initiation

üldist vastuvõttu leidma pass current

vastuvõtukabinet consulting room, **(arsti)** surgery, office

vastuvõturuum reception room

vastuvõtuteade acceptance
vastuvõtuvõime capacity
vastuväide antithesis, objection (to), argument against, con, protest, (AmE) challenge
  osav vastuväide repartee
vastvalitud elect
vaterdama prattle, tattle, chatter
vatiin fleecy stockinet, sheet wadding
vatijope quilted jacket
vatitekk quilt, (AmE) comforter
vatitups swab
vatitükike piece of cotton wool
vatman(paber) Whatman (paper)
vatraja chatterbox
vatrama chatter, carry on, waffle
  lärmakalt vatrama yap
vats belly, paunch
vatt cotton wool, watt
vau ooh, wow
veab in luck, one'll be lucky
veatu faultless, flawless (work), immaculate, impeccable, in order, (täuslik) perfect, sound, (laitmatu) blameless
veatult faultlessly, flawlessly, perfectly, spotlessly, soundly
vedama draw, (sikutama) pull, (tassima) haul (logs, timber), carry, cart, drag, (kohvrit) lug, hump; (juhtima) lead; (õnne olema) strike lucky, strike it lucky
  alt vedama beat, let down
  kaasa vedama march, drag along, carry along
  kohale vedama drag, roll up, transport, deliver, convey
  ninapidi vedama cheat, kid, pull someone's leg, take for a ride; lead someone up the garden path
  sisse vedama import; (petma)

cheat, double-cross, fool
  välja vedama export, carry out
  üle vedama ferry, carry over, transport, take, ship, convey
  minul ei vea I am down on my luck
  läks vett vedama it miscarried
  seanahka vedama loaf about, dawdle
  vedu võtma come round, get into swing
  asi ei võta vedu the thing does not get going/started
vedamine fluke, lucky, lucky break; drawing, transportation
vedamismootor traction engine
vedel fluid, liquid, runny, thin, wishy-washy
vedeldama fluidify, (gaase) liquefy, dilute
vedelema laze around, lie about, lie around, loll, kick about, kick around, idle away
vedelik fluid, liquid
vedelikumahuti tank
vedelikuunts fluid ounce
vedelkütus oil fuel, liquid fuel
vedru spring
  vedru välja viskama sl kick the bucket
vedrustus suspension, springing
vedu carriage, drive, transport
veduk traction engine
vedur engine, locomotive
vee- aquatic, hydro-
veealune underwater, submarine
veeb inf web, Web
veebel sergeant major
veebileht inf Web page
veebiserver inf web server, Web server
veebmeister inf Webmaster

veebruar February
veehoidla reservoir, (**järv**) artificial lake
veejuhe aqueduct, conduit, (**toru**) water pipe
veejõujaam hydroelectric power station
veekalkvel misty
veekeeris whirlpool, (**väike**) eddy
veekeetja boiler
veekindel waterproof, watertight
   veekindlaks tegema waterproof, wax
   veekindlalt sulgema seal
veeklosett bathroom, water closet
veekogu water, the waters
   madal ranniku veekogu lagoon
veekoht waterhole
veel (**jälle, uuesti**) (once) again, another, else, more, some more, still, (**alles, ikka**) yet, still
   veel ja veel without end
   see veel puudus that's all we needed
veelaam stretch
veelahe watershed, (AmE) divide
veelduma condense, liquefy, deliquesce
veelembene *bot* water-loving, hygrophilous
veelgi even, more(over), still, yet
veeloom fish, aquatic animal
veemagistraal water main, main ditch
veen *anat* vein
veenduma be convinced (of), become sure (of), ascertain
veendumus conviction, (**tõekspidamine**) belief, certainty, (**vaade**) opinion
   veendumust muutma shift one's ground

veendunud convinced, sure, confident, confirmed, dyed-in-the-wool, (**täiesti**) positive, strict
veenev assertive, convincing, persuasive, forcible, (**sundivalt**) cogent, compelling, strong
veenikomu *med* haemorrhoid
veenilaiendid *med* varicose veins
veenma convince, persuade, satisfy, bring home to, reason, argue (sb into, out of), (**keelitama**) woo, induce, talk into, talk out of, work on
   ümber veenma talk round, bring round, bring to, win over, win round
veenmine persuasion, convincing
veenvalt assertively, convincingly, cogently, forcefully, persuasively
veenvus persuasiveness
veepaak cistern, water tank
veepall water polo
veepallur water polo player
veepidavus water-holding capacity
veepritsmed spray
veepuhastusjaam waterworks
veepuudus dehydration, water shortage
   veepuuduse all kannatama dehydrate
veer (**veere**) brim, edge, (**kuristiku**) brink, (**jooginõu**) lip; *ülek* verge; (**veeru**) (**kallak**) slope, (**loojak**) sunset
veerand fourth, quarter, (**koolis**) half term
veerandaasta quarter
veerandaasta- quarterly
veerandpenniline farthing
veere (**veere**) (**veeremine**) rolling; (**veerme**) (**lume-, maa-**) avalanche, slide
veerel on the brink of something

veerem rolling stock
veerema roll, trundle, wheel, bowl along
  aastad veeresid the years rolled by
  maha veerema roll down
  peale veerema roll on
veeretama roll, throw, wheel
  kaela veeretama pin, palm on shuffle on, (AmE) *sl* pass the buck
  kolinaga veeretama trundle, rattle, rumble
  peale veeretama roll on
  teiste kaela veeretama inflict
veerg column
veerikas watery, abounding in water
veerima spell out
veeris boulder, (**lehekülje**) margin
veerooste rusty water
veesilm waterhole
veesuusad water skis
veesuusatama water-ski
veesuusatamine water-skiing
veesõiduk craft, (**suur**) vessel
veetamm dam
veetleja charmer
veetlema charm, attract, fascinate, (**hurmama**) enchant
veetlev charming, taking, attractive, alluring, appealing, fascinating, engaging (smile), fetching, glamorous
veetlevus attractiveness, attraction, glamour, charm
veetlus charm, enchantment, attraction, allure, attractiveness, glamour, (**sugupoolte**) sex appeal
veetluseta unattractive, uninviting
veetma pass, spend, while (away)
  lõbusalt aega veetma have a good time, enjoy oneself

veetud drawn, carried
veeuputus deluge, flood, inundation
veeuputuseelne antediluvian
veevaba dehydrated; *keem* anhydrous
veevaene waterless, arid
veevärgitöö plumbing
veevärk waterworks, plumbing
vegetaarne vegetarian
vegeteerima vegetate
vehkat tegema beat it, buzz off, do a bunk; *sl* take one's hook
vehkima (**vibutama**) brandish, gesticulate, flourish (one's arms), (**sabaga**) lash, waggle, wield, (**kärbseid eemale**) swat flies
  sisse vehkima *kõnek* lift, steal, (**raha**) embezzle
vehkleja fencer, swordsman
vehklema fence, flail
vehklemine fencing
veider (**naljakas**) comical, (**imelik**) peculiar, funny, odd, queer, (**pentsik**) rum, bizarre, eccentric, cranky, grotesque, kinky, quaint, strange, weird, whimsical, (AmE) *sl* oddball
  veider küll curiously
veiderdaja buffoon, harlequin, jester
veiderdama clown, play the fool
veiderdus antics, buffoonery
veidi a little, a bit, a bit of, for a bit, a trifle, some, somewhat, fractionally, kind of, little, moderately, way
veidralt eccentrically, comically, oddly, weirdly, whimsically
veidravõitu freakish
veidrik crank, freak, character, eccentric, oddity; *sl* codger

V

veidrus drollery, oddity, peculiarity, eccentricity, fad, foible, folly, quirk, strangeness, whimsicality
veiklema be iridescent, play in different colours
veimevakk dowry, trousseau, hope chest
vein wine
   odav vein cheap wine, plonk
veinibaar wine bar
veinikann flagon
veinikelder wine cellar
veiniklaas wine glass
veinpunane ruby
veised cattle, horned cattle
veiseliha beef
veksel bill, note, (AmE) stiff
   tasumata veksel unreceipted bill
   vekslit lunastama honour
veli brother
velo- cycle
velsker army surgeon's helper, male nurse, dresser
veltveebel sergeant major
velvet cotton velvet, velveteen
velvetpüksid cord, corduroy
vemmalvärss doggerel, jingle
vemmeldama cudgel, flog
vemp caper, jape, (**kergemeelne**) escapade, frolic, (**naljatemp**) lark, (**temp**) prank, (**vingerpuss**) trick, (AmE) *sl* shine
   vemp või komm trick or treat
vend brother; fellow
vendlus brotherhood, fraternity, fellowship
vene Russian; (**paat**) canoe, (AmE) dugout
venelane Russian
Venemaa Russia
venestuma become Russian(ized)

venima stretch, drag on, drag, crawl, wear on, jog
   edasi venima potter
   pikaks riviks venima string out
   pikale venima drag out, run on
   välja venima stretch, become loose
veninud out of shape
venis (**kompvek**) toffee
venitama stretch, draw out, linger, put off
   pikaks venitama spin out, drag out
   vaikselt venitama tick over
   välja venitama eke out, pull
venitatud long-drawn-out
venitav dilatory, *ka tehn* ductile
venitus strain, (**välja-**) extension
veniv elastic, stretchy
venivillem lazybones, layabout, (AmE) slowpoke
venivus elasticity, slowness, tardiness, stretch
vennalik brotherly, fraternal
vennalikkus fraternity, brotherliness
vennapoeg nephew
vennas brother, fellow; *kõnek* chap, chum, man, old man, guy; *sl* bloke, (AmE) buddy
vennaskond brotherhood, congregation, cult
vennastuma fraternize, fraternise
vennastumine fraternization
vennatütar niece
vennike bloke, devil, fellow, guy
ventiil valve
ventilaator fan, ventilator
ventilatsioon ventilation, airing
veoauto lorry, tanker, (AmE) truck
veojõud traction, motive power
veok trailer, juggernaut

V

veolaev tanker
veondus transportation, transport
veoparv punt
veoraha *maj* haulage, portage
veos *mer* freight, cargo, load
veovagun tanker
veovahend carrier
veovanker wagon, waggon, (**madal külgedeta**) dray
veranda veranda, verandah, (AmE) porch
verb *lgv* verb
verdtarretav bloodcurdling, spine-chilling
veregrupp blood group
vereimeja vampire
verejanu bloodthirstiness
verejanuline bloodthirsty
verejooks *med* haemorrhage
  verejooksu peatama staunch
vereloovutaja blood donor
veremürgistus *med* blood poisoning, toxaemia
verepank *med* blood bank
verepiisk drop of blood
verepilastus incest
verepilastuslik incestuous
vereplasma blood plasm(a)
vereplekiline bloodstained
verepulm massacre
vereringe bloodstream
vererõhk blood pressure
veres be in one's blood
veresaun massacre, carnage, slaughter, bloodshed, bloodbath
vereseerum *med* blood serum
veresoon blood vessel
  veresoonte lubjastus *med* arteriosclerosis
veretu bloodless
veretöö felony, murder
verev blood-red

verevadak *med* blood serum
verevaene anaemic, bloodless
verevaesus *med* anaemia
verevalamine bloodshed
verevalum *med* blood effusion, (**nahaalune**) suffusion
verevärvnik haemoglobin
vereülekanne *med* blood transfusion, transfusion
vereülekannet tegema give a transfusion
veri blood
  verd tarretama panema *ülek* make one's blood run cold
  verd täis valgunud bloodshot
  verd valama shed, spill
  verest tühjaks laskma bleed to death
  verest välja viima *ülek* make one's blood curdle
  veri on paksem kui vesi *ülek* blood is thicker than water
verine bloody, gory, bloodstained
veripunane blood-red; *bot* sanguineous
veristama lacerate
veritasu vendetta
veritsema bleed
veritsemine bleeding
veritsustõbi *med* haemophilia
verivaen feud, vendetta
verivaenlane mortal enemy
verivaenlased sworn, mortal enemies
verivärske brand-new
verme (**vorp**) weal, (**verine haav**) sore, gash
vermikiri embossed pattern
vermima coin, stamp
vermimine stamping
versaal- capital
versioon version

V

verst verst
verstapost milestone
vertikaal vertical
vertikaalne vertical
vesi water, lotion
 vee all underwater
 vett täis waterlogged
 vee alla suruma duck
 vee kaudu leviv waterborne
 vee külmumispunkt freezing point
 vee peal hoidma buoy up, prop up
 vee peal püsiv afloat
 vee äravooluauk plughole
 veega alla uhtuma flush
 veega jahutama quench
 veega puhastama sluice
 vett jooksma water
 vett laskma *ülek* piss
 vett peale tõmbama flush
 vett pidama stand up
 vette kastma douse, dowse
 vette laskma launch
 vee ja leiva peal olema *ülek* be put on bread and water
vesiklosett water closet, WC
vesikond hydrosphere
vesikress *bot* watercress
vesilastis waterlogged
vesilennuk seaplane, hydroplane
vesiliiv quicksand
vesilik newt, triton
vesine watery, runny, (soine) soggy
 suu läheb vesiseks my mouth starts to water
vesinik *keem* hydrogen
vesiroos *bot* water lily, (valge) white water lily
vesistaja cry-baby
vesistu basin, cistern
vesivill blister, bleb

vesivärv watercolour
vesivärvimaal watercolour
veski mill
 see on vesi tema veskile that is grist to his/her mill
veskikivi millstone
veskimees millwright
veskitiib windmill sail
vest waistcoat, (AmE) vest
veste (raadios) chat, informal talk
vestekirjanik feuilletonist
vestern western
vestibüül hall, lobby
vestja narrator
vestlema chat, converse, talk to
vestlus chat, conversation, dialogue, discourse, interview, talk
vestluskaaslane interlocutor, collocutor
vestma (jutustama) tell, narrate; carve, (lõikuma) whittle
vestmik phrase book
vetelpäästja lifeguard
veteran veteran
veterinaar veterinary, veterinarian
veterinaar(i)- veterinary
vetikas seaweed; *bot* alga
veto veto
 vetot peale panema veto
vetruv elastic, resilient, springy, flexible
vetruvus spring, elasticity
vettehüpe *sport* dive, plunge
vettehüppaja diver
vettehüpped diving
vettelaskmine launch
vettima soak, sodden
vettinud sodden
vettpidav waterproof, watertight
viadukt flyover, overpass, footbridge, viaduct
vibalik lanky

V

vibratsioon vibration
vibreerima tremble, vibrate
vibu bow
vibulaskja archer, bowman
vibulaskmine archery
vibunöör bowstring
vibutama flourish, whisk, flick,
    (**vehkima**) lash
vibutus flourish, flick
video video
videofilm video
videokaamera video camera
videokassett video cassette
videolint videotape
videomagnetofon video cassette
    player
videomakk video, video cassette
    recorder, VCR
videomäng video game
videosalvestama video
videosalvestis video
videoserver *inf* video server
videv dusky, dim, (**udune**) misty
videvik dusk, gloom, nightfall, twi-
    light
vidin bauble, twitter
vidistama whistle
vidukil hooded, narrowed
vidutama narrow
viga mistake, error, fault, bug, de-
    fect, downfall, failing, flaw, foul,
    imperfection, inaccuracy, matter
    arvutiprogrammi viga bug
    terminoloogiline viga misnomer
    rängasti viga saama cropper
    viga saama get hurt, be injured
    viga tegema get sth wrong, go
    wrong, injure
    vigu leidma fault, find fault with,
    pick holes in
vigane broken, crippled, (**puudulik**)
    faulty, flawed, imperfect, inaccu-

rate, incorrect
vigastama cripple, (**kahjustama**)
    damage, harm, hurt, injure, muti-
    late, strain, sustain, wound
vigastamata unscathed, uninjured,
    unharmed
vigastatu casualty
vigastatud hurt, crippled, injured
vigastus harm, injury, mutilation,
    trauma; *med* lesion
vigel fork, pitchfork
vigur trick, prank; (**malemängus**)
    piece
vigurdaja wag, sham, dodger
vigurdama monkey about
vigurdamine quirk, (AmE) *sl* mon-
    key business
vigurivänt wag, dodger, (**võrukael**)
    imp
vigurlend stunt flying
vigurlik spidery
vigursuusataja freestyle skier
vigursuusatamine freestyle skiing
vigurvõte feint, knack, artifice
viha anger, wrath, rage, fury, hatred,
    enmity, venom, aggro, exaspera-
    tion, heat, ill-will, outrage
    viha kandma have a down on, be
    out for one's blood, bear a grudge
    against
    viha pidama hold against
    viha välja valama wreak, vent
    one's anger (on)
    vihale ajama exasperate, incense,
    infuriate, put back up
vihamees foe, enemy
vihane angry, cross, heated, sore,
    venomous
vihapurse explosion, paroxysm
vihaselt angrily, crossly, heatedly
vihastama anger, (**ägestama**) exas-
    perate, irritate, fly off the handle,

V

freak, have a fit; (**vihaseks saama**) lose one's temper, get angry, get mad
välja vihastama enrage
kergesti vihastav short-tempered, waspish, quick-tempered
vihatud hated, odious
vihavaenlased sworn enemies, mortal enemies
vihik exercise book, writing book, (AmE) composition book
vihin (**kuuli-**) ping, (**kepi-**) swish, hiss
vihisema ping, whistle, sing, whizz, whiz
vihistama swish (with), whiz
vihjama allude, hint, suggest, imply, intimate, tip off, drive at
vihjamisi allusively, euphemistically
vihjav suggestive, allusive, hinting
vihje hint, cue, inkling, indication, suggestion, allusion, lead, pointer, tip-off, touch
vihjest aru saama get the message
vihjeline veiled
vihjetelefon hot line
vihk sheaf, (**raamatu**) part, instalment, number
vihkama hate, detest, dislike, loathe
vihkamine hate, hatred
vihm rain, wet
vihma kallama pour
vihma sadama piss, rain
vihma tõttu ära jääma rain off
vihma kallab kui oavarrest it's raining cats and dogs
vihma käest räästa alla out of the frying pan into the fire
vihmamantel raincoat, waterproof, mackintosh
vihmamets rainforest

vihmane rainy, wet, foul, moist, showery
vihmaperiood monsoon
vihmapilv rain cloud, nimbostratus
vihmauss earthworm, (AmE) angleworm
vihmavaling deluge, torrent, downfall, (**äge**) soaker
vihmavari umbrella; *kõnek* brolly
vihmaveetoru drainpipe, downspout
vihmutama irrigate
vihmutamine irrigation
vihmuti sprinkler
viht (**viha**) birch whisk, birch; (**vihi**) (**lõnga-**) hank, (**kaalu-**) weight
vihtlema whisk (in a sauna)
vihtlemine whisking
viibe gesture, motion, sign, swing, wave
viibima stay, linger, be, dwell
mujal viibima be miles away
viibimine stay, dwelling
viibimiskoht dwelling (place), haunt
viibutama swing, brandish, sway, wag, wave
viibutus sway, swing
viidates in reference to, with reference to
viide reference
viidikas sloping, slanting
viiekas fiver
viiekordne quintuple, five-fold
viiekümnendik fiftieth
viiekümnes fiftieth
viieline *sl* fiver, (AmE) nickel
viiemees A-student; *kõnek* teacher's pet; *sl* brown noser
viiendana fifth
viiendik fifth
viies fifth
viies ratas vankri all gooseberry

viiesendine five-cent, (AmE) nickel
viieteistkümnendik fifteenth
viieteistkümnes fifteenth
viievõistlus pentathlon
viigiline drawn
viigimari fig
viigipuu fig, fig tree
viigistama square, draw, make a tie
viik all, crease, deuce, draw, tie
  viiki jääma tie, draw the game
viiksuma twitter, squeak, (**linnu kohta**) pipe
viiksuv piping, squeaking
viil (**viili**) file; (**viilu**) slice, rasher, segment, (**katuse-**) gable
viilak slice, (**äralõigatud**) cantle
viilima file, run away
viilukas slice, round
viilutama slice
viima take, carry, lead, bring, add up to, ferry, go, run, show
  edasi viima advance
  halvale teele viima lead astray
  kaasa viima take along
  kiiresti viima whisk, fetch by wink
  kohale viima drive, convey, deliver, transport
  kokku viima bring together, expose
  kuulajateni viima put across, put over, take to the listeners
  kõrvale viima take aside, take away from the centre
  lahku viima take apart, separate
  läbi viima carry out/through, conduct, make, run
  sisse viima bring in, (**kedagi**) usher in, show in, (**moodi**) start/set a fashion
  tagasi viima take back
  välja viima take out, clear

  ära viima take away, carry off
  üle viima switch, transfer
viimaks at last, at length, eventually, finally, in the end, lastly
viimane last, final, back, bottom, extreme, latest, latter
  viimane kui üks one and all, single
  viimase peal the ultimate in, (just) perfect
  viimast võtma knock hell out of
viimaseminuti- last-minute
viimasena last
viimati last, latterly
viimistlema elaborate, hone, touch up, finish (off)
viimistlemata rough-and-ready
viimistletud elaborate
viimistlus finish, completion
viimne final, ultimate, extreme
viimnepäev doomsday
  viimsepäeva laupäevani till doomsday
viimseni down to the last, to the (very) last
viin vodka, (**kange**) spirit
viinakauplus off-licence, (AmE) liquor store
viinamari grape
viinamarjaistandus vineyard
viinamarjasuhkur glucose
viinanina *sl* tippler, boozer, red nose
viinapuu vine, grapevine
viinavabrik distillery
viiner frankfurter, (AmE) wiener
viip *inf* prompt
viipama beckon, gesture, hail, hitch, motion, wave, sign
viipekeel sign language
  viipekeeles suhtlema sign
viiplema gesticulate
viir stripe, line

V

viirastuma see hallucinations, hear hallucinations

viirastus vision, apparition, hallucination, spectre

viirastusi nägema hallucinate

viirastuslik ghostly, phantom, spectral

viirg column, line, row; (värin) shiver

viirpapagoi budgerigar, budgie

viirpuu thornbush, hawthorn, (AmE) blackthorn

viiruk incense

viirus organism; *med* virus

viirutama streak

viis (viie) five; (viisi) mode, manner, way, fashion, style; (muusika) melody, tune, (laulu-) strain

kindel viis routine, fixed way

õigel viisil right, correctly, properly

viisa visa

viisakalt civilly, politely, decently, nicely

viisakas civil, courteous, polite, decent, graceful, gracious, nice, well-mannered

viisakas olema be polite, behave oneself, *kõnek* mind one's p's and q's

viisakus civility, politeness, courtesy, decency

viisakus- complimentary

viisakusavaldus courtesy, compliment

viisakusetu impolite, uncivil, a bit off, foul

viisakusetus insolence, rudeness

viisijupp snatch of melody

viisik quintuplet

viisil by, in a big way

viisistama melodize, set to music

viiskümmend fifty

viissada five hundred

viisteist fifteen

viisud birchbark shoe

viit (tähis) signpost, waymark

viitaline waymarked

viitama indicate, point (to, at), point out, quote, refer

viitav referring

viiteline indicating, reference

viitestik list of references, index

viitma waste, lose time, idle

viitse- vice-

viiul violin, fiddle

teist viiulit mängima play second fiddle to

viiuldaja violinist, fiddler

viiuldama fiddle

viiulivõti clef, treble clef

viiv moment, mo, while, instant, second

viivis fine, penalty, smart money

viivitama delay, defer, postpone, dally, hold up, linger, set back, stall

viivitamata prompt, promptly, immediately

viivitamatu immediate, (kiire, kohene) speedy, summary

viivitamatult at once, immediately; *kõnek* on the nail, on sight, here and now, summarily

viivitav dilatory, laggard

viivitus delay, lag, setback

lubatud viivitusaeg moratorium

viivitusstreik work-to-rule

vikaar vicar

vikat scythe

vikatimees *ülek* Death, the Reaper

vikerkaar rainbow

vikerkest iris

vikont viscount

vikontess viscountess
viks (korralik, tubli) good, efficient, quick; **(kingamääre)** polish, blacking
viktoriaan Victorian
viktoriaanlik Victorian
viktoriin quiz
vilajas lanky, slender
vildak lopsided, uneven, askew; *sl* cock-eyed, crooked, slanting
vildikas felt tip
  lai vildikas marker
vile whistle, **(laeval)** hooter, **(oreli-)** pipe; **(kulunud)** threadbare, worn, shabby
  lõikav vile catcall
  vilet laskma blow
  vilet mängima pipe
vilemäng piping
vilepill whistle
  vile(s)pilli puhuma fife
vilepuhuja piper
vilesignaal whistle signal
vilets miserable, wretched, abject, pitiful, squalid, poor, flimsy, paltry, seedy, shabby, trashy, puny, decrepit, dismal, forlorn, grotty, lame, lousy, low, rotten, scruffy, shoddy, tacky
viletsus misery, distress, calamity, **(kehvus)** poverty, hardship, squalor
vilgas lively, agile, **(kärmas)** alert, spry, dapper, nimble
vilgukivi mica
vilgutama flash
vili fruit, **(põllu-)** crop
  keelatud vili forbidden fruit
  vilja kandma bear fruit, fruit
  vilja koristama harvest
  vilja peksma thresh
vilin whistle, **(kuuli-)** ping

vilistama whistle
  välja vilistama barrack; *sl* get the bird
  ma vilistan selle peale I don't give a damn
vilistamine whistle, **(linnu)** piping
vilistlane graduate, alumnus
viljahakk shock, shock
viljakalt prolifically, fruitfully
viljakandev fertile, fruit-bearing
viljakas efficient, fertile, rich (in), **(inimeste, loomade kohta)** productive, prolific, fertile
viljakoristus harvest
viljakus fertility, **(sigivus)** fecundity
viljaliha flesh; *bot* sarcocarp
viljaniitja harvester, reaper
viljapea ear; *bot* spike
viljapeks threshing
viljapeksumasin thresher
viljapuuaed orchard
viljarikas fertile, fruitful, fat (lands)
viljasaak crop, harvest
viljastama fertilize, fertilise
viljastav fertilizing; *ülek* fruitful
viljastumine fertilization
viljatera grain
viljatu barren, sterile, fruitless, infertile
viljatus infertility, sterility, fruitlessness
viljavihk sheaf
viljelema cultivate, till, grow, raise; **(kunsti, teadust)** foster
viljelus cultivation, culture, tillage
vilk (vilge) flash; **(vilgukivi)** mica
vilklema glitter
vilklemine glitter
vilksama (lipsama) slip, slink; **(vilksti vaatama)** glimpse, catch sight of
vilksatama (hetkeks paistma) flash, appear for a moment

V

vilksatus flash
vilkuma blink, wink, flicker, glint, twinkle
vilkumine flicker, twinkling
vill (villa) wool, (peen) jersey; (villi) blister, (mäda-) pustule
villa villa
villak fleece
villand sick, enough
  villand olema be tired of; *kõnek* be fed up with, have had enough
villane woollen, woolly, (AmE) woolen
villataoline fleecy, woolly
villatort fluff
villima bottle, decant
villimine bottling
villitud bottled
vilt felt
viltpliiats felt tip
viltsaapad felt boots
viltu awry, askew, sidelong, at an angle, drawn, squint
viltune slanting, wry, cock-eyed, lopsided, oblique, sidelong
vilu cool, chilly, shade
vilumatu raw, green, inexperienced
vilumus experience, proficiency
vilunud experienced, skilled, adept (in), conversant, practised, professional, proficient, versed in, expert
vimb *zool* vimba
vimm grudge, pique, resentment, spite
  vimma kandma bear a grudge
  vimma kiskuma spite
vimpel pennant, streamer
vinduma dry up, grow stringy, smoulder, vegetate
vine plume, veil
vineer plywood, veneer

vinegrett mixed salad
ving fume, whiff, smoky smell
vinge mean, (tuul) piercing, sharp, cutting
vingerdama squirm, (väänlema) wriggle, writhe
  välja vingerdama wriggle out of
vingerpuss practical joke, prank
  vingerpussi mängima play sb a trick, play a practical joke on sb
vingugaas carbon monoxide, coal gas
vinguja whiner
vinguma whine, squeal, bleat
vingumine squeal, whine
vingumürgi(s)tus *med* carbon monoxide poisoning, coal gas poisoning
vingune reeky, smoky
vinguv whining
vinkel square, (nurk) angle
vinn pimple
vinnama heave, hump, lug
  peale vinnama heave on, haul on, lift on
  üle vinnama vault (over), spring, leap, leap-frog
  üles vinnama pull up
vinniline pimply
vinnpõletik *med* acne
vinnutama let sth smoulder
vinnutatud smouldered
vint (keere) thread, spin; (lind) finch
vintpüss rifle
vints winch
  vintsiga tõstma winch
vintske tough, leathery, (liha kohta) stringy, tough, (AmE) hardboiled
vintsutama toss; *ülek* trouble, harass
vintsutused ups and downs (in life)
vinüül vinyl

violetne violet, purple
vioola viola
vioolamängija player of viola
vip VIP (very important person)
viperus mishap, slight setback
viraaž sloping curve
virelema lead a miserable life, live in want
virgalt busily, quickly
virguma awake, wake up, buck up, revive
virgutama wake (up), buck up, enliven, revitalize, revitalise, set up, stimulate
virgutav stimulating
virgutus stimulation
virgutushüüd cheer
viril wry
virin whimper, sickly, puny
viripill blubberer, cry-baby
virisema whine, snivel, bitch, gripe, (AmE) *sl* bellyache
virisemine gripe
virn pile, heap, (puu-) stack
  virna laduma pile, stack
virsik peach
virsikuroosa peach
virtuaalarvuti *inf* virtual machine, VM
virtuaalbüroo *inf* virtual office
virtuaalne virtual
virtuaalreaalsus virtual reality
virtuaalterminal *inf* virtual terminal
virtuaaltööpaik *inf* virtual workplace
virtuoos virtuoso, great artist
virtuoosne masterly, brilliant
virutama chuck, dash, whack, bash, boot, bung, lash out, slap
virvarr blur, mess, topsy-turvydom
virvendama (vee kohta) ripple, flicker, (silmade ees) swim

mul virvendab silmade ees I see stars
virvendav choppy, ripply
virvendus flicker, (vee-) ripple
visa tough, tenacious, (jonnakas) dogged
visadus toughness, tenacity, doggedness; *kõnek* grit, stamina
visalt tenaciously, doggedly, strenuously
visand (kõne, dokumendi) draft, (üldjooneline) skeleton, sketch, study
visandama draft, outline, sketch
visandamine projection
visandlik thumbnail, sketchy
vise throw, toss, flip, pass
visiit visit
visionäär visionary
viskama throw, toss, cast, chuck, fling, heave, pitch, slap, slosh, throw, turf
  kõrvale viskama cast away, throw aside
  maha viskama dump, toss, throw down, (prahti) litter
  mööda viskama miss
  pead selga viskama toss one's head
  peale viskama throw on, toss on
  välja viskama throw out, throw away, boot out, chuck, eject, expel, kick out
  ära viskama throw away, toss away, scrap, reject; *sl* ditch
  üle viskama be fed up
  üles viskama throw up
viskemäng darts
viskerelv missile, projectile
viski whisk(e)y
  šoti viski Scotch, Scotch whisky
visklema toss (about), thrash (about), writhe

V

viskoos(kiud) viscose (filament)
viskoosne viscous
viskuma fling, lunge, throw, (**sööstma**) dash
vispel whisk, egg beater
vispeldama whisk
vist maybe, perhaps, possibly, likely
vistrik pimple
vistrikud acne
vistrikuline pimply, spotty
visuaal- visual
visuaalselt visually
visualiseerima visualize, visualise
vitaalne vital
vitaalsus pep, vitality
vitamiin vitamin
vitraaž stained glass
vitriin showcase, show window
vitriinkapp cabinet
vits birch, rod, scourge
  vitstest punutud wicker
vitsake twig
vitselpael cotton cord
vitsik small wooden vessel
vitspunutis wickerwork
vitsutama *sl* tuck in
vodevill vaudeville
vohama shoot, sprawl, thrive
vohav lush, luxuriant, *ka ülek* rampant
vokaal vowel
vokaal- vocal
vokaalne vocal
vokalist vocalist
vokk spinning wheel
volang frill, flounce
volask *kõnek* whacker, (AmE) *sl* galoot
voldik booklet, leaflet, folder, pamphlet
voldiline voluminous, folded

voli power, title, licence, scope
  vaba voli at liberty, carte blanche
  voli andma give one's head, give loose to
  vaba voli andma give a free rein
volikiri letter of attorney; *pol* credentials, (**volitus**) mandate, warrant, proxy
volikogu municipal council
volinik agent, commissioner
volitama authorize, commission, delegate, empower
volitamine delegation, authorization
volitatud accredited, authorized
  volitatud asemik proxy
  volitatud olema authorize
volitus authorization, authority, mandate, warrant
  piiramatud volitused full powers, unlimited power of attorney, unrestricted authority
  volitust omama authorize
volituseta unauthorized, unauthorised
volt (**kurd**) crease, fold; (**riide-**) tuck; *füüs* volt
voltima fold, (**riiet**) plead
  lahti voltima unfold
vonklema twist
vonklev wiggly
vooder lining, (**majal**) boarding, (AmE) sidings
  lambanahkne vooder fleece
vooderdama line
vooderdis wad
voodi bed, (**kerge**) cot
  voodisse aheldatud bedridden
  voodisse heitma lie down, (AmE) hit the hay
  voodisse jääma stay in bed
  voodit ära tegema make a bed
voodihaige bedridden, laid up

V

voodikate bedspread
voodilina sheet
voodipesu bedclothes, bed linen
voodirežiimil laid up
voodiriided bedclothes, cover, bedding
voodiäär bedside
voodrilaud lining board, (AmE) clapboard
voog flow, tide, cascade, (**suur laine**) surge
voogama flow, heave, stream, surge
vool current (*ka el*), flow, stream, torrent, (**kunstis**) trend
  voolu all olev live
  voolu alla panema electrify
voolama flow, pour, run, gush, fall, flood, stream, wash
  juurde voolama flow in/to/toward, pour into/toward, stream in
  sisse voolama flow in, stream in, roll in
  tagasi voolama flow back
  välja voolama escape, flow out, *ülek* emanate (from)
  ära voolama flow off, run off
  üle voolama brim over, overflow
voolav flowing, running; *ülek* fluent
voolik hose
  voolikuga kastma hose
  voolikuga pesema hose sth down
voolima sculpt, carve, (**vormima**) model
voolimiskunst sculpture
voolitud sculptured
voolmed *med* colic, gripes
voolujooneline streamlined
vooluring circuit
voonake lamb
voor (**voore**) drumlin; (**voori**) train; *sõj* baggage train; (**vooru**) batch, round, (**järjekord**) turn

voorima pour, flock
voorimees cabman, cabby, (**rakendit ajav**) teamster
voorivanker droshky, drosky
voorus virtue, merit
vooruslik good, virtuous
vooskeem *inf* flowchart, flow diagram
vorm form, shape, mould, format, (**vormiriietus**) uniform
  kindel vorm format, certain form, fixture
  halvas vormis out of condition, out of practice, out of shape
  heas vormis fit, in good form, in practice, in shape, trim
  vormi kaotama lose one's figure
  vormis olema keep one's figure, be in good shape, be on form, be fit
  vormist väljas olema be off form, be out of form, be out of condition, be out of shape, be unfit
vormel formula
vormikas shapely
vormikohane formal
vormikohasus technicality
vormikuub uniform
vormiline cosmetic, formal
  vormiliseks tegema formalize, formalise
vormilisus formality
vormima mould, form, shape, fashion, pat
vormindama format
vormindus formatting
vorming format, structure
vormiriietus uniform
vormiroog casserole, pie
vormistama form, (**dokumenti**) draw up
vormistus forming

V

vormitu formless, misshapen, (**kujutu**) shapeless
vormitäide formality
vormitäiteline perfunctory
vormiuuenduslik avant-garde
vormiõpetus *lgv* morphology
vormuma form, be formed, jell, gel
vorp weal, welt
vorpima churn out, scamp
vorst sausage
vorstipirukas sausage roll
vrakk wreck, shipwreck
vs v (versus)
vudima scurry, trip
vuhin sough, swish, whiz
vuhisema swish, whizz, whiz, hurtle
vuhva flighty woman
vuih ugh, pooh
vulgaarne vulgar, gross, rude
vulgaarsus vulgarity
vulgariseerima vulgarize
vulin purl, babble
vulisema babble, burble, (**kulisema**) gurgle
vulkaan volcano
vulkaanikraater crater
vulkaaniline volcanic
vulksuma bubble
vundament foundation, groundwork, basement
vuntsid moustache, whiskers
vupsama jump, slip
   välja vupsama pop up
vurama rattle, roll, (**voki kohta**) whir
vurin hum, purr
vurisema drone, hum, purr
vuristama prattle
   ette vuristama rattle off
   maha vuristama rattle off (a speech), reel off
vurr (**vurrkann**) top, spinner

vurrud moustache, whiskers
vusser cowboy
vusserdaja duffer, tinker
vusserdama botch, bungle; *kõnek* foozle, cock up, muck up, (AmE) screw up
vusserdis botch, bungle
vussima → **vusserdama**
vutlar case
võbelema quiver
võbelev quivering
võbin quiver, (**judin**) shudder, (**vabin**) shiver
võbisema flicker, quiver, wobble, quail
võdin light tremble
võeh phew
võhik ignorant, layman, ignoramus
võhiklik profane, ignorant
võhikl(ikk)us ignorance
võhk (**kihv**) tusk, fang; *bot* arum
võhm strength, might
   võhmale võtma fag out
võhumõõk common iris, flag, fleur-de-lis
või butter; (**sidesõna**) or
   või muidu or else, or otherwise
võib-olla maybe, perhaps, possibly
võidejuust cream cheese
võidemarmelaad marmalade
võidma anoint (with), spread (with), oil, (**haava**) salve, (**rasvaga**) grease
võidmine oiling, salving, anointing
võiduajamine race, racing
võiduhimuline competitive
võidujooks race, racing, run
võidukalt triumphantly
võidukas jubilant, triumphant, victorious, winning
võiduratsutaja showjumper, jockey
võidurõõm triumph
   võidurõõmu tundma triumph

võidurõõmsalt triumphantly
võidurõõmus triumphant
võidusumma stake; **(loteriil)** prize
võidusõiduhobune racehorse
võidusõidurada racecourse, track
võidusõit race, racing, run
võidusõitja racer
võidutsema triumph, prevail
võidutsev triumphant
võie ointment, spread, lubricant
võigas sinister, gory, gruesome, hideous
võikalt hideously, gruesomely
võikirn churn
võiks might, could
võileib sandwich
võilill dandelion
võim power, force, rule, **(valitsus)** sway
  kõrgem võim hierarchy, supreme power, sovereignity
  piiramatu võim absolute power, despotism
  võimu all hoidma have in one's pocket
  võimu hajutama decentralize, decentralise
  võimu ülevõtmine assumption of power
  võimult taanduma fall (from power)
  võimult tagandama be deposed
  võimust võtma assume, gain ground
võima can, may, could, get, be able to, be capable of
võimaldama afford, enable, allow, arrange, avail, give, lay on, let
võimalik possible, potential, **(teostatav)** feasible, **(tõenäoline)** probable, likely
  väga võimalik very likely

võimalikkus possibility, probability, **(juhuslikkus)** contingency, likelihood, **(teostatavus)** feasibility
võimalus possibility, opportunity, chance, alternative, eventuality, hope, prospect, scope
  piiramata võimalused the sky's the limit
  võrdsed võimalused fifty-fifty
  võimalust ära kasutama play one's cards right
võimalused odds, possibilities, facilities (for)
võimas powerful, great, grand, forceful, full-blooded, high-powered, **(vägev)** mighty, strong
võimasin churn
võimatu impossible, out, no go
  võimatuks tegema preclude
  ta on võimatu! *kõnek* she's/he's the limit!
võime ability, capability, capacity, **(võimsus)** power, accomplishment, potential
  võimeid näitama go through one's paces, show one's paces
  võimeid proovima put through one's paces
  võimete kohaselt to the best of one's ability
võimed abilities, calibre, faculty
  üleloomulike võimetega psychic
võimekas capable, competent, versatile, efficient
võimekus capability, skill
võimeline able, capable, qualified (for)
  võimeline olema in a position, be capable
  võimeliseks osutuma qualify
võimelisus ability, capability
võimendama amplify, boost

V

võimendi amplifier, booster
võimendus amplification
võimetu unable, incapable, feeble, helpless, powerless, inept
   võimetuks tegema incapacitate
võimetus inability, inefficiency, disability, ineptitude, powerlessness
võimkond authority, competence
võimla gymnasium; *kõnek* gym
võimleja gymnast
võimlema exercise
võimlemine exercise, gymnastics
võimlemiskingad plimsoll, pumps
võimlemistund physical education, PE
võimsalt forcefully, mightily, powerfully
võimsus power, output, capacity, might
   täie võimsusega at full blast
võimuahne ambitious (for power)
võimuahnus ambition (for power)
võimuhaaramine coup d'état
võimuihar officious
võimukas domineering, powerful, masterful
võimulolijad the powers that be, rulers
võimuorganid authorities
võimupiirkond power, dominion
võimupädevus competence, jurisdiction
võimuses in one's power, within one's compass
   minu võimuses within my compass
   see ei ole minu võimuses that is beyond my power/not in my power
võimutsema predominate, domineer
võimutsemine high-handedness, despotism
võimutsev domineering, high-handed
võimutäius absolute power, full sovereignty
võine buttery
võipaber parchment paper
võisaiad butter rolls
võisarv croissant
võistkond team, (AmE) squad
võistleja competitor, contender, contestant, fighter, rival
võistlema compete, contest, rival (in), contend, vie
võistlus competition, contest, rivalry, contention, match, race
võistlusala battleground, event
võistlusjooks race
võistluskohtumine encounter
võistlusrada lane, track, racetrack, (AmE) racecourse
võistlustöö entry
võistlusvoor fight
võit victory, win, triumph
   kergelt saadud võit walkover
   julge pealehakkamine on pool võitu well begun is half done
võitja winner, victor
võitleja fighter, militant
võitlema fight, campaign, wage, battle, combat (for), champion, contend, cope, militate, (**püüdlema**) strive, struggle
   edasi võitlema struggle on
   elu ja surma peale võitlema fight to the finish
   vastu võitlema put up, strive/struggle against, fight against, take on
   välja võitlema wangle
   küünte ja hammastega võitlema fight tooth and nail
   viimse hingetõmbeni võitlema

fight to the finish

võitlev fighting, combatant, militant

võitlus fight, battle, war, combat, contention, contest, strife, struggle

  võitluseks valmistuma confront, square up to

  võitlusse astuma put up a fight

võitlushimuline combative, (tülitsemishimuline) contentious

võitluskaaslane comrade

võitluskunst martial art

võitluslipp standard

võitlustander battlefield

võitlusvaim militancy, morale

võitlusvalmis ready to fight

võitlusväli arena

võitma win, defeat, vanquish, beat, clobber, take, thrash, triumph, (raskusi, haigust) overcome

  kergelt võitma lick, walk away, walk off

  kiiresti populaarsust võitma take by storm, snatch popularity

  kätte võitma carve out, win/gain/ obtain by fighting

  tagasi võitma regain, win back

võitmatu invincible, unbeaten

võitoos butter dish

võlakiri *maj* bond, loan certificate, IOU

võlaraamat *maj* slate

võlausaldaja *maj* creditor

võlg debt, liability

  lootusetu võlg bad debt

  tasumata võlad backlog

  võlga maksma pay up, discharge

  võlgu võtma borrow, take on credit

võlgades → **võlgu**

võlglane debtor

võlgnema owe, be indebted to

  ma võlgnen talle palju I owe him/her much

võlgnevus arrears, backlog

võlgnik *maj* debtor; *jur* obligor

võlgu in arrears, indebted

võll shaft, spindle

võllaroog gallows bird, (kelm) gaolbird

võllas gallows

võlts artificial, bogus, (petlik) deceitful, false, (järeletehtud) counterfeit, foul, hollow, mock, phon(e)y, (teeseldud) sham, (ebaehtne) spurious

võlts- false

võltsija forger, counterfeiter, falsifier

võltsima falsify, forge, counterfeit, fabricate, adulterate, fake, feign, rig

võltsimine falsification, forgery, sham

võltsing counterfeit, fake, fabrication, forgery, falsification

võltsitud counterfeit, fake, dummy, feigned

võlu charm, enchantment, attraction, fascination, glamour, allure, attractiveness, beauty, magic

  oma võlu kaotama lose its relish

võlu- enchanted, magic

võlujõud magic power, witchcraft

võlukepike wand

võluma charm, enchant, fascinate, dazzle; (nõiduma) bewitch, charm

  välja võluma conjure

võlumine magic

võlur magician, wizard

võlurohi charm

võlutrikid magic

võlutud enchanted, fascinated

võluv alluring, charming, enchanting, lovely, dazzling, fascinating, (**nõiduv**) bewitching
võluvägi magic power, witchcraft
võlv arch, vault
võlvkatus canopy, vault
võlvkäik archway, (**maa-alune**) crypt
võmm (**võmmi**) cop, copper; *sl* bobby; (**võmmu**) blow, punch; *kõnek* whack
võnge vibes, vibration
võnkeulatus extent of vibration
võnkuma oscillate, waggle, sway, vibrate
võnkuv vibrating, vibrant, oscillation
võpatama flinch, jump, jump out of one's skin, start, wince
võpatus jump, start, wince
võppuma shake, (**rappuma**) jolt, quake
võrd- equi-
võrdeline proportional
võrdeliselt in proportion to, pro rata
võrdkuju symbol, simile, (**nähtav**) emblem
võrdkujuline symbolic, emblematic
võrdlema compare, contrast, collate, liken
võrdlus comparison, simile
võrdne equal, even, level, square, fifty-fifty
    pole võrdset have not met one's match
    võrdne vastane match, have met one's match
võrdpäevsus equinox
võrdselt equally, evenly, fifty-fifty
võrdsus equality, parity, par
võrdsusetus inequality
võrdsustama emancipate, equate, even out, even up, level, equalize

võrdsustuma even up
võrdsustumine emancipation
võrduma equal, make, amount to
võrdus equation, equality
võrdväärne equivalent, tantamount
    võrdväärne olema amount to
võrdõiguslik equal
    võrdõiguslikkust järgiv egalitarian
võre grate, grid
võrendik pool
võrestik lattice, grille
võrevoodi cot
võrguagent *inf* (network) agent
võrguetikett *inf* network etiquette, netiquette
võrgufailisüsteem *inf* network file system
võrguhaldur *inf* (network) manager
võrguhaldus *inf* network management
võrguhaldusserver *inf* network management server
võrguinfokeskus *inf* network information center, NIC
võrgukäituskeskus *inf* network operation center, NOC
võrgundus *inf* networking
võrguop(eratsiooni)süsteem *inf* network operating system, NOS
võrgustik netting, web; *tehn* reticulation
võrgutama seduce, tempt, get off with
võrgutav seductive, tempting
võrguvennaskond *inf* wired community
võrguülem *inf* network administrator
võrin drone, (**vurin**) butt, whirr
võrk net, grid, mesh, netting, network, web

võrgu number *inf* network number

võrgus olema *inf* on line

võrkkiik hammock

võrkkott net bag

võrkpall volleyball

võrkpallur volleyball player

võrkriiul rack

võrra by

võrrand *mat* equation

võrratu impeccable, unparalleled, unrivalled, (**erakordne**) unique, peerless

võrre *mat* proportion, rate

võrreldamatu incomparable, without parallel, disparate

võrreldav comparable, comparative

võrreldes by comparison, in comparison, compared with, in proportion to, in relation to, versus

võrse shoot, sprout

võrsuma shoot; *ülek* bud

võru ring, circle, (**ehte-**) hoop

võrukael (**kelm**) rascal, rogue, scapegrace

võsa bush, scrub, (**padrik**) coppice

võsu offshoot, sapling, (**järeltulija**) offspring, descendant

võte hold, means, move, snap, snapshot, take

> **kaval võte** manoeuvre, ploy, ruse, sleight of hand

> **tehnilised võtted** technique

võti key, (**saladuse**) clue

võtma take, have

> **maha võtma** cut down, deduct, strip down, take down

> **alla võtma** take down; (**kaalus**) lose weight; (**enda alla võtma**) take up room

> **enda peale võtma** take upon oneself, take on, assume

ette võtma undertake

juurde võtma (**kaalus**) gain/put on (weight), (**uusi liikmeid**) admit more members

kallal võtma start on

kergelt võtma make light of, take too easy

kergemalt võtma relax, take it easy, slow down

kiirust maha võtma slow down

kinni võtma grasp, pick up, capture, hold

kohta sisse võtma station, take one's seat

kokku võtma abstract, brace, collect, compose, conclude, encapsulate, muster, pull one's socks up, recap, screw up, sum up, summarize, summarise, wind up; (**ennast**) pull oneself together

käsile võtma attack, get to grips with, tackle, take in hand, take on, turn

lahti võtma dismantle, take apart, unfasten, unfold

läbi võtma go through, cover

paljaks võtma strip (down)

palju ette võtma pack in, pack into

peale võtma pick up, embark, take aboard

pettuse teel ära võtma defraud, cheat out of

sisse võetud olema take a fancy to, have a crush on, take a shine to someone

sisse võtma (**toitu, ravimit**) take, (**kleiti; purje**) take in, admit

tagasi võtma take back, retake, withdraw

vastu võtma accept, receive, host, see, carry, embrace, greet, initiate,

V

take, take an idea on board, take up on
välja võtma take out, withdraw, draw, draw out
ära võtma take away, take off, remove, confiscate, deprive, dispossess, divest
üle võtma take over, take control, take over from, succeed
üles võtma take up, rise; (**sukasilma**) mend ladders; (**fotot**) take pictures
ümbert kinni võtma embrace, put one's arms around (sb)
võtke heaks my pleasure
võtme- key, operative
võtmeauk keyhole
võtmeisik backbone, key person
võtmemärk signature; *muus* flat and sharp
võtmerõngas key ring
võtted technique
võtteplats set
võõpama paint, daub, plaster, varnish
võõr- foreign
võõramaalane foreigner, alien, stranger
võõramaine foreign, (**taime jms kohta**) exotic
võõranduma alienate
võõrandumine alienation
võõrapärane foreign, exotic, (**imelik**) strange
võõras foreign, alien, strange, unfamiliar, foreigner, stranger
võõras- foster, step-
võõrasema stepmother; *bot* pansy
võõrasisa stepfather
võõraspoeg stepson
võõrastama shy away from
võõrastav strange, queer, odd

võõrastemaja guesthouse, inn
võõrastepelgus xenophobia
võõrastetuba drawing room, parlour, (AmE) parlor
võõrastütar stepdaughter
võõrduma grow out of, wean sb away
võõrdunud estranged
võõristama be shy, shy away from
võõrkeel foreign language
võõrsil away
võõrustaja host, hostess
võõrustama entertain, host, treat, do the honours
võõrutama alienate, distance, wean, cure
võõrutamine withdrawal, alienation
väed troops
väejooksik deserter
väejuht general, commander-in-chief
väeosa troop
väesalk detachment, force
väetama manure, fatten, (**maad**) fertilize, fertilise
väetamine fertilization
väeteenistus military service
  väeteenistusse astuma enlist
  väeteenistusse kutsuma call up, draft
  väeteenistusse võtma conscript
väeti puny, weak, (**abitu**) helpless, senile
väetis fertilizer, fertiliser, manure
väevõimuga by force, forcibly
väeüksus unit
väeülem (unit) commander
väga very, greatly, most, awfully, badly, bitterly, terribly, mightily, enormously, damn, deeply, eagerly, eminently, frightfully, highly, lot, overwhelmingly, really, so, sorely, jolly, too, vitally

vägagi only too; *kõnek* rather
vägev mighty, powerful, massive, terrible, terrific, tremendous
vägevalt massively, mightily
vägi (**sõjavägi**) force, (**jõud**) power, vigour, strength
  kõigest väest for dear life
vägijook liquor, spirits
vägikaikavedu trial of strength
vägilane hero, (**hiiglane**) giant
vägilaslik herculean
vägimees hero, superman
vägisi by force, by violence, forcibly, against one's will
vägistaja rapist
vägistama rape
vägisõnad strong, bad language, blasphemy
vägitegu exploit, feat, heroic deed, escapade
vägivald violence, force, outrage
  vägivalda tarvitama use force, do violence to
vägivaldne violent, forcible, tyrannical, bloodthirsty, bloody, brutal
vägivallaakt brutality, outrage
vägivallafilmid violent films
vägivallatseja despot
vägivallatsema be despotic, use force
vähe little, not much, somewhat, a little, slightly, light, limited, low, short
vähearenenud backward, primitive, underdeveloped
vähehaaval bit by bit, little by little
väheke marginally, a little bit, a trifle
väheküpsetatud rare, underdone
väheldane smallish, rather small; *nalj* shrimp

väheliikuv sedentary
vähem less, lesser, minor
  vähem kui less than, under
  vähemaks jääma diminish, decrease
vähemalt at least, all of, anyway, at any rate, fully, no fewer than, or
vähemus minority
vähendama lessen, cut, cut down, pare down, decrease, diminish, narrow down, reduce, lower, bring down, counteract, dull, run down, scale down, shed, slim down, temper
vähendatud diminished, reduced
vähendus lessening, diminution, reduction, decrease, cut
vähene few, few and far between, low, scant, scarce, skimpy, (**kasin**) tenuous, little
vähenema lessen, abate, decline, come down, drop off, slump, tail off, wane, dwindle, ease off, erode, fall, fall off, wear off
vähenemine decline, decrease, diminution, erosion, fall, falling-off
vähenev declining, decreasing, lessening, dwindling, flagging
vähenõudlik modest, unassuming, undemanding
vähenõudlikkus modesty, indulgence, (**lihtsus**) frugality
väherasvane light
vähesus poverty, insufficiency, scarcity
vähetoitev insubstantial
vähetootlik unproductive
vähetõenäoline outside, unlikely, remote, faint, slight
vähetähtis marginal, minor
väheveenev thin, weak

vähevõimekas blind spot
vähevõitu thin on the ground, rather little
väheväärtuslik cheap, inferior
vähi- cancerous
vähim → väikseim
vähisõrg claw
vähk crayfish, (AmE) crawfish; *med* cancer
vähkrema toss
väide (avaldus) statement, assertion, proposition, (tõestamata) allegation, assertion, claim, (tõestatav) thesis; (väitlus) argument, contention
väidetav alleged, ostensible
väidetavasti arguably, ostensibly, allegedly, reportedly
väike small, little, puny, minute, tiny, short, compact, faint, little, marginal, outside, slim, thumbnail
väga väike minuscule, minute, teeny-tiny
väike- micro-, small
väikebuss minibus
väikekodanlane philistine
väikekodanlik bourgeois, suburban
väikekodanlus bourgeoisie, philistinism
väikelaps baby, infant
väikelapseiga infancy, babyhood
väikemaaomand smallholding
väikemees boy, little man
väikemootorratas moped
väikesearvuline small in number
väikesekaliibriline small-bore
väikesekasvuline petite, small, short
väikesõrm little finger, (AmE) pinkie
väikevarvas little toe
väikevend little brother
väiklane petty, small-minded

väiklus narrow-mindedness, pettiness
väikseim least, minimum, smallest, minor
väiksus littleness, minuteness, (tähtsusetus) pettiness
väimees son-in-law
väin strait, (kitsas) sound
väitekiri thesis, dissertation
väitekirja kaitsma defend
väitlema argue, debate, dispute
väitlus debate, argument
väitma claim, affirm, contend, say, maintain, allege, insist, make out, profess
kategooriliselt väitma lay down the law, protest
väle agile, quick, swift, brisk, deft, dexterous, dextrous
väledalt quickly, agilely, deftly, dexterously
välgatama flash, spark
välgatus blink, flash, (vilgatus) glint
välgu- lightning
välgukiirusel like a house on fire, no time at all
välgumihkel cigarette-lighter; *kõnek* lighter
välgutama flash
väli field, plain, green, sheet
väli- field, open-air
välilaager field camp
välimine exterior, external, outer, outside, outward, outermost, surface
välimus appearance, look, air, exterior, way, surface
meeldiva välimusega personable
korraliku välimusega clean-cut, groomed, decently clothed
välimuse põhjal otsustama judge by appearance, judge by the look of

väline external, outward, surface, visible, apparent

-väline extra-

välipraktika fieldwork

välis- itinerant, exterior, external, foreign, outdoor, outer, outside, outward, overseas

väliseeskoda porch

väliselt externally, outwardly, on the surface

välisilme exterior, appearance

väliskülg exterior, outside

välisluure counterespionage

välismaa foreign country

välismaal abroad

välismaalane foreigner, alien

välismaale abroad, overseas

välismaine alien, external

välisministeerium ministry of foreign affairs

välisminister minister of foreign affairs, (AmE) Secretary of State

välispidine external

välispidiselt externally

välispiir perimeter

välispind surface, outer surface

välisriik foreign country

välisseadmed *inf* peripheral equipment

välissuguelundid genitals

välistama exclude, debar, preclude, rule out

välistav exclusive, debarring

välisuks front door, (tagauks) back door

välisvooder flysheet

välisäär perimeter, outer margin; *ülek* periphery

välitöö fieldwork, outdoor work

välivoodi camp bed, folding bed

välja outward, (esile) forth, out of, out, outside, beyond, clear off, off

väljaajamine expulsion, driving off

väljaandmine give-away, delivering

väljaanne edition, (trükis) publication

väljaheide droppings, excrement, faeces, waste

väljajuurimine eradication, extermination

väljajätmine cut, exclusion, omission

väljak square, course, (spordi-) field, ground, pitch, court

väljakaevamistööd excavation

väljakannatamatu unbearable, excruciating, insufferable, intolerable

väljakannatamatult unbearably

väljakannatatav bearable; *kõnek* possible

väljakujunenud formed, established, entrenched

väljakutse challenge, dare, defiance

väljakutse ootel on call

väljakutset esitama dare, defy, gauntlet

väljakutset vastu võtma take up the gauntlet

väljakutsuv provocative, audacious, (käitumine) defiant, raunchy, slinky

väljakutsuvalt defiantly, provocatively

väljakuulutamine promulgation, declaration

väljakuulutatud declared

väljakuäär wing

väljalangenu drop-out

väljalase model, (toodangu) output

väljalasketoru exhaust

väljalend departure

väljalõige clipping, cutting

väljamakse payment

väljaminek expense, outlay

väljaminekud expenditure, expense, outgoing
väljamõeldis invention, fantasy, fiction, figment, fable, (**vale**) fabrication
väljamõeldud invented, imaginary, fictional, fabulous, fictional
väljamüük sale
  odavat väljamüüki tegema sell off
väljanägemine look
väljapaistev eminent, outstanding, pre-eminent, prominent
väljapaistvus eminence, pre-eminence, prominence
väljapanek display, (**näitamiseks**) array, exhibition, show(case)
väljapeetud measured, polished
väljapestud washed-out
väljapoole outwards
väljapressija blackmailer
väljapressimine blackmail, extortion
väljapääs exit, round
väljapääsmatu inextricable, hopeless, desperate
  väljapääsmatus olukorras strand; *kõnek* up a tree
väljapääsuava outlet
väljapüük catch
väljarändaja emigrant
väljaränne emigration
  massiline väljaränne exodus
väljas out, out of doors, outside, outdoors, beyond, in the open, open air
  kodust väljas out and about, out of housebounds, out of home
  väljas olema stay out
väljasaadetu deported
väljasaatmine deportation
väljasirutatud outstretched

väljaspool outside, above, out
väljaspoolne exterior, external
väljastama issue, put out
väljastamine delivery, issuing
väljastus- *inf* output
väljastus *inf* output (process)
väljasurnud extinct, defunct
väljasõit outing, trip, departure, start
väljatrükk printout
väljatõstmine (**korterist**) eviction
väljatöötamine working out, elaboration, formulation
väljavaade prospect, expectation, outlook, vista, perspective
väljavaated odds
  väljavaated uueks eluks new lease of life
väljavalitu choice, (**tema**) the girl/boy of his/her choice
väljavalitud chosen, elite, élite, select
väljavedu export(ation); carting out
väljaveninud baggy
väljavilistamine barracking, catcall
väljaviskaja bouncer
väljavool (**eritus**) discharge, outflow
väljavoolukoht outfall
väljavõte extract, excerpt
väljaõpe training, further education
väljaõppeta unqualified, unskilled, untrained
väljaõppinud fully-fledged, trained
väljaütlemata unspoken
väljend expression, figure, figure of speech, phrase
  kulunud väljend cliché, trite, well-worn, threadbare
  üldtuntud väljendit kasutades to coin a phrase
väljendama express, voice, convey, vent, act out, catch, contain,

couch, put, register, represent

ma ei tea, kuidas seda väljendada I do not know how to put it

kokkuvõtlikult väljendama encapsulate, express in brief, summarize

selgelt väljendama make oneself plain, enunciate

väljendamatu unspoken, inexpressible

väljendamine expression

väljendav expressive

väljendtegusõna *lgv* phrasal verb

väljenduma express

väljendus expression

väljenduslaad style, diction

väljendusrikas expressive

väljendusrikkalt expressively

väljendusrikkus expression

väljendusviis diction, language, turn

väljendusüksus motif

väljuma depart, leave, come out, **(sõidukist)** alight, emerge, exit, get out of, go out

väljumine exit, departure

väljund outlet

väljund- *inf* output

väljundandmed *inf* output (data)

väljundinfo output

väljutama expel

väljutus expulsion

väljuv outward, leaving, departing

välk lightning

nagu välk selgest taevast a bolt from the blue, out of the blue

välkkiire lightning, split-second

välkkiirelt quick as a flash

välklamp flash, flashbulb

välkuma flash, sparkle, glitter, gleam, lighten

vältama take, **(kestma)** last, continue

vältel during, in the course of, through, throughout, within

vältima avoid, prevent, keep off, evade, elude, circumvent, dodge, escape, get around, get round, miss, retreat, shrink, shun, sidestep, skirt, stay off, steer clear of, ward off

hoolega vältima fight shy of

kohtumist vältima keep out of one's way, avoid meeting, keep off the date

vältimatu unavoidable, inevitable, automatic, fated

vältimine evasion, avoidance

vältus duration, length

välu clearing, **(metsa-)** glade

vänderdama wobble, reel, totter along

vänge powerful; **(lõhn)** rank, smelly, disgusting

vänt crank

väntama pedal, crank; **(filmi tegema)** shoot (a film)

vära(h)tama shudder (once), tremble, start

värahtus shudder, tremble, start

värav gate, **(jalgpalli- jms)** goal, stump, **(kriketimängus)** wicket

väravat lööma score

väravapost stump

väravavahimaja lodge

väravavaht goalkeeper

väravpall handball

väravpallur handballer

värbama recruit, enlist, conscript, drum up, take on

värbamine conscription, recruitment

värdjalik bastard; *biol* hybrid

värdjas bastard, freak

V

värelema flicker, quiver
värelev shivery
värelus flutter, shiver
värin shake, tremor, (judin) shiver, trepidation, vibration
    värinaid peale ajama give sb the shivers
värisema tremble, quaver, shake, shiver, totter, vibrate, wobble
    hirmu pärast värisema tremble with fear
värisev shaky, shivery, tremulous
väristama shake, (häält) quaver, vibrate
värk stuff, show, (masina- jms) works
värnits varnish
värsirida verse
värsistatud versified
värske fresh, new, hot, sweet, tacky
    värske värv! wet paint!
värskelt freshly, newly
värskendama freshen, freshen up, refresh; *ülek* brush up, do up
värskendav brisk, fresh, refreshing
värskendus refreshment, refreshing, (teadmiste) brushup
värskenema freshen, (elustuma) refresh
värskus briskness, freshness
värss verse; (noor härg) steer, (noor pull) young bull
värv colour, paint
    värvi andma colour, run
    värvi rikkuma discolour
värvaine dye, stain
-värvi coloured
värvieemaldaja stripper
värvigamma chromatic scale
värvikarp paintbox, colourbox, (AmE) colorbox
värvikas colourful
värvikindel colourfast

värvikirev ablaze
värvikus colour, lustre
värviline coloured, (AmE) colored
-värviline coloured
värvima colour, paint, dye, stain
    üle värvima paint (over)
värvimoondus camouflage
värving coloration, (kerge) tinge, tint, touch
värvipime colour-blind
värvipintsel paintbrush
värvis pigment
värvisegamisnuga palette knife
värviskaala palette, colour scale
värvispekter spectrum
värvitoon colouring, hue
värvitu colourless
värvitud dyed, painted
värvitus colourlessness
värvivarjund hue, nuance, tint
värvuke sparrow; *kõnek* spadger
värvuma tinged, colour
värvus coloration, colour, hue
värvusetu colourless, achromatic
väsima get tired, grow weary, (raugema) languish
    ma olen sellest väsinud I am tired of it, I am sick of it
väsimatu tireless, unwearied
väsimus fatigue, tiredness, weariness
väsinud tired, weary, fatigued, haggard, (kurnatud) spent, worn
    surmani väsinud tired to death
väsinult tiredly, wearily
väsitama tire, weary, wear out, fatigue, (AmE) *kõnek* tucker (out)
    ära väsitama make tired/weary, take a lot out of one
väsitav tiring, tiresome, demanding, fatiguing, wearing, (tüütav) tedious

V

väädid withes; *bot* bines, shoots
väänama twist, bend, force, put out, wring
  välja väänama dislocate, twist, **(jalga jms)** sprain, wrench
  mõtet väänama turn round, turn around
  kaela kahekorra väänama wring
väänamine wrench, twisting
väänduma twist, wind, turn, twine
vääne twist, winding, wrench, torsion
väänkael wayward, stubborn, pigheaded
väänkasv *bot* tendril, shoot (of a vine)
väänlema wriggle, writhe
väänlev sinuous
väär **(vale)** false, wrong, erroneous, incorrect, untrue; **(vääri)** gallery, loft
väär- false, mal-, mis-
vääralt falsely, wrong
vääramatu irrefutable, immovable, **(jõud)** force majeure
väärarend deformity, malformation
väärarenenud deformed
väärareng abnormal development
väärarvamus misconception, illusion, preconception
väärastama twist, distort, warp
väärastuma *med* degenerate
väärastunud warped
vääratama blunder, stumble
vääratus lapse, slip
väärikalt worthily
väärikas dignified, stately, decorous, graceful, grave, stately, statuesque
väärikus dignity, gravity, presence, stateliness
vääriline deserving, worthy, **(ära-**

teenitud) merited
vääriliseks osutuma rise
vääriliseks pidama appreciate
väärima deserve, command, be worthy of
vääring *maj* currency, denomination
vääris- precious, valuable
väärisehted jewellery
väärisesemed valuables
vääriskivi precious stone, gem, stone
väärismetall precious metal
vääristama dignify, refine, **(pookima)** graft
vääritimõistmine misunderstanding, misapprehension
vääritu undignified, demeaning, unworthy
vääriv worthy, deserving
väärkasutamine misappropriation
väärkohtlema ill-treat
väärkohtlemine abuse, ill-treatment
väärkäitumine misconduct, misbehaviour
väärnimetus misnomer
väärsamm mistake, slip
väärt worth, worthy, precious, valuable
  väärt olema mean, cost
väärtalitus malpractice
väärtarvitama abuse, misuse
väärtarvitus misuse
väärtasjad valuables
väärtegu misdemeanour
väärtoitlus *med* malnutrition
väärtpaberid *maj* security, stock, bonds
  väärtpaberite portfell *maj* portfolio
väärtus value, worth, quality, commodity
väärtuses langema depreciate

väärtuses tõusma evaluate
väärtust alandama debase
väärtust kaotama sink in value
väärtust määrama evaluate
väärtused treasure
väärtusetu cheap, worthless, measly, pathetic, (vilets) trashy
väärtushinnagud values
väärtushinnang value judgement, stock
väärtuslik of value, precious, valuable
väärtustama value, estimate, put a value on, place a high value on
väärtustamine valuation, estimation
väärtõlgendus misinterpretation
väärõpetus heresy, false doctrine
väät with; *bot* bine, shoot, tendril
väävel *keem* sulphur
vöö belt

vööde zone
vöödiline streaky, striped
vöökoht middle, waist, waistline, waistband
vöönd zone, belt; *mat* strip, stripe
vööndiaeg time zone
vöör bow
vööriie webbing
vöörikuju figurehead
vööt stripe, band
vöötama belt, gird, girdle
vöötohatis *med* shingles
vöötrada zebra crossing
vürst prince
vürstinna princess
vürstiriik principality
vürstitar princess
vürts spice, seasoning, flavour, flavouring, relish
vürtsikas spicy, hot, savoury
vürtsitama flavour, season, lace

WC bathroom, lavatory, WC, (AmE) restroom
wok-pann wok

õbluke slim, slender, fragile
õde sister, (AmE) *kõnek* sis
õdus cosy, snug, comfortable, (AmE) cozy
õdusus cosiness, snugness
õed-vennad siblings
õel malevolent, malicious, malignant, maleficent, malign, evil, wicked, vicious, sinister
õelik sisterly
õelus malevolence, malice, maliciousness, malignancy, maleficence, evil, wickedness, malignity
õelutseja ill-disposed person, vixenish/vixenly person, hellcat
õelutsema be malicious/evil/wicked
õemees brother-in-law
õepoeg nephew
õetütar niece
õgard glutton, guzzler
õgima binge, devour, guttle, gorge, guzzle, cram; *kõnek* wolf (down)
    kurguni täis õgima gorge, fill to the full
õgvendama straighten, rectify
õgvenema straighten
õhetama glow, flush, flame, (**kipitama**) burn
õhetav ablaze, glowing, flushing, ablush, flushed
õhetus glow, flush, bloom
õhevil alight, aglow, flushed, exited, elated
õhin zeal, ardour, eagerness, enthusiasm
    õhinasse minema/sattuma get excited
õhinal with zest, with great zeal
    õhinal kaasa lööma pitch in
õhk air, atmosphere; *ülek* breath
    karge õhk nip in the air, sharp air
    kõrgel õhus mid-air, high up in the air
    vabas õhus in the open air, out of doors, outdoors
    õhku ahmima gasp (for breath)
    õhu konditsioneerimine air-conditioning
    õhku täis (upsakas) bigheaded
õhkama sigh (for)
õhkima blow (up), explode, blast, detonate
õhkjahuti air cooler
õhkkerge as light as air, as light as a feather
õhkkond atmosphere, climate
õhkpadi air cushion
õhkpidur air brake, pneumatic brake
õhkpüss airgun
õhkuma glow, give off, radiate
õhkutõus take-off, lift-off
õhkõrn ethereal, flimsy
õhtu evening, night, eve
õhtueine → **õhtusöök**

õhtukleit evening dress, evening gown

õhtukool night school

õhtuoode evening snack, light afternoon meal

õhtupoolik afternoon

õhturiietus evening dress, (AmE) formal dress

õhtustama eat/have/take supper, have dinner

õhtusöök supper, evening meal, (**pidulik**) dinner

õhu- air(-), aerial, aero-, pneumatic, atmospheric

õhuava vent, vent-hole

õhujõud *sõj* air force

õhuke thin, flimsy, sheer

õhukindel airtight, hermetic

õhukindlalt hermetically

õhuklapp choke, fan, air valve

õhukumm inner tube, bladder

õhulaev airship, dirigible

õhuline airy, ethereal

õhupall balloon

õhupeegeldus mirage, fata morgana

õhurikas airy, full of air

õhuloss castle in the air
   õhulosse ehitama build castles in the air

õhupost airmail
   õhupostiga saatma send by airmail

õhuruum airspace

õhurõhk atmospheric pressure

õhurünnak air raid, blitz

õhus airborne, in the air

õhusild airlift

õhustama air, ventilate

õhustik atmosphere

õhustus airing, ventilation

õhusõiduk aircraft

õhutaja instigator, inciter, agitator

õhutama (**innustama**) incite, instigate, encourage, agitate, exhort, prompt, stir up; (**tuulutama**) air, ventilate

õhutamine (**innustamine**) inciting, instigating, agitating, encouragement; (**tuulutamine**) airing, ventilation

õhutatud ventilated

õhutransport air transport, transportation by air, airlift

õhutu airless, stuffy

õhutus (**innustus**) incitement, instigation, encouragement, exhortation; (**õhutamine**) airing, ventilation; (**õhuta olek**) airlessness, vacuum

õhutusava vent-hole

õhutõrje antiaircraft defence

õhutõrjetuli flak

õhutühi airless, vacuum

õhv heifer

õhvakene small heifer

õiekobar cluster of blossoms/flowers

õieli outstretched
   õieli ajama stretch out
   kaela õieli ajama crane one's neck

õiend statement

õiendaja fusser, pesterer

õiendama (**viga, eksitust**) correct, rectify, put right; (**teksti**) emend; (**asju**) arrange, settle, square up; (**arvet**) pay, settle, balance, square up; (**võlga**) clear off; (**näägutama**) scold, nag
   arveid õiendama *ülek* pay/wipe off/settle old scores

õiendus (**vea**) correction, rectification; (**teksti**) emendation; (**toime-**

tus) affair, matter, business, errand

õienupp bud

õieti → **õigupoolest**

õietolm pollen, farina

õige right, correct, true; (**sobiv**) proper; (**aus**, **õiglane**) upright, honest; (**ehtne**) genuine, real; (**üsna**) quite, fairly, rather

õigeaegne opportune, timely, well-timed

õigekeelsus grammar, orthology

õigekiri spelling, orthography

õigeksmõistmine acquittal, absolution, exculpation

õigeksvõtt admission

õigemini rather, to be more precise

õigesti right, rightly, correctly, properly

õigetpidi the right side up

õigeusk orthodoxy

   õigeusu kirik the Orthodox Church

õigeusklik orthodox

õigeusklikkus orthodoxy

õiglane fair, just, right, rightful, righteous, upright, upstanding

   õiglane olema do justice to, give one one's due

õiglaselt fair(ly), right(ly), justly, deservedly

õiglus justice, fairness, honesty, right, equity

   õiglust jalule seadma put things right, set things right

õiglusetus injustice, inequity

õigsus correctness, rightness, truth

õigupoolest in fact, actually, really, as a matter of fact, by rights

õigus right; justice, authority, licence, (AmE) license

   õigust andma entitle, enable, license, authorize, empower

õigust mõistma administer justice

õigust omama be entitled to, have right to

   sul on õigus you are right

õigus(e)- legal, juridical

õigusabi legal aid

õigusaktid legal acts

õigusega rightfully

õigusemõistmine justice, jurisdiction, judicature, administration of justice

õigusetu without rights, underprivileged

õigusjärglus (legal) succession

õiguskord legal order, law and order

õiguslik legal, juridical

õigusnõuandja legal adviser

õiguspädev competent

õiguspärane rightful, lawful, legitimate

õigusrikkumine offence, breaking/violation/infringement of law

õigustama justify, explain, warrant; entitle

õigustamatu unjustified, unwarranted, unlicensed, unentitled

õigustamine justification

õigustatav justifiable, defensible, warrantable

õigustatud justified, well-founded; legitimate

õigustatult justifiably, warrantably, rightly

õigustavalt defensively

õigusteadlane lawyer, jurist

õigusteadus law, legal science, jurisprudence

õigusteta without rights

õigustus justification; warrant; (**vabandus**) plea

õigustüli suit, litigation

Õ

õigusvahemees ombudsman
õilis noble(-minded), high-minded
õilistama ennoble, exalt, elevate
õilistav elevating
õilmitsema bloom, blossom, come into bloom, be in bloom, flower, flourish
õilsameelne → õilis
õilsus nobleness, nobility, greatness
õis bloom, blossom, flower
   õide minema begin to bloom/blossom, burst into bloom, blossom out
   õisi kandma blossom
õisik inflorescence
õistaim *bot* flowering plant
õisuba scarlet runner bean
õitseaeg flowering/blooming/blossoming season; *ülek* prime
õitsema bloom, blossom, flourish; (**majanduslikult**) prosper, thrive
õitseng blooming, flowering, florescence; *ülek* prosperity, flourishing, bonanza, boom, heyday
   majanduslik õitseng prosperity, boom
õitsev blooming, flowering, blossoming; *ülek* flourishing; (**majanduslikult**) prosperous, prospering, thriving, booming, roaring
õlajoon shoulder line
õlakas broad-shouldered, square-shouldered
õlakehitus shrug
õlakott shoulder bag
õlakud shoulder straps
õlapael shoulder strap
õlarihm shoulder strap
õlarätt shawl, stole
õlavars upper arm, brachium (*pl* -ia)
õlavööde shoulder girdle

õle- straw, thatched
õled straw
õlekõrs straw
   õlekõrrest haarama clutch at (a) straw
õlg (õla) shoulder; (õle) straw
   õlg õla kõrval shoulder to shoulder
   õlale võtma shoulder (a gun)
   õlgu kehitama shrug (one's shoulders)
   õlgu sirgu ajama square one's shoulders
   üle õla vaatama look (backward) over one's shoulder, look behind
õlgkatus thatched roof
õlglill immortelle, everlasting
õli oil
   õlil töötav oil-fired
   õli tulle valama *ülek* add fuel to the fire, add fuel to the flames, blow the coals, blow the fire
õlikann oiler, oilcan
õlilaik oil-patch, (oil-)slick
õlimaal oil painting, oil
õline oily, oleaginous
õlipuu olive tree
õliriie oilskin
õlitama oil, grease, lubricate
õlitus oiling, lubrication
õlivarras dipstick
õlivärv oil paint, oil colour
õlleankur beer keg, beer cask
õllebaar alehouse
õllekann beer mug, beer jug, (**suur kaanega**) tankard
õlleklaas beer glass, tumbler, (AmE) schooner
õllekelder beer cellar
õllekõht beer belly, beer gut
õllepruulija brewer
õlletehas brewery

õlletoop tankard

õllevaat beer barrel, beer cask, **(suur)** butt

õlu beer, ale

õmbleja dressmaker, sewer, needle-woman (*pl* -women), (AmE) seam-stress

õmblema sew, stitch
  kinni õmblema sew up
  külge õmblema sew on
  kokku õmblema sew, sew up, stitch together
  peale õmblema sew on

õmblemine sewing

õmblus seam; *anat, med* suture

õmblusateljee dressmaker's

õmblusmasin sewing-machine

õmblustarbed sewing supplies, haberdashery

õmblusteta seamless

õmblustöö sewing, needlework

õnar groove, chamfer, slot

õndraluu coccyx

õndsalt blissfully, blessedly

õndsus bliss, blissfulness, blessed-ness, felicity
  õndsaks tegema beatify, bless

õng **(õngekonks)** fishhook, hook, **(koos ridvaga)** rod and line
  õnge minema *ülek* bite, take the bait, be taken in, fall for

õngekork cork float, float

õngelatt fishing rod, angling rod

õngenöör fishing line

õngeritv fishing rod, rod

õngitseja angler

õngitsema angle, fish (for), hook

õngitsemine angling, fishing

õnn happiness, (good) fortune, (good) luck
  õnne katsuma try one's luck, chance it, chance one's luck,

chance one's arm
  õnne korral with luck, with any luck
  õnne olema be lucky, have good luck in
  õnne soovima congratulate, wish sb good luck
  õnneks minema get away with, strike lucky, strike it lucky
  õnn kaasa good luck, all the best
  õnneks või õnnetuseks as luck would have it, for better or worse

õnnar → **õndraluu**

õnneasi matter of luck, matter of chance

õnnehetk moment of happiness

õnnejoovastus bliss, ecstasy; *kõnek* rapture

õnneks fortunately, happily, luckily

õnnekütt fortune hunter, adventurer

õnnelaps lucky fellow

õnnelik happy, fortunate, lucky, providential, well off
  õnnelikuks tegema make sb happy

õnnelikult happily

õnnemäng game of chance, gam-ble, gambling

õnnemängija gambler

õnnerikas lucky, full of luck, for-tunate

õnneseen lucky fellow, lucky devil, lucky beggar

õnnesoov congratulation, good/best wishes

õnnestuma succeed, be successful, be a success, come off (well)
  napilt õnnestuma scrape through, scrape by, squeak through

õnnestumine success, succeeding, being successful, being a success, coming off

Õ

õnnestunud successful, fortunate, happy

õnnetoov fortunate, lucky, auspicious

õnnetu unhappy, unfortunate, unlucky, pitiful, miserable, woeful, distressed
 õnnetuks tegema make sb unhappy, make sb miserable

õnnetult unhappily, miserably, woefully, unluckily

õnnetunne feeling of happiness, feeling of blissfulness, thrill of joy

õnnetus misfortune, ill fortune, adversity, accident, disaster, calamity, mishap, mischance

õnnetusehunnik misery, (AmE) sad sack

õnnetuseks unfortunately, unluckily

õnnetusetooja jinx

õnnetusjuhtum accident, casualty

õnnetuskoht place of the accident, scene of the accident
 õnnetuskohalt põgenemine (autoavarii puhul) hit-and-run

õnnetusttoov calamitous, disastrous; unlucky; *kõnek* jinx

õnnetäht lucky star

õnnis (õnnistatud) blessed, blissful, happy; (hiljuti surnud) late

õnnistama bless, endow; (sisse õnnistama) consecrate, inaugurate; (kirikut) dedicate, (vaimulikuks) ordain

õnnistatud blessed

õnnistus blessing, benediction, mercy

õnnitlema congratulate

õnnitlus congratulation

õpe teaching, tuition, instruction

õpetaja teacher, master, schoolmaster, instructor, tutor, mentor

õpetajate tuba staff room, common room

õpetajaamet teacher's profession, teachership, tutorship

õpetajanna teacher, schoolmistress

õpetajaskond teaching staff, teachers

õpetama teach, educate, ground, instruct, train, tutor
 välja õpetama teach, train; *ülek* lick sth into shape
 ümber õpetama teach anew, retrain

õpetamine teaching, instructing, tuition

õpetatud learned, scholarly

õpetav didactic, teaching

õpetlane scholar, learned man, man of learning

õpetlik didactic, edifying, educational, enlightening, instructive

õpetlikult didactically, instructively

õpetus teaching, tutoring, tuition, instruction, training, education; (tõekspidamised) doctrine, theory; (tõekspidamine) tenet
 õpetust andma/jagama give instructions, teach, instruct, indoctrinate

õpetuslause dogma (*pl* -as, -ata), tenet

õpetuslik didactic

õpetuslikult didactically

õpetussõnad words of wisdom, wise maxim/saying

õpiaeg apprenticeship, time of learning

õpihuviline eager to study/learn, studious

õpik textbook, schoolbook; (algõpetuse) primer

õpilane pupil, student, schoolboy, schoolgirl, schoolchild
õpilaspäevik daybook
õping study
õpinguraamat student's record book
õpipoiss apprentice
õpivõimeline apt to learn
õppe- educational, teaching, training, school
õppeaasta school year, academic year
õppeaine subject, discipline
õppealajuhataja deputy head, director of studies
õppeasutus educational institution, school
   kõrgem õppeasutus higher educational establishment
õppeedukus scholastic proficiency, progress (at school)
õppejõud university teacher/lecturer, don, professor, tutor
õppekava curriculum (*pl* -la), syllabus (*pl* -bi, -buses)
õppematerjal teaching material
õppeprogramm → õppekava
õpperühm study group
õppesessioon session
õppesõit driving lesson
   õppesõitja tunnusmärk L-plate
õppetool chair
õppetund lesson, lecture, class
   õppetundi andma   *ülek* teach someone a lesson
õppetöö schoolwork, lessons, classes, studies
õppetükk lesson, assignment
õppevahend aid, material
õppeveerand session, term
õppija learner, student, pupil
õppima learn, study, read, acquire,

(**kordama**) revise, (**tuupima**) swot (up)
juurde õppima go on learning, enlarge one's knowledge; *kõnek* bone up
ära õppima learn thoroughly
üksipulgi midagi selgeks õppima get sth down/off to a fine art
üle õppima learn too much, (**kordama**) repeat, run through
ümber õppima learn anew, retrain
õppimine learning, studying
õppimisaldis apt/eager to learn, studious
õppur pupil, schoolchild, student
õppus teaching, training; *sõj* drill
õrn tender, delicate, frail, fragile, gentle, subtle, faint, loving, affectionate
   õrnas eas at a tender age, of tender years
õrnalt tenderly, softly, delicately, gently, affectionately, lovingly, dearly
õrnatundeline delicate, sensitive, tender-hearted
õrnatundeliselt delicately, sensitively, tender-heartedly
õrnus tenderness, gentleness, softness, delicacy, endearment, subtlety, fragility, frailty
õrnutsema be tender, fondle, pet
õrritama tease, banter, badger, rag, bullyrag, (**ahvatlema**) tantalize
õrs perch, roost
   õrrel istuma perch, roost
   õrrele laskuma perch
õsuma cut corn with a sickle
õu yard, courtyard, (**talu-**) farmyard
   nelinurkne õu quad
õud dread, horror, fear

Õ

õudne terrible, horrible, horrific, ghastly, grisly, gruesome, macabre, sinister, scary, spooky, spine-chilling, unearthly

õudselt terribly, awfully; formidably, horribly, horrifically, horrifyingly

õudus horror, terror, ghastliness, hideousness, dreariness

    õudusest rabatud horror-stricken, horror-struck

    õudust külvama strike fear/terror into sb

õudusfilm horror movie, thriller

õudustäratav horrifying, uncanny

õudusunenägu nightmare

õue- outside, outdoor

õues outside, outdoors, out

õukond (royal) court

õukondlane courtier

õun apple

õunakook apple pie, apple tart

õunamahl apple juice

õunamoos apple jam, apple sauce

õunapuu apple tree

õunavein cider

õõnes (seest tühi) hollow, cavernous; (tühisõnaline) empty, echoing, insincere, hollow

õõnestaja subversive

õõnestama (uuristama) hollow (out); (nõrgestama) subvert, undermine, sap

õõnestamine (uuristamine) hollowing; (nõrgestamine) undermining

õõnestav subversive

õõnestustöö subversion, sap

õõnsalt hollowly

õõnsus hollow, cavity, cave

õõs hollow, cavity, cavern, cave

õõts rocking, swing, sway

õõtsik soft, boggy ground

õõtssoo quag(mire), boggy marsh/bog

õõtsuma swing, sway, rock, float up and down

õõtsutama swing, rock, sway

õõtsuv swinging, swaying, pendulous

Õ

Ä

äbarik powerless, weak, feeble
ädal aftermath, aftergrass
äestama harrow, drag
ägama groan, moan
ägamine groan, moan
äge violent, impetuous, passionate, heated, hot, spirited, fierce, ardent, blazing, vehement; (**valu v haiguse kohta**) acute, severe, sharp, splitting
ägedalt violently, impetuously, fiercely, heatedly, hotly, tempestuously, vehemently
ägedus violence, vehemence, heat, impetuosity, passion, fury, fierceness; (**valu**) sharpness, acuteness
ägedushoog fit of violence/passion/temper, rage
ägenema become violent/fierce, flare up, (AmE) flare out
ägenemine becoming violent, exasperation
ägestuma become enraged/exasperated/infuriated, fly into a passion, flare up, lose one's temper, fire up, (AmE) flare out
ägin groan, wheeze
ägisema groan, wheeze
ähkima gasp, pant, puff, wheeze
ähm excitement, anxiety; *kõnek* flap; (**hirm**) fright, scare, (**rutt**) hurry, haste

suure ähmiga in a hurry, in great haste
ähmi täis jittery, nervous, frightened
ähmis olema be jittery/nervous/ frightened, flap
ähmane dim, misty, hazy, blear, bleary, faint, vague, blurred, filmy, woolly
ähmaselt dimly, mistily, hazily, blearily, vaguely
ähmastama dim, blur, blear, cloud
ähmastuma dim, blur, become misty/hazy/vague
ähmasus dimness, blur, mist, mistiness, haze
ähvardama threaten, menace; (**ees ootama**) impend, loom
ähvardav threatening, menacing; (**eesootav**) impending, looming
ähvardavalt threateningly, menacingly, ominously
ähvardus threat, menace
ähvardusel on pain of, under pain of
äi father-in-law
äie sweep, wipe, whisk, (**hoop**) blow
äigama sweep, wipe off/away; (**virutama**) strike a blow, give a slap
äike thunderstorm
äikesepilv thundercloud
äiutama lull
äke harrow, brake

äkiline sudden, abrupt, hasty, (ise-loomult) quick-tempered, short-tempered, irascible

äkilisus suddenness, abruptness; irascibility

äkitselt → **äkki**

äkki suddenly, abruptly, all at once, all of a sudden

äkkrünnak raid, ambush

äkkviha rage, sudden anger

ämber bucket, pail
  ämbrisse astuma *kõnek* put one's foot in it
  kallab kui ämbrist *kõnek* it's pouring rain, it's raining in torrents

ämblik spider

ämblikumürk venom

ämblikuvõrk cobweb, spider web, spider's web

ämbritäis bucketful, pailful

ämm mother-in-law

ämmaemand midwife (*pl* -wives)

äng oppression, anxiety, anguish, distress

ängistama oppress, distress, depress

ängistus oppression, anxiety, anguish, distress

ängistuses oppressed, anguished, distressed

äparduma fail, go wrong

äpardunud abortive, failed

äpardus failure, mishap, mischance, bad luck

äpu failure, loser

ära (keeld) don't; (eemale) away, out, off
  ära nüüd ütle don't say
  ära sellele enam mõtle skip it, drop it

äraaetud overdriven; *sl* fagged out, knackered

äraandja traitor, betrayer

äraandlik traitorous, treacherous; *kõnek* telltale

äraauramine evaporation

äraeksinud lost, stray

ärahellitatud spoilt, pampered

ärahoidev preventive, (haigust) prophylactic

ärahoidmine prevention, avoidance

ärahoidmisvahend preventive/precautionary measure

ärahoitav avoidable, escapable, preventable

ärakantud worn-out

ärakaranu runaway, escaper

ärakasutamine utilization, using; *ülek* exploiting

ärakiri copy, transcript, duplicate

ärakulunud well-worn, worn-out

ärakuulamine hearing out

äraleierdatud hackneyed, bandied about/around

äralend take-off

äraminek going away, leaving, departure

äramuutmine changing, abolition, abrogation

äramärkimine marking out

ärandama steal a vehicle

äranõiutud spellbound, under a spell

äraolek absence

äraolev absent

äraootav waiting, being expectant, temporising, undecided
  äraootavale seisukohale jääma take up a wait-and-see attitude, take up a waiting attitude

äraostetav corruptible, venal, bribable

äraostmine bribery, bribing

äraproovitud well-tried, tested

ärapõlenud burnt, burned, burnt-out, burned-out

ärapööranud round the twist, crazy, nuts

äraspidine retrograde, inverse, inverted, reverse

ärasõit departure, start

ärasõitja leaver

äratallatud trodden

äratama wake (up), waken, awake, rouse, arouse, **(ergutama)** excite, **(esile kutsuma)** provoke

ärataotud battered

äratundmatu unrecognisable

äratundmine recognition, **(arusaamine)** realization, realisation
 äratundmisele jõudma realize, realise

äratus waking, wakening, awakening, rousing

äratuskell alarm clock

ärauhtumine washing off/away/out, flushing

äravaevatud tired out, overwrought

äravahetamine exchanging, mixing up, taking by mistake, confusion

äravahetatav interchangeable

äravalitu the elect

äravedu conveyance, transportation, hauling

äravisatav throwaway

äravisatud thrown away, castaway

äravool outflow, discharge, drain, drainage

äravoolutoru waste pipe, outlet pipe, drain

äravõetav detachable

äravõtmine taking off/away, removal, detaching, detraction; expropriation

äraütlemine declining, denial, refusal

ärev excited, restless, feverish, agitated, anxious, flustered

ärevalt excitedly, feverishly

ärevil excited, agog, astir, on the fret
 ärevil olema have butterflies (in one's stomach)
 ärevile ajama stir up, excite, alarm

ärevus excitement, excitedness, alarm, agitation, stir, flutter, flurry, anxiety, disquiet, fluster
 tühine ärevus storm in a teacup
 ärevusest toibuma breathe again, breathe freely
 ärevusse ajav unnerving
 ärevusse sattuma get excited, get worked up, be upset, fret
 ärevust tundma be upset, be agog, be astir

ärevuses → **ärevil**

ärgas (wide) awake, wakeful, watchful, vigilant, alert

ärgitama rouse, excite, provoke, agitate

äri business, commerce, trade
 must äri racket
 äri ajama do business, trade, run a business, deal; **(äriasju ajama)** transact business
 äris osalema be in business
 kasulikku äri tegema make a killing, do a lucrative business

äriasi business matter, (matter of) business

äriasjus on business

ärihai tycoon

ärijuht business manager, (AmE) business executive

ärijuhtimine business management

ärikas trafficker, money jobber, huckster

ärikiri business letter, commercial letter

Ä

ärikirjavahetus *maj* business correspondence, commercial correspondence
äriklass business class
äriline commercial, businesslike, business
ärilinnaosa city
äriliselt commercially
(maha) ärima sell out
ärimees businessman
ärinaine businesswoman
äripäev weekday
äriraamat *maj* account book, business book
ärireis business trip
äriselts company
ärisuhted business/commercial/ trading relations
äritava business practice, custom in trade, usage of trade
äritegevus business, commerce, trade
   äritegevust lõpetama go out of business, wind up a business
äritoiming transaction
äritseja → ärikas
äritsema traffic, trade
äritsemine trafficking
ärivaist business flair
äriühing trading company, firm
ärkama wake up, awake, awaken, waken, get up, rise
ärkamine waking, awakening, wakening, revival
ärkel oriel, projecting bay
ärklikorrus attic, top storey
ärklituba oriel, attic, garret
ärkvel awake, wide awake, broad awake, fully awake
   ärkvel istuma sit up
   ärkvel olema be awake, stay up
   ärkvel ootama wait up

ärkvelolekuaeg waking hours
ärplema brag, boast, talk big, swagger, swank
ärplev ostentatious, pretentious
ärritama irritate, provoke, exasperate, agitate, wind up, arouse, work up, irritate, (AmE) *sl* het up
ärritav irritating, irritable, provoking, fretful
ärritavalt irritatingly, irritably, provokingly, fretfully
ärrituma become/get irritated, get upset, lose one's temper, steam up, get steamed up, tense up
ärritunud irritated, heated, edgy, in a temper
ärritus irritation, provocation, exasperation, fret, agitation
ärrituv irritable, fretful, touchy, nervous, nervy
   kergesti ärrituv cranky, excitable, prickly, ratty, touchy, quick-tempered
ärtu hearts
äsama strike a blow, give a slap
äsja just, a little while ago, recently, lately, newly, of late, freshly
äsjaabiellunud newly-weds
äsjane recent
äsjasurnud deceased
äss ace
ässitaja agitator, abettor, abetter, incendiary, firebrand
ässitama instigate, incite, agitate, provoke, abet, egg on, foment, sting, whip up
   kallale ässitama set on/upon
ässitav instigating, inciting, agitating, provocative
ässitus instigation, incitement, agitation, abetment, fomentation
ätt gaffer, the old man

Ä

äädikas vinegar
äädikhape *keem* acetic acid
äär edge, border, brink, brim, rim, margin, verge, lip
　ääre peal on the verge of, on the brink of
ääre- border, marginal, peripheral
ääreala outskirts, periphery
äärel on the brink of, on the verge of
ääreliist edge board
äärelinn outskirts, suburb
ääremaa periphery, province
ääremängija wing, winger
ääreni up to the brim/edge
äärepael bordering ribbon, edging, braid
äärepealt almost, on the verge of
ääres on, at the side of, by the side of, beside, alongside
äärestama (palistama) hem, bind; border, edge, rim, fringe
äärestus (palistus) hem; bordering

ääretasa (full) to the brim, brimful
ääretu boundless, unlimited, limitless, infinite
ääretult boundlessly, infinitely
ääris border, edge, edging, welt
　laineline ääris scallop
äärispael bordering ribbon, edging, braid
ääristama border, edge, fringe, rim
ääristus edging, bordering
äärmine extreme, limiting, utmost; (**ääres asetsev**) situated on the edge, (**kaugeim**) farthest, (**üli-**) ultra-
äärmiselt extremely, exceedingly, utterly, in the extreme
äärmus extreme, extremity, extremeness
　äärmuseni viima carry to extremes
äärmuslane extremist, ultra
äärmuslik extreme, extremistic
äärmuslikkus extremity

Ä

Ö

öeldis *lgv* predicate
öeldistäide *lgv* complement
öeldu utterance, saying
öeldud said, spoken, uttered
öine nightly, night, nocturnal
ökoloog ecologist
ökoloogia ecology
ökoloogiline ecologic(al)
ökonomist economist, specialist in economics
ökonoomia saving, retrenchment, economy, thrift
ökonoomika economics, economy
ökonoomiline economic
ökonoomne economic(al), thrifty, sparing
ökonoomsus economy, thrift, parsimony
ökosüsteem ecosystem
öäk! yuk!
öö night, night-time
   ööl ja päeval day and night
   ööd veetma spend the night
ööbik nightingale
ööbima stay overnight
   väljas ööbima camp out
ööbimine staying overnight
ööbimiskoht lodging

ööelu night life
öökapp bedside table, night table
öökima gag, retch, keck
ööklubi nightclub
öökull owl
öökülm night frost
öölamp night lamp
ööliblikas moth, hawk moth
öömaja lodging
   öömaja andma lodge, shelter
   öömajale jääma stay overnight, stay the night
ööpott potty
ööpäev day
   ööpäev läbi day and night, round the clock
ööpäevaringne day's, twenty-four-hour, round-the-clock
öörahu night's rest, peace at night
ööseks overnight
öösel at night, in the night, in the night-time, during the night
öösorr nightjar, goatsucker, whip-poorwill
öösärk nightdress, nightgown, nightie
öövaht watchman

üdi marrow
üdini to the marrow, to the bone
   üdini tungima cut sb to the quick; (**külma kohta**) be chilled/frozen to the marrow
üdinitungiv piercing
üha (**ikka**) ever, (**aina, pidevalt**) always, constantly, continuously, progressively, (**korduvalt**) time after time
   üha enam more and more
ühe- mono-, uni-
üheaastataim annual
üheaegne simultaneous, contemporary (with)
üheaegselt simultaneously, at the same time
üheealine of the same age
ühehäälne (**üksmeelne**) unanimous; *muus* monodic
ühehäälselt unanimously
üheinimese- one-man, single
üheinimesetuba single room
üheinimesevoodi single bed
ühejalgne one-legged
ühekaupa one by one, singly
ühekohaline one-man, single; (**arv**) of one digit
   ühekohaline number digit, single figure
ühekordne single
ühekorruseline single-storeyed, one-storeyed

üheksa nine
üheksakümmend ninety
üheksakümnendik ninetieth
üheksakümnes ninetieth
üheksandik ninth
üheksas ninth
üheksasada nine hundred
üheksasajas nine hundredth
üheksateist nineteen
üheksateistkümnendik nineteenth
üheksateistkümnes nineteenth
ühekõne monologue, soliloquy
ühekäeline one-armed
ühekülgne one-sided
   ühekülgne olema have a one-track mind
ühekülgsus one-sidedness
üheline unit; (**raha kohta**) (BrE) *sl* quid (= pound), (AmE) *sl* buck (= dollar)
ühemehe- one-man
ühemunakaksikud identical twins
ühemõtteline unambiguous, unequivocal
ühemõtteliselt unequivocally
ühenaise- one-woman
ühend combination, composite; *keem* compound
ühend- united
ühendama combine, connect, integrate, join (up), link (up), unify,

unite, (**telefonis**) put through

ühendamine affiliation, consolidation, joining (together), unification, uniting

ühendatav unitable; *tehn* compatible

ühendatud joined, unified, united

ühendav uniting, connecting

Ühendkuningriik United Kingdom

Ühendriigid United States

ühendtegusõna *lgv* phrasal verb

ühendus communication, communion, connection, link-up, (**liit**) alliance, league, community

  ühenduse katkestus disconnection

  ühenduses (millegagi) in combination with, in conjunction with

  ühenduses olema (kellegagi) be in touch, keep in touch, stay in touch with sb, hang together

  ühendusse astuma communicate with, get in touch with

  ühendusse viima (seostama) associate with, (**tutvustama**) put sb in touch with sb

  ühendust kaotama lose connection, lose touch with

  ühendust katkestama (telefonis) disconnect

  ühendust saama (telefonis) reach, get through (to)

  ühendust võtma (kellegagi) contact sb, get in contact with sb, get in touch with sb

ühenduskoht connection, joint, junction

ühendustee communication, connecting road

ühendusuks communicating door

ühenduvus *mat* associativity; *inf* connectivity

ühene (**ainuvõimalik**) cut-and-dried; *mat* one-valued

üheotsapilet one-way ticket, single ticket

ühepaat one-man boat

ühepoolne one-sided, unilateral

ühepoolselt unilaterally

ühepoolsus one-sidedness

üherealine (pintsak) single-breasted (jacket)

üherööpmeline (raudtee) single-track (railway)

ühes (**kaasa**) along with, (**koos**) together, with

ühesilbiline monosyllabic

  ühesilbiline sõna monosyllable

ühesilmaline one-eyed

üheskoos collectively, jointly, together

ühesugune similar, alike, (**võrdne**) even, equal

ühesugusus likeness, similarity, equality

ühesuunaline one-way

  ühesuunaline tänav one-way street

ühesuurune of equal size

  ühesuurune olema be the same size, be of a size

ühesõnaga in a word, in short, in brief

ühetaoline equable, even, uniform

ühetaolisus equability, sameness, uniformity

ühetasane even, flat, flush, level, smooth

  ühetasaseks tegema even out

üheteistkümnes eleventh

ühetooniline monotonous

ühetoonilisus monotony

ühetähenduslik unambiguous, of one meaning

ühetähenduslikkus unambiguity

Ü

ühevanune → üheealine

ühevärviline self-coloured, monochromatic, monochrome

üheväärne equivalent, on a par (with)

üheväärsus equality

üheõhtuesinemine one-night stand

üheõiguslik equal (in rights), of equal rights

üheõiguslikkus equality of rights

üheöösuhe one-night stand

ühik unit

ühilduma be congruent/congruous; *lgv* agree

ühildumatus incongruity; *inf* incompatibility

ühildumine congruence, congruity; *lgv* agreement

ühilduv congruous; *inf* compatible

ühilduvus congruousness; *inf* compatibility

ühine collective, common, communal, joint, mutual, public

mul on temaga vähe ühist I have little in common with him

ühinema join (with), unite, team up with, combine; *maj* amalgamate, consolidate, merge; *geogr* join, meet, converge

ühinemine joining, uniting, consolidation, amalgamation

Ühinenud Rahvaste Organisatsioon United Nations (Organization)

ühing association, fellowship, organization, society, union

ühingu liikmeks astuma join a society

ühis- co-, collective, common, communal, concerted, dual, joint

ühisandmebaas *inf* multiuser database, shared database

ühiselamu dormitory, hall (of residence), hostel

ühiselt collectively, communally, jointly, together, unitedly

ühisettevõte *maj* joint venture

ühishaud common grave, mass grave

ühisjoon common feature

ühiskassa kitty, pool

ühiskasutus joint usage

ühiskasutuskeskkond *inf* multiuser environment

ühiskaust *inf* public folder

ühiskond community, society

ühiskondlik social, public

ühiskonna- social

ühiskonnaheidik social outcast; *kõnek* pariah dog

ühiskonnakiht walk of life

ühiskonnaklass social class

ühiskonnakord social order, social system

ühiskonnateadlane social scientist

ühiskonnateadus social science

ühiskonnategelane public figure

ühiskonnavaenlane public enemy

ühiskonnavastane antisocial

ühiskordne *mat* common multiple

vähim ühiskordne *mat* least common multiple

ühiskorter communal flat

ühislaul(mine) singsong

ühismaa common

ühismajand collective farm

ühismõõtne *mat* commensurable

ühismälu *inf* shared memory

ühisomand common property

ühistama collectivize, collectivise

ühistegevus co-operation

ühistransport public transport

ühistu co-operative (society)

ühisturg common market

Ü

ühistöö collaboration, joint work, teamwork

ühitama combine, marry (together), make compatible

ühitamine making compatible

ühmama mumble, mutter

ühtehoidev close-knit

ühtejärge consecutively, continuously, in a row, running

ühtekokku together, altogether, in all, overall, in total; *kõnek* to the tune of

ühtekokku võtma lump together

ühtekuuluv associated, belonging together

ühtekuuluvus cohesion, togetherness

ühtelangemine coincidence, conjunction, concurrence

ühtelangev coincident, concurrent

ühteliitunud close-knit

ühtelugu always, continually, constantly, regularly, frequently

ühtemoodi in the same way, alike, similarly; *kõnek* same

ühtepuhku → ühtelugu

ühtepõimimine interweaving, intertwisting

ühtesegamine blending, mixing, interfusion

ühtesobimatu discordant, incompatible, incongruous

ühtesobimatus discordance, incompatibility, incongruity

ühtesobimine concordance, compatibility

ühtesobitamine reconciliation, adjustment, making compatible

ühtesobiv concordant, compatible

ühtesobivus → ühtesobimine

ühtesoodu continuously, in a row, running, steadily

ühtesulamine blending, fusion, assimilation

ühteviisi in the same way, alike, equally

ühtima (**ajaliselt**) coincide, concur, (**sama olema**) agree, accord

ühtimatu incompatible, incongruous

ühtimine coincidence, concurrence

ühtiv consistent, coincident, concurrent, congruous

ühtivus conformity, congruity, affinity; *inf* coincidence

ühtjärge → ühtejärge

ühtlane constant, even, flat, smooth, steady, uniform, homogeneous

ühtlaselt evenly, uniformly

ühtlasi (**samuti**) also, as well; (**samal ajal**) simultaneously, at the same time

ühtlugu → ühtelugu

ühtlus evenness, uniformity

ühtlustama even out, standardize, standardise, conform (to), (**tasandama**) level, (**ajaliselt**) synchronize, synchronise

ühtlustamine standardization, standardisation, levelling

ühtlustuma level off, level out, conform (to)

ühtlustumine conformance

ühtmoodi → ühtemoodi

ühtne unitary, unified

ühtsoodu → ühtesoodu

ühtsus unity, oneness, agreement, homogeneity

ühtsustama unify, make unitary

ühtsustunne sense of unity

ühtviisi → ühteviisi

üks one, (**artiklina**) a, an

üks hetk just a moment, just a second

üks ja sama the same

Ü

üks kahest either
üks kord once
üks teine another
üks või teine this or that
kell on üks it's one o'clock
üksainus single, only one
ükshaaval one by one
üksi alone, by oneself, on one's own, (**ise, teiste abita**) single-handed, (**ainult**) only
üksik (**ainus**) only, single, (**üksildane**) lone, lonely, lonesome, solitary, (**mõni**) few, scattered, (**paariliseta**) odd, (**juhuslik**) stray
üksik- mono-, solitary, solo
üksikasi detail, particulars (*pl*), specifics
  üksikasjadesse laskuma go into details, particularize
üksikasjalik detailed, elaborate, full, specific, thorough
üksikasjalikkus detailedness, particularity, thoroughness
üksikasjalikult in detail, in full, thoroughly, at length
üksikasjaline → **üksikasjalik**
üksikema single mother
üksikkong seclusion cell, seclusion room
üksiklane loner, (**erak**) hermit, recluse
üksikmäng *sport* singles
üksikud few, some
üksikult singly, individually, separately
üksikvanem single parent
üksikvangistus solitary confinement
üksiküritaja maverick
üksildane lone, lonely, lonesome, solitary, (**eraldatud**) secluded, isolated

üksildus loneliness, solitude
üksinda alone, solo, by oneself, on one's own, single-handedly
üksindus loneliness, solitude, seclusion
üksipulgi → **üksikasjalikult**
ükski any, even one
  mitte ükski nobody, not a single one
ükskord once, some day
  ükskord ammu once upon a time
ükskordüks multiplication table
ükskõik all the same, it doesn't matter, it's all one
  ükskõik kes anybody, whoever
  ükskõik kuhu anywhere, wherever
  ükskõik kuidas however
  ükskõik kumb either
  ükskõik kus anywhere, wherever
  ükskõik millal whenever, at all hours, at any time
  ükskõik milline any, whatever, whichever
  ükskõik mis anything, whatever
ükskõikne indifferent, disinterested, uninterested, apathetic, cool, half-hearted, nonchalant
  näiliselt ükskõikne casual
ükskõikselt indifferently, apathetically, half-heartedly, nonchalantly
ükskõiksus indifference, apathy, nonchalance, disinterest
üksluine drab, dreary, monotonous, uninspired, uninspiring, humdrum, arid
üksluiselt drably, drearily, monotonously
üksluisus drabness, monotony
üksmeel accord, agreement, concord, consensus, harmony, unity, unanimity

Ü

üksmeelel olema be in agreement, be in accord, agree with
üksmeelele jõudma reach an agreement, agree on/upon
üksmeelne harmonious, solid, unanimous, united
üksmeelselt harmoniously, solidly, unanimously, in concord
üksnes only, merely, exclusively, **(täiendina)** alone, mere
ükspuha → **ükskõik**
ükssama the same
ükssarvik unicorn
üksteise one another('s), each other('s)
  üksteise järel one after another, one after the other
  üksteise kõri kallal at each other's throats
  üksteise peal one on top of the other
üksteist **(number)** eleven; **(teineteist)** one another, each other
üksus **(üksikese)** piece, **(terviku osa)** unit, **(organisatsiooni osa)** arm, division
üksühene one-to-one
üla- top, upper
üladomeen *inf* top-level domain
ülahuul upper lip
ülaindeks *inf* superscript
ülakardin pelmet
ülakoma apostrophe
ülakorrus upper floor
ülakülg upper side
ülal above, aloft, on high
ülalmainitu above, aforementioned
ülalmainitud above, aforementioned, aforesaid
ülalpeetav (isik) dependant
ülalpidamine **(elatamine)** maintenance, **(käitumine)** behaviour

ülalpool above
ülalt from above
ülaltoodu → **ülalmainitu**
ülaorb *inf* widow line
ülaosa top, upper part
ülaosata topless
ülatõst *inf* upper case
ülbe arrogant, imperious, presumptuous, self-important; *kõnek* cocky
  ülbeks minema become arrogant
ülbelt arrogantly
ülbus arrogance
üld- general, generic, overall, pan-, -wide
üldarst general practitioner, GP
üldhariduskool comprehensive (school)
üldhulk grand total
üldine general, generic, universal, blanket, broad, prevalent
üldinimlik universal
üldiselt **(üldjoontes)** generally, commonly, universally, basically, broadly, in principle, **(enamasti)** for the most part, at large, in general, **(kokkuvõttes)** all in all, on the whole
üldistama generalize, generalise
üldistamine generalization, generalisation
üldjooneline general
üldjoontes basically, broadly, by and large, generally
üldkasutatav in general use, of general service, utility type
üldkehtiv universal, generally valid
üldkokkuvõte general summary
üldkristlik ecumenical
üldkulud *maj* general expenses, total costs, overheads
üldlaulupidu national song festival

Ü

üldlevinud general, established, worldwide

üldrahvalik nationwide

üldse altogether, any, at all, ever
  üldse mitte not at all, the least bit, in the least, in the very least; *kõnek* in no way, not a bit (of it)

üldstreik general strike

üldsus public

üldsõnaline noncommittal

üldtarbearvuti *inf* general purpose computer

üldtarvitatav → **üldkasutatav**

üldtunnustatud accepted, approved, eminent, orthodox

üldtuntud common, proverbial, well-known; *halv* notorious

üldtuntus being well-known, eminence; *halv* notoriety

üldvalimised *pol* general election

üle above, all over, beyond, in excess of, over, upwards of

üle- hyper-, over-, super-, trans-, -wide

üleaedne next-door neighbour

üleaisalöömine adultery

üleandmine transference

üleannetu mischievous, naughty

üleannetus mischief

üleantav transferable

ülearu too (much), more than enough, excessively, to excess, inordinately, overly
  (midagi) ülearu olema have sth to spare, be in excess (supply)

ülearune redundant, superfluous, spare

üleastuja contravener, infringer, transgressor

üleastumine contravention, infringement, transgression

üleasustatud overpopulated

üleasustatus overpopulation

üle-eelmine before last

üleeile the day before yesterday

üleekspluateeritud overused; *ülek* overworked

üleelamine survival

ülehelikiirus supersonic speed

ülehelilennuk supersonic aircraft

ülehindama overestimate, overrate; *ülek* blow up

ülehindamine overestimation, overrating

ülehomme the day after tomorrow

ülehüpe *inf* skip

üleilustatud overdecorated, flowery

üleinimlik superhuman

ülejooksik defector; *sõj* deserter

ülejooksmine defection; *sõj* desertion

ülejärgmine next but one

ülejääk oddment, remainder, remnant, rest, surplus

ülejäänud odd, spare, surplus, leftover

ülejääv surplus, left-over

ülekaal ascendancy, dominance, predominance, preponderance, prevalence
  ülekaalus olema dominate, outnumber, predominate, preponderate, prevail

ülekaalus in the ascendant, in the majority

ülekaalukalt predominantly, preponderantly, overwhelmingly

ülekaalukas overwhelming, predominant, preponderant, prevailing; *ülek* landslide

ülekaaluline overweight, obese

ülekaalulisus overweight, obesity

ülekandmine transference, transmission

Ü

ülekanne (tele- v raadio-) broadcast; (**pangas**) transaction, transfer, transference; *tehn* gear, transmission; *inf* carry

sõna ülekanne *inf* word wrap

ülekannet tegema *maj* transfer

ülekantav transferable, transmissible

ülekantud (**tähendus**) figurative, metaphorical

ülekantult figuratively, metaphorically

ülekasvanud overgrown

ülekeemine boiling over

ülekeev boiling over, over-boiling, (**tundeist**) ebullient

ülekeevus (**tundeist**) ebullience

ülekohtune unfair, unjust, wrongful

ülekohtuselt unfairly, unjustly

ülekohtuselt koheldud hard done by

ülekohus injustice, wrong

ülekohut heaks tegema right a wrong

ülekohut tegema wrong, do wrong, do an injustice

ülekontrollimine re-count

ülekoormatud overburdened, overloaded

ülekoormus overload

ülekulu overexpenditure, overdraft

ülekuulamine interrogation, examination, cross-examination

ülekuumenenud *ka ülek* overheated

ülekäigurada (jalakäijatele) crossing, pedestrian crossing

reguleeritava valgusfooriga ülekäigurada pelican crossing

ülekäik crossing

ülekäte minema get out of hand, get spoilt

üleküllastama saturate, oversaturate

üleküllastuma be saturated, get saturated

üleküllastumine saturation, oversaturation

üleküllastunud saturated, oversaturated

üleküllus surplus, superfluity; *ülek* avalanche

üleküps overripe

üleküpsetatud overdone

ülelendamine flying over, flying across

üleliia → **ülearu**

üleliigne redundant, superfluous

üleloendamine re-count

üleloksumine spilling, overflow, overspill

üleloksunu spillage, overflow, overspill

üleloomulik supernatural, occult, uncanny

üleloomulikkus supernaturalism

ülelöömine stealing, (**vara kohta**) embezzlement, appropriation, fraud

ülem (**kõrgem**) higher, superior, supreme; (**juhataja**) superior, warden, principal; *kõnek* boss, chief

ülem- high, super-, supreme, top, upper

ülemaailmne global, universal, worldwide

ülemaailmselt worldwide, global, the world over

ülemagamine oversleeping

ülemaksmine overpayment

ülemakstud overpaid

ülemaksustamine overtaxation

ülemeelik perky, frisky, frolicsome, skittish, playful

ülemeelikult perkily, friskily, skittishly, playfully

ülemeelikus perkiness, friskiness, frolic, skittishness, playfulness

ülemere- overseas

ülemerekaubandus overseas trade

ülemine top, upper

üleminek crossing; *ülek* devolution, split-off, switch(ing), transition, changeover

ülemineku- transitional

üleminekuaeg transition period

üleminekukoht crossing

ülemjooks headwaters (*pl*)

ülemjuhataja commander-in-chief

ülemkelner headwaiter

ülemkiht upper class

ülemkoda upper assembly, upper chamber, upper house, (**Suurbritannias**) House of Lords, (**USAs**) Senate

    ülemkoja liige (**USAs**) senator

    ülemkoja liikmed (**Suurbritannias**) the Lords (*pl*)

ülemkokk chef, head-chef

ülemmäär maximum, ceiling

ülempiir ceiling, upper limit

ülemteener butler

ülemtoon overtone

ülemus superior; *kõnek* boss, chief

ülemuslik authoritarian, authoritative, superior

ülemuslikkus superiority

ülemvalitsus supreme rule, dominion

ülemvõim supreme power, supremacy, mastery, dominion

    ülemvõimu omama have the upper hand

    ülemvõimu saavutama gain/get the upper hand

ülemõde matron, (AmE) head nurse

ülemõõduline outsize

ülemäär excess, surplus

ülemäära → **ülearu**

ülemäärane excess, excessive, exorbitant, inordinate, undue

ülemääraselt excessively, to excess, unduly

ülemöödunud before last

ülendama (**ametis**) elevate, promote, advance, (**meeleolu vms**) uplift, edify, improve

ülendamine elevation, promotion, advancement

ülenema ascend

üleni all over, completely, throughout, from top to bottom, from top to toe, from head to foot

    üleni mustas all in black

üleolek superiority, supremacy, condescension

üleolev superior, condescending, lofty, supercilious

üleolevalt superiorly, loftily, superciliously

ülepakkumine (**oksjonil**) outbidding, overbidding; (**liialdus**) exaggeration, overstatement

ülepakutud exaggerated, high; (**rõivaste vms kohta**) flashy

ülepea → **üldse**

ülepeakaela (**uisapäisa**) headlong, rashly, hastily, (**uperkuuti**) head over heels

    ülepeakaela tegema rush; *kõnek* cut it fine, run it fine

    ülepeakaela tehtud rough-and-ready

ülepingutus overexertion

ülepäeviti every other day, on alternate days

ülepääs crossing

ülerahvastatud overcrowded, over-

Ü

populated

ülerahvastus overcrowding, overpopulation

üleriided outdoor clothes

üleriigiline national, nationwide

üleriigiliselt nationally

üles up, upstairs, upward, upwards, aloft

ülesaadav → **ületatav**

ülesaamatu insurmountable

ülesaamine surmounting, overcoming

ülesajamine waking up

üles-alla up and down

ülesandja denouncer

ülesandmine denunciation

ülesanne task, job, duty, **(töökohustus)** assignment, commission, **(kuhugi minnes)** errand, **(harjutus)** exercise, problem, question, **(otstarve)** function, **(elu-)** mission

kerge ülesanne easy task; *kõnek* breeze, cinch, child's play

kodused ülesanded homework

määratud ülesanne assignment, stint

raske ülesanne challenge

seda teha on sinu ülesanne it's for you to do it

ülesande kõrgusel olema rise to the occasion, be up to sth

ülesande täitmine performance of a task/duty

ülesandega hakkama saama rise to the occasion

ülesandeks tegema assign a task, commission

ülesandega kuhugi saatma give sb an errand

ülesandel minema go on an errand, run an errand

ülesannet andma set sb a task

millegi ülesannet täitma function as sth

ülesehitamine rebuilding, building up, construction

ülesehitus building (up), construction

ülesharimine cultivation, tillage

ülesharutamine unravelling, disentanglement

ülesjõge upstream

üleskeeramine **(kella vms)** winding up, **(tunnete)** winding up, putting the wind up sb

üleskeeratav clockwork

üleskihutamine incitement, instigation

üleskirjutus note, record(ing), entry; *jur* **(vara)** putting under writ of attachment

üleskorjamine picking up

üleskruvimine → **üleskeeramine**

üleskruvitud *ülek* highly-strung, (AmE) high-strung

üleskutse call, appeal, agitation

ülesköetud *ka ülek* heated

üleskündmine ploughing (up), (AmE) plowing (up)

ülesküntud ploughed, (AmE) plowed

üleskütmine heating (up)

ülesleidmine finding, discovering

üleslennutamine launch

üleslugemine enumeration, recital

ülesminek ascent, rise

ülesmäge uphill

(elus) ülesmäge minema *kõnek* go/come up in the world, (AmE) move up in the world

ülesmärkimine noting down, recording

ülesmärkimisviis notation

ülesnäitamine display, exhibition

Ü

ülesoolamine oversalting; *ülek* overdoing, exaggeration

ülesostja buyer (up), bidder, forestaller, cornerer

ülesostmine buying up; *maj* corner

ülespanemine putting up

ülespoole upward, upwards

ülespoomine hanging

ülespuhumine *ülek* puffery, overdoing, exaggeration, overstatement, padding

ülespuhutud inflated, pompous, turgid

ülespuhutult pompously

ülespuhutus pomposity

ülesriputamine hanging up

ülesrivistamine lining up

ülesseadmine putting up, installation, (**kandidaadi**) putting sb up

ülessortimine *inf* ascending sorting

ülessulatamine melting

ülestegemata (**voodi**) unmade (bed)

ülestikku one on top of the other

ülestunnistus avowal, confession

ülestõmbamine hoisting, raising

ülestõmmatud hoisted

ülestõstetud uplifted

ülestõstmine lifting (up)

ülestõus (**mäss**) rebellion, uprising, insurrection

ülestõusmine (**taaselustumine**) resurrection

ülestõusmispüha Easter

ülestõusnu (**mässaja**) rebel

ülestähendus record, note, transcript

ülesvoolu upstream

ülesvõte photograph

ülesõidukoht level crossing, (AmE) grade crossing

ülesõidusild flyover, (AmE) overpass

ülesöönud bloated

ülesütlemine (**töökoha**) dismissal, (**lepingu**) rescission

ületama (**üle minema**) cross, (**rohkem olema**) exceed, surpass, top, (**parem olema**) outrun, pass, top, transcend, (**rekordit**) beat, better, (**vahet**) bridge, span, straddle, (**raskusi**) overcome, surmount, (**piire**) overrun, pass, transcend; (**plaani**) overfulfil

ennast ületama surpass oneself

kaugelt ületama (**parem olema**) outdo, outclass, outshine

kiirust ületama speed

tähtsuselt ületama override, outweigh, transcend

ületamatu (**raske**) insurmountable; (**parim**) unbeatable, overwhelming

ületamine crossing, exceeding, surpassing, outrunning, beating, bridging, overcoming, overfulfilment, overshoot, excess

kiiruse ületamine speeding

ületarbimine extraconsumption, overrun, overconsumption

ületatav surmountable, beatable

ületoitmine overfeeding

ületoitumus *med* overnutrition

ületootmine economic glut, overproduction, production overage

ületunnitasu overtime (pay)

ületunnitöö overtime (work)

ületunnitööd tegema do overtime, work overtime, work beyond one's regular hours

ületus → ületamine

ületuskoht crossing

ületöötamine overwork

ületöötanud overworked

üleujutatud flooded, under water, inundated, awash

Ü

üleujutus flood, flooding, inundation

ülev elevated, sublime, august, majestic

ülevaade survey, overview, panorama, round-up, view

ülevaataja surveyor, overseer, supervisor

ülevaatamine survey, review

ülevaatlik comprehensive

ülevaatus examination, review, overhaul

üleval up, above, overhead, aloft, (ülakorrusel) upstairs, (ärkvel) awake

(öösel) üleval olema sit up, stay up

ülevalamine suffusion

ülevalgunu spillage

ülevalminud → **üleküps, üleküpsetatud**

ülevalpidamine → **ülalpidamine**

ülevalt → **ülalt**

ülevalt augustly, majestically, loftily

ülevedu transporting across, (parvel) ferrying

üleveokoht crossing

üleviimine transfer

ülevoolamine overflow

ülevoolav overflowing, (liialdatud) effusive, fulsome

ülevoolavus fullness

ülevooluava overflow

ülevus sublimity, sublimeness, loftiness, augustness, majesty

ülevõim predominance, prevalence

ülevõtmine takeover

ülevärvimine painting (over)

üleväsimus exhaustion, fatigue, overfatigue

üleöö overnight

üli- over-, super-, ultra-, mega-

üliagar overzealous; *halv* officious

ülialandlik abject, (lipitsev) obsequious

üliandekas highly talented, gifted, brilliant

üliarmas charming; *kõnek* adorable

üliedukalt by leaps and bounds, in leaps and bounds

üliedukas extremely successful, roaring successful

ülierutunud ecstatic

ülierutunult ecstatically

ülihappesus *med* superacidity

ülihea excellent

ülihästi excellently

üliinimene superman

üliinimlik superhuman

ülik noble, aristocrat

ülikaval extremely cunning

ülikiire extremely fast, (ohtlikult) breakneck

ülikiiresti by leaps and bounds, in leaps and bounds, at breakneck speed

ülikond suit

ülikool university

Avatud Ülikool Open University

ülikooli lõpetama graduate

ülikooli lõpetamine graduation

ülikoolidiplom university diploma

ülikoolikaaslane fellow student

ülikoolilinn university town

ülikoolilinnak campus

üliküllus profusion, abundance, superfluity

üliküps extremely ripe

ülim supreme, ultimate, final, paramount, superlative, utmost

ülim näide height

ülim rõõm glee

ülimagus luscious

Ü

ülimalt at (the) most, extremely, highly, supremely, nothing if not

ülimeeldiv delightful, splendid, excellent, glorious

ülimoodne extremely fashionable, trendy, all the rage

ülinaljakas hilarious; *kõnek* hysterical

ülinõudlik prim, priggish

ülinärviline neurotic

üliodav *kõnek* dirt-cheap

ülipeen finespun

ülipidulik solemn

ülipikk extremely long

ülipõnev *kõnek* riveting

ülipüha sacrosanct

ülipüüdlik extremely assiduous

ülirahulik cool-headed; *ülek* cool as a cucumber

ülirange extremely strict/severe, strait-laced

üliraske extremely heavy, extremely difficult

ülirõõmus elated, gleeful, overjoyed; *ülek* on top of the world, over the moon

ülisalajane top-secret

ülistama glorify, praise, sing the praises, exalt; *kõnek* rave

ülistatud glorified

ülistav glowing, full of praise; *kõnek* rave

ülistus glorification, glory, praise, exaltation

ülistuslaul song of praise, hymn

ülitundlik hypersensitive, supersensitive, oversensitive; *ülek* highly strung; *med* allergic

ülitundlikkus hypersensitivity, supersensitivity, oversensitiveness

ülitähtis extremely important, of great importance, momentous

ülitäpne overprecise, meticulous; *kõnek* spot-on, cut and dried

ülivalvas extremely vigilant/watchful/alert

ülivalvas olema be all eyes

üliviisakalt very politely, ceremoniously

üliviisakas extremely polite, ceremonious

ülivõimas heavy-duty

ülivõrre *lgv* superlative

üliväga exceedingly, extremely, sublimely, dearly

ülivähene minimal

üliväike microscopic, minimal, minuscule

üliväsinud weary, exhausted, rundown

üliõpilane student, undergraduate

üliõpilaskond student body

üll (seljas) on

üllameelne high-minded, noble-minded, noble, magnanimous

üllas elevated, lofty, noble

üllatama surprise, amaze, astonish, take sb by surprise; *ülek* raise eyebrows

(kedagi millegagi) ebameeldivalt üllatama spring sth on sb

üllatav surprising, amazing, astonishing, unlikely

üllatavalt surprisingly, amazingly, astonishingly

üllatuma be surprised, be amazed, be astonished, be taken by surprise

üllatunud surprised, amazed, astonished

üllatus surprise, amazement, astonishment

ebameeldiv üllatus rude awakening

Ü

suureks üllatuseks to one's great surprise, much to one's surprise
üllatuslik → üllatav
üllatuslikult → üllatavalt
üllitama publish
üllitamine publication
üllitis publication
üllus nobility, magnanimity
ümar round, rounded, (täidlane) buxom, fleshy, plump
ümaraken circular window, (laeval v lennukil) porthole
ümardama (nurki vms) round off, (arvusid) approximate, round up
ümardamine rounding, rough approximation
ümardatud (arvud) round (numbers)
ümarik → ümar
ümarsulud parentheses (pl), round brackets
ümarus roundness
ümber round, around, (kummuli) over, (uuesti) re-, (umbes) about, in the neighbourhood of
ümberarvestus recount, recalculation, restatement
ümberasuja resettler, migrant
ümberasumine resettlement
ümberasunu settler, migrant
ümberasustamine resettling, resettlement
ümberasustatu displaced person
ümberehitus rebuilding, reconstruction, conversion
ümberhindamine revaluation, reevaluation, re-appraisal
ümberistumine changing (of), transfer
ümberistumist võimaldama connect (with)
ümberistumispilet (AmE) transfer

ümberistutamine transplantation
ümberjagamine redivision, redistribution
ümberjaotamine reallocation, redivision, redistribution
ümberjoonestus circumscription
ümberjoonistus redrawing
ümberjutustus retelling, narration
ümberkaudne surrounding, neighbouring
ümberkaudu → ümberringi
ümberkasvamine development (into)
ümberkasvatamine re-educating
ümberkehastumine transformation (into), reincarnation
ümberkirjutamine rewriting, transcription
ümberkirjutus rewrite, transcript
ümberkolimine moving, removing
ümberkorraldus rearrangement, reorganization, alteration, shake-up
ümberkujundamine transforming
ümberkujundus transformation
ümberkäimine (kohtlemine) treatment, (käsitsemine) handling
ümberlaadimine reloading, transshipment
ümberlõikus circumcision
ümberlükatav (väite kohta) refutable, disprovable
ümberlükkamatu (väite kohta) irrefutable, undisprovable, watertight
ümberlükkamine pushing over, (väite kohta) refutation, disproof
ümberlülitamine switching; el commutation
ümberlüliti el changeover switch
ümberlülitumine changeover
ümbermaailmareis world tour, voyage around the world

Ü

ümbermõõt circumference, perimeter

naise (rinna-, vöö- ja puusa-) ümbermõõdud vital statistics

ümbernurga in a roundabout way

ümberpaigutus displacement, transfer, diversion

ümberpiiramine surrounding, encirclement; *sõj* siege, blockade

ümberpiiratud besieged, beleaguered, under siege

ümberpööramine turning over/round, inversion, reversal

ümberpööratud inverted, reverse(d)

ümberriietumine changing one's clothes, change of clothes

ümberringi all around, round about

ümberseadmestus *tehn* re-equipment

ümberseadmine rearranging, transcription, changeover

ümbersuunamine diversion, redirection

ümbersõidutee roundabout

ümbersõit detour

ümbersõnastus paraphrase, rewording, rephrasing

ümbersünd rebirth, regeneration

ümbersündinud reborn

ümbert (from) around

ümbertegemine remaking, making over again, reforming

ümbertringi by a roundabout route

ümbertõstmine lifting, moving, transfer

ümbervahetamine exchange

ümbervalimine re-election

ümberõpe conversion training

ümbrik envelope

ümbrikku kinni kleepima seal an envelope

ümbris case, wrapper, wrapping, cover, (**raamatul**) jacket

ümbrisesse panema encase, sheathe

ümbritsema encircle, surround

ümbritsetud surrounded, enclosed, wreathed, hemmed in

ümbritsev surrounding, encircling

ümbrus surroundings, environment, environs

ümbruskond neighbourhood, environment, environs

ümin hum, humming, murmur

ümisema hum, murmur

ümmargune round

ümmik *zool* cyst

üpris → **üsna**

ürask *zool* beetle

ürdi- herbal

ürg- → **ürgne**

ürgaeg primeval age

ürgmets primeval forest

ürgne original, primeval, primaeval, primitive, primary, prehistoric, wild

ürik document, record, historical document

üritama try, attempt, make an attempt, endeavour; *kõnek* have a bash at sth, give it a bash

üritamine attempt, endeavour, effort, try, go

üritus (**katse**) attempt, endeavour, effort, (**eesmärk**) cause, (**ettevõte**) enterprise, venture, (**meelelahutus**) entertainment, function

ÜRO UN (United Nations)

ürp cloak, cape, wrap

ürt herb

üsk (**süli**) lap, (**emaihu**) *ka ülek* womb

üsna quite, rather, fairly, moderately, reasonably, somewhat;

kõnek pretty, a bit (of), kind of, sort of

üte *lgv* word of address

ütlema say, tell, (**sildi vms kohta**) read

ette ütlema prompt

lahti ütlema abdicate, disclaim, renounce

näkku ütlema say sth to sb's face

ära ütlema refuse

kaude öeldes euphemistically

otse öeldes to put it bluntly, to say sth directly

tagasihoidlikult öeldes to say the least

öeldud, tehtud no sooner said than done

kergem öelda kui teha easier said than done

ütlemata jääma remain unsaid

ütle välja *kõnek* out with it, spit it out

ütlemata (**väga**) unspeakably, inexpressibly, indescribably

ütlemine saying, telling, talk

ütlus saying, expression, statement, utterance

kellegi ütluse kohaselt according to sb

üür hire, lease, rent

üürile anda for hire, for rent, to let

üürile andma hire out, lease, rent (out), let (out)

üürile võetud → **üüritud**

üürile võtma → **üürima**

üüriauto hire car, rental car, self-drive car

üürike brief, ephemeral, fleeting, short(-lived), transient

üürikorter lodging, rental flat/apartment, tenement

üürilennuk charter plane

üürileping contract of tenancy/lease/rent

üüriline → **üürnik**

üürima hire, lease, rent, take, (**lennukit**) charter

edasi üürima sublet

üürimine hire, lease, rental

üüriraha rent, rental, hire

üürituba rental room, bedsit, bedsitter, dig

üüritud on hire

üürivaldus tenancy

üürnik lodger, tenant

Ü

LISAD

EBAREEGLIPÄRASED TEGUSÕNAD

	TEGEVUS-NIMI	LIHT-MINEVIK	MINEVIKU KESKSÕNA
ajama	drive	drove	driven
algama; alustama	begin	began	begun
andestama	forgive	forgave	forgiven
andma	give	gave	given
aru saama	understand	understood	understood
asetama, paigaldama	lay	laid	laid
asetama, seadma	set	set	set
astuma	tread	trod	trodden
edastama;	broadcast	broadcast	broadcast
eetrisse andma			
ehitama	build	built	built
eksima	mistake	mistook	mistaken
eraldama	split	split	split
haavama;	hurt	hurt	hurt
haiget tegema			
haisema	smell	smelt, smelled	smelt, smelled
hammustama	bite	bit	bitten, bit
helisema; helistama	ring	rang	rung
hiilima	creep	crept	crept
hoidma; pidama	hold	held	held
häirima	upset	upset	upset
hüppama	leap	leapt, leaped	leapt, leaped
istuma	sit	sat	sat
jagama	split	split	split
jahvatama	grind	ground	ground
jooksma	run	ran	run
jooma	drink	drank	drunk
joonistama	draw	drew	drawn
juhtima	lead	led	led
jutustama	tell	told	told
jätma	leave	left	left
kaevama	dig	dug	dug

	TEGEVUS-NIMI	LIHT-MINEVIK	MINEVIKU KESKSÕNA
kahanema	shrink	shrank	shrunk
kaklema	fight	fought	fought
kandma, kannatama	bear	bore	borne
kandma (seljas vms)	wear	wore	worn
kaotama	lose	lost	lost
kasvama; kasvatama	grow	grew	grown
kauplema	deal	dealt	dealt
keelama	forbid	forbade, forbad	forbidden
keerama; keerlema	wind	wound	wound
kihla vedama	bet	bet, betted	bet, betted
kiikuma	swing	swung	swung
kirjutama	write	wrote	written
kleepima	stick	stuck	stuck
kohtama	meet	met	met
kokku kuivama	shrink	shrank	shrunk
krigisema	grind	ground	ground
kuduma (kangast)	weave	wove, weaved	woven, weaved
kuduma (varrastel)	knit	knitted, knit	knitted, knit
kukkuma	fall	fell	fallen
kulutama	spend	spent	spent
kuulma	hear	heard	heard
käima	go	went	gone
käänama	bend	bent	bent
köitma	bind	bound	bound
külmetama; külmuma	freeze	froze	frozen
külvama	sow	sowed	sown, sowed
laenama, laenuks andma	lend	lent	lent
lahkuma	leave	left	left
lahti tegema	undo	undid	undone
laiuma	spread	spread	spread
lamama	lie	lay	lain
langema	fall	fell	fallen
laskma, lubama	let	let	let
laskma, tulistama	shoot	shot	shot

	TEGEVUS-NIMI	LIHT-MINEVIK	MINEVIKU KESKSÕNA
laulma	sing	sang	sung
lebama	lie	lay	lain
leidma	find	found	found
lendama	fly	flew	flown
levitama	spread	spread	spread
libisema; libistama	slide	slid	slid
(maha) loksutama	spill	spilt, spilled	spilt, spilled
lugema	read	read	read
lõhkema	burst	burst	burst
lõhnama	smell	smelt, smelled	smelt, smelled
lõikama	cut	cut	cut
lööma, peksma	beat	beat	beaten
lööma, tabama	hit	hit	hit
magama	sleep	slept	slept
maksma, tasuma	pay	paid	paid
maksma, väärt olema	cost	cost	cost
minema	go	went	gone
murdma; murduma	break	broke	broken
mõistma	understand	understood	understood
mõtlema	think	thought	thought
määrima	spread	spread	spread
müüma	sell	sold	sold
nutma	weep	wept	wept
nuusutama	smell	smelt, smelled	smelt, smelled
nõjatama	lean	leant, leaned	leant, leaned
nägema	see	saw	seen
näitama	show	showed	shown, showed
olema	be	was, were	been
omama	have	had	had
ostma	buy	bought	bought
otsima	seek	sought	sought
painutama	bend	bent	bent
paistma, valgust heitma	shine	shone	shone
paisuma	swell	swelled	swollen, swelled
pakatama	burst	burst	burst

	TEGEVUS-NIMI	LIHT-MINEVIK	MINEVIKU KESKSÕNA
paluma	bid	bade, bid	bidden, bid
panema, asetama	put	put	put
panema, paigaldama	lay	laid	laid
panema, seadma	set	set	set
peitma	hide	hid	hidden, hid
peksma	beat	beat	beaten
pidama; hoidma	keep	kept	kept
(maha) pillama	spill	spilt, spilled	spilt, spilled
pistma	stick	stuck	stuck
puhkema	strike	struck	struck
puhuma	blow	blew	blown
purustama	break	broke	broken
põgenema	flee	fled	fled
põlema; põletama	burn	burnt, burned	burnt, burned
põlvitama	kneel	knelt, kneeled	knelt, kneeled
pöörlema	spin	spun	spun
pühkima	sweep	swept	swept
püüd(le)ma	strive	strove	striven
(kinni) püüdma	catch	caught	caught
raputama	shake	shook	shaken
ratsutama	ride	rode	ridden
rebima	tear	tore	torn
rikkuma; riknema	spoil	spoilt, spoiled	spoilt, spoiled
rippuma; riputama	hang	hung	hung
rääkima	speak	spoke	speaken
ründama	strike	struck	struck
saagima	saw	sawed	sawn, sawed
saama kellekski	become	became	become
saama midagi	get	got	got, gotten
saatma	send	sent	sent
sammuma	stride	strode	stridden
seisma	stand	stood	stood
siduma	bind	bound	bound
sulgema	shut	shut	shut
sõitma	drive	drove	driven
sööma	eat	ate	eaten

TEGEVUS-NIMI	LIHT-MINEVIK	MINEVIKU KESKSÕNA
söötma	feed	fed	fed
sülitama	spit	spat	spat
süttima; süütama	light	lit, lighted	lit, lighted
taandama	withdraw	withdrew	withdrawn
tabama; taguma	strike	struck	struck
teadma	know	knew	known
tegelema	deal	dealt	dealt
tegema, tegutsema	do	did	done
tegema, valmistama	make	made	made
tiirlema	spin	spun	spun
toetuma	lean	leant, leaned	leant, leaned
tooma	bring	brought	brought
tulema	come	came	come
tundma	feel	felt	felt
tõmbama	draw	drew	drawn
tõusma, kerkima	rise	rose	risen
tõusma, tärkama	arise	arose	arisen
tähendama	mean	meant	meant
tähthaaval ütlema	spell	spelt, spelled	spelt, spelled
tühistama	undo	undid	undone
tükeldama	split	split	split
ujuma	swim	swam	swum
unistama	dream	dreamt, dreamed	dreamt, dreamed
unustama	forget	forgot	forgotten
vajuma	sink	sank	sunk
vajutama	grind	ground	ground
valima	choose	chose	chosen
valmistama	make	made	made
vanduma	swear	swore	sworn
varastama	steal	stole	stolen
veerima	spell	spelt, spelled	spelt, spelled
veetma	spend	spent	spent
veritsema	bleed	bled	bled
vigastama	hurt	hurt	hurt
viskama	throw	threw	thrown
võitlema	fight	fought	fought

	TEGEVUS- NIMI	LIHT- MINEVIK	MINEVIKU KESKSÕNA
võitma	win	won	won
võtma	take	took	taken
õmblema	sew	sewed	sewn, sewed
õpetama	teach	taught	taught
õppima	learn	learnt, learned	learnt, learned
õõtsuma	swing	swung	swung
ära hellitama	spoil	spoilt, spoiled	spoilt, spoiled
äratama; ärkama	wake	woke, waked	woken, waked, woke
ütlema, sõnama	say	said	said
ütlema, rääkima	tell	told	told

RIIGID, KEELED, PEALINNAD

RIIK	STATE*	RESIDENT, ADJECTIVE**	KEEL	LANGUAGE	PEALINN/ CAPITAL***	CAPITAL***
Afganistan	Afghanistan	Afghan	puštu (afgaani), dari	Pashto, Dari	Kabul	-
Albaania	Albania	Albanian	albaania	Albanian	Tirana	-
Alžeeria	Algeria	Algerian	araabia	Arabic	Alžiir	Algiers
Ameerika Ühendriigid	United States of America	American	inglise	English	Washington	-
Andorra	Andorra	Andorran	katalaani, prantsuse, hispaania	Catalan, French, Spanish	Andorra la Vella	-
Araabia Ühendemiraadid	United Arab Emirates	United Arab Emirates; el Arab	araabia	Arabic	Abu Dhabi	-
Argentina	Argentina	Argentinian, Argentine	hispaania	Spanish	Buenos Aires	-
Armeenia	Armenia	Armenian	armeenia	Armenian	Jerevan	Yerevan
Aserbaidžaan	Azerbaijan	Azerbaijani	aserbaidžaani	Azerbaijani	Bakuu	Baku
Austraalia	Australia	Australian	inglise	English	Canberra	-
Austria	Austria	Austrian	saksa	German	Viin	Vienna
Belgia	Belgium	Belgian	flaami (hollandi), prantsuse, saksa	Flemish (Dutch), French, German	Brüssel	Brussels
Boliivia	Bolivia	Bolivian	hispaania	Spanish	La Paz, Sucre	-
Bosnia ja Hertsegoviina	Bosnia and Herzegovina	Bosnian	bosnia, horvaadi, serbia	Bosnian, Croatian, Serbian	Sarajevo	-
Brasiilia	Brazil	Brazilian	portugali	Portuguese	Brasilia	-
Bulgaaria	Bulgaria	Bulgarian	bulgaaria	Bulgarian	Sofia	-

RIIK	STATE*	RESIDENT, ADJECTIVE**	KEEL	LANGUAGE	PEALINN/ CAPITAL***	CAPITAL***
Colombia	Colombia	Colombian	**hispaania**	Spanish	**Bogotá**	-
Eesti	Estonia	Estonian	**eesti**	Estonian	**Tallinn**	-
Egiptus	Egypt	Egyptian	**araabia**	Arabic	**Kairo**	Cairo
Etioopia	Ethiopia	Ethiopian	**amhari**	Amharic	**Addis Abeba**	Addis Ababa
Filipiinid	Philippines	Philippine; el Filipino	**tagalogi; inglise**	Tagalog (Pilipino), English	**Manila**	-
Gruusia	Georgia	Georgian	**gruusia**	Georgian	**Thbilisi**	T'bilisi
Hiina	China	Chinese	**hiina**	Chinese	**Peking**	Peking (Beijing)
Hispaania	Spain	Spanish; el Spaniard	**hispaania**	Spanish	**Madrid**	-
Holland	Netherlands	Dutch; el Dutchman, -woman, -men; rah Dutch	**hollandi**	Dutch	**Amsterdam**	-
Horvaatia	Croatia	Croatian; el ka Croat	**horvaadi**	Croatian	**Zagreb**	-
Iirimaa	Ireland	Irish; el Irishman, -woman, -men; rah Irish	**iiri, inglise**	Irish, English	**Dublin**	-
Iisrael	Israel	Israeli	**heebrea, araabia**	Hebrew, Arabic	**Jeruusalemm**	Jerusalem
India	India	Indian	**hindi, inglise**	Hindi, English	**New Delhi**	-
Indoneesia	Indonesia	Indonesian	**indoneesia**	Indonesian	**Jakarta**	-
Inglismaa	England	English; el Englishman, -woman, -men; rah English	**inglise**	English	**London**	-
Iraak	Iraq	Iraqi	**araabia**	Arabic	**Bagdad**	Baghdad

RIIK	STATE*	RESIDENT, ADJECTIVE**	KEEL	LANGUAGE	PEALINN/ CAPITAL***	CAPITAL***
Iraan	Iran	Iranian	pärsia	Persian (Farsi)	Teheran	Tehran
Island	Iceland	Icelandic; el Icelander	islandi	Icelandic	Reykjavík	-
Itaalia	Italy	Italian	itaalia	Italian	Rooma	Rome
Jaapan	Japan	Japanese	jaapani	Japanese	Tokyo	-
Jeemen	Yemen	Yemeni	araabia	Arabic	Şan'ā'	Sana'a
Jordaania	Jordan	Jordanian	araabia	Arabic	'Ammān	Amman
Jugoslaavia	Yugoslavia	Yugoslavian; el Yugoslav	serbia	Serbian	Belgrad	Belgrade
Kanada	Canada	Canadian	inglise, prantsuse	English, French	Ottawa	-
Kasahstan	Kazak(h)stan	Kazak	kasahhi, vene	Kazak(h), Russian	Astana	-
Kenya	Kenya	Kenyan	suahiili, inglise	Swahili, English	Nairobi	-
Kreeka	Greece	Greek	kreeka	Greek	Ateena	Athens
Kuuba	Cuba	Cuban	hispaania	Spanish	La Habana	Havana
Kõrgõzstan	Kyrgyzstan	Kyrgyz	kirgiisi, vene	Kyrgyz, Russian	Biškek	Bishkek
Küpros	Cyprus	Cypriot	kreeka, türgi	Greek, Turkish	Nikosia	Nicosia
Leedu	Lithuania	Lithuanian	leedu	Lithuanian	Vilnius	-
Liechtenstein	Liechtenstein	Liechtenstein; el Liechtensteiner	saksa	German	Vaduz	-
Liibanon	Lebanon	Lebanese	araabia	Arabic	Beirut	-
Luksemburg	Luxembourg	Luxembourg; el Luxembourger	prantsuse, saksa, letseburgi	French, German, Luxembourgian (Letzeburgesch)	Luxembourg	-
Lõuna-Aafrika	South Africa	South African	inglise, afrikaani jne	English, Afrikaans etc.	Pretoria, Kaplinn	Pretoria, Cape Town
Lõuna-Korea	South Korea	South Korean	korea	Korean	Soul	Seoul
Läti	Latvia	Latvian	läti	Latvian	Riia	Riga
Makedoonia	Macedonia	Macedonian	makedoonia	Macedonian	Skopje	-

674

RIIK	STATE*	RESIDENT, ADJECTIVE**	KEEL	LANGUAGE	PEALINN/ CAPITAL***	CAPITAL***
Malaisia	Malaysia	Malaysian	**malai**	Malay	**Kuala Lumpur**	-
Maldiivid	Maldives	Maldivian	**maldiivi (divehi)**	Divehi	**Male**	-
Malta	Malta	Maltese	**malta, inglise**	Maltese, English	**Valletta**	-
Maroko	Morocco	Moroccan	**araabia**	Arabic	**Rabat**	-
Mehhiko	Mexico	Mexican	**hispaania**	Spanish	**México**	Mexico City
Moldova	Moldova	Moldovan	**moldova (rumeenia)**	Moldovan (Romanian)	**Chişinău**	Chisinau
Monaco	Monaco	Monegasque	**prantsuse**	French	**Monaco**	-
Mongoolia	Mongolia	Mongolian; *el* ka Mongol	**mongoli**	Mongolian	**Ulaanbaatar**	-
Norra	Norway	Norwegian	**norra**	Norwegian	**Oslo**	-
Pakistan	Pakistan	Pakistani	**urdu**	Urdu	**Islamabad**	-
Peruu	Peru	Peruvian	**hispaania, ketšua**	Spanish, Quechua	**Lima**	-
Poola	Poland	Polish; *el* Pole	**poola**	Polish	**Varssavi**	Warsaw
Portugal	Portugal	Portuguese	**portugali**	Portuguese	**Lissabon**	Lisbon
Prantsusmaa	France	French; *el* Frenchman, -woman, -men; *rah* French	**prantsuse**	French	**Pariis**	Paris
Põhja-Iirimaa	Northern Ireland	Northern Irish	**iiri, inglise**	Irish, English	**Belfast**	-
Põhja-Korea	North Korea	North Korean	**korea**	Korean	**P'yongyang**	-
Rootsi	Sweden	Swedish; *el* Swede	**rootsi**	Swedish	**Stockholm**	-
Rumeenia	Romania	Romanian	**rumeenia**	Romanian	**Bukarest**	Bucharest
Saksamaa	Germany	German	**saksa**	German	**Berliin**	Berlin
San Marino	San Marino	San Marinese	**itaalia**	Italian	**San Marino**	-
Saudi Araabia	Saudi Arabia	Saudi Arabian; *el* ka Saudi	**araabia**	Arabic	**Ar-Riyād**	Riyadh
Singapur	Singapore	Singaporean	**inglise, malai, hiina,**	English, Malay,	**Singapur**	Singapore

RIIK	STATE*	RESIDENT, ADJECTIVE**	KEEL	LANGUAGE	PEALINN/ CAPITAL***	CAPITAL***
			tamili	Chinese, Tamil		
Slovakkia	Slovakia	Slovak	slovaki	Slovak	Bratislava	-
Sloveenia	Slovenia	Slovene	sloveeni	Slovene	Ljubljana	-
Soome	Finland	Finnish; el Finn	soome, rootsi	Finnish, Swedish	Helsingi	Helsinki
Suurbritannia****	Great Britain	British; el Briton, (AmE) Britisher; rah British	inglise	English	London	-
Šotimaa	Scotland	Scottish, Scots; el Scot, Scotsman, -woman, -men; rah Scots	inglise, gaeli	English, Gaelic	Edinburgh	-
Šveits	Switzerland	Swiss	saksa, prantsuse, itaalia, retoromaani	German, French, Italian, Romansh	Bern	-
Taani	Denmark	Danish; el Dane	taani	Danish	Kopenhaagen	Copenhagen
Tadžikistan	Tajikistan	Tajik	tadžiki	Tajik	Dušanbe	Dushanbe
Tai	Thailand	Thai	tai	Thai	Bangkok	-
Tšehhi	Czech Republic (Czechia)	Czech	tšehhi	Czech	Praha	Prague
Tšiili	Chile	Chilean	hispaania	Spanish	Santiago	-
Tuneesia	Tunisia	Tunisian	araabia	Arabic	Tunis	-
Türgi	Turkey	Turkish; el Turk	türgi	Turkish	Ankara	-
Türkmenistan	Turkmenistan	Turkmen	türkmeeni	Turkmen	Ašgabat	Ashgabat
Ukraina	Ukraine	Ukrainian	ukraina	Ukrainian	Kiiev	Kiev
Ungari	Hungary	Hungarian	ungari	Hungarian	Budapest	-
Usbekistan	Uzbekistan	Uzbek	usbeki	Uzbek	Taškent	Tashkent
Uus-Meremaa	New Zealand	New Zealand; el New Zealander	inglise, maoori	English, Maori	Wellington	-
Valgevene	Belarus	Belarusian	valgevene, vene	Belarusian, Russian	Minsk	-

RIIK	STATE*	RESIDENT, ADJECTIVE**	KEEL	LANGUAGE	PEALINN/ CAPITAL***	CAPITAL***
Vatikan	Vatican	Vatican	ladina, itaalia	Latin, Italian	-	-
Venemaa	Russia	Russian	vene	Russian	Moskva	Moscow
Venezuela	Venezuela	Venezuelan	hispaania	Spanish	Caracas	-
Vietnam	Vietnam	Vietnamese	vietnami	Vietnamese	Hanoi	-
Wales	Wales	Welsh; *el* Welshman, -woman, -men; *rah* Welsh	inglise, kõmri	English, Welsh	Cardiff	-

* Riikide valimikule on tabelis lisatud Suurbritannia ja Põhja-Iiri Ühendkuningriigi koosseisu kuuluvad maad.
** Üldjuhul kasutatakse riigi nimest tuletatud omadussõna ka selle maa ühe elaniku ja rahva tähistamiseks. Mõnel juhul on tarvitusel eraldi sõnad, siis on tabelis toodud ka need (märgenditega *el* ja *rah*)
*** Pealinna ingliskeelne nimi on tabelis esitatud juhul, kui see erineb eesti keeles kasutusel olevast nimest.
**** Suurbritannia ametlik nimi on Suurbritannia ja Põhja-Iiri Ühendkuningrik – *United Kingdom of Great Britain and Northern Ireland.* Kasutatakse ka lühendvarianti Ühendkuningrik – *United Kingdom.*

VALIK KOHANIMESID

Lisaks eelmises tabelis antud riikide ja pealinnade nimedele on siin esitatud mõned tuntumad kohanimed, mis esinevad eesti ja inglise keeles erineval kujul.

Aadria meri	Adriatic Sea
Aafrika	Africa
Aasia	Asia
Alpid	Alps
Amazonas	Amazon
Ameerika	America
Andaluusia	Andalusia
Andid	Andes
Antarktika	Antarctic
Antillid	Antilles
Antwerpen	Antwerp
Apenniinid	Apennines
Ardennid	Ardennes
Arktika	Arctic
Assoorid	Azores
Atlandi ookean	Atlantic Ocean
Baieri	Bavaria
Baleaari saared	Balearic Islands
Balkani maad	Balkans
Baltimaad	Baltic states
Balti meri	*vt* **Läänemeri**
Biskaia laht	Bay of Biscay
Botnia laht	*vt* **Põhjalaht**
Bretagne	Brittany
Briti saared	British Isles
Brugge	Bruges
Burgundia	Burgundy
Böömimaa	*vt* **Čechy**
Čechy	Bohemia
Côte d'Azur	French Riviera
Doonau	Danube
Egeuse meri	Aegean Sea
Euraasia	Eurasia
Euroopa	Europe
Firenze	Florence
Flandria	Flanders

Friisimaa	Friesland
Fääri saared	Fa(e)roe Islands
Garda järv	Lake Garda
Genf	Geneva
Genova	Genoa
Gent	Ghent
Golfi hoovus	Gulf Stream
Gran Canaria	Grand Canary
Gröönimaa	Greenland
Göteborg	Gothenburg
Haag	The Hague
Hea Lootuse neem	Cape of Good Hope
Himaalaja	Himalayas
Hongkong	Hong Kong
Hoorni neem	Cape Horn
India ookean	Indian Ocean
Ingerimaa	Ingria
Inguššia	Ingushetia
Jaava	Java
Joonia meri	Ionian Sea
Jäämeri	Arctic Ocean
Jüütimaa	Jutland
Kaimanisaared	Cayman Islands
Kaljumäestik	Rocky Mountains
Kanaari saared	Canary Islands (Canaries)
Kanalisaared	Channel Islands
Kariibi meri	Caribbean Sea
Karjala	Karelia
Karpaadid	Carpathians
Kaspia meri	Caspian Sea
Kataloonia	Catalonia
Kaug-Ida	Far East
Kaukaasia	Caucasia (Caucasus)
Kaukasus	Caucasus Mountains
Kérkyra	Corfu
Kesk-Aasia	Central Asia
Kesk-Ameerika	Central America
Keskorg	Central Valley
Kollane meri	Yellow Sea
Korallimeri	Coral Sea
Kordiljeerid	Cordilleras

Korfu	*vt* **Kérkyra**
Kórinthos	Corinth
Korsika	Corsica
Kraków	Cracow
Kreeta	Crete
Krimm	Crimea
Kroonlinn	Kronshtadt
Kuramaa	Courland
Kuriilid	Kuril Islands
Köln	Cologne
Küklaadid	Cyclades
Ladina-Ameerika	Latin America
La Manche	English Channel
Lapimaa	Lapland
Liguuria meri	Ligurian Sea
Lihavõttesaar	Easter Island
Liivimaa	Livonia
Lombardia	Lombardy
Luzern	Lucerne
Lõuna-Ameerika	South America
Lähis-Ida	Middle East
Läänemeri	Baltic Sea
Magalhãesi väin	Strait of Magellan
Mallorca	Majorca
Mehhiko laht	Gulf of Mexico
Milano	Milan
Morava	Moravia
Must meri	Black Sea
Määrimaa	*vt* **Morava**
München	Munich
Napoli	Naples
Navarra	Navarre
Neitsisaared	Virgin Islands
Niilus	Nile
Normandia	Normandy
Nürnberg	Nuremberg
Okeaania	Oceania
Olümpos	Olympus
Padova	Padua
Palestiina	Palestine
Pamiir	Pamir Mountains

Peloponnesos	Peloponnese
Peterburi	Saint Petersburg
Petlemm	Bethlehem
Picardie	Picardy
Piemonte	Piedmont
Polüneesia	Polynesia
Pommeri	Pomerania
Prantsuse Riviera	*vt* **Côte d'Azur**
Preisimaa	Prussia
Punane meri	Red Sea
Põhja-Ameerika	North America
Põhja-Jäämeri	*vt* **Jäämeri**
Põhjalaht	Gulf of Bothnia
Põhjamaad	Nordic Countries
Põhjameri	North Sea
Põhjaväin	North Channel
Pärsia laht	Persian Gulf
Pürenee poolsaar	Iberian Peninsula
Püreneed	Pyrenees
Rannikuahelikud	Coast Ranges
Ranniku-Alpid	Maritime Alps
Rein	Rhine
Rhodos	Rhodes
Sahhalin	Sakhalin
Saksimaa	Saxony
Sankt-Peterburg	*vt* **Peterburi**
Sardiinia	Sardinia
Savoia	Savoy
Sevilla	Seville
Siber	Siberia
Siinai	Sinai
Siion	Mount Zion
Sileesia	Silesia
Siracusa	Syracuse
Sitsiilia	Sicily
Skandinaavia	Scandinavia
Soome laht	Gulf of Finland
Sporaadid	Sporades
SRÜ	*vt* **Sõltumatute Riikide Ühendus**
Suessi kanal	Suez Canal
Sund	The Sound

Surmaorg	Death Valley
Surnumeri	Dead Sea
Suur järvistu	Great Lakes
Suur kanjon	Grand Canyon
Suur tasandik	Great Plains
Suur Karujärv	Great Bear Lake
Suur Orjajärv	Great Slave Lake
Sõltumatute Riikide Ühendus	Commonwealth of Independent States
Zürich	Zurich
Taani väin	Denmark Strait
Taga-Karpaatia	Transcarpathia
Taga-Kaukaasia	Transcaucasia
Tasmaania	Tasmania
Tiibet	Tibet
Tirool	Tyrol
Torino	Turin
Toscana	Tuscany
Traakia meri	Thracian Sea
Transilvaania	Transylvania
Tšaadi järv	Lake Chad
Tšetšeenia	Chechnya
Tulemaa	Tierra del Fuego
Türreeni meri	Tyrrhenian Sea
Uurali mäestik	Ural Mountains
Uus-Inglismaa	New England
Vahemeri	Mediterranean Sea
Vaikne ookean	Pacific Ocean
Valge meri	White Sea
Veneetsia	*vt* **Venezia**
Venezia	Venice
Vesuuv	Vesuvius
Viiburi	Vyborg
Äänisjärv	Lake Onega
Ülemjärv	Lake Superior

NUMBRITE ÕIGEKIRI

PÕHIARVUD		JÄRGARVUD	
0*	zero, nought, nil		
1	one	1st	first**
2	two	2nd	second
3	three	3rd	third
4	four	4th	fourth
5	five	5th	fifth
6	six	6th	sixth
7	seven	7th	seventh
8	eight	8th	eighth
9	nine	9th	ninth
10	ten	10th	tenth
11	eleven	11th	eleventh
12	twelve	12th	twelfth
13	thirteen	13th	thirteenth
14	fourteen	14th	fourteenth
15	fifteen	15th	fifteenth
16	sixteen	16th	sixteenth
17	seventeen	17th	seventeenth
18	eighteen	18th	eighteenth
19	nineteen	19th	nineteenth
20	twenty	20th	twentieth
21	twenty-one	21st	twenty-first
22	twenty-two	22nd	twenty-second
23	twenty-three	23rd	twenty-third
30	thirty	30th	thirtieth
31	thirty-one	31st	thirty-first
40	fourty	40th	fourtieth
45	fourty-five	45th	fourty-fifth
50	fifty	50th	fiftieth
60	sixty	60th	sixtieth
70	seventy	70th	seventieth
80	eighty	80th	eightieth
90	ninety	90th	ninetieth

PÕHIARVUD		JÄRGARVUD	
100	a/one hundred	100th	(one) hundredth
101	one hundred and one	101st	(one) hundred and first
102	one hundred and two	102nd	(one) hundred and second
103	one hundred and three	103rd	(one) hundred and third
112	one hundred and twelve	112th	(one) hundred and twelfth
149	one hundred and fourty-nine	149th	(one) hundred and fourty-ninth
200	two hundred	200th	two hundredth
273	two hundred and seventy-three	273rd	two hundred and seventy-third
1000	a/one thousand	1000th	(one) thousandth
1085	one thousand and eighty-five	1085th	(one) thousand and eighty-fifth
1879	one thousand eight hundred and seventy-nine	1879th	(one) thousand eight hundred and seventy-ninth
6431	six thousand four hundred and thirty-one	6431st	six thousand four hundred and thirty-first
10 000	ten thousand	10 000th	ten thousandth
25 505	twenty-five thousand five hundred and five	25 505th	twenty-five thousand five hundred and fifth
100 000	a/one hundred thousand	100 000th	(one) hundred thousandth
240 672	two hundred and fourty thousand six hundred and seventy-two	240 672nd	two hundred and fourty thousand six hundred and seventy-second
1 000 000	a/one million	1 000 000th	(one) millionth
3 456 783	three million four hundred and fifty-six thousand seven hundred and eighty-three	3 456 783rd	three million four hundred and fifty-six thousand seven hundred and eighty-third

* *zero* tarvitatakse eriti mõõteriistade puhul, *nought* matemaatikas,
nil spordis
** järgarvude ees kasutatakse tavaliselt määravat artiklit *the*

		Briti	**Ameerika**
miljard			
1 000 000 000	10^9	milliard	billion
triljon			
1 000 000 000 000	10^{12}	billion	trillion
kvintiljon			
1 000 000 000 000 000 000	10^{18}	trillion	quintillion
septiljon			
1 000 000 000 000 000 000 000 000	10^{24}	quadrillion	septillion
noniljon			
1 000 000 000 000 000 000 000 000 000 000	10^{30}	quintillion	nonillion